Arbeitsmarktmobilität in höherem Lebensalter

Martina Kattein

Arbeitsmarktmobilität in höherem Lebensalter

Eine empirische Untersuchung gelungener betrieblicher Wechsel und Reintegrationen

PETER LANG

Bibliografische Information der Deutschen Nationalbibliothek
Die Deutsche Nationalbibliothek verzeichnet diese Publikation in der Deutschen Nationalbibliografie; detaillierte bibliografische Daten sind im Internet über http://dnb.d-nb.de abrufbar.

Zugl.: Diss., Univ. Erfurt 2017

547
ISBN 978-3-631-76340-7 (Print)
E-ISBN 978-3-631-76771-9 (E-PDF)
E-ISBN 978-3-631-76772-6 (EPUB)
E-ISBN 978-3-631-76773-3 (MOBI)
DOI 10.3726/b14916

Peter Lang – Berlin · Bern · Bruxelles · New York · Oxford · Warszawa · Wien

Diese Publikation wurde begutachtet.

www.peterlang.com

„Und wenn ich jetzt, als eine, die in ihrer Verzweiflung jahrelang arbeitslos ist, jetzt für 5 Euro anfängt zu arbeiten, dann breche ich ja im Prinzip meinen Arbeitskampf, den ich mal irgendwann geführt habe. Dann falle ich ja im Prinzip den Gewerkschaften auch in den Rücken. Und das war so eine Motivation für mich zu sagen: ‚Unterm Mindestlohn gehe ich nicht mehr arbeiten.'"
Frau C., staatlich geprüfte Sekretärin, 57 Jahre, über ihr verändertes Vorgehen bei der Stellensuche

„(…) es war wahnsinnig schwierig für mich, das mir anzueignen. (…) Aber ich hatte ja keine Wahl. (…) Und also im Nachhinein war das für mein Ego sogar noch ganz toll, dass ich mich da durchgebissen habe. Ich habe gewusst, das habe ich nochmal geschafft (…)."
Frau B., Industriekauffrau, 63 Jahre, über ihre Einarbeitung in eine mit 50 Jahren neu aufgenommene Stelle

Inhaltsverzeichnis

Tabellenverzeichnis

Abbildungsverzeichnis

Glossar

Ausgewiesen sind nur Begriffe, die in der vorliegenden Arbeit spezifisch definiert wurden, zu übernommenen Definitionen sonstiger Begriffe s. die angegebenen Literaturverweise.

Arbeitshandeln: alle Versuche des Einwirkens auf die Arbeits- und Beschäftigungsbedingungen; diese sind nur im Zusammenhang mit der Deutung durch die Handelnden verstehbar (z.B. hinsichtlich der unterschiedlichen Bedeutung eines Berufsfeldwechsels)

Arbeitsverwaltung: alle Einrichtungen der Leistungsverwaltung für Arbeitslose und der Arbeitsförderung in Trägerschaft des Bundes (Agenturen der Bundesagentur für Arbeit), der Kommunen oder in gemeinsamer Trägerschaft von Bund und Kommunen (Arbeitsgemeinschaften bzw. „ARGEN“)

Aushalten: Ausharren in schwierigen Bedingungen und deren Ertragen

Ausweichen: die ungewünschte oder gezwungene Wahl einer anderen als der originär gewünschten Alternative

Berufsfeldwechsel: Berufliche Wechsel auf der Berufsgruppen-Ebene entsprechend der „Klassifikation der Berufe 2010“ der Bundesagentür für Arbeit

Bewältigung: (Neu-)Ausrichtung verfolgter Ziele und Orientierungen an die Handlungsmöglichkeiten in einer Umbruchphase, mit denen den Individuen zumindest eine Teilidentifikation möglich ist

Diskontinuität der Berufs-/Erwerbsbiografie: jegliche, vor dem regulären Rentenalter erfolgten Unterbrechungen, Beendigungen oder Wechsel von Arbeitsstelle, Erwerbsstatus, Beruf sowie Tätigkeits- und Berufsstatus

Entfalten: eine Form des Entwickelns, nämlich Veränderung von Handeln, Einstellungen und Handlungsweisen, die eine Zunahme von Handlungsmöglichkeiten zur Realisierung eigener Wert- und Zielsetzungen bedeuten

Entwickeln: Veränderung von Handeln, Einstellungen und Handlungsweisen, vereinbar mit eigenen Wert- und Zielsetzungen

Erwerbsbiografisch orientiertes Handeln: Handeln, das über eine konkrete Handlungssituation hinausgehend sich auch auf grundlegendere Weichenstellungen der Erwerbsbiografie bezieht

Erwerbsbiografische Handlungsmodi in der Umbruchphase in höherem Lebensalter: Umgehensweisen mit der Umbruchphase in höherem Lebensalter, die die jeweilige Zuwendung zu der Umbruchphase selbst wie auch deren Verortung in Verhältnis zu früher erwerbsbiografisch Erreichtem umfassen und damit die Grundlage für verfolgte Handlungsstrategien bilden

Erwerbsverlauf: der gesamte Erwerbs- und Berufsweg bis zum Interviewzeitpunkt inkl. der Umbruchphase in höherem Lebensalter

Gelingende Realisierung von Orientierungen im Erwerbsverlauf: eine (fast) durchgängige Erwerbsbeteiligung entsprechend dieser Orientierungen (ohne Berücksichtigung von freiwilligen familiär bedingten Erwerbsunterbrechungen und von Weiterbildungsphasen) mit einer summiert max. 12-monatigen Arbeitslosigkeitsdauer; der Gelingensbegriff trifft keine Aussagen über die Qualität des Erreichten

Gelingende Realisierung von Orientierungen in der Umbruchphase in höherem Lebensalter: Bewältigung der Umbruchphase durch Realisierung der bestehenden Orientierungen oder spezifischer (neuer) Ziele oder durch Arrangieren mit einer erfahrenen erwerbsbiografischen Verschlechterung (Nicht-Gelingen als Nichtbewältigung einer erwerbsbiografischen Verschlechterung); der Gelingensbegriff trifft keine Aussagen über die Qualität des Erreichten

Geplante Strategie: ein Handlungsplan, nach dem das Handeln einem entworfenen Ziel und einem intendierten Vorgehen folgt

Höheres Lebensalter: i.d.R. nach dem 50. Lebensjahr, aber ohne stringente Festlegung auf diese Altersgrenze, z.B. im Falle früher oder später gelegener altersbezogener Thematisierungen, arbeitsmarktstatistischer Datenausweisungen etc.

Orientierungen: handlungsleitende Vorstellungen, deren Vorhandensein und Wirksamkeit von den handelnden Individuen nicht unbedingt bewusst wahrgenommen und reflektiert werden müssen

Berufliche Orientierungen: berufsfachliche, auf der Identifikation mit einem spezifischen Beruf basierende Orientierungen oder arbeitsorientierte, das generelle Ausüben einer Arbeitstätigkeit priorisierende Orientierungen (in Abgrenzung zu sonstigen erwerbsarbeitsbezogenen Orientierungen)

Änderung der beruflichen Orientierung: berufsfachliche Neuorientierung hin zu einem neuen Berufsfeld als Wunschalternative

Konstanz der beruflichen Orientierung: Festhalten an der konstanten berufsfachlichen Orientierung auf den Ausbildungsberuf bzw. an einer überwiegenden Arbeitsorientierung

Sonstige erwerbsarbeitsbezogene Orientierungen: Orientierungen u.a. auf soziale Integration, Beschäftigungssicherung, Existenzsicherung oder erwerbsarbeitsbezogene Reintegration (in Abgrenzung zu beruflichen Orientierungen)

Ressourcenlimitation von Stellensuchenden: Aspekte, die die berufliche Einsetzbarkeit begrenzen oder die in der Arbeitsmarktförderung als Vermittlungshemmnis gelten und spezifische Förderungen begründen

Ressourcenstärke von Stellensuchenden: Aspekte, die die Stellensuchenden aufgebaut und entwickelt haben und ihre berufliche Einsetzbarkeit aus der Perspektive der einstellenden Unternehmen befördern

Umbruchphase in höherem Lebensalter: Phase der Suche und Neuaufnahme einer oder mehrerer neuer Stellen in höherem Lebensalter, i.d.R. nach dem 50. Lebensjahr, die mit dem Ende der letzten vorhergehenden regulären Stelle oder einer eigeninitiativen Wechselabsicht eingeleitet wurde, teils aber auch in weiter zurückliegenden erwerbsbiografischen Entwicklungen, wie z.B. einem Ausscheiden aus dem Ausbildungsberuf nach Eintreten einer Berufskrankheit, begründet ist – dies schließt zusätzliche, anderweitige Umbruchphasen in der früheren Erwerbsbiografie nicht aus

Abkürzungsverzeichnis

ABL	Alte Bundesländer
ABM	Arbeitsbeschaffungsmaßnahme
ALG	Arbeitslosengeld
Anm. d. V.	Anmerkung der Verfasserin
ARGE	Einrichtung der Leistungsverwaltung für Arbeitslose und der Arbeitsförderung in gemeinsamer Trägerschaft von Bund und Kommunen (Arbeitsgemeinschaft)
bzw.	beziehungsweise
ca.	circa
d.h.	das heißt
dass.	dasselbe
ders.	derselbe
dies.	dieselbe(n)
ebd.	ebenda
et al.	et alii
etc.	et cetera
f.	folgende
i.d.R.	in der Regel
i.S.v.	im Sinne von
i.V.m.	in Verbindung mit
i.W.	im Wesentlichen
Kap.	Kapitel
km	Kilometer
n.d.	not dated
NBL	Neue Bundesländer
o.g.	oben genannt/genannte/genannten
o.J.	ohne Jahresangabe
o.O.	ohne Ortsangabe
S.	Seite
s.o.	siehe oben
s.u.	siehe unten
SAM	Strukturanpassungsmaßnahme
sog.	sogenannt(e/er/en)
u.a.	unter anderem
u.a.m.	und anderes mehr

vgl.	vergleiche
vs.	versus
Z.	Zeile
z.B.	zum Beispiel
z.T.	zum Teil

Zusammenfassung

In der vorliegenden Dissertation werden betriebliche Wechsel aus Beschäftigung in Beschäftigung und Reintegrationen aus Arbeitslosigkeit oder Nichterwerbsarbeit in Erwerbsarbeit analysiert, die Erwerbspersonen in höherem Lebensalter, i.d.R. nach dem 50. Lebensjahr, gelungen sind. Das Thema greift damit ein Problem auf, das mit Verweis auf die demografische Entwicklung seit den 1990er Jahren in Wissenschaft und Politik auf Bundesebene wie auch international in zahlreichen Industrieländern intensiv thematisiert und forciert wird – die Steigerung der Erwerbstätigkeit in höherem Lebensalter. Für viele ältere Erwerbspersonen führten die eingeleiteten Gesetzesreformen allerdings zu einer zunehmenden Dilemma-Situation, in der die Anforderungen zu einem längeren Verbleib in Erwerbstätigkeit mit den für sie nach wie vor ausgeprägteren Arbeitsmarktrisiken konfligieren.

Welche subjektiven Erwerbsorientierungen die älteren Erwerbspersonen hierbei vor dem Hintergrund ihrer jeweiligen Erwerbsbiografien und Lebenslagen verfolgen, welche Erfahrungen sie auf dem Arbeitsmarkt machen, und wie sie hiermit umgehen, stellt einen eigenständigen Faktor in diesem Spannungsfeld dar. Diese Fragen sind bislang kaum erforscht, insbesondere nicht mit qualitativer Methodik, die in dem Forschungsfeld aber unverzichtbar ist, wenn erwerbsbiografische Orientierungen und Handlungsstrategien erkundet werden sollen. Das Erkenntnisinteresse richtete sich insbesondere auf ggf. identifizierbare spezifische Vorgehensweisen und Handlungsmodi der Erwerbspersonen in der Umbruchphase in höherem Lebensalter, auf die Qualität der dann neu aufgenommenen Stelle und ihren Vergleich zur vorhergehenden Erwerbsbiografie sowie auf einstellungsrelevante Kriterien der einstellenden Unternehmen.

Im Rahmen einer empirischen Erhebung wurden halbstrukturierte Leitfadeninterviews mit 24 Erwerbspersonen, neun betrieblichen Leitungskräften und zwei ArbeitnehmerInnenvertretungen geführt. In der Auswertung wurde das Verfahren der qualitativen Inhaltsanalyse nach Mayring kombiniert mit dem axialen und selektiven Kodieren der grounded theory methodology nach Strauss und Corbin sowie mit der Entwicklung von Typologien nach Kelle und Kluge. Im Ergebnis wurden die im Auswertungsprozess gebildeten Analysekategorien zu einem transferierbaren Analysemodell für erwerbsbiografische Umbruchphasen in höherem Lebensalter verdichtet. Die inhaltlichen Befunde verdeutlichten eine große Heterogenität in den Vorgehensweisen und Handlungsmodi der Erwerbspersonen in der Umbruchphase in höherem Lebensalter, eingebettet in unterschiedliche Erwerbsbiografien und sozio-ökonomische Kontexte. In der letztmalig aufgenommenen Stelle konnte sich eine große Mehrheit der befragten Erwerbspersonen gegenüber der vorhergehenden Stelle bzgl. Vergütung, Status und sozialer Absicherung verbessern oder dessen Niveau zumindest partiell verbessern oder halten. Die Hälfte der Befragten hatte hingegen bei der Stellenaufnahme in höherem Lebensalter Verschlechterungen in diesen Kategorien gegenüber ihrem früher erreichten besten Niveau hinzunehmen. Für einige Handlungsebenen wurden schließlich Möglichkeiten zur Unterstützung von Erwerbsverläufen in höherem Lebensalter aufgezeigt.

Abstract

This thesis analyses how economically active individuals in the 50 or over 50 age group succeed in changing employers or reintegrating into the workforce after being unemployed or not having actively sought gainful employment. In doing so, the study takes up a problem that, with reference to demographic trends, has been intensely thematised and pushed in science and politics on the federal level in Germany as well as internationally in many industrial countries since the 1990s: the rise in gainful employment among older individuals. However, related legislative reforms instituted confront many of the older gainfully employed and unemployed with a growing dilemma, as pressures to remain economically active conflict with the more pronounced labour market hazards they continue to face.

In this conflict situation, the subjective employment orientations that guide older employed and unemployed persons against the background of individual work biographies and life circumstances, and how they handle what they encounter in the labour market, constitute independent factors. To date, these questions have scarcely been investigated, particularly not with the qualitative methods that are indispensable in this research field if work biography-related attitudes and action strategies are to be explored. The investigation focuses especially on 1) identifiable specific approaches and action modes that employed and unemployed persons resort to when undergoing radical change at an older age, on 2) the quality of the new position obtained in the context of the preceding work history, and, 3) on employer recruiting criteria.

This empirical study relied on semi-structured guided interviews with 24 economically active individuals, nine business managers, and two employee representatives. The evaluation phase combined the qualitative content analysis method after Mayring with axial and selective coding under the grounded theory methodology after Strauss and Corbin and the construction of typologies after Kelle and Kluge. The analytical categories generated in the evaluation phase were distilled into a transferable analytical model of radical changes in the work biography at an older age. The contentual findings illustrated widely heterogeneous approaches and action modes grounded in differing work biographies and socioeconomic contexts pursued by the older economically active individuals during periods of upheaval. In the last job taken, a large majority of the survey subjects bettered, or at least equaled, the pay, status, and benefits they had obtained in their most recent prior position. Nevertheless, half of the survey subjects also indicated that they fared worse with the new employer in comparison with the peak jobs held in their previous work history. The study in conclusion points to possible interventions on certain levels in support of work biographies of older individuals.

1 Einleitung

Die Themenwahl der vorliegenden Forschungsarbeit zur „Arbeitsmarktmobilität in höherem Lebensalter" war neben dem sozialwissenschaftlichen Interesse an der Arbeitsmarkt- und Biografieforschung auch aus der Neugier motiviert, die zunehmend restriktiver gestalteten Renten- und Arbeitsmarktreformen aus der subjektiven Perspektive der Erwerbspersonen zu beleuchten. Die eigene parallel zum Forschungsprozess eintretende Erfahrung von „Umbruchphasen in höherem Lebensalter" stellte dabei eine unvermittelte Nähe zum Forschungsthema her, die herausfordernd war.

Zur näheren Erläuterung dieses Forschungsthemas wird nachfolgend die politische Rahmung vorgestellt, die auf eine Ausweitung der Erwerbstätigkeit in höherem Lebensalter abzielt. Relevante sozialwissenschaftliche Forschungskontexte, an die das Thema anschließt, werden dargelegt sowie Forschungslücken aufgezeigt. Im Weiteren werden Ziel und Methodik der vorliegenden Forschungsarbeit ausgeführt und zentrale Forschungsergebnisse zusammengefasst. Die Erläuterung der Gliederung und ein Lesehinweis schließen das Kapitel ab.

Politische Rahmung: Ausweitung der Erwerbstätigkeit in höherem Lebensalter
Erwerbstätigkeit in höherem Lebensalter wurde in den 1990er und insbesondere den 2000er Jahren in Wissenschaft und Politik auf Bundesebene wie auch international in zahlreichen Industrieländern intensiv thematisiert. Ausgelöst wurde dies wesentlich durch demografische Prognosen, die für die kommenden Jahrzehnte eine massive Abnahme der Bevölkerung bei gleichzeitiger Zunahme des Anteils der Altersgruppe ab 65 Jahren voraussagten. In der Folge wurde ein Handlungs- und Forschungsbedarf prioritär für die Erwerbsintegration älterer Erwerbspersonen, die Sozialversicherungen, speziell die Rentenversicherung, sowie die technische und soziale Infrastruktur gesehen.

Ohne an dieser Stelle eine nähere Auseinandersetzung über die Nichtfundierbarkeit langzeitiger Bevölkerungsprognosen und deren teils apokalyptisch ausfallende Rezeption in Forschung und Medien[1] führen zu wollen, wurden in

---

1 Exemplarisch sei hierfür auf die Formulierung des Bevölkerungswissenschaftlers Herwig Birg in einem Interview mit der Wirtschaftswoche verwiesen: „die demografische Uhr tickt unbarmherzig", vgl. Wirtschaftswoche 2015. Für die Medien ist beispielhaft die Zeitschrift „Der Spiegel" zu benennen, die für die Ausgabe 02/2004 den Titel gewählt hat „Der letzte Deutsche. Auf dem Weg zur Greisen-Republik", vgl. Der Spiegel 2004.

der Folge entscheidende Weichenstellungen vorgenommen, die u.a. auf eine vermehrte und verlängerte Erwerbstätigkeit in höherem Lebensalter abzielten.

Zu deren Kern zählte die Reformierung des Rentenrechts. Durch den Abbau vorzeitiger Renteneintrittsmöglichkeiten und die Heraufsetzung des regulären Renteneintrittsalters stieg die Anforderung zu einem längeren Verbleib in Erwerbstätigkeit für ältere Erwerbspersonen, sofern sie nicht über hinreichend alternative Einkommensquellen verfügten. Diese Reformen erfolgten in mehreren Schritten seit 1992 und unter allen seitherigen Koalitionen, verstärkt ab Ende der 1990er Jahre (vgl. Deppe & Förster 2014, Bäcker et al. 2009, BfA DRV-Gemeinschaft o.J.).

Komplementär hierzu wurde in der Arbeitsmarktpolitik beginnend mit dem Job-AQTIV-Gesetz 2002 und insbesondere den sog. Hartz-Gesetzen 2003–2005 ein Paradigmenwechsel eingeleitet, mit dem die Eigenbemühungen von Arbeitslosen generell wie auch von älteren Arbeitslosen u.a. durch „Aktivierung", und „Fordern und Fördern" sanktionsuntersetzt erhöht werden sollten, während ein bis 2007 möglicher Arbeitslosengeldbezug auch ohne aktive Arbeitsuche für Arbeitslose ab 58 Jahren nach § 428 SGB III und § 65 SGB II ab 2008 auslief (vgl. Bundesministerium der Justiz und für Verbraucherschutz o.J.h, dass. o.J.g). Für Arbeitslose resultierten hieraus – wenn auch für Ältere abgemilderte – Kürzungen der Leistungsbezugsdauer, vielfach finanzielle Verschlechterungen im Arbeitslosengeld II-Bezug, aber auch geringere Zugänge zu Weiterbildungsmaßnahmen in der unter dem Druck von Vermittlungserfolgen agierenden Bundesagentur für Arbeit. (Vgl. Frerichs 2007, S. 80 ff., Hans-Böckler-Stiftung 2006, S. 12 ff., 33 f.)

Parallel wiesen die politischen Bestrebungen auf EU-Ebene in eine ähnliche Richtung. Die Beschäftigungsquote älterer Erwerbspersonen wurde im Zuge der „Lissabon-Strategie"[2] des Europäischen Rates in seiner Tagung am 23./24.03.2000 in Lissabon als zu niedrig problematisiert (vgl. Europäischer Rat 2000, S. 1). In seiner Tagung am 23./24.03.2001 in Stockholm formulierte der Europäische Rat diesbezüglich als konkrete Zielvorgaben für die EU die Steigerung der durchschnittlichen EU-Beschäftigungsquote der 55–64-jährigen Männer und Frauen auf 50 % bis 2010 (vgl. Europäischer Rat 2001, S. 2). Als

2 Die Lissabon-Strategie bezeichnet das auf der Tagung in Lissabon neu definierte strategische Ziel, innerhalb des kommenden Jahrzehnts „die Union zum wettbewerbsfähigsten und dynamischsten wissensbasierten Wirtschaftsraum der Welt zu machen" (Europäischer Rat 2000, S. 1) – eine Zielstellung, die sich als zu ambitioniert herausstellen sollte (vgl. Europäische Kommission 2010, S. 3).

ergänzendes Ziel benannte der Europäische Rat in seiner Tagung in Barcelona am 15./16.03.2002 die Steigerung des realen Durchschnittsalters bei Beendigung des Arbeitslebens in der EU um 5 Jahre bis 2010, was u.a. durch Altersteilzeitregelungen und einen „echten" Zugang zum lebenslangen Lernen bei einer gleichzeitigen Reduktion von Vorruhestandsanreizen realisiert werden sollte (vgl. Europäischer Rat 2002, S. 12). Tatsächlich verweisen die Daten zur Erwerbstätigkeit auf beachtliche Anstiege, wonach im Jahr 2016 die 55–64-Jährigen in Deutschland im EU-Vergleich die zweithöchste Erwerbstätigenquote in Höhe von 68,6 % erreichten (vgl. Eurostat 2017, S. 4).

Die skizzierten Gesetzesreformen in der Bundesrepublik wurden begleitet durch die Förderung von Forschungs- und Entwicklungsprojekten, Initiativen und Kampagnen zur Bearbeitung von Hemmnissen für die Erwerbstätigkeit in höherem Lebensalter inkl. der Motivierung von Unternehmen zur Weiterbeschäftigung und Neueinstellung älterer Erwerbspersonen.[3] Hierzu zählten laut Stellungnahme des Bundesfamilienministeriums zum dritten Altenbericht u.a. der im Jahr 1994 eingerichtete Förderschwerpunkt „Demographischer Wandel und Zukunft der Erwerbsarbeit in Deutschland" im Rahmen des Forschungs- und Entwicklungsprogramms „Arbeit und Technik" sowie das 1999 initiierte Transferprojekt „Öffentlichkeits- und Marketingstrategie demographischer Wandel" (vgl. BMFSFJ 2001, S. 31). Weitere Ansätze umfassten beispielsweise die 2005 gestartete Initiative „Erfahrung ist Zukunft", die von sechs Bundesministerien, Wirtschaftsverbänden, Gewerkschaften und anderen gesellschaftlichen Organisationen getragen wird und für den „Erfolgsfaktor Erfahrung" wirbt (vgl. BMFSFJ 2008a, S. 8, 79 ff., Presse- und Informationsamt der Bundesregierung 2013), oder die von der Bundesanstalt für Arbeitsschutz und Arbeitsmedizin (BAuA) getragene Initiative Neue Qualität der Arbeit (INQA), die ebenfalls von mehreren Bundesministerien und zahlreichen wirtschaftlichen, gewerkschaftlichen und gesellschaftlichen Organisationen unterstützt wird (vgl. Internetpräsentation Initiative Neue Qualität der Arbeit o.J.: www.inqa.de, INQA 2008).

Ein Fokus dieser Initiativen richtete sich darauf, die Leistungsfähigkeit, Innovationsfähigkeit und Produktivität älterer Erwerbspersonen positiv herauszustellen. So untersuchte der fünfte Altenbericht der Bundesregierung das Thema „Potenziale des Alters in Wirtschaft und Gesellschaft – Der Beitrag älterer Menschen zum Zusammenhalt der Generationen" (vgl. Sachverständigenkommission „5. Altenbericht der Bundesregierung" 2005). Als weiteres Beispiel sei auf

3 Deren Finanzierung basierte überwiegend auf Bundes- und Landesmitteln sowie in hohem Maße auch auf Mitteln des Europäischen Sozialfonds (ESF).

die vom BMFSFJ herausgegebene prognos-Studie verwiesen, die sich mit der Frage auseinandersetzte: „Kosten Ältere wirklich mehr?“ (vgl. BMFSFJ 2008b, S. 54 ff.).

In zahlreichen psychologischen Studien wurde die physische und psychische Leistungsfähigkeit älterer Menschen vermessen und in volkswirtschaftlichen Analysen ihre Produktivität berechnet – mit kontroversen Ergebnissen (vgl. kritisch hierzu: Kruse 2000, S. 76 f., Börsch-Supan, Düzgün & Weiss 2005, S. 10 ff.). Diesen Ergebnissen kann, wie in der vorliegenden Arbeit gezeigt wird, auf der Deutungs- und Handlungsebene der ArbeitsmarktakteurInnen und damit für die Arbeitsmarktchancen älterer Erwerbspersonen eine hohe Wirkmacht unterstellt werden, zugleich erweisen sich aber jedwede Altersbegründungen und -generalisierungen als nicht tragfähig (vgl. Kap. 3.1). Zu hinterfragen ist hierbei nicht nur, wieso überhaupt die Leistungsfähigkeit älter werdender Menschen im Hinblick auf ihr Lebensalter berechnet wird, sondern auch, wieso der forschungs- und wirtschaftspolitische Fokus nicht längst von der individuellen Leistungsfähigkeit spezifischer Personengruppen hin zu einer gesundheitsförderlichen Gestaltung von Arbeit gerichtet wurde, die für Erwerbspersonen unterschiedlicher Leistungsprofile ausführbar und attraktiv ist.

Relevante sozialwissenschaftliche Forschungskontexte
Die Veränderungen von Bevölkerungsumfang und -struktur und damit verknüpft auch von Arbeitskräfteangebot und -nachfrage stellen einen zentralen Begründungskontext für das Interesse von Forschung, Politik und öffentlichem Diskurs an der Erwerbstätigkeit in höherem Lebensalter dar. Jenseits dessen werden in sozialwissenschaftlichen Forschungssträngen die gravierenden Veränderungen von Arbeit in der bundesdeutschen Wirtschaft und Gesellschaft wie auch international untersucht, zu denen u.a. Folgende zählen:

- Die *Subjektivierung von Arbeit* beschreibt die ambivalente Entwicklung einer Erweiterung der betrieblichen Inanspruchnahme der Arbeitskräfte um ihr subjektives Potential bei gleichzeitiger Ausweitung auch der subjektiven Ansprüche an Arbeit seitens der Arbeitskräfte, wie u.a. diskutiert im Konzept des Arbeitskraftunternehmers nach Voß & Pongratz (vgl. dies. 1998) oder dem Konzept des „unternehmerischen Selbst“ nach Bröckling (vgl. ders. 2013, vgl. auch Moldaschl & Voß 2003, Kleemann & Voß 2010).
- Eine in Umfang und Formen allerdings kontrovers eingeschätzte *Flexibilisierung von Arbeit und Beschäftigung* (vgl. Kap. 3.6 der vorliegenden Arbeit) bezieht sich auf eine „Erosion des Normalarbeitsverhältnisses“ nach Dombois

(vgl. ders. 1999), eine Flexibilisierung der Arbeitszeit sowie eine Zunahme der internen funktionalen Flexibilität, die sich auf innerbetriebliche Tätigkeitswechsel bezieht (vgl. Bosch 2010, S. 652 ff., Diewald 2004, S. 339 ff.).

- Mit der Beschleunigung der technologischen Entwicklung verändern sich gravierend die Anforderungen an Arbeit, woraus sich für einen wachsenden Teil der Beschäftigten – und Arbeitslosen – der Bedarf einer *beständigen Anpassung und Weiterentwicklung ihrer Kompetenz* ergibt (vgl. Hilpert 2000, S. 198 ff., Bosch, Knuth & Weinkopf 1998, S. 258 ff.). Als Förderziel wird auf nationaler wie auch internationaler Ebene die wachsende Bedeutung der Weiterbildung anerkannt und zum Ziel des „lebenslangen Lernens" in Wirtschaft und Gesellschaft ausgebaut, wenngleich auch die Wege zur Realisierung bislang eher vage blieben.

In enger Verschränkung mit diesen Entwicklungen erkunden bildungswissenschaftliche Forschungsstränge, insbesondere der soziologischen und erziehungswissenschaftlichen Disziplinen, deren Auswirkungen auf der individuellen Ebene und sich hieraus ergebende Relevanzen für den Bildungsbereich. Zu nennen sind hier u.a. die zwei Folgenden:

- Die genannten Entwicklungen in Arbeit und Gesellschaft verändern Biografien, die als „riskante Biographien" (Kade 2001) oder „Bastelexistenzen" (Hitzler & Honer 1994) zu gestalten wie auch zu bewältigen sind. Auswirkungen auf und Veränderung von Biografien werden im Rahmen der Biografieforschung näher zu erfassen versucht (vgl. Krüger & Marotzki 2006, Schröer et al. 2013).
- Sich hieraus ergebende Bedarfe und Möglichkeiten einer Unterstützung durch die Erwachsenenbildung untersucht die Erwachsenenbildungsforschung. Für ausdifferenzierte Handlungsfelder der Erwachsenenbildung zwischen beruflicher (Weiter-)Bildung und allgemeiner Bildung (vgl. exemplarisch Tippelt 2002) werden für spezifische Zielgruppen Anforderungen an Bildungsangebote qualitativ weiterentwickelt, um das „lebenslange Lernen" zu unterstützen (vgl. exemplarisch Hof 2009, Nuissl 1997), die unterschiedlichen Lernansprüche didaktisch intensiver aufzugreifen (vgl. exemplarisch Siebert 2012, Leuschner & Reuther 1999) oder eine „biografische Selbstvergewisserung" (Arnold 2002, S. 33) zu befördern. Biografie, von Schulze als „ein sich selbst organisierender Lernprozess" bezeichnet (Schulze 2006, S. 39), avancierte damit zu einem gewichtigen Themenfeld der Erwachsenenbildung (vgl. exemplarisch Schlüter 2008, spezifisch für ältere Erwerbspersonen: Schulte & Zirkler 2008).

Forschungslücken
Für die Erforschung von Arbeit, Beschäftigung, Biografie und Bildung älterer Erwerbspersonen sind die im Kontext sozialwissenschaftlicher Forschungsstränge skizzierten Entwicklungen hoch relevant. Anforderungen an Bildungsangebote für Menschen in höherem Lebensalter werden in der Erwachsenenbildungsforschung vielfältig untersucht (vgl. exemplarisch Becker, Veelken & Wallraven 2000, Nuissl, Schiersmann & Siebert 2006). Analysen zu deren Erwerbssituation und biografischer Entwicklung sind allerdings entweder vorrangig quantitativ angelegt (vgl. exemplarisch die in Kap. 2 vorgestellten Studien) oder konzentrieren sich insbesondere auf Exklusionsrisiken für ältere Erwerbspersonen (vgl. exemplarisch Brauer & Clemens 2010, Friebe 2010, S. 155 ff., vgl. auch die in Kap. 3 vorgestellten Studien) sowie auf ältere Langzeitarbeitslose als aus dem Arbeitsmarkt Exkludierten (vgl. exemplarisch: Breig & Leuther 2007, Wübbeke 2013, Bergmann 1996).

Angesichts der politisch forcierten Erwerbstätigkeit in höherem Lebensalter gewinnt zugleich die Frage an Brisanz, wie sich deren Realisierung für die älteren Erwerbspersonen selbst figuriert. Während den erfolgten Gesetzesreformen eine Erwerbstätigkeit erfordernde Wirkung im Sinne eines „Müssens" zugeschrieben werden kann, stößt diese zugleich auf Arbeitsmarktstrukturen, die in Form altersspezifischer Risiken das „Können" begrenzen (s. Abb. 1). Welche subjektiven Erwerbsorientierungen im Sinne eines „Wollens" die älteren

Abb. 1: Erwerbstätigkeit in höherem Lebensalter zwischen Wollen, Können und Müssen

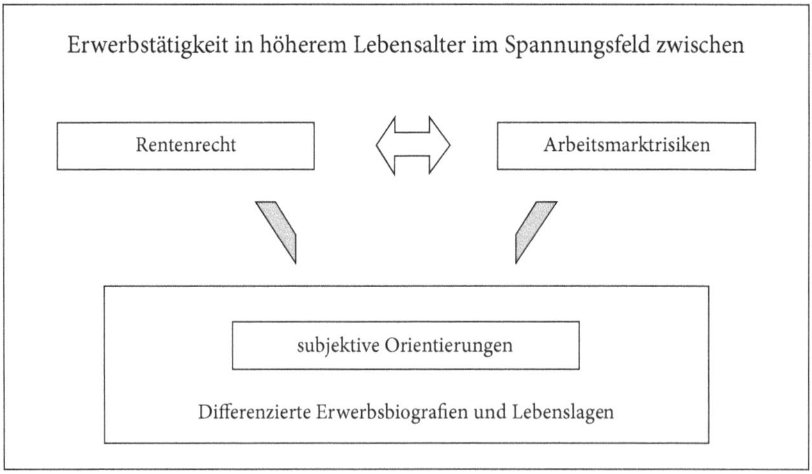

Erwerbspersonen hierbei vor dem Hintergrund ihrer jeweiligen Erwerbsbiografien und Lebenslagen verfolgen, stellt einen eigenständigen Faktor in diesem Spannungsfeld dar (vgl. Kattein 2013, S. 219 ff.).

Welche Erfahrungen machen ältere Erwerbspersonen, die erwerbstätig sein möchten, aber in dem ihnen – subjektiv und objektiv – verfügbaren Arbeitsmarktsegment kaum Erwerbsmöglichkeiten erhalten? Und wie verhält sich dies für Erwerbspersonen, die nicht erwerbstätig bleiben möchten, aber müssen? Wie erleben sie dies und wie gehen sie hiermit um? Die genannten Fragen sind nicht nur hinsichtlich des grundgesetzlich verankerten Selbstverständnisses der Bundesrepublik zur Wahrung des Rechts auf freie Entfaltung der Persönlichkeit[4] bedeutsam, sondern sie verweisen auch auf Dilemma-Situationen, die gesellschaftlich zu verantworten und zu gestalten sind. Gerade diese Fragen sind bislang kaum erforscht, insbesondere nicht mit qualitativer Methodik, die in dem Forschungsfeld unverzichtbar ist.

Ziel und Methodik der vorliegenden Forschungsarbeit

Die vorliegende Forschungsarbeit ist als ein Beitrag zur bildungswissenschaftlichen[5] Biografieforschung angelegt und disziplinär in der Erwachsenenbildung mit Schnittstelle zur Soziologie verortet. Meine Untersuchung war auf Erwerbspersonen fokussiert, denen es gelungen war, in höherem Lebensalter einen betrieblichen Wechsel aus Beschäftigung in Beschäftigung oder eine Reintegration aus Arbeitslosigkeit oder Nichterwerbsarbeit in Erwerbsarbeit vorzunehmen. Sie zielte damit auf die Analyse der erreichten Stellenaufnahmen, des Handelns der Erwerbspersonen und ihrer damit verknüpften Deutungen, wie auch ermittelbarer Kontextbedingungen. Vor dem Hintergrund anzunehmender höherer Arbeitsmarktrisiken für ältere Erwerbspersonen richtete sich mein Erkenntnisinteresse insbesondere auf die Qualität der in höherem Lebensalter neu aufgenommenen Stelle und ihren Vergleich zur vorhergehenden Erwerbsbiografie, auf ggf. identifizierbare spezifische Vorgehensweisen und Handlungsmodi der Erwerbspersonen sowie auf einstellungsrelevante Kriterien (vgl. Kap. 5.1). Dies wurde durch folgende Forschungsfragen untersetzt:

---

4 Formuliert ist dieses Recht in Art. 2(1) Grundgesetz, vgl. Bundesministerium der Justiz und für Verbraucherschutz o.J.e.

5 Der bildungswissenschaftliche Begriff wird in der vorliegenden Arbeit anstelle des erziehungswissenschaftlichen bevorzugt, da er – unter Berücksichtigung unterschiedlicher Bedeutungszuschreibungen in Wissenschaft und Forschung – die Unangemessenheit des Erziehungsbegriffs für die Erwachsenenbildung vermeidet, vgl. zur Diskussion des Begriffs: Holzer 2017, S. 42 ff., Terhart 2012.

1. Wie sind die gelungenen betrieblichen Wechsel bzw. Reintegrationen qualitativ beschreibbar?
2. Welche Stellensuchaktivitäten haben die älteren Erwerbspersonen unternommen, welche Suchstrategien haben sie verfolgt?
3. Können insbesondere spezifische erwerbsbiografische Handlungsmodi ermittelt werden?
4. Welche Kontextbedingungen und Einflussfaktoren sind von Relevanz?
5. Lassen sich geschlechtsspezifische Konstellationen ermitteln?
6. Wie deuten die Erwerbspersonen ihren beruflichen Werdegang?
7. Was sind aus Sicht der einstellenden Unternehmen als relevant geäußerte Entscheidungskriterien für die erfolgte Einstellung einer älteren Erwerbsperson?
8. Sind die Einschätzungen zwischen den befragten Erwerbspersonen, den betrieblichen Leitungskräften und den ArbeitnehmerInnenvertretungen kongruent bzw. worin bestehen mögliche Divergenzen?
9. Welche Unterstützung erhielten die älteren Erwerbspersonen bei ihrem Wechsel bzw. ihrer Reintegration; lassen sich Schlussfolgerungen zur Unterstützung von Erwerbsverläufen in höherem Lebensalter herleiten?

Zu deren Bearbeitung wurden qualitative Interviews mit 24 Erwerbspersonen, neun betrieblichen Leitungskräften und zwei ArbeitnehmerInnenvertretungen geführt (vgl. Kap. 5.2). Die Zielgruppe der Erwerbspersonen wurde auf Personen mit einer Fachausbildung konzentriert, die in höherem Lebensalter eine neue sozialversicherungspflichtige Stelle aufgenommen hatten[6] (vgl. Kap. 6.1).

Der Terminus „höheres Lebensalter“ wurde nach Möglichkeit auf ein Alter ab 50 Jahren bezogen, das in zahlreichen Arbeitsmarktstatistiken und diversen Arbeitsmarktförderprogrammen hervorgehoben ist. Da es sich letztlich aber um eine willkürliche und zwischenzeitlich auch in der Arbeitsmarktforschung und -politik nach unten und oben verschobene Grenzziehung handelt, wurde mit Ausnahme erforderlicher Operationalisierungen, z.B. für eine Vergleichbarkeit erwerbsbiografischer Diskontinuitäten vor dem 50. Lebensjahr, auf eine stringente Altersgrenzziehung verzichtet.

Forschungsergebnisse

Im Ergebnis der Forschungsarbeit werden u.a. folgende Befunde belegt (vgl. ausführlich: Kap. 2 und 7):

---

6 Die anvisierte Zielgruppe wurde in wenigen Fällen erweitert, wie in Kap. 6.1 näher erläutert ist.

Trotz gemeldeter Erfolge über den Anstieg der Erwerbstätigkeit in der Altersgruppe ab 55 Jahren lässt sich nach näherer Auseinandersetzung mit der Erhebungsmethodik und mit alternativen Mess- und Erhebungskonzepten aufzeigen, dass *Arbeitsmarktrisiken* für Erwerbspersonen in höherem Lebensalter auf dem deutschen Arbeitsmarkt zwar eine sinkende Tendenz aufweisen, aber dennoch auch aktuell im Vergleich zu jüngeren Erwerbspersonen noch deutlich stärker ausgeprägt sind. Vor dem Hintergrund der einleitend skizzierten neu akzentuierten renten- und arbeitsmarktpolitischen Gesetzesreformen, die auf eine Ausweitung und Verlängerung der Erwerbsbeteiligung abzielen, ergeben sich hieraus für viele Erwerbspersonen in höherem Lebensalter zunehmende Sicherungslücken, insbesondere im Falle eintretender Arbeitslosigkeit.

Die *Qualität der letztmalig aufgenommenen Stellen* wurde zum einen nach Veränderungen in Vergütung, Status oder sozialer Absicherung gegenüber der vorhergehenden Stelle und gegenüber dem bereits erreichten besten Niveau als generalisierbaren Bewertungskriterien betrachtet. Im Ergebnis konnte sich zwar eine große Mehrheit gegenüber der vorhergehenden Stelle verbessern oder dessen Niveau zumindest partiell verbessern oder halten, was ein positives Ergebnis darstellt. Zugleich ist jedoch zu beachten, dass sich die Hälfte der Befragten bei der Stellenaufnahme in höherem Lebensalter im Hinblick auf Vergütung, Status und/oder sozialer Absicherung gegenüber dem früher erreichten besten Niveau verschlechterte – ein Umstand, der in der weiteren Biografie zu bewältigen war. Zum anderen wurde die subjektive Bewertung zur Zufriedenheit mit der aktuellen bzw. letzten Stelle ermittelt – in Anknüpfung an die Zufriedenheitsdefinition der Hans-Boeckler-Stiftung (vgl. dies. 2002) und an Variablen der Zufriedenheit aus der Arbeitszufriedenheitsforschung sowie basierend auf sonstigen, sich aus den Interviewäußerungen extrahierbaren Variablen. Sie fielen überwiegend positiv und teils auch inkongruent im Vergleich zur Bewertung nach generalisierbaren Bewertungskriterien aus. Diese Inkongruenzen wurden in den spezifischen subjektiven Begründungszusammenhängen aber jeweils nachvollziehbar, was die Relevanz beider Perspektiven belegt. (Forschungsfrage 1)

In der der Stellenaufnahme vorhergehenden *Stellensuche* zeigte sich eine große Heterogenität zwischen den interviewten Erwerbspersonen. Die sozioökonomische Lage der Erwerbspersonen während der Umbruchphase in höherem Lebensalter erstreckte sich von gegebener sozialer Absicherung bis hin zu Existenznot und erwies sich als hoch relevant für ihr Vorgehen bei der Stellensuche. So war die Angewiesenheit auf eine Stellenaufnahme infolge von bereits eingetretener oder drohender Arbeitslosigkeit sowie infolge fehlender Alternativeinkommen im Haushaltskontext mit einer Ausnahme jeweils auch mit einem zielstrebigen Vorgehen bei der Stellensuche verknüpft und beeinflusste zudem die Ansprüche an eine neue Stelle. (Forschungsfrage 2)

Heterogenität charakterisierte auch die als *erwerbsbiografische Handlungsmodi* bezeichneten Umgehensweisen mit der Umbruchphase in höherem Lebensalter. Das Spektrum verschiedener Handlungsmodi, das den interviewten Erwerbspersonen zugeordnet werden konnte, verdeutlicht unter Einbeziehung des früher erwerbsbiografisch Erreichten, wie unterschiedlich diese mit der Umbruchphase in höherem Lebensalter und mit erfahrenen Verschlechterungen umgingen. Die Handlungsmodi variierten zum einen danach, inwieweit es den Erwerbspersonen gelang, Orientierungen und Ziele in der Umbruchphase in höherem Lebensalter zu bestimmen und zu realisieren, zum anderen danach, ob mit der neu aufgenommenen Stelle im Verhältnis zu einem früher erreichten besten Niveau anhand ausgewählter Indikatoren eine Verschlechterung einherging, mit der sich arrangiert oder auch nicht arrangiert wurde. Im Ergebnis wurden vier erwerbsbiografische Handlungsmodi – „Gestaltung", „Möglichkeitenwahrnehmung", „Verlustbewältigung" und „Verlustpersistenz" – differenziert und empirisch untersetzt. (Forschungsfrage 3)

Alle befragten Erwerbspersonen erbrachten hohe *Änderungsleistungen* in ihrem Arbeitshandeln, ihren Arbeitseinstellungen oder Handlungsweisen. Diese wurden differenziert in „Entwickeln und Entfalten", „gewünschtes Ausweichen" und „eher ungewünschtes Ausweichen und Aushalten". Die Änderungsleistungen erstreckten sich über den gesamten Erwerbsverlauf, wobei Formen des Entwickelns und Entfaltens bei einer Mehrheit der interviewten Erwerbspersonen auch für die Erwerbsphase ab dem 50. Lebensjahr geschildert wurden. Diese Ergebnisse zeigen eindrucksvoll die Vielgestaltigkeit erwerbsbiografischer Entwicklungen in höherem Lebensalter, die den nach wie vor aktuellen negativen Altersstereotypen sehr deutlich widersprechen. Aus allen erwerbsbiografischen Schilderungen waren zudem auch Lern- und Entwicklungsprozesse der Erwerbspersonen extrahierbar, die teils die Grundlage für erbrachte Änderungsleistungen darstellten. Sie umfassten – bezogen auf ihren gesamten Erwerbsverlauf – alle vier Kompetenzbereiche der Fach-, Methoden-, Sozial- und personalen Kompetenz. Für die Umbruchphase in höherem Lebensalter konnten u.a. im Bereich der Methodenkompetenz besondere Lernleistungen sowie im Bereich der personalen Kompetenz die Entwicklung neuer Ziele, Ansprüche und Strategien herausgefiltert werden. Als eine wichtige, wenngleich nicht immer auch reflektierte Ressource für erwerbsbiografisch orientiertes Handeln kann hierbei zum einen das hohe Durchhaltevermögen hervorgehoben werden, das das Aushalten von Langzeitarbeitslosigkeit, wiederholten Befristungen und anderen problematisch erlebten erwerbsbiografischen Ereignissen den Befragten abverlangte und ihnen letztlich, wenn auch mit teils krisenhaften Verläufen, gelang. Zum anderen ging eine hohe Handlungskompetenz aus den vielfach geschilderten beruflichen Neuorientierungen sowie dem Arrangieren mit verschlechterten, unattraktiven Arbeitsbedingungen oder einer Tätigkeit unterhalb der eigenen Qualifikation hervor, die seitens der Erwerbspersonen erforderlich war und von ihnen eingebracht wurde.

Die Analyse der Relevanz personenstruktureller Merkmale führte im Hinblick auf *Geschlecht* zu differenzierten Ergebnissen: In den Interviews mit den Erwerbspersonen ließen sich geschlechtsspezifische Differenzen insbesondere im Kontext mit Familie finden, die in mehreren Fällen tradierten erwerbsbiografischen Mustern entsprachen, aber auch einige Fälle mit alternativen, solchen tradierten Mustern entgegenstehenden Entwicklungen, die die Vielgestaltigkeit der Erwerbsbiografien auch in geschlechtsspezifischer Hinsicht illustrieren. Ebenso stellte das Geschlecht für die Umbruchphase in höherem Lebensalter keine durchgängig prägende Differenzierungslinie im Handeln der Erwerbspersonen dar. Einige Ergebnisse weisen jedoch auf Folgewirkungen geschlechtsspezifischer Differenzen in den vorhergehenden Erwerbsverläufen hin, insbesondere der überwiegend von Männern realisierten Aufstiegs- und Selbstständigkeitspfade. (Forschungsfrage 5)

Eindeutiger zeigte sich die besondere Relevanz des Merkmals *Region*: In der DDR realisierte erwerbsbiografische Abschnitte wiesen eine höhere Stellen- und Erwerbsstatuskontinuität auf. Die Wende führte bei fast allen Personen aus den neuen Bundesländern (NBL) zu erwerbsbiografischen Brüchen, in der Folgezeit erfuhren die Interviewpersonen aus den NBL häufiger betrieblich initiierte Stellenbeendigungen sowie längere Arbeitslosigkeitsdauern im Vergleich zu Personen aus den alten Bundesländern (ABL). In der Umbruchphase in höherem Lebensalter, die für alle Interviewten aus den NBL nach der Wende erfolgte bzw. durch diese eingeleitet wurde, fiel die Suchdauer im Arbeitslosigkeitsstatus länger aus. Damit stellen sich die anhand der regionalen Arbeitslosenquoten bereits ablesbaren höheren Arbeitsmarktrisiken in den NBL für Erwerbspersonen in höherem Lebensalter in besonderer Weise dar, in denen sich regionale und altersbezogene Nachteilsstrukturen kumulieren. (Teilaspekt zu Forschungsfrage 4)

Biografien sind somit, entsprechend der untersuchten Einflussfaktoren, eingegliedert in das soziale Feld. Personenstrukturelle Merkmale, wie u.a. Geschlecht in Verbindung mit Familie, sowie insbesondere die regionale Verortung werden zu Filtern für die Arbeitsmarktchancen. Institutionen, wie die einstellenden Unternehmen und die Arbeitsverwaltung, können – anknüpfend an den „Gatekeeping"-Ansatz nach Sackmann und Wingens (dies. 2001) – hierbei

Stellenneuaufnahmen in höherem Lebensalter erleichtern oder erschweren. In diesen Kontexten agieren die Erwerbspersonen mit ihren Orientierungen und Erfahrungen, suchen nach Realisierungsmöglichkeiten ihrer Ziele, nutzen gebotene Chancen, arrangieren sich mit ungewünschten Optionen oder wehren sich gegen solche. Teils wirken sie auch verändernd auf Kontextbedingungen ein. Dies schließt an das Konzept der „biographische(n) Prozessstruktur" nach Alheit und Dausien i.S. einer biografischen „Organisation von Erfahrungen im sozialen Raum" an (dies. 2006, S. 441).

In der *Deutung ihres beruflichen Werdegangs* schätzten die interviewten Erwerbspersonen diesen mehrheitlich als selbstgestaltet ein, darunter in einigen Fällen mit Verweis auf gegebene Umstände und Möglichkeiten. Hierbei erwies sich die Realisierung einer gewünschten beruflichen Neuorientierung in höherem Maße mit der Einschätzung von Selbstgestaltung verknüpft als konstante berufliche Orientierungen. Zugleich wurde der Werdegang mehrfach auch nach langjährig erfahrener Arbeitslosigkeit als selbstgestaltet eingeschätzt. Umgekehrt schätzten einzelne Erwerbspersonen ihren Werdegang als fremdbestimmt ein, obgleich sie über vielfältige Entscheidungen und Aktivitäten berichtet hatten, mittels derer ihre Erwerbsbiografie im Rahmen gegebener Gelegenheiten eine neue Wendung genommen hatte. Die Wahrnehmung und Reflexion von „Selbstwirksamkeit" ist somit nicht unmittelbar an den Erwerbsverlauf und Handlungserfolge gekoppelt. Sie kann aber eine Ressource für erwerbsbiografisch orientiertes Handeln darstellen. (Forschungsfrage 6)

Der *Perspektivenvergleich* zwischen den Einschätzungen der interviewten Erwerbspersonen, betrieblichen Leitungskräfte und ArbeitnehmerInnenvertretungen ergab eine weitgehende Übereinstimmung im Hinblick auf Einstellungshemmnisse für ältere Erwerbspersonen sowie deren Kompetenz und Lernfähigkeit. Hierbei wurden jeweils auch inter- und intrapersonelle Ambivalenzen zwischen einer Altersgeneralisierung und einer Personalisierung von Einschätzungen älterer Erwerbspersonen sichtbar. (Forschungsfrage 8)

Als prioritäre *Such- und Einstellungskriterien* bei ihren Stellenbesetzungen benannten alle interviewten betrieblichen Leitungskräfte die fachliche, soziale und personale Kompetenz und damit Kriterien, die von den Stellensuchenden prinzipiell auch selbst gestaltbar waren. Bei den übrigen genannten Kriterien handelte es sich hingegen überwiegend um solche, die durch die Stellensuchenden nicht gestaltbar waren, wie z.B. das Fehlen bzw. Vorhandensein weiterer Bewerbungen oder die unternehmensseitig eingeschätzte Passung bzw. Nicht-Passung zur betrieblichen Altersstruktur. Des Weiteren zeigte sich, dass mehrere Kriterien einstellungsförderlich wirkten, obwohl sie sich auf eine Ressourcenlimitation der Stellensuchenden bezogen, wie z.B. eine bevorzugte Einstellung älterer Stellensuchender aufgrund ihres absehbaren Renteneintritts und der damit ermöglichten Vermeidung einer langfristigen Personalkostenbindung. (Forschungsfrage 7)

Ausgewählte *Schlussfolgerungen zur Unterstützung von Erwerbsverläufen* in höherem Lebensalter wurden unter Verweis auf die in den Interviews sichtbar gewordene Heterogenität von Problemlagen und erhaltener Unterstützung in den Umbruchphasen in höherem Lebensalter auf folgenden Ebenen diskutiert (Forschungsfrage 9):

a) Auf der *Ebene der Erwerbspersonen* kann die individuelle Reflexion aufgebauter Qualifikationen, Erfahrungen und Stärken als eine wichtige Ressource für die Einschätzung beruflicher Chancen und Optionen sowie für die Planung und Umsetzung von Stellensuchaktivitäten fungieren. Hierfür können bereits vorliegende, in bildungswissenschaftlichen Projekten entwickelte Handlungshilfen genutzt werden. Ergänzend könnte ein Austausch im sozialen Umfeld oder die Nutzung professioneller Unterstützung in Form von Beratungs- oder Bildungsangeboten, sofern diese qualifiziert sind und subjektorientiert die Wünsche und Ziele der Erwerbspersonen aufgreifen, den Reflexionsprozess unterstützen.
b) Auf der *Ebene der Unternehmen* können die Unternehmens-, Personal- und Einstellungspolitik so gestaltet werden, dass älteren Stellensuchenden gleiche Einstellungschancen gewährt und den Beschäftigten eine Perspektive im Unternehmen bis zu ihrem regulären Renteneintritt ermöglicht wird, was letztlich auch für die Zukunftssicherung der Unternehmen selbst relevant ist. Hierfür wurden in arbeits-, gesundheits- und bildungswissenschaftlichen Projekten ebenfalls zahlreiche Handlungshilfen entwickelt. Sie fokussieren insbesondere auf die Gestaltung von Arbeitsaufgaben und Tätigkeiten, Gestaltung der Arbeitsorganisation, betriebliches Gesundheitsmanagement, Qualifizierung und Weiterbildung, Führung und Unternehmenskultur sowie Personalgewinnung bzw. -beschaffung. Zu diesen formulierten auch die interviewten UnternehmensvertreterInnen Anregungen basierend auf ihren betrieblichen Praxiserfahrungen.
c) Auf der *Ebene der Arbeitsverwaltung* können mit Verweis auf von den interviewten Erwerbspersonen berichtete gewünschte und nicht gewünschte erhaltene sowie nicht erhaltene Unterstützungsleistungen der Arbeitsverwaltung folgende Unterstützungsmöglichkeiten hervorgehoben werden: erstens eine subjektorientierte fakultative Beratung zur Information über chancenreichere Bewerbungssegmente sowie Anregung und Erörterung beruflicher Optionen und ggf. Neuorientierungen. Zweitens können über

Weiterbildungsförderungen Einstellungschancen erweitert werden, sofern sie einem arbeitsmarktlichen Bedarf entsprechen, von den Stellensuchenden gewünscht werden und die angekündigten Lehrziele realisieren. Drittens kamen den Beschäftigungs- und Einstellungsförderungen gerade auch für ältere Arbeitslose in den 1990er Jahren eine hohe Relevanz zu, die für einige der interviewten Erwerbspersonen während langjähriger Unsicherheitsphasen die nahezu einzige hauptberufliche Erwerbsintegration darstellten, allerdings verbunden mit dem wiederholten Erleben von Befristung und Arbeitslosigkeit. Gleichwohl sind etwaige Mitnahmeeffekte zu beachten.

d) Auf der *Ebene der Erwachsenenbildung* können fachlich orientierte Weiterbildungsangebote die Arbeitsmarktchancen stärken und arbeitsweltbezogene Beratungs- und Bildungsangebote die Reflexion und Orientierung im erwerbsbiografischen Verlauf unterstützen und durch alternative Deutungsangebote inhaltlich anregen. Mit Blick auf Stellensuchende in höherem Lebensalter erscheint hierbei zum einen besonders relevant, dass die Beachtung von Freiwilligkeit und Selbstbestimmung eine essenzielle Voraussetzung bleibt, um eine adäquate Unterstützung durch erwachsenenbildnerische Beratungs- und Bildungsangebote zu ermöglichen. Zum anderen sollten Erwachsenenbildungsangebote für Menschen in höherem Lebensalter jegliche altersbezogenen Generalisierungen – sowohl in Form negativer Stereotypisierungen als auch einer wohlmeinenden, aber undifferenzierten altersspezifischen Didaktik – vermeiden, stattdessen Altersbilder nach Gildemeister als soziale Konstrukte im Sinne eines „doing old“ (dies. 2008, S. 200, s. auch Kap. 3.5) reflektieren und dekonstruieren und sich v.a. an den individuellen Beratungs- und Lerninteressen im Kontext der jeweiligen biografischen Erfahrungen orientieren.

Gliederung und Lesehinweis

Die vorliegende Forschungsarbeit gliedert sich in die nachfolgenden sechs Kapitel: Die Arbeitsmarktsituation älterer Erwerbspersonen wird in Kap. 2 sekundäranalytisch anhand ausgewählter empirischer Befunde untersucht, fokussiert auf spezifische Arbeitsmarktrisiken für Erwerbspersonen in höherem Lebensalter und damit auf eine Fundierung der Relevanz des Forschungsthemas. Theoretische Ansätze und Diskurse zum Arbeitsmarkt generell sowie spezifisch zur Arbeitsmarktsituation älterer Erwerbspersonen werden in Kap. 3 erörtert. In Kap. 4 werden Theorien zu erwerbsbiografisch orientiertem Handeln älterer Erwerbspersonen und ihrer konzeptionellen Erfassung diskutiert. Kap. 3 und 4 haben jeweils die Funktion, den theoretischen Rahmen zu entfalten, in dem die vorliegende Arbeit verortet wird. Darüber hinaus liefern sie wichtige

Bezugspunkte für die im weiteren Forschungsprozess erfolgte Entwicklung der Interviewleitfäden für die Primärdatenerhebung. Den Kern der Forschungsarbeit stellt eine durchgeführte qualitative Analyse gelungener betrieblicher Wechsel und Reintegrationen in höherem Lebensalter dar. Deren Forschungsdesign wird in Kap. 5 erläutert, die Auswertungsergebnisse werden in Kap. 6 dargelegt. Letztgenanntes Kapitel enthält zur Nachvollziehbarkeit der Analyse eine Untersetzung aus dem Interviewmaterial und bildet damit auch hinsichtlich seines Umfangs den Schwerpunkt der Arbeit. In Kap. 7 werden die in Kap. 6 vorgestellten Ergebnisse der qualitativen Analyse resümiert und unter Rekurs auf die in Kap. 2 belegten empirischen Befunde in den theoretischen Bezugsrahmen der Kap. 3 und 4 eingeordnet.

Als Lesehinweis sei darauf aufmerksam gemacht, dass die wesentlichen Ergebnisse der Kap. 2 bis 4 zum Kapitelabschluss resümiert werden. In Kap. 6 finden sich Zusammenfassungen der Ergebnisse jeweils zum Abschluss der Unterkapitel 6.1 bis 6.6 sowie am Ende der beiden Unterkapitel 6.7.1 und 6.7.2.

2 Arbeitsmarktsituation älterer Erwerbspersonen: Empirische Befunde

Vorliegende sekundäranalytische Befunde zur Arbeitsmarktsituation älterer Erwerbspersonen wurden insbesondere unter der Fragestellung gesichtet, welche Aussagen sich über die Arbeitsmarktchancen älterer Erwerbspersonen anhand ihrer Beschäftigungs- und Einstellungschancen und etwaiger Abweichungen zu jüngeren Altersgruppen treffen lassen. Hierfür wird nachfolgend die Entwicklung der Erwerbsbeteiligung von Personen in höherem Lebensalter näher betrachtet und nach diversen Erwerbsformen beleuchtet (Kap. 2.1). Komplementär hierzu wird die altersdifferenzierte Entwicklung der Erwerbs- und Arbeitslosigkeit analysiert und in ausgewählten Merkmalen vertieft (Kap. 2.2). Vorliegende Daten zu Neueinstellungen von Älteren sowie zum Austritt aus der Erwerbsphase werden in den Kap. 2.3 und 2.4 erörtert. Die wesentlichen Ergebnisse werden abschließend resümiert (Kap. 2.5).

Zu berücksichtigen ist, dass bei absoluten Daten, wie z.B. der Anzahl von Erwerbstätigen ab 50 Jahren, und bei Altersanteilen, wie z.B. dem Anteil von Arbeitslosen ab 50 Jahren an allen Arbeitslosen, diese jeweils auch durch die absolute und relative Zunahme der älteren Erwerbspersonen im Rahmen der demografischen Entwicklung bedingt sind. Daher werden im Folgenden ausschließlich altersspezifische Quoten ausgewiesen, die damit auch zwischen Altersgruppen vergleichbar sind.

2.1 Erwerbsbeteiligung und Erwerbsformen

Für die Erwerbsbeteiligung werden unterschiedliche Messverfahren zugrunde gelegt. Nachfolgend werden die EU-weit ausweisbaren Erwerbstätigenquoten den bundesweit erhobenen Beschäftigungsquoten auf Basis der sozialversicherungspflichtig Beschäftigten gegenübergestellt. Letztere werden nach Vollzeitarbeit differenziert und um Daten zur geringfügigen Beschäftigung ergänzt.

Erwerbstätigkeit

Ein europäisch vereinheitlichtes Messverfahren stellt die Erfassung der Erwerbstätigkeit nach dem EU Labour Force Survey (LFS) dar. Dieser orientiert sich an der Definition der International Labour Organization (ILO) und weist auf Grundlage einer Haushaltsbefragung Personen ab 15 Jahren als Erwerbstätige aus, wenn sie in der Berichtswoche mindestens eine Stunde erwerbstätig waren oder in formeller Anbindung an einen Arbeitsplatz dort vorübergehend, z.B. urlausbedingt, abwesend waren (vgl. Gauckler & Körner 2011, S. 185).[7]

Nach den LFS-Daten ging die Erwerbstätigkeit EU-weit nach der Haupterwerbsphase von 25–49 Jahren mit zunehmendem Alter deutlich zurück. Entsprechend der politischen Agenda zur Erhöhung der Erwerbstätigkeit älterer Erwerbspersonen (s. Kap. 1) stieg – bereits seit den 1990er Jahren – diese stark an und wies auch nach jüngsten Daten für das Jahr 2016 im Vergleich zum Jahr 2015 eine anhaltende Aufwärtsdynamik auf. Der Rückgang der Erwerbstätigkeit in höherem Lebensalter hat sich damit abgeflacht, besteht aber tendenziell fort.

Vergleichbare Entwicklungen vollzogen sich auch in der Bundesrepublik, hier allerdings mit einem weit höheren Anstieg: Bei ähnlichen Erwerbstätigenquoten der 50–64-Jährigen im Jahr 2002 in Höhe von 50,1 % in der EU(28)[8] und 50,6 % in der BRD betrugen die Vergleichsdaten im Jahr 2016 63,4 % in der EU(28) und 74,8 % in der BRD. Die älteste hier betrachtete Altersgruppe der 60–64-Jährigen wies mit einer Quote von 56,0 % im Jahr 2016 dennoch eine deutlich geringere Erwerbsbeteiligung im Vergleich zu den 25–49-Jährigen mit einer Quote von 83,7 % auf (s. Abb. 2).

Abb. 2: Altersspezifische Erwerbstätigenquoten im Durchschnitt der EU (28) und in Deutschland in den Jahren 2002, 2015 und 2016 (in %)

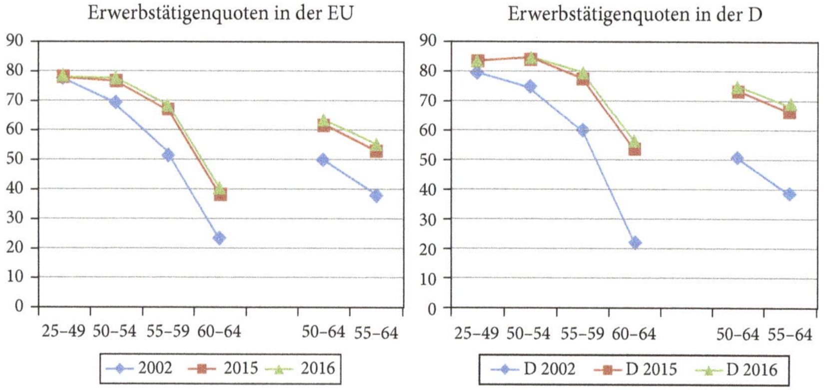

7 Bezugsgröße der nachfolgend ausgewiesenen Erwerbstätigenquoten ist jeweils die Quote der angegebenen erwerbstätigen Teilpopulation im Verhältnis zur Gesamtbevölkerung dieser Teilpopulation, z.B. der erwerbstätigen 50–54-jährigen Frauen im Verhältnis zu allen 50–54-jährigen Frauen.

8 Bezugsgröße sind die 28 Mitgliedsstaaten der EU. Eurostat weist unterschiedliche Bezugsgrößen aus, die auch Zeitreihen für frühere Status der EU mit weniger Mitgliedsstaaten bieten.

Alters-gruppe	**EU (28)**			**D**		
	2002	**2015**	**2016**	**2002**	**2015**	**2016**
25–49	77,3	78,2	78,9	79,6	83,6	83,7
50–54	69,5	77,0	77,9	74,6	84,1	84,9
55–59	52,1	67,0	68,7	59,4	77,5	79,4
60–64	23,5	38,3	40,5	22,2	53,3	56,0
50–64	50,1	61,8	63,4	50,6	73,0	74,8
55–64	38,1	53,3	55,2	38,4	66,2	68,6

Quelle: Datenexport aus dem EU Labour Force Survey, vgl. European Commission, Eurostat (Ed.) (n.d.a), eigene Grafikerstellung.

Differenzen nach Geschlecht und Region

Nach Geschlecht fielen diese Anstiege deutlich unterschiedlich aus: So stiegen – bezogen auf die Bundesrepublik – die Erwerbstätigenquoten der Frauen nochmals deutlich stärker an, ihre Werte lagen für die 55–64-jährigen Frauen mit 63,5 % im Jahr 2016 mehr als doppelt so hoch gegenüber ihrer Quote von 29,8 % im Jahr 2002. Demgegenüber nahm die Erwerbstätigenquote der 55–64-jährigen Männer, ausgehend von einem höheren Ausgangsniveau, im gleichen Zeitraum von 47,1 % auf 73,7 % zu. Auch 2016 lag damit die Männererwerbstätigenquote noch deutlich über der der Frauen (s. Abb. 3).

Abb. 3: Altersspezifische Erwerbstätigenquoten in Deutschland nach Geschlecht in den Jahren 2002, 2015 und 2016 (in %)

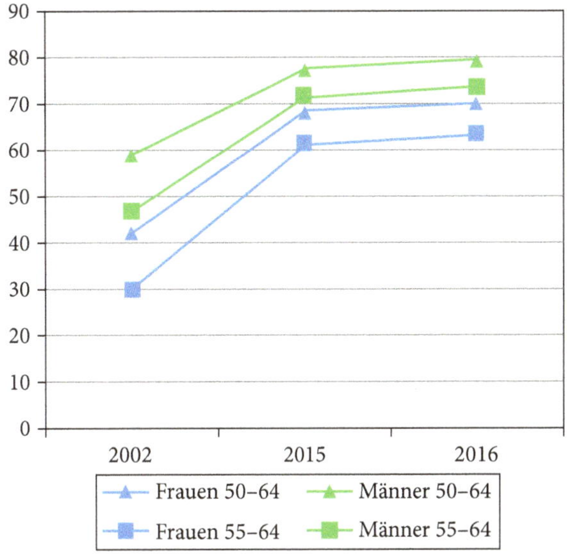

Altersgruppe	Frauen			Männer		
	2002	2015	2016	2002	2015	2016
50–64	42,3	68,3	70,1	58,9	77,7	79,4
55–64	29,8	61,2	63,5	47,1	71,3	73,7

Quelle: Datenexport aus dem EU Labour Force Survey, vgl. European Commission, Eurostat (Ed.) (n.d.a), eigene Grafikerstellung.

Nach Region lagen die Erwerbstätigenquoten der 55–64-Jährigen im Jahr 2015 in den ABL für die einzelnen Alterskohorten überwiegend über den Quoten in den NBL. Sie betrugen nach Bäcker, Jansen & Schmitz basierend auf Daten des Statistischen Bundesamtes für die 55-Jährigen in den ABL 80,7 %, für die Vergleichsgruppe in den NBL 78,3 %. Diese Werte sanken für die 64-Jährigen auf 32,3 % in den ABL und 26,7 % in den NBL (vgl. dies. 2017, S. 30).

Differenzen nach Qualifikation

Auch nach Qualifikation differieren die Erwerbstätigenquoten deutlich: Im Jahr 2015 bewegten sie sich für 60–64-Jährige ohne Berufsabschluss zwischen 34,2 % bei den Frauen und 43,6 % bei den Männern, für Personen der gleichen Altersgruppe mit einem anerkannten Berufsabschluss zwischen 47,4 % bei den Frauen und 55,1 % bei den Männern und für Personen mit einem akademischen Abschluss zwischen 62,9 % bei den Frauen und 71,1 % bei den Männern. Mit zunehmender Qualifikation steigen somit die Erwerbstätigenquoten generell an (s. Abb. 4).

Bereits ausgeführte Strukturdifferenzen, wie höhere Erwerbstätigenquoten in der jüngeren betrachteten Altersgruppe der 55–59-Jährigen gegenüber den 60–64-Jährigen sowie bei den Männern gegenüber den Frauen zeigen sich auch in den verschiedenen Qualifikationsstufen.

Für die insgesamt gestiegene Erwerbstätigkeit von Frauen und Männern ab 55 Jahren führen Bäcker, Jansen & Schmitz als Gründe insbesondere die wirtschaftliche Entwicklung und ein in zumindest manchen Branchen infolge des Fachkräftebedarfs gestiegenes Interesse der Unternehmen an einer längeren Beschäftigung ihrer älteren MitarbeiterInnen sowie die gesetzliche Anhebung der Regelaltersgrenze und der Altersgrenzen für einen vorzeitigen Rentenbezug an (vgl. dies. 2017, S. 26).

Ist damit eine spezifische Befassung mit der Erwerbstätigkeit in höherem Lebensalter obsolet geworden? Diese Frage muss insbesondere aufgrund der

Abb. 4: Altersspezifische Erwerbstätigenquoten in Deutschland nach Geschlecht und Qualifikation im Jahr 2015 (in %)

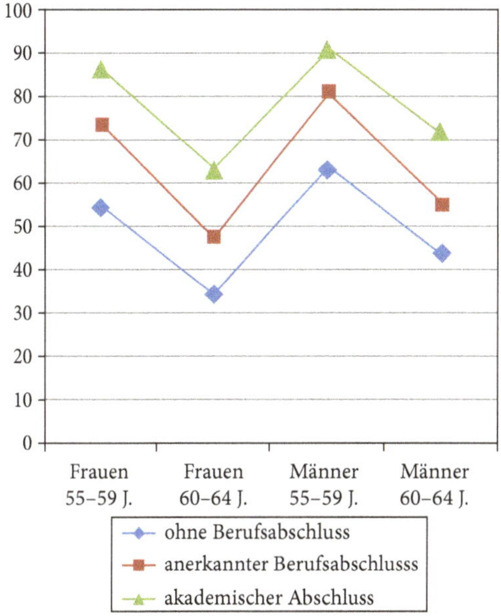

Qualifikation	**Frauen**		**Männer**	
	55–59 J.	**60–64 J.**	**55–59 J.**	**60–64 J.**
ohne Berufsabschluss	54,2	34,2	63,2	43,6
anerkannter Berufsabschluss	73,8	47,4	80,8	55,1
akademischer Abschluss	86,4	62,9	90,6	71,1

Quelle: Bäcker, Jansen & Schmitz 2017, S. 40-43 mit Verweis auf Daten der Bundesagentur für Arbeit, eigene Grafikerstellung.

geringen Aussagekraft des Messkonzepts der vorgestellten Erwerbstätigenquoten verneint werden. Obgleich viel zitiert und zudem weitgehend deckungsgleich mit den Ausweisungen des Statistischen Bundesamtes zur Erwerbstätigkeit (vgl. Statistisches Bundesamt 2017, S. 7) sind die Definitionsgrundlagen für die Erwerbstätigkeit bzw. die Erwerbstätigenquote aufgrund der Ausweisung auch geringfügiger Erwerbsformen bereits ab einer Stunde pro Woche nicht nutzbar für Analysen, die die Erwerbstätigkeit mit einer höheren sozio-ökonomischen Relevanz für die Erwerbstätigen untersuchen. Da eine solche Relevanz immer auch von der individuellen sozio-ökonomischen Lage, dem jeweiligen

Haushaltskontext und dem subjektiven Empfinden abhängt, können allenfalls Untergrenzen formuliert werden, die als Mindestkriterien erfüllt sein sollten, wie z.B. ein Arbeitszeitumfang oberhalb des im Arbeitslosigkeitsstatus möglichen Beschäftigungsumfangs[9] und eine Erwerbstätigkeit oberhalb der Definitionsgrenzen für eine geringfügige Beschäftigung[10].

Sozialversicherungspflichtige Beschäftigung

Zur sozialen Absicherung während der Erwerbsphase und für den Ruhestand ist für den Großteil der Erwerbspersonen eine sozialversicherungspflichtige (Vollzeit-) Beschäftigung Voraussetzung.[11] In ähnlicher Tendenz wie die Erwerbstätigenquoten geht auch die – auf Meldedaten der Bundesagentur für Arbeit und damit auf einer Vollerhebung basierenden – Quote der Personen, die in einer sozialversicherungspflichtigen Beschäftigung tätig sind, ab der Altersgruppe der 50–54-Jährigen mit zunehmendem Alter zurück.[12] Dieser Rückgang verflachte sich bis zum Jahr 2016 gegenüber dem hier betrachteten Ausgangsjahr 2005 und die Beschäftigungsquoten stiegen im Zeitverlauf insgesamt auf ein höheres Niveau. Für die Gruppe der

---

9 Nach § 138 Sozialgesetzbuch III ist für die Anerkennung des Arbeitslosigkeitsstatus eine Erwerbstätigkeit von weniger als 15 Stunden pro Woche unschädlich, vgl. Bundesministerium der Justiz und für Verbraucherschutz o.J.h.

10 Die gesetzlichen Regelungen zur Definition einer geringfügigen Beschäftigung wurden mehrfach verändert, nach aktueller Definition handelt es sich im Falle einer Entlohnung bis max. regelmäßig 450 € monatlich oder einer zeitlichen Dauer von max. 3 Monaten oder 70 Arbeitstagen jährlich um eine geringfügige Beschäftigung, vgl. Bundesagentur für Arbeit 2016b, S. 7 f., vgl. zur rechtlichen Entwicklung Wippermann 2012, S. 89 ff., Kattein 2002.

11 So lag im Jahr 2015 der Anteil der Angestellten, ArbeiterInnen und Auszubildenden an allen 15–64-jährigen Personen, also allen Erwerbstätigen, Erwerbslosen und Nichterwerbspersonen, bei 63 %, der Anteil der Selbstständigen und mithelfenden Familienangehörigen bei 7 % und der Anteil der BeamtInnen bei 4 %, die übrigen Anteile umfassten zu 4 % Erwerbslose und zu 23 % Nichterwerbspersonen. Für die 55–64-Jährigen betrugen die Vergleichswerte 52 % Angestellte, ArbeiterInnen und Auszubildende, 9 % Selbstständige und mithelfende Familienangehörige, 4 % BeamtInnen, 3 % Erwerbslose und 31 % Nichterwerbspersonen, vgl. Bundesagentur für Arbeit 2016a, S. 10.

12 Die Beschäftigungsquoten bezeichnen den Anteil der sozialversicherungspflichtig Beschäftigten an der gleichaltrigen Gesamtbevölkerung, z.B. den Anteil der sozialversicherungspflichtig beschäftigten 50–54-Jährigen im Verhältnis zu allen 50–54-Jährigen. Die Beschäftigtendaten beziehen sich jeweils auf den Stichtag 30.06. eines Jahres, die Bevölkerungszahl auf den 31.12. des Vorjahres. Aufgrund einer veränderten Referenzgröße auf Grundlage des Zensus 2011 fallen die zugrunde gelegten Bevölkerungsdaten ab 2011 niedriger und damit die hierauf bezogenen Beschäftigungsquoten höher aus. Unabhängig davon wiesen die Beschäftigungsquoten im gesamten Betrachtungszeitraum eine steigende Tendenz auf.

50–54-Jährigen nahm die Beschäftigungsquote seit 2005 um 12,1 Prozentpunkte auf 64,6 % im Jahr 2016 zu, für die 55–59-Jährigen um 14,4 Prozentpunkte auf 59,2 % und für die 60–64-Jährigen um 22,8 Prozentpunkte auf 37,5 % (s. Abb. 5).

Abb. 5: Altersspezifische Beschäftigungsquoten (sozialversicherungspflichtiger Beschäftigung) in Deutschland in den Jahren 2005, 2015 und 2016 (in %)

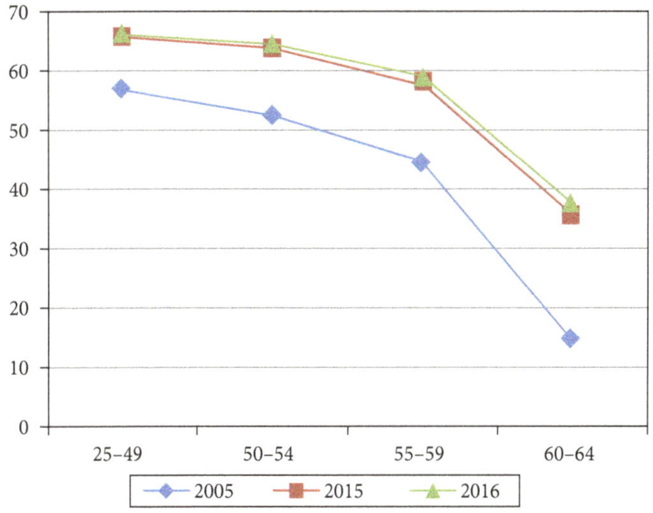

Altersgruppe	2005	2015	2016
25–49	56,9	65,8	66,1
50–54	52,5	63,7	64,6
55–59	44,8	58,0	59,2
60–64	14,7	35,6	37,5

Quelle: Datenexport aus der Beschäftigtenstatistik der Bundesagentur für Arbeit, vgl. Bundesagentur für Arbeit 2017g, eigene Grafikerstellung.

Differenzen nach Geschlecht und Region

Die sozialversicherungspflichtige Beschäftigung differiert zudem nach personenstrukturellen Merkmalen: Die Beschäftigungsquoten der Männer zwischen 55 bis 64 Jahren lagen nach Bäcker, Jansen & Schmitz mit Verweis auf Daten der Bundesagentur für Arbeit und der Volkswirtschaftlichen Gesamtrechnungen der Länder in den ABL nahezu durchgängig über denen in den NBL. Sie betrugen im Jahr 2015 für 55-jährige Männer in den ABL 63,1 % und in den NBL 60,8 %. Mit zunehmendem Alter sanken sie im gleichen Jahr weiter ab bis auf

17,5 % für die 64-jährigen Männer in den ABL und auf 14,6 % in den NBL. Eine gegenläufige Tendenz findet sich bei den Frauen, sie wiesen in den ABL geringere Beschäftigungsquoten im Altersbereich von 55 bis 62 Jahren gegenüber den Frauen in den NBL auf. Im Jahr 2015 betrug die Beschäftigungsquote der 55-jährigen Frauen in den ABL 56,5 %, in den NBL 64,0 %. Für die 64-jährigen Frauen sanken diese Quoten in den ABL auf 13,2 %, in den NBL auf 10,7 % (vgl. Bäcker, Jansen & Schmitz 2017, S. 37 f.). In den ABL wiesen im Jahr 2015 Männer ab 55 Jahren durchgängig höhere Beschäftigungsquoten im Vergleich zu den Frauen auf, in den NBL hingegen war die Beschäftigungsquote der Frauen im Altersbereich von 55 bis 61 Jahren höher als die der Männer. D.h. die Beschäftigungsquoten fielen in den ABL sowie bei Männern tendenziell höher aus, wobei die Frauen in den NBL sowohl gegenüber den Männern in den NBL als auch gegenüber den Frauen in den ABL gegenläufige Relationen aufwiesen.

Insgesamt lagen im Vergleich zu den zuvor dargestellten Erwerbstätigenquoten die Beschäftigungsquoten der sozialversicherungspflichtig Beschäftigten deutlich niedriger, nämlich im Jahr 2016 für die 50–54-Jährigen mit 64,6 % um 20,3 Prozentpunkte unter der Erwerbstätigenquote der gleichen Altersgruppe, für die 55–59-Jährigen mit 59,2 % um 20,2 Prozentpunkte und für die 60–64-Jährigen mit 37,5 % um 18,5 Prozentpunkte unter der Erwerbstätigenquote.[13] Diese Differenz setzt sich in den günstigen bzw. existenzsichernden Varianten aus Erwerbstätigen im Beamtenverhältnis und in gesicherten Formen von Selbstständigkeit bzw. Mithilfe als Familienangehörige zusammen, in den ungünstigen bzw. nicht existenzsichernden Varianten hingegen auch aus prekären Formen von Selbstständigkeit und ausschließlich geringfügiger Beschäftigung unterhalb der Sozialversicherungspflicht.

Bevor letztgenannte näher erläutert werden, soll nachfolgend für die 60–64-Jährigen die Entwicklung der Vollzeitbeschäftigungsquoten betrachtet werden. Diese bezeichnen den Anteil der sozialversicherungspflichtig Vollzeitbeschäftigten an der gleichaltrigen Bevölkerung.

In ähnlicher Entwicklungstendenz wie die Erwerbstätigen- und die Beschäftigungsquote ging auch die Vollzeitbeschäftigungsquote mit zunehmendem Alter, hier ausgewiesen ab dem 60. Lebensjahr, deutlich zurück. Zugleich verzeichnete sie bis zum Jahr 2015 einen ebenfalls deutlichen generellen Zuwachs gegenüber dem Ausgangsjahr 2005 (s. Abb. 6).

---

13 Diese Datenvergleiche sind nur als grobe Größenverhältnisse interpretierbar, da es sich um unterschiedliche Datenquellen handelt, deren Bezugsgrößen vermutlich leicht voneinander abweichen.

Abb. 6: Altersspezifische Vollzeitbeschäftigungsquoten (sozialversicherungspflichtiger Beschäftigung) in Deutschland in den Jahren 2005 und 2015 (in %)

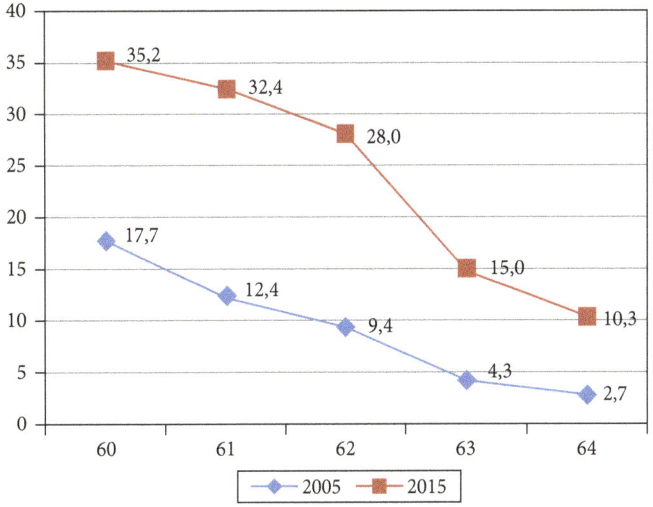

Quelle: Bäcker, Jansen & Schmitz 2017, S. 35 f. mit Verweis auf Daten der Bundesagentur für Arbeit und des Statistischen Bundesamtes, eigene Grafikerstellung.

Differenzen nach Geschlecht, Region und Qualifikation

Die sozialversicherungspflichtige Vollzeitbeschäftigung ist zugleich nach Geschlecht, Region und Qualifikation sehr unterschiedlich ausgeprägt. Unter Berücksichtigung einer, wie oben ausgeführt, nur eine Minderheit der 60–64-Jährigen betreffenden Beschäftigungsquote von 35,6 %, die in dieser Altersgruppe überhaupt sozialversicherungspflichtig beschäftigt sind, lässt sich deren Zusammensetzung für die 64-Jährigen im Jahr 2015 nach Bäcker, Jansen & Schmitz mit Verweis auf Daten der Bundesagentur für Arbeit wie folgt aufschlüsseln: Unter den 64-jährigen sozialversicherungspflichtig Beschäftigten wiesen Männer ohne Berufsabschluss in den ABL mit 88,9 % den höchsten Vollzeitanteil auf, Frauen ohne Berufsabschluss in den ABL mit 45,7 % den geringsten.[14] Die Vollzeitanteile lagen generell bei den Frauen weit niedriger als bei den Männern, insbesondere in den ABL, und stiegen mit zunehmender Qualifikation für Frauen in den ABL und NBL sowie für Männer in den NBL an (s. Abb. 7).

14 Bezugsgröße der hier ausgewiesenen Anteilswerte ist das Verhältnis der sozialversicherungspflichtig Vollzeitbeschäftigten der angegebenen Teilpopulationen an allen sozialversicherungspflichtig Beschäftigten dieser Teilpopulationen, z.B. der sozialversicherungspflichtig vollzeitbeschäftigten 64-jährigen Frauen ohne Berufsabschluss in den ABL an allen sozialversicherungspflichtig beschäftigten 64-jährigen Frauen ohne Berufsabschluss in den ABL.

Abb. 7: Anteile der 64-jährigen sozialversicherungspflichtig Beschäftigten in Vollzeitarbeit in Deutschland nach Geschlecht, Region und Qualifikation im Jahr 2015 (in %)

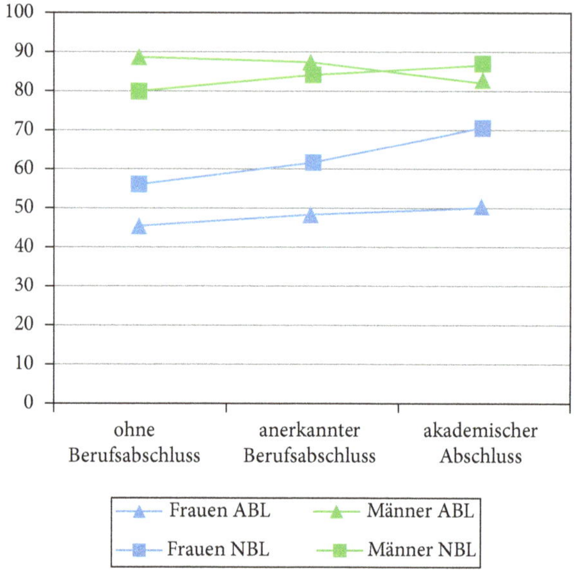

Qualifikation	Frauen		Männer	
	ABL	NBL	ABL	NBL
ohne Berufsabschluss	45,7	56,1	88,9	80,0
anerkannter Berufsabschluss	48,2	61,8	87,4	84,4
akademischer Abschluss	50,0	70,5	82,5	86,8

Quelle: Bäcker, Jansen & Schmitz 2017, S. 48 mit Verweis auf Daten der Bundesagentur für Arbeit, eigene Grafikerstellung.

Im Hinblick auf die insgesamt mit zunehmendem Alter ab 60 Jahren sinkende Vollzeitbeschäftigungsquote ist zur Bewertung dieser Entwicklung zu berücksichtigen, dass gerade in der rentennahen Teilzeitzeitarbeit die Möglichkeit eines gleitenden Übergangs älterer Erwerbspersonen in den Ruhestand gesehen wurde, der entsprechend des – allerdings seit 2010 auslaufenden – Altersteilzeitgesetzes bei Wiederbesetzung der betreffenden Stelle mit einer/einem Arbeitslosen oder einer/einem BerufsanfängerIn aus Mitteln der Bundesagentur für Arbeit finanziell gefördert wird (vgl. BMAS 2016, S. 113 ff., Bundesagentur für Arbeit 2015b, S. 21 ff., 31 ff.). Letztlich verdeutlicht aber die Vollzeitbeschäftigungsquote, dass trotz gestiegener Erwerbsbeteiligung in höherem Lebensalter nach wie vor nur eine Minderheit, nämlich 10,3 % der 64-Jährigen im Jahr 2015, in einer sozialversicherungspflichtigen Vollzeitbeschäftigung tätig waren. Ein soziales Sicherungssystem, das wie in der BRD überwiegend auf einer sozialversicherungspflichtigen Vollzeitarbeit zur Existenzsicherung sowie zur Vorsorge für den Ruhestand basiert (s. Kap. 3.5), verweisen diese nach wie vor ab dem 50. Lebensjahr zu konstatierenden Einbrüche in der Erwerbstätigkeit auf eine fortbestehende Sicherungslücke, die mit der Heraufsetzung des gesetzlichen Renteneintrittsalters noch verschärft wird.

Geringfügige Beschäftigung

In besonderer Weise kommt die Diskrepanz zwischen Erwerbsarbeit und einer erwerbsarbeitsbasierten sozialen Absicherung in der Erwerbsform der geringfügigen Beschäftigung zum Ausdruck. Diese ist mit den oben benannten gesetzlichen Entgelt- und Zeitbegrenzungen gar nicht zur sozialen Absicherung konzipiert, sondern soll vielmehr die Möglichkeit eines nebentätigen Zuverdienstes in einer ansonsten anderweitig – durch hauptberufliche Erwerbstätigkeit, Rente, BAföG oder alternative Einkommen im Haushaltskontext – abgesicherten sozialen Lage bieten.

Wurde die im Zuge der „Hartz-Gesetze" erleichterte und gewollte Ausweitung geringfügiger Beschäftigung mit der Intention begründet, insbesondere Arbeitslosen und Frauen ohne ein weiteres eigenes Erwerbseinkommen eine Brücke in sozialversicherungspflichtige Beschäftigung zu eröffnen, so zeigen Untersuchungen zu den Verbleibsdaten geringfügig Beschäftigter, dass sich diese Hoffnung nicht erfüllte (vgl. Bosch & Weinkopf 2016, S 25 ff., Wippermann 2012, S. 20 ff.).

Während geringfügige Beschäftigung, wie in Abb. 8 dargestellt, generell bei Frauen stärker ausgeprägt ist als bei Männern und für beide Geschlechter in den ABL höhere Anteilswerte als in den NBL aufweist, steigen in beiden Regionen und für beide Geschlechter die Anteile geringfügiger Beschäftigung deutlich an, nämlich für die 64-Jährigen bis auf Werte zwischen 45,9 und 55,0 % an allen abhängigen Beschäftigungsverhältnissen (ohne BeamtInnen).[15] Nach Bäcker, Jansen & Schmitz bezieht ein weit überwiegender Teil der geringfügig Beschäftigten ab 63 Jahren zugleich eine Altersrente (vgl. dies. 2017, S. 50).[16]

15 Bezugsgröße der hier ausgewiesenen Anteilswerte ist das Verhältnis geringfügiger Beschäftigungsverhältnisse der angegebenen Teilpopulationen an allen abhängigen Beschäftigungsverhältnissen dieser Teilpopulationen (ohne BeamtInnen), z.B. der geringfügigen Beschäftigungsverhältnisse von 55-jährigen Frauen in den ABL an allen abhängigen Beschäftigungsverhältnissen der 55-jährigen Frauen in den ABL.

16 Auch in den im Rahmen der vorliegenden Arbeit geführten Interviews berichteten Erwerbspersonen über geringfügige Beschäftigungen, die sie in höherem Lebensalter

Abb. 8: Anteile geringfügiger Beschäftigungsverhältnisse an allen abhängigen Beschäftigungsverhältnissen (ohne BeamtInnen) nach Alter, Geschlecht und Region in Deutschland im Jahr 2015 (in %)

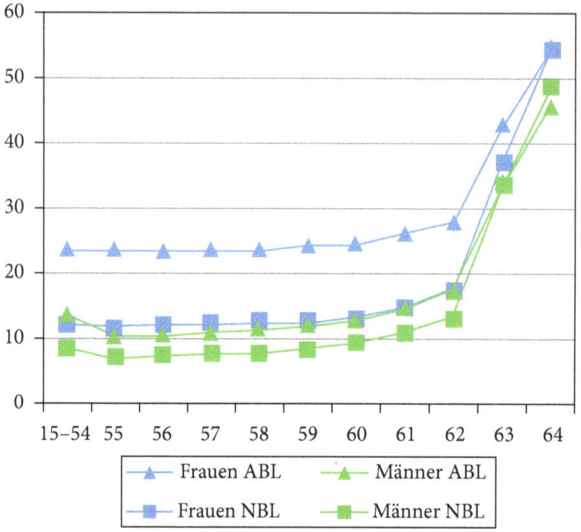

Alter	Frauen		Männer	
	ABL	NBL	ABL	NBL
15–54	23,7	12,2	13,6	8,5
55	23,6	11,6	10,5	7,0
56	23,6	11,9	10,6	7,5
57	23,7	12,2	10,9	7,6
58	23,7	12,4	11,4	7,9
59	24,3	12,6	12,1	8,4
60	24,8	13,2	12,7	9,4
61	26,2	14,8	14,5	10,9
62	28,1	17,5	17,3	13,2
63	42,9	37,1	33,9	33,6
64	55,0	54,5	45,9	48,6

Quelle: Bäcker, Jansen & Schmitz 2017, S. 50 f. mit Verweis auf Daten der Bundesagentur für Arbeit, eigene Grafikerstellung.

ausgeübt hatten. Überwiegend handelte es sich hierbei um Nebentätigkeiten während einer Arbeitslosigkeitsphase, in zwei Fällen auch parallel zum Altersrentenbezug.

Bei der Interpretation der Erwerbstätigenquoten ist somit zu berücksichtigen, dass die hier eingegangenen Anteile geringfügiger Beschäftigung[17] im rentennahen Alter deutlich stärker ausgeprägt sind und keine Existenzsicherung ermöglichen.

2.2 Erwerbs- und Arbeitslosigkeit

Auch die Arbeitslosigkeit wird mit unterschiedlichen Messverfahren erhoben. Dargelegt werden im Folgenden die EU-weit ausweisbaren Erwerbslosenquoten sowie anschließend die bundesweit erhobenen Arbeitslosenquoten. Besondere Relevanzen für Arbeitslose in höherem Lebensalter werden anhand der Arbeitslosigkeitsdauer und der Unterbeschäftigung vertiefend diskutiert.

Erwerbslosigkeit
International vergleichbar ist die als Erwerbslosigkeit bezeichnete Erhebung nach dem EU Labour Force Survey (LFS), der an der Definition der International Labour Organization (ILO) orientiert ist. Hiernach setzt Erwerbslosigkeit u.a. voraus, dass die im Rahmen einer Haushaltsbefragung erfasste Person gar nicht oder weniger als eine Stunde in der Berichtswoche erwerbstätig war (vgl. European Commission, Eurostat n.d.c, Konle-Seidel 2009, Gauckler & Körner 2011, S. 185).

Die Erwerbslosenquoten[18] wiesen im EU-Durchschnitt in den Altersgruppen ab 50 Jahren gegenüber den 25–49-Jährigen niedrigere Werte auf, d.h. die Arbeitslosigkeitsproblematik erscheint hiernach in höherem Lebensalter als geringer ausgeprägt. Zwischen den dargestellten Jahren 2002, 2015 und 2016 verlief die Entwicklung ähnlich, mit Ausnahme einer 2002 noch deutlich niedrigeren Erwerbslosenquote bei den 60–64-Jährigen. Die Höhe der Erwerbslosenquoten blieb sowohl bei den 25–49-Jährigen wie auch bei Altersgruppen in höherem Lebensalter im betrachteten Zeitraum näherungsweise stabil (s. Abb. 9).

17 Im Rahmen der auf Bevölkerungsbefragungen basierenden Erhebung der Erwerbstätigkeit wird geringfügige Beschäftigung allerdings auf einem geringeren Niveau ausgewiesen als nach Daten der Bundesagentur für Arbeit, bei denen es sich um eine Vollerhebung handelt, vgl. Körner, Puch, Frank & Meinke 2011, S. 1066.

18 Bezugsgröße der nachfolgend ausgewiesenen Erwerbslosenquoten ist jeweils die Quote der angegebenen erwerbslosen Teilpopulation im Verhältnis zur gesamten Erwerbsbevölkerung dieser Teilpopulation, z.B. der 50–54-jährigen Erwerbslosen in der EU im Verhältnis zu allen 50–54-jährigen Erwerbspersonen in der EU, letztgenannte umfassen die Erwerbstätigen und Erwerbslosen.

Abb. 9: Altersspezifische Erwerbslosenquoten im Durchschnitt der EU (28) und in Deutschland in den Jahren 2002, 2015 und 2016 (in %)

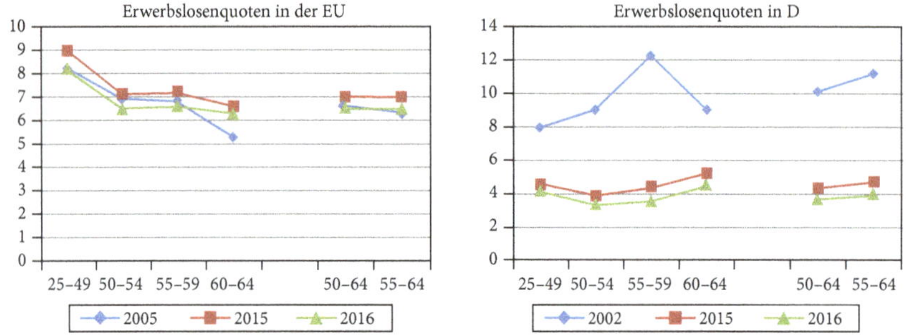

Altersgruppe	EU (28)			D		
	2002	2015	2016	2002	2015	2016
25–49	8,2	9,0	8,2	7,9	4,5	4,1
50–54	6,9	7,1	6,5	9,0	3,8	3,3
55–59	6,8	7,2	6,6	12,2	4,4	3,5
60–64	5,3	6,6	6,3	9,0	5,2	4,4
50–64	6,6	7,0	6,5	10,1	4,3	3,6
55–64	6,3	7,0	6,5	11,2	4,7	3,9

Quelle: Datenexport aus dem EU Labour Force Survey, vgl. European Commission, Eurostat (Ed.) (n.d.b), eigene Grafikerstellung.

In Deutschland ging hingegen im Gegensatz zum EU-Durchschnitt die Erwerbslosigkeit in allen Altersgruppen deutlich zurück. Hierbei lagen die Werte für die Erwerbslosigkeit in höherem Lebensalter zu Beginn des hier betrachteten Zeitraums im Jahr 2002 noch deutlich ungünstiger: Trotz einer leicht niedrigeren Erwerbslosenquote der 25–49-Jährigen mit 7,9 % im Vergleich zum EU-Durchschnitt mit 8,2 %, fielen die Erwerbslosenquoten für die 50–64-Jährigen in Deutschland mit 10,1 % weit höher als der EU-Durchschnitt von 6,6 % aus. Dieses Verhältnis kehrte sich allerdings in der Folgezeit um, im Jahr 2016 unterschritt die Erwerbslosenquote der 50–64-Jährigen in Deutschland mit 3,6 % den Vergleichswert im EU-Durchschnitt mit 6,5 %. Damit erreichte die Erwerbslosenquote der 50–64-Jährigen in Deutschland zugleich ähnlich wie im EU-Durchschnitt einen niedrigeren Wert im Vergleich zu den 25–40-Jährigen (s. Abb. 9).

Differenzen nach Geschlecht
Im Unterschied zu den deutlichen geschlechtsspezifischen Unterschieden bei den Erwerbstätigenquoten differierten die Erwerbslosenquoten nach Geschlecht in deutlich geringerem Maße.

Abb. 10: Altersspezifische Erwerbslosenquoten in Deutschland nach Geschlecht in den Jahren 2002, 2015 und 2016 (in %)

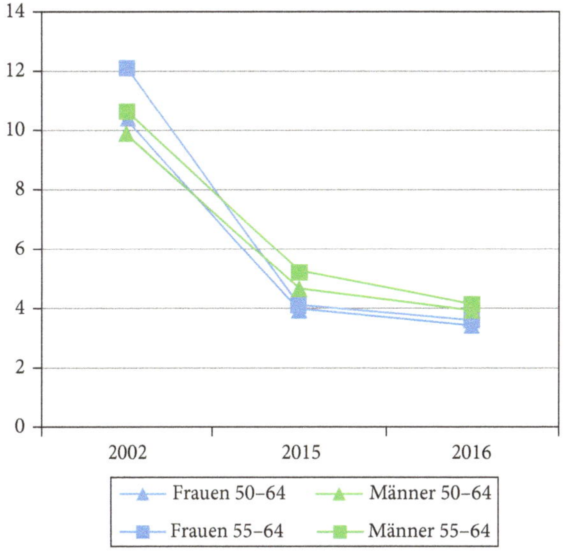

Altersgruppe	Frauen			Männer		
	2002	2015	2016	2002	2015	2016
50–64	10,4	3,9	3,4	9,9	4,7	3,9
55–64	12,1	4,1	3,6	10,6	5,2	4,1

Quelle: Datenexport aus dem EU Labour Force Survey, vgl. European Commission, Eurostat (Ed.) (n.d.b), eigene Grafikerstellung.

Wiesen die 55–64-jährigen Frauen im Jahr 2002 mit 12,1 % eine leicht höhere Erwerbslosenquote als die Männer der gleichen Altersgruppe mit 10,6 % auf, kehrte sich dieses Verhältnis in den hier ausgewiesenen Jahren 2015 und 2016 um. Die Erwerbslosenquote lag im Jahr 2016 bei den 55–64-jährigen Männern mit 4,1 % leicht über dem Vergleichswert von 3,6 % bei den gleichaltrigen Frauen (s. Abb. 10).

Arbeitslosigkeit

Parallel erhobene nationale Arbeitslosigkeitsstatistiken weichen gegenüber der LFS-Erwerbslosigkeitserhebung in unterschiedlichen Kriterien ab und weisen in vielen EU-Ländern geringere Arbeitslosigkeitsdaten aus als die LFS-Daten. Im Gegensatz dazu fielen die in der Bundesrepublik ermittelten Arbeitslosigkeitsdaten der Bundesagentur für Arbeit höher als die LFS-Daten aus.[19]

So gingen auch nach den Daten der Bundesagentur für Arbeit die Arbeitslosigkeitsquoten in Deutschland – bezogen auf alle zivilen Erwerbspersonen – sowohl für die 15–64-Jährigen in dem ausgewiesenen Zeitraum von 2002 bis 2016 wie auch für die 55–64-Jährigen in dem für diese erst ab 2008 ausgewiesenen Zeitraum tendenziell zurück.

Abb. 11: Altersspezifische Arbeitslosenquoten bezogen auf alle zivilen Erwerbspersonen in Deutschland in den Jahren 2002, 2008, 2015 und 2016 (in %)

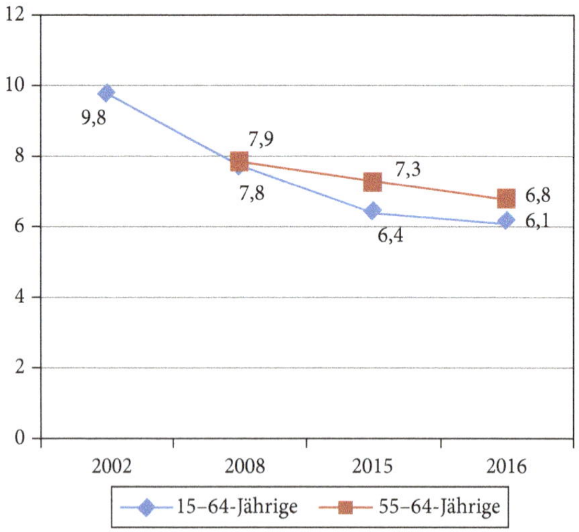

Quelle: Bundesagentur für Arbeit 2017a, eigene Grafikerstellung.

19 Konle-Seidel verweist in ihrer Analyse zwar auf eine reduzierte Differenz zwischen den LFS- und den Arbeitslosigkeitsdaten für Deutschland von 1,8 Prozentpunkten im Jahr 1996 auf 0,7 Prozentpunkte im Jahr 2007 infolge von Anpassungen in den Erhebungsmethodiken (vgl. Konle-Seidel 2009, S. 1, 4), in den jüngsten Datenausweisungen fiel die Differenz dennoch höher aus. Demnach betrugen im Jahr 2016 die Arbeitslosenquoten für die 15–64-Jährigen 6,1 % und für die 55–64-Jährigen 6,8 %, hingegen die Erwerbslosenquoten für die 15–64-Jährigen 4,2 % und für die 55–64-Jährigen 3,9 % (vgl. Bundesagentur für Arbeit 2017a, European Commission, Eurostat n.d.b).

Trotz einer fast gleichen Arbeitslosenquote in Höhe von 7,9 bzw. 7,8 % im Jahr 2008 reduzierte sich diese für die 55–64-Jährigen in geringerem Maße bis zum Jahr 2016 auf dann 6,8 %, während sie für die 15–64-Jährigen bis 2016 auf 6,1 % sank. Damit erschien die Arbeitslosenquote für Erwerbspersonen in höherem Lebensalter als nur leicht überdurchschnittlich (s. Abb. 11).

Differenzen nach Geschlecht und Region

Nach Geschlecht zeigen ebenso wie die LFS-Daten auch die Arbeitslosigkeitsdaten der Bundesagentur für Arbeit eine leicht geringere Arbeitslosigkeit bei den Frauen, ausgewiesen als Anteil der Frauen an den 55–64-Jährigen in Höhe von 45 % im Jahr 2015 (vgl. Bundesagentur für Arbeit 2016a, S. 23).

Eine weit größere Relevanz kommt hingegen der Region zu. Die Arbeitslosigkeit der 15–64-Jährigen lag, wie die folgende Abbildung verdeutlicht, in den neuen Bundesländern seit der Datenausweisung nach dem Beitritt der DDR zur BRD deutlich über dem Niveau der alten Bundesländer.[20] Seit 2005 näherte sich die Arbeitslosenquote in den NBL derjenigen der ABL an, fiel aber mit 8,5 % im Jahr 2016 immer noch knapp 3 Prozentpunkte höher aus als der Vergleichswert für die ABL mit 5,6 %.

Eine ähnliche Tendenz verzeichnete auch die Arbeitslosigkeit der 55–64-Jährigen. Diese verringerte sich in ihrer regionalen Differenz ebenfalls seit 2008, die Arbeitslosenquote in den NBL lag aber auch in dieser Altersgruppe mit 9,4 % im Jahr 2016 noch gut 3 Prozentpunkte über der Quote in den ABL mit 6,1 % (s. Abb. 12).[21]

---

20 Daten zu regionalen Arbeitslosenquoten liegen seit 1991 bezogen auf die abhängigen zivilen Erwerbspersonen vor, seit 1994 auch bezogen auf alle zivilen Erwerbspersonen. Da die Daten zu altersspezifischen Arbeitslosenquoten nur noch mit Bezug auf alle zivilen Erwerbspersonen ausgewiesen werden, wurde das Jahr 1994 als Ausgangspunkt des Betrachtungszeitraums gewählt. Die altersspezifische Ausweisung der Arbeitslosenquoten reicht nach jüngstem Datenzugang bis 2008 zurück, weshalb dieses Jahr in dem Betrachtungszeitraum ergänzt wurde. Die übrigen Jahresausweisungen 2002, 2015 und 2016 entsprechenden den Jahresbezügen der vorhergehenden Ausführungen.

21 Zu weiteren Differenzierungen nach einzelnen Bundesländern vgl. Bundesagentur für Arbeit 2016a, S. 18 sowie nach Qualifikation in Verbindung mit Geschlecht und Region vgl. Bäcker, Jansen & Schmitz 2017, S. 60 ff. Beide Quellen beziehen sich ebenso wie die vorliegende Arbeit auf die gleiche Datengrundlage der Bundesagentur für Arbeit.

Abb. 12: Altersspezifische Arbeitslosenquoten bezogen auf alle zivilen Erwerbspersonen in Deutschland nach Region in den Jahren 1994, 2002, 2008, 2015 und 2016 (in %)

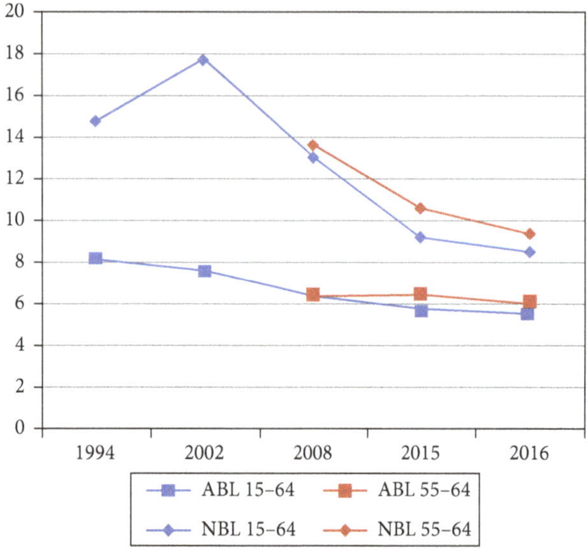

Alter/Region	1994	2002	2008	2015	2016
15-64 Jahre					
ABL	8,1	7,6	6,4	5,7	5,6
NBL	14,8	17,7	13,1	9,2	8,5
55-64 Jahre					
ABL			6,4	6,5	6,1
NBL			13,7	10,6	9,4

Quelle: Bundesagentur für Arbeit 2017a, eigene Grafikerstellung.

Arbeitslosigkeitsdauer und Unterbeschäftigung

Deuten somit die in höherem Lebensalter geringere Erwerbslosenquoten im Vergleich zu den unter 50-Jährigen sowie die gegenüber der gesamten Erwerbsbevölkerung nur leicht höhere Arbeitslosenquoten auf eine tatsächlich geringere oder zumindest nicht deutlich gravierendere Arbeitsmarktproblematik für ältere Erwerbspersonen? Mit Blick auf weiterführende Arbeitslosigkeitsanalysen ist auch diese Frage zu verneinen:

Zum einen liegt das Risiko von Erwerbspersonen in höherem Lebensalter, nach Eintritt von Arbeitslosigkeit in diesem Status zu verbleiben, deutlich über dem Durchschnitt. Im Jahr 2015 betrug die durchschnittliche Arbeitslosigkeitsdauer der Arbeitslosen aller Altersgruppen nach Daten der Bundesagentur für Arbeit 70 Wochen, für die 55–64-jährigen Arbeitslosen hingegen 96 Wochen. Entsprechend fiel auch der Anteil Langzeitarbeitsloser – die 12 Monate oder länger als arbeitslos gelten[22] – unter den älteren Arbeitslosen höher aus. So wiesen die 15–64-jährigen Arbeitslosen im Jahr 2015 einen Anteil Langzeitarbeitsloser in Höhe von 37 % auf. Unter den 55–64-jährigen Arbeitslosen waren demgegenüber 49 % langzeitarbeitslos (s. Abb. 13). Längere Verbleibsdauern in Arbeitslosigkeit stellen ein Indiz für eine erschwerte Reintegration in Erwerbsarbeit dar.

Abb. 13: Altersspezifische Arbeitslosigkeitsdauern (in Wochen) und Anteile Langzeitarbeitsloser (in %) in Deutschland im Jahr 2015

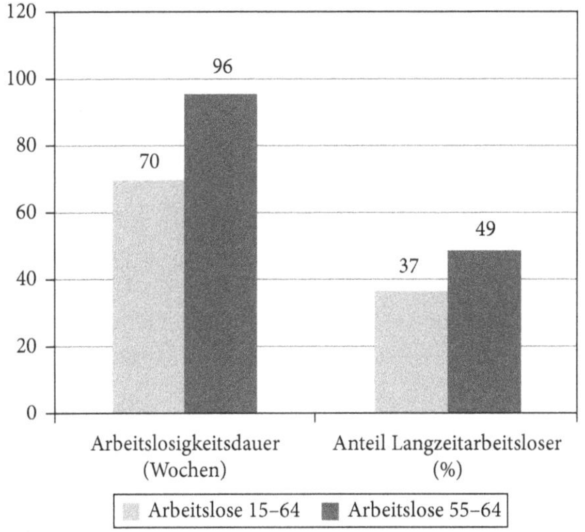

Quelle: Bundesagentur für Arbeit 2016a, S. 26 f., eigene Grafikerstellung.

Zum anderen ist es umstritten, inwieweit die Arbeitslosenquote die Arbeitslosigkeit tatsächlich angemessen abbildet. Mehrfache Änderungen in der Erhebungsmethodik, insbesondere im Zusammenhang mit den sog.

22 Hierbei wird die statistische Messung der Arbeitslosigkeit nicht im Falle einer Maßnahmeteilnahme im Rahmen der „Aktivierung und beruflichen Eingliederung" unterbrochen, wohl aber z.B. im Falle der Teilnahme an einer beruflichen Weiterbildung oder einer sonstigen arbeitsmarktpolitischen Maßnahme, vgl. Bundesagentur für Arbeit 2017c, S. 23.

Hartz-Reformen, haben teils zur Erfassung zuvor nicht registrierter Arbeitsloser, mehrfach aber auch zum Ausschluss weiterer Personengruppen, wie z.B. Teilnehmenden der aktiven Arbeitsmarktpolitik, aus der Arbeitslosendefinition und damit auch aus der Arbeitslosenstatistik geführt (vgl. Konle-Seidl 2009, S. 3–5, Hartmann 2009).

Einige dieser Änderungen bezogen sich spezifisch auf die statistische Ausweisung älterer Arbeitsloser. Hierzu zählten u.a. die Regelungen nach § 428 SGB III und § 65 SGB II, wonach Arbeitslose ab 58 Jahren die Möglichkeit in Anspruch nehmen konnten, Arbeitslosengeld auch ohne aktive Arbeitssuche zu beziehen (vgl. Bundesministerium der Justiz und für Verbraucherschutz o.J.h, dass. o.J.g). Für diese ab 2008 auslaufenden Bestimmungen wurde 2008 der neue § 53a SGB II als Nachfolgeregelung eingeführt. Hiernach gelten erwerbsfähige Leistungsberechtigte, „die nach Vollendung des 58. Lebensjahres mindestens für die Dauer von zwölf Monaten Leistungen der Grundsicherung für Arbeitsuchende bezogen haben, ohne dass ihnen eine sozialversicherungspflichtige Beschäftigung angeboten worden ist, (…) nach Ablauf dieses Zeitraums für die Dauer des jeweiligen Leistungsbezugs nicht als arbeitslos" (Bundesministerium der Justiz und für Verbraucherschutz o.J.g). Die Bundesagentur für Arbeit stellt hierzu in einer Stellungnahme im Rahmen einer Sachverständigenanhörung klar, dass sie das fehlende Beschäftigungsangebot nicht auf ein tatsächliches Angebot seitens eines Arbeitgebers bezieht, sondern auf einen fehlenden Vermittlungsvorschlag seitens der Agentur für Arbeit bzw. des SGB-II-Trägers. In diesem fehlenden Angebot wird ein „Indiz für fehlende subjektive Verfügbarkeit" gesehen, das auch „nicht durch Erklärungen oder Handlungen der Hilfebedürftigen widerlegbar" ist (vgl. Deutscher Bundestag, Ausschuss für Arbeit und Soziales 2008, S. 10 f., Zitat S. 10).

Damit werden letztlich Personen aus der Arbeitslosigkeitsdefinition und -statistik ausgegrenzt, weil sie arbeitslos sind und – unabhängig von den individuellen Stellensuchaktivitäten der Arbeitslosen – von den zuständigen Institutionen der Arbeitsverwaltung nicht mehr für vermittelbar gehalten werden oder Vermittlungsangebote an sie aufgrund fehlender Arbeitsplätze unterbleiben. Diese Neuregelung legt die politische Implikation einer künstlichen Senkung der Arbeitslosenstatistik nahe und gefährdet das Vermittlungsengagement der Arbeitsverwaltung für ältere Arbeitslose. Einhellig stieß dieser Paragraph denn auch auf Kritik seitens der vom Arbeits- und Sozialausschuss des Deutschen Bundestages zu dieser Reform gehörten Sachverständigen (vgl. Deutscher Bundestag, Ausschuss für Arbeit und Soziales 2008).

In der Folge hat die Bundesagentur für Arbeit die Ausweisung der sog. Unterbeschäftigung geschärft, die zusätzlich zu den registrierten ausgewiesenen Arbeitslosen insgesamt alle Personen zu erfassen sucht, denen ein reguläres Beschäftigungsverhältnis fehlt.[23]

Neben den sich auf die Statistik auswirkenden Sonderregelungen für ältere Arbeitslose zeigt zudem eine vergleichende Analyse der Unterbeschäftigungsdaten, dass bezogen auf die registrierten ausgewiesenen Arbeitslosen die Unterbeschäftigung bei den älteren Arbeitslosen von höherer Relevanz ist als im Durchschnitt aller Altersgruppen. So sind im Jahr 2015 zusätzlich zu den 2.794.664 Arbeitslosen aller Altersgruppen 774.519 weitere Personen in Unterbeschäftigung im engeren Sinne ausgewiesen, die Arbeitslosen bildeten hier 78,3 % aller Personen in Unterbeschäftigung im engeren Sinne ab. Die Vergleichswerte[24] für die 55–64-Jährigen umfassten 568.000 Arbeitslose und 237.000 weitere Personen in Unterbeschäftigung, hier bildeten die Arbeitslosen nur 70,6 % aller Personen in Unterbeschäftigung im engeren Sinne ab (s. Abb. 14). D.h. die unzureichende Abbildung fehlender regulärer Beschäftigung allein durch die Arbeitslosenstatistik trifft auf ältere Arbeitslose in noch höherem Maße zu.

23 Hierzu zählen a) die Arbeitslosen, b) „Personen, die im weiteren Sinne arbeitslos sind“, wie z.B. Teilnehmende an Aktivierungsmaßnahmen und Personen nach § 53a SGB II, c) „Personen, die nahe am Arbeitslosenstatus sind“, wie z.B. Teilnehmende an beruflicher Weiterbildung, Arbeitsgelegenheiten oder Personen nach § 428 III bzw. § 65 SGB II sowie d) „Personen, die fern vom Arbeitslosenstatus sind, in Maßnahmen, die gesamtwirtschaftlich entlasten“, wie z.B. Personen mit Gründungszuschuss oder in Kurzarbeit; die Summe der Personen unter a) und b) wird auch als „Arbeitslosigkeit im weiteren Sinne“ bezeichnet, die Summe der Personen unter a), b) und c) als Unterbeschäftigung im engeren Sinne und die Summe der Personen unter a) bis d) als Unterbeschäftigung (Bundesagentur für Arbeit 2017b, S. 5, vgl. auch Hartmann 2009, ders. 2011). Zu früheren Messkonzepten vgl. exemplarisch Fuchs, Walwei und Weber 2005.

24 Die Vergleichswerte basieren ebenfalls auf Daten der Bundesagentur für Arbeit, sind aber für die 55–64-Jährigen nur gerundet angegeben. So werden in der Datenausweisung für die 15–64-Jährigen die Personen nach § 53a SGB II für 2015 auf 164.990 beziffert (vgl. Bundesagentur für Arbeit 2017b, S. 5), die identische Personengruppe wird in der Datenausweisung für die 55–64-Jährigen mit 160.000 angegeben (vgl. Bundesagentur für Arbeit 2016a, S. 22 f.). Die Vergleichsdaten beziehen sich ausschließlich auf die Unterbeschäftigung im engeren Sinne, die für die 55–64-Jährigen zusätzlich ausgewiesenen Personen mit Gründungszuschuss/in geförderter Selbstständigkeit wurden daher herausgerechnet.

Abb. 14: Altersspezifische Zusammensetzung der Personen in Unterbeschäftigung im engeren Sinne in Deutschland im Jahr 2015

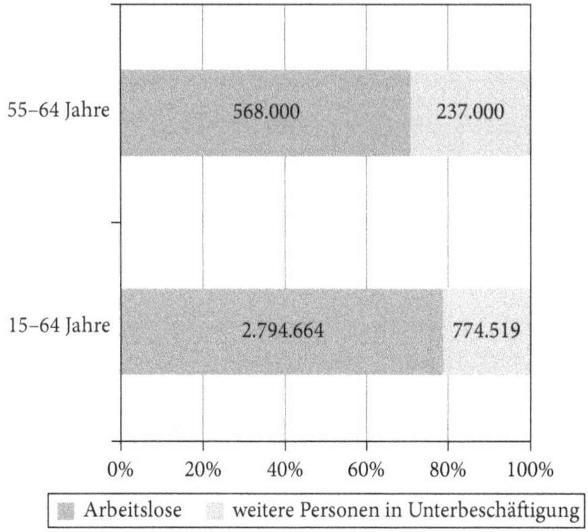

Quelle: Bundesagentur für Arbeit 2017b, S. 5, Bundesagentur für Arbeit 2016a, S. 22 f., eigene Berechnung, eigene Grafikerstellung.

2.3 Neueinstellungen von Älteren

Die Ermittlung der Arbeitsmarkt- bzw. Einstellungschancen anhand altersdifferenzierter Einstellungsraten in ein Beschäftigungsverhältnis ist nur näherungsweise möglich. Im Rahmen repräsentativer Betriebsbefragungen des IAB-Betriebspanels wird die Berücksichtigung älterer BewerberInnen bei betrieblichen Stellenbesetzungen aus dem externen Arbeitsmarkt nach Ergebnissen aus den Jahren 2004 und 2015 als unterdurchschnittlich ausgewiesen (vgl. SÖSTRA 2007, S. 61 ff., SÖSTRA 2016, S. 56 ff.).

Zur Ermittlung dieser unterdurchschnittlichen Einstellung älterer BewerberInnen ab 50 Jahren wurde deren Anteil an den Einstellungen auf den im ersten Halbjahr 2004 zuletzt besetzten Stellen in Höhe von 14 % in Ostdeutschland (Westdeutschland: 11 %) verglichen mit dem Anteil dieser Altersgruppe an den sozialversicherungspflichtig Beschäftigten in Höhe von 24 % in Ostdeutschland (Westdeutschland: 21 %). Die ermittelten Gründe – u.a.: zu 71 % keine Bewerbungen Älterer, zu 3 % explizit für Jüngere ausgeschriebene Stellen – sind indes in ihrer Validität infrage zu stellen, da sie allein auf Eigenaussagen ohne weitere Erfassung von Ausschreibungstexten und Auswahlverfahren basieren. (Vgl.

SÖSTRA 2007, S. 61 f.) In der jüngeren Wiederholungsbefragung stieg der Vergleichswert der mit einer Person ab 50 Jahren besetzten Stelle im ersten Halbjahr 2015 auf 21 % in Ostdeutschland. Allerdings blieben – bezogen auf das gesamte Jahr 2015 und nur für die NBL ausgewiesen – die Quoten der mit einer älteren Person besetzten Stelle deutlich unter ihrem Anteil an den Beschäftigten und betrugen 13 % an Stellenbesetzungen mit einer älteren Person bei insgesamt 36 % Anteil älterer Personen an den Beschäftigten in Ostdeutschland (vgl. SÖSTRA 2016, S. 56). Zu berücksichtigen ist die begrenzte Aussagekraft dieser Relation, da der Beschäftigtenanteil nur unter der Bedingung gleicher Suchraten einen verlässlichen Indikator darstellt.

In einer Analyse von Neueinstellungen, die ausschließlich auf Daten der Beschäftigungsstatistik der Bundesagentur für Arbeit basiert und damit auf Daten aus Betriebsbefragungen verzichtet, weist Brussig grundlegende Erhebungsprobleme aus.[25] Er sieht in der relativen Eintrittsrate älterer Beschäftigter, die die Relation von neu Eingestellten und Bestand an Beschäftigten beschreibt und zugleich zu der entsprechenden Relation der jüngeren Beschäftigten ins Verhältnis setzt, den vergleichsweise aussagekräftigsten Indikator auf die Einstellungschancen älterer Erwerbspersonen. Die Entwicklung der relativen Einstellungsrate der 50–64-Jährigen im Vergleich zu den 30–49-Jährigen geht nach seinen Berechnungen im Zeitraum 2002 bis 2006 leicht von knapp 60 % auf knapp 58 % zurück. Als Grund für die insbesondere in den NBL erfolgten Rückgänge der relativen Einstellungsraten vermutet er die gekürzten Arbeitsbeschaffungsmaßnahmen (vgl. Brussig 2009, S. 3, 10 ff.). Im Ergebnis schlussfolgert Brussig,

> „dass sich deutschlandweit die relativen Einstellungschancen Älterer in den letzten Jahren – trotz der gewachsenen Erwerbsbeteiligung dieser Altersgruppe – nicht verbessert haben". (Ders. 2009, S. 12.)

25 Hierzu zählen demografisch bedingte Einflüsse, die bei allen Absolutdaten zu berücksichtigen sind, weiterhin die Relevanz von Einstellungen in öffentlich geförderte (und damit befristet subventionierte, gleichwohl i.d.R. sozialversicherungspflichtig regulierte) Beschäftigung, die zeitweilig zu vermehrten Einstellungen älterer Arbeitsloser führten und somit nicht als Erhöhung der generellen Einstellungschancen zu betrachten sind, ein anzunehmendes altersspezifisch unterschiedliches Suchverhalten, wonach ältere Erwerbstätige in eher geringerem Maße als Jüngere ihre Beschäftigung freiwillig aufgeben dürften, sowie fehlende Daten über die Anzahl von Arbeitsuchenden, die im Unterschied zu der behelfsmäßig herangezogenen Bezugnahme auf den Bestand der Beschäftigten die einzig aussagekräftige Bezugsgröße für die Bewertung von Einstellungschancen auf Basis der Einstellungsraten wäre, vgl. Brussig 2009, S. 2 f., 10–13.

In einer jüngeren Analyse von Brussig und Eggers (vgl. dies. 2014, S. 13 ff.) zeigt sich, dass sich die relativen Einstellungsraten älterer Beschäftigter – hier allerdings bezogen auf die 55–64-Jährigen im Vergleich zu den 25–54-Jährigen – nach einer deutlicher beobachtbaren Zunahme von 48,8 % im Jahr 1993 auf 59,5 % in 1998 im Folgezeitraum bis 2010 nur mehr auf 60,3 % angestiegen sind. Aus diesen Ergebnissen schließen sie

> „dass die steigende Erwerbstätigkeit Älterer eher auf eine Verlängerung der Erwerbsphasen in bestehenden Jobs und nicht oder nur nachrangig auf überproportional häufigere Einstellungen von älteren Bewerberinnen und Bewerbern zurückzuführen ist. Unsere Analysen lassen Anzeichen dafür erkennen, dass die Altersungleichheit von Rekrutierungen nach wie vor vorhanden, aber leicht zurückgegangen ist." (Brussig & Eggers 2014, S. 16)

Die AutorInnen verweisen zudem auf internationale Untersuchungen, wonach in zahlreichen Industrieländern eine ähnliche „Altersselektivität in Rekrutierungsprozessen" ebenfalls zu beobachten ist (vgl. Brussig & Eggers 2014, S. 2, ähnliche Ergebnisse bestätigt mit Verweis auf deutsche und internationale Studien Lehr 2007, S. 211 f.).

2.4 Austritt aus der Erwerbsphase

Bei einer näheren Betrachtung der Übergänge aus der Erwerbsphase in den Ruhestand ist zu differenzieren nach dem Austritt aus der Erwerbstätigkeit, dem Austritt aus der Erwerbsphase und dem Eintritt in die vorgezogene oder reguläre Altersrente bzw. sonstige Rentenformen.

Entsprechend der steigenden Erwerbsbeteiligung älterer Erwerbspersonen nahm auch das mittlere Alter bei der Beendigung einer sozialversicherungspflichtigen Beschäftigung – und diese ist i.d.R. wesentlich für die Alterssicherung – zu. Nach Berechnungen[26] von Brussig (vgl. ders. 2015, S. 7 ff.) stieg in dem bis Ende 2010 reichenden Beobachtungszeitraum das mittlere

26 Die Berechnungen basieren auf einer Stichprobe der Integrierten Arbeitsmarktbiografien (SIAB), die aus einem vom Institut für Arbeitsmarkt- und Berufsforschung bereitgestellten Datensatz gezogen wurde. Berücksichtigt wurden ausschließlich Personen, die nach Vollendung ihres 55. Lebensjahres noch sozialversicherungspflichtig beschäftigt waren, vgl. Brussig 2015, S. 4 f. Aussagekräftig sind die aufgeführten Daten allerdings nur für die Kohorten 1940 bis 1945, da sie i.d.R. ihre Erwerbsphase bis Ende des Jahres 2010 nahezu vollständig abgeschlossen hatten, vgl. ebd., S. 6.

Austrittsalter[27] aus sozialversicherungspflichtiger Beschäftigung von 59,8 Jahren der Geburtskohorte von 1940 gegenüber der Kohorte von 1945 um 0,7 Jahre auf 60,5 Jahre und gegenüber der Kohorte von 1948 um 1,9 Jahre auf 61,7 Jahre. Dieser Anstieg wurde teilweise durch Altersteilzeitarbeit getragen. Ohne deren Berücksichtigung stieg das mittlere Austrittsalter ebenfalls an, jedoch in deutlich schwächerer Ausprägung. Nach Branchen wiesen das Gastgewerbe und die Bauwirtschaft frühere Austrittsalter auf, während die Branchen öffentliche Verwaltung, Metallerzeugung und Chemie höhere Austrittsalter verzeichneten. Auch diesen Umstand führt Brussig auf die jeweils unterschiedliche Verbreitung von Altersteilzeitarbeit zurück.

Das mittlere Austrittsalter aus der Erwerbsphase, von Brussig als Austrittsalter aus Arbeitsmarktaktivität bezeichnet, umfasst neben dem Austritt aus sozialversicherungspflichtiger Beschäftigung auch die Austritte aus geringfügiger Beschäftigung, dem Bezug von Arbeitslosengeld oder -hilfe, der Teilnahme an arbeitsmarktpolitischen Maßnahmen oder dem als arbeitsuchend gemeldeten Status. Dieses Austrittsalter stieg im gleichen Beobachtungszeitraum von 60,8 Jahren der Geburtskohorte von 1940 um 1,5 Jahre auf 62,3 der Kohorte von 1945 sowie um 1,7 Jahre auf 62,5 Jahre der Kohorte von 1948 (vgl. ebd., S. 12 ff.).

Das Austrittsalter aus der Erwerbsphase ist i.d.R. mit dem Eintritt in eine Rente verknüpft. Dieses lag jedoch bei der Kohorte von 1940 um 1,0 Jahre bzw. 365 Tage über dem mittleren Austrittsalter aus sozialversicherungspflichtiger Beschäftigung, bei der Kohorte von 1945 um 1,75 Jahre bzw. 639 Tage darüber. Somit ist im Vergleich dieser Jahrgänge zugleich eine zunehmende Differenz zwischen dem mittleren Austrittsalter aus sozialversicherungspflichtiger Beschäftigung und dem mittleren Austrittsalter aus der Erwerbsphase feststellbar.

Im Ergebnis zeigt sich damit eine Lücke zwischen dem Austritt aus sozialversicherungspflichtiger Beschäftigung und dem Austritt aus der Erwerbsphase, die zudem zumindest für den bislang beobachtbaren Zeitraum zunahm. Sofern diese Lücke nicht durch hinreichend alternative Einkommen, wie z.B. einer anderweitigen Erwerbsform, Arbeitslosengeld oder Einkommen im Haushaltskontext kompensiert wird, verweist sie für die betreffenden Erwerbspersonen auf zunehmende Sicherungslücken vor dem Renteneintritt. Trotz der Anstiege des Austrittsalters beider Bezugsgrößen verbleibt für den Beobachtungszeitraum

27 Das mittlere Austrittsalter aus sozialversicherungspflichtiger Beschäftigung ist das Alter, an dem die Hälfte der jeweils betrachteten Geburtskohorte aus dieser Beschäftigungsform ausgeschieden ist.

eine deutliche Diskrepanz zwischen Austrittsalter und dem gesetzlichen regulären Renteneintrittsalter, das bis 2011 bei 65 Jahren lag und seit 2012 für die 1947 Geborenen und Jüngeren stufenweise auf 67 Jahre ansteigt (vgl. Deutsche Rentenversicherung 2017, S. 2, 8).

Einen bedeutsamen Einflussfaktor auf das Austrittsalter stellen, wie sich in der angeführten Differenzierung nach Branchen bereits andeutet, die Berufe dar. Bezogen allerdings auf eine andere Datengrundlage, nämlich die Erfassung von Erwerbstätigkeit auf Basis der Mikrozensusdaten entsprechend der ILO-Definition (s.o.), weisen Brussig und Ribbat (vgl. dies. 2014, S. 3, 8 ff.) das berufliche Austrittsalter für die Geburtskohorten von 1945 und 1941 für den bis 2010 reichenden Betrachtungszeitraum aus. Demnach variiert das Austrittsalter um über 5,5 Jahre zwischen den Malern, Lackierern und verwandten Berufen mit einem mittleren Austrittsalter von 63,2 Jahren sowie den Hoch- und Tiefbauberufen mit einem Vergleichswert von nur 57,6 Jahren. Zu berücksichtigen ist hierbei, dass diese Daten nicht allein auf eine längere Verbleibsmöglichkeit in einem Beruf verweisen, sondern auch auf die Aufnahmefähigkeit eines Berufes für Erwerbspersonen, die aus anderen Berufen dorthin wechseln. Eine solche Aufnahmefähigkeit sehen Brussig und Ribbat in einigen Berufen in einem hohen Anteil geringfügiger Beschäftigung begründet, der für Erwerbspersonen in höherem Lebensalter aufgrund niedrigschwelliger Eintrittsmöglichkeiten eine Einkommenschance bis zum Renteneintritt oder auch einen Zuverdienst im Rentenbezug[28] bietet. Einen solchen Zusammenhang vermuten sie als Grund für das relativ hohe und auf 62,4 Jahre gestiegene mittlere Austrittsalter in den sonstigen Dienstleistungsberufen, zu denen z.B. das Gastgewerbe zählt (vgl. ebd., S. 13 f.).

Der Beruf stellt ebenfalls einen relevanten Einflussfaktor in Bezug auf den Wunsch von Erwerbspersonen nach einem vorzeitigen Renteneintritt dar. Auf Basis von Daten aus der BIBB/BAuA-Erwerbstätigenbefragung[29] von 2012 untersucht Mümken (vgl. dies. 2014) den Wunsch nach einem vorgezogenen Rentenbeginn unter den Erwerbspersonen ab 45 Jahren. In geringstem Maße

28 Auf die in Deutschland wie auch international massiv steigende Erwerbstätigkeit im Ruhestand wird in der vorliegenden Arbeit nicht näher eingegangen, zu diesbezüglichen Untersuchungen vgl. exemplarisch Engstler 2015, Schmitz 2015, Rhein 2016, Esselmann & Geis 2015.

29 Die Abkürzungen bezeichnen das Bundesinstitut für Berufsbildung sowie die Bundesanstalt für Arbeitsschutz und Arbeitsmedizin. Die Erhebung ist repräsentativ und umfasst Personen ab 15 Jahren mit einer wöchentlichen Mindestarbeitszeit ab 10 Stunden, vgl. Mümken 2014, S. 4.

wurde ein solcher Wunsch zu 42 % von Angehörigen der Professionen geäußert, zu denen u.a. ÄrztInnen, RichterInnen und Sozial-/GeisteswissenschaftlerInnen zählen. Als Hauptmotiv dominierte bei fast der Hälfte dieser Berufsgruppen, mehr Zeit für private Interessen haben zu wollen. In den Agrarberufen, die neben den Professionen die höchsten Anteile von Erwerbspersonen ab 55 Jahren aufwiesen (Mümken, S. 5), wünschten gut 50 % einen vorzeitigen Rentenbeginn, benannten aber zu insgesamt über 80 % als Hauptgründe hierfür gesundheitliche Gründe oder die Einschätzung der Arbeit als „sehr anstrengend". Diese unterschiedliche Gewichtung der Motive korrespondiert nach Mümken mit den angegebenen Beschwerdeprofilen in diesen zwei Berufsgruppen hinsichtlich Erschöpfung, psychovegetativen Beschwerden sowie muskuloskelettalen Beschwerden. Die höchsten Anteile von Erwerbspersonen mit einem vorzeitigen Renteneintrittswunsch in Höhe von jeweils gut 70 % zeigten sich in den einfachen manuellen Berufen sowie in den qualifizierten manuellen Berufen. Auch hier stellten gesundheitliche Gründe oder die Einschätzung der Arbeit als „sehr anstrengend" für die überwiegende Mehrheit die Hauptgründe dieses Wunsches dar. (Vgl. Mümken 2014, S. 5, 17 ff.)

2.5 Resümee

Daten zur Entwicklung von Erwerbstätigkeit und Erwerbslosigkeit in höherem Lebensalter implizieren einen eindrucksvollen Abbau der Arbeitsmarktrisiken für ältere Erwerbspersonen in der Bundesrepublik, mit der nicht nur die EU-Beschäftigungsziele von Stockholm aus dem Jahr 2001 übererfüllt wurden (s. Kap. 1), sondern Deutschland im Jahr 2016 im EU-Vergleich auch eine weit überdurchschnittliche Erwerbsbeteiligung von Personen ab 50 bzw. ab 55 Jahren vorweisen konnte. Demnach stieg die Erwerbstätigenquote der 55–64-Jährigen bis zum Jahr 2016 in Deutschland auf 68,6 %, während ihre Erwerbslosenquote bis zum gleichen Jahr auf 3,9 % sank.

Nach näherer Auseinandersetzung mit der Erhebungsmethodik und mit alternativen Mess- und Erhebungskonzepten stellt sich die Arbeitsmarktsituation älterer Erwerbspersonen hingegen deutlich problematischer dar:

- Die Ausweisung der international vergleichbaren Erwerbstätigenquoten nach der ILO-Definition von Erwerbstätigkeit erfasst eine solche bereits ab einer Stunde wöchentlich. Analysen zur Erwerbsbeteiligung, die vorrangig auf Erwerbsarbeit mit einer sozio-ökonomischen Mindestrelevanz für die Erwerbstätigen fokussieren, finden daher eine aussagekräftigere Datengrundlage in den Beschäftigungsquoten, die sich auf den Anteil der sozialversicherungspflichtig Beschäftigten an der gleichaltrigen Bevölkerung beziehen. Diese stiegen ebenfalls in allen Altersgruppen bis zum Jahr 2016 an, wiesen aber jeweils ein deutlich geringeres Niveau auf und betrugen in 2016 in Deutschland 64,6 % bei den 50–54-Jährigen, 59,2 % bei den 55–59-Jährigen sowie nur mehr 37,5 % bei den 60–64-Jährigen. Tendenziell fielen diese Beschäftigungsquoten bei den Männern gegenüber den Frauen sowie in den ABL gegenüber den NBL höher aus. Bei Betrachtung ausschließlich der Vollzeitbeschäftigungsquoten unter den 60–64-Jährigen – also der Anteile der sozialversicherungspflichtig Vollzeitbeschäftigten an der gleichaltrigen Bevölkerung – stiegen auch deren Quoten in allen Altersjahrgängen bis zum Ende des Betrachtungszeitraums im Jahr 2015 an, erreichten aber z.B. für die 64-Jährigen in 2015 nur 10,3 %. Spiegelbildlich nahmen, bezogen ausschließlich auf das Jahr 2015, die Anteile geringfügiger Beschäftigungsverhältnisse an allen abhängigen Beschäftigungsverhältnissen mit steigendem Alter spätestens ab dem 61. Lebensjahr bei Frauen und Männern aus den ABL und den NBL massiv zu.

– Auch die international vergleichbaren Erwerbslosenquoten führen zu niedrigeren Datenausweisungen als die Arbeitslosenquoten der Bundesagentur für Arbeit. Nach letzteren gelten Personen auch im Falle einer ausgeübten Erwerbstätigkeit als arbeitslos, sofern diese weniger als 15 Stunden pro Woche beträgt. Die Arbeitslosenquoten sanken bis zum Jahr 2016 für die 55–64-Jährigen auf 6,8 %. Damit lagen sie nur leicht über dem Gesamtdurchschnitt der 15–64-Jährigen, beinhalteten aber insbesondere regionale Differenzen mit jeweils deutlich höheren Quoten in den NBL. Eine Analyse der Arbeitslosigkeitsdauern zeigt zudem, dass 55–64-jährige Arbeitslose deutlich länger in Arbeitslosigkeit verbleiben und einen dazu korrespondierend höheren Anteil Langzeitarbeitsloser aufwiesen als im Gesamtdurchschnitt der 15–64-Jährigen, was auf erschwerte Reintegrationschancen in Erwerbsarbeit verweist. Darüber hinaus ist zu berücksichtigen, dass die Arbeitslosenquote die Arbeitslosigkeit nicht hinreichend abbildet. So werden in der von der Bundesagentur für Arbeit ausgewiesenen Unterbeschäftigung, die das Gesamtvolumen fehlender regulärer Beschäftigung zu erfassen versucht, neben den Arbeitslosen u.a. Personen ausgewiesen, „die im weiteren Sinne arbeitslos sind". Zu diesen zählen unter bestimmten Bedingungen Personen ab 58 Jahren, die seit 12 Monaten keinen Vermittlungsvorschlag erhalten haben. Weitere Personengruppen in Unterbeschäftigung sind z.B. Teilnehmende an beruflicher Weiterbildung, Arbeitsgelegenheiten etc. Eine nähere Betrachtung der Unterbeschäftigungsdaten ergab, dass bezogen auf die registrierten ausgewiesenen Arbeitslosen die Unterbeschäftigung bei den 55–64-jährigen Personen von höherer Relevanz ist als im Gesamtdurchschnitt aller Altersgruppen. D.h. die unzureichende Abbildung fehlender regulärer Beschäftigung allein durch die Arbeitslosenstatistik trifft auf ältere Arbeitslose in noch stärkerem Maße zu.

- Neben den längeren Arbeitslosigkeitsdauern von 55–64-jährigen Arbeitslosen können geringere Einstellungsraten älterer Stellensuchender als weiterer Indikator für erschwerte Reintegrationschancen in Erwerbsarbeit herangezogen werden. Diverse Analysen, in denen unter Nutzung unterschiedlicher Bezugsgrößen und Erhebungsverfahren die Relation von Einstellungen zum Bestand an Beschäftigten der jeweiligen Altersgruppen betrachtet wurden, bestätigen jeweils eine unterdurchschnittliche Repräsentanz von Erwerbspersonen ab 50 bzw. 55 Jahren bei Neueinstellungen. Nach einer Untersuchung von Brussig & Eggers (vgl. dies. 2014) ging diese Altersungleichheit bis zum Ende des Betrachtungszeitraums im Jahr 2010 dabei leicht zurück. Problematisch an der Erhebung von Einstellungsdaten ist allerdings die fehlende Datengrundlage der Gesamtheit von Stellensuchenden im Arbeitslosigkeits- und im Erwerbstätigenstatus, die allein eine aussagekräftige Bezugsgröße darstellen können, da eine geringere Suchrate älterer Erwerbstätiger im Vergleich zu jüngeren unterstellt werden kann.
- Schließlich ergaben Analysen zum Austritt aus der Erwerbsphase ein gestiegenes Austrittsalter der Geburtskohorte von 1945 gegenüber derjenigen von 1940. Ein Vergleich mit dem niedriger ausfallenden Austrittsalter aus sozialversicherungspflichtiger Beschäftigung zeigt aber eine zugleich auch zunehmende Differenz beider Größen. Diese verweist auf zunehmende Sicherungslücken vor dem Renteneintritt, sofern sie nicht durch Arbeitslosengeld oder anderweitige alternative Einkommen aufgefangen wird. Gleichwohl lagen auch das mittlere Erwerbsaustrittsalter der 1945 Geborenen mit 62,3 Jahren sowie insbesondere ihr mittleres Austrittsalter aus sozialversicherungspflichtiger Beschäftigung mit 60,5 Jahren noch deutlich unter dem gesetzlichen Renteneintrittsalter von für diese Kohorten 65 Jahren.

Im Ergebnis ist damit zu konstatieren, dass die Arbeitsmarktrisiken für Erwerbspersonen ab 50 bzw. ab 55 Jahren auf dem deutschen Arbeitsmarkt zwar eine sinkende Tendenz aufweisen, aber dennoch auch aktuell im Vergleich zu jüngeren Erwerbspersonen noch deutlich stärker ausgeprägt sind. Angesichts der seit den 1990er Jahren neu akzentuierten renten- und arbeitsmarktpolitischen Gesetzesreformen, die auf eine Ausweitung und Verlängerung der Erwerbsbeteiligung abzielen, ergeben sich hieraus für viele Erwerbspersonen in höherem Lebensalter zunehmende Sicherungslücken mit tiefgreifenden Folgen für die Betroffenen, insbesondere im Falle eintretender Arbeitslosigkeit. Diese

Sicherungslücken werden in den kommenden Jahren voraussichtlich an Brisanz gewinnen, wenn Geburtenjahrgänge mit vermehrten Arbeitslosigkeitsphasen in den Erwerbsbiografien in das rentennahe Alter gelangen und das entsprechend verminderte Rentenniveau die Option auf vorzeitige Rente mit Abschlägen noch weniger ermöglicht (vgl. Rock 2017, S. 45 ff., vgl. auch die Ausführungen in Kap. 3.6).

3 Arbeitsmarkt und Arbeitsmarktsituation älterer Erwerbspersonen: Theoretische Ansätze und Diskurse

Zur Bestimmung der Arbeitsmarktsituation älterer Erwerbspersonen und ihrer Ursachen gibt es zwar keine umfassende Theorie, aber auf den unterschiedlichen Betrachtungsebenen anzunehmender Einflussfaktoren kann eine Vielzahl vorliegender Theorien auf ihren möglichen Erklärungsbeitrag geprüft werden. Die ersten Hinweise auf eine Berücksichtigung altersspezifischer Aspekte in der Arbeitsmarktsituation dürften, soweit rückverfolgbar, bei Dieter Mertens (vgl. ders. 1974) zu finden sein. Unter dem Stichwort der „Schlüsselqualifikationen" geht er – ausgehend von der arbeitsmarktlich gegründeten Flexibilitätsforschung – auf solche Qualifikationsanforderungen ein, die die Kopplung zwischen den Funktionsanforderungen „moderner Gesellschaften" und den individuellen Lebens- und Erwerbsperspektiven betreffen. Mertens nennt hier vier Typen von Bildungselementen: Basisqualifikationen, Horizontalqualifikationen, Breitenelemente und Vintage-Faktoren (vgl. ebd., S. 41). Im Hinblick auf die Arbeitsmarktsituation älterer Erwerbspersonen sieht er die letztgenannten von Bedeutung. Sie betreffen diejenigen Differenzen, die sich aus den unterschiedlichen Bildungsständen jüngerer und älterer Personen ergeben und die eine kontinuierliche und systematische Aufgabe der Erwachsenenbildung darstellen. In dem betreffenden Kontext der Arbeitsmarkt- und Berufsforschung hat Mertens damit das Problem der älteren Erwerbspersonen zur Integration in die Erwerbstätigkeit in qualifikatorisch begründeten Differenzen verortet.

Inzwischen hat sich das Spektrum von Betrachtungsweisen über die Erwerbssituation von älteren Erwerbstätigen erheblich erweitert. In Anlehnung an Frerichs (1998) können diese differenziert werden in psychologische und arbeitswissenschaftliche Theorien, die sich auf die Entwicklung der Leistungs- und Lernfähigkeit im Lebensverlauf richten (Kap. 3.1), ökonomische und sozialwissenschaftliche Arbeitsmarkttheorien, die die Funktionsmechanismen des Arbeitsmarktes und das Agieren der MarktteilnehmerInnen sowie Arbeitsmarkt- und innerbetriebliche Strukturen in den Blick nehmen (Kap. 3.2), industriesoziologische Ansätze, die auf die betriebliche Ebene im gesellschaftlichen und wirtschaftlichen Kontext fokussieren (Kap. 3.3) und sozialpolitikwissenschaftliche Ansätze, die die individuellen Lebenslagen und ihre Rahmenbedingungen ins Zentrum rücken (Kap. 3.4). Geschlechtsspezifische Aspekte sind in den jeweiligen Theorien in unterschiedlicher Tiefe berücksichtigt und werden daher eigenständig erörtert (Kap. 3.5). Über Veränderungen in der Qualität von Erwerbsarbeit werden kontroverse Diskurse geführt, die gerade auch für die Analyse der Erwerbsbeteiligung in höherem Lebensalter bedeutsam sind (Kap. 3.6). Zentrale Ergebnisse werden abschließend zusammengefasst und im Hinblick auf die eigene empirische Untersuchung resümiert (Kap. 3.7). Im Fokus dieses Kapitels stehen somit theoretische Ansätze und Diskurse. Soweit für die Argumentation erforderlich, werden diese um Bezüge auf empirische Befunde ergänzt.

3.1 Theorien zur Leistungs- und Lernfähigkeit älterer Erwerbspersonen

Wie sich die Leistungs- und Lernfähigkeit mit zunehmendem Alter verändert, ist in verschiedenen psychologischen Theorieansätzen mit je unterschiedlichem Fokus und verschiedenen bis gegensätzlichen Ergebnissen untersucht worden. Im Folgenden werden hierzu das Defizitmodell (Kap. 3.1.1), die differentielle psychologische Gerontologie (Kap. 3.1.2), die Stigmatheorie (Kap. 3.1.3) sowie die arbeitspsychologischen und arbeitswissenschaftlichen Ansätze (Kap. 3.1.4) vorgestellt und diskutiert. Sie dienen als Grundlage zur Interpretation der von den Interviewpersonen eingeschätzten Leistungs- und Lernfähigkeit älterer Erwerbspersonen und ihres Perspektivenvergleichs aus Sicht der UnternehmensvertreterInnen und der Erwerbspersonen (vgl. Kap. 6.7).

3.1.1 Das Defizitmodell

Basierend auf US-amerikanischen psychologischen Untersuchungen aus der ersten Hälfte des 20. Jahrhunderts, in denen ein Anstieg der intellektuellen Leistungsfähigkeit bis zum 20. Lebensjahr, eine Verortung des intellektuellen Leistungshöhepunktes im 3. Lebensjahrzehnt sowie ein daran anschließender Rückgang der Intelligenz festgestellt wurden, geht das Defizitmodell generalisierend von einem mit zunehmendem Alter einsetzenden Abbau psychischer Leistungsfähigkeit aus (vgl. auch zu Folgendem Lehr 2007, S. 47 ff., Oswald 2000, S. 110 f., Frerichs 1998, S. 39 f., Naegele 1992, S. 368 f.).

Folgt man dem Defizitmodell, muss eine auch beruflich geringere Leistungsfähigkeit älterer Erwerbspersonen angenommen werden, die deren Beschäftigungschancen senkt bzw. für die Unternehmen unrentabel macht. Naegele bringt die Konsequenz dieses Modells auf den Punkt, wenn er schreibt:

> „Die Möglichkeit, durch gezielte sozial-, betriebs- oder arbeitsmarktpolitische Maßnahmen zum Erhalt oder gar zur Steigerung der Leistungsfähigkeit beizutragen, gerät in diesem Modell gar nicht erst in das Blickfeld, weil Alternsvorgänge als ohnehin >naturgesetzlich< ablaufend und infolgedessen auch nicht aufzuhaltend interpretiert werden." (Naegele 1992, S. 368)

Seit den 1960er Jahren gilt das Defizitmodell als wissenschaftlich widerlegt. Kritikpunkte an dem Modell beziehen sich nach Frerichs (vgl. ders. 1998, S. 39) und Naegele (vgl. ders. 1992, S. 368 f.) auf

- die Zugrundelegung eines zu undifferenzierten Intelligenzbegriffs (s. hierzu die Ausführungen zur differentiellen psychologischen Gerontologie im nachfolgenden Abschnitt),
- die Reduzierung auf biologische Determinanten und eine daraus resultierende fehlende Berücksichtigung weiterer Einflussfaktoren auf die Untersuchungsergebnisse (wie z.B. Schulbildung und Geübtheit) sowie der Auswirkungen verschiedener Lebens- und Arbeitskontexte sowie
- eine Verzerrung der Untersuchungsergebnisse aufgrund der Methodik der Querschnittsuntersuchungen, mit denen die Leistungsfähigkeit von Menschen unterschiedlichen Alters zum gleichen Zeitpunkt ermittelt wird, ohne damit jedoch die Intelligenzentwicklung im Lebensverlauf und etwaige kohortenspezifische Determinanten erfassen zu können.[30]

Hat das Defizitmodell damit auch seine handlungspraktische Relevanz verloren? Der Auffassung Naegeles, dass dieses Modell „heute nur noch von historischem Interesse" (ders. 1992, S. 368) ist, ist m.E. gerade mit Blick auf diese Frage nicht zutreffend. Vielmehr ist davon auszugehen, dass in der betrieblichen Praxis Annahmen über eine geringere Leistungsfähigkeit Älterer die Personalentwicklung und -rekrutierung vielfach beeinflussen. Obgleich nach repräsentativen empirischen Befunden aus dem Jahr 2002 im Rahmen der IAB-Betriebspanel-Studien die Leistungsfähigkeit älterer Beschäftigter ab 50 Jahren durch die Leitungskräfte der sie beschäftigenden Betriebe in Ost- und Westdeutschland als genauso leistungsfähig eingeschätzt werden wie Jüngere (vgl. SÖSTRA 2003, S. 58 ff.)[31], werden sie zum einen in geringerem Maße in Weiterbildung

---

30 Dass diese Kritikpunkte zumindest teilweise von einigen Autoren der zugrunde liegenden US-amerikanischen Studien selbst thematisiert wurden, geht aus deren Darstellung bei Lehr hervor (vgl. dies. 2007, S. 48, 52).

31 So werden die erfragten einzelnen Leistungsparameter, wie z.B. Erfahrungswissen, Arbeitsmoral, Flexibilität, körperliche Belastbarkeit, Lernfähigkeit etc. von jeweils einer Mehrheit der Betriebe als altersunabhängig bzw. als eher bei den Älteren vorhanden

einbezogen[32]. Zum anderen werden nach Ergebnissen aus den Jahren 2004 und 2015 ältere BewerberInnen bei betrieblichen Stellenbesetzungen aus dem externen Arbeitsmarkt nur unterdurchschnittlich eingestellt (vgl. SÖSTRA 2007, S. 61 ff., SÖSTRA 2016, S. 56 ff., Brussig 2009, S. 3, 10 ff., Brussig & Eggers 2014, S. 13 ff., s. hierzu auch die Ausführungen in Kap. 2.3 der vorliegenden Arbeit). Das Fortwirken der Fehlannahmen des Defizitmodells in der betrieblichen Praxis lässt sich nicht zuletzt auch an den diversen Kampagnen der Bundesregierungen in Kooperation mit Wirtschaft und Gewerkschaften ablesen, die dem Defizitmodell positive Leistungseinschätzungen Älterer entgegenzusetzen versuchen.[33] So stellt auch die Sachverständigenkommission zum 6. Altenbericht der Bundesregierung fest:

> „Die Alterung und Schrumpfung unserer Gesellschaft hat bislang nicht – zumindest nicht mit einer gewissen Breitenwirkung – die Defizitthese des Alterns aus der tatsächlich umgesetzten betrieblichen Personalpolitik zu verdrängen vermocht." (Sachverständigenkommission „6. Altenbericht der Bundesregierung" 2010, S. 201)

3.1.2 Differentielle psychologische Gerontologie

Im Gegensatz zum Defizitmodell geht die differentielle psychologische Gerontologie, die in der Bundesrepublik insbesondere auf Arbeiten von Ursula Lehr und Hans Thomae basiert, davon aus, dass sich die physische und psychische Leistungsfähigkeit mit zunehmendem Alter unterschiedlich und abhängig von verschiedenen Einflussfaktoren verändert (vgl. auch zu Folgendem Lehr 2007,

---

eingeschätzt. Lediglich die beiden letztgenannten Parameter werden mit jeweils 29 % eher bei den Jüngeren verortet (somit mehrheitlich aber auch hier nicht vorwiegend bei diesen). Summiert über alle Leistungsparameter und unter Berücksichtigung der unterschiedlich zugewiesenen Bedeutung der einzelnen Parameter wird – im Vergleich zu einer Referenzgröße der Leistungsfähigkeit jüngerer Beschäftigter von 100 – die Leistungsfähigkeit älterer Beschäftigter in Ostdeutschland mit 102, in Westdeutschland mit 107 ausgewiesen (vgl. ebd.).

32 Bei einem Anteil von 22 % älteren Beschäftigten ab 50 Jahren an allen Beschäftigten in Ostdeutschland (bzw. 19 % in Westdeutschland) im Jahr 2002 geben von allen Betrieben mit älteren Beschäftigten (59 % aller Betriebe in Ost- und Westdeutschland) nur 7 % in Ostdeutschland und 6 % in Westdeutschland an, Ältere in Weiterbildung einzubeziehen (vgl. ebd., S. 54, 68).

33 In Kap. 1 sind ausgewählte Kampagnen und Initiativen exemplarisch aufgeführt, vgl. auch BMFSFJ 2001, S. 31, BMFSFJ 2008a, S. 8, 79 ff., Presse- und Informationsamt der Bundesregierung 2013, Internetpräsentation Initiative Neue Qualität der Arbeit o.J.: www.inqa.de, INQA 2008.

S. 76 ff., Oswald 2000, S. 111 ff., Frerichs 1998, S. 40 f, Naegele 1992, S. 369 ff.). Hierbei wird zum einen der Intelligenzbegriff differenzierter gefasst: Entsprechend einer auf Horn und Catell (1966, nach Verweis in Lehr 2007, S. 78) zurückgehenden Differenzierung der Intelligenz in „fluide" und „kristalline" Fähigkeiten bezeichnen erstere die Schnelligkeit bzw. „Flüssigkeit der Umstellung, Wendigkeit, Kombinationsfähigkeit, Orientierung in neuen Situationen und dergleichen" und nehmen im Ergebnis von Untersuchungen aus den 1960er/70er Jahren mit zunehmendem Alter ab. Kristalline Fähigkeiten beziehen sich auf „Allgemeinwissen, Erfahrungswissen, Wortschatz und Sprachverständnis" und nehmen mit steigendem Alter zu (Zitate nach Lehr 2007, S. 80). Zum anderen werden gerade in jüngeren Studien weitere Einflussfaktoren berücksichtigt, hierbei wird insbesondere auf die Bedeutung der Schulbildung, aber auch des Gesundheitszustands, berufsbiografischer und motivationaler Bedingungen verwiesen.

Lernfähigkeit
Im Hinblick auf Gedächtnisleistungen widerspricht Lehr einer generell geringeren Lernfähigkeit Älterer:

> „Ältere Menschen können genau so effektiv lernen wie Jüngere, wenngleich sie in manchen Bereichen anders lernen." (Lehr 2005, S. 23)

Unter Verweis auf verschiedene experimentelle Untersuchungen lassen sich nach Lehr (2007, S. 94 f.) sowie Kruse und Rudinger (1997, S. 63 f.) für die Lernfähigkeit Älterer u.a. folgende Ergebnisse zusammenfassen:

- etwa vergleichbare Lernleistungen Älterer und Jüngerer bei Erkennen von Sinnzusammenhängen des Lernmaterials, bei sinnlosem Material hingegen lernen Ältere schlechter;
- eine bei Älteren häufiger fehlende, aber erlernbare Lerntechnik;
- ein häufigeres Lernhemmnis durch ein zu schnelles Lerntempo bzw. Zeitdruck, das sich bei selbstbestimmtem Lerntempo ausgleicht;
- mehr Wiederholungsbedarf bei Älteren infolge eines häufigeren „Praxisdefizits" an Lernaktivitäten;
- ein häufigeres Lernhemmnis durch Unsicherheit und Ängstlichkeit Älterer in Lernsituationen;
- ein leichteres Lernen Älterer bei einem übersichtlich gegliederten Lehrstoff im Sinne eines „geringen Komplexitätsgrads";
- eine höhere Störanfälligkeit des Lernens Älterer, z.B. durch häufige Pausen, die hingegen bei Jüngeren die Lernleistungen steigern;
- eine Lernförderung für Ältere durch ein „Lernen im Ganzen" statt eines „Lernens in Teilen", das für Jüngere in umgekehrter Weise gilt.

Als wichtige Einflussfaktoren auf die Lernfähigkeit im Alter benennt Lehr die Möglichkeiten, diese während des ganzen Erwachsenenalters zu trainieren, sowie die Bedeutung der – auch umweltbedingten – Lernmotivation, der „Ausgangsbegabung“ und der Gesundheit (vgl. dies. 2005, S. 23, dies. 2007, S. 94 f.).

Berufliche Leistungsfähigkeit

Insbesondere die in Laboruntersuchungen im Alter festgestellte Abnahme der Muskelkraft, der Sinnesleistungen, der Informationsverarbeitungs- und Reaktionsgeschwindigkeit sowie ein längerer Zeitbedarf zur Regeneration der maximalen Leistungsfähigkeit lassen eine generelle Abnahme der Leistungsfähigkeit älterer Beschäftigter erwarten (vgl. Kruse 2000, S. 78 ff., Lehr 2007, S. 314 f.).

Im Ergebnis einer Auswertung von über 100 Studien zur beruflichen Leistungsfähigkeit werden nach Kruse jedoch keine signifikanten Unterschiede zwischen älteren und jüngeren Beschäftigten festgestellt. Dies gilt auch für Berufe mit überwiegend geschwindigkeitsbezogenen und psychomotorischen Anforderungen. (Vgl. Kruse 2000, S. 76, 79, ähnliche Ergebnisse bestätigen Lehr 2007, S. 214 ff. sowie mit auf die Art der Arbeitstätigkeit bezogenen Einschränkungen Dittmann-Kohli, Sowarka & Timmer 1997, S. 185 ff.) Deutlich wurde hingegen,

> „dass die Leistungsdifferenzen innerhalb einer Altersgruppe weitaus größer sind als jene zwischen den verschiedenen Altersgruppen.“ (Kruse 2000, S. 77)

Warum im Labor festgestellte Leistungsabnahmen sich nicht in Befunden über die erbrachten Arbeitsleistungen bestätigen lassen, wird nach Kruse (2000, S. 75 ff.) und Lehr (2007, S. 214 ff.) durch verschiedene mögliche Gründe erklärt:

- an die Dauer der Berufstätigkeit bzw. das Alter geknüpfte Stärken, wie z.B. Aufbau von Erfahrung, Entwicklung beruflichen ExpertInnenwissens, ein bei Älteren häufig höheres Engagement;
- Strategien zur Kompensation nachlassender Fähigkeiten durch entwickelte Stärken, die z.B. mit Verweis auf eine Untersuchung von Salthouse (1991) veranschaulicht wird: hiernach wurde für über 50-jährige Sekretärinnen eine nach Zeit signifikant geringere Anschlagsanzahl im Vergleich zu 20–40-jährigen Sekretärinnen festgestellt, nach Leistungsergebnis (einem zu erstellenden Manuskript) ergaben sich hingegen keine Unterschiede nach Zeit oder Qualität, dies wurde darauf zurückgeführt, dass die Älteren die längere Reaktionszeit beim Tippen durch eine entwickelte höhere Fähigkeit zum Vorauslesen des Textes kompensieren konnten;
- Irrelevanz von im Labor gemessenen Leistungsabnahmen für die berufliche Tätigkeit.

Zugleich bleibt zu berücksichtigen, dass gemessen nach Arbeitsunfähigkeitstagen ältere Beschäftigte zwar nach Fallzahlen weniger fehlen, dafür aber mit einer durchschnittlich längeren Dauer, sodass insgesamt die Krankheits- oder Unfallbedingten Abwesenheitszeiten mit zunehmendem Alter auch tendenziell zunehmen (vgl. Lehr 2007, S. 223 f., Sachverständigenkommission „5. Altenbericht der Bundesregierung" 2005, S. 78).[34]

Als Determinanten der Leistungsfähigkeit benennt Lehr die Ausbildung, das berufliche Training, Selbstvertrauen, Selbstbild und Motivationsfaktoren. Darüber hinaus hebt sie mit Verweis auf Ilmarinen u.a. die Bedeutung nicht-beruflicher Verhaltensweisen und Eigenschaften der Beschäftigten (wie z.B. sportliche Aktivitäten) und des subjektiven Gesundheitszustands hervor (vgl. dies. 2007, S. 216 ff.). Training der Fähigkeiten über die Lebensspanne und Zugang zu Weiterbildung erhalten die berufliche Leistungsfähigkeit, des Weiteren wird auf die Bedeutung einer Umsetzung Älterer auf altersgerechte Arbeitsplätze und angepasste Tätigkeitsabläufe verwiesen (vgl. ebd., S. 219 f.).

In der Kritik dieses Ansatzes hebt Frerichs positiv hervor, dass die psychologische Gerontologie hiermit zu einem Abbau der negativen Stereotype über Ältere beigetragen und die Bedeutung biografischer Aspekte sichtbar gemacht hat. Negativ hingegen bewertet er, dass die realen Arbeitsbedingungen und ihre Wechselbeziehungen mit den Lebensbedingungen ausgeblendet bleiben. So werden zwar die Leistungsfähigkeit fördernden Effekte durch Training angeführt, nicht aber die fähigkeitsabbauenden Wirkungen von disuse-Effekten (s.u.). (Vgl. Frerichs 1998, S. 41.)

Noch pointierter kritisiert Naegele, dass die Bezugnahme auf die Arbeitsbedingungen sich lediglich auf der Erscheinungsebene bewegt, während deren zugrunde liegende ökonomische Bestimmungsfaktoren unberücksichtigt bleiben. Insofern ist nach Naegele nicht nur nach individuell gegebenen Möglichkeiten beruflichen Trainings und stimulierender Arbeitsumgebung zu fragen, sondern gerade auch nach den strukturell auf betrieblicher und arbeitsmarktlicher Ebene gegebenen Chancen, hieran überhaupt partizipieren zu können. (Vgl. Naegele 1992, S. 370 f.)

In der Tat erscheinen, neben den Verdiensten der psychologischen Gerontologie um einen differenzierteren Blick auf ältere Menschen und die Thematisierung von Arbeitsplatz-, Trainings- und Weiterbildungsbezügen, strukturelle Faktoren

34 Hierbei ist allerdings auf die Arbeitsmarktlage als gegenteilig wirkender Einflussfaktor zu verweisen, was sich aus den relativ niedrigeren Fehlzeiten Älterer in Regionen mit hoher Arbeitslosigkeit ableiten lässt (vgl. ebd.).

ausgeblendet. In der Konsequenz wird insofern „nur" auf die Umsetzung älterer Beschäftigter auf altersgerechte Arbeitsplätze orientiert. Grundsätzlich wäre jedoch die Frage nach einer alternsgerechten Gestaltung von Arbeitsplätzen aufzuwerfen, die das Entstehen arbeitsbedingter Leistungseinschränkungen durch Über- oder Unterforderung a priori vermeidet. Weiterhin sind generalisierende Aussagen über die Lernfähigkeit Älterer prinzipiell infrage zu stellen, auch wenn diese auf soziale, biografische und andere Faktoren zurückgeführt werden, da hierdurch ebenso wieder Stereotype produziert werden, wie z.B. eines erhöhten Zeit- und Wiederholungsbedarfs.[35] Schließlich ist grundsätzlich die Frage nach dem Sinn und den Konsequenzen von Studien aufzuwerfen, die z.B. die Tippgeschwindigkeit älterer Sekretärinnen im Vergleich zu jüngeren untersuchen. Wieso müssen älter werdende Menschen ihre Leistungsfähigkeit im Hinblick auf ihr Lebensalter unter Beweis stellen? Welche Relevanz haben einzelne Leistungsmerkmale, wie z.B. die Anschlagsgeschwindigkeit, für eine berufliche Tätigkeit? Kann die Erwerbsbeteiligung älterer Menschen durch den Nachweis einer altersunspezifischen Leistungsfähigkeit unterstützt werden oder sollte der Fokus nicht vielmehr auf die gesundheitsförderliche Gestaltung von Arbeit gerichtet werden?

3.1.3 Stigmatheorie

Im Rahmen der Stigmatheorie wird die Bedeutung von Stigmatisierungen für die betrieblichen Risiken älterer Beschäftigter herausgearbeitet. Demnach

---

35 So ergeben qualitative Befragungen von Lehrenden der beruflichen Weiterbildung in Thüringen sehr kontroverse Einschätzungen über Lernleistungen älterer Lernender. Die Befragungen entstammen zwei unterschiedlichen Untersuchungskontexten: zum einen handelt es sich um qualitative Interviews mit 12 Lehrenden im Rahmen einer Lehrforschung an der Universität Erfurt, Lehrgebiet Weiterbildung/Erwachsenenbildung im Zeitraum Ende 2008/Anfang 2009, zum anderen um qualitative Interviews mit 28 Lehrenden im Jahr 2009, die am gleichen Lehrgebiet im Rahmen des ESF-geförderten Projekts AWiT durchgeführt wurden. Die geäußerten Einschätzungen der Lehrenden bestätigen mit Bezug auf biografische Kontexte wahrgenommene Lernspezifika Älterer und einen daraus abgeleiteten besonderen Unterstützungsbedarf i.S. der o.g. Aspekte. Von einem Teil der Befragten wurden aber auch kontextgeprägte Stärken in den Lernleistungen Älterer benannt, z.B. im Hinblick auf ihr Auffassungsvermögen. Diese Stärken wurden teils auch trotz länger zurückliegender Lernaktivitäten und damit unter eher erschwerenden Kontextbedingungen gesehen. Die Erwerbs- und Bildungsbiografie der Lernenden und ihre Kontextbedingungen stellen sich in ihrer Bedeutsamkeit für die Lerninteressen und Lernleistungen älterer Menschen im Ergebnis der Befragungen allenfalls als vermittelt über das Merkmal Alter – nicht als altersbedingt – dar, vgl. Kattein 2009, S. 1 f., Husemann, Kattein & Vogler 2011, S. 17–76.

wird – unabhängig von realen Gegebenheiten – eine Abnahme der Leistungsfähigkeit im Alter unterstellt. Dieses negative Altersbild wird von den Älteren in das eigene Selbstbild übernommen und führt infolge des dann geringeren Selbstzutrauens der älteren Beschäftigten als „self-fulfilling-prophecy" zu realen Leistungseinbußen (vgl. Frerichs 1998, S. 41 f., Backes & Clemens 2008, S. 147–152, Hohmeier & Pohl 1978).[36] Lehr verweist auf eine Reihe in diesem Kontext relevanter psychologischer Untersuchungen, deren Ergebnisse die Bedeutung einer Übernahme entsprechender sozialer Stereotype für schlechtere Gedächtnisleistungen Älterer sowie die Bedeutung von Einstellungen der sozialen Umwelt gegenüber dem Alter für das Selbstbild und das Verhalten älterer Menschen bestätigen (vgl. Lehr 2007, S. 100 f., 202 ff.).

Frerichs kritisiert an der Stigmatheorie, dass sich aus der alleinigen Problemverortung auf Stigmatisierungen lediglich die Aufklärung als Handlungsoption ergibt, während real bestehende gesundheitliche und qualifikatorische Problemlagen älterer Beschäftigter ausgeblendet werden und damit nicht durch verbesserte Arbeitsbedingungen gelöst werden können. Als weiteres Gegenargument gegen die Stigmatheorie führt Frerichs an, dass die reale Leistungsfähigkeit auch stigmatisierter Beschäftigter von Betrieben genutzt wird, weil hier offensichtlich die betriebswirtschaftliche Rationalität bedeutsamer ist als kulturelle Stereotypsierungen. Schließlich problematisiert Frerichs, dass die Stigmatheorie letztlich eine Umkehrung des Defizitmodells darstellt, in deren sozialpolitischer Konsequenz gesetzliche und tarifliche Schutzvorkehrungen für ältere Beschäftigte abgebaut werden müssten, da hierdurch die Annahme von Leistungseinschränkungen verfestigt würde. Ausgeblendet werden, so Frerichs weiter, auch hier wieder die Risiken der realen Arbeitsbedingungen und ein hieraus resultierender Schutzbedarf. (Vgl. Frerichs 1998, S. 41 f.)

Auch wenn die von Frerichs formulierte Kritik überwiegend berechtigt erscheint – nämlich v.a. hinsichtlich der zu beachtenden Arbeitskontexte für die Entwicklung der Leistungsfähigkeit (vgl. Kap. 3.1.4) –, so ist grundsätzlich der Beitrag der Stigmatheorie zur Problematisierung von Stigmatisierungen älterer Menschen und ihrer Bedeutung für die Teilhabe- und Entwicklungschancen sowie für das eigene Agieren der Älteren im Beruf wie auch im gesellschaftlichen und Alltagsleben zu würdigen. Zudem bleibt zu hinterfragen, inwieweit eine nach betriebswirtschaftlicher Rationalität gebotene Weiterbeschäftigung leistungsstarker älterer Beschäftigter zugleich sehr wohl auch konterkariert wird

36 Einen Überblick über differenzierte Forschungsergebnisse zu Auswirkungen von Altersstereotypen bieten Rothermund & Wentura 2007, S. 557–561.

durch negative Altersbilder der Personalverantwortlichen und daraus folgenden Benachteiligungen Älterer bei Personalentwicklungsmaßnahmen und Einstellungen (vgl. hierzu die Ausführungen unter Kap. 3.1.1 zu einem anzunehmenden Fortwirken des Defizitmodells in der betrieblichen Praxis mit Hinweisen auf SÖSTRA 2007, S. 61 ff., SÖSTRA 2016, S. 56 ff., Brussig 2009, S. 3, 10 ff., Brussig & Eggers 2014, S. 13 ff., s. auch Kap. 2.3).

3.1.4 Arbeitspsychologische und arbeitswissenschaftliche Ansätze

Die Auswirkungen spezifischer Arbeitsbedingungen auf den Erhalt und die Förderung der Lernfähigkeit und der physisch-psychischen Leistungsfähigkeit sind Untersuchungsgegenstand arbeitspsychologischer und arbeitswissenschaftlicher Ansätze. Neben dem genetisch und somatisch bedingten Altern wird das „menschengemachte" Altern untersucht, das in hohem Maße von den Arbeitstätigkeiten abhängt und biologische Alternsprozesse sowohl beschleunigen als auch verzögern kann (vgl. Hacker 2006, S. 109, Frerichs 1998, S. 42 ff.).

Als kritisch für den Erhalt der Leistungsfähigkeit in höherem Alter gelten hohe körperliche und psychische Belastungen, Umgebungsbelastungen wie z.B. Hitze, Lärm, Lichtverhältnisse, hohe oder rigide Leistungsvorgaben sowie Schicht- und Nachtarbeit (vgl. Sachverständigenkommission „5. Altenbericht der Bundesregierung" 2005, S. 78 f.). Nach anderen Forschungsergebnissen sind diese Aspekte zu ergänzen um langjährig ausgeübte unvollständige Tätigkeiten (vgl. Jordan 1996, S. 70), Entwertung von Qualifikationen und Entmutigung (vgl. Behrens 2000, S. 236 f.). Langfristig ausgeübte Arbeitstätigkeiten können sich zu beruflichen Blockaden im Erwerbsverlauf und somit besonders in höherem Erwerbsalter verdichten. Morschhäuser skizziert vier „alternskritische Erwerbsverlaufsmuster": a) Eine „langfristige Ausübung von Routinearbeit", die häufig mit hohen bzw. einseitigen körperlichen Belastungen verbunden ist und langfristig durch Anforderungsmangel (disuse-Effekt) zu Dequalifizierung, Lernhemmnissen und Verschleiß führt. b) „Frauenarbeit in beruflichen Sackgassen" kann sich trotz qualifikatorischer Angleichungsprozesse zwischen den Geschlechtern aufgrund familiär bedingter diskontinuierlicher Erwerbsverläufe oder jugendorientierter sog. Frauenberufe manifestieren. Führen letztere zu Quereinstiegen in andere Tätigkeiten, sind damit vielfach Dequalifizierungen verbunden. c) „Spezialisierungen ohne Zukunft" können auch für Fachkräfte zu Dequalifizierung führen, wenn sie je nach Entwicklung der betrieblichen Arbeits- und Produktionsverfahren obsolet werden. Konnten früher berufliche Aufstiege leichter realisiert werden und auch Tätigkeiten mit zeitlich eingeschränkter Ausführbarkeit durch Ausstiegs- oder Wechseloptionen im Erwerbsverlauf vergleichsweise schadloser integriert werden, ist gegenwärtig d) ein „Wegfall klassischer Karrierewege“ zu beobachten. Dieser basiert auf der zunehmenden Kohortenstärke älterer Beschäftigter bei gleichzeitigem Abbau betrieblicher Aufstiegspfade und kann zu Demotivation insbesondere qualifizierter älterer Fachkräfte führen. (Vgl. Morschhäuser 2006, S. 25 ff., zu teils ähnlichen Befunden gelangt Behrens 1999, S. 92 ff.) Zu ergänzen wären die teils massiven Auswirkungen von Arbeitslosigkeit, insbesondere Langzeitarbeitslosigkeit, auf Gesundheit, Selbstvertrauen, Lern- und Leistungsfähigkeit (vgl. die klassische Studie von Jahoda, Lazarsfeld & Zeisel 1975 [1933], Epping, Klein & Reutter 2001, S. 46 ff., Kirchler 1993, S. 39 ff., Bergmann 1996, S. 32 ff., Hacker 2006, S. 109).

Umgekehrt gehören zu den Aspekten einer gesundheits- und lernförderlichen Arbeitsgestaltung nach Hacker insbesondere ganzheitliche bzw. vollständige Arbeitstätigkeiten, die in ihren Teilaufgaben Anforderungswechsel beinhalten. Des Weiteren zählen hierzu Dispositionsspielräume in zeitlicher Hinsicht zur Planung des Arbeitsablaufs sowie in inhaltlicher Hinsicht zur Entscheidung über Ziele und Vorgehen. Gesundheits- und lernförderlich wirken zudem die Vielfalt geistiger Anforderungen, ein ausgewogenes Verhältnis zwischen routinebezogenen und problemlösenden kognitiven Aufgaben sowie die Abwechslung in den körperlichen Anforderungen in Bezug auf Haltungen und Bewegungsabläufe. (Vgl. Hacker 2006, S. 113 ff., vgl. zur lebensspannengerechten Arbeitsgestaltung Jordan 1996, zur lern- und kompetenzförderlichen Arbeitsgestaltung Dehnbostel & Elsholz 2007, S. 40 ff.)

Zu möglichen Lösungsansätzen in Bezug auf die o.g. alternskritischen Arbeitsanforderungen und betrieblichen Strategien zur Entwicklung einer alternsgerechten Arbeitsgestaltung und Personaleinsatzpolitik in Unternehmen wurden in der Bundesrepublik seit den 1990er Jahren eine Vielzahl an Untersuchungen und Projekten durchgeführt, die insbesondere durch das Bundesforschungsministerium sowie das Bundesarbeitsministerium gefördert wurden (vgl. exemplarisch: Internetpräsentation Demografischer Wandel – (k)ein Problem! Werkzeuge für betriebliche Personalarbeit o.J., Köchling, Weber, Reindl, Weber & Packebusch 2010, Husemann, Kattein & Vonken 2007, Köchling 2004, Ilmarinen & Rantanen 1999, Behrens, Morschhäuser, Viebrok & Zimmermann 1999, Hacker 1996).

Frerichs würdigt zum einen die Leistungen der arbeitspsychologischen und arbeitswissenschaftlichen Ansätze für die theoretisch-konzeptionelle Erklärung der Auswirkungen der Arbeitstätigkeiten auf die Leistungsfähigkeit der Beschäftigten und damit verknüpfter Altersrisiken. Zum anderen hebt er die Bedeutung dieser Ansätze für die Herausarbeitung praktischer Gestaltungsmaßnahmen hervor. In beiden Aspekten gehen diese Ansätze somit über die zuvor skizzierten geronto-psychologischen Ansätze hinaus. Wie bereits von Naegele an den vorher ausgeführten psychologischen Ansätzen kritisiert, verweist Frerichs auch bei den arbeitspsychologischen und arbeitswissenschaftlichen Ansätzen auf das Defizit, dass die sozio-ökonomischen Bedingungen des Arbeitsprozesses, wie z.B. Kosten-Nutzen-Analysen, unterschiedliche Qualifikationsstrukturen etc., nicht bzw. kaum berücksichtigt werden. Diese bedingen nach seiner Auffassung aber weitere Altersrisiken. (Vgl. Frerichs 1998, S. 43 ff.)

3.2 Arbeitsmarkttheorien

In den Arbeitsmarkttheorien wird die Arbeitsmarkt- und Beschäftigungssituation älterer Erwerbspersonen aus wirtschafts- und sozialwissenschaftlicher Perspektive beleuchtet. Während die neoklassische Arbeitsmarkttheorie (Kap. 3.2.1) das Handeln von Unternehmen und Individuen unter den Mechanismen eines freien Marktes konzipiert, versteht sich die Humankapitaltheorie (Kap. 3.2.2) als eine an die neoklassische Theorie anknüpfende und auf das „Humankapital" fokussierende Ergänzung. In kritischer Abgrenzung zur neoklassischen Theorie thematisieren die Segmentationstheorien eine Differenzierung des Arbeitsmarktes in Teilarbeitsmärkte mit unterschiedlichen Arbeitsbedingungen und Qualifikationsanforderungen (Kap. 3.2.3). Ausgewählte betriebsstrukturelle Determinanten werden durch die Vakanzkettentheorie (Kap. 3.2.4) und den Organisationsdemografischen Ansatz (Kap. 3.2.5) in den Blick genommen.

3.2.1 Neoklassische Arbeitsmarkttheorie

Unter dem Begriff der neoklassischen Arbeitsmarkttheorie wird ein idealtypisches Grundmodell über die Funktionsweise des Arbeitsmarktes gefasst, deren Abweichungen von der Realität durch eine Vielzahl weiterer, abgeleiteter Theorien zu erklären versucht wird (vgl. auch zu Folgendem Sesselmeier, Funk & Waas 2010, S. 73 ff., Hinz & Abraham 2008, S. 19 ff., Wagner & Jahn 2004, S. 15 ff., Pfriem 1978). Das Grundmodell geht auf die von dem französischen Ökonomen Léon Walras Ende des 19. Jahrhunderts formulierte Allgemeine Gleichgewichtstheorie zurück. Hiernach stellt sich auf dem Arbeitsmarkt wie auf jedem Gütermarkt ein Gleichgewicht zwischen Angebot und Nachfrage ein, wenn folgende Bedingungen gegeben sind: vollkommene Konkurrenz ohne Zutrittsbarrieren oder Diskriminierungen, flexible Löhne, Homogenität und damit Substituierbarkeit der ArbeitsanbieterInnen, deren uneingeschränkte Mobilität sowie vollständig informierte und nutzenmaximierende Wirtschaftssubjekte. Entsprechend des Say'schen Theorems[37], wonach sich jedes Angebot seine eigene Nachfrage schafft, wird der Marktmechanismus über den Preis – hier: Lohn – gesteuert. Somit gibt es in diesem Modell keine dauerhaft unfreiwillige Arbeitslosigkeit, da, so die Annahme, bei einem Rückgang der Nachfrage nach Arbeit durch eine „Lohnanpassung nach unten" Arbeitslosigkeit vermindert werden kann.

Geringere Arbeitsmarktchancen älterer Erwerbspersonen führt die neoklassische Theorie zurück auf eine im Hinblick auf die angenommene sinkende Produktivität älterer Arbeitskräfte überhöhte Entlohnung, auf im Vergleich zu jüngeren Beschäftigten bestehende (Aus-) Bildungsnachteile sowie auf aufgrund des begrenzteren Verbleibs im Betrieb für diesen nicht mehr lohnenswerte „Humankapitalinvestition" in die älteren Beschäftigten (vgl. Frerichs 1998, S. 45).

In der Kritik der neoklassischen Theorie finden sich zahlreiche theoretische, wie auch empirisch gestützte Entgegnungen, die das Nichtzutreffen der postulierten Vorbedingungen des Grundmodells sowie das Ausblenden weiterer gesellschaftlicher Zusammenhänge illustrieren (vgl. ausführlich: Sesselmeier, Funk & Waas 2010, S. 84 ff., Hinz & Abraham 2008, S. 22 ff.). An einem Argumentationsstrang soll dieser Diskurs exemplarisch ausgeführt werden: Insoweit z.B. in der neoklassischen Theorie davon ausgegangen wird, dass Arbeitslose bei einem Marktungleichgewicht entweder zu einer Lohnsenkung bereit sind oder bei Unterschreiten eines von ihnen gesetzten „Anspruchslohns" sich vom Arbeitsmarkt zurückziehen und Arbeitszeit durch Freizeit „substituieren", wird, wie oben angedeutet, dauerhaft unfreiwillige Arbeitslosigkeit bereits theoretisch ausgeschlossen und auf Störungen der Marktkräfte, wie z.B. Lohnrigiditäten, zurückgeführt oder zu einer Frage individueller Präferenz erklärt (vgl. Sesselmeier, Funk & Waas 2010, S. 65 ff., 78 ff., 82 ff., Ludwig-Mayerhofer 2008, S. 202 f.). Dieser Annahme sind folgende Argumente entgegenzuhalten: Die Betrachtung der Tauschbeziehungen auf dem Arbeitsmarkt als für Erwerbspersonen beliebig wählbare Alternative Arbeitszeit versus Freizeit ohne Berücksichtigung der für eine Mehrheit der Erwerbspersonen bestehende Angewiesenheit auf eine existenzsichernde Arbeitsvergütung erscheint zum einen realitätsfremd und zynisch. Zum anderen können die als Marktstörungen gefassten Regulierungen des Arbeitsmarktes, wie z.B. Tarif- und Mindestlöhne, die letztlich als mögliche Verursacher für Marktungleichgewichte und Arbeitslosigkeit gelten, im Gegenteil beschäftigungssteigernde Wirkungen haben, da sie die Kaufkraft

37 Dies ist benannt nach dem französischen Nationalökonomen Jean Baptiste Say.

und damit die Binnennachfrage stärken.[38] Während die Grundannahmen des neoklassischen Modells insbesondere in soziologischen Diskursen vielfach infrage gestellt werden, erscheinen ihre politischen Implikationen hingegen in der beschäftigungspolitischen Debatte äußerst wirkmächtig: Mit „marktliberalen" Argumenten wurden seit der zweiten Hälfte der 1990er Jahre mehrere Verschärfungen von Zumutbarkeitskriterien für die Annahme einer Erwerbsarbeit durch Erwerbslose sowie eine Ausweitung von Niedriglöhnen durchgesetzt und mit dem Ziel begründet, hierdurch Arbeitslosigkeit bekämpfen zu können.[39] Das offensichtliche Misslingen dieser Politikansätze[40] hat indessen ihre partei-übergreifende Wirkmächtigkeit nicht beeinträchtigt.

Im Hinblick auf die Implikationen der neoklassischen Theorie für die Arbeitsmarktsituation älterer Erwerbspersonen ist mit Frerichs zu kritisieren, dass bei dieser Beschäftigtengruppe nicht von generellen Leistungseinschränkungen ausgegangen werden kann (s. hierzu die Ausführungen unter Abschnitt 3.1.2) und, soweit Leistungseinbußen feststellbar sind, zu prüfen ist, inwieweit diese auf „eine vorhergehende exzessive betriebliche Vernutzungsstrategie" zurückzuführen sind, die nicht zu Lasten der Beschäftigten gehen darf (vgl. Frerichs 1998, S. 45 f., Zitat S. 46, vgl. auch Naegele 1992, S. 379 f.). In Erweiterung der Kritik von Frerichs wäre zudem die Behauptung genereller (Aus-)Bildungsnachteile im Hinblick auf die nach Beruf je unterschiedliche Bedeutung von Berufserfahrung und Qualifikation sowie im Hinblick auf erfolgte Weiterbildungsaktivitäten

---

38 Exemplarisch verweisen Hinz und Abraham (2008, S. 22) auf eine empirische Studie von Katz und Krueger aus dem Jahr 1992, die eine Beschäftigungserhöhung in der ‚fast food'-Industrie als Niedriglohnbereich nach Einführung eines gesetzlichen Mindestlohns belegen, hierfür allerdings andere Wirkungszusammenhänge als die Kaufkraft anführen, so z.B. eine mögliche Substitution von Teilzeit- durch Vollzeitkräfte.

39 Ein solches Ziel propagiert der ehemalige Bundeskanzler Gerhard Schröder in einer Rede auf dem Weltwirtschaftsforum in Davos auch für die „Agenda 2010" zur Reform von Sozialsystemen und Arbeitsmarkt, deren Kern die sog. Hartz-Gesetze darstellen: „Wir müssen und wir haben unseren Arbeitsmarkt liberalisiert. Wir haben einen der besten Niedriglohnsektoren aufgebaut, den es in Europa gibt. (…) Wir haben einen funktionierenden Niedriglohnsektor aufgebaut, und wir haben bei der Unterstützungszahlung Anreize dafür, Arbeit aufzunehmen, sehr stark in den Vordergrund gestellt. (…) Und wir sind sicher, dass das veränderte System am Arbeitsmarkt erfolgreich sein wird." (Presse- und Informationsamt der Bundesregierung 2005).

40 Vgl. zur Wirkung der Neuregelung der Zumutbarkeitsbestimmungen im Jahr 1997 Pollmann-Schult 2005, zur Wirkung der Neuregelung der Zumutbarkeit im Rahmen der „Hartz"-Gesetze Mosley 2006, S. 463 f., Fehr & Vobruba 2011, S. 214, zu Niedriglöhnen und atypischer Beschäftigung vgl. Seifert 2006, S. 10 f., 17 ff.

infrage zu stellen. Auch die Annahme zeitlich nicht mehr als lohnenswert erscheinender Weiterbildungsinvestitionen in ältere Arbeitskräfte ist nach Frerichs zwar angesichts der mit dem technologischen Wandel einhergehenden kürzeren Verfallszeiten neuen Wissens argumentativ nicht mehr haltbar, hier konstatiert er dennoch eine handlungsregulierende Wirkung auf die betriebliche Praxis. Ebenso kann, so wären die von Frerichs genannten Aspekte zu ergänzen, auch die Annahme genereller Leistungseinschränkungen unabhängig von ihrer wissenschaftlichen Widerlegung für die betriebliche Beschäftigungs- und insbesondere Einstellungspolitik gegenüber älteren Erwerbspersonen handlungswirksam sein.[41]

Insgesamt erscheint die neoklassische Theorie wissenschaftlich nicht nur ungeeignet zur Erklärung der Arbeitsmarktsituation älterer Erwerbspersonen, sondern auch nicht nachvollziehbar in ihrer nach wie vor hohen Relevanz innerhalb des wirtschaftswissenschaftlichen Diskurses – zumal das neoklassische Grundmodell nur in seiner Negation und unter Zuhilfenahme einer Vielzahl abgeleiteter Modellerweiterungen genutzt werden kann. Nicht zu unterschätzen ist diese Theorie hingegen in ihrer politischen Brisanz und Wirkmächtigkeit, insoweit sie von politischen, dem Marktliberalismus zuordenbaren Positionen als Legitimation genutzt wird, die letztlich Arbeitsmarktrisiken älterer Erwerbspersonen individualisiert und auf eine Lohnsenkung für diese Beschäftigtengruppe orientiert.[42]

3.2.2 Humankapitaltheorie

Eine der wesentlichen Weiterentwicklungen der neoklassischen Arbeitsmarkttheorie ist die Humankapitaltheorie, die deren Fehlannahme homogener und damit substituierbarer ArbeitsanbieterInnen aufgreift und bestehende Heterogenitäten zu erklären versucht (vgl. auch zu Folgendem Hinz & Abraham 2008, S. 32 ff., Sesselmeier, Funk & Waas 2010, S. 145 ff.). Die neuere Humankapitaltheorie wurde in den 1960er Jahren von Gary S. Becker, Jacob Mincer, Walter Y. Oi und Theodore W. Schultz entworfen, Anknüpfungspunkte finden sich bereits bei dem Begründer der klassischen Nationalökonomie Adam

---

41 Dies ist Gegenstand des von Phelps (1972) und Arrow (1973) entwickelten Modells der statistischen Diskriminierung, das als eine der Erweiterungen des neoklassischen Basismodells gilt, vgl. Hinz & Abraham 2008, S. 35 f., Kalter 2008, S. 311.

42 Vgl. exemplarisch für diesen Diskurs das Plädoyer des damaligen Chefökonomen der Deutschen Bank Norbert Walter für eine geringere Entlohnung älterer Beschäftigter entsprechend ihrer Produktivität veröffentlicht unter: Spiegel Online vom 04.03.2006.

Smith. Die Theorie geht davon aus, dass der Wert einer Arbeitskraft durch ihr Wissen und ihre Fähigkeiten bestimmt wird, die wiederum von den Investitionen der ArbeitsanbieterInnen in als „Humankapital" verwertbare Bildung abhängen.[43] Wie in der neoklassischen Arbeitsmarkttheorie wird auch hier von rational handelnden nutzenmaximierenden AkteurInnen ausgegangen, die ihre Humankapitalinvestitionen entsprechend des erwarteten Nutzens für ihr Lebenseinkommen entscheiden. Hierbei werden unterschiedliche Ressourcen für mögliche Bildungsinvestitionen im Sinne sozialer Bildungschancen in der Humankapitaltheorie ebenso aufgegriffen und theoretisch integriert wie auch Diskriminierungsprozesse, die Angehörigen diskriminierter Gruppen Bildungsinvestitionen als geringer verwertbar erscheinen lassen.[44]

Die erwarteten Verwertungschancen gelten zudem in zeitlicher Hinsicht als zentrale Determinante zur Erklärung geschlechtsspezifischer Ungleichheit: Aufgrund antizipierter häufigerer familiär bedingter Erwerbsunterbrechungen investieren hiernach Frauen bereits in der Ausbildung weniger in ihr Humankapital, erzielen dadurch einen geringeren Marktlohn, verstärken in dessen Folge die innerfamiliale geschlechtliche Arbeitsteilung, in der eher Frauen als Männer ihre Erwerbsarbeit zugunsten von Haus- und Familienarbeit einschränken oder unterbrechen und entwerten damit letztlich ihr Humankapital (vgl. Falk 2005, S. 37 f.).

Damit erscheint geschlechtsspezifische Ungleichheit als „Teufelskreis ökonomischer Rationalität" (Ott 1999, zitiert nach Falk 2005, S. 38), in dem die geringere Vergütung für Frauen sowohl als Ursache innerfamilialer Arbeitsteilung gilt wie auch zugleich als ihr Ergebnis. Eine Ursachenerklärung bleibt in diesem Interpretationsrahmen offen. Weitere Kritikpunkte an dem Erklärungsgehalt dieser Theorie für geschlechtsspezifische Ungleichheit beziehen sich auf die de facto hohen schulischen und beruflichen „Humankapitalinvestitionen" von Frauen sowie auf die Grundannahme, dass Frauen zur Maximierung des Lebenseinkommens im Haushaltskontext weniger Bildung nachfragen. Dies kann nach Hinz und Abraham für Frauen zutreffen, die vorrangig auf Familienarbeit orientieren, ist jedoch für Frauen infrage zu stellen, die eine Erwerbsorientierung auch nach der Familiengründung aufweisen. (Vgl. Falk

---

43 Der Begriff Humankapital wird definiert als „Bestand an Wissen und Fähigkeiten, die ein Akteur im Rahmen seiner Ausbildung und Erwerbstätigkeit akkumuliert" *(Wagner & Jahn* 2004, *S. 420).*

44 Dies bezieht sich insbesondere auf das bereits im vorhergehenden Abschnitt angeführte Modell der statistischen Diskriminierung.

2005, S. 37 ff., Hinz & Abraham 2008, S. 34 f., Achatz 2008, S. 265 ff., Kuiper 2010, S. 592 f.)

Auch für ältere Erwerbspersonen werden nach der Humankapitaltheorie geringere Verwertungschancen von Bildungsinvestitionen angenommen und zeitlich begründet: Aufgrund geringerer Restnutzungszeiten für eine Amortisierung der getätigten Bildungsinvestition lohnen sich hiernach für Erwerbspersonen ab einem bestimmten Zeitpunkt im Erwerbsverlauf die Aufwendungen an Zeit und Geld für Bildungsaktivitäten nicht mehr und werden daher reduziert. Im Ergebnis nehmen ältere Erwerbspersonen weniger an Weiterbildung oder betrieblichen Bildungsaktivitäten teil. (Vgl. Frerichs 1998, S. 46 f.)

Unter Würdigung der Bedeutung der Humankapitaltheorie für die empirische Mobilitätsforschung kritisiert Frerichs jedoch „die einseitige Orientierung auf die Eigenschaften von Individuen" (ebd., S. 47), deren Entwicklung infolge von Bildungsaktivitäten und Berufserfahrung als vorrangige Determinante für die weiteren Berufschancen gefasst wird. Demgegenüber verweist Frerichs zum einen auf die Bedeutung struktureller Rahmenbedingungen und Veränderungsprozesse, die sich auf den Arbeitsmarkt und hier bestehende und sich verändernde Beschäftigungsgelegenheiten auswirken, zum anderen auf die Bedeutung der jeweiligen Arbeitsbedingungen, die in je spezifischer Weise die Entwicklung von qualifikatorischem und gesundheitlichem „Kapital" ermöglichen und erfordern.

Selbst unter Berücksichtigung unterschiedlicher Ressourcenausstattungen von Individuen und möglicher betrieblicher Diskriminierungsprozesse, die entsprechend der vorhergehenden Ausführungen in die Humankapitaltheorie integriert wurden, erscheint somit die Kritik von Frerichs an der Ausblendung struktureller und arbeitsbezogener Einflussfaktoren berechtigt. Im Grundsatz kann dem humankapitaltheoretischen Ansatz jedoch insoweit Handlungsrelevanz unterstellt werden, als die Frage des Kosten-Nutzen-Kalküls für eine Bildungsaktivität sowohl für die Erwerbspersonen als auch für die eine Weiterbildung oder hierfür erforderliche Arbeitsfreistellung ggf. finanzierenden Unternehmen eine entscheidende Rolle spielen. Zu berücksichtigen ist allerdings, dass der Nutzen nicht allein monetärer Natur sein muss – Arbeitsplatz- und Statussicherung, Professionalisierungswunsch, Interesse etc. können weitere Nutzenaspekte darstellen – und das Argument der Restnutzungszeit zwar möglicherweise handlungsrelevant bleiben kann, jedoch angesichts des beschleunigten technologischen Wandels, wie bereits im vorhergehenden Abschnitt angeführt, de facto brüchig wird.

Zu ergänzen wäre darüber hinaus eine Kritik an der begrifflichen Fassung als „Humankapital", die eine Reduktion des Menschen und seines Arbeitsvermögens auf seine ökonomische Relevanz darstellt.[45] Dies bestätigt sich auch in der konzeptionellen Verwendung des Begriffs, wie es exemplarisch in dem wirtschaftswissenschaftlichen Lehrbuch von Wagner und Jahn zum Ausdruck kommt:

> „Humankapital kann wie Sachkapital zwei Zustände annehmen, es ist entweder beschäftigt oder arbeitslos." (Wagner & Jahn 2004, S. 73)

Neben der fehlenden sprachlichen Sinnhaftigkeit verdeutlicht das Zitat, dass Menschen nicht als Individuen, sondern nur funktional als Merkmalsträger im Marktgeschehen betrachtet werden. In einer solchen theoretischen Perspektive interessieren denn auch forschungslogisch die Lebenssituationen, Bedürfnisse und Interessen von Menschen nicht.

3.2.3 Segmentationstheorien

Während die zuvor vorgestellte neoklassische Theorie inkl. der Humankapitaltheorie Macht als konstitutiven Faktor des Arbeitsmarktes ausblendet, verweisen Hinz und Abraham auf den Verdienst des marxistischen Ansatzes, diesen Faktor in der Arbeitsmarktanalyse einbezogen zu haben (vgl. Hinz & Abraham 2008, S. 41). Machtunterschiede zwischen Kapital und Arbeit, d.h. zwischen Unternehmen als Arbeitsnachfragern und Erwerbspersonen als ArbeitsanbieterInnen führen zur Segmentation des Arbeitsmarktes (vgl. auch zu Folgendem Hinz & Abraham 2008, S. 42 ff., Sesselmeier, Funk & Waas 2010, S. 273 ff., Köhler & Krause, S. 390 ff., Hofemann & Schmitt 1980, Sengenberger 1978b, Freiburghaus & Schmid 1975):

Im Unterschied zur neoklassischen Theorie handelt es sich bei den Segmentationstheorien um sozialwissenschaftliche Ansätze, die induktiv auf Basis empirischer Arbeitsmarktanalysen entwickelt wurden. Die Segmentationstheorien gehen von der Aufspaltung des Arbeitsmarktes in verschiedene Segmente aus, zwischen denen Arbeitskräfte und Arbeitsplätze nicht oder nur eingeschränkt substituierbar sind. Die theoretische Debatte geht i.W. auf die Arbeiten der US-Ökonomen Peter Doeringer und Michael Piore zur Dualität des Arbeitsmarktes in den 1970er Jahren zurück. Diese zählen zum institutionalistischen Ansatz innerhalb der Segmentationstheorien[46] und differenzieren den Arbeitsmarkt

---

45 Vgl. zur Diskussion um den (zum Unwort des Jahres 2004 gewählten) Begriff „Humankapital": Giesecke 2005, Informationsdienst Wissenschaft vom 20.01.2005.

46 Zu theoretischen Vorläufern sowie weiteren Strömungen innerhalb der Segmentationstheorie vgl. Sesselmeier, Funk & Waas 2010, S. 275 ff., eine ausführlichere Darstellung findet sich in der vorhergehenden 2. Auflage von Sesselmeier & Blauermel 1997, S. 222 ff.

zum einen horizontal in ein primäres und ein sekundäres Segment. Das primäre Segment zeichnet sich u.a. durch relativ stabile Arbeitsplätze und gute Arbeitsbedingungen aus, das sekundäre Segment durch instabile Arbeitsverhältnisse, schlechte Arbeitsbedingungen und geringe Qualifikationsanforderungen. Begrifflich wird dies in der Diskussion auch als Differenzierung von Stamm- und Randbelegschaften gefasst. Zum anderen unterteilt sich der Arbeitsmarkt nach Doeringer und Piore vertikal in ein internes und ein externes Segment. Im internen Segment sind die Arbeitsbedingungen, wie z.B. Lohnfestsetzung, Ausbildung etc. institutionell geregelt, das externe Segment funktioniert nach dem neoklassischen lohnvermittelten Prinzip von Angebot und Nachfrage. Wechsel zwischen dem internen und dem externen Segment sind nur begrenzt über „ports of entry" möglich. (Vgl. Doeringer & Piore 1971.)

In der bundesdeutschen Diskussion wurde die weitere Theorieentwicklung insbesondere von Burkart Lutz und Werner Sengenberger eingeleitet, die eine am hiesigen Qualifikationssystem orientierte Dreiteilung des Arbeitsmarktes zugrunde legen:

- die unspezifischen (Jedermanns-)Teilarbeitsmärkte: diese umfassen geringer qualifizierte Tätigkeiten mit einer geringen Bindung der Unternehmen an bestimmte Beschäftigte und entsprechen nach Sesselmeier, Funk und Waas (2010, S. 288) dem internen und externen Sekundärsegment;
- die fachlichen Teilarbeitsmärkte: diese beziehen sich auf die in der Bundesrepublik überbetrieblich geregelten berufsfachlichen Ausbildungsgänge, die deren AbsolventInnen wie auch den Unternehmen einen leichteren Austausch ermöglichen, also auch hier keine Bindung an bestimmte Beschäftigte, wohl aber an bestimmte Qualifikationen erfordern; sie bilden nach Sesselmeier, Funk und Waas (vgl. ebd.) das externe Primärsegment ab; schließlich
- die betrieblichen Teilarbeitsmärkte: die geforderten Qualifikationen sind betriebsspezifisch und an die jeweiligen Beschäftigten gebunden, deren Personalentwicklung und längerfristige Personalbindung an das Unternehmen sind damit von hoher Relevanz; dieses Segment korrespondiert nach Sesselmeier, Funk und Waas (vgl. ebd.) mit dem internen Primärsegment. (Vgl. Lutz & Sengenberger 1974, Sengenberger 1978a, Sengenberger 1987.)

Dieser Ansatz eines dreigeteilten Arbeitsmarktes dominiert als „Spaltungsparadigma" in den 1970er und 1980er Jahren den bundesdeutschen Diskurs in der sozialwissenschaftlichen Arbeitsmarktforschung, während in den 1990er Jahren der „Vermarktlichungsdiskurs" an Bedeutung gewinnt, der infolge von globalen Wirtschafts- und Finanzmarktentwicklungen sowie einer Deregulierung der Arbeitsmärkte eine Ausweitung bzw. Generalisierung von

Beschäftigungsrisiken unterstellt (vgl. auch zu Folgendem Köhler & Krause 2010, S. 394 ff.). Köhler und Krause formulieren Kritikpunkte an beiden Ansätzen: Den auf Basis der westdeutschen Prosperitätsphase entwickelten Ansatz einer Dreiteilung des Arbeitsmarktes bewerten sie als zu undifferenziert, um die heutigen Arbeitsmarktstrukturen erfassen zu können. Umgekehrt verweisen sie auf empirische Ergebnisse fortbestehender Segmentationslinien als Argumente gegen eine generelle Vermarktlichung. Im Ergebnis von Forschungsarbeiten des Sonderforschungsbereichs 580 der Universitäten Jena und Halle[47] plädieren Köhler und Krause für eine Fortentwicklung der Segmentationstheorie im Rahmen eines neo-institutionalistischen Ansatzes. Segmentationslinien zwischen primären und sekundären, internen und externen Teilarbeitsmärkten bleiben hiernach erhalten, weisen jedoch dynamische Entwicklungen zwischen den Segmenten und innerhalb dieser auf. Exemplarisch führen sie hierfür empirische Befunde an, wie die Zunahme sekundärer Arbeitsmärkte, insbesondere in Form des Niedriglohnbereichs, sowie den Wandel von senioritäts- zu leistungsbasierten Regeln innerhalb interner betrieblicher Arbeitsmärkte.[48]

Die Segmentationstheorien werden auch in der Genderforschung herangezogen. Nach Falk sind Frauen infolge ihrer höheren Diskontinuität eher im sekundären Arbeitsmarkt vorhanden. Zudem werden nach der Segmentationstheorie Frauenberufe im sekundären Segment verortet, was für die hier Tätigen wiederum zu einer höheren Diskontinuität führt (vgl. Falk 2005, S. 38 f., 44, Hinz & Abraham 2008, S. 43.). Gottschall hingegen verweist auf empirische Untersuchungen von Gottschall und Müller (1987) sowie Pfau-Effinger (1990), die eine mehrheitliche Verortung erwerbstätiger Frauen im berufsfachlichen Segment verdeutlichen und Frauen auch als Teil von Stammbelegschaften ausweisen (vgl. Gottschall 2010, S. 674 f.).

Im Hinblick auf die Arbeitsmarktsituation älterer Erwerbspersonen sind diese nach SOEP-Daten im „Jedermanns"- und im fachlichen Arbeitsmarkt unterdurchschnittlich und im betrieblichen Arbeitsmarkt überdurchschnittlich vertreten. Erklärt wird Letzteres u.a. mit längeren Betriebszugehörigkeitsdauern, betrieblicher Ausbildung und tariflichen Bestandsschutzregelungen. Dennoch konstatiert Frerichs für den internen betrieblichen Arbeitsmarkt zugleich

47 SFB 580 „Gesellschaftliche Entwicklungen nach dem Systemumbruch", vgl. Internetpräsentation Sonderforschungsbereich 580 o.J.: www.sfb580.uni-jena.de.

48 Diese Befunde werden im Hinblick auf ihren Beitrag zur Analyse von Erwerbsarbeit in Kap. 3.6 nochmals aufgegriffen und diskutiert.

spezifische Beschäftigungsrisiken für ältere Beschäftigte aufgrund auch hier bestehender gesundheitlicher Belastungen, die zu Leistungseinschränkungen führen können, sowie einer möglichen Entwertung der aufgebauten betriebsspezifischen Qualifikation infolge technologisch-organisatorischer Entwicklungen. Im fachlichen Arbeitsmarktsegment ist nach Frerichs mit Verweis auf Szydlik (1990) zwar von noch eher lernförderlichen mitgestaltbaren Arbeitsbedingungen, aber auch von relativ hohen Belastungen mit entsprechenden Beschäftigungsrisiken für ältere Beschäftigte auszugehen. Am ausgeprägtesten stellen sich die Beschäftigungsrisiken für Ältere in den unspezifischen „Jedermanns"-Arbeitsmärkten dar, deren Tätigkeiten tendenziell hohe Belastungen und dequalifizierende, die Lernfähigkeit einschränkende Arbeitsanforderungen aufweisen. Die betriebliche Personalpolitik folgt hier vorrangig der Orientierung an einer jugendzentrierten Belegschaftsstruktur. (Vgl. Frerichs 1998, S. 52 f., Naegele 1992, S. 381 ff.)

Frerichs (vgl. ebd.) hebt den Erklärungsgehalt der Segmentationstheorien für die differenzierten Beschäftigungsrisiken älterer Erwerbspersonen positiv hervor. Er kritisiert jedoch deren Beschränkung auf Zugangs- und Schließungsmechanismen in einzelnen Arbeitsmarktsegmenten, womit die betrieblichen Beschäftigungsbedingungen und ihre Auswirkungen auf die Beschäftigungs- und Arbeitsmarktsituation Älterer nicht miterfasst sind.

Sesselmeier, Funk und Waas würdigen in ihrer Kritik, dass die Segmentationstheorien im Unterschied zur Mehrheit neoklassischer Ansätze die Nachfrageseite des Arbeitsmarktes sowie institutionelle Einflussfaktoren u.a.m. integrieren. Negativ bewerten sie, dass letztlich auch die Segmentationstheorien auf der mikroökonomischen Ebene verbleiben und die differenzierten Arbeitsmärkte nicht erklären können, sondern voraussetzen. Ein weiterer Kritikpunkt richtet sich auf das widersprüchliche Verhältnis zur Neoklassik, die von den Segmentationstheorien einerseits abgelehnt wird, andererseits aber in zentralen Elementen, nämlich der Humankapitaltheorie, von fast allen Segmentationstheorien selbst zugrunde gelegt wird. Das Problem abweichender Befunde zur Bestimmung der verschiedenen Arbeitsmarktsegmente stellt für Sesselmeier, Funk und Waas (mit Verweis auf Farhauer 2003) den theoretischen Gehalt der Segmentationstheorien hingegen nicht infrage, zumal die Entwicklung der Segmente und Segmentationslinien fortlaufend empirisch überprüft werden. Insofern bescheinigen sie den Segmentationstheorien nach Jahren eines Bedeutungsrückgangs in der Arbeitsmarktforschung eine Wiederbelebung und einen aktuell erneut hohen Stellenwert. (Vgl. Sesselmeier, Funk & Waas 2010, S. 293 ff.)

3.2.4 Vakanzkettentheorie

Die Bedeutung betrieblicher Vakanzstrukturen untersucht die Vakanzkettentheorie. Diese fasst im Gegensatz zur Humankapitaltheorie die individuellen Qualifikationen nicht als ausschlaggebend für die berufliche Positionierung und Entwicklung auf, sondern als Chancen (vgl. auch zu Folgendem Frerichs 1998, S. 48 ff., Hinz & Abraham 2008, S. 58 f., Struck 2008, S. 174 f.). Der zentrale Mechanismus für die Realisierung beruflicher Aufstiege wird vielmehr in der Verfügbarkeit freier Stellen gesehen. Die Vakanz von Stellen wiederum hängt von verschiedenen Faktoren ab: den hierarchischen Strukturen in den Betrieben, der quantitativen Entwicklung der Beschäftigung auf den verschiedenen Hierarchieebenen, der Altersstruktur der bestehenden Belegschaften und dem beruflichen Austrittsverhalten der StelleninhaberInnen. Um Aufstiegsoptionen für jüngere Beschäftigte zu schaffen und hierdurch die Motivation und die Personalbindung dieser Beschäftigtengruppe zu erhöhen, wird entsprechend der Vakanzkettentheorie als Ursache dafür gesehen, dass Betriebe versuchen, ältere Beschäftigte auf höheren Positionen zu deren Freigabe zu drängen.

Dieser theoretische Ansatz bietet nach Frerichs einen gewissen Erklärungswert für betriebliche Personaleinsatzstrategien und die Aufstiegsmobilität in Betrieben. Zugleich betont er diverse Begrenzungen dieses Ansatzes, wie z.B. die Nichtberücksichtigung qualitativer oder konjunktureller Arbeitsmarktveränderungen, die für verschiedene Kohorten unterschiedliche Qualifizierungs- und damit Aufstiegschancen beinhalten, sowie Veränderungen betriebsstruktureller Arbeitsbedingungen, wie sie z.B. durch eine (nach wie vor anhaltende) Verflachung von Hierarchien zu konstatieren sind (vgl. Frerichs 1998, S. 49 f.). Trotz dieser Kritikpunkte liefert die Vakanzkettentheorie mit ihrer Fokussierung auf betrieblich bestehende Vakanzen relevante Hinweise auf eine weitere Determinante für die betriebliche Situation älterer Beschäftigter.

3.2.5 Organisationsdemografischer Ansatz

Der organisationsdemografische Ansatz untersucht betriebliche Altersstrukturen und ihre möglichen Folgen für die Beschäftigten und die Organisationsentwicklung (vgl. auch zu Folgendem Frerichs 1998, S. 56 ff., Struck 2008, S. 175). Aus der Altersstruktur resultierende Probleme werden zum einen in der Dominanz einer spezifischen Alterskohorte gesehen. In Überschneidung mit der Vakanzkettentheorie kann dies zu einer Einschränkung von Aufstiegschancen sowohl jüngerer Beschäftigter als auch innerhalb der dominierenden Alterskohorte sowie zu Personalersatzproblemen führen, wenn die dominierende Altersgruppe zeitlich konzentriert das Rentenalter erreicht. Zum anderen erscheinen

Altersstrukturen dann problematisch, wenn sie zu große Altersdifferenzen aufweisen, z.B. nach zeitlich weit auseinanderliegenden Einstellungsschüben. Hieraus können sich kulturell bedingt negative Wirkungen auf die Kommunikation und die soziale Integration der verschiedenen Beschäftigtengruppen ergeben. Zum Abbau organisationsdemografischer Probleme benennt Frerichs mit Verweis auf Kohli und Wolf (1987) zwei Personalstrategien: a) bei einer Orientierung auf eine „maximale Leistungsausschöpfung" der Beschäftigten, die im segmentationstheoretischen Feld der „Jedermannsarbeitsplätze" tätig sind, eine vorzeitige Ausgliederung älterer Beschäftigter aus dem Betrieb und b) bei einer Orientierung auf eine „kontinuierliche Leistungsausschöpfung" der Beschäftigten, in Entsprechung zum segmentationstheoretischen Feld der betrieblichen Arbeitsmärkte, ausgleichende Maßnahmen über Teilzeit und Weiterbildung für Ältere. Letztlich sind organisationsdemografische Probleme aber nur durch eine Orientierung auf eine ausgeglichene Belegschaftsstruktur zu vermeiden. (Vgl. Frerichs 1998, S. 57 f., Zitate S. 57.)

Frerichs hebt an dem Ansatz positiv hervor, dass er den Fokus auf die Altersstruktur der gesamten Belegschaft richtet und damit wechselseitige Wirkungen zwischen den Beschäftigtengruppen untersuchen kann. Zugleich kritisiert Frerichs, dass die beiden genannten Altersstrukturprobleme um weitere Typen auszudifferenzieren wären[49] und dass die Ursachen organisationsdemografischer Probleme nicht umfassend untersucht werden, so bleiben z.B. Produktionsformen, Betriebsgröße und regionale Arbeitsmärkte ausgeblendet. Sein gewichtigster Kritikpunkt indes bezieht sich auf die Zielstellung des organisationsdemografischen Ansatzes, dem es nicht um die Beschäftigungssicherung für ältere Beschäftigte gehe, sondern um die Sicherung der betriebswirtschaftlichen Effizienz (vgl. Frerichs 1998, S. 58 f.). Unter Berücksichtigung der genannten Kritikpunkte verdeutlicht der organisationsdemografische Ansatz mit der betrieblichen Altersstruktur und damit verknüpften Personalstrategien weitere relevante Determinanten für die Beschäftigungssituation älterer Beschäftigter.

3.3 Industriesoziologische Ansätze

Im Rahmen industriesoziologischer Arbeiten untersuchen der polit-ökonomische Erklärungsansatz (Kap. 3.3.1) sowie der produktionsregimespezifische

49 Eine Ausdifferenzierung in 7 verschiedene Altersstrukturtypen findet sich bei Köchling 2004, S. 7–14.

Ansatz (Kap. 3.3.2) die Bedeutung des Wirtschaftssystems sowie der Marktsegmente auf Arbeitsbedingungen und damit verknüpfte Beschäftigungsrisiken älterer Personen.

3.3.1 Polit-ökonomischer Erklärungsansatz

Im polit-ökonomischen Erklärungsansatz werden die Arbeits- und Beschäftigungsverhältnisse im Kontext der kapitalistischen Verfasstheit der Wirtschaft analysiert (vgl. auch zu Folgendem Frerichs 1998, S. 59–61, Naegele 1992, S. 389–393). Diese bedingt seitens der Unternehmen eine Orientierung an maximaler Leistungsausschöpfung, die das menschliche Leistungsvermögen auf Dauer überfordert. Infolgedessen können nach längerer Tätigkeit auf solchen Arbeitsplätzen – parallel zu den Erkenntnissen arbeitspsychologischer Ansätze – gesundheitliche Probleme und Leistungseinschränkungen auftreten, aber auch Dequalifizierung aufgrund monotoner Anforderungen und fehlender Anpassung an betriebliche Innovationen. Im Ergebnis nehmen Beschäftigungsrisiken für Ältere zu, wie z.B. Berufskrankheiten, Arbeitsplatzverlust, Wechsel in eine minderwertigere Tätigkeit oder Berufs- und Erwerbsunfähigkeit. In der Konsequenz werden in diesem Ansatz die Notwendigkeit betrieblicher Strategien zur Prävention sowie sozialpolitischer Regulierungen thematisiert.

Frerichs würdigt die Fokussierung des polit-ökonomischen Ansatzes auf die arbeitsbezogenen Belastungen, die nach seiner Auffassung in allen Erklärungsansätzen über Beschäftigungsrisiken zu berücksichtigen ist. Als kritische Aspekte aus der Diskussion um den polit-ökonomischen Ansatz benennt er, dass die betriebliche Realität zu undifferenziert abgebildet wird, indem das tayloristische, mit hoher Belastungsintensität verknüpfte Produktionsprinzip übergeneralisiert wird, und verweist auf die teils auch hohe Bedeutung älterer Beschäftigter für die Betriebe gerade aufgrund ihrer Qualifikationen und Leistung, die zu betrieblichen Interessen und Strategien zur Personalbindung ihrer Arbeitskraft führen. Weitere Kritikpunkte beziehen sich auf eine nicht immer klärbare Ursachenverkettung von Arbeitsanforderungen und Krankheiten sowie auf eine Ausblendung des subjektiven Faktors im Hinblick auf ihre individuellen bzw. kollektiven Handlungsmöglichkeiten sowie die subjektive Wahrnehmung und Verarbeitung von Anforderungen. (Vgl. Frerichs 1998, S. 60 f., Naegele 1992, S. 392 f.) Wenngleich auch insbesondere die Kritik an einem mangelnden Differenzierungsgrad betrieblicher Personal- und Arbeitseinsatzkonzepte berechtigt scheint, so ist zusätzlich ein wichtiger Ertrag des polit-ökonomischen Ansatzes darin zu sehen, die gesamtwirtschaftlichen Wirkungsmechanismen in den Blick zu nehmen, da sie einzelbetriebliche Handlungsspielräume determinieren und begrenzen. Preis-/Leistungs-Dumpingkonkurrenzen auf bestimmten Teilmärkten, wie z.B. in der Reinigungsbranche, die die genannte Orientierung auf maximale Leistungsanforderungen bedingen, sind nur in solchem Kontext versteh- und bearbeitbar.

So werden im aktuellen kapitalismuskritischen Diskurs denn auch die Entwicklungen der kapitalistischen Verfasstheit von Wirtschaft und Arbeit seit den 1970er Jahren mit anderen betrieblichen Kontrollmechanismen jenseits des Taylorismus und mit veränderten Belastungsstrukturen für die Beschäftigten diskutiert. Entsprechend des „neuen marktzentrierten Kontrollmodus" (Marrs 2010, S. 343) wird mit Bezug auf die Globalisierung der Wirtschaft und das Primat des Shareholder-Prinzips – von Klaus Dörre auch als Elemente einer „finanzkapitalistischen Landnahme" gefasst (vgl. ders. 2009, S. 57 f.) – eine verstärkte Selbstkontrolle der Beschäftigten konstatiert, die bei Minderleistung den Verlust des Arbeitsplatzes bis hin zur Schließung ganzer Betriebe riskieren. Damit verbunden sind veränderte Belastungsstrukturen, innerhalb derer prekäre Arbeits- und Beschäftigungsbedingungen sowie die Angst vor dem Abstieg in Prekarität – von Robert Castel als „Wiederkehr der sozialen Unsicherheit" bezeichnet (vgl. ders. 2009) – an Bedeutung gewinnen. (Vgl. exemplarisch Dörre 2009, Castel 2009, Marrs 2010.) Trotz veränderter Strukturprinzipien können auch hier zunehmende Beschäftigungsrisiken für Ältere auf Basis von insbesondere psychischen Leistungsüberforderungen vermutet werden.

3.3.2 Produktionsregimespezifischer Ansatz

Der produktionsregimespezifische Ansatz fokussiert auf die je spezifische Verknüpfung von Wettbewerbsstrategie, Typenmerkmal der Produktion sowie die die Arbeitsorganisation und den Personaleinsatz bestimmende „Humanressourcenstrategie", die in Abhängigkeit von Marktbedingungen und politischen Regulierungen mit je unterschiedlichen Qualifikationsanforderungen und Arbeitsbedingungen verknüpft sind (vgl. auch zu Folgendem Rosenow & Naschold 1994, S. 41–45, 199 f., Frerichs 1998, S. 61–63). Unterschieden werden drei Regime: Das „tayloristische Produktionsregime" findet insbesondere in der „kostenorientierten Massenproduktion" Anwendung, wie z.B. in der Textil- oder der Nahrungs- und Genussmittelindustrie. Die Arbeitsbedingungen beinhalten überwiegend hohe körperliche Belastungen und geringe Entwicklungspotentiale. Die Personalstrategien zielen auf einen zeitlich begrenzten Personaleinsatz sowie auf Belegschaftsstrukturen mit zumeist hohen Anteilen gering qualifizierter, weiblicher und ausländischer Beschäftigter. Das „Produktionsregime der diversifizierten Qualitätsproduktion" lässt sich insbesondere in der „kundenorientierten Qualitätsproduktion“, z.B. der Einzel- bzw. Kleinserienproduktion in der Maschinenbau- und Druckindustrie, beobachten. Bei begrenzten Arbeitsbelastungen und bestehenden Entwicklungspotentialen orientieren die Personalstrategien insbesondere auf männliche Facharbeiter mit langfristiger Personalbindung. Hohe Belastungen und Dequalifizierungen sind jedoch auch hier nicht grundsätzlich ausschließbar. Das „Produktionsregime der innovationsorientierten Qualitätsproduktion“ prägt insbesondere Unternehmen mit hoher Innovationsgeschwindigkeit sowie damit verbunden ausgeprägten Qualifikations- und Flexibilitätsanforderungen, wie z.B. in der Softwareentwicklung. Im Ergebnis hoher arbeitsbedingter Verschleißrisiken und der Personalstrategien sind die Belegschaftsstrukturen überwiegend jugendzentriert. (Alle zitierten Begriffe nach Rosenow & Naschold 1994, S. 42, 44.) Die Beschäftigungsmöglichkeiten und -risiken älterer Beschäftigter unterscheiden sich somit je nach Produktionsregime. Hohe Risiken in Form von Statusabstufungen oder Arbeitsplatzverlust werden dem erst- und dem letztgenannten Regime zugeschrieben, dem Regime der diversifizierten Qualitätsproduktion hingegen nur geringe Risiken. Insgesamt sind für Kleinbetriebe unabhängig vom Produktionsregime wirkende größenbedingte Faktoren zu berücksichtigen, wie z.B. geringere Ressourcen für eine gezielte Personalstrategie.

Frerichs würdigt an dem produktionsregimespezifischen Ansatz insbesondere die Fokussierung auf Belastungen und Qualifikationsanforderungen, die er im Vergleich zu den polit-ökonomischen und segmentationstheoretischen Ansätzen als differenzierter bzw. weitreichender wertet. Zugleich verweist er auf einen bestehenden Weiterentwicklungsbedarf u.a. im Hinblick auf die Berücksichtigung der verschiedenen Lebenslagen der Beschäftigten, auf Branchen außerhalb des industriellen Sektors und auf eine nähere Analyse der Produktionsregime nach Betriebsgröße. (Vgl. Frerichs 1998, S. 62 f.) In Abgrenzung zu der von Frerichs geäußerten Kritik besteht m.E. die Leistung des produktionsregimespezifischen Ansatzes insbesondere darin, die Ausgestaltung von Arbeitsbedingungen und Personaleinsatzstrategien überhaupt mit dem jeweiligen Marktsegment der Unternehmen zu verknüpfen. Hingegen erscheint die Zuordnung jeweils homogener Personaleinsatzstrategien zu den Produktionsregimen zu undifferenziert. Zu vermuten ist vielmehr, dass sich diese Strategien nach innerbetrieblicher Abteilung und Funktion der Beschäftigten deutlich unterscheiden dürften, wie z.B. in den nach Stammbelegschaft und Leiharbeitskräften differenzierten Personaleinsatzkonzepten der Automobilindustrie deutlich wird. Zudem ist zu berücksichtigen, dass Marktsegmente zwar wichtige Rahmenbedingungen für betriebliches Agieren darstellen, dennoch aber sehr wohl auch Spielräume auf betrieblicher Ebene in der Arbeitsgestaltung und Personalpolitik bestehen.

3.4 Sozialpolitikwissenschaftliche Ansätze

Weitere Erklärungsperspektiven für die Beschäftigungssituation Älterer bieten sozialpolitikwissenschaftliche Ansätze, zu denen der lebenslagenorientierte Ansatz und das Konzept der Statuspassagen zählen. Sie setzen im Unterschied zu den vorhergehend erläuterten, auf wirtschaftsstrukturelle Kategorien bezogenen Theorien an der Person an.

Der lebenslagenorientierte Ansatz untersucht soziale, wirtschaftliche und kulturelle Kontextbedingungen von Lebenslagen, daraus resultierende soziale Risiken und deren Wechselwirkungen mit subjektiven Deutungs- und Verarbeitungsmustern (vgl. auch zu Folgendem Naegele 1992, S. 401–411, Frerichs 1998, S. 63–65, Backes & Clemens 2000, S. 12–15).[50] Für ältere Beschäftigte werden strukturelle Gefährdungen ihrer Lebenslagen erkannt, die sich auf ein erhöhtes Qualifikations-, Krankheits-, Arbeitslosigkeits- sowie Verrentungsrisiko beziehen, Letzteres bezogen auf eine vorzeitige und/oder unfreiwillige Verrentung. Zwischen diesen Risiken bestehen Wechselwirkungen, ihre Ursachen werden auf biologische, gesundheitliche, kohortenspezifische und insbesondere sozialstrukturelle inkl. betriebsstrategische, wirtschaftliche und staatlich-politische Effekte zurückgeführt. Mit Bezug auf Rosenmayr und Majce (1978, S. 251–256) verweist Naegele auf einen „Kumulationseffekt der sozialen Benachteiligung" (Naegele 1992, S. 408), nach dem sich verschiedene Nachteilsfaktoren verstärken und bedingen können. Bezogen auf ältere Beschäftigte kann dies z.B. auf Wechselwirkungen zwischen Qualifikation, Einkommen und Gesundheit bezogen werden. Insofern gelten die genannten strukturellen Gefährdungen auch nicht für die Gesamtgruppe der Älteren, sondern für Teilgruppen und unter Berücksichtigung geschlechtsspezifischer Nachteilsstrukturen.

Der lebenslagenorientierte Ansatz kann nach Frerichs zudem mit dem Konzept der Statuspassagen kombiniert werden. Dieses untersucht die Bedeutung von Institutionen, insbesondere Betrieben, für den Zugang zu

50 Vgl. zur theoretischen Entwicklung des Lebenslage-Ansatzes: Leßmann 2007, S. 60–125, Andretta 1991, S. 30–93. Die auf Ingeborg Nahnsen (dies. 1975, S. 150) zurückgehende Ausweisung von Handlungs- und Entscheidungsspielräumen erfährt eine Ausdifferenzierung u.a. in altersspezifischer Hinsicht, vgl. Backes & Clemens 2000, S. 12–15 sowie von Enders-Dragässer und Sellach aus der Perspektive der Frauenforschung, vgl. dies. 1999, S. 60. Letztere werden trotz ihrer inhaltlich relevanten Erweiterung leider kaum rezipiert. Eine alternative konzeptionelle Erfassung von Lebenslagen entwirft Amann (2000). Voges problematisiert das Auseinanderfallen objektiver Lebenslagen und deren subjektiver (und sich im Lebensverlauf verändernder) Wahrnehmung, vgl. Voges 2011, S. 33–36.

Statusveränderungen. Als „Gatekeeper“ können diese, z.B. durch selektive Zugänge zu Qualifizierungen, inner- und außerbetriebliche Auf- bzw. Abstiegsprozesse fördern oder behindern. (Vgl. Frerichs 1998, S. 64 f., zitierter Begriff mit Bezug auf Dressel [1990, S. 14]: S. 64., vgl. auch Leisering, Müller & Schumann 2001.)

Zur Minderung struktureller Risiken für ältere Erwerbspersonen thematisiert das Lebenslagenkonzept die Bedeutung präventiver Interventionen auf staatlicher, tarifpolitischer und betrieblicher Ebene und grenzt sich damit ausdrücklich gegen Auffassungen ab, die auf Basis der Stigmatisierungstheorie solche Interventionen als Altersdiskriminierung werten (vgl. Naegele 1992, S. 404–407, Frerichs 1998, S. 64).

Frerichs würdigt das Verdienst des lebenslagenorientierten Ansatzes, durch die Verknüpfung von sozial-wirtschaftlichen Kontextbedingungen, Arbeitssituation, betrieblichen Interessen und subjektiver Verarbeitung der älteren Erwerbspersonen eine differenzierte und realitätsnahe Analyse ihrer Gefährdungen zu ermöglichen. Er verweist jedoch auf die Bedeutung, diesen Ansatz um eine systematische Analyse der betrieblichen Handlungsweisen zu ergänzen (vgl. Frerich 1998, S. 65).

Als weiterer Ansatz ist das Konzept des Arbeitskraftunternehmers zu ergänzen, das ebenfalls an der Person ansetzt und dies mit kapitalistischen Marktstrukturen verbindet. Pongratz und Voß entwickelten dieses Konzept als Idealtypus eines prognostizierten neu entstehenden Leitbildes der Arbeitskraft, das sich durch einen „unternehmerischen Umgang mit der eigenen Arbeitskraft“ auszeichnet (Pongratz & Voß 2001, s. auch eine nähere Erläuterung der diesem Typus zugeordneten Erwerbsorientierungen in Kap. 4.3.5).

3.5 Geschlechtsspezifische Theorien

Theorien, die die Beschäftigungs- und Arbeitsmarktsituation älterer Erwerbspersonen systematisch mit der Dimension Geschlecht verknüpfen, gibt es ebenso wenig wie geschlechtsspezifische Theorien zu Arbeitsmarkt und Beschäftigung mit Blick auf das höhere Lebensalter. In die Alter(n)sforschung finden geschlechtsspezifische Differenzierungen eher langsam Eingang, zudem sind sie dort i.W. auf die Nacherwerbsphase bezogen, wie z.B. zu Fragen der Gesundheit und sozialen Lage. Art und Umfang der Integration in Erwerbsarbeit indes werden zumeist nur indirekt, im Hinblick auf die mit ihr verknüpften materiellen, gesundheitlichen und sonstigen Ressourcen für die – nacherwerbliche – Lebensphase Alter, betrachtet. (Vgl. Backes 2010.) Untersuchungen für die Erwerbsphase in höherem Lebensalter bezogen sich bis in die 1990er Jahre weitgehend auf männertypische Erwerbs- und Lebensverläufe. Jüngere, nach Geschlecht differenzierende Befunde liefern erste empirische Erkenntnisse (vgl. Clemens 2006, s. hierzu auch die Ausführungen unter Kap. 2.1 und 2.2 der vorliegenden Arbeit). Für die Erwerbsphase scheint daher nach wie vor die Einschätzung von Clemens und Naegele aktuell, dass im Hinblick auf ältere weibliche Erwerbspersonen kaum Forschungsergebnisse vorliegen (vgl. Clemens 2003, S. 186 f., Naegele 2000, S. 441 f.).

Insofern sind vorliegende Theorien auf ihren geschlechtsspezifischen Gehalt für ältere Erwerbspersonen zu prüfen. In den vorhergehenden Ausführungen dieses Kapitels finden sich bereits vereinzelte Querverweise zu geschlechtsspezifischen Dimensionen der vorgestellten Theorien, wie z.B. eine infolge der innerfamilial geschlechtlichen Arbeitsteilung geringere Humankapitalausstattung von Frauen im Rahmen der Humankapitaltheorie, eine höhere Konzentration von Frauen im sekundären Arbeitsmarktsegment im Rahmen der Segmentationstheorien sowie geschlechtsspezifische Nachteilsstrukturen und deren Kumulation im Rahmen des lebenslagenorientierten Ansatzes. Bei den beiden erstgenannten Theorien wurden allerdings deren Reichweite und Gültigkeit kritisch diskutiert. (Vgl. Falk 2005, S. 36–52, Achatz 2008, S. 263–275.)

In arbeitsmarktbezogenen Diskursen der Frauen- und Geschlechterforschung werden Geschlechterdifferenzen in der Erwerbssphäre im Kontext mit Geschlechterdifferenzen in der Reproduktionssphäre analysiert. Letztere verweisen innerfamiliale Aufgaben der Kindererziehung, Hausarbeit und Pflege von Angehörigen wie auch ehrenamtliche, insbesondere soziale Arbeit[51] in den Zuständigkeitsbereich von Frauen, die diese trotz steigender Erwerbsbeteiligung und veränderter Rolleneinstellungen nach wie vor vorrangig wahrnehmen (vgl. Notz 2010, Becker-Schmidt 2010, Dressel & Wanger 2010, S. 491). Im Grundsatz galt die Zuständigkeit von Frauen für die Reproduktionsarbeit auch für die DDR – die die Erwerbsbiografie eines Teils der für die vorliegende Forschungsarbeit interviewten Erwerbspersonen prägte –, wenn auch unter den

51 Obgleich ehrenamtliche Tätigkeit nach einer vom Bundesministerium für Familie, Senioren, Frauen und Jugend finanzierten Repräsentativbefragung aus dem Jahr 2004 mehrheitlich (zu 55 %) von Männern ausgeübt wird, zeigen qualitative Analysen, dass Männer vorrangig als „Funktionsträger" in mit Macht, Anerkennung und teils hohen Aufwandsentschädigungen verbundenen Tätigkeiten agieren, während Arbeiten in Bereichen mit relativ hohen Belastungen u.a. im sozialen und Gesundheitsbereich überwiegend von Frauen geleistet werden – vgl. Notz 2010, S. 482 f.

Bedingungen einer besseren Vereinbarkeit von Familie und Beruf (vgl. Fischer 2010, S. 508 f.).[52] Diese geschlechtsspezifische Arbeitsteilung hat nicht nur Folgewirkungen für eine verringerte Teilhabemöglichkeit von Frauen in Beruf und Gesellschaft, sondern das sog. (männliche) Normalarbeitsverhältnis[53] setzt zugleich eine solche Entlastung von reproduktiven Arbeiten voraus (vgl. Teubner 2010, S. 502, Pfau-Effinger 1990, S. 19–21, 183). Letztgenannte Annahme ist jedoch dahingehend einzuschränken, dass Vollzeitarbeit in Abhängigkeit der sozial-ökonomischen Lage der Familie auch für Mütter durchaus erforderlich war und ist – und zu entsprechenden Folgen einer Doppelbelastung führten –, und dass im Kontext anderer infrastruktureller und institutioneller Arrangements eine leichtere Vereinbarkeit durchaus gegeben sein kann. Diese können in Form einer zeitlich geringeren Normalarbeitszeit oder umfassender Betreuungsangebote bestehen (vgl. Krüger 2010, S. 222). Aufgrund der mit ihr verbundenen Nachteilsstrukturen und Diskriminierungen für Frauen wird die geschlechtsspezifische Arbeitsteilung in Teilen der Literatur als geschlechtshierarchisch bezeichnet (vgl. Möller 1988, S. 12).

Geschlechtsspezifische Differenzierungslinien auf dem Arbeitsmarkt werden in zwei Dimensionen analysiert: die vertikale Segregation bezeichnet die trotz qualifikatorischer Angleichungsprozesse zwischen den Geschlechtern fortbestehende Unterrepräsentanz von Frauen in höheren beruflichen Hierarchiestufen. Die horizontale Segregation bezieht sich auf geschlechtsspezifische Konzentrationen zwischen Berufen und Branchen. Zu einer „Kategorie sozialer Ungleichheit" wird die horizontale Segregation jedoch erst in Verbindung mit ungleichheitserzeugenden Merkmalen, wie z.B. unterschiedlichen Vergütungen, Karrieremöglichkeiten etc. (Vgl. Dressel & Wanger 2010, S. 492–495, zitierter

52 In der DDR dominierte die Vollzeiterwerbstätigkeit von Frauen als gesellschaftliches Leitbild, das durch eine breit ausgebaute Kinderbetreuungsinfrastruktur unterstützt wurde (vgl. Kreyenfeld & Geisler 2006, S. 333, 337 ff., Maier 2012, S. 46). In der Realisierung dieses Leitbildes lag denn auch der Anteil erwerbstätiger Frauen 1989 mit 91,3 % weit über dem Vergleichswert von 51 % für Westdeutschland. Allerdings war die Teilzeitquote der erwerbstätigen Frauen 1989 mit 27 % in der DDR ähnlich hoch wie der westdeutsche Vergleichswert in Höhe von 30 %, war jedoch in der DDR zu dieser Zeit überwiegend im höheren Arbeitszeitsegment von 25–35 Stunden angesiedelt (vgl. Winkler 1990, S. 60 ff., 81 ff., Wippermann 2015, S. 21 f.).

53 Ein „Normalarbeitsverhältnis" bezeichnet i.d.R. eine unbefristete Vollzeitstelle (vgl. Alda 2005, S. 248). Weiter reichende Definitionen berücksichtigen zusätzlich qualitative Dimensionen, insbesondere eine für die Existenzsicherung ausreichende Vergütung (vgl. exemplarisch Gottschall 2010, S. 680, s. auch die Ausführungen unter Kap. 3.6).

Begriff S. 494.) Im Hinblick auf Beschäftigungsformen bestehen weitere Nachteilsstrukturen in einer Überrepräsentanz von Frauen in bestimmten Formen prekärer Beschäftigung, wie z.B. ausschließliche geringfügige Beschäftigung, vielfach auch Teilzeitarbeit sowie Niedriglohnarbeit, soweit sie auch in Vollzeit nicht existenzsichernd ist (vgl. Notz 2010, S. 483 f., Gottschall 2010, S. 687 f.).[54] Die berufliche Segregation nach Geschlecht weist international unterschiedliche Ausprägungen und Formen auf, ist aber in allen Industrieländern feststellbar. Sie wandelt sich im historischen Verlauf, der in Ostdeutschland nach dem Beitritt der DDR in dramatischer Rasanz und in seiner Verflechtung mit Prozessen des ökonomischen und Wertewandels beobachtbar war (vgl. Fischer 2010, Achatz 2008, S. 285–291).

Gestützt wird die Geschlechterhierarchie in der Erwerbs- und Reproduktionssphäre durch das Familienmodell der „Versorgerehe“, das Männern die Funktion der „Familienernährer“ zuweist und Frauen die prioritäre Verantwortung für die Familie und ggf. ergänzend die Funktion des „Zuverdienstes“. Wenngleich mit der steigenden Erwerbsorientierung von Frauen in Westdeutschland und der hoch bleibenden Erwerbsorientierung von Frauen in Ostdeutschland die Erwerbsbeteiligung auch von verheirateten Müttern steigt, besteht dieses Familienmodell, von Pfau-Effinger als Wandel vom „Hausfrauenmodell der Versorgerehe“ zum „Vereinbarkeitsmodell der Versorgerehe“ bezeichnet (dies. 1998, S. 186), im Grundsatz fort bzw. führt im Falle auch von Frauen verfolgter Karrierepfade vielfach zu Vereinbarkeitsproblemen, z.B. in Form von „Pendelbeziehungen“ oder gar Verzicht auf Kinder (vgl. auch Nickel 2009, S. 217).

54 Der Begriff der prekären bzw. synonym als ungeschützt bezeichneten Beschäftigung wird in unterschiedlicher Tiefe definiert. Eine erste umfassende Definition legte Möller in den 1980er Jahren vor, wonach ein Arbeitsverhältnis als ungeschützt gilt, wenn mindestens eines der folgenden Kriterien zutrifft: Befristung, fehlende tarifvertragliche Einbindung, fehlender sozialversicherungsrechtlicher Schutz oder nicht-existenzsicherndes Einkommen, zu der Zeit mit ca. 700 € Netto berechnet (vgl. Möller 1988, S. 124). In der jüngeren Prekarisierungsforschung wird in die Definition prekärer Erwerbsarbeit neben formalen und den gesellschaftlichen Standard unterschreitenden Merkmalen auch eine subjektive Dimension empfundener Prekarität einbezogen (vgl. Brinkmann, Dörre, Röbenack, Kraemer & Speidel 2006, S. 17, zu näheren Ausführungen hierzu s. nachfolgendes Kap. 3.6). Insofern in der Diskussion um prekäre Beschäftigung auf bestehende Regulierungen, z.B. für Teilzeitarbeit, und auf die erforderliche Betrachtung der – möglicherweise gut ausgestatteten – sozio-ökonomischen Situation im Haushaltskontext verwiesen wird, so ist zu berücksichtigen, dass die prekären Aspekte solcher Beschäftigungsverhältnisse bei einem Wegbrechen dieser Haushaltskontexte, z.B. infolge einer Trennung, sehr schnell spürbar werden können.

Institutionell wird dieses Familienmodell „gefördert“ durch eine Steuergesetzgebung, die Haushalte mit einem/einer HauptverdienerIn in Form des Ehegattensplittings steuerlich bevorzugt, sowie durch eine unzureichende Versorgung mit Kinderbetreuungsangeboten und Ganztagsschulen insbesondere in Westdeutschland, die eine Vollzeitarbeit beider Elternteile erschwert bzw. verunmöglicht (vgl. Dressel & Wanger 2010, S. 492, Kattein 1994, S. 19 f.). Zielten die Sozialversicherungssysteme bis in die 1990er Jahre in die gleiche Richtung, so verweisen seitdem durchgeführte Reformen zunehmend auf eine an die eigene Erwerbsarbeit gebundene Existenzsicherung.[55] Im Ergebnis verdichten sich die Widersprüche zwischen dem immer noch auf der traditionellen geschlechtshierarchischen Arbeitsteilung festhaltenden Gesellschaftsmodell und der ökonomischen Rationalität einer möglichst umfassenden, zeitlich und räumlich frei verfügbaren kontinuierlichen Integration aller Personen im erwerbsfähigen Alter in die Erwerbssphäre.

Im internationalen Vergleich zählt Deutschland, wie auch z.B. Irland, damit nach Jane Lewis zu den „strong breadwinner states“, alternativ dazu verortet sie Länder wie Frankreich als „modified“ und Schweden als „weak breadwinner states“[56] (Lewis 1992, zitiert nach Duncan 1998, S. 210). Pfau-Effinger verweist hierbei auf das Erfordernis, für die Erwerbsbeteiligung der Frauen nicht nur die institutionelle Ebene des jeweiligen wohlfahrtsstaatlichen Systems, sondern auch die kulturellen Traditionen zu betrachten. Insofern interpretiert sie das deutsche Familienmodell in Verbindung mit einer stärker konservativ ausgerichteten politischen Kultur, in Finnland hingegen mit einer eher egalitär ausgerichteten Kultur. (Vgl. Pfau-Effinger 1998, vgl. zu weiteren internationalen Vergleichen exemplarisch: Klammer 2010, Duncan 1998, Kattein 1994, S. 20–23, Allmendinger 1994, S. 265–272.)

---

55 Zu nennen sind hier insbesondere Leistungskürzungen in der Rentenversicherung, die sowohl eine generelle Senkung des Rentenniveaus als auch eine Reduzierung der Hinterbliebenenrente umfassen. Trotz einer eingeführten Berücksichtigung von Kindererziehungszeiten (vgl. Schmähl 2010, S. 566 f.) steigt somit die Relevanz eigener erwerbsarbeitsbasierter Rentenansprüche, wobei sich Lohndiskriminierungen in der Erwerbssphäre in den daraus generierten Rentenansprüchen fortsetzen. (Vgl. Bäcker, Brussig, Jansen, Knuth & Nordhause-Janz 2009, S. 46–92, Dressel & Wanger 2010, S. 495, Allmendinger 2000, S. 69–79, Gildemeister & Robert 2008, S. 332 f.)

56 Die Begriffe beziehen sich auf die in den Ländern jeweils dominierende stark, modifiziert oder schwach ausgeprägte Orientierung auf das Modell einer „Versorgerehe“ (s.o.).

Wie fundamental ist das Merkmal Geschlecht für die Herstellung von Geschlechterungleichheit in der Erwerbssphäre? Falk hebt zwei gegenläufige Diskursansätze hervor (vgl. Falk 2005, S. 32–36): Nach Regina Becker-Schmidt (1991) ist von einer „Omnipräsenz der Geschlechterungleichheit" auszugehen. Demnach sind Frauen in allen Bereichen und Lebensphasen infolge männlicher Privilegien von Benachteiligungen betroffen, die sich kumulieren können. Nach Bettina Heintz und Eva Nadai (1998) ist angesichts eines Rückgangs direkter Diskriminierungen, angesichts der Relevanz weiterer sozialer Merkmale und der jeweiligen Lebensphase sowie zunehmend heterogener Lebenswege von Frauen nicht von einer Omnipräsenz, sondern von einer „Kontextualität der Geschlechterdifferenz" auszugehen. Nach diesem Ansatz ist nicht auszuschließen,

> „dass die Geschlechtszugehörigkeit in bestimmten Situationen und Kontexten seine Ungleichheitsrelevanz verliert". (Falk 2005, S. 35)

Im Ergebnis ihrer empirischen Untersuchung[57] bestätigt Falk persistent vorgefundene Frauendiskriminierungen im Erwerbsverlauf, die jedoch in den jeweiligen beruflichen und familiären Zusammenhängen kontextspezifisch geprägt ist, wie z.B. für Mütter mit Vorschulkindern. Auch im Zeitverlauf ermittelte Falk eine Zunahme von Ungleichheit nicht generell, sondern in Abhängigkeit des jeweiligen beruflichen und familiären Kontextes. Allerdings zeigten sich für typische Frauenberufe geringere Aufstiegschancen für Frauen. Deuten die Ergebnisse von Falk insgesamt eher auf die Kontextualität der Geschlechterdifferenz, so verweist sie zugleich darauf, dass eine letztliche Prüfung der beiden dargestellten Ansätze einen längeren Beobachtungszeitraum als den von ihr untersuchten erfordert. (Vgl. Falk 2005, S. 297–300.)

Der Kontextualitätsansatz ist m.E. nutzbar, um die Heterogenität der Lebenslagen von Frauen zu verdeutlichen. Die Ungleichheitsrelevanz des Merkmals Geschlecht kann damit jedoch nicht eingeschränkt werden. Denn Bezugspunkt einer vorliegenden geschlechtsgebundenen Ungleichheit kann am Beispiel des familiären Kontextes nicht ein Vergleich zwischen Frauen mit und ohne Kinder sein, sondern der Vergleich zwischen Müttern und Vätern.

Die Frage zur Bedeutung des Merkmals Geschlecht wird auch im Diskurs um Intersektionalität aufgeworfen. Hier zeigen sich Anknüpfungspunkte zum Kontextualitätsansatz, konturieren diesen aber theoretisch schärfer. Die

---

57 Falk bezieht sich auf Längsschnittdaten von drei Befragungswellen im Zeitraum 1994 bis 2000, in denen knapp 3.800 Lehr- und HochschulabsolventInnen unterschiedlicher Ausbildungskohorten in Ostdeutschland in einem Zeitraum bis zu 15 Jahren nach Ausbildungsabschluss befragt wurden, vgl. Falk 2005, S. 130 f.

Intersektionalitätstheorien beziehen sich auf das Wechselverhältnis verschiedener sozialer Ungleichheiten, wie Geschlecht, Klasse, Ethnie, das Begehren im Hinblick auf die Sexualitäts- und Geschlechtsidentität, Alter, Behinderung etc.[58] Trotz diverser Kontroversen innerhalb dieser Theorien – u.a. hinsichtlich einer unterschiedlichen Bedeutungszuweisung der einzubeziehenden Merkmale, einer unterschiedlich, sich zwischen Mikro-, Meso- und Makroebene bewegenden analytischen Bezugsebene etc. – stellt der Intersektionalitätsansatz den Versuch dar, verschiedene Ungleichheitskategorien nicht mehr nur additiv, sondern in ihren – sich wandelnden – Wechselbeziehungen wahrzunehmen. (Vgl. Lenz 2010, Winker & Degele 2009.)

Mögen diese Theorieentwicklungen auch mit einer zunehmenden gesellschaftlichen Diversifizierung einhergehen, so sind sie nach meiner Auffassung jedoch weniger durch diesen Umstand befördert worden[59], als vielmehr durch differenziertere Sichtweisen der ForscherInnen. Schließlich gibt es unterschiedliche Ungleichheitskombinationen nicht erst in der Gegenwart.

Ein zentrales Konstrukt in der Frauen- und Geschlechterforschung ist mit dem Begriff des „doing gender“ umschrieben. Der von den US-AmerikanerInnen Candice West und Don Zimmerman geprägte Begriff bezieht sich darauf, dass Geschlecht nicht durch biologische Merkmale erklärbar ist, sondern sozial konstruiert wird – einschließlich der sozial vereinbarten biologischen Kriterien (vgl. auch zu Folgendem West & Zimmerman 1987, Weber 2005, Gildemeister 2008).[60] Auch die Differenzierung in zwei Geschlechter entspricht einer sozialen Konstruktion, die sich in anderen Gesellschaften durchaus auch anders, so z.B. als Dreigeschlechtlichkeit, entwickelt hat. Der Prozess des doing gender erfolgt auf der Wahrnehmungs-, der Interaktions- und der Institutionenebene. Hier werden mit spezifischen Deutungen verbundene Geschlechterzuordnungen vorgenommen. Damit richtet sich der Blick nicht mehr auf

58 Der Begriff Intersektionalität wurde 1989 von der US-Amerikanerin Kimberlé Crenshaw kreiert, die folgenden Debatten greifen damit die seit den 1970er Jahren geführte „sex, race, class“-Debatte auf und entwickeln diese weiter (vgl. Lenz 2010, S. 158, Winker & Degele 2009, S. 11–15).

59 Eine solche Sichtweise wird sowohl in dem Kontextualitätsansatz mit dem Hinweis auf die zunehmende Heterogenität weiblicher Lebenslagen (vgl. Falk 2009, S. 34) nahegelegt als auch in dem Intersektionalitätsdiskurs mit dem Verweis auf das erweiterte Klassenspektrum innerhalb der Genus-/Geschlechtergruppen (vgl. Lenz, 2010, S. 158).

60 In der englischsprachigen Forschungsliteratur wird begrifflich zwischen “sex“ für die biologischen Aspekte des Geschlechts und „gender“ für die sozialen Aspekte des Geschlechts unterschieden.

Geschlechterunterschiede – deren Vorannahme nach Weber bereits die zu erarbeitenden Forschungsergebnisse beeinflusst –, sondern auf Geschlechterunterscheidungen. Im Rahmen der gesellschaftlichen Entwicklung verändern sich auch Geschlechterkonstruktionen, wie z.B. die „Erosionen männlicher Genderkonstruktionen" (Weber 2006, S. 17), die auf das Modell des Familienernährers abzielen, aber auf zunehmend andere biografische Realitäten treffen oder die zunehmende Vielfalt weiblicher Biografien (vgl. Gildemeister 2008, S. 198, Falk 2005, S. 34). Das Konstrukt des doing gender generalisiert dabei nicht nach Geschlecht, sondern ermöglicht die Erforschung seiner Verknüpfung mit anderen gesellschaftlichen Differenzierungs- und Hierarchisierungskategorien und lässt sich damit an die Intersektionalitätstheorien anschließen.

Gildemeister überträgt dieses Konstrukt auf die Kategorie Alter:

> „Altern als naturwissenschaftlich definierbarer biologischer Vorgang beginnt mit der Geburt und endet mit dem Tod. Es ist zwar ein körperliches Geschehen, gleichzeitig aber durch und durch sozial geformt – wie der Prozess erlebt und erfahren wird, wie er benannt, gedeutet, mit Bildern und Metaphern versehen, ja selbst chronologisiert wird, ist nicht primär von biologischen Prozessen abhängig, sondern von seiner sozialen Organisation." (Gildemeister 2008, S. 200)

Insofern ist auch in Bezug auf Alter von einem Prozess des „doing old" zu sprechen, der in den westlichen Industriegesellschaften das Alter als eigenständige nacherwerbliche Lebensphase konstruiert, die damit i.W. auf den männlichen „Normallebenslauf" fokussiert wird. Zugleich unterscheiden sich die Alterskonstruktionen für Frauen und Männer. Hiernach wird Altwerden bei Männern eher mit Weisheit, bei Frauen mit körperlichem Verfall assoziiert. Wenngleich auch zu hinterfragen ist, wie verbreitet dieses Stereotyp überhaupt noch in den gegenwärtigen Deutungsstrukturen ist, so sind die damit verknüpften unterschiedlichen Altersgrenzen für die vorliegende Arbeit von Interesse. Diese bezogen sich bei Frauen nicht wie bei Männern auf den Eintritt in den Ruhestand und damit etwa auf die Mitte des siebten Lebensjahrzehnts, sondern auf das Ende der Reproduktionsfähigkeit und damit zehn bis zwanzig Jahre früher (vgl. Gildemeister 2008, S. 200, Kade 2009, S. 163 f.). Gildemeister verweist auf eine britische Studie von Bernard u.a. (1995), wonach Frauen von betrieblichen Leitungskräften spätestens ab 40, teils sogar bereits ab 35 Jahren als ältere Arbeitnehmerinnen und ab 50 Jahren als alt wahrgenommen wurden. Mit diesen Zuschreibungen war nach den Ergebnissen der Studie zugleich der Ausschluss von betrieblichen Förderungen verbunden. Auch in der Alternsforschung wurde der Eintritt in den Ruhestand vorwiegend auf Männer konzentriert erforscht, bei Frauen hingegen die mit dem Auszug der Kinder aus dem elterlichen Haushalt verbundene „empty-nest-Phase", die zeitlich häufig weit vor dem Ende der Erwerbsphase liegt.[61] (Vgl. Gildemeister 2008, S. 198–203.)

3.6 Diskurse zur Entwicklung der Erwerbstätigkeit

Wurden im Vorhergehenden theoretische Erklärungsansätze verschiedenster Wissenschaftsdisziplinen und -perspektiven für die Beschäftigungs- und Arbeitsmarktsituation älterer Erwerbspersonen herangezogen, so soll im Folgenden der Frage nachgegangen werden, wie sich Erwerbsarbeit verändert und was dies für Erwerbspersonen in höherem Lebensalter bedeutet. In den sozialwissenschaftlichen Diskursen zur Entwicklung der Erwerbsarbeit nimmt seit den 1980er Jahren die Frage, ob und in welchem Ausmaß das sog. Normalarbeitsverhältnis an Bedeutung verliert, einen zentralen Stellenwert ein – eine Debatte, die trotz jeweiliger Verweise auf empirische Belege bis heute kontrovers geblieben ist. Bereits der Begriff wird unterschiedlich definiert: Insbesondere in den älteren Debatten wurde hierunter ein abhängiges, auf Dauer angelegtes, sozial- und arbeitsrechtlich bzw. kollektivvertraglich reguliertes und existenzsicherndes Beschäftigungsverhältnis gefasst (vgl. Bosch 2002, S. 108–112, Mückenberger 1985). In vielen statistischen Erfassungen wird diese Definition hingegen auf eine unbefristete Vollzeitstelle reduziert (vgl. Alda 2005, S. 248, Kommission für Zukunftsfragen 1996, S. 64) bzw. auf voll sozialversicherte Teilzeitstellen ab mindestens 21 Stunden Wochenarbeitszeit erweitert (vgl. Statistisches Bundesamt o.J.).

So konstatiert die Kommission für Zukunftsfragen der Freistaaten Bayern und Sachsen einen Rückgang abhängig Beschäftigter in Normalarbeitsverhältnissen in Westdeutschland von knapp 84 % im Jahr 1970 auf 68 % im Jahr 1995, in Ostdeutschland von 84 % im Jahr 1989 tendenziell auf 71 % im Jahr 1995 (wobei die Jahre 1990 bis 1993 einen tiefen Einschnitt aufweisen). Problematisiert wird, dass bei einem sinkenden bzw. höchstens konstant bleibenden

---

61 Der geschlechtsspezifischen Fokussierung der Altersforschung liegt zudem die Annahme zugrunde, dass der Eintritt in den Ruhestand für Frauen weniger belastend als für Männer ist, da der im Ruhestand ins Zentrum rückende Familien- und Haushaltsbezug für sie Kontinuität ermöglicht (vgl. Gildemeister 2008, S. 202, Kade 2009, S. 167–169). Diese These erscheint allerdings im Hinblick auf ihren monofokalen Blick äußerst fragwürdig. Inwieweit der Übergang in den Ruhestand als belastend im Hinblick auf die eigene Identität und Rolle eingeschätzt wird, hängt schließlich von einem Bündel von Faktoren ab, wie z.B. den verfügbaren Ressourcen, der eigenen und gesellschaftlichen Bewertung der vorangegangenen Lebensleistung etc.

Erwerbstätigenanteil die Ausweitung von Nicht-Normarbeitsverhältnissen nicht zusätzlich erfolgt, sondern als Ersetzen von Normalarbeitsverhältnissen mit daraus folgenden sinkenden Einkommen. (Vgl. Kommission für Zukunftsfragen 1996, S. 64 f., 70.) Diese Entwicklungen werden in Teilen der Literatur als „Krise des Normalarbeitsverhältnisses" (Mückenberger 1985) oder als „Erosion des Normalarbeitsverhältnisses" (Dombois 1999) gefasst. Sich hierauf berufende Schlussfolgerungen für die politische Handlungsebene weisen hingegen in unterschiedlichste Richtungen: von marktliberalen Deregulierungen auf Basis der neoklassischen Arbeitsmarkttheorie, wie sie von der Kommission für Zukunftsfragen der Freistaaten Bayern und Sachsen entworfen wurden,[62] über neue Wege der sozialen Absicherung flexibilisierter diskontinuierlicher Erwerbsverläufe, wie sie im Rahmen von „Übergangsmärkten" (Schmid 2002) oder „Flexicurity" (Kronauer & Linne 2007) diskutiert werden, bis hin zur grundsätzlichen Neugestaltung von Erwerbs- und Reproduktionsarbeit mit geänderten institutionellen Arrangements, die Frauen und Männern gleiche Teilhabechancen in allen gesellschaftlichen Bereichen ermöglichen (vgl. Notz 2010, S. 486, Gildemeister & Robert 2008, S. 286–297, insbes. S. 296 f.).

Andere Untersuchungen bestätigen einen relativen Bedeutungsrückgang des Normalarbeitsverhältnisses, verorten die Ausweitung davon abweichender Beschäftigungsverhältnisse aber in deren zusätzlicher Zunahme, insbesondere in Form von Teilzeitarbeit bei Frauen, bei einer insgesamt steigenden Erwerbstätigenzahl (vgl. Hoffmann & Walwei 1998, S. 414 f., Bosch 2002, S. 112–119). Demnach bleibt das Normalarbeitsverhältnis „die mit Abstand häufigste Erwerbsform" (Hoffmann & Walwei 1998, S. 409), eine Erosion ist nicht belegbar (vgl. Bosch 2002, S. 119), gemessen an der Dauer von sozialversicherungspflichtigen Voll- und Teilzeitarbeitsverhältnissen weisen Befunde für den Zeitraum 1975 bis 1995 für Westdeutschland gar eine steigende Stabilität auf (vgl. Erlinghagen & Knuth 2005, S. 27–30). Für westdeutsche Männer dominiert nach Becker im Zeitraum 1945 bis 1998 nach wie vor die Vollzeitbeschäftigung, geht allerdings in den jüngeren Kohorten in der Berufseinstiegsphase vor dem 30. Lebensjahr und – im Vergleich der beiden ältesten Kohorten – in der Berufsaustrittsphase ab dem 55. Lebensjahr zurück. Für Frauen ist eine Zunahme und Verstetigung

62 Als Instrumente zur Schaffung von Arbeitsplätzen werden hiernach beispielsweise Einkommenssenkungen und Ausbau des Niedriglohnsektors, Ausweitung von Teilzeitarbeit und geringfügiger Beschäftigung, untertarifliche Entlohnung für Langzeitarbeitslose und Berufsanfänger, Flexibilisierung des Personaleinsatzes durch Arbeitnehmerüberlassung und Befristung empfohlen, vgl. Kommission für Zukunftsfragen 1997, S. 92–101, 103 f.

ihrer Erwerbsbeteiligung (inkl. Teilzeitarbeit) festzustellen (vgl. Becker 2004, S. 61–67). Mit Blick auf die subjektive Ebene wird darauf verwiesen, dass flexiblere und zeitlich reduzierte Erwerbsformen auch individuell gewünscht sein können und die Vereinbarkeit von Beruf und Familie ermöglichen (vgl. Diewald 2004, S. 337, Becker 2004, S. 64). Im Hinblick auf den Erwerbsverlauf wird in atypischer Beschäftigung auch die Möglichkeit gesehen, als Bindeglied zu fungieren und in ein darauf folgendes Normalarbeitsverhältnis einzumünden (vgl. Bosch 2010, S. 664). Anhand dieser kleinen Auswahl empirischer Befunde werden die unterschiedlichen Interpretationen nachvollziehbar, die sich auf je unterschiedliche Messgrößen und -verfahren beziehen. Schlussfolgerungen für die politische Handlungsebene beziehen sich auf dieser Grundlage auf einen eingeschätzten tarif- und sozialpolitischen Regulierungsbedarf für die Zunahme zeitlich eingeschränkter oder unterbrochener Phasen der Erwerbsbeteiligung, ähnlich der in Schweden und Dänemark bereits praktizierten Ansätze, und überschneiden sich hier mit den o.g. „Flexicurity"-Konzepten (vgl. Bosch 2002, S. 130 f. und 2010, S. 665 f.). Darüber hinaus zielen sie auf verbesserte Rahmenbedingungen für die Vereinbarkeit von Beruf und Familie (vgl. Diewald 2004, S. 342–344).

Die hier dargestellten kontroversen Positionen polarisieren sich nach allgemeiner Instabilität und daraus resultierender biografischer Diskontinuität vs. Persistenz von Stabilität und Sicherheit (vgl. Bultemeier et al. 2008, S. 241 f.) bzw. nach Vermarktlichung von Beschäftigungsverhältnissen und einer damit verknüpften Generalisierung von Unsicherheit vs. der Stabilität stabiler Beschäftigungsverhältnisse in heterogenen Arbeitsmarktstrukturen (vgl. Köhler & Krause 2010, S. 395–397).

Zu Recht wurde seitens der Frauenforschung bereits frühzeitig darauf verwiesen, dass es sich bei dem Konstrukt des Normalarbeitsverhältnisses um eine männliche Normalität handelt, während die Erwerbsverläufe von Frauen vielmehr durch Diskontinuität geprägt sind (vgl. Abschnitt 3.5,). Zu Recht auch stellt Bolder die auf kontinuierlicher Normalarbeit gründende männliche Normalbiografie grundsätzlich infrage, da sie, so Bolder, nur in der historisch kurzen Wirtschaftswunder-Phase Mitte der 1950er bis Mitte der 1960er Jahre realtypische Gestalt angenommen hat, während die Geschichte des Kapitalismus immer schon durch Arbeitsplatz- und Lohnunsicherheiten geprägt war und ist (vgl. Bolder 2004).

Ist damit die Auseinandersetzung um das Normalarbeitsverhältnis obsolet geworden? Nach meiner Auffassung ist dies zu verneinen, da Normalarbeitsverhältnisse nach wie vor der zentrale Bezugspunkt für die Existenzsicherung und für die daraus generierten Sozialversicherungsansprüche sind und dies – subjektiv gewünscht und sozialpolitisch gefordert – in Ost- und Westdeutschland spätestens seit den 1970er/80er Jahren auch auf Frauen zutrifft. Insofern bleibt m.E. auch die Debatte um Erosion oder Stabilität der Normalarbeitsverhältnisse weiterhin aktuell.

Allerdings erscheinen die aufgeführten empirischen Hinweise aus folgenden Gründen wenig aussagekräftig: a) Aktuelle Daten liegen kaum vor, damit bleiben die seit Mitte der 1990er Jahre erfolgten arbeitsmarktrelevanten Deregulierungswellen ausgeblendet. b) Die von Becker (2004, S. 62 f.) zurecht als aussagekräftiger gewerteten Längsschnittanalysen ermöglichen noch keine Erfassungen etwaiger Erwerbsverlaufsveränderungen in höherem Lebensalter, da diesbezügliche Daten derzeit nur für Geburtskohorten bis 1944 vorliegen. c) Westdeutsche Männer bilden nicht die Gesamtheit auf dem Arbeitsmarkt in Deutschland ab. d) Wenn sich, wie sich nach Beckers selbst vorgelegten Längsschnittdaten zeigt, ein Bedeutungsverlust von Vollzeitarbeit bei westdeutschen männlichen älteren Kohorten andeutet, ist dies m.E. nicht nur als ein mögliches „Ausfransen an den Rändern der Erwerbsbeteiligung" (Diewald 2004, S. 339) zu betrachten, sondern als ein mögliches strukturelles Problem aller älteren Erwerbspersonen mit Sozialversicherungsstatus, die zudem angesichts der renten- und arbeitsmarktpolitischen Reformen auf eine kontinuierliche existenzsichernde Erwerbsarbeit bis zum regulären Renteneintrittsalter – und damit für einen ab dem 55. Lebensjahr durchaus noch 10-jährigen Zeitraum – angewiesen sind. e) Abweichungen vom Normalarbeitsverhältnis bestehen nicht nur durch andersartige Beschäftigungsformen, sondern in ihrer extremsten Form durch deren Verlust (vgl. Hall, Jansen & Ulrich 2004, S. 99, Mutz, Ludwig-Mayerhofer, Koenen, Eder & Bonß 1995). Massenarbeitslosigkeit hat sich auch unter Berücksichtigung der historisch spezifischen Transformationsfolgen in Ostdeutschland bundesweit auf hohem Niveau verfestigt.[63] Querschnittsanalysen zu Erwerbsformen und Erwerbstätigen erfassen diesen Umstand allerdings nicht. f) Schließlich ist zu berücksichtigen, dass die angeführten Daten den Aspekt einer existenzsichernden Einkommenshöhe nicht berücksichtigen. Mit der bundesweit erfolgten

---

63 Tendenziell seit 2005 wieder sinkende Arbeitslosenquoten sind hierbei kritisch zu hinterfragen. Teilweise gehen diese auf Veränderungen in der statistischen Erfassung zurück (vgl. exemplarisch Hartmann 2009, S. 30 f.), wonach z.B. gemäß § 53a Sozialgesetzbuch II seit 2008 Arbeitslose ab 58 Jahren unter bestimmten Bedingungen nicht mehr in der Arbeitslosenstatistik ausgewiesen werden (vgl. Bundesministerium der Justiz und für Verbraucherschutz o.J.g, s. auch Kap. 2.2). Aussagekräftiger sind daher Angaben zur Unterbeschäftigung, die tendenziell seit 2005 ebenfalls rückläufig sind, aber in geringerem Maße sinken und eine deutlich höhere Arbeitslosigkeit ausweisen (vgl. Hartmann 2009, S. 30, 46).

Ausweitung des Niedriglohnsektors insbesondere seit Mitte der 1990er Jahre (vgl. Bosch 2010, S. 664, Dörre 2009, S. 46) ist davon auszugehen, dass der Anteil auch unbefristeter sozialversicherungspflichtiger Vollzeitstellen steigt, deren Vergütung nicht mehr existenzsichernd ist.[64]

Nach aktuellen Angaben des Instituts für Arbeitsmarkt- und Berufsforschung ist die Entwicklung der Normalarbeitsverhältnisse bis 2006 rückläufig. Bezogen auf abhängige unbefristete Vollzeitbeschäftigung von mehr als 31 Wochenstunden sank der Umfang der Normalarbeitsverhältnisse demnach im Zeitraum 1997 bis 2006 um 9 %, während die atypische Beschäftigung im gleichen Zeitraum um 43 % anstieg. Zwischen 2006 und 2014 hingegen wuchsen auch die Normalarbeitsverhältnisse um 9 %, die atypische Beschäftigung um 10 %. Dies entspricht im Jahr 2014 einem Anteil von knapp 55 % in einem Normalarbeitsverhältnis Beschäftigter an allen Erwerbstätigen. Dabei entfielen knapp 65 % der Normalarbeitsverhältnisse im Jahr 2014 auf Männer, hingegen gut 72 % der atypischen Erwerbsformen auf Frauen. (Vgl. Sperber & Walwei 2017.) Wenngleich auch die Daten in ihrem Niveau nicht mit den von der Kommission für Zukunftsfragen der Freistaaten Bayern und Sachsen zitierten Anteilen vergleichbar sind[65], wird dennoch deutlich, dass sich im Hinblick auf die Entwicklungstendenz der von Letzterer von 1970 bis 1995 konstatierte Rückgang der Normalarbeitsverhältnisse nach IAB-Angaben bis 2006 fortgesetzt hat. Unter Einbeziehung noch zu berücksichtigender nicht-existenzsichernder Vollzeitarbeit sowie bestehender Erwerbsarbeitslosigkeit signalisieren diese Daten eine sehr deutliche Sicherungslücke insbesondere für Frauen, aber auch für Männer. Diese Lücke muss je nach Haushaltskontext, Erwerbsverlauf und Erwerbsorientierung keine sozioökonomische Problemlage darstellen, sie wird aber dann zum Problem, wenn

---

64 Ein Beleg hierfür ist die Zunahme der „AufstockerInnen", die zusätzlich zu einer abhängigen Vollzeitstelle ergänzende Hilfe zum Lebensunterhalt beziehen, von ca. 200.000 im 1. Halbjahr 1997 auf knapp 300.000 im Dezember 2009 (vgl. Dietz, Müller & Trappmann 2009, S. 2 f., IW Köln 2010). Nicht miterfasst sind in diesen Daten NiedriglöhnerInnen in abhängiger Vollzeitarbeit, die aufgrund von Einkommen ihrer Ehe- oder Lebenspartnerinnen keinen Anspruch auf ergänzende Hilfe haben.

65 Die Kommission für Zukunftsfragen der Freistaaten Bayern und Sachsen weist wie oben benannt den Anteil der Normalarbeitsverhältnisse an allen abhängig Beschäftigten und ohne jegliche Teilzeitarbeitsverhältnisse aus (1970: 84 %, 1995: 68 %), während sich die IAB-Daten auf alle Erwerbstätigen, also inkl. der Selbstständigen, Auszubildenden, Wehr-/Zivildienstleistenden sowie mithelfenden Familienangehörigen beziehen und Teilzeitarbeit ab 31 Wochenstunden auch als Normalarbeitsverhältnis fassen (2014: knapp 55 %).

sich die Haushaltskontexte ändern, z.B. durch Trennung, Scheidung oder Tod, wenn sie keine kurzfristigen Episoden im Erwerbsverlauf darstellen oder wenn sie Ausdruck einer mangelnden Vereinbarkeit von Beruf und Familie sind. Für eine problemorientierte Interpretation spricht nicht zuletzt die Armutsentwicklung: So konstatieren Grabka und Frick für den Zeitraum 1998 bis 2008 auf Basis von SOEP-Daten einen starken Anstieg des Armutsrisikos[66] insgesamt, insbesondere aber bei Kindern, jungen Erwachsenen und Alleinerziehenden. Für ältere Menschen wird ein unterdurchschnittliches Armutsrisiko und eine sogar verbesserte Wohlfahrtsposition benannt. Allerdings zeichnet sich bei den über 75-Jährigen ein Anstieg auf den Durchschnittswert der Gesamtbevölkerung ab, was die Autoren mit den etwas geringeren Einkünften von Witwen erklären, die ab dieser Altersgrenze dominieren. (Vgl. Grabka & Frick 2010, S. 4–11.) Zum einen ist dies ein Indiz dafür, dass abgeleitete Rentenansprüche Sicherungsrisiken bedeuten und eigenständige, auf möglichst kontinuierlicher Vollzeitarbeit basierende Rentenansprüche insofern auch für Frauen von zentraler Bedeutung sind. Zum anderen kann sich das derzeit noch geringere Armutsrisiko für ältere Menschen zukünftig angesichts dann rentenwirksamer Arbeitslosigkeitsphasen ins Gegenteil verkehren. Trotz einer zurückhaltenden Einschätzung hierzu im 5. Armuts- und Reichtumsbericht der Bundesregierung (vgl. BMAS 2017, S. 440) wird in Teilen der sozialpolitikwissenschaftlichen Literatur explizit von einer seit 2005 bereits eingetretenen und prognostizierten künftig stärker steigenden Altersarmut in der Bundesrepublik ausgegangen (vgl. exemplarisch Rock 2017, S. 45 ff.).

Eine Erweiterung der Debatte bezieht sich auf die Qualität der Beschäftigungsverhältnisse im Zuge veränderter Beschäftigungsformen und betrieblicher Personaleinsatzstrategien sowie auf ihre Auswirkungen auf Arbeitseinstellungen und subjektives Sicherheitsempfinden der Beschäftigten. In dem Konstrukt des „Arbeitskraftunternehmers" sehen Voß und Pongratz einen vorerst noch idealtypischen, aber künftig als Leitbild fungierenden Typus eines Arbeitnehmers, dessen Merkmal der unternehmerische Umgang mit der eigenen Arbeitskraft ist. Der Arbeitskraftunternehmer ist auch überbetrieblich mobil und verfolgt eine selbstgesteuerte und an flexible Anforderungen anpassbare Leistungsoptimierung (vgl. Voß & Pongratz 1998, Pongratz 2004, S. 29–40). Eine Zunahme flexibler Anforderungen selbst in internen Märkten bestätigt Diewald und prognostiziert,

66 Als Armutsrisiko gilt das relative Einkommensarmutsrisiko mit Einkommen unterhalb von 60 % des Median der verfügbaren Einkommen und bedarfsgewichtet je Person in privaten Haushalten, vgl. Grabka und Frick 2010, S. 1, 5.

dass sich dieser Ansatz einer zeit-, ort-, aufgaben- und lohnbezogenen Flexibilität innerhalb von Arbeitsplätzen auch eher durchsetzen wird als eine verstärkte Arbeitsplatzmobilität (vgl. Diewald 2004, S. 339–342). Bernhardt, Köhler und Krause (2008) verweisen auf empirische Befunde (von z.B. Erlinghagen 2007, S. 15) über einen Anstieg subjektiv empfundener Arbeitsplatzunsicherheit, die im europäischen Vergleich in Deutschland überdurchschnittlich ausgeprägt ist und – nach Befunden von z.B. Brinkmann, Dörre, Röbenack, Kraemer und Speidel (vgl. dies. 2006) – längst nicht mehr nur die Beschäftigten in ungeschützten Arbeitsverhältnissen betrifft, sondern bis in die sog. „erwerbsgesellschaftliche Mitte" (Bernhardt, Köhler & Krause 2008, S. 300) hineinwirkt. In Ostdeutschland ist diese transformationsbedingt in noch höherem Maße zu beobachten. Auf Basis einer qualitativen und quantitativen, sich auf die Daten der BIBB/BAuA-Erwerbstätigenbefragung von 2005/06 beziehenden Untersuchung erheben sie die Sicherheitskonstruktionen von Normalbeschäftigten.[67] Im Ergebnis bestätigt sich eine Generalisierung von subjektiver Arbeitsplatzunsicherheit bei Normalbeschäftigten nicht. Nur 10,5 % der Befragten in Ostdeutschland und 7,9 % in Westdeutschland schätzen die Gefahr, den Arbeitsplatz in nächster Zeit zu verlieren, als hoch oder sehr hoch ein. Gleichzeitig stellen sie fest:

> „Ostdeutsche Normalbeschäftigte konstruieren ihre Sicherheit viel stärker als die westdeutschen über Leistung, während bei letzteren Seniorität und Status eine große Rolle spielt. Auf Grundlage dieser Ergebnisse vermuten wir, dass ostdeutsche Normalbeschäftigte als Vorreiter eines neuen Sicherheitsparadigmas auftreten." (Bernhardt, Köhler & Krause 2008, S. 302)

Diese Sicherheitskonstruktionen bezeichnen sie als „relativierte Sicherheit". Die Befunde zu subjektiven Wahrnehmungen entsprechen damit ebenfalls am SFB 580[68] der Universität Jena ermittelten Forschungsergebnissen zur Transformation interner Arbeitsmärkte, die Beschäftigungssicherung nicht mehr an traditionelle Status-Kriterien wie z.B. Betriebszugehörigkeitsdauer koppeln, sondern an Qualifikation und Leistung der Beschäftigten sowie die Wirtschaftlichkeit der Betriebsteile.

---

67 Hierbei berücksichtigen sie zusätzlich zur unbefristeten abhängigen Vollzeitbeschäftigung auch das Kriterium eines existenzsichernden Einkommens und wählen als Indikator ein Einkommen oberhalb der Armutsrisikogrenze, die zum Untersuchungszeitpunkt vom Statistischen Bundesamt bei 1.000 Euro ermittelt wurde (vgl. Bernhardt, Köhler und Krause 2008, S. 288).

68 S. die Erläuterungen zum SFB 580 in Kap. 3.2.3.

Obgleich Bernhardt, Köhler und Krause in ihren Ergebnissen eine Widerlegung der Annahme einer generalisierten Unsicherheit sehen, lassen sich nach meiner Auffassung genau diese Befunde aber vielmehr als Indiz einer zunehmend auch Beschäftigte in Normalarbeitsverhältnissen treffenden Unsicherheit interpretieren: Angesichts steigender Leistungsanforderungen und Leistungsdichte (Diewald 2004, S. 339 f., Ahlers 2011) könnte nach längerer Tätigkeitsdauer und damit insbesondere für Beschäftigte in höherem Lebensalter ein arbeits- (nicht alters-)bedingter Verschleiß der individuellen Leistungsfähigkeit einsetzen, der die „relativierte Sicherheit" sehr schnell in eine reale Unsicherheit wandeln könnte. Dies wäre dann ein strukturelles Unsicherheitsrisiko für alle älter werdenden Beschäftigten.

Bultemeier et al. kommen mit ihrer ebenfalls am SFB 580 durchgeführten qualitativen Untersuchung[69] zu ähnlichen Ergebnissen wie Bernhardt, Köhler und Krause. Die hier ermittelten leistungsbezogenen Sicherheitskonstruktionen werden, im Unterschied zu Bernhardt et al., aber nicht als relativierte Sicherheit, sondern als Prekarität gefasst (vgl. Bultemeier et al. 2008, Bernhardt, Köhler & Krause 2008, S. 301). In Auseinandersetzung mit dem Bourdieu'schen Prekaritätsbegriff[70] resümieren sie:

> „Widersprechen unsere Ergebnisse somit Bourdieus Aussage einer ‚allgemeinen subjektiven Unsicherheit' – nicht jede Bindung ist prekär –, so bestätigen sie ihn doch in einem anderen Punkt: Prekarität ist überall. Als Wirkungsmechanismus durchdringt sie das Arbeitsmarktgeschehen. Selbst bei der Gruppe der ‚Tradierten Sicherheiten' wird die Legitimität institutionalisierter Schutzrechte (Anm. d. V.: gemeint sind betriebliche Senioritätsrechte) durch die erlebte Unsicherheit der jüngeren Beschäftigten ebenso in Frage gestellt wie durch die parallele Etablierung leistungs- und erfolgsbezogener Schutzrechte." (Bultemeier et al. 2008, S. 271 f.)

---

69 Die Untersuchung stützt sich u.a. auf insgesamt 54 Interviews mit unbefristet Beschäftigten aus der Automobilindustrie, dem Maschinenbau und aus Privatbanken als Branchen mit traditionell hoher Stabilität. Die Interviews stammen aus zwei verschiedenen Untersuchungskontexten: einem Teilprojekt am SFB 580 sowie einer an der Universität Jena durchgeführten Lehrforschung (vgl. Bultemeier et al. 2008, S. 243 f.).

70 Bourdieu fasst Prekarität als Teil einer neuartigen, auf erzeugter Unsicherheit aufbauenden Herrschaftsform, die nicht nur befristet und Teilzeitbeschäftigte betrifft: „Die objektive Unsicherheit bewirkt eine allgemeine subjektive Unsicherheit welche heutzutage mitten in einer hochentwickelten Volkswirtschaft sämtliche Arbeitnehmer, einschließlich derjenigen unter ihnen in Mitleidenschaft zieht, die gar nicht oder noch nicht direkt von ihr betroffen sind." (Bourdieu 2004, S. 108, 111, Zitat S. 108, vgl. auch Bultemeier et al. 2008, S. 244–251).

Anknüpfend an die von Pierre Bourdieu und Robert Castel inspirierte französische Prekaritätsforschung entwickelte Klaus Dörre eine empirisch gestützte[71] Typologie von (Des-)Integrationspotentialen von Erwerbsarbeit. Neben einer auf Einkommens- und Beschäftigungssicherheit basierenden „konventionellen" Integration wird in der Typologie auch eine „unkonventionelle" Integration ausgewiesen, die über die Identifikation mit den Tätigkeitsinhalten und die Einbindung in soziale arbeitsplatzvermittelte Netze auch in flexibler Beschäftigung bestehen kann. Hierzu zählen z.B. Hochqualifizierte in der Medienwirtschaft, die sich angesichts arbeitsbezogener Entscheidungsspielräume weder als Prekarier sehen noch auf standardisierte geschützte Normalarbeit optieren. Diese werden von Dörre als „Selbstmanager" bezeichnet, die aus eigenem Antrieb zu „permanenten Höchstleistungen" bereit sind. Im Ergebnis werden drei Zonen ermittelt: eine Zone der Integration, eine Zone der Prekarität (atypische oder niedrig entlohnte Beschäftigung, prekäre Selbstständigkeit) sowie eine Zone der Entkoppelung (aus Erwerbsarbeit Ausgegrenzte). Im Unterschied zu einer ähnlich gefassten Differenzierung nach Castel[72] reicht Prekarität nach Dörre jedoch auch in die Zone der Integration hinein: In dieser Zone verortet Dörre neben einer gesicherten Integration in konventionellen Normalarbeitsverhältnissen und einer atypischen unkonventionellen Integration auch eine unsichere und eine gefährdete Integration und meint damit wachsende Ängste vor Statusverlust, auch wenn diese nicht gleichermaßen einer objektiven Bedrohungslage entsprechen müssen. Mit seiner Typologie verschiebt Dörre somit den Fokus vom konventionellen Normalarbeitsverhältnis auf die Frage einer gelungenen Integration, die weiterhin in Normalarbeit, aber alternativ auch in flexibler Beschäftigung erreicht werden kann, sofern Einkommenssicherheit subjektiv eingeschätzt bzw. über kulturelle und finanzielle Ressourcen zumindest zeitweise gesichert werden kann. (Vgl. Dörre 2009, S. 45–53, zitierte Begriffe S. 48–50.) Damit erhält bei Dörre zugleich die subjektive Dimension eine zentrale Bedeutung in der Bestimmung von Prekarität. Der Aspekt der subjektiven Verarbeitung wird auch in der von Brinkmann, Dörre, Röbenack, Kraemer und Speidel erarbeiteten Definition von Prekarität einbezogen:

---

71 Die Typologie basiert auf einer gemeinsam mit Klaus Kraemer und Frederic Speidel erhobenen qualitativen Befragung von „gut 100 Befragten aus allen Zonen der Arbeitsgesellschaft", vgl. Dörre 2009, S. 48.

72 Castel differenziert in Zonen der Integration, der Verwundbarkeit, der Fürsorge und der Entkoppelung, vgl. Castel & Dörre 2009, S. 15.

> „Als prekär kann ein Erwerbsverhältnis bezeichnet werden, wenn die Beschäftigten aufgrund ihrer Tätigkeit deutlich unter ein Einkommens-, Schutz- und soziales Integrationsniveau sinken, das in der Gegenwartsgesellschaft als Standard definiert und mehrheitlich anerkannt wird. Und prekär ist Erwerbsarbeit auch, sofern sie subjektiv mit Sinnverlusten, Anerkennungsdefiziten und Planungsunsicherheit in einem Ausmaß verbunden ist, das gesellschaftliche Standards deutlich zuungunsten der Beschäftigten korrigiert." (Brinkmann, Dörre, Röbenack, Kraemer & Speidel 2006, S. 17)

Prekarität erscheint damit als relationale Kategorie, gemessen am gesellschaftlichen Standard. Anknüpfend an diese Definition (vgl. Castel & Dörre 2009, S. 17) sieht Dörre zwischen objektiven Unsicherheitsrisiken prekärer Beschäftigung als den „Strukturformen von Prekarität" und dem Unsicherheitsempfinden als den „subjektiven Sicherheitskonstruktionen" nur einen losen Zusammenhang (vgl. Dörre 2009, S. 61).

Auch in anderen Untersuchungen wird sowohl auf die Möglichkeit verwiesen, dass das subjektive Unsicherheitsempfinden größer sein kann als die tatsächlich gegebenen – und anhand aggregierter Daten zur Stabilität von Beschäftigungsverhältnissen überprüften – Unsicherheitsrisiken (vgl. Bernhardt, Köhler & Krause 2008, S. 276 f., Erlinghagen 2007, S. 16 f.), als auch auf subjektive Verarbeitungsformen, um „die gefühlte Unsicherheit klein zu arbeiten" (Bernhardt, Köhler & Krause 2008, S. 301) oder zu verdrängen. Mögliche Gründe einer solchen Verdrängung vermutet Pongratz in mangelnder Reflexion, auch angesichts nicht vorstellbarer Lösungsmöglichkeiten (vgl. Pongratz 2004, S. 36 f.).

Prekarisierung fasst Dörre als spezifische Gestaltungsform der sozialen Verhältnisse in der seit den 1970er Jahren sich durchsetzenden finanzkapitalistischen Landnahme[73], aus der sich eine umfassende, nicht auf das Prekariat beschränkte Disziplinierung ergibt. Schlussfolgerungen für die politische Handlungsebene fokussiert er auf einen „vielfach abgestuften Drinnen-Draußen-Konflikt":

> „Für gesicherte und qualifizierte Gruppen hat sich der Ausbeutungskonflikt entschärft. Hingegen gewinnt der Kampf um Sicherheit und Sozialeigentum für prekarisierte Gruppen auch subjektiv an Bedeutung." (Dörre 2009, S. 63)

Politisches Handeln muss nach Dörre am Pol der Ausgrenzung ansetzen und in Anerkennung der sozialen und kulturellen Heterogenität der sozialen Gruppen

---

73 Mit finanzkapitalistischer Landnahme bezeichnet Dörre die Durchsetzung einer neuen kapitalistischen Formation, die sich durch eine Dominanz des Anlagekapitals, damit einhergehende marktzentrierte Kontrollmodi und den Abbau zuvor durchgesetzter kollektiver Schutz- und Partizipationsrechte charakterisiert, vgl. Dörre 2009, S. 41–47, 57 f.

eine zeitweilige politische Vereinheitlichung anstreben. Anstelle einer Fokussierung auf die „erwerbsgesellschaftliche Mitte" erscheint eine solche Orientierung an der Problemhaltigkeit denn auch deutlich angemessener.

3.7 Resümee

Im vorliegenden Kapitel wurden Theorien und Diskurse auf ihren Erklärungsgehalt für die Arbeitsmarkt- und Beschäftigungssituation älterer Erwerbspersonen durchleuchtet. Die relevanten Ergebnisse können wie folgt resümiert werden: Innerhalb der psychologischen Theorien zur Leistungs- und Lernfähigkeit (Kap. 3.1) lässt sich im Zeitverlauf eine zunehmende Differenzierung der einzelnen Theorieansätze erkennen. So geht das in der ersten Hälfte des 20. Jahrhunderts dominierende Defizitmodell von einer nach dem dritten Lebensjahrzehnt einsetzenden und mit dem Alter zunehmenden generellen Leistungsabnahme aus, die eine Beschäftigung älterer Personen für Unternehmen weniger rentabel erscheinen lässt. Wenngleich auch wissenschaftlich widerlegt, ist nach meiner Auffassung das Defizitmodell in weiten Teilen betrieblicher Praxis immer noch handlungsleitend und kollidiert damit auch nicht mit der gängigen öffentlichen Meinung. Eine unterdurchschnittliche Berücksichtigung älterer Beschäftigter in betriebliche Weiterbildung sowie älterer BewerberInnen bei Stellenbesetzungen können hierfür als Indizien herangezogen werden, ohne damit eine monokausale, allein auf defizitorientierten Annahmen der Personalverantwortlichen basierende Beziehung unterstellen zu wollen.

Die psychologische Gerontologie differenziert zwischen alterssensiblen Intelligenzfaktoren und Leistungsmerkmalen, die im Alter abnehmen – fluide Intelligenz, Sinnes- und Muskelleistungen – und solchen, die unverändert bleiben oder gar zunehmen, wie die kristalline Intelligenz. Leistungserhaltende Strategien werden in Trainingsmöglichkeiten und im Zugang zu Weiterbildung gesehen, kompensierende Strategien in beruflicher Erfahrung und entwickelten Stärken der älter werdenden Beschäftigten sowie in der didaktischen Gestaltung von Lernprozessen, die die Lernspezifika älterer Lernender berücksichtigt. Im Ergebnis werden altersbezogene Minderleistungen in Bezug auf Lern- und Leistungsfähigkeit prinzipiell weitgehend infrage gestellt und auf eine innerhalb von Altersgruppen höhere Leistungsdifferenz als zwischen den Altersgruppen verwiesen. Auch weitere Faktoren werden gesehen: Bildung, Berufsbiografie, Gesundheit, Selbstbild, Motivation etc. Bei Bedarf wird auf altersgerechte Arbeitsplätze orientiert. Die psychologische Gerontologie hat damit einen wichtigen Beitrag zu einem differenzierteren Blick auf das höhere Lebensalter geleistet. Infrage zu stellen sind aber auch hier generalisierende Aussagen einer alternsgerechten Didaktik, z.B. im Sinne einer Berücksichtigung fehlender Lerntechniken oder eines geringen Komplexitätsgrads der Lehrstoffgestaltung, da sie eine Altersspezifik unterstellen, die de facto erfahrungsbedingt ist. Auch hier werden Stereotype erzeugt.

Nicht die Messung von Lern- und Leistungsfähigkeit im Altersverlauf, sondern deren Stigmatisierung ist Gegenstand der Stigmatheorie. Sie untersucht die Wirkung negativer Fremdzuschreibungen auf die Selbstzuschreibungen und daraus resultierende reale Leistungseinbußen. Berufliche Risiken älterer Erwerbspersonen werden damit in einer relevanten weiteren Facette analysiert. Mit Frerichs bleibt hierbei kritisch anzumerken, dass Personalmanagement in der betrieblichen Praxis nicht ausschließlich auf Stigmatisierungen beruht, sondern sich differenzierter darstellt, und dass Leistungseinschränkungen älterer Beschäftigter nicht grundsätzlich auszuschließen und als Stigmatisierungen zu bewerten sind. Letzteres führt dazu, auch Schutzregelungen als unbegründet und stigmatisierend abzulehnen, wohingegen vielmehr eine Analyse des Gefährdungspotentials bestehender Arbeitsbedingungen und daraus ableitbaren Schutzbedarfs relevant wäre.

Genau diese Dimension wird in arbeitspsychologischen und arbeitswissenschaftlichen Ansätzen erforscht. Vorliegende Erkenntnisse verdeutlichen die Wirkungen spezifischer Belastungen, Restriktionen, disuse-Effekte und eingeschränkter betrieblicher Entwicklungspfade auf das Arbeitsvermögen in Richtung eines „menschengemachten“ beschleunigten Alterns. Daraus abgeleitet werden Merkmale einer gesundheits- und lernförderlichen Arbeitsgestaltung generiert. Deren Transfer in die betriebliche Praxis wird seitens der Politik kampagnen-, appell- und projektförmig gefördert, eine flächendeckende Umsetzung erscheint jedoch nicht in Sicht und steht auch nicht als Planungsgegenstand gesetzlicher, mit Sanktionskraft ausgestatteter Regulierungen auf der politischen Agenda.

Die Arbeitsmarkttheorien (Kap. 3.2) befassen sich mit den Mechanismen und Entwicklungen des Arbeitsmarktes, teils fokussieren sie hierbei auf spezifische betriebliche und arbeitsmarktliche Strukturen, teils auf Handlungsweisen von Erwerbspersonen und von Unternehmen vor dem Hintergrund genereller ökonomischer Annahmen. Hieraus lassen sich jeweils spezifische Bezüge für die Arbeitsmarkt- und Beschäftigungssituation älterer Erwerbspersonen ableiten. Die in den Wirtschaftswissenschaften dominierende neoklassische Arbeitsmarkttheorie erklärt die höheren Arbeitsmarktrisiken älterer Personen mit einer ihnen unterstellten sinkenden Rentabilität für die Unternehmen, die sich u.a. aus überhöhten Löhnen und einer im Alter sinkenden Produktivität ergeben. Letztere knüpft an das Defizitmodell an. Durch Abbau von Marktregulierungen kann demnach der Gleichgewichtsmechanismus des Marktes wieder hergestellt und unfreiwillige Arbeitslosigkeit vermieden werden. In dieser Argumentation erhalten ältere Erwerbspersonen Zugang zum Arbeitsmarkt, soweit sie die Konditionen akzeptieren, die sich aus dem Verhältnis von Nachfrage und Angebot entsprechend ihrer Produktivität ergeben. Neben diversen impliziten Diskursen der neoklassischen Theorie, die zu zahlreichen theoretischen Ergänzungen geführt haben, können sowohl die unterstellten Annahmen über die Produktivität, Entlohnung und Bildungsnachteile älterer Erwerbspersonen infrage gestellt werden als auch die Orientierung an einer Selbstregulierung des Marktes, die nicht nach einem existenzsichernden oder gar menschenwürdigen Lebensstandard fragt, nach Teilhabechancen an Bildung und Erwerbsarbeit oder nach der Verantwortung von Unternehmen zur Gestaltung gesundheits- und lernförderlicher Arbeitsbedingungen. Insofern die neoklassische Arbeitsmarkttheorie wegen dieser Defizite in ihrer wissenschaftlichen Relevanz nicht nachvollziehbar ist, so ist sie in ihrer politischen Relevanz nicht zu unterschätzen.[74]

Die Humankapitaltheorie knüpft an die neoklassische Arbeitsmarkttheorie an und versucht, deren Fehlannahme homogener ArbeitsanbieterInnen zu differenzieren und zu erklären. Der in Ausbildung und Erwerbsarbeit erfolgte Aufbau an Wissen und Fähigkeiten bestimmt nach dieser Theorie den Wert der Arbeitskraft. Bildungsinvestitionen der Individuen werden – in Übertragung der betrieblichen Investitionslogik auf das Individuum – nach dem erwartbaren Nutzen entschieden, der für ältere Beschäftigte angesichts der geringeren Restnutzungszeiten bis zur Rente ebenso sinkt wie für Frauen, die mit Blick auf die Arbeitsteilung in der Familie und die höhere Vergütung der männlichen Erwerbsarbeit geringere Bildungsinvestitionen tätigen. Unterschiedliche soziale Bildungschancen und Diskriminierungsprozesse werden in der Theorie berücksichtigt. Wenngleich mit der Erforschung des Bedingungsgefüges von Bildung und Erwerbschancen ein wichtiger Zusammenhang in den Fokus gerückt wird, so dürfen in Anlehnung an die berechtigte Kritik von Frerichs strukturelle Rahmenbedingungen des Arbeitsmarktes und arbeitsbezogene Einflussfaktoren auf betrieblicher Ebene nicht ausgeblendet werden. Darüber hinaus sind einzelne Annahmen der Theorie zu kritisieren, wie etwa die Reduktion der grundsätzlich

74 Unter Nutzung ihrer Argumentation wurden seit der zweiten Hälfte der 1990er Jahre die Bedingungen für Erwerbsarbeitslose verschärft, Arbeit auch zu Niedriglöhnen zu akzeptieren. Wenngleich hierdurch auch nicht die Arbeitslosigkeit abgebaut wurde, wurde durch diesen Politikansatz aber der Entscheidungs- und Handlungsspielraum jener Gruppen am Arbeitsmarkt deutlich eingeschränkt, die besondere Beschäftigungsrisiken aufweisen, so u.a. ältere Erwerbsarbeitslose und auch ältere Beschäftigte.

als relevant anzusehenden Kosten-Nutzen-Erwägungen von Bildungsinvestitionen auf monetäre Aspekte, die anderweitige Bildungsinteressen ignoriert. Auch die Annahme geringerer Bildungsinvestitionen von Frauen kann zunehmend infrage gestellt werden und erscheint zur Erklärung geschlechtsspezifischer Arbeitsmarktstrukturen ohnehin als unterkomplex, insofern sie z.B. unterschiedliche Wertigkeiten und Vergütungsstrukturen zwischen frauen- und männerdominierten Berufsgruppen nicht erklären kann. Schließlich erscheint der Begriff des „Humankapitals" als Reduktion des Menschen und seines Arbeitsvermögens allein auf seine ökonomische Relevanz, während die Bedeutsamkeit der Bildungs- und Erwerbsbeteiligung von Menschen für ihre Lebenssituation und Interessen außerhalb des theoretischen Betrachtungsraumes bleibt.

Im Unterschied zu den zuvor erörterten Arbeitsmarkttheorien beziehen die sozialwissenschaftlich geprägten Segmentationstheorien in ihre Analyse ungleiche Machtstrukturen zwischen Kapital und Arbeit ein, die zur Segmentation des Arbeitsmarktes führen. Die Segmente unterscheiden sich nach Qualifikationsanforderungen, Qualität der Arbeitsbedingungen und Beschäftigungsstabilität. Der US-amerikanische Diskurs um Doeringer und Piore, die von einer Dualität des Arbeitsmarktes ausgingen, wird durch Lutz und Sengenberger für den bundesdeutschen Arbeitsmarkt zu einer Dreiteilung ausdifferenziert, die einen unspezifischen, einen fachlichen und einen betrieblichen Teilarbeitsmarkt umfasst. Nach einem Bedeutungsverlust dieses Ansatzes in den 1990er Jahren – bedingt durch ein Erstarken des „Vermarktlichungsdiskurses", der von einer Generalisierung von Beschäftigungsrisiken ausgeht – wird in den Arbeiten von Köhler und Krause im Rahmen des SFB 580 an der Universität Jena für ein Wiederaufgreifen und eine Weiterentwicklung des Segmentationsansatzes plädiert. Dieser soll die beobachtbaren dynamischen Entwicklungen zwischen den Segmenten und innerhalb dieser integrieren. Erfolgte geschlechtsspezifische Zuordnungen zu spezifischen Segmenten werden innerhalb der Genderforschung kontrovers diskutiert. Nach empirischen Befunden sind ältere Erwerbspersonen im unspezifischen und im fachlichen Teilarbeitsmarkt unterdurchschnittlich, im betrieblichen Teilarbeitsmarkt überdurchschnittlich vertreten. Trotz des in letzterem Segment stärker ausgeprägten Bestandsschutzes für langjährig Beschäftigte ist mit Frerichs auch auf hier für ältere Beschäftigte bestehende belastungsbedingte Beschäftigungsrisiken hinzuweisen.

Weitere betriebsstrukturelle Einflussfaktoren auf die Beschäftigungssituation älterer Personen werden im Rahmen der Vakanzkettentheorie und des organisationsdemografischen Ansatzes untersucht. Erstere fokussiert auf die Verfügbarkeit freier Stellen, durch die Aufstiegschancen im Betrieb determiniert werden und die selbst von betriebs- und belegschaftsstrukturellen Rahmenbedingungen abhängen. Der organisationsdemografische Ansatz erforscht verschiedene Altersstrukturen der Belegschaft in ihren je spezifischen Auswirkungen auf Aufstiegschancen, soziale Exklusionsrisiken einzelner Beschäftigtengruppen und Personalstrategien. Beschäftigungsrisiken und -chancen für ältere Beschäftigte wie auch für alle anderen Altersgruppen werden nach beiden Theorien jeweils in ihren betrieblichen Kontextbedingungen verortet. Die Analyse wird damit um weitere Facetten bereichert.

Die Hereinnahme wirtschaftssystem- und marktsegmentbezogener Dimensionen wird in industriesoziologischen Ansätzen (Kap. 3.3) geleistet. Der politökonomische Erklärungsansatz sieht in der kapitalistischen Verfasstheit der Wirtschaft den Wirkmechanismus, der in Form einer betrieblichen Orientierung auf maximaler Leistungsausschöpfung zu einem Leistungsverschleiß der Beschäftigten und daraus folgenden besonderen Beschäftigungsrisiken für ältere Personen führt. Aktuelle kapitalismuskritische Analysen (z.B. Dörre 2009) diskutieren eine seit den 1970er Jahren neue finanzkapitalistische Ausprägung des Wirtschaftssystems, stellen damit aber das Prinzip maximaler Leistungsausschöpfung nicht infrage. Mit diesem Ansatz werden relevante Systemprinzipien thematisiert, dennoch ist entsprechend der Kritik von Frerichs auch hier eine weitergehende Differenzierung betrieblicher Personal- und Arbeitseinsatzkonzepte erforderlich.

Der produktionsregimespezifische Ansatz untersucht die Verknüpfung von Wettbewerbsstrategie, Typenmerkmal der Produktion, Arbeitsorganisation und Personaleinsatz und differenziert im Ergebnis drei Produktionsregime: das „tayloristische Produktionsregime", das „Produktionsregime der diversifizierten Qualitätsproduktion" sowie das „Produktionsregime der innovationsorientierten Qualitätsproduktion". Hohe Risiken für ältere Beschäftigte werden aufgrund von Belastungsanforderungen und Personaleinsatzstrategien insbesondere im erst- und im letztgenannten Regime verortet. Die Verknüpfung von Arbeitsbedingungen, Personaleinsatzstrategien und dem spezifischen Marktsegment, in dem sich das jeweilige Unternehmen bewegt, stellt einen fruchtbaren Beitrag zur Analyse der Beschäftigungssituation älterer Erwerbspersonen dar. Gleichwohl erscheint die Annahme jeweils homogener Personaleinsatzstrategien zu den Produktionsregimen zu starr und undifferenziert.

Lebenslagen und Teilhabechancen in spezifischen Kontexten sind Gegenstand sozialpolitikwissenschaftlicher Ansätze (Kap. 3.4). Der lebenslagenorientierte Ansatz analysiert soziale Risiken unter Berücksichtigung der Kontextbedingungen von Lebenslagen und ihre Wechselwirkungen mit subjektiven Deutungs- und Verarbeitungsmustern. Nachteilsstrukturen können Wechselwirkungen aufweisen und kumulieren. Für Teilgruppen von Älteren werden strukturelle

Gefährdungen verdeutlicht und geschlechtsspezifisch ausdifferenziert. Zur Kompensation von Nachteilsstrukturen plädiert der lebenslagenorientierte Ansatz für staatliche, tarifpolitische und betriebliche Interventionen. Das Konzept der Statuspassagen analysiert Chancen und Risiken bei Statuswechseln und deren institutionelle Prägung, z.B. bezogen auf berufliche Auf- und Abstiegsprozesse. Für ältere Beschäftigte kann in diesem Sinne auf betrieblicher und arbeitsmarktlicher Ebene untersucht werden, inwieweit Zugänge zu Fortbildungen und Stellenbesetzungen institutionell ermöglicht oder auch erschwert werden. Eine berufsspezifisch unterschiedliche Relevanz des Merkmals Alter ist hierbei anzunehmen und zu beachten. Die sozialpolitikwissenschaftlichen Ansätze weiten damit die Perspektive auf Beschäftigungsfragen älterer Personen insbesondere um die subjektiven und kontextbezogenen Dimensionen.

Für alle bis hierher erörterten Theorien ist zudem grundsätzlich die Begrenzung ihrer Reichweite hervorzuheben. Mit Ausnahme des Defizitmodells und der neoklassischen Arbeitsmarkttheorie, die m.E. allein im Hinblick auf ihre politische Wirkmächtigkeit auf Arbeitsmarkt- und Betriebsebene von analytischem Interesse sind, liefern die einzelnen Theorien für den jeweils untersuchten Gegenstandsbereich fruchtbare Erkenntnisse für die Arbeitsmarkt- und Beschäftigungssituation älterer Erwerbspersonen. Keine dieser Theorien leistet jedoch eine Integration aller relevanten Dimensionen. Des Weiteren ist in allen Analysen zu berücksichtigen, dass auch die Gruppe der älteren Erwerbspersonen in ihrer Differenzierung nach sozial- und personenstrukturellen sowie subjektiven Dimensionen zu berücksichtigen ist. Dies wird in den einzelnen Theorien in unterschiedlicher Tiefe thematisiert, am weitestgehenden erfolgt dies im Rahmen des lebenslagenorientierten Ansatzes.

Im Hinblick auf geschlechtsspezifische Aspekte (Kap. 3.5) bieten die vorgestellten, für die Analyse der Erwerbsphase in höherem Lebensalter nutzbaren Theorien, von einzelnen Querverweisen abgesehen, keine konsistente theoretische Integration des Merkmals Geschlecht. Auch die Alter(n)sforschung wendet sich erst allmählich geschlechtsspezifischen Fragen zu und bezieht sich zudem i.W. auf die Nacherwerbsphase. In Überprüfung der Diskurse innerhalb der Frauen- und Geschlechterforschung wurde zum einen herausgearbeitet, dass geschlechtsspezifische Segregationen am Arbeitsmarkt in ihrer Verflechtung mit Geschlechterdifferenzen in der Reproduktionssphäre, dem staatlich über Betreuungsinfrastruktur, Sozialversicherungssysteme etc. jeweils spezifisch forcierten Familienmodell und der politischen Kultur zu analysieren sind. Im Ergebnis zeigt sich, dass sich die Lebensläufe von Frauen im historischen Verlauf ausdifferenzieren, dass aber zugleich geschlechtshierarchische Strukturen fortbestehen, wie z.B. geringere Vergütungen, geringere Karrieremöglichkeiten, vermehrt prekäre Beschäftigung, Doppelbelastungen sowie mangelnde Vereinbarkeit von Beruf und Familie. Für die Teilhabechancen in der Bundesrepublik wirkt sich das Festhalten an einem traditionellen Familienmodell bei einer zugleich ökonomisch wie sozialversicherungsrechtlich geforderten zeitlich und räumlich möglichst frei verfügbaren und kontinuierlichen Integration aller Personen im erwerbsfähigen Alter in das Erwerbssystem in Form zunehmender Widersprüche aus.

Zum anderen werfen diese Befunde zugleich die Frage nach der grundsätzlichen Bedeutung des Merkmals Geschlecht auf. Die hier kontrovers vertretenen Positionen einer „Omnipräsenz" (Becker-Schmidt) versus „Kontextualität der Geschlechterungleichheit" (Heintz & Nadai) sollten m.E., zumal jeweils empirisch belegbar, nicht als theoretische Gegenentwürfe gefasst werden, sondern als komplementär zueinander. Die Frage ungleichheitsdeterminierender Kontextbedingungen wird theoretisch prägnanter in dem Intersektionalitäts-Diskurs aufgegriffen, der verschiedene Ungleichheitskategorien in ihren Wechselbeziehungen zu erfassen sucht und somit Geschlecht nicht additiv zu Klasse, Ethnie etc. analysiert, sondern in ihrer jeweils spezifischen Verwobenheit und Ausprägung. Weiterführende und an den Intersektionalitätsansatz anschlussfähige theoretische Diskurse verweisen auf die Dimension der sozialen Konstruktion von Geschlecht und Alter: der Begriff des „doing gender" (West & Zimmerman) meint die beständige Produktion und Reproduktion von Geschlechterzuordnungen und Deutungen auf institutioneller, interaktionaler und subjektiver Ebene und zielt damit auf einen Perspektivwechsel von Geschlechterunterschieden hin zu Geschlechterunterscheidungen. Ähnlich wird auch Alter im Prozess des „doing old" (Gildemeister) sozial geformt und mit nach Geschlecht und anderen Merkmalen je spezifischen Deutungen versehen. Diese können in der betrieblichen Praxis zu differierenden Risiken älterer Beschäftigter nach Geschlecht, Tätigkeitsfeld etc. führen und ergänzen die zuvor erörterten Theorien um eine weitere relevante Dimension.

In den Diskursen zur Entwicklung der Erwerbstätigkeit (Kap. 3.6) konnten kontroverse Diagnosen über die Entwicklung von Erwerbsformen und deren qualitative Veränderungen sowie daraus abgeleitete kontroverse Schlussfolgerungen für die politische Handlungsebene nachgezeichnet werden. Im Ergebnis zeigte sich, dass nach wie vor ein Teil der Erwerbspersonen in sog. Normalarbeitsverhältnissen mit guten Arbeitsbedingungen, guter Entlohnung und vor Entlassungen und Abgruppierungen schützenden Regulierungen tätig ist, die den hier Beschäftigten eine Perspektive bis zum gesetzlichen Renteneintrittsalter bieten. Jedoch: Diese Gruppe wurde kleiner, sie ist nach wie vor männlich dominiert und ein „Ausfransen an den Rändern" deutet auf strukturelle Risiken für alle älteren Erwerbspersonen hin. Auch in Bezug auf die hieraus generierten Rentenansprüche ist von einer deutlichen und zunehmenden Sicherungslücke, insbesondere für Frauen, aber auch für Männer, auszugehen. Zugleich reicht der Blick auf die Beschäftigungsform nicht aus, die Entwicklungen in der Qualität von Beschäftigungsverhältnissen signalisieren auch für „Normalbeschäftigte" eine wachsende Verunsicherung. Subjektiv empfundene Beschäftigungssicherheit wird neben wirtschaftlichen Faktoren zunehmend an die eigene Leistung gekoppelt. Angesichts der beobachtbaren gestiegenen und einen Verschleiß bewirkenden Leistungsdichte lässt sich auch hieraus ein strukturelles Unsicherheitsrisiko für ältere Beschäftigte ableiten.

Die Einbeziehung der subjektiven Dimension verweist auf Inkongruenzen zwischen Unsicherheitsrisiken und Unsicherheitsempfinden sowohl in Richtung über bestehende Risiken hinausreichender Ängste als auch entwickelter Sicherheitskonstruktionen trotz bestehender Risiken – Letztere in vielfältigen Kontexten, die sich von Verdrängung bis hin zum Selbstverständnis einer gelungenen „unkonventionellen" Integration in atypische, zumeist höher qualifizierte, höher vergütete und Dispositionsspielräume gewährende Beschäftigung aufspannen lassen. Anzunehmen ist, dass zur Sicherung der eigenen Handlungsfähigkeit eine positive Wertung der eigenen Lebens- und Arbeitsverhältnisse unabdingbar ist – zumindest solange nicht gangbare Alternativen gesehen werden. Frauen in flexiblen oder Teilzeitbeschäftigungen können diese durchaus aus eigenem Wunsch und mit einem auf dem Haushaltskontext gründenden Sicherheitsgefühl eingehen, bei Änderung des Haushaltskontextes können sich allerdings sowohl die sozio-ökonomische Lage als auch das Sicherheitsempfinden deutlich und rapide ändern. Ebenso ist für die Beschäftigten in Erwerbsarbeitsformen der „unkonventionellen" Integration, von Dörre als „Selbstmanager" bezeichnet, die Tragfähigkeit ihres Sicherheitsempfindens zu hinterfragen. Die von Dörre beschriebenen Belastungsfolgen eines Bemühens um permanente Höchstleistungen werden auch hier nach längerdauernder Tätigkeit und somit mit zunehmendem Lebensalter zu einem strukturellen Risiko. Zu ergänzen ist, dass dieser Weg eher von Männern beschritten werden kann und sich bei Frauen vielfach nur unter Verzicht auf Kinder realisieren lässt.

Nicht zuletzt für die politische Handlungsebene ist die subjektive Dimension jedoch von zentraler Bedeutung. „Flexicurity"-Konzepte können Risiken der Flexibilisierung abfedern, sind aber in Deutschland nicht in Sicht. Nur bei Absicherung individueller, ohne Verweis auf Einkommen im Haushaltskontext bestehender Existenzsicherungsansprüche erscheinen solche Konzepte auch für Frauen tragfähig. Allerdings irritiert der Blick auf die (männliche?) Mitte der Gesellschaft: einem solchen Blick kommt in herrschaftssoziologischer

Perspektive Relevanz zu, im Hinblick auf die Analyse der Erwerbsarbeit lässt er hingegen die Assoziation zu, dass Unsicherheitsrisiken und Unsicherheitsempfinden in den gesellschaftlichen Bereichen jenseits einer solchen Mitte ein Minderproblem darstellen. Das von Dörre geforderte Denken vom Pol der Ausgrenzung her – unter Berücksichtigung vielfältiger Differenzierungslinien – hingegen fokussiert auf die Problemhaltigkeit und erscheint damit angemessener und die gesamte Gesellschaft in den Blick nehmend.

Die in diesem Kapitel erörterten theoretischen Ansätze und Diskurse zeigen somit die Bandbreite unterschiedlicher Dimensionen auf, die die Erwerbsbeteiligung in höherem Lebensalter beeinflussen: das Gesellschafts- und Wirtschaftssystem, strukturelle Entwicklungen von Bevölkerung, Wirtschaft und Arbeitsmarkt, soziale Ungleichheitsstrukturen mit je spezifischen Wechselwirkungen, die betriebliche Ebene mit unterschiedlichen Personaleinsatzstrategien, bereit gestellten Arbeitsbedingungen und beruflichen Entwicklungspfaden, die Entwicklung von Erwerbsformen und Erwerbsverläufen, Entwicklungen im Geschlechterverhältnis, individuelle Orientierungen und Handlungsweisen, subjektive Deutungen (Selbstbild, Sicherheitskonstruktionen), soziale Konstruktionen von Geschlecht, Alter und Alter nach Geschlecht bis hin zu deren Stigmatisierungen, politische Regulierungen und Optionen, die die Erwerbsbeteiligung älterer Menschen in quantitativer und qualitativer (Schutz, Zumutbarkeit) Hinsicht beeinflussen. Zugleich ist zu berücksichtigen, dass alle betrachteten Ebenen – Gesellschaft, Wirtschaft, Unternehmen und Individuen – in sich vielfältige Differenzierungslinien aufweisen. Struktur, Orientierungen, Deutungen und Handeln von älteren Erwerbspersonen sind in ihrer Heterogenität zu analysieren.

Im Rahmen der eigenen empirischen Untersuchung sollen die genannten Dimensionen als Kontexte und Einflussfaktoren berücksichtigt werden, soweit sie in ihrer Komplexität miterfasst werden können. Prinzipiell stellen sie wesentliche Kategorien für die Analyse der Erwerbsverläufe dar, bei Bedarf werden sie als Interpretationsfolien aktiviert. So sollen individuelle Handlungsstrategien im Mittelpunkt stehen. Die erörterten Theorien und Diskurse werfen hierfür insbesondere folgende Fragen auf: Wie wird – vor dem Hintergrund der skizzierten Beschäftigungsrisiken älterer Erwerbspersonen – die Gestaltungsfähigkeit des eigenen Lebens eingeschätzt? In welcher Weise lassen sich Verknüpfungen zwischen Diskontinuitätserfahrungen, Unsicherheitsrisiken und Handlungsstrategien erkennen, z.B. in Bezug auf Ansprüche und Vorgehensweisen bei der Stellensuche? Welche Bedeutung kommt hierbei dem Geschlecht in Verbindung mit haushaltsbezogenem bzw. familiärem Kontext zu, z.B. im Hinblick auf den Erwerbsverlauf und das Handeln in der Umbruchphase in höherem Lebensalter?

Welche Personaleinsatzstrategien und unternehmerischen Kontexte werden für erfolgte Einstellungen älterer Erwerbspersonen sichtbar?

Vor der Darlegung der empirischen Untersuchung soll jedoch zunächst noch die Handlungsperspektive in den Fokus gerückt und theoretisch beleuchtet werden. Dies ist Gegenstand des folgenden Kapitels.

4 Erwerbsbiografisch orientiertes Handeln älterer Erwerbspersonen

Ziel dieses Kapitels ist es, verschiedene, vorrangig soziologische und erziehungswissenschaftliche theoretische Ansätze, Diskurse und Forschungsperspektiven daraufhin zu prüfen, inwieweit sie für eine Analyse des Handelns in einer Umbruchphase in höherem Lebensalter mit gelungenen[75] betrieblichen Wechseln und Reintegrationen fruchtbar gemacht werden können. Eine detaillierte Auseinandersetzung mit der Fülle diverser Handlungstheorien und ihrer Ausdifferenzierungen kann hier jedoch nicht geleistet werden.

Wie ist Handeln begrifflich-konzeptionell zu verorten? Wie erklärt sich Handeln? In welchem Verhältnis stehen Handeln und Struktur, Individuum und Gesellschaft? Unter diesen Fragestellungen werden in Kap. 4.1 handlungstheoretische Diskurse geprüft. Herangezogen werden hierfür ausgewählte Entwicklungen innerhalb der soziologischen Handlungstheorie (Kap. 4.1.1), handlungstheoretische Implikationen aus den Diskursen zur Theorie der reflexiven Modernisierung (Kap. 4.1.2) sowie aus den Diskursen der Biografieforschung (Kap. 4.1.3).

Gibt es spezifische Rahmungen, Determinanten und Aspekte des Handelns in höherem Lebensalter, die es zu berücksichtigen gilt? Eine Antwort auf diese Fragen wird in Kap. 4.2 zum einen unter Prüfung der Diskurse der Alternssoziologie (Kap. 4.2.1) versucht. Zum anderen werden zentrale Handlungsdimensionen aus der Perspektive des höheren Lebensalters in Anlehnung an Rosenmayr inhaltlich gefüllt (Kap. 4.2.2).

Wie Handeln im erwerbsbiografischen Kontext zu konkretisieren ist, wird in Kap. 4.3 analysiert. Nach einer begrifflichen Klärung werden mögliche Ausdifferenzierungen erwerbsbiografisch orientierten Handelns anhand verschiedener, in empirischen Studien entwickelter Typologien aufgezeigt und im Hinblick auf ihre Nutzbarkeit für die vorliegende Forschungsarbeit diskutiert (Kap. 4.3.1 – 4.3.5). In einem abschließenden Resümee werden die zentralen Ergebnisse dieses Kapitels zusammengefasst und diskutiert (Kap 4.4).

---

75 Der hier genutzte Gelingens-Begriff wird i.S.v. Erreichen verwendet, hiermit sind keine Aussagen über die Qualität der neu aufgenommenen Stelle impliziert.

4.1 Handlungstheoretische Diskurse

In diesem Kapitel wird eine begrifflich-konzeptionelle Klärung des Handlungsbegriffs vorgenommen und nach Parametern des Handelns gefragt, insbesondere nach dem Verhältnis von Handeln und Struktur, Individuum und Gesellschaft. Unter diesen Fragestellungen werden handlungstheoretische Diskurse mit Blick auf die hier interessierende Thematik geprüft: Ausgehend von dem Weber'schen Handlungsbegriff und dem Sinnbegriff nach Schütz werden ausgewählte Entwicklungen innerhalb der soziologischen Handlungstheorie nachgezeichnet. Hierbei wird ein Schwerpunkt auf die Theorie der Strukturation nach Giddens sowie jüngere Ausdifferenzierungen der Handlungstheorie gelegt (Kap. 4.1.1). Handlungstheoretische Implikationen, die aus den Diskursen zur Theorie der reflexiven Modernisierung nach Beck, Giddens und Lash ableitbar sind, werden im Folgenden ausgeführt. Näher eingegangen wird hierbei auf Untersuchungen zu biografischer Sicherheit sowie auf Deutungs- und Handlungsmuster bei erwerbsbiografischen Entscheidungen, in deren Rahmen jeweils Typologien entwickelt und empirisch geprüft wurden (Kap. 4.1.2). Weitere handlungstheoretische Implikationen werden aus den Diskursen der Biografieforschung ermittelt. Nach Erörterung der Kontroverse, ob es sich bei den auch in der Biografieforschung anzutreffenden unterschiedlichen Ausdeutungen des Verhältnisses ‚Individuum und Gesellschaft' um lediglich unterschiedliche Forschungsperspektiven oder um verschiedene Theorieansätze handelt, wird die soziologische Biografieforschung näher vorgestellt. Im Mittelpunkt steht hierbei das nach wie vor prägende Lebenslaufkonzept nach Kohli. Aus erziehungswissenschaftlicher Perspektive wird insbesondere auf Schulze sowie Alheit und Dausien Bezug genommen. Das Konzept der Prozessstrukturen nach Schütze bildet einen weiteren Schwerpunkt. (Kap. 4.1.3)

4.1.1 Ausgewählte Entwicklungen innerhalb der soziologischen Handlungstheorie

Eine grundlegende Definition zum Handlungsbegriff entwickelte Max Weber:

> „'Handeln' soll dabei ein menschliches Verhalten (einerlei ob äußeres oder innerliches Tun, Unterlassen oder Dulden) heißen, wenn und insofern als der oder die Handelnden mit ihm einen subjektiven Sinn verbinden. ‚Soziales Handeln' aber soll ein solches Handeln heißen, welches seinem von dem oder den Handelnden gemeinten Sinn nach auf das Verhalten anderer bezogen wird und daran in seinem Ablauf orientiert ist." (Weber 1925, S. 1)

Soziales Handeln wie auch Handeln allgemein kann nach Weber zweckrational, wertrational, affektuell oder traditional bestimmt sein. Weber verweist jedoch zugleich darauf, dass diese Klassifikation nicht erschöpfend alle Arten der Orientierung des Handelns ausweist und idealtypisch zu verstehen ist, d.h. dass sich das reale Handeln diesen Typen mehr oder weniger annähert und überwiegend auch aus mehreren Typen mischt. Irrationales Handeln kann nach Weber zwar sinnhaft und verstehbar sein, wird von ihm aber aus forschungsmethodischen Gründen als „Ablenkungen" und „Abweichungen" von zweckrationalem Handeln gefasst – dies dürfe aber nicht als „Glaube(n) an die tatsächliche Vorherrschaft des Rationalen über das Leben umgedeutet werden" (Weber 1925, S. 3). Auch zum Sinnbezug des Handelns betont Weber die Differenz zwischen den idealtypischen konstruktiven Begriffen und dem realen Handeln:

> „Das reale Handeln verläuft in der großen Masse seiner Fälle in dumpfer Halbbewußtheit oder Unbewußtheit seines ‚gemeinten Sinns'. Der *Handelnde* ‚fühlt' ihn mehr unbestimmt als daß er ihn wüßte oder ‚sich klar machte', handelt in der Mehrzahl der Fälle triebhaft oder gewohnheitsmäßig. Nur gelegentlich, und bei massenhaft gleichartigem Handeln oft nur von Einzelnen, wird ein (sei es rationaler, sei es irrationaler) Sinn des Handelns in das Bewußtsein gehoben. Wirklich effektiv, d.h. voll bewußt und klar sinnhaftes Handeln ist in der Realität stets nur ein Grenzfall." (Weber 1925, S. 10)

Rosenmayr kritisiert an Webers Handlungsbegriff u.a. die hier fehlende Verbindung zur Lernkapazität und den von Weber konzipierten Norm- und Wertbezug des Handelns, in dessen Folge Triebhaftigkeit, insbesondere Sexualität von Weber als „sinnfremde Gegebenheit" und „Konstellation von Faktizitäten" außerhalb des Handlungsansatzes verortet würden (Rosenmayr 1989, S. 153, 161). Demgegenüber argumentiert Rosenmayr:

> „(...) gerade in der Auseinandersetzung mit körperlichen, gesundheitlichen, triebhaften, sozialen und ökonomischen ‚Faktizitäten', die im historischen Kontext gelagert sind, vollzieht sich der Aufbau oder liegt die Aufrechterhaltung von Handlungsfähigkeit." (Ders. 1989, S. 161)

Wenngleich die von Weber vorgenommene Hervorhebung des sinnhaften, insbesondere zweckrationalen Handelns sowie die Ausweisung der vier Handlungsorientierungen im Rahmen der handlungstheoretischen Weiterentwicklungen zu Recht infrage gestellt, ergänzt und ausdifferenziert wurden (s.u.), so wird Webers Handlungsbegriff in seiner Rezeption häufig unzulässig verkürzt und seine o.g. Einschränkungen, z.B. in Bezug auf die Marginalität zweckrationaler Begründungen im realen Handeln sowie die nur idealtypisch und keine Vollständigkeit beanspruchenden vier Handlungsorientierungen, außer Acht gelassen.

Eine differenzierte Auseinandersetzung mit dem bei Max Weber angelegten Sinn-Begriff und in Abgrenzung zu diesem nimmt Alfred Schütz vor.[76] Schütz unterscheidet zwischen dem Sinn einer Handlung in dem der Handlung vorab konstituierten Handlungsentwurf und dem Sinn einer vollzogenen Handlung. In beiden Fällen erfolgt die „reflexive Zuwendung" zu dem Sinn des Handelns aus einem jeweiligen „Jetzt und So", das sich im Zeitverlauf zwischen dem Entwurf einer Handlung und dem Rückblick auf eine vollzogene Handlung allein aufgrund der zwischenzeitlich eingetretenen Erlebnisse jeweils verändert. (Vgl. Schütz 2004, S. 164–166.)

Der Sinn des Handelns definiert sich nach Schütz über die „Um-zu-Motive", die das Handeln aufgrund des Entwurfs motivieren. Als Beispiel benennt er das Aufspannen eines Regenschirms, um nicht nass zu werden. Schütz unterscheidet hiervon die Weil-Motive, die aufgrund vorangegangener Erlebnisse zur Konstituierung eines Entwurfs motivieren – z.B. weil es regnet, einen Schirm aufzuspannen oder als alternativen Entwurf, einen trockenen Ort aufzusuchen. Weil-Motive stellen somit nicht den Sinn des Handelns, sondern die Genese seines Entwurfs dar und sind insofern auch erst rückblickend als solche erkennbar. (Vgl. Schütz 2004, S. 195–209.) An Weber kritisiert Schütz u.a., dass er weder die Unterscheidung zwischen den Um-zu- und den Weil-Motiven noch diejenige nach dem Sinn im Handlungsentwurf und dem Sinn nach Handlungsvollzug berücksichtigt hat (vgl. ebd., S. 166, 196).

Durch die Heraushebung und Umgrenzung eines Erlebnisses in der reflexiven Zuwendung erhält dieses seinen Sinn, das Sinnhafte liegt „nur in dem Wie der Zuwendung auf dieses Erlebnis". Dessen erzeugende Aktivität erscheint als sinnhaftes Verhalten. Wird der reflexive Blick auch auf den vorhergehenden Handlungsentwurf gerichtet, dann erscheint die das Erlebnis erzeugende Aktivität als sinnhaftes Handeln. (Vgl. ebd., S. 172–175, Zitat S. 172.) Die Art der Zuwendung unterliegt dabei „attentionalen Modifikationen", die „das jeweilige Jetzt und So mitkonstituiert" und umgekehrt in ihrer Modifikation auch vom jeweiligen Jetzt und So abhängt (vgl. ebd., S. 175–179).

Als Deutung eines Erlebnisses definiert Schütz „den Prozeß der Einordnung eines Erlebnisses unter die Schemata der Erfahrung durch synthetische

76 Endreß und Renn schreiben als Herausgeber der Alfred Schütz Werkausgabe der Sinnkonstitutionstheorie von Schütz eine neue Aktualität zu, die eine „Absage an ökonomische Handlungsbegriffe" darstelle. Gegen Schütz formulierte Einwände, dass er die Systemebene und ihre Komplexität unterschätze, halten sie für nicht berechtigt und als Ergebnis einer verkürzten Rezeption. (Vgl. Endreß & Renn 2004, S. 63–66, Zitat S. 63.)

Rekognition" und meint damit die „Rückführung von Unbekanntem auf Bekanntes". Erfahrungsschemata bezeichnet Schütz insofern auch als Deutungsschemata. Ist eine Rekognition nicht möglich, weil ein neues Erlebnis keinem Erfahrungsschema zugeordnet werden kann, werden die verfügbaren Erfahrungsschemata selbst zu einem Problem.[77] (Vgl. ebd., S. 192 f.) In einer späteren Arbeit führen Schütz & Luckmann aus, dass das Handeln in jeder Situation erfordert, diese mithilfe des Wissensvorrats zu bestimmen, über den das Subjekt aufbauend auf sedimentierten Erfahrungen verfügt. In „Routine-Situationen" erfolgt deren Bestimmung automatisch. Nur soweit in diesem Prozess offene und als relevant eingeschätzte Elemente verbleiben, müssen diese bewusst mit dem bestehenden Wissensvorrat geprüft werden. Falls dieser keinen als ausreichend befundenen Klarheitsgrad ermöglicht, müssen die offenen Elemente weiter ausgelegt und somit alte Wissenselemente erweitert bzw. neue Wissenselemente erworben werden oder gar neue Deutungsschemata entworfen werden. Letzteres bezeichnen Schütz und Luckmann jedoch lediglich als theoretischen Grenzfall, da auch für die Auslegung offener Elemente vorhandene Deutungsschemata genutzt werden (vgl. Schütz & Luckmann 1979, S. 133, 148–151).

Anknüpfend an die Weber'sche Fokussierung auf zweckrationales Handeln entwickelt sich die „Rational-Choice"-Theorie zum dominierenden theoretischen Ansatz innerhalb der soziologischen Handlungstheorie und wird begrifflich teils sogar synonym zur Handlungstheorie bezeichnet (vgl. Miebach 2006, S. 16). Die Rational-Choice-Theorie bezieht sich in ihrem Kern auf das individuelle Entscheidungsverhalten und seine Orientierung an der Nutzenmaximierung für das handelnde Subjekt, die als „universelles Prinzip jenseits von sozialen Kontexten und Wertgemeinschaften" gilt (Miebach 2006, S. 399).

Innerhalb der Rational-Choice-Theorie haben sich unterschiedliche Ansätze herausdifferenziert: Neben einer an „Rational-Choice"-festhaltenden Orientierung wird, u.a. von Elster, auch nicht-rationales, z.B. altruistisches oder emotionales, Handeln untersucht; der spieltheoretische Ansatz geht über den Rahmen des individuellen Entscheidungshandelns hinaus und bezieht auch kooperatives Verhalten mit ein; der Ansatz der Bounded Rationality schließlich gibt die Prämisse der vollständigen Information auf und untersucht Entscheidungsverhalten

77 Schütz löst dieses Dilemma über den Interesse-Begriff auf, indem über das Interesse an einem in der rückblickenden Zuwendung ausgewählten Ereignis dessen Deutungsschema selbst bestimmt werde (vgl. ebd., S. 193 f.). Naheliegender erscheint indes die Interpretation von Schüßler, die auf die Grenzen vorhandener Deutungsschemata für die Bewältigung neuartiger Anforderungen verweist, vgl. Schüßler 2000, S. 24.

unter Unsicherheitsbedingungen (vgl. Miebach 2006, S. 31, 399 f.). Die Rational-Choice-Theorie erscheint indes kaum tragfähig für die Beobachtung erwerbsbiografisch orientierten Handelns, das vielmehr in seinem Beziehungsgeflecht von Erfahrungen, Rahmungen etc. zu kontextualisieren ist (vgl. Kap. 4.1.3).

Neben der Rational-Choice-Theorie stellen insbesondere der an Schütz anknüpfende Sozialkonstruktivismus nach Berger und Luckmann, die Systemtheorie nach Luhmann sowie die Strukturationstheorie nach Giddens weitere einflussreiche Strömungen innerhalb der Handlungstheorie dar (vgl. Miebach 2006). Letztere bietet insbesondere in der Bestimmung des Verhältnisses von Individuum und Gesellschaft passende Anknüpfungspunkte für die hier untersuchten Fragestellungen und wird im Folgenden näher vorgestellt.[78]

Die von dem britischen Soziologen Anthony Giddens entwickelte Theorie der Strukturation stellt nach Miebach ein neues Paradigma in der Soziologie dar, das sich neben den Paradigmen der Systemtheorie, der interpretativ-interaktionistischen Theorie und der Rational-Choice-Theorie etablieren konnte. Der Begriff der Strukturation leitet sich aus der Kombination von Struktur und Handlung („action") ab (vgl. Miebach 2006, S. 376).

Giddens grenzt sich sowohl gegen den Subjektivismus, als auch gegen den Objektivismus bzw., wie Joas formuliert, gegen Voluntarismus und Determinismus ab (vgl. Giddens 1995, S. 34, Joas 1995, S. 14). Als Kern der Strukturationstheorie benennt Giddens die Konzepte Struktur, System und „Dualität von Struktur". Struktur definiert er als Regeln und Ressourcen, die als Momente sozialer Systeme organisiert sind. Als System bezeichnet er reproduzierte Beziehungen zwischen Akteuren oder Kollektiven, die als regelmäßige soziale Praktiken organisiert sind (vgl. Giddens 1995, S. 67, 77). Das dritte benannte Konzept, die Dualität von Struktur, führt er wie folgt aus:

> „Konstitution von Handelnden und Strukturen betrifft nicht zwei unabhängig voneinander gegebene Mengen von Phänomenen – einen Dualismus –, sondern beide Momente stellen eine Dualität dar. Gemäß dem Begriff der Dualität von Struktur sind die Strukturmomente sozialer Systeme sowohl Medium wie Ergebnis der Praktiken, die sie rekursiv organisieren." (Giddens 1995, S. 77)

Die Dualität von Struktur bedeutet somit nicht nur eine Einschränkung für das Handeln, sondern auch dessen Ermöglichung (vgl. Giddens 1995, S. 78). Durch die Postulierung dieser Gleichzeitigkeit von Einschränkung und Ermöglichung lässt Giddens nach Auffassung von Miebach offen, ob das Handeln auf

78 Zum Überblick über das gesamte Theorienspektrum innerhalb der Handlungstheorie vgl. exemplarisch Miebach 2006, Etzrodt 2003, Böhle & Weihrich 2009.

der Akteur- oder Systemebene anzusiedeln ist, und vermutet gerade darin eine Begründung für die verbreitete Bezugnahme auf die Strukturationstheorie in der empirischen Forschung (vgl. Miebach 2006, S. 386).

Auf der Ebene des Akteurshandelns konzipiert Giddens ein „Stratifikationsmodell des Handelnden", wonach drei Dimensionen des Handelns unterschieden werden: Giddens geht davon aus, dass die Akteure ihr Handeln reflexiv steuern und sich damit nicht nur auf ihr eigenes Verhalten, sondern auch auf das anderer Handelnder beziehen („reflexive Steuerung des Handelns"). Unter dem Begriff der „Handlungsrationalisierung" nimmt Giddens an, dass Akteure routinemäßig für ihre Handlungsgründe ein ‚theoretisches Verständnis' entwickeln. Damit ist nicht die Fähigkeit gemeint, Gründe für bestimmte Verhaltensweisen diskursiv explizieren zu können. Die Fähigkeit, auf Nachfrage eine Erklärung für das eigene Handeln abgeben zu können, benennt er jedoch als grundlegendes Kriterium für die Beurteilung von Handlungskompetenz im Alltag. Die „Handlungsmotivation" bezieht sich im Gegensatz zu den Gründen nicht auf die Ursachen des Handelns, sondern auf die dieses veranlassende Bedürfnisse, und sie wirkt sich im Unterschied zu den beiden vorhergehenden Dimensionen zudem nicht direkt auf das Handeln in seiner Kontinuität aus, sondern auf das Handlungspotential. Hiervon zu unterscheiden sind, unter Verweis auf Schütz, die Motive als Gesamtpläne oder Programme des Handelns, die zudem vielfach unbewusst das Verhalten prägen. Handeln in der „durée des Alltagslebens" fasst Giddens als intentionales Handeln. Hierbei können jedoch – und dem misst Giddens eine hohe Bedeutung zu – unbeabsichtigte Folgen auftreten, die zudem als unerkannte Bedingungen das weitere Handeln beeinflussen können. Alltagshandeln und Routine bilden einen wichtigen Fokus bei Giddens. (Vgl. ders. 1995, S. 55 ff., 335 ff.)

Somit finden sich auch bei Giddens klare Grenzziehungen des Handelns als intentionales Handeln, in Anerkennung der – bereits bei Weber thematisierten – Relevanz des Routinehandelns sowie weiterer Determinanten, insbesondere der unbeabsichtigten Folgen. Fruchtbar für die vorliegende Forschungsarbeit erscheint indes die in der Giddens'schen Theorie der Strukturation angelegte Verweigerung einer Bevorzugung der subjektiven bzw. der objektiven Ebene. Stattdessen hebt Giddens die Verschränkung von Handelnden und Strukturen als Dualität hervor – wobei er diese aus der Perspektive eines Soziologen als Dualität von Struktur konzipiert.

In Anlehnung und Erweiterung dieser skizzierten Theorieströmungen liegt zudem eine Fülle weiterer Arbeiten vor, die insgesamt als eine zunehmende Ausdifferenzierung der handlungstheoretischen Bezüge und Annahmen bezeichnet werden kann. Ansatzweise lassen sich diese wie folgt umreißen:

- Böhle verweist auf Diskurse um das der Entscheidungssituation zugrunde gelegte Modell der rationalen Entscheidung, die dem Handeln vorausgeht. Hiernach werden auch die Einflussfaktoren auf rationales Handeln in den Blick genommen, z.B. normativ-kulturelle Faktoren, die Begrenzungen rationaler Entscheidung untersucht, wie z.B. die bereits angesprochene bounded rationality, und das rationale Entscheiden ergänzt bzw. substituiert durch z.B. Emotion, Intuition etc. (vgl. Böhle 2009, S. 204, ähnlich: Wilz 2009, S. 112). M.E. wäre in Zuspitzung dieser Diskussion die Rationalitätsanforderung an Entscheidungen per se zu hinterfragen.
- Aber auch das Verhältnis von Entscheidung und praktischem Vollzug des Handelns wird in seiner sequenziellen Abfolge zur Disposition gestellt und modifiziert: Dies spiegelt sich nach Böhle in den Konzepten inkrementellen Entscheidens und rekursiver Prozesse aus dem Umfeld der betriebswirtschaftlichen Organisations- und Managementtheorie sowie der Politikwissenschaft wider, weiterhin in den Ansätzen alltäglicher, routinisierter und habitualisierter Praktiken, die im Rahmen der Theories of Practice an Giddens und Bourdieu anknüpfen und die Materialität und Körperlichkeit des Handelns einbeziehen, schließlich in dem Konzept der Kreativität des Handelns nach Hans Joas (vgl. Böhle 2009, S. 204 ff.).
- Modifikationen im Verhältnis von Entscheidung und Handeln werden nach Wilz in Verbindung mit dem Verhältnis von Aktion und Interaktion thematisiert: Die konzeptionelle Fassung von Entscheidungen als begrenzter Akt und kognitive Leistung einer einzelnen Person wird infrage gestellt und stattdessen als „Element eines kontinuierlichen Handlungsflusses“ (Wilz 2009, S. 115) und als Prozesshaftigkeit des Entscheidung-Treffens in Interaktion mit anderen handelnden Subjekten und sozialen Zusammenhängen konzipiert.

Wilz formuliert als grundsätzliche Fragestellung:

> „Schließen Reflexivität und Gewohnheit, Intention und Impulsivität einander aus – und bilden sie eine klare Linie der Grenzziehung zwischen dem, was als Entscheidung gilt und was nicht? Oder sind die Charakteristika einer Entscheidung als Kontinuum zu denken mit den Polen Bewusstheit, Reflexivität, Intentionalität und Rationalität auf der einen und Unbewusstheit, Routinehaftigkeit und Intuitivität auf der anderen Seite?“ (Wilz 2009, S. 113)

Obgleich Wilz letztlich die Frage unbeantwortet lässt, ob es sich bei dem Rationalitätsgehalt von Entscheidungen um einen lediglich graduellen Unterschied handelt oder ob von zwei Arten von Entscheidungen, nämlich rationalen oder „multizentrischen“, auszugehen ist, erscheint mir das Konzept fließender

Grenzen deutlich angemessener, um die Komplexität von Entscheidungen und Handlungen erfassen zu können.[79]

Als Zwischenresümee kann festgehalten werden, dass sich seit der Konzipierung des Handlungsbegriffes bei Max Weber die Handlungstheorie massiv ausdifferenziert hat und selbst grundlegende Annahmen rationalen Handelns infrage stellt.

4.1.2 Handlungstheoretische Implikationen aus den Diskursen zur Theorie der reflexiven Modernisierung

Die Theorie der reflexiven Modernisierung ist eine der gegenwärtig einflussreichen soziologischen Gesellschaftstheorien, die auf Arbeiten von Ulrich Beck, Anthony Giddens und Scott Lash gründet und u.a. in dem von der Ludwig-Maximilians-Universität München koordinierten Sonderforschungsbereich 536 „Reflexive Modernisierung“ fortgeführt wurde.[80] Im Folgenden wird die Theorie kurz erläutert und mit einigen kritischen Hinweisen kommentiert, anschließend werden handlungstheoretische Implikationen dieser Theorie für das vorliegende Vorhaben erörtert.

Die Theorie der reflexiven Modernisierung diagnostiziert einen Umbruch innerhalb der seit dem 18. Jahrhundert einsetzenden, international unterschiedlich verlaufenden Modernisierungsprozesse, die als radikalisierte Modernisierung, als Meta-Wandel und Strukturbruch bezeichnet wird. In der bis zum 20. Jahrhundert währenden sog. Ersten Moderne setzte sich demnach eine institutionelle Ordnung durch, die sich durch Dichotomien und Dualismen, durch Eindeutigkeiten und Grenzziehungen (Entweder-Oder-Prinzip) auszeichnete und den Gesellschaftsmitgliedern „einen eindeutigen Platz zuwies“ (Beck, Bonß & Lau 2004, S. 23). Diese institutionellen Grenzziehungen besaßen eine handlungsorientierende Funktion der Zuweisung wie auch Entlastung von Verantwortung sowie eine Standardisierungs- und Normalisierungsfunktion. Abweichungen vom Normalmodell gab es zwar, wurden jedoch, wie z.B. vom

79 Am Beispiel einer Zugreisenden, die sich für die Nicht-Intervention in ein störendes Verhalten anderer Fahrgäste entscheidet, erläutert Wilz sehr anschaulich die Verschränkung kognitiver wie nicht-kognitiver Einflussfaktoren, wie z.B. die Deutung der Stimmung bei den anderen Fahrgästen, und die analytisch nicht eindeutig zuordenbare Rekonstruktion des Entscheidungsprozesses, vgl. dies. 2009, S. 116 f.

80 Vgl. Beck 1986, Beck, Giddens & Lash 1996, Beck & Bonß 2001, Beck & Lau 2004, Internetpräsentation Sonderforschungsbereich 536 in der DFG-Datenbank GEPRIS o.J.: http://gepris.dfg.de/gepris/projekt/5483766.

Normalmodell abweichende Familienformen, nicht anerkannt. Im Zuge der Ersten Moderne bilden sich, verknüpft mit der zunehmenden Globalisierung und Individualisierung, jedoch auch zunehmende Kontingenzen und nicht-intendierte Nebenfolgen, wie z.B. Umweltgefahren, heraus, die eine Selbsttransformation und eine Selbstgefährdung von Modernität bewirken. Uneindeutigkeiten und Ambivalenzen – im Hinblick auf Nationalstaat, Klasse, Familie, Normalbiografie etc. – gewinnen an Bedeutung. Neue Entscheidungszwänge entstehen, zu deren Bearbeitung institutionalisierte Entscheidungskonventionen der Ersten Moderne an Grenzen stoßen und die eine neue Strukturlogik erfordern: Auf institutioneller wie auf individueller Ebene, auf der weltpolitischen Ebene wie auch auf der Ebene von Paarbeziehungen bildet sich eine neue Strukturlogik heraus, die die Dualität der Ersten Moderne mit ihrem Entweder-Oder-Prinzip ersetzt durch das plurale ambivalente Sowohl-als-auch-Prinzip. Dies sind die Konturen der Zweiten Moderne. Im Übergang zur Zweiten Moderne erodieren jedoch die alten Strukturen nicht gänzlich, sondern bestehen – entgegen früherer Annahmen der Theorie reflexiver Modernisierung – teilweise fort. (Vgl. Beck, Bonß & Lau 2004.)

Ohne die Theorie reflexiver Modernisierung an dieser Stelle umfassender diskutieren zu wollen, sei zumindest darauf verwiesen, dass die als neu herausgebildeten nicht-intendierten Nebenfolgen, Uneindeutigkeiten und Strukturlogiken des Sowohl-als-auch-Prinzips durchaus bereits in der sog. Ersten Moderne existent waren, wie z.B. die verheerenden Auswirkungen der Kolonialpolitik oder „Normalitätsmodelle“ von Leben und Arbeiten, die vom bürgerlichen Normalmodell nicht nur u.a. klassen- und geschlechtsspezifisch abwichen – und daraus folgende, durchaus auch als plural und ambivalent anzunehmende Entscheidungs- und Bewältigungsanforderungen stellten –, sondern in ihren Milieus auch auf Anerkennung gestoßen sein dürften. Die klassenübergreifende Leitorientierung des bürgerlichen Kleinfamilienmodells mit nichterwerbstätiger Ehefrau war zudem historisch nur von kurzer Dauer. Zu fragen ist, inwieweit die sog. Erste Moderne in ihrer Komplexität tatsächlich ausreichend differenziert erfasst ist. Wenn z.B. Kleinfamilie und geschlechtsspezifische Arbeitsteilung als einige der Basisinstitutionen der Ersten Moderne bezeichnet werden (vgl. Beck, Bonß & Lau 2004, S. 22), so hat es auch früher schon erfolgreiche Versuche von Frauen gegeben, diese zu durchbrechen. Die Frage, wann die zunehmende Verbreitung von – z.B. emanzipatorischen oder flexibilisierten – Arbeits-, Lebens- und Handlungsweisen in eine neue Qualität umschlägt, die einen Strukturbruch anstelle einer bloßen Veränderung innerhalb einer auch weiterhin unter dem begrifflichen Dach der „Moderne“ gefassten Epoche begründet, bleibt ungeklärt. Neu erscheint allein die Qualität produzierter nicht-intendierter Nebenfolgen, die in Form von Waffen- und Rüstungspotentialen sowie Umweltkatastrophen erstmalig eine Auslöschung allen menschlichen Lebens ermöglichen könnten. Einerseits eine grundsätzliche Abkehr vom Muster der Ersten Moderne zu diagnostizieren und andererseits etwaige Widersprüchlichkeiten damit zu erklären, dass die alten Strukturen nicht grundsätzlich erodieren, sondern teils auch fortbestehen, scheint m.E. eine zu vereinfachte Einglättung von Widersprüchen.[81]

Im Hinblick auf handlungstheoretische Implikationen der Theorie reflexiver Modernisierung haben Böhle und Weihrich (dies. 2009) in einem HerausgeberInnenband den Versuch unternommen, nach der Notwendigkeit einer neuen Handlungstheorie unter den Prämissen der Zweiten Moderne sowie nach den Anregungen zu fragen, die die Theorie reflexiver Modernisierung hierfür bietet. Diese ist vorrangig eine Gesellschafts-, keine Handlungstheorie, diagnostiziert aber weitreichende Folgen für Entscheidungs- und Handlungsprozesse, die nach Böhle und Weihrich mit den Dimensionen Ungewissheit, Uneindeutigkeit und Unsicherheit bezeichnet werden. Die hier aufgeführten Beiträge von VertreterInnen verschiedener soziologischer Handlungstheorien stellen zugleich Erörterungen der jeweiligen Forschungsperspektiven dar, die an dieser Stelle nicht detaillierter dargelegt werden können. Weihrich resümiert in dem Abschlussbeitrag des genannten HerausgeberInnenbandes:

> „In der Ersten Moderne ermöglichte als sicher erachtetes Wissen (wissenschaftliches Wissen oder Expertenwissen) Entscheidungen unter Ungewissheit, die Zugehörigkeit zu einer sozialen Lage stiftete Verhaltenssicherheit in Situationen der Uneindeutigkeit, und Unsicherheit wurde durch gesellschaftliche Institutionen wie etwa den Nationalstaat bearbeitet. Diese etablierten erstmodernen Abstimmungsmechanismen verlieren, so die Theorie reflexiver Modernisierung, in der Zweiten Moderne ihre problemlösende Kraft. So man sich dennoch an sie hält, produzieren sie desaströse Nebenfolgen. In der Folge verliert sich das Vertrauen in gesichertes Wissen, der Prozess der Individualisierung setzt die Akteure weiter aus Handlungssicherheit garantierenden sozialen Zugehörigkeiten frei und Institutionen wie die gesellschaftliche Organisation von Arbeit oder der Nationalstaat sind den neuen Herausforderungen durch die Entgrenzung von Arbeit und Globalisierung nicht gewachsen. In der Folge stehen die Akteure der Zweiten Moderne vor dem Problem, sich die Grundlagen für ihre Handlungsentscheidungen selbst *verschaffen zu müssen und alternative Abstimmungsmechanismen zu generieren.“ (Dies. 2009, S. 316)*

---

81 Zur Kritik der Theorie reflexiver Modernisierung vgl. exemplarisch Dörre 2002, der das zeitdiagnostische Potential der Theorie würdigt, aber u.a. diverse theoretische Unschärfen, z.B. im Hinblick auf das Verhältnis von Kontinuität und Wandel, kritisiert.

Als solche alternative Lösungsformen, die in den Einzelbeiträgen des von Böhle und Weihrich herausgegebenen Bandes herausgearbeitet wurden, verweist u.a. Hofer auf die zunehmende Bedeutung nicht-rationaler Begründungen für Entscheidungen, die unter Unsicherheitsbedingungen getroffen und somit nicht bzw. nur begrenzt rational gefällt werden können, wie z.B. Spaß oder Intuition bei einer heute mit mehr Wahlmöglichkeiten verbundenen Berufswahlentscheidung. Neu ist hierbei die gesellschaftliche Akzeptanz gegenüber nicht-rationalen Entscheidungsbegründungen (vgl. Hofer 2009). Böhle analysiert für den Bereich des Arbeitshandelns die Grenzen planmäßig-rationalen Handelns infolge zunehmend komplexer werdender und somit begrenzter plan- und kontrollierbarer technischer Anlagen und sozio-technischer Systeme und eine damit verknüpfte steigende Relevanz erfahrungsgeleitet-subjektivierenden Handelns (vgl. Böhle 2009). Poferl verweist auf die erforderliche Neukonzeptionierung des Subjektbegriffs unter den Bedingungen der reflexiven Moderne, die sich – unter Hinweis auf Keupp und Hohl – durch Kontingenz, Diskontinuität, Fragmentierung, Bruch und Reflexivität auszeichnet. Handlungstheoretische Bezüge der Theorie der reflexiven Modernisierung, die sie als subjektorientierte Gesellschaftstheorie kennzeichnet, sieht sie in vier Aspekten: erstens in einem neuen soziologischen Blick auf das ‚Subjekt' und das ‚Individuum' im Kontext von Brüchen institutionalisierter Arrangements, der Vielfalt menschlicher Lebens- und Handlungsweisen sowie der Fragilität ihrer gesellschaftlichen Grundlagen. Zweitens wird das „Subjekt" bzw. „Individuum" als „wissender Akteur" konzipiert, demzufolge gesellschaftliche Umstrukturierungen auch in ihren subjektiven Wahrnehmungen und Relevanzen zu analysieren sind. Drittens wird angestrebt, neue Formen gesellschaftlicher Strukturierung in einer konsequenten Verknüpfung von „Struktur" und „Handeln" herauszuarbeiten. Und viertens wird mit den Kategorien „Quasi-Subjekt" und „Quasi-Subjektivität" eine Historisierung und Re-Formulierung des Subjekt- und Subjektivitätsbegriffs versucht, insofern in der reflexiven Moderne eine Situation „fiktiver Subjektautonomie" angenommen wird (vgl. Poferl 2009).

Aus den empirischen Teilprojekten des Sonderforschungsbereichs Reflexive Modernisierung erscheinen darüber hinaus insbesondere zwei Arbeitsfelder fruchtbar für das vorliegende Forschungsvorhaben, weil sie mögliche Untersuchungsdimensionen für das Handeln und Deuten von Erwerbspersonen entfalten: In Untersuchungen über biografische Sicherheit wird diese nach Bonß, Esser, Hohl, Pelizäus-Hoffmeister und Zinn (dies. 2004) infolge der Modernisierungs- und Individualisierungsprozesse zu einem Problem, da klassen-, schicht- und geschlechtsspezifische Lebenslauf-Prägungen zwar nicht gänzlich verschwinden, aber ihre Wirkungskraft verlieren. Somit nehmen biografische

Entscheidungsspielräume zu, woraus biografische Unsicherheit entsteht, z.B. hinsichtlich beruflicher Orientierungen und privater Beziehungen.

> „Unter diesen Bedingungen wird die Gestaltung des eigenen Lebens zu einer den Handelnden selbst zuzurechnenden Aufgabe mit offenem Ausgang, die keineswegs beliebig gelöst wird (…).“ (Dies. 2004, S. 213)

In ihrer Untersuchung ermitteln die AutorInnen bei allen Befragten[82] Unsicherheit als wichtigen Bezugspunkt biografischer Selbstthematisierung, was auch für die befragten Beamten und Angestellten in unkündbaren Beschäftigungsverhältnissen zutreffe und nach ihrer Annahme vor zwei bis drei Jahrzehnten noch nicht der Fall gewesen sei. Die individuellen Ansprüche an Sicherheit können hierbei in den einzelnen Teilbereichen der materiellen Sicherheit, der Beziehungssicherheit und der Deutungssicherheit (Bezugsmöglichkeit auf einen das eigene Leben übergreifenden Sinnzusammenhang) unterschiedlich ausgeprägt sein. Individuen können insofern unterschiedliche Handlungslogiken ausbilden, für die die AutorInnen eine Typologie entwickelt haben, die sich ausdrücklich nicht auf Personen, sondern auf Handlungsmuster bezieht. Die Differenzierungskriterien sind typenspezifische Ausprägungen zweier Problembezüge: a) der Umgang mit bestehenden Normen in den Bereichen der Erwerbsarbeit und Partnerschaft, die von Akzeptanz bis Ablehnung reichen können, und b) die Perzeption von Unsicherheit als Risiko, das dem eigenen Handeln zugeschrieben und damit als beeinflussbar eingeschätzt wird oder als Gefahr, die außerhalb des eigenen Handelns und Einflussbereichs verortet wird. Im Ergebnis konstruieren Bonß, Esser, Hohl, Pelizäus-Hoffmeister und Zinn fünf idealtypische Sicherungsmodi.

- *Modus Tradierung*: Normierte Handlungsmuster werden möglichst bruchlos reproduziert, Unsicherheit wird nicht erwartet und im Falle ihres Eintretens dann als fatalistisch hinzunehmende Katastrophe perzipiert;
- *Modus Annäherung*: Auf Normen wird positiv Bezug genommen, deren Umsetzung aber an die komplizierte Wirklichkeit angepasst und handlungspraktisch gelöst, Unsicherheit wird als Gefahr perzipiert, auf die lediglich reagiert werden kann, während eine aktive Vorbeugung kaum möglich scheint;
- *Modus Optimierung*: Normen werden weniger inhaltlich, denn als Mechanismus – Lebenslauf als „Konkurrenzkampf um Erfolg und Mißerfolg“ –

82 Die empirische Basis hierfür bilden 60 qualitative Interviews mit Personen zwischen 25 und 45 Jahren.

akzeptiert, Unsicherheiten erscheinen als Risiken, die es durch rationales Kalkulieren zu mindern gilt;
- *Modus Autonomisierung*: Hier erfolgt eine Distanzierung bzw. Emanzipation von normativen Vorgaben, Unsicherheit wird als aus den eigenen Durchsetzungsstrategien resultierendes Entwicklungsrisiko wahrgenommen;
- *Modus Kontextualisierung*: Der Umgang mit Normen ist offen und wird situativ entschieden, Unsicherheit wird sowohl als Risiko als auch Gefahr perzipiert und zugleich als Chance für Neues bewertet.

Unter der Sowohl-als-auch-Maxime der reflexiven Moderne können nach Auffassung der AutorInnen alle fünf Modi biografische Sicherheit erfolgreich herstellen, wobei die Modi Tradierung und Annäherung eine radikale Komplexitätsreduktion mit einer hoch wirksamen Orientierungsleistung ermöglichen, die Modi Optimierung und Autonomisierung die individuelle Lebensgestaltung durchsetzbar erscheinen lassen, solange sie mit Erfolg oder ausreichenden Ressourcen zur Kompensation eines Misserfolgs verbunden sind, und der Modus Kontextualisierung eine größere biografische Flexibilität und Offenheit gegenüber Unvorhergesehenem ermöglicht. (Vgl. Bonß, Esser, Hohl, Pelizäus-Hoffmeister & Zinn 2004.)

Biografische Unsicherheit wird von den AutorInnen als normale Handlungssituation sowohl in der Ersten als auch in der Zweiten Moderne bezeichnet. Schlussfolgerungen aus ihren Analysen für veränderte Handlungsstrategien zur Herstellung biografischer Sicherheit in der reflexiven Moderne lassen sich aus ihren Untersuchungen nicht ableiten. Dies ist auch nicht Gegenstand des vorliegenden Vorhabens. Dennoch können die für die Typologie relevanten Dimensionen für die folgende empirische Erhebung fruchtbar gemacht werden, insbesondere indem sie die Perzeption von Unsicherheit ausdifferenzieren.

Neben den Arbeiten zur biografischen Sicherheit bietet sich als weiteres Arbeitsfeld aus den empirischen Teilprojekten des Sonderforschungsbereichs Reflexive Modernisierung für das vorliegende Forschungsvorhaben besonders die Analyse der Veränderung von Arbeit und der auf dieser Basis untersuchten Deutungs- und Handlungsmuster bei erwerbsbiografischen Entscheidungen und deren Begründungen an: Hacket, Janowicz und Kühnlein konstatieren im Zuge der reflexiven Modernisierung strukturelle und normative Brüche im Bereich der gesellschaftlichen Arbeit (vgl. dies. 2004, S. 281). Diese erläutern sie unter den Stichworten: tendenzielle Erosion von Normalarbeitsverhältnissen, Entgrenzung zwischen Erwerbsarbeit, bürgerschaftlichem Engagement und Eigenarbeit sowie eine Pluralisierung innerhalb der drei Tätigkeitsfelder (s. auch Kap. 3.6 der vorliegenden Arbeit). In deren Folge erweitern sich die

Gestaltungsoptionen der Individuen, die neue Handlungsrationalitäten und -ressourcen erfordern. Wie sich die industriegesellschaftlichen Veränderungen mit Herausbildung der reflexiven Moderne auf der individuellen Deutungs- und Handlungsebene darstellen, wurde anhand einer theoriegeleiteten Typologie untersucht. Diese weist für Tätigkeiten innerhalb und außerhalb der Erwerbsarbeit als idealtypische Muster der Ersten Moderne ein Handeln in festgefügter Gewohnheit mit übernommenen Begründungsstrukturen (Deutungsebene I) und als Reflexivitätsform eine fraglose Selbstverständlichkeit (Deutungsebene II) aus, als idealtypische Muster der Zweiten Moderne auf der Handlungsebene eine aktive Lebensgestaltung, auf der Deutungsebene I sich selbst zugerechnete Begründungsstrukturen und auf der Deutungsebene II als Reflexivitätsform das Erwägen vielfacher Optionen und Nebenfolgen. Anhand dieser Dimensionen wurden acht empirisch gesättigte tätigkeitsbezogene Individualisierungstypen ermittelt (vgl. Hacket & Janowicz/Kühnlein 2004, insbesondere S. 293 ff.):

- *Doxische Traditionalisten* richten ihre Deutungen und Handlungen unhinterfragt nach sozialen Vorgaben und orientieren sich am Modell des männlichen Familienernährers – verknüpft mit der Arbeitshaltung, Erwerbsarbeit als notwendiges Übel anzusehen;
- *Reflexive Traditionalisten* werten gesellschaftliche Veränderungsanforderungen negativ, rechnen sich Entscheidungen selbst zu, aber orientieren sich an festen Gewohnheiten, Orientierung am Modell des männlichen Familienernährers – verknüpft mit vorwiegend extrinsischen Arbeitshaltungen („Hauptsache, ich verdiene Geld")[83];
- *Opfer* gestalten ihr Leben aktiv und flexibel, dies aber erzwungenermaßen, gegen ihren Willen und darunter leidend – verknüpft mit vorwiegend extrinsischen Arbeitshaltungen;
- *Hyperreflexive* erwägen viele Optionen, ohne sie umzusetzen, sie sehen ihre Lebensgestaltung als problematisch an – nicht verknüpft mit eindeutigen Arbeitshaltungen;
- *Reflexive Konvertiten* erachten eine aktive und flexible Lebensgestaltung als allgemeingültige Anforderung – nicht verknüpft mit eindeutigen Arbeitshaltungen;

83 Die mehrdeutig nutzbare Begrifflichkeit der intrinsischen und extrinsischen Motivation im Sinne von innen- bzw. außengeleitetem Antrieb und/oder von tätigkeits- bzw. zweckbezogener Motivation (vgl. Gage & Berliner 1996, S. 360) wird von Hacket, Janowicz und Kühnlein in der letztgenannten Semantik verwandt (vgl. dies. 2004, S. 296).

- *Reflexive Fundamentalisten* wissen um die Optionenvielfalt, entscheiden sich aber bewusst an festgefügten Gewohnheiten – nicht verknüpft mit eindeutigen Arbeitshaltungen;
- *Strategen* gestalten ihr Leben aktiv unter Anstreben einer grundsätzlich richtigen Lösung – verknüpft mit vorwiegend intrinsischen Arbeitshaltungen (i.S. von persönlicher Entwicklung und Selbstbestimmung) sowie
- *Gestalter* gestalten ihr Leben aktiv unter Berücksichtigung vielfältig vorhandener Optionen, Risiken und nicht intendierter Nebenfolgen – verknüpft mit vorwiegend intrinsischen Arbeitshaltungen.

Hacket, Janowicz und Kühnlein schlussfolgern aus dieser Typologie, „daß derzeit nicht von einer umfassenden und homogenen Durchsetzung reflexiv-moderner Deutungs- und Handlungsmuster gesprochen werden kann" (dies. 2004, S. 294) und Deutungs- und Handlungsveränderungen individuell auch partiell und widersprüchlich erfolgen können.

Nun ist an dieser Typologie kritisch anzumerken, dass sie sowohl den jeweiligen Handlungs- und Deutungskontext als auch die Subjektperspektive vermissen lässt. Die sich verändernden gesellschaftlichen und Arbeitsmarktstrukturen wirken schließlich nicht auf alle Individuen gleich, sondern dies hängt von ihrer jeweiligen Positionierung am Arbeitsmarkt, ihrer Ausstattung mit Ressourcen u.a.m. ab. Dies gilt in ähnlicher Weise auch dann, wenn sich die Typologie auf Tätigkeiten und nicht auf Personen bezieht. Anforderungen und Möglichkeiten der aktiven und flexiblen Lebensgestaltung stellen sich z.B. für eine alleinerziehende Hilfskraft in der Gebäudereinigung anders dar als für eine leitende Angestellte im Bankensektor, die keine zusätzlichen familiären Versorgungspflichten hat. Auch ist eine Zuordenbarkeit von Handlungsmustern zu zwei Polen – Gewohnheit oder aktive Lebensgestaltung – fragwürdig. Insgesamt erscheint die Differenzierung zwischen den Handlungs- und Deutungsmustern der Ersten und Zweiten Moderne als eine Frage vorhandener bzw. nicht vorhandener Handlungs- und Deutungskompetenz, was unterkomplex und simplifizierend anmutet. Und schließlich sind die Individualisierungstypen zudem mit einem sprachlichen Duktus versehen, der mehrheitlich negativ konnotiert ist. Zugleich aber sind die konzipierten Dimensionen der Typologie, insbesondere der übernommenen versus selbstzugeschriebenen Begründungsstrukturen sowie der Reflexivität zwischen Selbstverständlichkeit und Optionenvielfalt, ertragreich und nutzbar für das vorliegende Vorhaben.

Als Fazit kann festgehalten werden, dass die Forschungsarbeiten im Rahmen der Theorie der reflexiven Modernisierung folgende Anregungen für die Analyse erwerbsbiografisch orientierten Handelns bieten, die für die vorliegende

Arbeit fruchtbar gemacht werden können. Diese beziehen sich zum einen auf die gesellschaftstheoretische Herausarbeitung der Dimensionen Ungewissheit, Uneindeutigkeit und Unsicherheit als Rahmung für Entscheidungs- und Handlungsprozesse, zum anderen – und insbesondere – auf die konzipierten Analysedimensionen der Perzeption von Unsicherheit und der Reflexivität von Lebensgestaltung, die insofern in der Anlage der empirischen Untersuchung berücksichtigt werden. Dass bestimmte Ausprägungen dieser Analysedimensionen Teil der „Moderne" sein sollen oder die Herausbildung einer „Zweiten Moderne" anzeigen, ist, anknüpfend an die eingangs benannten Kritikpunkte, m.E. nicht nur theoretisch-konzeptionell in Zweifel zu ziehen. Dies ist für die vorliegende Arbeit allerdings auch ohne Belang. Insofern soll und kann es hierbei nicht darum gehen zu prüfen, ob die Annahmen über die Herausbildung einer Zweiten/reflexiven/modernisierten Moderne im Rahmen der hier geplanten Arbeit bestätigt oder widerlegt werden können – zumal dies auch allein aus methodischen Gründen auf Basis einer Querschnittuntersuchung, wie sie hier geplant ist, nicht möglich wäre.

4.1.3 Handlungstheoretische Implikationen aus den Diskursen der Biografieforschung

Die Rekonstruktion von Biografien berührt die Frage, inwieweit diese durch gesellschaftliche Bedingungen determiniert bzw. durch individuelle Handlungsspielräume gestaltet sind. Geht es insofern „nur" um die Aufdeckung von Mustern, die letztlich auf das (Zusammen-)Wirken struktureller Merkmale und Bedingungen zurückzuführen sind, wie z.B. arbeitsmarktliche und wirtschaftliche Rahmenbedingungen, sozio-kulturelle Normen, individuelles Alter, Alterskohorte, Geschlecht, Beruf, Erwerbsstatus, familiäre Situation, Herkunftsfamilie, ethnische Herkunft, gesundheitlicher Zustand, sozial-materielle Lage etc.? Welche Relevanz kommt individuellen Einstellungen, Orientierungen und Strategien als eigenständige Einflussfaktoren in der individuellen Erwerbsbiografie zu? Diese Fragestellungen lassen sich in der Leitfrage zusammenfassen: Kann eine Analyse von Erwerbsbiografien sowohl deren Prägung durch gesellschaftliche Bedingungen als auch deren Gestaltung durch individuelle Handlungsspielräume und -orientierungen sowie deren Gewichtung für einzelne Phasen verdeutlichen? Im Folgenden werden hierzu ausgewählte theoretische Ansätze der soziologischen und erziehungswissenschaftlichen Biografieforschung diskutiert.

Nach den Ausführungen des Soziologie-Lexikons (vgl. Reinhold 2000) ist mit Biografie im Sinne der Verlaufsstruktur der individuellen Lebensführung

> „ein Doppeltes angesprochen: Die soziale Tatsache der subjektiven Ausformung des Lebens als Gesamterfahrung als auch die soziale Strukturiertheit der individuellen Lebensführung als soziologisch entzifferbarer Lebenslauf." *(Reinhold 2000, S. 69)*

Dabei sieht Rosenthal in der Konzeption der Biografie als sozialem Gebilde,

> „das sowohl soziale Wirklichkeit als auch Erfahrungs- und Erlebniswelten der Subjekte konstituiert und das in dem dialektischen Verhältnis von lebensgeschichtlichen Erlebnissen und Erfahrungen und gesellschaftlich angebotenen Mustern sich ständig neu affirmiert und transformiert, (...) die Chance, den Antworten auf eine der Grundfragen der Soziologie, dem Verhältnis von Individuum und Gesellschaft, näher zu kommen." *(Dies. 1995, S. 12)*

Unterschiedliche Forschungsperspektiven oder Theorieansätze?

Die Biografieforschung, die sich über verschiedene Disziplinen erstreckt, unter denen die soziologische Biografieforschung eine besondere, auch prägende Bedeutung innehat, weist eine Vielzahl unterschiedlicher Forschungsthemen, Theorieansätze und Methoden auf.[84] In diesem Zusammenhang wird häufiger die Auffassung vertreten, dass es sich hierbei um unterschiedliche Forschungsperspektiven handelt: so z.B. die makrosoziologische Perspektive der Biografie, die die, den biografischen Verlauf prägenden, gesellschaftlichen Kräfte untersucht, sowie die mikrosoziologische Perspektive, die die Regeln der individuellen Aneignungen gesellschaftlicher Gegebenheiten zu erfassen sucht (vgl. Hoerning 1991, S. 16). Siebers (1996, S. 26 f.) ordnet der erstgenannten Perspektive insbesondere die Lebensverlaufsforschung[85] zu, wohingegen sie das Lebenslauf-Konzept Kohlis[86], das eine Gleichzeitigkeit der Institutionalisierung von Lebensläufen einerseits sowie der Individualisierung andererseits formuliert, als beide Perspektiven integrierend verortet. Auch Dausien, Lutz, Rosenthal und Völter (2005, S. 7) verweisen auf zwei unterschiedliche Forschungsperspektiven, die zum einen eher an historisch-sozialen Strukturbildungen interessiert sind, zum andern eher auf die Erfahrungsstrukturen und Bildungsprozesse auf der Einzelfallebene fokussieren. Sie stellen ein gemeinsames Grundverständnis in den Vordergrund:

---

84 Vgl. zur Genese der Biografieforschung sowie zum aktuellen Stand aus erziehungswissenschaftlicher Perspektive: Krüger & Marotzki 2006, von Felden 2008, Krüger 1996, Schulze 1996, Schulze 1991, Reinhold, Pollak & Heim 1999, S. 101–104, aus soziologischer Perspektive: Fuchs-Heinritz 2005, Apitzsch 2003, Siebers 1996, Alheit, Fischer-Rosenthal & Hoerning 1990.

85 Vgl. zum Ansatz der Lebensverlaufsforschung Mayer 1987.

86 Vgl. zum Lebenslauf-Ansatz Kohli 1985.

> „Individuelles und Gesellschaftliches wird in der Biographieforschung gleichermaßen in den Blick genommen. Wie diese Dialektik im Einzelnen ausformuliert wird, ist abhängig von den jeweils gewählten Bezugstheorien, von wissenschaftstheoretischen Prämissen und methodologischen Konzepten." (ebd., S. 8)

Im Gegensatz dazu wird hier die Auffassung vertreten, dass es sich in der Biografieforschung nicht nur um unterschiedliche Forschungsperspektiven, sondern auch um unterschiedliche Theorieansätze handelt, die die das Verhältnis „Individuum und Gesellschaft" bestimmenden Einflussfaktoren sowohl unterschiedlich gewichten als auch einzelne negieren, somit die unterschiedlichen Forschungsperspektiven nicht allein auf unterschiedliche Forschungsgegenstände rückführbar sind. So argumentiert Fuchs-Heinritz:

> „Theoreme vom Verhältnis Individuum und Gesellschaft entscheiden mit darüber, was eine Lebensgeschichte bedeutet, was aus ihr herauszuholen ist. Ein Gesellschaftsbegriff, demzufolge die Individuen durchs soziale Milieu determiniert sind, wird andere Erkenntnisse aus Lebensgeschichten gewinnen als eine theoretische Orientierung, die die Menschen als Produzenten des sozialen Lebens auffasst." *(Ders. 2005, S. 188)*

Obgleich zwar vielfältige Theorieansätze erkennbar sind, aus denen sich die Biografieforschung speist, sind diese bislang jedoch nicht eindeutig aufgearbeitet. So findet sich z.B. ein Überblick über die verschiedenen theoretischen Traditionen und Orientierungen bei Fuchs-Heinritz, der diese insbesondere nach den Bestimmungsfaktoren von Lebenslauf und Lebensführung unterscheidet und Folgende benennt (vgl. Fuchs-Heinritz 2005, S. 188–194):

- theoretische Orientierungen, die von einer individuellen relativen Klarheit der Erfahrungsfähigkeit ausgehen,
- milieutheoretische Orientierung: entscheidender Einfluss der sozialen Umgebung,
- psychologische Theorien des Lebenslaufs als Ausdruck einer inneren Dynamik,
- entwicklungspsychologische Orientierung: Entwicklungsstufen des Lebenslaufs,
- psychoanalytische Orientierung: Lebenslauf als Variation eines in der Kindheit geprägten Grundthemas,
- struktursoziologische Orientierung: Vororganisiertheit durch institutionalisierte Sequenzmuster,
- sozialisationstheoretische Orientierung: Kontinuität wichtiger Grundstrukturen aus der primären Sozialisation,

- diverse Orientierungen aus phänomenologischer Soziologie und Interaktionismus, u.a.: Wandelbarkeit und Mehrdeutigkeit der Identität, individuelle Deutung der sozialen Welt nach relativ einheitlichen basalen Regeln,
- diverse marxistische Theorietraditionen: Bedeutung der kollektiven Lebenslagen der jeweiligen Klasse bzw. Sozialschicht.

Mit Blick auf die erziehungswissenschaftliche Biografieforschung differenziert Schulze vorwiegend nach der Disziplin, dem Forschungsgegenstand und dem verfolgten Interesse folgende sechs Ansätze (vgl. Schulze 1996, S. 21):

- einen soziologischen und sozialisationstheoretischen Ansatz,
- einen entwicklungspsychologischen Ansatz,
- einen phänomenologischen oder anthropologischen Ansatz,
- einen erziehungstheoretischen Ansatz,
- einen bildungs- und lerntheoretischen Ansatz,
- einen hermeneutischen und kommunikationstheoretischen Ansatz.

Diese Differenzierungen verdeutlichen zum einen unterschiedliche Zugänge zur Biografieforschung aus den verschiedenen Disziplinen – der Soziologie, der Erziehungswissenschaft und Psychologie und ihrer Verbindungslinien. Sie beinhalten zudem unterschiedliche Forschungsperspektiven und Untersuchungsfelder. Weiterhin markieren sie, zumindest teilweise, unterschiedliche Theorieansätze über das Bestimmungsgefüge „Individuum und Gesellschaft". Aber zugleich wird dieses Bestimmungsgefüge auch innerhalb der genannten Ansätze unterschiedlich nuanciert.[87]

Die Auffassung von Krüger, der in den nach Schulze differenzierten Ansätzen jeweils nur die Betrachtung eines „spezifischen Ausschnitt(s) des umfassenden Gegenstandsfeldes der pädagogischen Biographieforschung" sieht (ders. 1996, S. 46), erscheint unzureichend, da sich die genannten Theorieansätze nicht allein auf verschiedene Untersuchungsfelder oder -ausschnitte beziehen, sondern den gleichen Untersuchungsausschnitt auch in unterschiedlicher Art und Weise beleuchten können. Das Untersuchungsfeld gibt noch nicht den theoretischen Ansatz vor. So wird z.B. die Analyse des Bildungs- und Erwerbsverhaltens von

87 Exemplarisch sei hier auf die Diskurse innerhalb der marxistischen Orientierung verwiesen, wie bei Fuchs-Heinritz (ders. 2005, S. 192–194) erläutert, sowie innerhalb der Sozialisationstheorie, die „je nach der Gewichtung der Funktionsbedeutung der externen Bedingungen und des subjektiven Aktivitätsstatus" (Veith o.J., S. 1) sehr unterschiedliche Theorien umfasst – vgl. zur Differenzierung der verschiedenen Sozialisationstheorien Veith o.J., Griese 2009.

Arbeiterinnen einer bestimmten Alterskohorte von einem (struktur-)soziologischen und einem (entwicklungs-) psychologischen Ansatz zu unterschiedlichen Ergebnissen führen. Insofern ist es erforderlich, neben einer klaren Umgrenzung des Untersuchungsgegenstandes auch die Reichweite und somit zugleich die Begrenzung der Aussagefähigkeit der Analyseergebnisse zu reflektieren und zu benennen.

Soziologische Biografieforschung/Lebenslaufkonzept

Das bereits zitierte und weite Bereiche der Biografieforschung prägende Lebenslauf-Konzept Kohlis integriert nach Siebers (1996, S. 26 f., ähnlich: Krüger 1996, S. 46) die Mikro- und die Makroebene. Im Gegensatz dazu wird hier jedoch die Auffassung vertreten, dass das Lebenslauf-Konzept diesen Anspruch nicht einlöst, sondern im Gegenteil eine immanente Widersprüchlichkeit verdeutlicht: Das Verhältnis von System- und Handlungsebene, bezogen auf den Lebenslauf als „institutionelles Programm“ und als „subjektive Konstruktion“, kann nach Kohli weder nur hinsichtlich des institutionellen Programms untersucht werden noch als Parallelität und gegenseitige Ergänzung zwischen Lebenslauf als institutionellem Programm und Biografie als subjektiver Konstruktion. Zusätzlich müsse auch das Spannungsverhältnis zwischen diesen analysiert werden.

> „Biographisches Handeln weist – wie jedes Handeln – ein Moment von Emergenz und Autonomie auf. Handeln ist nie nur Vollzug sozial tradierter Wissensbestände, sondern hat immer auch den Charakter des offenen Entwurfs.“ (Kohli 1985, S. 21)

In einer gemeinsamen Veröffentlichung von Fischer und Kohli (1987) wird der Handlungs- begriff zusammen mit dem Erfahrungs- und Strukturbegriff als integrierte Aspekte im sozialen Konstrukt „Biographie“ gefasst. Erfahrung wird dabei sowohl auf Vergangenheit, als auch auf Zukunft bezogen, indem im Umgang mit Wirklichkeit „Altes“ aufgenommen und variiert sowie „Neues“ geschaffen wird. Vorgegebene „biographische Fahrpläne“ können transformiert und alte Orientierungen durch neue ersetzt werden. (Vgl. Fischer & Kohli 1987, S. 31 f.)

> „In der lebendigen Erfahrung wird (…) Vergangenes reinterpretierbar; aktuelle Orientierung und biographisch Vergangenes stehen also in einer Wechselwirkung. (…) Die Reinterpretation der Vergangenheit und das konkretisierende Umschreiben der Zukunft sind somit wesentliche Konstitutionselemente der Realisierung biographischer Schemata (…).“ (Fischer & Kohli 1987, S. 33)

Im Hinblick auf den Handlungsbegriff kritisieren Fischer und Kohli an verstehenden Ansätzen der Sozialforschung, wie z.B. dem Interaktionismus und eingeschränkt auch der Ethnomethodologie, dass nichtintentionale und vorgegebene

Bedingungen des Handelns vernachlässigt werden, während umgekehrt in Analysen objektiver Beziehungen auf die Relevanz des Handlungsbegriffs verzichtet wird. Eine Lösung aus diesem Dilemma bietet nach Auffassung der Autoren die soziologische Biografieanalyse, da sie

> „sowohl dem Anliegen ‚subjektiver' wie ‚objektiver' Analyse gerecht werden (kann), sofern sie Erfahrung und Intention im Handlungsbegriff als auch das der Handlung vor-intentional zugrundliegende Schema enthüllen kann." (Dies. 1987, S. 35)

Mit Verweis auf das Verlaufskurven-Konzept von Schütze (s.u.) heben Fischer und Kohli die Relevanz unbeabsichtigter Folgen des Handelns, die ggf. einen Kontrollverlust nach sich ziehen können, hervor und betonen, dass die Sinnbezüge einer Handlung nicht auf die Intention der Handelnden reduzierbar sind (vgl. ebd., S. 38).

Fruchtbar an den dargestellten Ausführungen von Kohli bzw. Fischer und Kohli erscheint zum einen die Verknüpfung von Erfahrung und Orientierung, die somit die Ziele und Wünsche von Individuen wahrnimmt, ihnen gleichwohl aber keinen eigenen Stellenwert einräumt, sondern dem Erfahrungsbegriff unterordnet bzw. diese auch im Handlungsbegriff nicht berücksichtigt, sondern hier allenfalls auf den Aspekt der Intention reduziert.

Zum anderen ist der Anspruch der Autoren, das Zusammenwirken sowohl subjektiver wie auch objektiver Faktoren zu analysieren, wegweisend auch für das hier verfolgte Vorhaben. Er wird jedoch, um die anfänglich angedeutete Kritik aufzugreifen, in dem von Kohli entwickelten Lebenslauf-Konzept nicht eingelöst. Handeln spielt hier de facto keine Rolle: Die Individualisierung, die sich hiernach im europäischen Modernisierungsprozess der letzten vier Jahrhunderte vollzog, wird definiert als Freisetzung der Individuen aus ständischen und lokalen Bindungen, als neues, an den Individuen ansetzendes Vergesellschaftungsprogramm, als dessen „notwendiges Korrelat" die Institutionalisierung des Lebenslaufs als Ablaufprogramm und v.a. als Orientierung für die Lebensführung fungiert. Nach Kohli hat sich im Modernisierungsprozess ein „chronologisch standardisierter ‚Normallebenslauf'" durchgesetzt, der sich heute (1985) durch die Dreiteilung in Vorbereitungs- (Kindheit, Jugend), Aktivitäts- (aktives Erwachsenenleben = Erwerbstätigkeit) und Ruhephase (Alter) kennzeichnet. (Vgl. Kohli 1985, Fischer & Kohli 1987.)

(Biografisches) Handeln interessiert in diesem Konzept gleichwohl weder theoretisch noch empirisch. Denn die Herausarbeitung eines „Normallebenslaufs" nimmt biografisches Handeln nur in seiner Mehrheitsausprägung wahr, nicht in seiner Vielfältigkeit und somit realen Ausformung. Zudem ist die in der Aktivitätsphase unterstellte kontinuierliche Erwerbstätigkeit empirisch nicht haltbar, da dies für Frauen kaum zutraf.[88] Insofern formuliert Kohli zwar den Anspruch, Makro- und Mikroebene zu verbinden, setzt ihn jedoch mit der Generalisierung seines Lebenslauf-Konzepts nicht um.[89]

Ansätze der erziehungswissenschaftlichen Biografieforschung

Grundlegende Ausführungen zum Handeln aus erziehungswissenschaftlich-biografietheoretischer Perspektive hat Theodor Schulze in seinem Grundlagenaufsatz zur Biografieforschung formuliert (vgl. Schulze 2006, S. 37 ff.): Nach Schulze wird das menschliche Leben „in erster Linie als Prozess" und zwar

---

88 Die konzeptionelle Ausklammerung von Frauen wurde von dem Autor dabei sehr wohl erkannt, der in einer Fußnote hierauf verweist, ohne jedoch den Begriff des „Normallebenslaufs" in seiner Generalisierung zu korrigieren, und der somit den androzentristischen Reduktionismus dieses Konzepts bewusst beibehält. Vgl. zur Kritik an Kohli und dem Konzept des „Normallebenslaufs" auch: Siebers 1996, S. 29–38, Hoerning 1990, S. 77, 82–89.

89 Erst für den Zeitraum ab Anfang der 1970er Jahre sieht Kohli Entwicklungen in einigen „westlichen" Ländern, die auf eine Destandardisierung des Lebenslaufs hinweisen und damit die Herausbildung eines chronologisch standardisierten „Normallebenslaufs" beenden. Diese Entwicklungen werden nach Kohli (ders. 1985, S. 22 ff.) markiert durch eine Destandardisierung des Familienzyklus', eine Aufweichung der „Dreiteilung des Lebenslaufs" und einem Geltungsverlust strikter Altersnormen (z.B. in Bezug auf Kleidung, Sexualität, Teilnahme an formaler Bildung). Dies deutet er als einen neuen Schub bzw. eine neue Form der Individualisierung, die, mit Verweis auf Ulrich Beck, „auf dem Hintergrund eines staatlich regulierten Arbeitsmarktes und funktionierender staatlicher Stützsysteme erfolgt und nur auf diesem Hintergrund erfolgen kann" (Kohli 1985, S. 24). In einer Fußnote problematisiert Kohli selbst, dass diese Hintergrundbedingungen durch Arbeitsmarktkrise und sozialpolitische Wende für Teile der Bevölkerung nicht mehr gegeben sind, die Individualisierungsthese demzufolge für sie nur „in eingeschränktem Sinn" zutrifft – aus heutiger Sicht, so ist zu ergänzen, eine Entwicklung, die seither an Schärfe zugenommen hat. Die vor der einsetzenden Destandardisierung postulierte Gültigkeit standardisierten „Normallebenslaufs" wird mit der Destandardisierung jedoch nicht infrage gestellt, sondern in einer späteren Veröffentlichung dahingehend modifiziert, dass die sich in der Moderne herausbildende Individualisierung „Gruppen (…), insbesondere die Arbeiter und die Frauen" (Kohli 1988, S. 44 f.) erst im Rahmen des neuen Individualisierungsschubs erfasst, wenn also zugleich eine De-Institutionalisierung des Lebenslaufs einsetzt. „Die erfolgreiche Institutionalisierung der Normalbiographie schafft heute die Möglichkeit, sich individualisierend davon abzustoßen." (ders. 1988, S. 42) Da aber die „Normalbiographie" für große Bevölkerungsteile vor dem „neuen Individualisierungsschub" gar nicht zutraf, verliert mit diesem Versuch, das empirische Defizit des Konzepts „Normallebenslaufs" zu mindern, dessen theoretische Grundlage zugleich seine Konsistenz.

i.W. als Lernprozess betrachtet, der weder ausschließlich einer inneren Bestimmung noch einem äußeren Zwang folgt; sondern das Individuum muss sich jegliche gesellschaftliche und institutionelle Vorgaben, individuelle Anlagen, Entwicklungsstadien, Zufälle etc. „lernend zu eigen machen", in „ein zu lebendes Leben" und letztlich in seine Lebensgeschichte verwandeln, Biografie[90] gilt nach ihm daher als „ein sich selbst organisierender Lernprozess" (ebd., S. 39). In einer *evolutionären Dimension* von Biografie bezeichnet Schulze die „Biographisierung" als das Entstehen von Bedingungen, unter denen eine über biologische Prozesse hinausweisende Biografie überhaupt erst möglich wird, sowie die fortdauernde Veränderung dieser Bedingungen, die hiermit an den Individualisierungsdiskurs in der Moderne anknüpft. In einer *soziologischen Dimension* weist Schulze gesellschaftlichen Strukturen zwar keine „biographiekonstituierende und -generierende", aber eine „biographieevozierende und -regulierende Bedeutung" (ebd., S. 45) zu – sowohl bezogen auf reale soziale Strukturen, wie z.B. Institutionen, als auch auf mentale Strukturen, wie z.B. Annahmen über einen „normalen" Biografieverlauf. In Abgrenzung zum soziologischen Biografieverständnis, nach dem, so Schulze, der Blick nicht vom biografischen Subjekt auf die Gesellschaft, sondern von der Gesellschaft auf das Individuum gerichtet wird und gesellschaftliche Strukturen nicht mehr als Gegenüber, sondern als Zentrum individueller Biografien erscheinen, fasst er dieses Verhältnis als „in der Tatsache der Biografie in Erscheinung tretende Dialektik von Individuum und Gesellschaft" und als „dramatische Interaktion und Auseinandersetzung zwischen zwei unterschiedenen Antagonisten" (ebd., S. 46), in deren Verlauf sich die Individuen biografiebezogene soziale Strukturen aneignen, sie verändern, sich ihnen widersetzen oder auch an ihnen scheitern. Mit „Biographizität" konzeptioniert Schulze die *pädagogische Dimension*, die er als Fähigkeiten und Wissen zur autobiografischen Reflexion als Voraussetzung für die Gestaltung einer Biografie definiert. In einer *psychologischen Dimension* führt Schulze psychische Strukturen mit biografiekonstituierender und -generierender Bedeutung an[91]: Hierzu zählt er erstens das biografische Subjekt als das an einen bestimmten Körper gebundene Zentrum einer Biografie, das ‚Ich' als allgemeine Voraussetzung,

90 Gemeint ist hier und im Folgenden Biografie als reales Leben, nicht als Text über eine Lebensgeschichte.

91 Zusätzlich zu den im Folgenden erläuterten drei Konstrukten benennt Schulze das Selbst und das Selbstkonzept als weitere psychische Strukturen, die aber nicht biografiekonstituierend und -generierend wirken, sondern Produkt einer Biografie sind und zugleich als Selbsterfahrungen in das biografische Potential (s.u.) eingehen, vgl. ebd., S. 44 f.

nicht als inhaltliche Ausprägung einer Biografie. Aus der Annahme eines solchen biografischen Subjekts bestimmt sich u.a. der

> „Zusammenhang von Erleben, Erinnern, Erzählen und Deuten (…) die Unterscheidung von Außen und Innen, (…) das Sehfeld (…) des Biographieträgers". (ebd., S. 41)

Zweitens benennt er das autobiografische Gedächtnis, das im Unterschied zum semantischen (= Wissens-)Gedächtnis nicht nur die Informationen, sondern auch die Umstände der Informationsaufnahme, z.B. in Hinblick auf Erlebnisse und Situation, speichert, hierbei unbewusst selegiert und insbesondere emotional besetzte Eindrücke bewahrt. Drittens schließlich führt Schulze das biografische Potential an, das er von dem Begriffsverständnis u.a. nach Hoerning als biografische Ressourcen oder nach Bourdieu als Kapital abgrenzt, das sich jeweils als dem Individuum von außen zukommende Unterstützungen aus Familie, Milieu oder Umwelt darstellt. Stattdessen bezieht er das biografische Potential auf die Eigenressourcen des Individuums, von Alheit auch als Lernpotential gefasst. Kern des biografischen Potentials bilden aufgeschichtete Lebenserfahrungen. Vom Begriff der Erfahrung ist der der Erinnerung zu unterscheiden: Erinnerungen halten Erlebnisse fest, dabei können sie zwar „vergessen und verdrängt" werden, aber wenn sie im Bewusstsein vorstellig werden, sind sie „nicht immer klar umrissen, aber doch deutlich genug, um sie mitteilen zu können" (ebd., S. 42). Erfahrungen hingegen verarbeiten Erlebnisse, sind aber schwerer zu benennen oder zu beschreiben, da sie im Bewusstsein nicht deutlich konturiert sind. Erfahrungen führen zu Einstellungen und Handlungsmaximen. Das biografische Potential als „Ansammlung von Erfahrungen" bildet

> „auf vielfältige Weise mit Emotionen, Motivationen, Orientierungen und Deutungsmustern verknüpft, eine Art Reservoire von Kräften und Impulsen. Sie werden zusammen mit Erwartungen, Interessen, Vorbildern und Kenntnissen von Hilfsquellen, Schwierigkeiten oder Gefahren mobilisiert, wenn ein Individuum lebensbedeutsame oder folgenreiche Entscheidungen zu treffen hat oder unerwartet in eine aussichtsreiche und verlockende oder schwer zu bewältigende Lage gerät." (ebd., S. 43)

Während Alheit und Dausien von einer engeren Strukturiertheit von Lebenserfahrungen im Sinne eines „Erfahrungscodes" ausgehen, postuliert Schulze eine eher unsystematische und lockere Organisation, trotz bestehender Leitthemen gewinnen nach seiner Auffassung je unterschiedliche Erfahrungskomplexe Priorität. Das Individuum kann sich aus Vernunft oder Zwang auch gegen die eigenen Wünsche und Erfahrungen entscheiden und somit das biografische Potential unterdrücken. In welcher Weise sich eine solche lockere Organisation von Erfahrungen von den vorab von Schulze erläuterten sich aus Erfahrungen herleitenden Handlungsmaximen abgrenzen, lässt er offen.

Die Ausführungen von Schulze verdeutlichen eine unterschiedliche Verwendung und Definition zentraler Begriffe, z.B. biografisches Potential[92], und einen fortbestehenden Bedarf weiterer Theorieentwicklung, ebenfalls z.B. mit Blick auf die konzeptionelle Füllung des biografischen Potentials im Zusammenhang von Erfahrungsaufschichtung und ihrer Organisation. In etwas ausgedeuteter Weise als dies bei Fischer und Kohli erfolgte (s.o.), berücksichtigt Schulze auf der Subjektebene nicht nur die Relevanz vorliegender Erfahrungen, sondern auch die Bedeutung individueller Orientierungen im Rahmen des biografischen Potentials, ergänzt um Interessen und Ziele. Eine präzisere konzeptionelle Klärung bleibt hier allerdings offen.

Von einem ebenfalls erziehungswissenschaftlich-biografietheoretischen Ansatz ausgehend versuchen Peter Alheit und Bettina Dausien, das Verhältnis von Individuum und Gesellschaft, das bei Schulze noch als „dramatische Interaktion und Auseinandersetzung zwischen zwei unterschiedenen Antagonisten" konzipiert war, zu integrieren:

> „Biographisches Handeln und biographische Sinnkonstruktionen als subjektive Leistungen sind (...) angewiesen auf gesellschaftliche Strukturen, auf Orientierungsmuster, institutionalisierte Prozeduren (...). Diese Dialektik ist jedoch nicht als Wechselwirkung oder Reiz-Reaktions-Verkettung konzipiert." (Alheit & Dausien 2006, S. 441)

Die Begriffe Bewältigung, Coping-Strategien und Verarbeitungsmuster halten sie daher für unzureichend. Alheit und Dausien – und dieser Auffassung soll hier gefolgt werden – fassen das Verhältnis von Struktur und Handeln stattdessen als eine „biographische Prozessstruktur", die sie als „Temporalstruktur" einer einmaligen biografischen „Organisation von Erfahrungen im sozialen Raum" (ebd., S. 441) sowie in Anlehnung an Giddens als eine „generative Struktur, die zugleich strukturiertes und strukturierendes Element im gesellschaftlichen Prozess ist", erläutern (ebd., S. 442) – wenngleich auch nicht näher inhaltlich untersetzen.

Das Konzept der Prozessstrukturen nach Fritz Schütze

Handlungstheoretische Implikationen ergeben sich aus dem Konzept der Prozessstrukturen von Fritz Schütze, in denen er die Relevanz von Erfahrungshaltungen für die lebensgeschichtliche Deutung und damit auch für angenommene lebensgeschichtliche Interventionsmöglichkeiten verdeutlicht (vgl. Schütze 1984): Als Prozessstrukturen des Lebensablaufs

---

92 Weitere Definitionsunterschiede stellt Schulze im Hinblick auf die Begriffe Selbst, Biografisierung und Biografizität dar (vgl. ebd., S. 44, 47 f.).

bezeichnet Schütze eine Ordnungsstruktur im Hinblick auf Lebensphasen, die in autobiografischen Stegreiferzählungen sichtbar werden und entsprechend derer Ereignisabläufe zu Darstellungseinheiten mit einem sie begrenzenden Beginn und Ende strukturiert werden. In jeder Prozessstruktur dominiert eine spezifische Haltung gegenüber lebensgeschichtlichen Erlebnissen, die „Erfahrungshaltung“, die nach Schütze in vier Arten ausgeprägt sein kann: „biografische Handlungsschemata“, in denen das Individuum Planungen zu realisieren versucht, „institutionelle Ablaufmuster der Lebensgeschichte“, in denen das Individuum institutionalisierte Erwartungsmuster befolgt, „Verlaufskurven“, in denen das Individuum Handlungsorientierung infolge übermächtiger und mit Erfahrungen des Erleidens verbundener lebensgeschichtlicher Ereignisse verliert sowie „Wandlungsprozesse“, in denen sich Identitätsveränderungen des Individuums und damit Veränderungen seiner Erlebnis- und Handlungsmöglichkeiten vollziehen. (Vgl. Schütze 1984, S. 92 f., Jakob 2010, S. 227.)

Mit der Orientierung an einer bestimmten Prozessstruktur wird nach Schütze somit auch die Perspektive festgelegt, unter der ein Individuum die berichteten Ereignisse und Erlebnisse des jeweiligen Zeitraums sieht. Hieraus ergeben sich wiederum unterschiedliche Zukunftserwartungen, so z.B. Zukunft als

- Realisierungsraum im Falle biografischer Handlungsschemata, in dem etwaige Hindernisse als überwindbar eingeschätzt werden,
- flexible Anpassung an erwartete Routinen im Falle institutioneller Ablaufmuster,
- ein das Individuum zu lähmen drohendes Verhängnis im Falle der Verlaufskurven, das zu Kontroll- und Fluchthandlungen führt sowie
- prekär infolge eines permanenten Diskrepanz-Erlebens zwischen Realitätsplanung und Realisierung im Falle von Wandlungsprozessen (vgl. Schütze 1984, S. 93).

Die Erfahrungshaltung hat zudem Relevanz für die Art der grundsätzlichen Interventionsmöglichkeiten des Individuums in den Ereignisablauf der jeweiligen Prozessstruktur: Interventionsmöglichkeiten erscheinen

- im Rahmen biografischer Handlungsschemata u.a. als Anpassung eigener Handlungsplanungen auf Basis erreichter Handlungsergebnisse und deren realistischer Einschätzung,
- im Rahmen institutioneller Ablaufmuster als Kombination der Nutzung vorgesehener Lernkapazitäten und der (distanzierten) Orientierung an den Erwartungsmustern,

- im Rahmen der Verlaufskurven im Versuch eines kognitiven Erfassens des Verlaufskurvenpotentials, der Überwindung des durch die Verlaufskurve ausgelösten Lähmungszustands sowie der Entwicklung handlungsschematischer Kontroll- und Gegenwehrversuche sowie
- im Rahmen der Wandlungsprozesse als Erkennen des eigenen Kreativitätspotentials und der Einrichtung von Entfaltungsmöglichkeiten hierfür[93] (vgl. ebd., S. 95).

In einzelnen Lebensabschnitten können nach Schütze je unterschiedliche Erfahrungshaltungen dominieren oder gar widersprüchliche Erfahrungshaltungen zusammenwirken. In der Situation einer autobiografischen Stegreiferzählung ist die gegenwärtige Erzählperspektive geprägt durch die Erfahrungshaltung des erzählten Lebensabschnitts. Wirksam wird hier aber auch die Erfahrungshaltung zum Jetzt-Zeitpunkt der Stegreiferzählung: Ist z.B. eine Verlaufskurvenentwicklung zum Zeitpunkt des Erzählens noch nicht abgeschlossen und durch eine weniger bedrohliche Prozessstruktur abgelöst, dürfte dieser Lebensabschnitt nach Schütze negativer geschildert werden als im umgekehrten Fall. (Vgl. ebd., S. 96.)

Wenngleich Schütze die Rekonstruktion von Erfahrungshaltungen auf narrative autobiografische Stegreiferzählungen bezieht, die im Rahmen des empirischen Teils der vorliegenden Arbeit nicht als Erhebungsmethode eingesetzt werden, so können jedoch die von ihm analysierten Erfahrungshaltungen gegenüber lebensgeschichtlichen Erlebnissen und die damit verbundenen Zukunftserwartungen und angenommenen Interventionsmöglichkeiten heuristisch für die Analyse erwerbsbiografischer Umbrüche in höherem Lebensalter genutzt werden. Darüber hinaus erweisen sich für die hier vorliegende Studie die Diskurse der Biografieforschung fruchtbar im Sinne einer theoretischen Verortung, indem in der dort angestrebten Integration von Struktur und Handeln ein zentraler Anknüpfungspunkt für die vorliegende Forschungsarbeit gesehen wird, der insbesondere von Schulze konzeptionell fundiert und von Alheit und Dausien weiter pointiert wurde.

93 Als weitere Merkmale neben Zukunftserwartung und Interventionsmöglichkeit, die durch die vier Erfahrungshaltungen beeinflusst werden, benennt Schütze die Art der ersten Berührung mit der Prozessstruktur, die Art der Veranlassung und In-Gang-Setzung der Prozessstruktur sowie die Art der Auswirkung der Prozessstruktur auf die Identität, deren nähere Erläuterung im Rahmen der vorliegenden Arbeit verzichtbar ist, vgl. ebd., S. 93–95.

4.2 Handeln und Alter

Inwieweit ist Handeln in höherem Lebensalter altersspezifisch definierbar? Hierzu wird im Folgenden ein kurzer Überblick über theoretische Diskurse der Alternssoziologie gegeben (Kap. 4.2.1). Anschließend erfolgt eine inhaltliche Untersetzung zentraler Handlungsdimensionen unter dem Altersbezug nach Rosenmayr, der seine Thesen auf der disziplinübergreifenden Gerontologie und Lebenslaufforschung aufbaut (Kap. 4.2.2).

4.2.1 Diskurse der Alternssoziologie

Klaus R. Schroeter skizziert die strukturfunktionalen sowie die handlungstheoretisch orientierten Theorieansätze innerhalb der Alternssoziologie. Erstere, die insbesondere in den 1950er bis 1970er Jahren entwickelt wurden, attestieren dem Alter – mit Verweis auf Burgess – einen Rollenverlust bzw. – mit Verweis auf Parsons – einen Funktionsverlust in der nacherwerblichen Phase des Ruhestands. Auch die Modernisierungsdebatte, vertreten z.B. von Cowgill und Holmes, geht von einem historisch in Folge von Industrialisierung und Urbanisierung herausgebildeten Funktionsverlust im Alter aus. Wenngleich Schroeter die Leistungen des letztgenannten Ansatzes im Hinblick auf die Analyse makro-struktureller Veränderungen hervorhebt, kritisiert er jedoch die zwischenzeitlich widerlegte Annahme eines generell hohen Status der alten Menschen in traditionalen Gesellschaften. Zu den strukturfunktionalen Ansätzen zählt des Weiteren die Disengagementtheorie nach Cumming und Henry, die den sozialen Rückzug älterer Menschen beschreibt und diesen als unvermeidbar und gesellschaftlich wie auch individuell funktional erklärt. In Anerkennung der Leistung dieser Theorie im Hinblick auf die Entwicklung eines auf das gesamte soziale System bezogenen Alternskonzepts, kritisiert Schroeter dessen Generalisierung, die in einer zunehmend differenzierter gewordenen Gesellschaft nicht mehr haltbar ist. Im Altersstratifikationsmodell nach Riley u.a. schließlich wird Alter als soziale Ordnungskategorie gefasst, durch die Akteure und soziale Rollen „stratifiziert" werden, jedoch, so die Kritik Schroeters, vernachlässigt dieses Modell die Unterschiede innerhalb der Altersschichten und somit die individuelle Lebenslage. (Vgl. Schroeter 2003, S. 51 f., vgl. auch Backes & Clemens 2008, S. 118 ff.)

Im Gegensatz zu den vorgenannten, i.W. auf die Strukturebene bezogenen Ansätzen führt Schroeter als „handlungstheoretische Entgegnungen" diverse Theorierichtungen seit den 1960er Jahren an, die er allerdings ebenfalls in mehrfacher Hinsicht als unzulänglich erachtet: In der Subkulturhypothese nach Rose wird von der Herausbildung eines Altersgruppenbewusstseins infolge einer zunehmenden Interaktion unter den Älteren ausgegangen. Die damit unterstellte

Altershomogenität stellt Schroeter ebenso infrage, wie auch die Annahme einer Subkultur vor dem Hintergrund sich ausdifferenzierender Lebensstile. In der Stigma-Theorie nach Goffman und dem Etikettierungsansatz u.a. von Hohmeier werden die Bedeutung von altersbezogenen Stigmatisierungen herausgearbeitet. Diese sieht Schroeter angesichts pluralisierter Altersbilder als differenzierungsbedürftig an, er verweist jedoch zugleich auf deren normative Relevanz, insbesondere dann, wenn Alte von den dominierenden Altersbildern, wie z.B. derzeit dem „aktiven", „produktiven" und „erfolgreichen" Altern, abweichen. Die von Havighurst u.a. entworfene Aktivitätsthese betont die Bedeutung von Aktivität und beinhaltet eine nach Schroeter unzulässige Gleichsetzung von Aktivität und Lebenszufriedenheit im Alter. Sie stellt, so Schroeter, eher ein „Instrument im Kampf gegen das Defizitmodell" dar denn ein hinreichendes Analyseinstrument. Das Kontinuitätskonzept nach u.a. Rosow erachtet in einer gelingenden Kontinuität der Lebensformen das Erfolgskriterium für soziale Anpassung und Umweltverarbeitung im Alter, so z.B. die Kontinuität psychischer und sozialer Muster als Sicherung des Zutrauens auch im Alter. Schroeter benennt als Weiterentwicklungsbedarf dieser Theorie, die gesellschaftlichen Bedingungen für kontinuitätsorientiertes Anpassungsverhalten im Alter einzubinden sowie das Kontinuitätsstreben theoretisch zu fundieren. In Anlehnung an die exchange-theory nach Homans und Blau werden von Dowd ungleiche Tauschprozesse zwischen älteren und jüngeren Menschen und die geringere Verfügung Älterer über Macht und Ressourcen als Ursache für den sozialen Rückzug der Älteren verortet. Unter Hervorhebung der Relevanz der Tauschbeziehungen als Zugang zur Alternsanalyse verweist Schroeter zugleich auf die Komplexität von Alterskultur und spezifische Kapitalien im Alter, die theoretisch und empirisch zu fundieren sind. (Vgl. Schroeter 2003, S. 52 ff., vgl. auch Backes & Clemens 2008, S. 118 ff., zur „Produktivität des Alters" Tews 1996, zum „erfolgreichen Altern" Lehr 2007, S. 56 ff.)

Demgegenüber stellt Schroeter ein von ihm unter Bezugnahme auf Bourdieu und Elias entwickeltes heuristisches Modell der figurativen Felder, das sich gegen die auch im Altersdiskurs bestehende Dichotomie von Individuum und Gesellschaft wendet und von drei Rahmungen, dem Struktur-, dem Handlungs- und dem Deutungsrahmen ausgeht. Dieses Modell wird für das Feld der Pflege als einer spezifischen Figuration im Alter exemplarisch erläutert. Hiernach umfasst der Strukturrahmen das „Arrangement der personalen, interaktiven, organisatorischen und gesellschaftlichen Ebene", der Handlungsrahmen das Handeln der mit jeweiligen Kapitalien ausgestatteten individuellen und kollektiven Akteure und der Deutungsrahmen die Sinnverständnisse und Regeln. (Vgl. Schroeter 2003, S. 59 f.)

Zu den Diskursen der Alternssoziologie resümiert Schroeter:

> „Das Alter ist also immer eine komplexe Konstruktion mit vielschichtigen und z.T. divergierenden Sinnzusammenhängen. Es wird auf verschiedenen Ebenen (Interaktions-, Organisations- und Gesellschaftsebene) wahrgenommen, gedeutet – und konstruiert. Insofern ist Altern ein soziales Ordnungsprinzip, das stetigen Änderungen unterworfen ist.“ (Schroeter 2003, S. 60)

Das Alter regelt, so Schroeter, hierbei zum einen als Klassifikations- und Strukturierungsprinzip den Zugang zu sozialen Teilnahmechancen und stellt soziale Beziehungen her bzw. unterbindet sie, zum anderen wird das Alter selbst durch gesellschaftliche Differenzierungen und Ordnungen berührt.

Insoweit Schroeter somit einen komplexen und differenzierten Rahmen zur Analyse der Verknüpfung von Handeln und Alter aufgezeigt hat, so fokussiert er dennoch in seinem Resümee auf die Meso- und die Makro-Ebene, während die Dimension des individuellen biografischen Umgangs mit dem Altern unbeachtet bleibt.

Neben dem Verdienst der Alternssoziologie, Fragen von Handeln und Struktur, Lebenslage, gesellschaftlicher Teilhabe, Kultur etc. überhaupt aus der Alter(n)sperspektive zu betrachten, sind die in dieser Teildisziplin entwickelten Theorien nur begrenzt für die hier interessierende Themenstellung nutzbar, da sie sich weitgehend auf die nacherwerbliche Phase des Ruhestands beziehen (Funktionsverlust, Disengagement, Aktivität). Gleichwohl werden Dimensionen des Handelns thematisiert, die bereits auch für Erwerbspersonen in höherem Lebensalter relevant sein dürften und mögliche Altersbezüge aufweisen. Zu nennen sind insbesondere: altersbezogene Stigmatisierungen, Lebenszufriedenheit, Zutrauen, Macht und Ressourcen sowie Deutungen. Grundlegend erscheint hierbei die mehrfach von Schroeter formulierte Kritik an einer unterstellten Altershomogenität, die sich in verschiedenen Theorien finden lässt und die z.B. im Hinblick auf Lebenslage, Lebensstile, Altersbilder, Alterskultur und Kapitalien im Alter nicht haltbar ist – weder für die sich weiter ausdifferenzierenden Gesellschaften der Gegenwart noch für deren Vorläufertypen.

4.2.2 Zentrale Handlungsdimensionen aus der Perspektive des höheren Lebensalters

Der österreichische Soziologe und Sozialgerontologe Leopold Rosenmayr definiert die Begriffe Handlung und Altern wie folgt:

> „Unter Handlung sei eine Tätigkeit verstanden, die dadurch, daß sie gestaltenden (und insofern festlegenden und begrenzenden) Charakter hat, befreiend wirkt, also Entscheidungen ermöglicht, trifft und durchträgt und dadurch in ästhetischer, intellektueller,

> ethischer, religiöser, politischer oder wirtschaftlicher Hinsicht Veränderung erwirkt." (Rosenmayr 1989, S. 151)

Damit wählt Rosenmayr eine sehr verengte Definition, die sowohl alle reaktiven und ggf. nicht befreiend wirkenden Handlungen – wer definiert zudem die Grenze zwischen befreiend und nicht befreiend wirkenden Handlungen? –, als auch alle bewusst entschiedenen und auch unbewusst erfolgten Nicht-Handlungen ausgrenzt.

Rosenmayrs Sicht auf das Altern beinhaltet zwar

> „Prozesse der Erfahrung, die Erweiterung und Vertiefung, unter besonderen Umständen auch neue Dimensionen des Denkens, Fühlens und Handelns einschließen können". (Rosenmayr 1989, S. 153)

Auch umfasst sein Verständnis von Altern die Möglichkeit, bis ins höchste Alter entwicklungs- und glücksfähig zu bleiben. Dennoch erscheint seine Definition von Altern eindimensional, defizitorientiert und reduziert auf die fortgeschrittenen Lebensphasen:

> „Altern ist eine naturhafte Veränderung des Lebendigen, die durch Verluste und Einschränkungen gekennzeichnet ist. (…) ‚Wachstum', Prozesse fortdauernder und neu anzusetzender Entfaltung, sind wie die zielbestimmten Handlungsprozesse in gewisser Weise gegenläufig zum Altern." (Rosenmayr 1989, S. 153)

Auf dieser Basis betrachtet Rosenmayr ausgewählte Dimensionen des Handelns – Lernen, Kreativität, Wissen, Umgang mit Krisen, Kompetenz – aus der Perspektive auf das höhere Lebensalter sowie mögliche Risiken im Alter.

Dem Lernen weist Rosenmayr im Hinblick auf Handeln eine besondere Bedeutung zu, da über das Lernen die Teilhabe an der Kultur und die eigene Behauptung in ihr vermittelt werden. Im Vergleich zu Jüngeren lernen Ältere nicht schlechter, aber anders, z.B. im Hinblick auf Zeitbedarf, Störungsanfälligkeit, Sinnbezug, Erfolgsbestätigung, Anschlussfähigkeit, Sicherheit. Erfahrungen mit dem Lernen, Lernbereitschaft und Förderung von außen sind weitere wichtige Einflussfaktoren. Auch erfahrungsbasierte Qualitäten, wie z.B. Entscheidungskraft, erweitern die Handlungsfähigkeit und mit dem Alter wächst potentiell die Erfahrung.

Kreativität, die sich auf die Kompetenz des Problemlösens und die Originalität der Lösung bezieht, sieht Rosenmayr im Alter in einer spezifischen Ausformung. Demnach bezeichnet er als Alterskreativität die Fähigkeit, zur Problemlösung geeignete Ideen zu erkennen, auszuwählen und auf fremde Lösungsversuche einzugehen.

Auch dem Wissen schreibt Rosenmayr eine spezifische Altersperspektive zu. Als Alterswissen bezeichnet er die Möglichkeit, das „Durchbrechen gesellschaftlicher Zwänge“ durch neue Denkwege zu wagen oder sich im Gegenteil auch für Informationsaskese als ein Nicht-Wissen-Wollen zu entscheiden. Im Alter kann sich ein vertieftes Urteilsvermögen einstellen und die Fähigkeit zunehmen, Unsicherheit zu ertragen, eigene Irrtümer einzusehen oder eigene Erfahrungen zu transferieren – wobei Rosenmayr die reale Ausprägung dieser Fähigkeiten lediglich bei Minderheiten und Eliten vermutet.

Krisen können zu Verlusten und zu schweren Erschütterungen führen, sie können jedoch auch Handlungsfähigkeit stärken, wenn sich das Individuum die Krise eingesteht und mit ihr auseinandersetzt. Der Aufbau einer „neuen Wertbereitschaft“ als Umgehen mit Krisen im mittleren und späten Alter kann sich hierbei, im Gegensatz zur Jugend, auf bereits vorliegende Erfahrungen mit der Welt und mit sich beziehen. Hierzu zählt letztlich auch eine bessere Kenntnis der eigenen Triebhaftigkeit, die gemeinsam mit unbewussten Steuerungen Voraussetzungen für die eigene Orientierungsklarheit und damit ein Element der Handlungskapazität darstellen. (Vgl. Rosenmayr 1989, S. 153 ff.)

Kompetenz definiert Rosenmayr als erwiesene Fähigkeit zum Handeln, das im Hinblick auf die gestellten Ziele und Aufgaben, weder eine Über-, noch eine Unterforderung bedeuten darf.

> „Kompetenz verlangt in den veränderungsbetonten Phasen von Jugend und Alter eine Steigerung der Selbstwahrnehmung und der Selbstinterpretation.“ (Rosenmayr 1989, S. 157)

Aktivität ist für ältere Menschen jedoch nur dann befriedigend, wenn sie vom Selbst frei gewählt und möglichst an frühere Lebensziele anknüpfen kann. Dies setzt nicht nur die Bereitschaft der Älteren, sondern häufig auch externe Hilfe voraus. Mit der Orientierung an Selbstbestimmung und dem Annehmen der Gewordenheit der eigenen Person wendet sich Rosenmayr damit gegen Ansätze im Rahmen der Disengagement-Theorie nach Cumming und Henry sowie der Aktivierungstheorie mit ihren allgemeinen Postulaten des sozialen Rückzugs bzw. der Aktivität.

> „Die Selbstbestimmung des Lebensstils und der Verhaltensweisen ist ein entscheidendes Element der Lebensqualität im fortgeschrittenen Alter. Dieses Ziel kann aber nur aus einem dauernden Prozeß der verstärkten Bemühung um Selbststeuerung während des ganzen Lebenslaufs hervortreten. (…) Kompetenz im vollen Sinn (Eigenkompetenz) setzt Selbstbestimmung voraus, und je mehr Eigenkompetenz erworben wird, desto mehr Selbstbestimmung wird ermöglicht.“ (Rosenmayr 1989, S. 157)

Jedoch befördert der gegenwärtig rasche gesellschaftliche und technologische Wandel, z.B. hinsichtlich sozialer Beziehungen, Umgang mit Behörden, Technologien in Beruf und Haushalt, in zunehmendem Alter Ängste, diesem nicht mehr gewachsen zu sein. Die Fähigkeit zur Anpassung an solchermaßen veränderte Daseinstechniken muss jedoch verbunden sein mit der Fähigkeit zur Selbstbehauptung, zur „Treue mit sich selbst", die durchaus auch einen selbst bejahten Verzicht beinhalten kann:

> „So zählen gekonnte Einschränkungen, überlegte Ablösungsprozesse bei Kompensation und neue emotionale Ziele zu den wichtigen Übergangsleistungen in der Phase vor oder bald nach der Pensionierung." (Rosenmayr 1989, S. 157)

Auch können Isolationseffekte eintreten, wenn Kommunikationsfähigkeit auch im Alter nicht stets neu erworben wird. Schließlich verweist Rosenmayr auf die Bedeutung sozio-ökonomischer Strukturen, die begünstigend oder hemmend auf Kompetenz und Handlungsfähigkeit einwirken. Ökonomische Abhängigkeit verstärkt sich bei einer Mehrheit der Älteren in der nachberuflichen Phase. Ältere und alte Menschen in ökonomisch schwächerer Lage weisen einen schlechteren Gesundheitszustand auf und verfügen in geringerem Maße über lebenserleichternde Haushaltsgeräte sowie über eine geringere Schulbildung. Ältere mit solchermaßen kumulierten Benachteiligungen, überwiegend verwitwete Frauen, sind zugleich schwieriger für soziale Angebote zu interessieren. Eine Teilursache für kumulative Benachteiligung verortet Rosenmayr in einer „gesellschaftsbedingten Selbstverursachung", die

> „im Verlauf lebenslanger Sozialisationsprozesse entstanden (ist), und zwar dadurch, daß keine Haltungen vermittelt wurden, die ein planendes soziales und ökonomisches oder ein sich befreiendes Gesundheits- und Körperverhalten erlauben. In besonders benachteiligten sozialen Verhältnissen mag individuelle Handlungsfähigkeit praktisch ‚gegen Null' gehen." (Rosenmayr 1989, S. 160)

In Auseinandersetzung mit dem von Rosenmayr kritisierten norm- und wertbezogenen Handlungsbegriff Webers stellt er diesem einen gerontologisch orientierten entgegen,

> „welcher die Entscheidungsnotwendigkeiten und -fähigkeiten des älteren Menschen ebenso herausstellt wie seine Gestaltungskapazität. Gerade diese letztere trägt zur Zufriedenheit im eigenen Erleben und zur Erhöhung von Selbstbestimmung bei (…)." (Rosenmayr 1989, S. 162)

Rosenmayr bezieht sich in seinen Ausführungen in ähnlicher Weise wie auch die oben vorgestellten Ansätze der Alternssoziologie auf die nachberufliche Phase bzw. deren Vorbereitungsphase. Sie sind somit nicht vollständig übertragbar auf die Situation älterer Erwerbspersonen, die im Mittelpunkt der vorliegenden Forschungsarbeit stehen. Die beleuchteten Dimensionen des Handelns sind allerdings gerade für die Erwerbssphäre von hoher Bedeutung, hiervon zeugen die in Kap. 3.1 bereits ausgeführten Diskurse über die Lern- und Leistungsfähigkeit älterer Beschäftigter. Auch ältere Erwerbspersonen können die von Rosenmayr benannten Altersspezifika bereits als Stärken ausgebildet haben, die auf beruflichen und lebensweltlichen Erfahrungen sowie Entwicklungen der eigenen Persönlichkeit gründen und als solche z.B. eine höhere Entscheidungskraft, Kreativität bei Problemlösungen, einen selbstbewussteren Umgang mit Wissen und Nicht-Wissen oder auch einen erfahrungsbasierten Umgang mit Krisen ermöglichen.

Zu berücksichtigen ist allerdings, dass diese altersspezifischen Ausformungen lediglich eine Potentialität darstellen, deren Realisierung von vielerlei Voraussetzungen abhängt. Fehlen diese, können sie im Gegenteil die genannten Dimensionen in höherem Lebensalter ggf. auch deutlich negativ prägen. Ein solch genereller Hinweis fehlt bei Rosenmayr. Stattdessen problematisiert er dies nur ansatzweise, z.B. unter Verweis auf Lernerfahrungen und externe Förderung als Einflussfaktoren auf das Lernen oder die Einschränkung, dass das „Alterswissen" real voraussichtlich nur bei einer Minderheit ausgeprägt ist.

Als aufschlussreich können die von Rosenmayr thematisierten Risiken bezeichnet werden, wenngleich auch davon auszugehen ist, dass diese in der Phase des Ruhestands eine weitaus bedrohlichere Qualität annehmen dürften, verbunden mit den vielfach massiven Umwälzungen im ökonomischen, sozialen und gesundheitlichen Bereich. So ist davon auszugehen, dass solche Risiken auch für ältere Erwerbspersonen virulent werden können, insoweit z.B. Arbeitslosigkeit ein altersspezifisches Risiko darstellt mit finanziellen, sozialen, gesundheitlichen und persönlichen Folgeproblemen und die Angst hiervor bereits Wirkkraft entfalten kann. Ängste, Isolationseffekte, finanzielle, soziale und gesundheitliche Risiken können des Weiteren ältere Erwerbspersonen betreffen, insofern sie möglicherweise gerade ein Ergebnis ihrer Berufswege, Arbeits- und Lebenserfahrungen darstellen, z.B. als Folge etwaiger Dequalifizierungsprozesse, arbeitsbedingter Krankheiten oder altersdiskriminierender Erfahrungen.

Besonders relevant schließlich erscheint Rosenmayrs Orientierung an Selbstbestimmung im Alter, die er letztlich auch als Voraussetzung für Kompetenz fasst. Obschon die Aufrechterhaltung von Selbstbestimmung im sog. „abhängigen Alter" eine ganz andere Qualität im Vergleich zur Erwerbsphase beinhaltet, erscheint der Aspekt der Selbstbestimmung jedoch auch hier relevant. Gerade im Hinblick auf die Bewältigung erwerbsbiografischer Umbruchphasen kann

Selbstbestimmung als ein wichtiger Kompass fungieren, wie auch die Ausführungen im folgenden Kapitel 4.3 zeigen werden.

4.3 Handeln im erwerbsbiografischen Kontext

Nach der Betrachtung des Handelns aus der Altersperspektive soll nun abschließend das Handeln im erwerbsbiografischen Kontext spezifiziert werden. Nach einer Erörterung der vielfältig genutzten und teils unterschiedlich definierten Begrifflichkeiten werden empirische Studien vorgestellt, die eine Annäherung an die Dimensionen erwerbsbiografischen Handelns anhand der hier entwickelten Typologien ermöglichen. Näher vorgestellt werden Typologien zu „Arbeitsmarktstrategien und Orientierungen von Facharbeitern im berufsbiographischen Verlauf" nach Baumeister, Bollinger, Geissler und Osterland (1991) (Kap. 4.3.1), zu „Berufsbiographischen Gestaltungsmodi" (BGM) junger Fachkräfte nach Zinn (2001) (Kap. 4.3.2) sowie zu „Berufsbiographischen Orientierungen und Ausprägungen von Kompetenzen" von (ehemaligen) WeiterbildungsteilnehmerInnen nach Hendrich (2003) (Kap. 4.3.3). Anschließend werden Gemeinsamkeiten und Unterschiede zwischen diesen drei Typologien herausgearbeitet (Kap. 4.3.4). Auf drei weitere Typologien wird nur ansatzweise eingegangen: zu „Lebenskonzepten" von Jugendlichen nach Baethge, Hantsche, Pelull und Voskamp (1988), zur „Lebensplanung junger Frauen" nach Geissler und Oechsle (1990/1996) sowie zu „Erwerbsorientierungen in entgrenzten Arbeitsformen" nach Pongratz und Voß (2003) (Kap. 4.3.5). Alle Typologien werden im Hinblick auf ihre Nutzbarkeit für die vorliegende Forschungsarbeit diskutiert.

Im erwerbsbiografischen Kontext wird Handeln unter verschiedenen Begrifflichkeiten gefasst, so z.B. Arbeitsmarkthandeln, berufs- oder erwerbsbiografisches Handeln oder Gestalten bzw. verbunden mit dem Kompetenzbegriff als Handlungs- oder Gestaltungskompetenz.

Berufliche Handlungskompetenz definiert Schwadorf

> „als Fähigkeit und Bereitschaft, in beruflichen Situationen sachgerecht, gruppen- und beziehungsorientiert sowie verantwortlich reflektiert zu handeln." (Schwadorf 2003, S. 116)

Schwadorf spricht damit die Sach-, Sozial- und Selbstkompetenz an. Der Handlungsbegriff wird im Gestaltungsbegriff zielorientiert präzisiert. Munz, Rainer und Portz-Schmitt schreiben berufsbiografischer Gestaltungskompetenz die Fähigkeit zu,

> „zwischen den eigenen Strebungen und den Interessen und Anforderungen der Umwelt abzuwägen" (dies. 2005, S. 15).

In Anlehnung an Elias heben sie hierbei die Relevanz hervor, die eigene Identität als „Wandlungskontinuum“ zu verstehen, „die in allen Umbrüchen dennoch Bestand und Richtung hat“ (ebd., S. 11). Durch das Verständnis der eigenen Biografie als Wandlungsprozess, der trotz Veränderungen individuelle Muster und Gestalten aufweist, können äußere Anforderungen beurteilt und hierzu „individuell angemessene Umgehensweisen“ entwickelt werden. Neben einer solchen biografischen Orientierung benennen sie die Selbstlernkompetenz – als beständige und eigeninitiierte Auseinandersetzung mit Neuem –, das Erkennen des eigenen Kompetenzprofils sowie das Selbstmarketing – mit Verweis auf Sattelberger als Schaffung von „Öffentlichkeit für die eigenen Talente“ unter Berücksichtigung äußerer Anforderungen und persönlicher Entwicklungsstrebungen – als Fähigkeitsbündel berufsbiografischer Gestaltungskompetenz (vgl. dies. 2005, S. 10 ff.).

Noch pointierter fasst Hendrich den Begriff der berufsbiografischen Gestaltungskompetenz: In Auseinandersetzung mit dem viel diskutierten Begriff der Beschäftigungsfähigkeit, den er als „Kernstück neoliberaler Arbeitsmarktkonzeption“ bezeichnet und an dem er die hier geforderte Anpassung der Individuen in qualifikatorischer und sozialpsychologischer Hinsicht an unhinterfragte gesellschaftliche und ökonomische Entwicklungen kritisiert, konzipiert Hendrich berufsbiografische Gestaltungskompetenz als Gegenentwurf. Diese Gestaltungskompetenz bezieht er auf die Fähigkeit,

> „Zusammenhänge, in die man gestellt ist, zu erkennen und sich in ihnen orientieren zu können, um auf diese Weise Spielräume für eigenverantwortliches Handeln entdecken und nutzen zu können (…).“ (Hendrich, 2004, S. 266)

Hierzu zählt auch, mit Verweis auf Dobischat, das Erkennen von Interessen und Interessenkonflikten im individuellen Lebensverlauf wie auch auf betrieblicher und gesellschaftlicher Ebene, die nur, wenn sie thematisiert werden, konstruktiv verarbeitet werden können. In diesem Sinne beinhaltet berufsbiografische Gestaltungskompetenz nach Hendrich „immer auch die Herstellung subjektiver berufsbiographischer Anschlußfähigkeit“. (Vgl. Hendrich 2004, S. 264 ff.)[94]

94 In seiner – aufgrund seines Todes unveröffentlicht gebliebenen – Habilitationsschrift wählt Hendrich den Begriff der erwerbsbiografischen Gestaltungskompetenz und bezieht sich damit auf die „Bewältigung erwerbsbiographischer Wechselprozesse“. Diese Begrifflichkeit versteht er nicht als Distanzierung vom Berufskonzept, zumal nach seiner Auffassung die Berufsqualifikation eine zentrale Voraussetzung der weiteren individuellen Anpassungs- und Lernpotentiale darstellt, jedoch sollte das Berufskonzept nach Hendrich erweitert werden auf die Lebensperspektiven, die mit einer Berufsausbildung verknüpft sind, vgl. Hendrich 2003, S. 273 f., Zitat S. 273.

Gegenüber dem Handlungsbegriff betont der Gestaltungsbegriff nach Hendrich, mit Verweis auf Rauner, stärker die „schöpferische Qualität des selbstverantworteten Tuns“ (vgl. Hendrich 2003, S. 266).

Die bisherigen Ausführungen verdeutlichen, dass Handeln im erwerbsbiografischen Kontext – und hier insbesondere in der Betrachtung als Gestaltungskompetenz – bezogen wird auf Handlungsanforderungen, die nicht nur durch die Umwelt, wie z.B. Betrieb, Arbeitsmarkt etc., bedingt werden, sondern auch mit den eigenen Interessen auszutarieren sind. Die eigene Identität kann sich hierbei wandeln, darf jedoch nicht in ihrem Bestand und ihrer Richtung gefährdet werden. Relevant bei Veränderungen ist insofern die Frage ihrer berufsbiografischen Anschlussfähigkeit.

Für die hier vorliegende Arbeit wird im Weiteren der Begriff des erwerbsbiografisch orientierten Handelns genutzt. Hierunter wird alles Handeln gefasst, das über eine konkrete Handlungssituation hinausgehend sich auch auf grundlegendere Weichenstellungen der Erwerbsbiografie bezieht. Ohne die Relevanz der beruflichen Qualifikation und Identität und deren Entwicklung für die Erwerbspersonen und ihre Chancen am Arbeitsmarkt infrage stellen zu wollen, fordert der Begriff der Erwerbsbiografie dazu auf, den Blick ebenso auf berufliche Brüche mit ggf. nachfolgenden Phasen außerhalb der qualifikationsgerechten Berufstätigkeit zu richten, z.B. in geringer qualifizierten Erwerbsarbeitsverhältnissen, Arbeitslosigkeit etc., die eine Erwerbsbiografie in unterschiedlicher Weise prägen können.[95] Erwerbsbiografisch orientiertes Handeln ist dabei immer im Kontext beruflicher sowie außerberuflicher Bedingungen, Ressourcen, Erfahrungen und Orientierungen zu verorten.

Um erwerbsbiografisch orientiertes Handeln empirisch erfassen zu können, stellt sich die Frage, wonach dieses differenziert werden kann. In vorliegenden erwerbsbiografischen Analysen wurden hierzu verschiedene Typologien entwickelt, die im Folgenden im Hinblick auf ihren theoretischen Ansatz und mögliche Anknüpfungspunkte für das hier verfolgte Forschungsvorhaben vorgestellt werden.

---

95 Der zu Beginn der Forschungsarbeit priorisierte Begriff des „berufsbiografisch orientierten Handelns“ wurde anknüpfend an die hohe Relevanz der Beruflichkeit für die Erwerbspersonen gewählt, musste im weiteren Forschungsprozess aber zugunsten des Begriffs des „erwerbsbiografisch orientierten Handelns“ aufgegeben werden, um die im untersuchten Sample häufig mehrfachen Brüche und Abweichungen präziser erfassen zu können.

4.3.1 Typologie zu Arbeitsmarktstrategien und Orientierungen von Facharbeitern im berufsbiografischen Verlauf (nach Baumeister, Bollinger, Geissler und Osterland)

Die Typologie wurde in einem DFG-geförderten Projekt entwickelt und differenziert nach den jeweils dominanten und handlungsleitenden Motiven und Orientierungen bzw. ihrem Fehlen. Die Untersuchungsgruppe bilden 76 männliche Schlosser, Elektrofacharbeiter und Maler/Lackierer, mehrheitlich im Alter von 25 bis 35 Jahren in der Region Bremen. Folgende Typen werden unterschieden:

- arbeitsinhaltlich orientierter Facharbeiter,
- Optimierer,
- sicherheitsorientierter Facharbeiter,
- lohnorientierter Facharbeiter,
- der Inaktive.

In die Typologie fließen das Arbeitsmarkthandeln, die Orientierungen, Persönlichkeitsmerkmale und strukturelle Bedingungen wie Beruf, Alter und Arbeitsmarktlage ein.[96] Die genannten Persönlichkeitsmerkmale beziehen sich auf zwischen Handlungskompetenzen und Persönlichkeitsbestimmungen liegende Eigenschaften, die den Grad der berufsbiografischen Eigen-Gestaltung - auch unter Krisenbedingungen - determinieren, und werden differenziert in: realitätsbezogenes Planungsvermögen, Flexibilität und Veränderungsbereitschaft sowie Selbst- und Qualifikationsbewusstsein. Festgestellte Änderungen des dominanten Motivs im Lauf der Berufsbiografie erfolgten fast ausnahmslos in Richtung „Sicherheit" - dies wurde jedoch nur auf Basis einer geringen Fallzahl ermittelt –, mehrheitlich blieb hingegen die primäre Orientierung stabil. (Vgl. Baumeister, Bollinger, Geissler & Osterland 1991, S. 64–66, 127, 135–161.)

Theoretischer Ansatz:

> „Handeln meint hier also im Sinne Giddens (…) ‚den Menschen als selbstbewußt und entscheidungsfähig aufzufassen', dessen Selbstbewußtsein und Entscheidungsfähigkeit freilich ‚stets gebunden ist, da sie von dem institutionellen Kontext, in dem das Handeln stattfindet eingeschränkt ist'. Allerdings schränken die sozialstrukturellen Systeme nicht nur ein, ‚sie befähigen auch zum Handeln … Die Struktur (ist) gleichzeitig Voraussetzung und Ergebnis selbstbewußter menschlicher Praxis'." (*Baumeister, Bollinger, Geissler & Osterland* 1991, S. 16)

96 Mit ihren empirischen Ergebnissen und der entwickelten Typologie wenden sich Baumeister et al. insbesondere gegen die bis dahin dominierenden, prioritär homogenisierenden Zuschreibungen zum „Typus Facharbeiter", vgl. dies. 1991, S. 62 f.

> „Selbst wenn man nicht eine generelle Autonomie des individuellen Entschlusses unterstellt, gibt es gewisse vorgegebene Spielräume für ein ‚strategisches' Arbeitsmarktverhalten einerseits, ein subjektiv unterschiedliches Interesse und Vermögen, sie zu nutzen, andererseits." (*Ebd.*, S. 18)
> „Im individuellen Arbeitsmarkthandeln drückt sich auch die in der Sozialisation entwickelte Persönlichkeit aus. Sowohl in der Interpretation der sozialen Wirklichkeit, den Motivlagen, Orientierungen und Lebensentwürfen, als auch in bestimmten Handlungsdispositionen und -kompetenzen, die über die Art und Weise entscheiden, wie sich die Facharbeiter praktisch gegenüber vorgegebenen Bedingungen und Anforderungen verhalten, wird die Persönlichkeit erkennbar. Persönlichkeit und Subjektivität bedeutet gerade nicht Identität mit den objektiven Strukturen, sondern vielmehr, diesen ‚reflexiv, distanzierend gegenübertreten zu können, sich zu ihnen zu verhalten … Handlungsfähig sein heißt: Sich bewußt als die eigene Lebenssituation (und die jeweils aktuelle Situation) mitbestimmendes Subjekt wahrzunehmen und sich als solches zu setzen.' (Diezinger u.a. […])." (*Ebd.*, S. 148)

Der Begriff der Orientierung wird mit Verweis auf Kudera in engen Zusammenhang mit den Deutungen der eigenen Lebenslage gestellt (vgl. Baumeister et al. 1991, S. 62, 312).

Anknüpfungspunkte zur vorliegenden Arbeit bzw. eine Übertragbarkeit werden in folgender Hinsicht gesehen:

- Insgesamt bezieht die Typologie strukturelle Rahmenbedingungen, wie z.B. Arbeitsmarktlage, Arbeitsbedingungen etc., und normative Vorgaben – mit Bezug auf Kohli: der institutionalisierte Lebenslauf als Orientierungsschema –, des Weiteren die Orientierungen und Strategien der Individuen im Rahmen dieser strukturellen und normativen Vorgaben und in Auseinandersetzung mit diesen sowie zudem Persönlichkeitsstrukturen und Handlungskompetenzen der Individuen ein.
- Hierbei wird insbesondere der Zusammenhang von strukturellen Rahmenbedingungen – anhand der Ende der 1970er Jahre einsetzenden Arbeitsmarktkrise –, Einstellungen zur Arbeit sowie persönlichen Dispositionen und Fähigkeiten prägnant herausgearbeitet.
- Die bei Baumeister, Bollinger, Geissler und Osterland herausgearbeiteten, zwischen Handlungskompetenzen und Persönlichkeitsstrukturen verorteten Eigenschaften liefern fruchtbare Hinweise zur Erfassung und Analyse der in der vorliegenden Forschungsarbeit als „Erwerbsbiografisch orientiertes Handeln" gefassten Analysedimension (s. Kap. 5.1, Abschnitt „Analysedimensionen").
- Inhaltlich knüpfen die Typen – mit Ausnahme des „Inaktiven" – an die in der vorliegenden Ausarbeitung differenzierten „Handlungsgründe" an (s. Kap. 5.1, Abschnitt „Analysedimensionen").

In folgenden Aspekten sind jedoch auch Abgrenzungen vorzunehmen:

- Die Fragestellung und die (ausschließlich männliche) Untersuchungsgruppe unterscheiden sich stark von der hier vorliegenden Fragestellung – wobei erstere eine punktuelle Überschneidung bietet.
- Theoretisch und konzeptionell wird die außerberufliche Lebenssituation, insbesondere familiäre Anforderungen und Interessen, die auch für Männer/Väter heterogen ausgeprägt sind und erwerbsbiografisch jeweils spezifisch wirken, nahezu vollständig ausgeblendet. Lediglich am Rande finden „Freizeitorientierung“ oder „Familiengründung und Hausbau“ Erwähnung.
- Alter wirkt nach Baumeister et al. typenunspezifisch als zunehmendes Interesse an Stabilität und Kontinuität. Dabei räumen sie selbst ein, dass diese Aussage insofern einzuschränken ist, da nur wenig Befragte überhaupt knapp über 40 Jahre waren (vgl. dies. 1991, S. 159, 314), d.h. diese Aussage ist somit im Grunde unzulässig.

4.3.2 Berufsbiografische Gestaltungsmodi (BGM) junger Fachkräfte (nach Zinn)

Die Typologie wurde im Sonderforschungsbereich (SFB) 186 der Universität Bremen[97] entwickelt.[98] Sie ist eine Handlungstypologie, die Typenzuordnung erfolgte anhand der Dimensionen Arbeit, Qualifikation, Karriere, Einkommen und Betrieb. Als Untersuchungsgruppe wurden 31 Bank- und Einzelhandelskaufleute (ca. hälftig weiblich/männlich) im Zeitraum von acht Jahren nach Ausbildungsabschluss in drei Erhebungswellen in den Regionen Bremen und München interviewt. Folgende Typen wurden herausgearbeitet:

- Betriebsidentifizierung,
- Chancenoptimierung,
- Laufbahnorientierung,
- Lohnarbeiterhabitus,
- Persönlichkeitsgestaltung,
- Selbstständigenstatus.

---

97 SFB 186 „Statuspassagen und Risikolagen im Lebensverlauf“, vgl. Internetpräsentation Sonderforschungsbereich 186 o.J.: www.sfb186.uni-bremen.de.

98 Zinn verweist als grundlegende Quelle für die Entwicklung der BGM auf Witzel und Kühn (2000).

> „Die BGM sind die Konsequenz aus der Erfahrung, daß die Handlungsweisen junger Fachkräfte nicht allein auf gesellschaftliche Rahmenbedingungen, institutionelle Gatekeepingprozesse, situative Umstände und auch nicht auf die individuelle Lebensgeschichte der Handelnden reduziert werden können." (Zinn 2001, S. 68)
> BGM typisieren „berufsbiographische Handlungsweisen" (ebd., S. 239);
> sie sind „sowohl Medium wie Folge berufsbiographischer Erfahrungsverarbeitung", sie „strukturieren einerseits die Aktivitäten der Handelnden und sind gleichzeitig das Ergebnis ihrer Aktivitäten" (ebd., S. 240);
> BGM stehen für „individuelle Konsequenzen aus Sozialstrukturerfahrungen und integrieren eigene biographische Orientierungen und im Prozeß der Selbstsozialisation angeeignete Auseinandersetzungsformen mit beruflichen Gelegenheitsstrukturen und Handlungsmustern der Biographiegestaltung." BGM beziehen sich nicht auf einzelne berufsbiografische Stationen, sondern auf „übersituative Handlungslogiken" (ebd., S. 68); BGM sind, mit Verweis auf Witzel, „problemfeldübergreifende, aber kontextspezifisch aktivierte Orientierungs- und Handlungsmuster" (ebd., S. 71).

Theoretischer Ansatz: In Anlehnung an Giddens wird auf die Dualität sozialer Strukturen verwiesen: als Ergebnis der Handlungspraxis von Subjekten sowie als Medium ihrer Handlungen, wobei Strukturen als Rahmengeber jedoch nie Handlungen vollständig determinieren können (vgl. Zinn 2001, S. 236).

> „Subjekte, die im Lebensverlauf ihre Biographie gestalten, indem sie zu unterschiedlichen Zeitpunkten (vor allem im Zusammenhang mit sozial definierten Statuspassagen) auf die Zukunft gerichtete Entscheidungen treffen, wurden ‚biographische Akteure' genannt. Damit wird betont, daß sich die Handelnden bei ihren Entscheidungen bezüglich des weiteren Lebensverlaufs nicht allein an normativen Vorgaben und Leitbildern orientieren, sondern Konsequenzen aus eigenen Erfahrungen ziehen und zu ihren individuellen Zukunftswünschen ins Verhältnis setzen." (Ebd., S. 237 f.)

Die BGM beziehen sich sozialisationstheoretisch auf das Konzept der Selbstsozialisation nach Heinz, Kelle, Witzel und Zinn (1998), das die zwischen der Kindheits- und Jugendsozialisation einerseits sowie der Erwachsenensozialisation andererseits identifizierte sozialisationstheoretische Lücke füllen soll. Handlungstheoretisch wird den BGM das hierfür entwickelte „ARB-Schema" als Handlungsmodell zugrunde gelegt,[99] das sich auf sich wechselseitig beeinflussende Aspirationen – wie z.B. Interessen, Motive, Ziele, Planungen etc. –, Realisationen – als konkrete Handlungsschritte zur Umsetzung von Aspirationen – und Bilanzierungen – als Bewertungen von Handlungsfolgen und Kontexterfahrungen – bezieht. (Vgl. Zinn 2001, S. 68 ff.)

---

99 Witzel und Kühn (1999), die die BGM-Typologie entwickelten, konzipierten das ARB-Schema als BARB-Schema: Bilanzierungen, Aspirationen, Realisationen, Bilanzierungen.

Als Anknüpfungspunkte zur vorliegenden Arbeit bzw. Übertragbarkeit können Folgende genutzt werden:

- Die Typologie von Zinn, resp. Witzel und Kühn, basiert auf individuellen Orientierungen und Strategien und wird anschließend im Zusammenhang mit, anhand des Schulabschlusses indizierten Ressourcen, persönlichen (geschlechtlichen, familiären) sowie arbeitsmarktlichen (branchenstrukturellen, regionalen) Kontextbedingungen analysiert.
- Hierbei wird insbesondere die Komplexität von Wirkungszusammenhängen zwischen Ungleichheitsindikatoren und berufsbiografischen Handlungsweisen – hinsichtlich Orientierungen, auf Frauen und Männer unterschiedlich wirkender familiärer Situationen sowie nach Geschlecht, Branche und Region unterschiedlich wirkender beruflicher Chancen – klar herausgearbeitet.
- Auf dieser Grundlage lassen sich untersuchungsleitende Anforderungen an die Differenziertheit und Komplexität erwerbsbiografischer Analysen ableiten.
- Inhaltlich knüpfen die in der vorliegenden Forschungsarbeit differenzierten „Handlungsgründe" punktuell an die entwickelten BGM-Typen an (z.B. „Chancenoptimierung", „Persönlichkeitsgestaltung" und „Lohnarbeiterhabitus" an Gründe der „beruflich bedingten Veränderungswünsche", s. Kap. 5.1, Abschnitt „Analysedimensionen").

Zugleich sind Abgrenzungen vorzunehmen:

- Die Begriffe Handlungsweisen, Handlungslogiken und Handlungsmuster werden bei Zinn synonym verwendet. Letztere werden, im Unterschied zu Baumeister, Bollinger, Geissler und Osterland, nicht spezifisch analysiert.
- Fragestellung und Untersuchungsgruppe unterscheiden sich sehr stark von der hier vorliegenden Fragestellung und sind nicht übertragbar, zudem sind sie mit einem relativ kurzen zeitlichen Bezugsrahmen (acht Jahre nach Ausbildungsabschluss) verbunden.

4.3.3 Cluster berufsbiografischer Orientierungen und Ausprägungen von Kompetenzen von (ehemaligen) WeiterbildungsteilnehmerInnen (nach Hendrich)

Bei der Studie (vgl. Hendrich 2003) handelt es sich um eine unveröffentlichte Habilitationsschrift.[100] Sie nimmt Bezug auf ein Leonardo-Projekt, in dessen

100 Die folgenden Cluster werden auch in einem posthum veröffentlichten, von Axel Bolder redigierten Aufsatz erläutert, vgl. Hendrich 2009.

Rahmen in den Regionen Flensburg und Oldenburg Interviews mit 40 (ehemaligen) WeiterbildungsteilnehmerInnen geführt wurden, die aus Arbeitslosigkeit (Frauen und Männer) oder nach einer familiär bedingten Unterbrechung (Frauen) einen beruflichen Wiedereinstieg realisieren wollen oder bereits realisiert haben. Das Alter der Interviewten lag zwischen 30 Jahre bis Ende 40. Folgende Cluster wurden ermittelt:

- männliche aufstiegsorientierte Fachqualifizierte mit Betriebswechseln und erfolgreichen Verbesserungen ihrer Arbeitssituation,
- weibliche hochmotivierte Fachqualifizierte ohne besondere Karriereplanung,
- weibliche erfolgreich Selbstständige,
- weibliche stabilitätsorientierte abhängig Beschäftigte mit positivem Berufsverlauf,
- weibliche „luxurierende" abhängig Beschäftigte ohne besondere materielle Interessen,
- männliche Angelernte mit häufigen Betriebswechseln in prekären Arbeitsverhältnissen und
- weibliche stabilitätsorientierte Beschäftigte mit erfolglosem Berufsverlauf (vgl. Hendrich 2003, S. 144).

Die Cluster differieren somit nach Geschlecht, beruflicher Orientierung und z.T. erwerbsbiografischem Verlauf (Qualifikationsniveau, Kontinuität, Erfolg). Die Cluster weisen jeweils spezifische Ausprägungen von Schlüsselkompetenzen auf. Hierfür wurde in dem Projekt ein Kompetenzmodell von Schlüsselqualifikationen entwickelt mit den Dimensionen: a) inhaltsbezogene und praktische Kompetenzen, wie z.B. inhaltlich fachgerechtes Arbeiten, b) methodische Kompetenzen, z.B. Organisationskompetenzen, Fähigkeit zur Situationsanalyse, zu angemessenem Handeln, zur Zeitplanung, c) soziale Kompetenzen, z.B. Fähigkeit zur Kooperation, zur Selbstbeobachtung, positive Einstellung zu sich selbst, Fähigkeit zum Meistern von Konflikten, d) Einstellungs- und wertorientierte Kompetenzen, z.B. Akzeptanz zur Selbstverantwortung, Zeigen von Loyalität und Verpflichtung, Umgang mit Veränderungen, sowie e) Lernkompetenzen, z.B. Wahrnehmungsfähigkeit von Lernerfahrungen und Selbstlern-Fähigkeit (vgl. Hendrich 2003, S. 121). Die Untersuchung zielt auf die Analyse von „heimlichen" nicht-fachlichen Schlüsselqualifikationen, die in außerberuflichen Lebenszusammenhängen erworben wurden und für die Berufsverläufe und beruflichen Chancen relevant sind. In den Interviews wurden die Erwerbsbiografie, das Bewusstsein über die etwaigen „heimlichen" Schlüsselkompetenzen sowie die beruflichen Orientierungen erfragt.

Theoretischer Ansatz: Hendrich knüpft an die von Baumeister, Bollinger, Geissler und Osterland sowie von Witzel und Kühn gewählte berufsbiografische Perspektive an, die auf die Handlungsmotive der Individuen bzw. ihre Orientierungs- und Handlungsmuster fokussieren und die berufsbiografischen Orientierungen als Widerspiegelung der individuellen Bilanzierungen von Bildungs- und Arbeitserfahrungen herausarbeiten (vgl. Hendrich 2003, S. 41–46). Auch mit Bezugnahme auf Helling (1996) betont Hendrich den letztgenannten Aspekt für die Erwerbsbiografie:

> „Subjektive Bilanzierungen von Berufswechseln und Qualifikationsverwertung (…) reflektieren (…) zum einen Erfahrung der eigenen Bildungsgeschichte und Erwerbsbiographie und sind zum anderen aber immer auch von dem Bemühen gezeichnet, durch den Versuch der Herstellung einer subjektiven erwerbsbiographischen Kontinuität, Ansprüche auf personale und soziale Identität zu wahren." (Hendrich 2003, S. 45 f.)

Als Anknüpfungspunkte zur vorliegenden Forschungsarbeit bzw. Übertragbarkeit sind zu nennen:

- Die Typologie bezieht sich auf individuelle Orientierungen, Kompetenzen, erwerbbiografische Verläufe, Ressourcen und persönliche Kontextbedingungen.
- Die Ausprägung „heimlicher Schlüsselkompetenzen" und das Bewusstsein hierüber ist für die Cluster spezifisch herausgearbeitet.
- Das hierfür entwickelte Kompetenzmodell bietet inhaltlich nutzbare Anknüpfungspunkte.
- Individuelle Handlungskontexte und personale Strukturindikatoren sind in die Cluster integriert.
- Inhaltlich knüpfen die Typen – mit Ausnahme der „weiblichen erfolgreich Selbständigen" und der „weiblichen stabilitätsorientierten Beschäftigten mit erfolglosem Berufsverlauf" – an die in der vorliegenden Forschungsarbeit differenzierten „Handlungsgründe" an (s. Kap. 5.1, Abschnitt „Analysedimensionen").

Als Abgrenzung ist Folgende zu ziehen:

- Fragestellung und Untersuchungsgruppe unterscheiden sich deutlich von der hier vorliegenden Fragestellung.

4.3.4 Die Typologien nach Baumeister et al., Zinn und Hendrich im Vergleich

Die vorstehend erläuterten Typologien beinhalten neben anlagespezifischen Unterschieden auch einige Überschneidungen. Zur besseren Übersichtlichkeit werden die entwickelten Typen nachfolgend synoptisch dargestellt (s. Tab. 1).

Tab. 1: Überblick über die Typologien nach Baumeister et al., Zinn und Hendrich

Baumeister, Bollinger, Geissler & Osterland (1991): Arbeitsmarktstrategien und Orientierungen von Facharbeitern im berufsbiographischen Verlauf	**Zinn (2001): Berufsbiographische Gestaltungsmodi (BGM) junger Fachkräfte**	**Hendrich (2003): Cluster berufsbiographischer Orientierungen und Ausprägungen von Kompetenzen von (ehemaligen) WeiterbildungsteilnehmerInnen**
arbeitsinhaltlich orientierter Facharbeiter	Betriebsidentifizierung	männliche aufstiegsorientierte Fachqualifizierte mit Betriebswechseln und erfolgreichen Verbesserungen ihrer Arbeitssituation
Optimierer	Chancenoptimierung	weibliche hochmotivierte Fachqualifizierte ohne besondere Karriereplanung
sicherheitsorientierter Facharbeiter	Laufbahnorientierung	weibliche erfolgreich Selbständige
lohnorientierter Facharbeiter	Lohnarbeiterhabitus	weibliche stabilitätsorientierte abhängig Beschäftigte mit positivem Berufsverlauf
der Inaktive	Persönlichkeitsgestaltung	weibliche „luxurierende" abhängig Beschäftigte ohne besondere materielle Interessen
	Selbständigenstatus	männliche Angelernte mit häufigen Betriebswechseln in prekären Arbeitsverhältnissen
		weibliche stabilitätsorientierte Beschäftigte mit erfolglosem Berufsverlauf

Die drei Typologien weisen folgende Gemeinsamkeiten auf:

- Der Fokus liegt jeweils auf berufsbiografischen Handlungsstrategien und/oder Orientierungen, wobei Hendrich sowie Baumeister, Bollinger, Geissler und Osterland diese um Cluster- bzw. Typen-spezifische Ausprägungen von Kompetenzen ergänzen. In ihren (handlungs-)theoretischen Begründungen setzen Zinn sowie Baumeister et al. (ähnlich: Hendrich) die berufsbiografischen Orientierungen in einen engen Zusammenhang mit Deutungen und Bilanzierungen von Erfahrungen, strukturellen Rahmenbedingungen und normativen Vorgaben.
- Zwischen einzelnen Typen gibt es inhaltliche Überschneidungen: a) Optimierer (Baumeister et al.)/Chancenoptimierung (Zinn)/männliche aufstiegsorientierte Fachqualifizierte mit Betriebswechseln und erfolgreichen Verbesserungen ihrer Arbeitssituation (Hendrich); b) sicherheitsorientierter und lohnorientierter Facharbeiter (Baumeister et al.)/Lohnarbeiterhabitus (Zinn)/weibliche stabilitätsorientierte abhängig Beschäftigte mit positivem Berufsverlauf (Hendrich); c) Selbstständigenstatus (Zinn)/weibliche erfolgreich Selbstständige (Hendrich).
- Die interviewten Erwerbspersonen umfassen keine älteren Personen ab 50 Jahren.
- Das Qualifikationsspektrum der Interviewpersonen umfasst schwerpunktmäßig FacharbeiterInnen bzw. Fachangestellte (bei Hendrich mit größerer Berufsvielfalt).
- Die Untersuchungsregionen liegen in den alten Bundesländern mit hoher Gewichtung Norddeutschlands: die Region Bremen bei Baumeister et al., die Regionen Bremen und München bei Zinn, die Regionen Flensburg und Oldenburg bei Hendrich.

Unterschiede zwischen den drei Typologien lassen sich wie folgt benennen:

- Neben den genannten einzelnen inhaltlichen Überschneidungen gibt es Unterschiede zwischen den Typen, die i.W. auf die unterschiedlichen Fragestellungen und Untersuchungsgruppen zurückzuführen sein dürften.
- Den Typologien liegen innerhalb der Klammer berufsbiografischer Orientierungen je eigene Fragestellungen zugrunde: Arbeitsmarktstrategien und Orientierungen im berufsbiografischen Verlauf (Baumeister et al.), berufsbiografische Gestaltungsmodi in den ersten Berufsjahren nach der Ausbildung (Zinn) sowie berufsbiografische Orientierungen und Ausprägungen von Kompetenzen (Hendrich). Diese Fragestellungen beziehen sich jeweils auf spezifische Untersuchungsgruppen.

- Die Untersuchungsgruppen unterscheiden sich nach Alter und z.T. auch nach Geschlecht: das Spektrum reicht von jüngeren, ausschließlich männlichen Facharbeitern mehrheitlich im Alter von 25 – 35 Jahren (Baumeister et al.) und jungen Fachkräften beiderlei Geschlechts während der ersten acht Jahre nach Ausbildungsabschluss (Zinn) bis zu weiblichen und männlichen (ehemaligen) WeiterbildungsteilnehmerInnen im Alter zwischen 30 Jahren und Ende 40 (Hendrich).
- Die Strukturkategorie Geschlecht, soweit überhaupt beide Geschlechter untersucht wurden, fungierte bei Hendrich als eines der Cluster konstituierenden Kriterien, während Zinn im Sinne eines Perspektivwechsels zuerst die Gemeinsamkeiten in den allgemeinen Handlungslogiken erforschte und anschließend im Kontext personaler Strukturindikatoren analysierte. In der Tat sind bei Zinn Unterschiede in der Typenverteilung nach Geschlecht aufgrund des geringen Umfangs und der gezielt auch extreme Fälle umfassenden Zusammensetzung des Samples kaum aussagekräftig, wohingegen die anschließende Analyse der Typen im Kontext von Geschlecht, Familie/Kinder etc. gleichwohl „vielschichtige Wirkungszusammenhänge" verdeutlichten.

Unter Berücksichtigung der je spezifischen Untersuchungsanlage verbindet die drei Typologien dennoch eine theoretische Nähe zueinander, indem Einstellungen gegenüber der Erwerbsarbeit und berufs- bzw. erwerbsbiografisches Handeln im Wirkungszusammenhang von individuellen Orientierungen, Deutungen, Strategien, Kompetenzen, Ressourcen, persönlichen Eigenschaften und Kontextbedingungen – wenn auch in je unterschiedlicher Berücksichtigung – untersucht wurden.

4.3.5 Weitere Typologien

Baethge, Hantsche, Pelull & Voskamp (1988): Lebenskonzepte von Jugendlichen: Die Typologie wurde im Rahmen eines Projekts am Soziologischen Forschungsinstitut Göttingen (SOFI) im Auftrag der Hans-Böckler-Stiftung, des Bundesministeriums für Jugend, Familie, Frauen und Gesundheit sowie des DGB entwickelt. Im Mittelpunkt steht die Identität bzw. das Lebenskonzept, fokussiert auf die Bedeutung der Erwerbsarbeit und des Wandels der Arbeitsmarkt- und Berufsbildungsstrukturen für die Identitätsentwürfe von Jugendlichen und jungen Erwachsenen. Hierbei wurden nur solche Jugendliche in die Typenbildung aufgenommen, die bereits über ein „halbwegs erkennbares"

Lebenskonzept verfügen.[101] Die Untersuchungsgruppe umfasst weibliche und männliche Jugendliche zwischen 19 und 25 Jahren. Folgende Typen wurden ermittelt:

- arbeitsorientiertes Lebenskonzept,
- ausbalanciertes Lebenskonzept,
- familienorientiertes Lebenskonzept,
- freizeitorientiertes Lebenskonzept.

Geissler und Oechsle (1990/1996): Lebensplanung junger Frauen: Die Typologie wurde im Rahmen des bereits erwähnten SFB 186 der Universität Bremen entwickelt. Der Fokus liegt auf der handlungswirksamen Planung des eigenen Lebens – was die Typologie nach der Kritik Zinns jedoch nicht einlöst. In die Typologie wurden nur Frauen aufgenommen, die über Planungskompetenz i.S. des Verfolgens bestimmter Formen der Lebensplanung verfügen.[102] Die Untersuchungsgruppe bezieht sich auf junge Frauen zwischen 20 und 30 Jahren. Herausgearbeitet wurden folgende Lebensplanungstypen:

- doppelte Lebensplanung,
- familienzentrierte Lebensplanung,
- berufszentrierte Lebensplanung,
- individualisierte Lebensplanung.

Beide Typologien sind für die vorliegende Untersuchung inhaltlich nicht unmittelbar nutzbar, da sie sich im Ergebnis i.W. nicht auf Handlungsstrategien, sondern auf das Verhältnis der verschiedenen Lebensbereiche zueinander beziehen, dies gilt auch – trotz gegenteiligen Anspruches – für die Typologie von Geissler und Oechsle (zur Kritik vgl. Zinn 2001, S. 55–67).

Pongratz und Voß (2003): Erwerbsorientierungen in entgrenzten Arbeitsformen: Im Rahmen einer von der Hans-Böckler-Stiftung geförderten Studie und anknüpfend an Vorarbeiten der Autoren über das von ihnen idealtypisch entwickelte Konzept des „Arbeitskraftunternehmers" (Voß & Pongratz 1998) untersuchten sie, inwieweit Erwerbsorientierungen von Beschäftigten diesem Typus entsprechen, der sich durch „eine unternehmerische Entwicklung und

---

101 Zinn problematisiert an diesem methodischen Vorgehen, dass auch eine Nicht-Festlegung auf bestimmte Lebenskonzepte „als angemessene Reaktion auf eine zunehmend komplexer erscheinende Zukunft" aufgefasst werden könne, vgl. Zinn 2001, S. 59 ff.

102 Dies stellt nach Zinn eine Einschränkung der Forschungsperspektive dar, zumal er die Frage aufwirft, ob nicht auch verweigerte Planung und Nicht-Planung eine typische Umgangsform mit einer überkomplexen Umwelt darstellt, vgl. Zinn 2001, S. 66 f.

Vermarktung der eigenen Arbeitskraft als Ware" auszeichnet (Pongratz & Voß 2003, S. 24). Hierfür wurden 40 männliche und 20 weibliche Beschäftigte mittlerer bis hoher Qualifikation ohne Vorgesetztenfunktion in Gruppen- bzw. Projektarbeit interviewt, da diese im Unterschied zur „Normalarbeit" „entgrenzte Arbeitsformen" darstellen, in denen der Typus Arbeitskraftunternehmer in relevanterem Umfang vermutet wird. Die Befragten sind aus sechs Betrieben unterschiedlicher Branchen (Versicherung, Fertigungswerk/Elektrotechnik, Meßsystemhersteller/Maschinenbau, Automobilzulieferer, IT-Unternehmen/Hardware-Hersteller und IT-Unternehmen/Technologieentwicklung in den Bundesländern Bayern, Baden-Württemberg und Hessen. Ihr Alter liegt zwischen 21 und 57 Jahren, darunter fast die Hälfte in den 30er und 6 Personen in den 50er Jahren. Zur Analyse der Erwerbsorientierungen wurde differenziert in drei Orientierungssegmente, für die eine jeweils spezifische Typologie entwickelt wurde:

a) der Bereich Arbeitsfeld mit Konzentration auf den Aspekt der Leistungsorientierung und den Typen:
   - Leistungsoptimierung (mit den Subtypen: „Ambitioniert" und „Moderat"),
   - Leistungssicherung (mit den Subtypen: „Erweitert" und „Souverän") und
   - Leistungserfüllung;
b) der Bereich Erwerbsperspektive, fokussiert auf die individuellen berufsbiografischen Orientierungen und unter Übernahme der von Witzel und Kühn entwickelten Typologie berufsbiografischer Gestaltungsmodi, die leicht modifiziert folgende Typen ergab:
   - Autonomiegewinn (nicht wie bei Witzel und Kühn mit der Differenzierung nach Selbstständigenhabitus und Persönlichkeitsgestaltung, da jeweils beide Aspekte bedeutsam waren),
   - Karriereambition (wie bei Witzel und Kühn mit den Subtypen „Chancenoptimierung" und „Laufbahnorientierung"),
   - Statusarrangement (nicht wie bei Witzel und Kühn mit der Differenzierung nach Betriebsidentifizierung und Lohnarbeiterhabitus, die bei Pongratz und Voß nicht als unterschiedliche Typen, sondern vielmehr in überschneidender Ausprägung auffindbar waren; stattdessen mit den Subtypen „Anwartschaft", „Abrundung" und „Erhaltung");
c) der Bereich Lebensführung mit Konzentration auf den Aspekt der Elastizitätsmuster im Verhältnis von Arbeit und Privatleben mit den Typen:
   - Entgrenzung (Pol der Vermischung),
   - Integration (Zwischenfeld zwischen den Polen),

- Gleitende Segmentation (Zwischenfeld zwischen den Polen),
- Starre Segmentation (Pol der Trennung). (Vgl. Pongratz & Voß 2003, S. 52–123.)

Allerdings hielten die Autoren „eine den Einzelfall (über die drei Bereiche hinweg) zusammenfassende Typisierung" aus inhaltlichen und zeitlichen Gründen für verzichtbar (dies. 2003, S. 49 f.). Dieses Vorgehen bietet somit einen methodischen und empirischen Erkenntnisgewinn zu einzelnen Analysedimensionen von Orientierungen, die aber unterhalb der personalen Ebene verortet sind. Für die vorliegende Forschungsarbeit ist die Studie von Pongratz und Voß trotz Unterschieden in der Fragestellung von Interesse, da sie die Berufsbiografischen Gestaltungsmodi nach Witzel und Kühn auch für Untersuchungsgruppen anderer Altersstufen und Qualifikationssegmente grundsätzlich bestätigt und damit validiert (vgl. Pongratz & Voß 2003, S. 88).

4.4 Resümee

In diesem Kapitel wurden grundlegende handlungstheoretische Diskurse aufgearbeitet und für die hier interessierende Fragestellung beruflichen Handelns in höherem Lebensalter zum einen unter der Altersperspektive, zum anderen im Hinblick auf den erwerbsbiografischen Kontext spezifiziert.

Seit der Konzipierung des Handlungsbegriffs bei Max Weber (1925) als sinnhaftes Handeln, dessen zweckrationale Orientierung zwar das reale Handeln keinesfalls dominiert, forschungsmethodisch aber von Weber ins Zentrum gerückt wird, hat sich die Handlungstheorie massiv ausdifferenziert. So nimmt Schütz eine differenziertere Auslegung des Sinn-Begriffs vor. Er sieht den Sinn des Handelns in der reflexiven Zuwendung aus einem jeweiligen „Jetzt und So" bestimmt und verweist – gemeinsam mit Luckmann – auf die Bedeutung des Wissensvorrats für das Handeln. Im weiteren handlungstheoretischen Diskurs werden lange Zeit dominierende und auf Weber rekurrierende grundlegende Annahmen rationalen Handelns selbst infrage gestellt, so u.a. die Bindung des Handlungsbegriffs an Rationalität, Intentionalität, Bewusstheit und Reflexivität. Stattdessen rücken zunehmend weitere Einflussfaktoren auf das Handeln in den Fokus der Betrachtung, wie z.B. Alltagshandeln und Routine, Normen, Emotion, Intuition, Körperlichkeit, Kreativität sowie Interaktion mit anderen handelnden Subjekten und sozialen Zusammenhängen. Auch die beleuchteten Dimensionen des Handelns werden ausdifferenziert, wie z.B. die Prozesshaftigkeit und Verschränkung von Entscheidung und Handeln – statt ihrer bloß sequentiellen Abfolge – sowie durch Handeln ausgelöste unbeabsichtigte

Folgen. Insofern diese handlungstheoretischen Weiterentwicklungen als eine Annäherung an die Komplexität von Entscheidungen und Handlungen eingeschätzt werden können, so erscheint es m.E. eben aufgrund dieser Komplexität auch wenig tragfähig, rationales Handeln um weitere monofokale Kategorien zu ergänzen, denen jeweils verschiedene Handlungsarten zuordenbar sind. Stattdessen wird hier die Auffassung vertreten, dass Handeln angemessener mit einem Konzept fließender Grenzen zwischen Rationalität und Intuition, Reflexivität und Gewohnheit, Intention und Impulsivität erfasst werden kann – womit die von Wilz (2009) aufgeworfene, aber unbeantwortet gelassene Frage kommentiert wird.

Bezieht sich dieser skizzierte Strang der Diskurse auf die Frage nach der Definition und Charakteristik des Handelns, so fragt ein weiterer Diskussionsstrang nach der Verortung des Handelns im Spannungsfeld von Individuum und Gesellschaft. Während in der Rational-Choice-Theorie, die eine der einflussreichen Strömungen innerhalb der Handlungstheorie darstellt und begrifflich teils synonym mit dieser bezeichnet wird, die Frage sozialer Kontextbedingungen kaum bis gar nicht in den Blick nimmt, bilden gesellschaftliche Strukturen als Bedingungen für individuelles Handeln in insbesondere makrosoziologischen Ansätzen den ausschließlichen Fokus. Die Theorie der Strukturation von Giddens (1995) erscheint hier als ein theoretischer Ansatz, der sich explizit einer Bevorzugung einer der beiden Pole, der subjektiven bzw. objektiven Ebene, verweigert und die Verschränkung von Handeln und Struktur als Dualität konzipiert – wenngleich aus der Perspektive des Soziologen als Dualität von Struktur.

Auch die Biografieforschung beansprucht, beide Seiten in den Blick zu nehmen. Hier soll jedoch die mehrfach in der Literatur vertretene Auffassung zurückgewiesen werden, dass es sich bei den unterschiedlichen Forschungslinien allein um unterschiedliche Perspektiven oder gar, so Krüger, nur unterschiedliche Gegenstandsfelder handelt. Stattdessen werden diese der Argumentation von Fuchs-Heinritz (2005) entsprechend als unterschiedliche theoretische Orientierungen gefasst, die in ihren jeweiligen Annahmen über das Verhältnis von Individuum und Gesellschaft die damit verbundenen Einflussgrößen auf individuelles Handeln unterschiedlich gewichten. Im Rahmen der erziehungswissenschaftlichen Biografieforschung leistet Schulze im Hinblick auf das Konzept von Biografie eine Integration der evolutionären, soziologischen, pädagogischen und psychologischen Dimension und fasst hierbei das Verhältnis von Individuum und Gesellschaft als „dramatische Interaktion und Auseinandersetzung zwischen zwei unterschiedlichen Antagonisten" (ders. 2006, S. 46). Diesen Dualismus versuchen Alheit und Dausien, ebenfalls von einem erziehungswissenschaftlich-biografietheoretischen Ansatz ausgehend, zu integrieren, indem sie Struktur und Handeln als eine „biographische Prozessstruktur" i.S. einer biografischen „Organisation von Erfahrungen im sozialen Raum" (dies. 2006, S. 441) konzipieren und hiermit an Giddens anknüpfen. Wenngleich auch eine nähere inhaltliche Untersetzung offen bleibt, erscheint dieser Ansatz in seiner Betonung des Aspekts der Dialektik – anstelle von Wechselwirkung –, der sich in ähnlicher Form in der Giddens'schen Begrifflichkeit der Dualität – statt Dualismus – wiederfindet, am ehesten angemessen, um sich dem komplexen Verhältnis von Individuum und Gesellschaft als Bestimmungsgrößen für individuelles Handeln anzunähern.

Im Kontext dieser beiden Diskussionsstränge konnten für die hier geplante Analyse erwerbsbiografisch orientierten Handelns in höherem Lebensalter vielfältige Analysedimensionen aufgearbeitet werden. So fragen z.B. ForscherInnen im Umfeld der Theorie reflexiver Modernisierung nach den Folgen der mit der Zweiten Moderne verbundenen Uneindeutigkeiten und Ambivalenzen auf die Entscheidungs- und Handlungsprozesse der Individuen. Ohne dem zugrunde liegenden Theoriegehalt folgen zu wollen – so erscheint der zur Herausbildung einer Zweiten Moderne behauptete Strukturbruch durchaus zweifelhaft –, bieten hier verortete Forschungsarbeiten zugleich fruchtbare Hinweise für die Analyse von Handlungsstrategien. Hierzu zählen insbesondere die im Rahmen der Untersuchungen über biografische Sicherheit ermittelte Bedeutung der Perzeption von Unsicherheit[103] für die Ausbildung unterschiedlicher Handlungslogiken (vgl. Bonß, Esser, Hohl, Pelizäus-Hoffmeister & Zinn 2004) sowie die im Rahmen der Analysen zur Veränderung von Arbeit herausgearbeitete Relevanz von Begründungsstrukturen[104] und Reflexivität[105] für Deutungs- und Handlungsmuster (vgl. Hacket, Janowicz & Kühnlein 2004).

In biografietheoretischen Ansätzen erscheint neben der bereits diskutierten Integration von Struktur und Handeln die schon bei Fischer und Kohli (1987) angelegte, bei Schulze (2006) differenzierter erfolgte Betrachtung von Erfahrungen, Orientierungen, Interessen und Zielen ertragreich für die Analyse von Handeln. Schließlich bieten die von Schütze (1984) ermittelten

103 Die Perzeption von Unsicherheit lässt sich nach Bonß et al. als Risiko, das dem eigenen Handeln zugeschrieben und damit als beeinflussbar eingeschätzt wird, oder als nicht beeinflussbare Gefahr fassen, vgl. dies. 2004.

104 Bei den Begründungsstrukturen handelt es sich nach Hacket et al. um übernommene oder um sich selbst zugeschriebene Begründungsstrukturen, vgl. dies. 2004.

105 Hacket et al. differenzieren die Reflexivität nach Selbstverständlichkeit und Optionenvielfalt, vgl. ebd.

Erfahrungshaltungen[106] gegenüber lebensgeschichtlichen Erlebnissen und damit verbundene Zukunftserwartungen[107] wie auch angenommene Interventionsmöglichkeiten[108] heuristisch nutzbare Anknüpfungspunkte für eine Analyse von Handeln.

Die Frage nach spezifischen Rahmungen, Determinanten und Aspekten des Handelns in höherem Lebensalter wird in vielfältigen alternssoziologischen Untersuchungen aufgegriffen. Das hier skizzierte Theorienspektrum thematisiert in den älteren strukturfunktionalen Ansätzen, wie z.B. der Disengagementtheorie, einen Funktions-, Rollen- und Statusverlust im Alter. Auch nachfolgende Theorien beleuchten nahezu ausschließlich das Alter in defizitorientierter Konnotation, wie z.B. die Stigma-Theorie im Hinblick auf altersbezogene Stigmatisierungen oder die exchange-theory in Bezug auf eine geringere Verfügung Älterer über Macht und Ressourcen. Zu Recht kritisiert Schroeter (2003) die hier vielfach unterstellte Altershomogenität. Differenzierungen innerhalb der Altersschichten sowie zwischen den individuellen Lebenslagen und Lebensstilen sind theoretisch zu berücksichtigen. Das von Schroeter entwickelte Modell der figurativen Felder versucht, die auch im Altersdiskurs bestehende Dichotomie von Individuum und Gesellschaft durch das Konzept der drei Rahmungen, dem Struktur-, dem Handlungs- und dem Deutungsrahmen, zu überwinden. Wenngleich die skizzierten Theorien i.W. auf die nacherwerbliche Phase des Ruhestands fokussieren, können viele der hier herausgearbeiteten Dimensionen auch für Erwerbspersonen in höherem Lebensalter als bedeutsam erachtet werden. Dies meint z.B. altersbezogene Stigmatisierungen, Lebenszufriedenheit, Zutrauen, Macht, Ressourcen und Deutungen als relevante Dimensionen des Handelns, die spezifische, wenngleich auch zu differenzierende Altersbezüge aufweisen können. Letztlich verbleiben jedoch nahezu alle vorgestellten Theorien[109] in soziologischen Kategorien, mit denen ertragreich soziale Prozesse und

---

106 Schütze differenziert vier Erfahrungshaltungen: biografische Handlungsschemata, institutionelle Ablaufmuster der Lebensgeschichte, Verlaufskurven und Wandlungsprozesse, vgl. ders. 1984.

107 Als Zukunftserwartungen weist Schütze Folgende aus: Realisierung, Anpassung, Verhängnis und Diskrepanz, vgl. ebd.

108 Die Interventionsmöglichkeiten umfassen nach Schütze Folgende: Anpassung eigener Handlungsplanung, Orientierung an Erwartungsmustern, Kontroll- und Gegenwehrversuche sowie Einrichten von Entfaltungsmöglichkeiten für das erkannte eigene Kreativitätspotential, vgl. ebd.

109 Auszunehmen hiervon ist das von Schroeter entwickelte Modell der figurativen Felder, obgleich er sich in seinem Resümee zur Alternssoziologie ebenfalls nur auf die

Strukturen unter der Altersperspektive erforscht werden können, während die Dimension des individuellen biografischen Umgangs mit dem Altern unbeachtet bleibt.

Auch die von dem Soziologen und Sozialgerontologen Rosenmayr (1989) vorgenommene inhaltliche Untersetzung zentraler Handlungsdimensionen unter dem Altersbezug orientiert sich i.W. auf die nachberufliche Phase bzw. auf deren Vorbereitungsphase. Dennoch können die von ihm untersuchten Dimensionen des Handelns bereits für Erwerbspersonen in höherem Lebensalter als relevant erachtet werden. Rosenmayr verknüpft ausgewählte Dimensionen des Handelns – Lernen, Kreativität, Wissen, Umgang mit Krisen, Kompetenz – mit spezifischen Ausformungen in höherem Lebensalter. Diese heben im Unterschied zu den zuvor skizzierten Diskursen der Alternssoziologie besondere Fähigkeiten im Alter hervor, wie z.B. eine höhere Entscheidungskraft, Kreativität bei Problemlösungen, einen selbstbewussteren Umgang mit Wissen und Nicht-Wissen oder auch einen erfahrungsbasierten Umgang mit Krisen. Anzunehmen ist, dass auch ältere Erwerbspersonen die genannten Fähigkeiten auf Basis ihrer aufgebauten beruflichen, erwerbsbiografischen und lebensweltlichen Erfahrungen sowie ihrer Persönlichkeitsentwicklung ausgebildet haben können.

Dennoch stellen die genannten altersspezifischen Ausformungen letztlich nur eine Potentialität dar, deren Realisierung auch in negativer Ausprägung erfolgen kann. So könnten z.B. problematische Lernerfahrungen und erlebte Altersstigmatisierungen zu einem verunsicherten statt selbstbewussten Umgang mit Wissen und Nicht-Wissen führen. An Rosenmayr ist insofern zu kritisieren, dass er dies nicht generell klarstellt, sondern nur vereinzelt Einflussfaktoren und Einschränkungen benennt. Zugleich geht Rosenmayr auf spezifische Risiken im Alter ein, die, wenn auch in anderer Qualität im Vergleich zur Ruhestandsphase, auch ältere Erwerbspersonen betreffen können. Hierzu zählen Ängste, Isolationseffekte, finanzielle, soziale und gesundheitliche Risiken, die gerade bei älteren Erwerbspersonen z.B. als Folge erfahrener Dequalifizierungsprozesse, arbeitsbedingter Krankheiten oder altersdiskriminierender Erlebnisse denkbar sind.

Soziale, ökonomische, gesundheitliche und weitere Problemlagen können kumulativ wirken und nach Rosenmayr auch auf einer „gesellschaftsbedingten Selbstverursachung“ gründen. Hierunter versteht er eine im lebenslangen

---

Meso- und die Makro-Ebene bezieht, indem er Alter zum einen als soziales Ordnungsprinzip und zum anderen in seiner Prägung durch gesellschaftliche Kontexte fasst, vgl. ders. 2003, S. 60.

Sozialisationsprozess fehlende Vermittlung von Haltungen, die individuelle Handlungsfähigkeit ermöglichen. Mit der Hervorhebung von Selbstbestimmung im Alter, in der Rosenmayr letztlich auch eine Voraussetzung von Kompetenz sieht, spricht er einen weiteren wichtigen Bezug auch für ältere Erwerbspersonen an. Wenngleich auch die Bedeutung von Selbstbestimmung in der Ruhestandsphase, insbesondere im sog. abhängigen Alter, qualitativ nicht vergleichbar ist mit der Erwerbsphase in höherem Alter, so erscheint Selbstbestimmung als Kompass des Entscheidens und Handelns gerade auch in erwerbsbiografischen Umbruchphasen von Relevanz.

Abschließend wurde Handeln im erwerbsbiografischen Kontext betrachtet. Die hierzu bestehende Begriffsvielfalt – Arbeitsmarkthandeln, berufs- oder erwerbsbiografisches Handeln oder Gestalten bzw. Handlungs- oder Gestaltungskompetenz – umfasst unterschiedliche Nuancierungen. Sichtbar wird die Bedeutung, äußere Handlungsanforderungen mit den eigenen Strebungen auszutarieren, hierbei die eigene Biografie als Wandlungsprozess zu verstehen, aber verknüpft mit einer „in allen Umbrüchen dennoch Bestand und Richtung" aufweisenden eigenen Identität (vgl. Munz, Rainer und Portz-Schmitt 2005). Ähnlich fasst Hendrich (2004) dies als „Herstellung subjektiver berufsbiographischer Anschlußfähigkeit", wobei er berufsbiografische Gestaltungskompetenz explizit als Gegenentwurf zu dem allein auf Anpassung zielenden Begriff der Beschäftigungsfähigkeit bezeichnet. Für die vorliegende Arbeit wird der Begriff des erwerbsbiografisch orientierten Handelns gewählt, das ein sich auf grundlegendere Weichenstellungen der Erwerbsbiografie beziehendes Handeln meint. In Anerkennung der hohen Relevanz von Beruflichkeit für die Erwerbspersonen und ihre Chancen am Arbeitsmarkt werden mit dem Begriff der Erwerbsbiografie aber gerade auch berufliche Brüche und Erwerbsphasen außerhalb des gelernten Berufs sowie Phasen außerhalb von Erwerbsarbeit in den Blick genommen. Erwerbsbiografisch orientiertes Handeln ist dabei immer im Kontext beruflicher sowie außerberuflicher Bedingungen, Ressourcen, Erfahrungen und Orientierungen zu verorten.

Vorliegende empirisch gestützte Typologien von Handeln in erwerbsbiografischem Kontext wurden im Hinblick auf die dort einbezogenen Dimensionen und mögliche Anknüpfungspunkte für die vorliegende Forschungsarbeit geprüft. Im Ergebnis zeigte sich, dass eine direkte, nur thematisch modifizierte Übertragung der Untersuchungs- und Analysemethodik auf die hier interessierende Fragestellung bei keiner der vorgestellten Typologien realisierbar ist. Dies ergibt sich aus den jeweils aufgeführten Abgrenzungen. Aber sie sind in mehrfacher Hinsicht fruchtbar für die Entwicklung einer eigenen Vorgehensweise:

Insbesondere die drei erstgenannten Typologien nach Baumeister, Bollinger, Geissler und Osterland (1991) sowie nach Zinn (2001) und nach Hendrich (2003) bieten Anknüpfungspunkte für die vorliegende Forschungsarbeit, da sie sich jeweils auf Einstellungen gegenüber der Erwerbsarbeit und auf berufsbiografisches Handeln beziehen und hierbei – wenn auch in je unterschiedlichem Maße – den Wirkungszusammenhang von individuellen Orientierungen, Deutungen, Strategien, Kompetenzen, Ressourcen, persönlichen Eigenschaften und strukturellen, normativen sowie personalen Kontextbedingungen einbeziehen. Die Berücksichtigung einer solchen Komplexität und Differenziertheit ist als untersuchungsleitende methodische Anforderung auch für das vorliegende Vorhaben transferierbar.

Unter Berücksichtigung der Unterschiede hinsichtlich Fragestellung und Untersuchungsmethodik im Verhältnis zu der hier verfolgten Fragestellung bieten die drei Typologien weitere methodische Anknüpfungsmöglichkeiten: die von Baumeister et al. herausgearbeiteten, zwischen Handlungskompetenzen und Persönlichkeitsstrukturen verorteten Eigenschaften können als Grundlage für die in der vorliegenden Forschungsarbeit als „erwerbsbiografisch orientiertes Handeln“ gefasste Analysedimension genutzt werden. Inhaltlich können die Untersuchungsergebnisse der typisierten Orientierungen und Handlungsstrategien in die in der vorliegenden Forschungsarbeit als „Handlungsgründe“ bezeichneten Analysedimension einfließen. (S. Kap. 5.1, Abschnitt „Analysedimensionen“.)

Eine interessante Frage an das forschungsmethodische Vorgehen ergibt sich aus den unterschiedlichen Herangehensweisen von Zinn und Hendrich in Bezug auf die Analyse personaler Strukturindikatoren, wie z.B. Geschlecht. Während Geschlecht bei Hendrich in die Cluster-Konstitution integriert ist, stellt Zinn in seiner Typologie die Gemeinsamkeiten in den allgemeinen Handlungslogiken in den Vordergrund und nimmt anschließend eine Analyse der Typen im Kontext von Geschlecht, Familie etc. vor. Letzteres Vorgehen wurde für die vorliegende Arbeit gewählt.

Neben den je spezifischen Fragestellungen, die den vorgestellten Typologien zugrunde liegen und somit nicht übertragbar sind für die hier interessierende Fragestellung, stellt insbesondere das Alter der Untersuchungsgruppen ein stark divergierendes Element dar, da sie sich schwerpunktmäßig auf jüngere Erwerbspersonen beziehen und keine Interviewperson, mit Ausnahme der Studie von Pongratz und Voß, über 50 Jahre alt war. Auch die ausschließlich in den alten Bundesländern gelegenen Untersuchungsregionen sind für erwerbsbiografische Analysen von Relevanz, während in dem hier verfolgten Vorhaben Untersuchungsregionen aus Ost- und Westdeutschland verfolgt werden.

Schließlich ist darauf hinzuweisen, dass alle vorgestellten Typologien erwerbsbiografische, personale und weitere Auswahlkriterien voraussetzen, somit die Typologien sich jeweils auf spezifische Untersuchungssegmente beziehen und damit kein vollständiges Abbild unterschiedlicher erwerbsbiografischer Orientierungen und Handlungsstrategien von Erwerbspersonen darstellen: Bei Baumeister et al. wurden Beschäftigte interviewt – Arbeitslose mit der gleichen Qualifikation wurden nicht erfasst. Zinn bezieht sich auf Interviews mit jungen Fachkräften, die eine Ausbildung abgeschlossen haben – junge Erwerbspersonen, die in den gleichen Berufen eine Ausbildung begonnen, aber nicht abgeschlossen haben oder die sich vergeblich um eine Ausbildung bemüht haben, wurden nicht berücksichtigt. Hendrich analysiert Interviews mit (ehemaligen) WeiterbildungsteilnehmerInnen – (ehemalige) Arbeitslose, denen keine Weiterbildung bewilligt wurde, fanden keinen Eingang in die Untersuchung.

Baethge, Hantsche, Pelull und Voskamp (1988) sowie Geissler und Oechsle (1990/1996) schlossen geführte Interviews aus ihrer Auswertung aus, die nicht dem von ihnen jeweils zugrunde gelegten Modell hinsichtlich eines „halbwegs erkennbaren" Lebenskonzepts bzw. bestimmter Formen der Lebensplanung entsprachen – Zinn (2001) kritisierte hieran den Ausschluss von empirisch ermittelten Reaktions- und Umgehensweisen, die nicht den entwickelten Konzepten entsprachen. Pongratz und Voß (2003) schließlich suchten gezielt nach bestimmten „Arbeitskraft"-Eigenschaften und wählten hierfür als Filter bestimmte „entgrenzte" Arbeitsformen – Beschäftigte, die aus diesen Arbeitsformen ausschieden, weil sie möglicherweise deren Arbeitsanforderungen nicht erfüllten, wurden nicht befragt. Ebenso ist für die vorliegende Forschungsarbeit zu berücksichtigen, dass sie zusätzlich zu bestimmten Strukturvariablen, wie z.B. eine in höherem Lebensalter eingetretene erwerbsbiografische Umbruchphase, auch deren Einmündung in eine realisierte Neueinstellung voraussetzte und ältere Erwerbspersonen, denen dies nach einem erwerbsbiografischen Bruch nicht gelungen war oder die außerberufliche Ziele verfolgten, nicht einbezog. Während die meisten der hier erörterten Studien Auswahlkriterien zur Abgrenzung des Samples zugrunde legten, deren Erfordernis entsprechend ihrer Fragestellung deutlich erkennbar war, zeigten gerade die Untersuchungen von Baethge et al. sowie von Geissler und Oechsle die besondere Relevanz, die Auswahlkriterien einer empirischen Untersuchung in eine Passung zur Fragestellung zu bringen oder Letztere entsprechend einzugrenzen, um einer empirischen oder konzeptionellen Verkürzung vorzubeugen. Diese Anforderung wurde im hier verfolgten Forschungsprozess zu berücksichtigen versucht.

Unter Nutzung der skizzierten Erträge aus der konzeptionellen Fassung des Handlungsbegriffs sowie spezifischer Bezüge in der Perspektive auf das höhere Lebensalter, wie auch im erwerbsbiografischen Kontext wird im folgenden Kapitel das Design der empirischen Arbeit entwickelt.

5 Qualitative Analyse gelungener betrieblicher Wechsel und Reintegrationen in höherem Lebensalter: Forschungsdesign

Der empirische Teil der vorliegenden Forschungsarbeit erfolgte in einem qualitativen Forschungsdesign. Dieses wird nachfolgend im Hinblick auf die gewählten Inhalte (Kap. 5.1) sowie die eingesetzte Methodologie und Methodik (Kap. 5.2) beschrieben.

5.1 Inhalte der qualitativen Analyse

Einen ersten Orientierungsrahmen für die qualitative Analyse stellten das zu Beginn des Forschungsprozesses formulierte Untersuchungsziel, das Erkenntnisinteresse und die Forschungsfragen dar, die im Folgenden näher erläutert werden. Anschließend werden die arbeitsmarkt- und handlungstheoretischen Bezüge der Forschungsfragen dargelegt, die in paralleler Auseinandersetzung mit der Forschungslage ausgewählt wurden und zu einer Modifikation der Forschungsfragen führten. Weiterhin werden zur näheren inhaltlichen Begründung des Interviewleitfadens für Erwerbspersonen die Analysedimensionen für erwerbsbiografisch orientiertes Handeln älterer Erwerbspersonen ausdifferenziert, die der Leitfadenausarbeitung zugrunde gelegt wurden. Abschließend wird auf die Verschränkung der verschiedenen Interviewgruppen zur Erhebung von Neueinstellungen älterer Erwerbspersonen in einer Multi-Perspektiven-Analyse eingegangen.

Untersuchungsziel, Erkenntnisinteresse und Forschungsfragen
Ziel der qualitativen Untersuchung war die Analyse gelungener[110] betrieblicher Wechsel (aus Beschäftigung in Beschäftigung) und Reintegrationen (aus Arbeitslosigkeit oder Nichterwerbsarbeit in Erwerbsarbeit), die Analyse erwerbsbiografisch orientierten Handelns[111] und damit verknüpfter Deutungen

---

110 Der Begriff des Gelingens wird hierbei ausschließlich auf den Tatbestand einer erfolgten Neueinstellung in einen Betrieb bezogen, nicht auf die damit verbundene Qualität der Beschäftigungsbedingungen oder die Zufriedenheit der neu Eingestellten mit diesen.

111 Der in Kap. 4.3 entwickelte Begriff des erwerbsbiografisch orientierten Handelns wird im nachfolgenden Abschnitt „Analysedimensionen …" nochmals erläutert.

sowie entwickelter beruflicher Orientierungen und Handlungsmodi wie auch ermittelbarer Kontextbedingungen. Dieses auf einer allgemeinen Ebene angesiedelte Untersuchungsziel lag allen Erhebungsinstrumenten zugrunde, die für die unterschiedlichen Untersuchungsgruppen entwickelt wurden – für Erwerbspersonen in höherem Lebensalter, betriebliche Leitungskräfte und ArbeitnehmerInnenvertretungen.

Das mit dem Untersuchungsziel verknüpfte Erkenntnisinteresse bestand darin,

a) zu erkunden, wie die Qualität von Beschäftigungsverhältnissen beschaffen war, in denen älteren Stellensuchenden ab 50 Jahren eine Neueinstellung gelang, und wie sich diese im Vergleich zur vorhergehenden Erwerbsbiografie darstellte;
b) spezifische Vorgehensweisen bei der Stellensuche zu identifizieren, die im Kontext der erwerbsbiografischen Entwicklung, der individuellen Lebenslage und des Arbeitsmarktes analysiert wurden – und damit auch im Hinblick auf den finanziellen Haushaltskontext, die wirtschaftliche Lage in der Region und die Verwertungschancen der Qualifikation sowie die Begründungen und Kontexte für eine Akzeptanz schlechter Arbeitsbedingungen, aber auch für deren Ablehnung;
c) zu eruieren, inwiefern sich das Handeln und Deuten der Erwerbspersonen in der Umbruchphase in höherem Lebensalter über die Stellensuchstrategien hinausgehend zu divergierenden Umgehensweisen mit dieser Umbruchphase verdichten lassen – begrifflich gefasst als erwerbsbiografische Handlungsmodi; schließlich
d) zu ermitteln, welche einstellungsrelevanten Kriterien die Erwerbspersonen vermuteten bzw. die betrieblichen Leitungskräfte bestätigten und welche Relevanz dem Vorliegen besonderer Bedingungen hierfür zukam, wie z.B. einer herausragenden Spezialisierung oder öffentlich geförderten Einstellungszuschüssen.

Zur Operationalisierung von Untersuchungsziel und Erkenntnisinteresse wurden folgende Forschungsfragen formuliert:

1. Wie sind die gelungenen betrieblichen Wechsel bzw. Reintegrationen qualitativ beschreibbar?
2. Welche Stellensuchaktivitäten haben die älteren Erwerbspersonen unternommen, welche Suchstrategien haben sie verfolgt?
3. Können insbesondere spezifische erwerbsbiografische Handlungsmodi ermittelt werden?
4. Welche Kontextbedingungen und Einflussfaktoren sind von Relevanz?

5. Lassen sich geschlechtsspezifische Konstellationen ermitteln?
6. Wie deuten die Erwerbspersonen ihren beruflichen Werdegang?
7. Was sind aus Sicht der einstellenden Unternehmen als relevant geäußerte Entscheidungskriterien für die erfolgte Einstellung einer älteren Erwerbsperson?
8. Sind die Einschätzungen zwischen den befragten Erwerbspersonen, den betrieblichen Leitungskräften und den ArbeitnehmerInnenvertretungen kongruent bzw. worin bestehen mögliche Divergenzen?
9. Welche Unterstützung erhielten die älteren Erwerbspersonen bei ihrem Wechsel bzw. ihrer Reintegration; lassen sich Schlussfolgerungen zur Unterstützung von Erwerbsverläufen in höherem Lebensalter herleiten?

Untersuchungsziel, Erkenntnisinteresse und Forschungsfragen wurden während des Forschungsprozesses in zweierlei Hinsicht modifiziert: Zum einen wurden die Forschungsfragen begrifflich entsprechend des fortschreitenden Erkenntnisgewinns geschärft. Zum anderen wurde darauf verzichtet, das Agieren der Arbeitsverwaltung näher zu beleuchten. Bereits geführte Interviews mit drei ArbeitsvermittlerInnen lieferten zwar wertvolle Einblicke in die Vermittlungspraxis, aufgrund schwieriger Interviewzugänge konnte der regional homogene Kontext jedoch nicht diversifiziert werden, weshalb die Perspektive der Arbeitsverwaltung im Forschungsverlauf aus dem Untersuchungsziel, dem Erkenntnisinteresse und den Forschungsfragen ausgeklammert wurden.

Die Ergebnisse der hier vorgelegten Untersuchung sind vorrangig auf einer analytisch-explorativen und einer empirisch-konzeptionellen Ebene angesiedelt: In analytisch-explorativer Hinsicht zielte die Forschungsarbeit auf die Erkundung eines bislang qualitativ nicht erforschten Feldes sowie auf das Aufzeigen von Einflussfaktoren und Kontextbedingungen für das Handeln und Deuten von Erwerbspersonen in erwerbsbiografischen Umbruchphasen in höherem Lebensalter. Auf dieser Basis wurden neue Analysekategorien entwickelt, mit denen das Forschungsfeld erschlossen wurde und die zugleich für weitere Forschungsbezüge nutzbar sind.

In konzeptioneller Hinsicht wurden auf Basis der empirischen Befunde Ausprägungen und Differenzierungen im Handeln und Deuten von Erwerbspersonen in erwerbsbiografischen Umbruchphasen in höherem Lebensalter herausgearbeitet. Diese wurden in ihren arbeitsmarkt- und handlungstheoretischen Bezügen zu den in Kap. 3 und 4 entfalteten Rahmen diskutiert und in handlungspraktische Schlussfolgerungen für die bildungswissenschaftliche wie auch die betriebliche und arbeitsmarktförderliche Praxis überführt.

Arbeitsmarkt- und handlungstheoretische Bezüge der Forschungsfragen

In Kapitel 3 wurden Theorien über die Leistungs- und Lernfähigkeit älterer Erwerbspersonen erörtert. Es wurde herausgearbeitet, dass trotz wissenschaftlicher Widerlegungen nach wie vor von einer weit verbreiteten Defizitperspektive auf ältere Erwerbspersonen in den Unternehmen und im Selbstbild der älteren Personen ausgegangen werden kann, die in Form negativer Stereotypisierungen über ältere Beschäftigte zu deren Stigmatisierung führen kann. In der empirischen Untersuchung wurde geprüft, wie sich dies auf der Ebene der Selbsteinschätzungen und Selbstdarstellungen der Erwerbspersonen darstellte und in ihrem erwerbsbiografisch orientierten Handeln sichtbar wurde (Forschungsfragen 2, 3).

Auch von den geäußerten Einschätzungen der betrieblichen Leitungskräfte und ArbeitnehmerInnenvertretungen wurde erwartet, dass sie im Hinblick auf die Leistungs- und Lernfähigkeit älterer Beschäftigter und Stellensuchender – unter Berücksichtigung der eingeschränkten Erhebungsmöglichkeit in solch sensiblen Fragen bei betrieblichen AkteurInnen – im Vergleich mit den Selbsteinschätzungen der Erwerbspersonen Hinweise auf einstellungsrelevante Faktoren liefern (Forschungsfragen 7, 8).

Weitere wichtige Bezugspunkte für die vorgenommene empirische Analyse bildeten die Einbindung von erwerbsbiografischen Entwicklungen und erwerbsbiografisch orientiertem Handeln in eine Gesamtbetrachtung der Lebenslagen von Individuen, ihren Kontextbedingungen und ihren Wechselwirkungen mit subjektiven Deutungen entsprechend des lebenslagenorientierten Ansatzes (Forschungsfragen 1–6).

Im erwerbsbiografischen Verlauf ist die Bewältigung von erwerbsbiografischen Wechseln und Brüchen bei allen Beschäftigungs-, Tätigkeits- und Statuswechseln gefordert, in der erfolgten empirischen Analyse stand insbesondere die Bewältigung der Phase der beruflichen Neuorientierung nach dem 50. Lebensjahr im Mittelpunkt des Interesses. Inwieweit diese Bewältigung durch „Gatekeeping"-Prozesse geprägt war, wie z.B. den betrieblich eröffneten Zugängen zu Stellenbesetzungen, wurde näher betrachtet (Forschungsfrage 7). Hiermit erfolgte ein Anschluss an das Statuspassagenkonzept.

Die Frage nach möglichen geschlechtsspezifischen Ausprägungen wurde in die Analyse von erwerbsbiografischen Werdegängen, erwerbsbiografisch orientiertem Handeln, Kontextbedingungen und Deutungen integriert (explizit: Forschungsfrage 5, implizit: Forschungsfragen 1–4, 6). Die Bedeutung des Merkmals Geschlecht wurde hierbei unter Bezugnahme auf die theoretischen Diskurse ihrer Kontextualität, wie z.B. Qualifikations- und Familienstand, ihrer Intersektionalität, im Sinne ihrer Verwobenheit mit weiteren Ungleichheitsstrukturen, und ihrer sozialen Konstruktionsprozesse des „doing gender“ und des „doing old“, zu denen auch das Selbstbild als ältere Beschäftigte bzw. älterer Beschäftigter zählt, betrachtet.

Indem im Rahmen der empirischen Untersuchung Erwerbspersonen befragt wurden, die eine betriebliche Neueinstellung nach dem 50. Lebensjahr realisiert hatten, verfügten diese alle über Unsicherheitserfahrungen jenseits des „Normalarbeitsverhältnisses“[112]. Wie weitgehend die erwerbsbiografischen Werdegänge solche Unsicherheitserfahrungen aufwiesen und in welcher Weise Unsicherheit außerhalb und innerhalb von „Normalarbeitsverhältnissen“ individuell wahrgenommen und gedeutet wurde, wurde in der erfolgten empirischen Untersuchung anknüpfend an theoretische Diskurse zur Entwicklung der Erwerbstätigkeit erhoben. Ein besonderer Fokus lag hierbei auf der Frage, wie die Befragten erwerbsbiografische Unsicherheit bewältigten (Forschungsfragen 2, 4).

Weitere in Kap. 3 bereits formulierte Fragestellungen, die die vorliegende empirische Untersuchung leiteten, sollen an dieser Stelle wiederholt werden: Wie wurde vor dem Hintergrund von Diskontinuitäts- und Unsicherheitserfahrungen die Gestaltungsfähigkeit des eigenen Lebens eingeschätzt? (Forschungsfrage 6) In welcher Weise ließen sich Verknüpfungen zwischen Diskontinuitätserfahrungen, Unsicherheitsrisiken und erwerbsbiografisch orientiertem Handeln erkennen, z.B. in Bezug auf eigeninitiierte Stellenkündigungen? (Forschungsfrage 4) Welche Bedeutung kam hierbei dem Geschlecht in Verbindung mit haushaltsbezogenem bzw. familiärem Kontext und familiärem Arrangement für die Erwerbstätigkeit in höherem Lebensalter zu, z.B. im Hinblick auf berufliche Perspektiven im Betrieb, auf Einstellungen zur („Normal“-)Arbeit, auf die in der ersten Erwerbshälfte gewählten Vereinbarkeitsmodelle, wie auch auf familiäre Sorgearbeiten in höherem Lebensalter, so z.B. der Pflege der Elterngeneration etc.? (Forschungsfrage 5)

Die Diskussion handlungstheoretischer Ansätze und Diskurse in Kap. 4 verdeutlichte eine zunehmende Ausdifferenzierung des Handlungsbegriffs. In der vorliegenden Arbeit wurde grundsätzlich ein weiter Handlungsbegriff zugrunde gelegt, der von einer Prozesshaftigkeit und Verwobenheit von Entscheidung

112 Auszunehmen hiervon wären lediglich Personen, die eigeninitiiert und ohne zwischenzeitliche Arbeitslosigkeit von einem Normalarbeitsverhältnis in ein anderes Normalarbeitsverhältnis im Sinne einer unbefristeten Vollzeitstelle mit existenzsicherndem Einkommen wechseln. Ein solcher Fall war im befragten Sample jedoch nicht vertreten.

und Handeln sowie von fließenden Grenzen zwischen Rationalität und Intuition, Reflexivität und Gewohnheit, Intention und Impulsivität ausgeht. Für die erfolgte empirische Untersuchung erwerbsbiografisch orientierten Handelns war gleichwohl eine Fokussierung auf den an Alfred Schütz anknüpfenden Sinnbezug relevant, weil das Verstehen des Begründungszusammenhangs, der von den befragten Erwerbspersonen in der Interviewsituation reflektiert, gedeutet und geäußert wurde, die Analyse erwerbsbiografisch orientierten Handelns erst ermöglichte (s. Kap. 5.2). (Perspektivenklärung für Forschungsfragen 2, 3)

Die Verortung von Handeln im Spannungsfeld zwischen dem handelnden Individuum und den dieses Handeln beeinflussenden gesellschaftlichen Strukturen, somit das Verhältnis von Individuum und Gesellschaft, wird in den handlungstheoretischen Diskursen unterschiedlich konzeptualisiert. Interessant erscheinen v.a. solche Ansätze, die die Komplexität dieses Verhältnisses analytisch zu fassen versuchen, ohne einen der Pole Subjektivismus oder Objektivismus zu priorisieren. Hierzu zählen z.B. die Konzepte der „Dualität von Struktur" nach Giddens, der „biographische(n) Prozessstruktur" nach Alheit und Dausien und der „gesellschaftsbedingten Selbstverursachung" nach Rosenmayr. Diese Konzepte ermöglichten einen Zugang zum Untersuchungsgegenstand, der von einer wechselseitigen Verwobenheit von Handeln und Struktur statt einem sequentiellen Wirkungsgefüge ausgeht (Perspektivenklärung für Forschungsfragen 2–4).

Der Begriff der Unsicherheit, der in arbeitsmarkttheoretischen Diskursen auf Erfahrungen, Wahrnehmungen und Deutungen rekurrierend analysiert wird, findet sich auch in handlungstheoretischen Diskursen. Hier wird er, angelehnt an die Theorie reflexiver Modernisierung, im Hinblick auf die Perzeption von Unsicherheit ausgeleuchtet, die nach Bonß, Esser, Hohl, Pelizäus-Hoffmeister und Zinn zwischen zwei Polen verortet werden, nämlich einem dem eigenen Handeln zugeschriebenen und damit als beeinflussbar eingeschätzten Risiko und einer nicht beeinflussbaren Gefahr. Diese stellen eine Einflussgröße auf – auch intra-individuell – unterschiedlich ausgebildete Handlungsmuster dar. Somit stellte sich auch aus dieser theoretischen Perspektive, wie bereits unter der arbeitsmarkttheoretischen Bezugnahme formuliert, die Frage, wie die Gestaltungsfähigkeit des eigenen Lebens von den Erwerbspersonen eingeschätzt wurde, um mögliche Verknüpfungen zu ihrem erwerbsbiografisch orientiertem Handeln prüfen zu können (Forschungsfragen 4, 6).

Ebenfalls anknüpfend an die Theorie reflexiver Modernisierung untersuchen Hacket, Janowicz und Kühnlein individuelle Deutungs- und Handlungsmuster und differenzieren im Ergebnis zwischen einem Handeln basierend auf übernommenen Begründungen (Deutungsebene I) und als fraglos reflektierter

Selbstverständlichkeit (Deutungsebene II) und einem Handeln basierend auf sich selbst zugerechneten Begründungsstrukturen (Deutungsebene I) und einer reflektierten Optionenvielfalt und jeweiligen Folgen (Deutungsebene II). Für die empirische Untersuchung der vorliegenden Forschungsarbeit boten sich damit mögliche Analysedimensionen der Deutungen der befragten Erwerbspersonen sowie ihres erwerbsbiografisch orientierten Handelns an (Forschungsfragen 2, 3, 6).

In Bezug auf beide an die Theorie reflexiver Modernisierung angelehnte Untersuchungen, die hier für den weiteren Forschungsprozess nochmals hervorgehoben wurden, gilt, dass die hier entwickelten Perspektiven auf Deutungen und Handlungen und deren Dimensionen in die Auswertung der empirischen Untersuchung einbezogen wurden. Eine Orientierung auf die entwickelten Typologien oder gar die Theorie reflexiver Modernisierung hingegen wurde in dem hier verfolgten Forschungsansatz ausdrücklich nicht vorgenommen (s. hierzu die Ausführungen unter Kap. 4.1.2).

Biografietheoretische Ansätze nehmen in biografischen Analysen die Erfahrungen, Orientierungen, Interessen und Ziele der Individuen in den Blick. Fritz Schütze differenzierte verschiedene Erfahrungshaltungen gegenüber lebensgeschichtlichen Erlebnissen und damit verbundene Zukunftserwartungen und angenommene Interventionsmöglichkeiten. Diese wurden in die empirische Untersuchung einbezogen (Forschungsfragen 2, 3, 6). Zudem weist die Differenzierung nach Schütze durchaus Anknüpfungsmöglichkeiten zu den (zeitlich nachfolgend entwickelten) Untersuchungen von Bonß et al. sowie von Hacket et al. auf, auf die in den vorhergehenden Absätzen Bezug genommen wurde, indem sie die Einschätzung der Individuen zur Gestaltungsfähigkeit des eigenen Lebens aus je unterschiedlichen Perspektiven beleuchteten.

Alternssoziologische Ansätze beziehen sich zu weiten Teilen zwar auf die Nacherwerbsphase, waren aber für die hier erfolgte empirische Untersuchung insofern von Interesse, als sie altersbezogene Stigmatisierungen – wie auch in arbeitsmarkttheoretischen Ansätzen – sowie Dimensionen wie Lebenszufriedenheit, Zutrauen, Macht, Ressourcen und Deutung für das Handeln von Individuen in den Blick nehmen, die auch für eine Analyse erwerbsbiografisch orientierten Handelns älterer Erwerbspersonen herangezogen werden konnten. Die Analyse alternsspezifischer Kompetenzen, Risiken und die von Rosenmayr besonders hervorgehobene Bedeutung von Selbstbestimmung bildeten weitere wichtige Analysedimensionen in Bezug auf ältere Erwerbspersonen, deren „Alternsspezifik" allerdings in die jeweiligen biografischen Kontexte einzuordnen war, um ihre Ausprägung zu verstehen, ohne deren Generalisierung zu unterstellen. (Forschungsfragen 1–6)

Zu berufsbiografischem Handeln wurden ausgewählte Typologien von Baumeister et al. sowie von Zinn und von Hendrich vorgestellt, die allerdings wegen unterschiedlicher Zielgruppen für die in der vorliegenden Forschungsarbeit erfolgte empirische Untersuchung nicht vollständig übertragbar waren. Sie boten jedoch fruchtbare Hinweise auf Analysedimensionen, die Einstellungen zur Erwerbsarbeit und erwerbsbiografisch orientiertes Handeln in den Kontext von individuellen Orientierungen, Deutungen, Kompetenzen, Ressourcen, persönlichen Eigenschaften, strukturellen, normativen und personellen Rahmenbedingungen stellten. Diese Dimensionen wurden im weiteren Forschungsprozess berücksichtigt, wobei nicht davon auszugehen war, dass ihr Wirkungszusammenhang in ihrer gesamten Komplexität erhoben werden konnte. Vielmehr wurden Kontexte und Bezüge soweit möglich geprüft. Auch die von Hendrich betonte Relevanz berufsbiografischer Anschlussfähigkeit ist an dieser Stelle besonders hervorzuheben. (Forschungsfragen 1–6)

Analysedimensionen für erwerbsbiografisch orientiertes Handeln älterer Erwerbspersonen

Zur Vorbereitung des Interviewleitfadens für Erwerbspersonen wurden die Analysedimensionen, die für das erwerbsbiografisch orientierte Handeln, insbesondere in der Umbruchphase in höherem Lebensalter, als relevant anzunehmen waren, inhaltlich ausdifferenziert. Die Entwicklung der Analysedimensionen orientierte sich dabei an einer möglichst umfassenden Ausweisung vermuteter Merkmalsausprägungen erwerbsbiografisch orientierten Handelns.

Als Annahme wurde hierbei zugrunde gelegt, dass sich relevante Einflussfaktoren auf individuelle Stellensuchstrategien im Kontext (erwerbs-)biografisch aufgebauter Kompetenzprofile, Orientierungen, Bilanzierungen, individueller und sozialer Ressourcen, des berufsfachlichen Angebots- und Nachfrageverhältnisses, wirtschaftlicher, regionaler, normativer und personaler Kontextbedingungen sowie der Einstellungsstrategie des einstellenden Unternehmens beziehen. Unter weitest möglicher Berücksichtigung der individuell nicht bzw. kaum beeinflussbaren Faktoren – somit der Kontextbedingungen – lag der Fokus auf der Frage, *wie die interviewten älteren Erwerbspersonen vorgegangen waren, um eine Neueinstellung erfolgreich zu realisieren*. Für die Analyse wurde nach drei Dimensionen differenziert: den Handlungsgründen, dem Handeln und den Ansprüchen an Arbeitsbedingungen.

Analysedimension A.: Handlungsgründe in spezifischen Handlungskontexten

Die Handlungsgründe verdeutlichen das „Warum“ des erwerbsbiografisch orientierten Handelns, wobei hier versucht wurde, deren Verflechtung mit den strukturellen, betrieblichen, normativen und personalen Kontextbedingungen, den funktionsbezogenen Einstellungen zur Erwerbsarbeit sowie den beruflichen Orientierungen und Deutungen, soweit möglich, zu integrieren (Forschungsfrage 4). Hierzu zählen:

a) Eine Stellensuche infolge einer betrieblich initiierten Kündigung: Diese kann betriebsbedingt, personenbedingt, verhaltensbedingt oder außerordentlich erfolgen.[113]
b) Eine Stellensuche infolge beruflich bedingter Veränderungswünsche: Diese Wünsche können in unterschiedliche Richtungen weisen, z.B. zur Optimierung des Einkommens oder der Karriere unter Statusaspekten, Gestaltungsmöglichkeiten oder arbeitsinhaltlichem Bezug. Weitere Motivationen können sich auf ein arbeitsinhaltliches Veränderungsinteresse (ohne Statusverbesserung), auf einen Wunsch nach neuen beruflichen Erfahrungen oder auf Unzufriedenheit im Betrieb bzgl. Betriebsklima, Arbeitsbedingungen etc. richten.
c) Eine Stellensuche zur beruflichen Absicherung: Eine solche Absicherung kann vorsorgend angestrebt werden, um beispielsweise die Qualität der Arbeitsbedingungen aufrechtzuerhalten, z.B. weil die jetzige Tätigkeit und die damit verbundene Einkommenshöhe nicht bis zur Rente realisierbar sind. Sie kann sich weiterhin auf eine vorsorgende Absicherung der Erwerbsarbeit an sich beziehen, z.B. wegen vermuteter Unsicherheit des Arbeitsplatzes. Schließlich können auch angekündigte bevorstehende Entlassungen eine Stellensuche bedingen.
d) Eine Stellensuche infolge persönlich bedingter Veränderungswünsche: Gründe für solche Wünsche können z.B. auf einen (familiär bedingten) Ortswechsel, Kinderbetreuung, Übernahme von Pflegeaufgaben z.B. gegenüber den Eltern oder auf sonstige persönliche Gründe zurückgehen.
e) Eine Stellensuche infolge sonstiger Wechsel- oder Reintegrationsgründe: Zu sonstigen Gründen für eine Stellensuche kann u.a. die Rückkehr in den Beruf nach einer rehabilitationsbedingten Erwerbsunterbrechung zählen.

Analysedimension B.: Erwerbsbiografisch orientiertes Handeln

Unter dieser Dimension werden das „Was“ und das „Wie“ des erwerbsbiografisch orientierten Handelns thematisiert. Dieser Begriff wird, wie in Kap. 4.3 ausgeführt, in der vorliegenden Arbeit für ein Handeln verwendet, das über

113 Siehe hierzu die Regelungen nach §§ 1 (2) und 13 Kündigungsschutzgesetz, vgl. Bundesministerium der Justiz und für Verbraucherschutz o.J.f, sowie nach § 626 Bürgerlichem Gesetzbuch, vgl. Bundesministerium der Justiz und für Verbraucherschutz o.J.d.

eine konkrete Handlungssituation hinausgehend sich auch auf grundlegendere Weichenstellungen der Erwerbsbiografie bezieht. Hier fließen Kompetenzaufbau und Handeln im gesamten erwerbsbiografischen Verlauf zusammen mit den Aktivitäten und Vorgehensweisen, die auf Betriebswechsel bzw. berufliche Reintegration ab dem 50. Lebensjahr abzielten, sowie den individuellen, v.a. bildungsbezogenen Ressourcen (Forschungsfrage 2). Zu nennen sind:

a) Aufbau und Weiterentwicklung der Kompetenz: Hier wurde ein besonderer Blick erstens auf die fachlichen Qualifikationen gerichtet, die nach Generalisierung vs. Spezialisierung, nach dem Verhältnis von Angebot und Nachfrage im jeweiligen Qualifikationssegment und nach dem Qualifikations-/Kompetenzniveau differenziert werden können. Zweitens ist auch die Kombination von fachlicher, methodischer, sozialer und personaler Kompetenz als relevant hervorzuheben. Zu berücksichtigen ist hierbei, dass die Erhebung über eine Selbsteinschätzung der Erwerbspersonen erfolgte und damit deren Deutung und Reflexion zu erfassen suchte (s. Kap. 5.2). Schließlich sind drittens die im Laufe der Erwerbsbiografie unternommenen Weiterbildungsaktivitäten für die Kompetenzentwicklung von Bedeutung, die nach Häufigkeit, Formen, Anlässen, Zielen und Selbst-/Fremdinitiierung erfasst wurden.

   Zur Erfassung des erwerbsbiografisch orientierten Handelns kann zudem an die zwischen Handlungskompetenzen und Persönlichkeitsstrukturen verorteten Eigenschaften nach Baumeister, Bollinger, Geissler & Osterland (vgl. dies. 1991, S. 152–157) angeknüpft werden. In diese gehen zugleich auch individuelle soziale und bildungsbezogene Ressourcen mit ein. Zu nennen sind:

   - Realitätsbezogenes Planungsvermögen: Dieses „enthält insbesondere zwei Fähigkeiten: Objektive Bedingungen kalkulierend in berufliche Strategien einbeziehen zu können sowie das Planen in Zeitperspektiven“ (Baumeister u.a. 1991, S. 152); für die vorliegende Untersuchung operationalisiert durch folgende Merkmale: analysierend vs. spontan, realitäts- vs. wunschbezogen, zielstrebig vs. abwartend, intensiv-agierend vs. nicht-intensiv-agierend sowie zukunfts- vs. gegenwartsbezogen.
   - Flexibilität und Veränderungsbereitschaft: Hiermit ist die Fähigkeit gemeint, „unter Beibehaltung von Orientierungen und Wünschen eine den vorgegebenen Bedingungen angemessene Strategie entwerfen zu können, (…) der (…) Grad an Beweglichkeit korrespondiert mit Einstellungen gegenüber Veränderung und Neuem“ (Baumeister u.a. 1991, S. 155); für die vorliegende Untersuchung operationalisiert durch

folgende Merkmale: Offenheit vs. fehlende Offenheit für – freiwillig und auch nicht freiwillig wählbare – berufliche Veränderungen sowie auch ungewöhnliche Wege nutzend vs. vorrangig bewährte Wege nutzend.[114]

– Selbst- und Qualifikationsbewusstsein: Dieses zeigt sich u.a. in der Profilierung durch eigene Leistungen, der Einschätzung der Berufssituation als beeinflussbar[115] sowie auch in der Konfliktfähigkeit zur Durchsetzung eigener Interessen (vgl. Baumeister u.a. 1991, S. 156 f.); für die vorliegende Untersuchung operationalisiert durch folgende Merkmale: hohes vs. wenig fachlich-persönliches Selbstbewusstsein, Sichtbarmachen der eigenen Leistung vs. Nicht-Auffallen-Wollen sowie Konfliktbereitschaft vs. Konfliktmeidung.

Die Ausprägung dieser – der personalen Kompetenz zuordenbaren – Eigenschaften und Handlungskompetenzen zeigte sich im Ergebnis der Untersuchung von Baumeister, Bollinger, Geissler und Osterland über FacharbeiterInnen als relevant für ein offensives, an den eigenen Interessen orientiertes Arbeitsmarkthandeln (vgl. dies. 1991, S. 157).

b) Die gewählten Aktivitäten und Vorgehensweisen der Stellensuche: Die gewählte Vorgehensweise bei der Stellensuche ist insbesondere nach folgenden Aspekten zu untersuchen: der Art der gesuchten Stelle nach Tätigkeit und Arbeitsbedingungen (s. auch folgenden Abschnitt C.), den unternommenen Stellensuchaktivitäten nach Konzentration vs. Streuung, Umfang und Qualität, z.B. Mail-Anfragen vs. hochpreisige Mappen, sowie nach Art der Bewerbung, z.B. initiativ und/oder ausschreibungsbezogen. Zu berücksichtigen ist darüber hinaus auch die Kommunikationsstrategie, die in der Art der Kontaktaufnahme, z.B. elektronisch, schriftlich, fernmündlich und/oder persönlich, sowie in dem persönlichen Auftreten, z.B. dem Selbstbewusstsein, der Selbstdarstellung etc., zum Ausdruck kommt. Diese Aspekte wurden für die Entwicklung des Interviewleitfadens und in der Interviewdurchführung in ihrer Breite zu erheben versucht, im späteren Auswertungsprozess wurde die Vorgehensweise dann stärker fokussiert (s. Kap. 6.4).

---

114 Realitätsbezogenes Planungsvermögen sowie Flexibilität und Veränderungsbereitschaft sind anschlussfähig an die von Hacket, Janowicz und Kühnlein herausgearbeiteten Begründungsstrukturen (Deutungsebene I) und Reflexivitätsformen (Deutungsebene II), bewegen sich aber auf einer anderen Analyseebene (vgl. Kap. 4.1.2).

115 Hier zeigen sich Anknüpfungsmöglichkeiten zu der von Bonß, Esser, Hohl, Pelizäus-Hoffmeister und Zinn konzeptualisierten Perzeption von Unsicherheit als beeinflussbares Risiko versus nicht-beeinflussbare Gefahr (vgl. Kap. 4.1.2).

Wichtige Ressourcen für die Stellensuche stellen persönliche Kontakte und Netzwerke im Freundes-, Bekannten- und Familienkreis dar. Ein Aspekt der Stellensuchaktivitäten bezieht sich darauf, inwieweit diese verfügbar sind oder gezielt ausgeweitet werden und zur Information und Beratung genutzt werden. Ebenso können weitere Unterstützungs- und Beratungsformen gesucht und genutzt werden. Hierzu zählen z.B. Informations- und Beratungsangebote durch berufliche Beratungsstellen (Arbeitsagentur, Weiterbildungsberatung einer Bildungseinrichtung etc.), Personalentwicklungsgespräche mit Vorgesetzten, Beratungsgespräche mit dem Betriebs-/Personalrat etc.

Analysedimension C.: Ansprüche an Arbeitsbedingungen
Die an die Arbeitsbedingungen gestellten Ansprüche fragen nach den Konditionen des erwerbsbiografisch orientierten Handelns, in die die qualitativen Einstellungen zu der konkret gesuchten Stelle wie auch zur Erwerbsarbeit generell eingehen. Die Formulierung und Befolgung dieser Ansprüche ist eng verwoben mit den unter A. benannten individuellen Handlungsgründen und -kontexten sowie dem unter B. ausgeführten erwerbsbiografisch orientierten Handeln (Forschungsfragen 1–3).

Diese Ansprüche beziehen sich auf den Grad der Akzeptanz der gebotenen Arbeitsbedingungen, Arbeitsanforderungen und Arbeitsinhalte, wie z.B. arbeitsinhaltliche, funktionale und zeitliche Flexibilität, regionale Mobilität, Arbeitszeit und Vergütung. Insgesamt geht es um das Spannungsfeld zwischen den Polen einer Beschäftigungsaufnahme „um jeden Preis" vs. arbeitsinhaltlichen und arbeitsbedingungsbezogenen Ansprüchen.[116]

Neueinstellungen älterer Erwerbspersonen in einer Multi-Perspektiven-Analyse
In der hier verfolgten empirischen Untersuchung wurden zusätzlich zu der Perspektive der älteren Erwerbspersonen die Perspektiven von weiteren AkteurInnen erhoben und analysiert, denen Entscheidungsrelevanz bei Stellenbesetzungen zukommt. Hierzu zählten betriebliche Leitungskräfte und ArbeitnehmerInnenvertretungen.

Die älteren Erwerbspersonen stellten den zentralen Bezugspunkt der Untersuchung dar. Ziel der Erhebung in dieser Personengruppe war es, in Erfahrung

116 Eine Nicht-Akzeptanz im Sinne nicht verhandelbarer Mindestkriterien, z.B. bei der Vergütung, muss allerdings nicht per se eine Chancenminderung bedeuten, wenn z.B. seitens des einstellenden Unternehmens die Selbstwertzuschreibung bzw. das Nicht-unter-Wert-Verkaufen positiv gewertet werden.

zu bringen, wie sie ihren beruflichen Werdegang und ihr Handeln einschätzten. Im Mittelpunkt dieser Erhebung standen die Phase der beruflichen Neuorientierung ab dem 50. Lebensjahr und das hier unternommene erwerbsbiografisch orientierte Handeln sowie dessen Rahmenbedingungen und die vermuteten Einflussfaktoren auf die gelungene Neueinstellung. Aber auch der Kontext der gesamten Erwerbsbiografie sowie die beruflichen Ziele, Orientierungen, Einstellungen und ihre möglichen Veränderungen im Lebenslauf wurden beleuchtet. Die Erhebung bei den Erwerbspersonen fungierte damit als die Hauptquelle für die Bearbeitung der aus dem oben erläuterten Untersuchungsziel und dem Erkenntnisinteresse abgeleiteten Forschungsfragen. Die jeweiligen Bezüge zu den Forschungsfragen wurden in den vorhergehenden Abschnitten dieses Kapitels erläutert. Indem ihre Perspektive erhoben wurde, wurden ihre Sichtweisen und Begründungszusammenhänge in Erfahrung gebracht und analysiert. Damit sollten theoretische und empirische Forschungsarbeiten, die aus arbeitsmarktlichen, betrieblichen, physiologischen und sonstigen Perspektiven *über* ältere Erwerbspersonen vorliegen, um Eigensichten *ihrer selbst* erweitert werden.

Ob die Bewerbung einer älteren Erwerbsperson in ein Beschäftigungsverhältnis mündet, entscheiden die Leitungsebenen in den einstellenden Unternehmen. Befragungen bei betrieblichen Leitungskräften zielten darauf, ihre Einschätzungen zu Einstellungsverfahren, -kriterien und altersbezogenen Erfahrungen im Personalmanagement zu erheben. Untersucht wurden Neueinstellungen älterer BewerberInnen im Kontext der Unternehmensentwicklung, der sonstigen erfolgten Einstellungen, der allgemeinen Einstellungskriterien und der Stellenbesetzungsverfahren. Relevante Einflussfaktoren für die Einstellung einer älteren Person und nachfolgende Erfahrungen mit der eingestellten Person waren von besonderem Interesse. Darüber hinaus wurden Einschätzungen zu altersspezifischen Bewerbungsstrategien und Leistungspotentialen sowie zu Unterstützungsmöglichkeiten zur Erhöhung von Einstellungschancen erfragt. Die Erhebung bei den betrieblichen Leitungskräften hatte hierbei mehrere Funktionen: Zum ersten konnten – soweit möglich – die Aussagen der Erwerbspersonen im Hinblick auf die Einflussfaktoren für die Einstellung gespiegelt werden. Herausgearbeitet wurde hierbei, inwieweit jene Einflussfaktoren, die von den befragten Erwerbspersonen als einstellungsrelevant vermutet wurden, wie z.B. außerberufliches Engagement, von den betrieblichen Leitungskräften bestätigt wurden und welche Bedeutung diesen Faktoren neben eventuell weiteren zukam. (Forschungsfragen 7, 8)

Zum zweiten konnten die Einschätzungen der betrieblichen Leitungskräfte herangezogen werden, um zu prüfen, inwieweit spezifische Stärken, die von den befragten Erwerbspersonen benannt wurden oder aus ihren Äußerungen ermittelbar waren, auch – exemplarisch – aus der Unternehmensperspektive als betrieblich wichtige und älteren Beschäftigten zugesprochene Stärken angesehen wurden, wie z.B. die berufliche Erfahrung. Hier ging es nicht vorrangig um einstellungsrelevante Aspekte, sondern um Verknüpfungen zwischen Kompetenz, Arbeitseinstellungen und Anforderungen des Tätigkeitsfeldes in Verbindung mit der Wahrnehmung des Merkmals Alter (Forschungsfrage 8).

Zum dritten schließlich konnten weitere Aspekte empirisch beleuchtet werden, die für Einstellungsverfahren relevant sein können, sich aus der Erwerbspersonenbefragung aber nicht erschließen lassen, z.B. Einstellungsstrategien, die Kooperationsform mit der Arbeitsverwaltung, Erfahrungen mit älteren Beschäftigten, Handlungsmöglichkeiten zur Erhöhung der Einstellungschancen älterer Stellensuchender seitens der Unternehmen, der Stellensuchenden und der (Arbeitsmarkt-)Politik (Forschungsfrage 9).

In Unternehmen und öffentlich-rechtlichen Einrichtungen mit einer ArbeitnehmerInnenvertretung in Form von Betriebs- und Personalräten haben diese gesetzlich geregelte Mitbestimmungsmöglichkeiten bei Stellenbesetzungen.[117] Befragungen bei ArbeitnehmerInnenvertretungen zielten darauf, Einschätzungen zu Einstellungsverfahren und -kriterien sowie zur Bedeutung des Merkmals Alter in der Betriebs- und Personalratsarbeit zu eruieren. Analysiert wurden Einschätzungen zu Einstellungsverfahren allgemein und im Hinblick auf die generellen Einstellungschancen älterer Stellensuchender in diesen Unternehmen. Weitere Untersuchungsaspekte bezogen sich auf Einschätzungen zu altersspezifischen Bewerbungsstrategien und Leistungspotentialen, zu alternssensiblen Tätigkeiten und diesbezüglich ggf. bestehenden alternsgerechten Regelungen, zu älter werdenden Belegschaften sowie zu Unterstützungsmöglichkeiten zur Erhöhung von Einstellungschancen älterer Stellensuchender seitens der Unternehmen der Stellensuchenden selbst und der Politik (Forschungsfragen 7–9) Die Befragung der ArbeitnehmerInnenvertretungen hatten

117 Für privatrechtlich organisierte Unternehmen sind diese Mitbestimmungsmöglichkeiten im Betriebsverfassungsgesetz (BetrVG), §§ 93, 95 und 99 BetrVG geregelt, für Körperschaften öffentlichen Rechts, wie z.B. öffentlicher Dienst, Stiftungen etc. im Rahmen der Bundes- oder Landespersonalvertretungsgesetze, so z.B. im Bundespersonalvertretungsgesetz (BPersVG), §§ 75–77 BPersVG. Das Betriebsverfassungsgesetz und die Personalvertretungsgesetze gelten nach § 118 BetrVG und § 112 BPersVG nicht für Religionsgemeinschaften und deren Einrichtungen. Sie dürfen ihr Personalvertretungsrecht selbstständig regeln. (Vgl. Bundesministerium der Justiz und für Verbraucherschutz o.J.b, dass. o.J.c.)

somit die Funktion, die erfragten Einschätzungen der betrieblichen Leitungskräfte insbesondere im Hinblick auf die Einstellungschancen älterer BewerberInnen und die altersspezifischen Leistungspotentiale zu spiegeln und zu ergänzen. Eine weitere Funktion bestand darin, über die thematische Erweiterung um die Aspekte alternssensibler Tätigkeiten, alternsspezifischer Regelungen, altersbezogener Konflikte im Team und möglicher Auswirkungen einer erwartbaren älter werdenden Belegschaft auf die Arbeitsgestaltung Hinweise auf die Bezüge zwischen den betrieblichen Arbeitsanforderungen und der Bedeutung des Merkmals Alter zu erhalten.

Weitere „Akteurinnen" im Hinblick auf Einstellungschancen älterer Stellensuchender sind die Institutionen der Arbeitsverwaltung[118] oder weiterer Träger[119], die in der Arbeitsförderung und Arbeitsvermittlung tätig sind. Wie zu Beginn dieses Kapitels erwähnt, wurden zwar Interviews mit ArbeitsvermittlerInnen geführt, um Einstellungschancen älterer Stellensuchender und die Bedeutung des Merkmals Alter im Wirkungskreis der Arbeitsförderung zu untersuchen, im weiteren Forschungsprozess wurde jedoch auf deren Auswertung verzichtet.

Neben der hier zentralen Perspektive aus der Selbstreflexion älterer Erwerbspersonen ergänzten somit verschiedene betriebliche „Gatekeeper" den Blick auf ältere Erwerbspersonen – allerdings aus der Perspektive einer Fremdreflexion. Darüber hinaus brachten sie eine Selbstreflexion ihres eigenen Handelns bei Einstellungsverfahren älterer Stellensuchender ein.

---

118 Die Arbeitsverwaltung gliedert sich institutionell in die Bundesagentur für Arbeit für den Rechtskreis des SGB III, §§ 367 und 368 SGB III sowie in die Jobcenter der ARGEN und der zugelassenen kommunalen Träger nach §§ 6, 6a, 6d und 44b SGB II, vgl. Bundesministerium der Justiz und für Verbraucherschutz o.J.h, dass. o.J.g. Spezifische Aktivitäten der Arbeitsverwaltung für ältere Arbeitslose und Beschäftigte können im Rahmen der Regelförderung erfolgen, wie z.B. für verlängerte Eingliederungszuschüsse für ArbeitnehmerInnen ab dem 50. Lebensjahr nach § 89 SGB III oder eine Weiterbildungsförderung für Beschäftigte ab dem 45. Lebensjahr nach § 82 SGB III. Zusätzlich gab und gibt es projektgebundene Förderungen für ältere Arbeitslose, hier ist insbesondere das Programm „Perspektive 50plus" des Bundesministeriums für Arbeit und Soziales zu nennen, das von 2005 bis 2015 eingesetzt wurde und in der letzten Phase ab 2011 fast flächendeckend von den Jobcentern und deren NetzwerkpartnerInnen genutzt wurde, vgl. BMAS 2015b.

119 Hierzu zählen z.B. Bildungseinrichtungen oder Unternehmen zur Arbeitsvermittlung, die auf Basis öffentlich geförderter Projekte der EU, des Bundes, der Länder oder sonstiger Fördermittelgeber sowie auf Basis ausgeschriebener Dienstleistungsaufträge für die Arbeitsverwaltung, wie z.B. auf der Grundlage der §§ 176 ff. SGB III agieren.

5.2 Methodologie und Methodik

Nach Darlegung der inhaltlichen Orientierung im vorhergehenden Unterkapitel wird nachfolgend zum einen die wissenschaftstheoretisch-methodologische Positionierung vorgestellt, an denen sich die vorliegende Forschungsarbeit grundlegend orientierte, nämlich an dem Interpretativen Paradigma sowie theoretischen Brücken zum Symbolischen Interaktionismus, zur Phänomenologie, der Hermeneutik und der erziehungswissenschaftlichen Biografieforschung. Erläutert und diskutiert werden zudem Gütekriterien qualitativer Forschung, forschungsethische Prinzipien und Probleme sowie die – soweit möglich – reflektierten Vorannahmen der Verfasserin über das Forschungsfeld.

Zum anderen wird anschließend das methodische Vorgehen chronologisch für das Erhebungs- und das Auswertungsverfahren beschrieben. Ersteres wird im Hinblick auf die gewählte Befragungsmethode, die Themenkomplexe der Interviews, den erfolgten Pretest, die Skizzierung der Samples der drei Interviewgruppen, die Gewinnung der Interviewpersonen, die Durchführung und Dokumentation erläutert und in einer Methodenkritik reflektiert. Zum Auswertungsverfahren werden die Transkription bzw. Protokollerstellung und Anonymisierung, die funktionale und methodische Differenzierung des Interviewmaterials, die Auswertungsschritte für die Erwerbspersonen-Interviews sowie deren Validierung dargestellt und ebenfalls in einer abschließenden Methodenkritik betrachtet.

Wissenschaftstheoretisch-methodologische Orientierung

Die vorliegende Untersuchung orientiert sich am Interpretativen Paradigma. Dieses gilt nach Lamnek als grundlagentheoretische Position qualitativer Sozialforschung[120], die „soziale Wirklichkeit als durch Interpretationen konstruiert" begreift und nicht, wie im sog. Normativen Paradigma „eine außerhalb der Interpretationen existierende objektive Realität" annimmt (vgl. Lamnek 2010, S. 32 f., Zitate S. 33).[121]

Entsprechend des Interpretativen Paradigmas müssen in Anknüpfung an den Symbolischen Interaktionismus

120 Lamnek bezieht sich auf deren wissenschaftsgeschichtlich herausgebildete enge Verknüpfung und schließt eine alternative, z.B. kausalanalytische grundlagentheoretische Einbindung qualitativer Sozialforschung nicht aus, vgl. Lamnek 2010, S. 32 f.

121 Die Ausformulierung des Normativen und des Interpretativen Paradigmas, die einen langjährigen „Paradigmenstreit" nach sich zog, geht auf die erstmalig 1973 erschienene Arbeit von Wilson im Rahmen der AG Bielefelder Soziologen zurück, vgl. in späterer Auflage Wilson 1981, S. 55–63.

> „Situationsdefinitionen und Handlungen angesehen werden als Interpretationen, die von den an der Interaktion Beteiligten an den einzelnen ‚Ereignisstellen' der Interaktion getroffen werden, und die in der Abfolge von ‚Ereignisstellen' der Überarbeitung und Neuformulierung unterworfen sind" (Wilson 1981, S. 61).

Da soziales Handeln aus den Wahrnehmungen und Deutungen der Handelnden entstehen, müssen diese aus der Sicht der Handelnden ermittelt und interpretiert werden (vgl. ebd., S. 61 f.). Eine solche Fokussierung auf handlungsleitende Orientierungen von Individuen ist nach Hoffmann-Riem jedoch nicht als „methodologischer Individualismus" zu verstehen, sondern beinhaltet bereits deren soziale Konstitution (vgl. Hoffmann-Riem 1980, S. 342).

Wissenschaftstheoretisch knüpft die vorliegende Untersuchung an phänomenologische und hermeneutische Positionen an.[122] Die Phänomenologie gilt, so Lamnek (ders. 2010, S. 43), als wissenschaftstheoretische Basis der qualitativen Sozialforschung. Von Mayring als „die Lehre von den konkreten Erscheinungen" bezeichnet (vgl. Mayring 2002, S. 107) geht die Phänomenologie auf die Arbeiten von Edmund Husserl (1859–1938) zurück. Ihr Gegenstand ist die Frage

> „wie ‚Welt' in unserem Bewusstsein ‚entsteht' und wie sie somit für uns auch ist – denn eine andere Welt, als sie für uns ist, gibt es (für uns) nicht" (Danner 2006, S. 139).

Phänomene sind aus der Sicht der Subjekte und ihrer Intentionen zu erfassen. Hierbei soll das Wesen der Erscheinungen durch deskriptive Forschung herausgearbeitet werden. (Vgl. Danner 2006, S. 132–192, Lamnek 2010, S. 44–54, Horlebein 2009, S. 59–62.)

Die Hermeneutik als Lehre des Verstehens bzw. der Auslegung (vgl. Lamnek 2010, S. 54) geht in ihrer wissenschaftstheoretischen Bedeutung für die qualitative Sozialforschung auf die Arbeiten von Friedrich Schleiermacher (1768–1834) und Wilhelm Dilthey (1833–1911) zurück. „Die Natur erklären wir, das Seelenleben verstehen wir" (Dilthey 1957, zitiert nach König & Zedler 2002, S. 88). Das Erklären im Rahmen naturwissenschaftlicher Methoden zielt auf das Entdecken von kausalen Ursachen und Gesetzmäßigkeiten. In Abgrenzung hierzu kann das Erklären des Menschlichen und menschlicher Lebensäußerungen nur deren Gründe zu erfassen suchen, die es zu verstehen gilt. Verstehen erfordert, eine menschliche Lebensäußerung wahrzunehmen, wie z.B. das Lallen eines Kleinkinds in seinen Lauten (= äußere Seite eines Zeichens), als etwas

---

122 Beide Positionen werden im Rahmen dieser Arbeit als metatheoretische Orientierungen genutzt, ohne ihren Ausformulierungen für die (z.B. bei Mayring 2002, S. 107–113 und Danner 2006, S. 60–73, 165–177 beschriebene) Auswertungsmethodologie zu folgen.

Menschliches zu erkennen sowie deren Bedeutung und Sinn zu verstehen, z.B. Lallen als Ausdruck von Wohlbehagen (= innere Seite eines Zeichens). Das Verstehen von Sinn in der Hermeneutik geht über ein einfühlendes (= psychologisches) und ein alltagsbezogenes (= elementares) Verstehen hinaus und fokussiert insbesondere auf das höhere, einen individuellen oder allgemeinmenschlichen Zusammenhang herstellende Sinn-Verstehen, wie z.B. das Verstehen einer individuellen Verhaltensauffälligkeit unter Betrachtung der Lebenskontexte dieses Individuums. (Vgl. Danner 2006, S. 34–131, insbes. S. 37–51, König & Zedler 2002, S. 85–94, Lamnek 2010, S. 54–70, Horlebein 2009, S. 51–58.)

Beziehen sich die vorhergehenden Ausführungen zur wissenschaftstheoretischen Orientierung auf das „Was" der wissenschaftlichen Erkenntnis und das „Wie" der Erkenntnisgewinnung, weist die Methodologie die Bedingungen der Erkenntnisgewinnung für einen eingegrenzten Erkenntnisbereich aus (vgl. Lamnek 2010, S. 43).

Entsprechend dem von Glaser und Strauss entwickelten Ansatz der grounded theory wird die zentrale Bedeutung qualitativer Forschung in der Entdeckung und Entwicklung von Theorien gesehen. Sie wenden sich damit gegen Auffassungen quantitativer Methodologie, nach der empirische Daten erst bei einer Theorienprüfung, nicht aber für deren Generierung genutzt werden, und qualitative Forschung lediglich als Vorarbeit quantitativer Forschung betrachtet wird. Durch vergleichende Analyse sozialer Einheiten können empirische Daten geprüft und validiert werden, insbesondere aber können Kategorien und Subkategorien zur Erfassung sozialer Wirklichkeit erarbeitet werden, die auch dann bedeutsam bleiben können, wenn sich die ihnen zugrunde liegenden Daten verändern. In der Untersuchung eines Gegenstandsbereiches werden nach Glaser und Strauss gegenstandsbezogene Theorien, z.B. zum Bandenverhalten, entwickelt, auf deren Basis formale Theorien, z.B. zu abweichendem Verhalten, der Ebene mittlerer Reichweite erarbeitet werden können (vgl. Glaser & Strauss 1967, Lamnek 2010, S. 90–105).[123] Theorien werden somit erst im Prozess der Datenanalyse generiert[124], was eine theoretische Offenheit zu Beginn dieses Prozesses

123 Übertragen auf die vorliegende Arbeit können sich die zugrunde liegenden Daten z.B. auf die berichteten Stellensuchaktivitäten der Interviewpersonen beziehen und die hieraus ermittelten Kategorien und Subkategorien auf verschiedene Arten hieraus ableitbarer Suchstrategien und deren Ausprägungen.

124 In der Konsequenz beinhaltet dies eine Gleichzeitigkeit von Datensammlung, Datenanalyse, Hypothesen- und Theoriengenerierung. Die Datensammlung entlang der sich entwickelnden Theorie wird als Theoretical Sampling bezeichnet, vgl. Glaser & Strauss 1967, S. 45–77, Kelle & Kluge 2010, S. 47 ff.

voraussetzt. Bezogen auf den Beginn der Datensammlung fordern Glaser und Strauss: „The initial decisions are not based on a preconceived theoretical framework." (Glaser & Strauss 1967, S. 45, s. auch S. 33) Entgegen dieser Position wird hier die Auffassung vertreten, dass es nicht möglich ist, ein Forschungsfeld unter vollständiger Ausschaltung des individuell vorhandenen theoretischen, normativen und affektiven Vorverständnisses zu eröffnen und zu bearbeiten. Vielmehr erscheint es erforderlich, dieses Vorverständnis soweit möglich zu reflektieren und offen für dessen Überprüfung und Veränderung zu sein. Auch in der Literatur wird diese Forderung kontrovers diskutiert (vgl. Lamnek 2010, S. 97, Kelle & Kluge 2010, S. 18 ff.).[125] Methodologisch, im Hinblick auf die Entwicklung von Kategorien und gegenstandsbezogenen Theorien, orientiert sich die vorliegende Untersuchung an den hier erläuterten Prämissen der grounded theory, ohne allerdings ihren Ausformulierungen für den Erhebungs- und Auswertungsprozess zu folgen.

> „Qualitative Forschung hat den Anspruch, Lebenswelten ‚von innen heraus' aus der Sicht der handelnden Menschen zu beschreiben. Damit will sie zu einem besseren Verständnis sozialer Wirklichkeit(en) beitragen und auf Abläufe, Deutungsmuster und Strukturmerkmale aufmerksam machen. Diese bleiben Nichtmitgliedern verschlossen, sind aber auch den in der Selbstverständlichkeit des Alltags befangenen Akteuren selbst in der Regel nicht bewusst." (Flick, Kardorff & Steinke 2004, S. 14)

In den Ausführungen von Flick, Kardorff und Steinke werden die für den Forschungsprozess zu differenzierenden Ebenen sichtbar: die subjektiven Deutungen und Deutungsmuster, deren Reflexion durch die „beforschten" Individuen sowie die Möglichkeiten einer Forscherin oder eines Forschers, diese zu verstehen. Zur begrifflichen Klärung wird in Anlehnung an Schütz und Schüßler Deuten als Zuschreibung von Sinn verstanden, durch den Situationen interpretierbar sowie Verhalten und Handeln möglich werden. In Routine-Situationen vollziehen sich Deutungen vielfach unbewusst und automatisch auf Basis des bereits vorliegenden „Wissensvorrats". (Vgl. Schütz 2004, S. 192 f., Schütz & Luckmann 1979, S. 133, 148–151, Schüßler 2000, S. 21 f., vgl. auch die Ausführungen unter Kap. 4.1.1.) Der Begriff des Deutungsmusters kann als Interpretationsmuster definiert werden, das vielfach unbewusst ist und durch kollektive, in gemeinsame sozial-historische Kontexte eingebundene Sinngehalte wie auch

---

125 Nachfolgend relativierte Strauss diese Position und entwickelte gemeinsam mit Corbin eine davon abweichende Konzeptvariante der grounded theory, vgl. Strauss & Corbin 1996 (zur Frage des theoretischen Vorverständnisses: dies. 1996, S. 25–38), Seipel & Rieker 2003, S. 66–70, Lamnek 2010, S. 104.

durch subjektive Verarbeitungen und Erfahrungen geprägt ist (vgl. Schüßler 2000, S. 5, 64–68, 101, 121 f.).

Wird ein Individuum in einem Interview zu seinen Deutungen vergangener Erlebnisse und zu dem Sinn seines Handelns befragt, so erfolgt dieses Deuten nach Schütz in der reflexiven Zuwendung aus dem jeweiligen „Jetzt und So" des Individuums, wie auch umgekehrt die Art der Zuwendung das Jetzt und So mitkonstituiert (vgl. Schütz 2004, S. 164–166, 175–179, vgl. auch die Ausführungen unter Kap. 4.1.1). Das Verstehen des subjektiv gemeinten Sinns durch eine andere Person, das Fremdverstehen, erfordert den Nachvollzug dieser Sinnsetzung und ist immer nur annäherungsweise möglich. Im Unterschied zum i.d.R. routinisiert ablaufenden Fremdverstehen im Alltag erfordert sozialwissenschaftliches Verstehen die Reflexion der Voraussetzungen und Methoden des Verstehensprozesses selbst. (Vgl. Soeffner 2004, S. 165–172, Schütz 2004, S. 219 ff., insbes. S. 258–264.)

Das Verstehen subjektiven Sinns ist insbesondere das Erkenntnisziel der Biografieforschung, zu der sich auch die hier durchgeführte Untersuchung zählt.[126] In ihrer Ausformulierung als erziehungswissenschaftliche Biografieforschung wird menschliche Entwicklung als lebenslanger Lern- und Bildungsprozess gefasst (vgl. Marotzki 2004, S. 175, Schulze 2006, S. 39, vgl. auch Kap. 4.1.3).[127] Angesichts vielfältiger werdender Möglichkeiten der Lebensführung – Marotzki spricht hier an anderer Stelle (vgl. ders. 2004, S. 177) auch von der Kontingenzsteigerung in modernen Gesellschaften – und einer damit verbundenen „Pluralisierung von Sinnhorizonten" verortet derselbe Autor die Aufgabe der erziehungswissenschaftlichen Biografieforschung darin, „ein Wissen über verschiedene individuelle Sinnwelten, Lebens- und Problemlösungsstile, Lern- und Orientierungsmuster" bereitzustellen (Marotzki 2006, S. 113).[128]

---

126 Zur Differenzierung von Sinnkonzepten in der qualitativen Sozialforschung in subjektiven, sozialen und objektiven Sinn und zugehörige Forschungsansätze vgl. Lamnek 2010, S. 26–29, Flick, Kardorff & Steinke 2004, S. 18 f.

127 Garz und Blömer weisen diesen Ansatz als bildungstheoretisch orientierte Biografieforschung aus, zu deren Vertretern neben Marotzki und Schulze auch Krüger zählt, vgl. Garz & Blömer 2010, S. 575–578.

128 Ein relevanter Begriff bei Marotzki ist die „Biographisierung", hierunter versteht er „jene Form der bedeutungsordnenden, sinnherstellenden Leistung des Subjekts in der Besinnung auf das eigene gelebte Leben" (Marotzki 2004, S. 179). Er verwendet den Begriff der Biografisierung aber auch auf deren jeweils spezifische Ausprägungsform (vgl. ebd., S. 183, 185). Schulze indes definiert Biografisierung als gattungsgeschichtlich sich herausbildende Notwendigkeit, das Leben als Biografie zu gestalten, das damit über die rein biologische Existenz hinausgeht und aus zunehmenden

> „Aus erziehungswissenschaftlicher Sicht geht es also (...) darum, dem menschlichen Handeln als situativ gebundenem, historisch geprägtem und durch sinnhafte Bedeutungen konstituiertem Rechnung zu tragen. Ziel ist es, den einzelnen Menschen in seinen sinnhaft-interpretativ vermittelten Bezügen zur alltäglichen Lebenswelt ebenso zu verstehen wie in seinem biographischen Gewordensein. Die Dimensionen der Prozessualität und Historizität erhalten dadurch eine besondere Bedeutung." (Marotzki 2006, S. 113)

Dem phänomenologischen Bezug der Biografieforschung – im Sinne ihrer Orientierung auf die „alltägliche Lebenswelt als Fundierungshorizont" – ist nach Marotzki insofern auch weder ein Subjektivismus noch ein Gegensatz zu Gesellschaftstheorien unterstellbar (vgl. ders. 2004, S. 185, vgl. auch die Ausführungen in Kap. 4.1.3).

Gütekriterien
Kann die Qualität qualitativer Sozialforschung anhand von „Gütekriterien" beurteilbar gemacht werden? Die Nichtübertragbarkeit der für quantitative Forschung weithin akzeptierten Gütekriterien – Objektivität, Reliabilität, Validität[129] – auf die qualitative Forschung erscheint evident, weil die Interaktion zwischen Forschenden und Beforschten im qualitativen Forschungsprozess immer eine Einzigartigkeit darstellt. Der Diskurs um eine Neubestimmung solcher Gütekriterien für die qualitative Forschung umfasst unterschiedliche Konzepte, die sich von einer Modifikation der o.g. Kriterien über eine Orientierung an alternativen Kriterien, wie z.B. der Triangulation, bis hin zur Ablehnung jeglicher Kriterien erstrecken (vgl. Lamnek 2010, S. 127–167, Mayring

---

Orientierungs- und Handlungsalternativen erwächst. Er bezieht den Begriff ausschließlich auf die Bedingungen der biografischen Prozesse und nicht auf diese selbst (vgl. Schulze 2006, S. 47 f., vgl. auch die Ausführungen unter Kap. 4.1.3). Marotzki definiert diesen Begriff somit über dessen subjektive Dimension, Schulze über die sozial-historische Dimension, beide sind m.E. jedoch in dieser Hinsicht zueinander anschlussfähig. Konträr werden sie in der Frage der Abgrenzung zur bzw. Bezugnahme auf die Ausprägungsform der Biografisierung. Hier erscheint das Begriffsverständnis von Schulze klarer und stringenter.

129 Objektivität meint die Unabhängigkeit der Untersuchungsergebnisse von den Forschenden, die auch bei personellem Wechsel der Forschenden zu den gleichen Untersuchungsergebnissen führt; Reliabilität meint die Zuverlässigkeit der Untersuchung, die u.a. durch das gleiche Untersuchungsergebnis bei wiederholter Untersuchung angenommen wird; Validität meint die Gültigkeit in dem Sinne, dass eine Untersuchung das misst, was sie zu untersuchen beabsichtigt – vgl. Bortz & Döring 2003, S. 193–202, 326–329.

2002, S. 140–148, Marotzki 2006, S. 125–129, vgl. zur Übersicht Steinke 2004, S. 319–321). In Anlehnung an Fuhs und Steinke werden im Rahmen dieser Untersuchung Gütekriterien zugrunde gelegt, die sich auf die intersubjektive Nachvollziehbarkeit des Forschungsprozesses durch Reflexion und Dokumentation des Vorverständnisses, des methodischen Vorgehens, seiner Umsetzung und Gegenstandsangemessenheit sowie der Aussagereichweite der generierten Theorien und Befunde beziehen (vgl. Steinke 2004, S. 323–331).

> „Die Güte einer Qualitativen Forschung hängt im Wesentlichen davon ab, dass die Methoden dargestellt, begründet und reflektiert werden und dass das Vorgehen von der Fragestellung her begründet und in allen Schritten nachvollziehbar wird." (Fuhs 2007, S. 54)

Die Untersetzung dieser Güterkriterien erfolgt i.W. in den methodischen Ausführungen der Kap. 5.1 und 5.2 sowie in einer umfangreichen Ausweisung von Belegstellen für die vorgenommenen Textinterpretationen in den Kap. 6.2–6.7.

Forschungsethische Prinzipien und Probleme

Zu den ethischen Prinzipien sozialwissenschaftlicher Forschung zählt nach Miethe das Prinzip der informierten Zustimmung, der Anonymisierung und der Rückmeldung von Ergebnissen (vgl. Miethe 2010, vgl. auch Hopf 2004a). Das Prinzip der informierten Zustimmung wurde gewährleistet, indem die Interviewpersonen vorab über das Ziel der Untersuchung und die Datenverwendung informiert wurden. Soweit die Zustimmung von den Interviewpersonen an einschränkende Bedingungen geknüpft wurde, wurden diese berücksichtigt. So wurden im Einzelfall einzelne, bereits auf Audioband aufgezeichnete Sprachpassagen benannt, die nicht verschriftlicht werden durften, diese wurden als Leerstelle im Transkript vermerkt. In einem Fall wurde die Aufnahme nur unter der Voraussetzung gestattet, dass die Aufzeichnung nicht weitergeleitet und nach der Auswertung wieder gelöscht wird. Dementsprechend wurde für diesen Fall auf eine Direktzitation der Daten sowie deren Vorhalten für eine Belegbarkeit der Primärdaten verzichtet. Das Prinzip der Rückmeldung ist in der Ethik-Diskussion zwar umstritten[130], ist aber für die vorliegende Arbeit vorgesehen, zumal dies auch von mehreren Befragten ausdrücklich gewünscht wurde.

---

130 Gegenargumente gegen eine Rückmeldung beziehen sich ebenfalls auf ethische Gründe, indem mögliche Folgen, wie z.B. ein therapeutischer Bearbeitungsbedarf bis dahin unbewusster biografischer Strukturen, problematisiert werden, vgl. Miethe 2010, S. 932 f.

Der Verantwortung für einen anonymisierten und wertschätzenden[131] Umgang mit den Interviewpersonen und den von ihnen geäußerten Sichtweisen wurde in allen Phasen des Forschungsprozesses seitens der Verfasserin eine besondere Bedeutung beigemessen. Im Forschungsprozess zeigte sich indes, dass eine konsequente Umsetzung auf Probleme stößt:

So ist zum einen die Anonymität dann nicht mehr gewährleistet, wenn trotz erfolgter Anonymisierung Eheleute, KollegInnen und Vorgesetzte über die Fallbeschreibungen und Zuordnung von Daten zu Fällen diese Daten auf die ihnen bekannten Personen zurückführen können. Angesichts der erfragten Bewertung biografischer Entwicklungen und beruflicher Einstellungen und Zukunftspläne beinhalten die Interviewaussagen sensible Daten, die bei einer Rückführbarkeit auf die Interviewperson zu unerwünschten Folgen für diese führen könnten. Zur Lösung dieses Dilemmas wurde die Ausweisung sensibler anonymitätsriskanter Details, die für das Sinnverstehen nicht dringend erforderlich waren, ausgespart oder – falls inhaltlich erforderlich – auf einer höher aggregierten Ebene vorgenommen, indem z.B. die Fallreferenzen für beide Geschlechter oder beide Regionen zusammengefasst wurden.

Zum anderen wurde deutlich, dass der Anspruch eines wertschätzenden Umgangs in ein Spannungsfeld gerät, insofern die Analyse von Deutungen nicht immer wertfrei sein kann. Bedeutet Wertschätzung den Verzicht auf Wertung bzw. die Annahme von Gleichwertigkeit? Fuhs verweist zu Recht darauf, dass das Ziel des Verstehens einer „fremden Bedeutungswelt" in der qualitativen Forschung immer die Reflexion der eigenen Bedeutungswelt der Forschenden erfordert (Fuhs 2007, S. 19, 24 f., Zitat S. 19). Seiner Auffassung kann hingegen dort nicht mehr gefolgt werden, wenn er wertende Einstellungen prinzipiell infrage stellt.[132] M.E. können Interviewaussagen in den Bedeutungen für die

131 Das Prinzip der Wertschätzung bzw. eines wertschätzenden Umgangs mit den Befragten und ihren Interviewaussagen ist in der forschungsethischen Diskussion weniger deutlich ausformuliert: Wertschätzung gegenüber den Untersuchten gehört nach Miethe (vgl. dies. 2010, S. 934) zum professionellen forschungsethischen Habitus in der qualitativen Forschung. Im Ethikkodex der Deutschen Gesellschaft für Erziehungswissenschaft hingegen ist lediglich die Rede von der (nicht näher erläuterten) zu wahrenden Integrität der beforschten Personen, vgl. DGfE 2010.

132 So formuliert Fuhs: „Qualitative Forschung geht von einer Gleichwertigkeit der unterschiedlichen Kulturen aus, wertende (koloniale) Einstellungen stehen nicht nur gegen die Forschungsethik, sondern machen eine objektive Forschung unmöglich." (Fuhs 2007, S. 23, 25) Und an anderer Stelle: Es bedarf besonderer Anstrengungen des Forschers, „dem fremden Phänomen nicht selektiv und wertend gegenüber zu stehen" (Fuhs 2007, S. 25). Auch wenn sich seine Argumentation teils auf frühe ethnografische

Befragten und in ihren Begründungszusammenhängen beleuchtet werden. Es kann versucht werden, eigene Deutungsmuster zu reflektieren und die Belegbarkeit von Interpretationen zu sichern, um vorschnelle Schlussfolgerungen zu vermeiden. Ein Verzicht auf Wertung ist im Rahmen sozialwissenschaftlicher Forschung allerdings nach meiner Auffassung nicht realisierbar.[133] Bezogen auf den hier vorgenommenen Forschungsprozess bezog sich dies insbesondere auf die Analyseschritte, die über die Rekonstruktion individueller Begründungszusammenhänge hinausgehend deren soziale Folgen betrachteten, wie z.B. – von der Verfasserin als problematisch eingeschätzte – Folgen aus dem eigenen – der Verfasserin im Begründungszusammenhang als verstehbar analysierten – Tun der Interviewperson für sich selbst oder für andere Personen im sozialen Umfeld. Hierzu zählten z.B. im Falle der interviewten Erwerbspersonen Handlungsfolgen im Kontext der Stellensuche oder der jeweiligen Familienarrangements, im Falle der betrieblichen Leitungskräfte Handlungsfolgen im Kontext der Einstellung älterer Stellensuchender zu prekären Beschäftigungsbedingungen. Wie eine wertschätzende Analyse und Interpretation von Interviewaussagen, die von der Verfasserin als nicht wertschätzend bewertet wurden, erfolgen konnte, stellte sich als offenes Problem. Dies wurde durch eine detaillierte Ausweisung der subjektiven Begründungszusammenhänge der Interviewpersonen sowie das Aufzeigen einer sachbezogenen Problematisierung zu lösen versucht.

Vorannahmen

JedeR ForscherIn geht mit Vorannahmen an ihr/sein Forschungsfeld heran und orientiert sich unbewusst oder bewusst an diesen Vorannahmen, die sich auf Theorien, empirische Befunde, Erfahrungen und Weltdeutungen beziehen können und für den Forschungsprozess bewusst oder unbewusst leitend sind. Die Reflexion der Einordnung des Forschungsvorhabens in theoretische und empirische wissenschaftliche Bezüge ist als Standard wissenschaftlichen Arbeitens anerkannt und wurde in der vorliegenden Arbeit in Kap 5.1 mit Bezug auf die Kap. 3–4 vorgenommen. Die Relevanz von Erfahrungen und Weltdeutungen der Forscherin/des Forschers hingegen wird im Rahmen der wissenschaftstheoretischen Diskurse um „wissenschaftliche Objektivität“ und „Erkennbarkeit von

Forschungen bezieht, differenziert er in seinen Ausführungen nicht grundsätzlich zwischen der „fremden Nähe“ und der „fernen Fremde“ (Fuhs 2007, S. 22 f.).

133 Auch eine fehlende Wertung stellt in einer sozialwissenschaftlichen Analyse eine Form der Wertung dar, indem sie auf eine Problematisierung der gewonnenen Erkenntnisse verzichtet.

Welt“ kontrovers diskutiert (vgl. exemplarisch König & Zedler 2002, S. 209–246). Zumindest in der qualitativen Forschung wird deren Reflexion zunehmend postuliert und als ein Gütekriterium wissenschaftlichen Arbeitens angesehen (vgl. Soeffner 2004, S. 171 f.).[134] Im Folgenden werden die Vorannahmen der Verfasserin über das Forschungsfeld, soweit sie nicht bereits im vorhergehenden Kap. 5.1 verdeutlicht wurden und soweit sie der Reflexion zugänglich gemacht werden konnten, erläutert:

- Die Merkmale Alter, Geschlecht und sonstige personenstrukturelle Merkmale können sich als hilfreiche Konstrukte erweisen, um soziale Problemfelder zu beleuchten, wie z.B. Arbeitsmarktchancen. Zugleich ist die soziale Konstruktion dieser Merkmale zu berücksichtigen (vgl. Kap. 3.5). Dies erfordert, in der wissenschaftlichen Literatur, im Forschungsfeld und in der eigenen Forschendenperspektive vorfindbare kausale Verknüpfungen wie auch Generalisierungen nach Alter und Geschlecht konsequent offen zu legen und zu hinterfragen.
- Die Analyse gelungener betrieblicher Wechsel und Reintegrationen kann Hinweise auf förderliche Einflussfaktoren, wie z.B. Stellensuchstrategien oder Unterstützungsformen, liefern. Sie sind jedoch keinesfalls als „Bewerbungs-Rezept“ zu verstehen, das für alle Stellensuchenden passend und erfolgversprechend wäre und damit Einstellungschancen letztlich allein dem individuellen Handeln zuweisen würde. Insofern sind die Analyseergebnisse jeweils im Kontext individueller Lebenslagen, Erfahrungen, Orientierungen und je Arbeitsmarktsegment differierender Chancen und Strukturen zu betrachten.
- Zur Verortung von Handeln im Spannungsfeld zwischen dem handelnden Individuum und den dieses Handeln beeinflussenden gesellschaftlichen Strukturen wird weder einer Priorisierung einer der beiden Pole noch einem bloß sequentiellen Wirkungsgefüge gefolgt. Vielmehr orientiert sich die vorliegende Arbeit an Konzepten, die von einer wechselseitigen Verwobenheit von Handeln und Struktur ausgehen (vgl. die Ausführungen unter Kap. 4.4).

---

134 Auch Fuhs verweist auf die Wirksamkeit subjektiver Einstellungen und kultureller Einbindungen der Forschenden auf den Forschungsprozess, die es zu reflektieren gilt (vgl. Fuhs 2007, S. 21–29). Weber formuliert dieses Problem bezogen auf Geschlechterkonstruktionen zugespitzt wie folgt: „Forschungen, die von vornherein nach Geschlechterunterschieden suchen, werden diese wohl finden“ (Weber 2006, S. 13).

Methodisches Vorgehen

Das methodische Vorgehen wird, wie in der Einleitung dieses Unterkapitels näher erläutert, nachfolgend für das Erhebungsverfahren und anschließend für das Auswertungsverfahren vorgestellt.

Erhebungsverfahren
Im Mittelpunkt der empirischen Erhebung standen Interviews mit Personen, die in höherem Lebensalter einen betrieblichen Wechsel oder eine Reintegration in Erwerbsarbeit realisiert hatten. Ergänzend wurden Interviews mit betrieblichen Leitungskräften geführt, in deren Unternehmen mindestens eine Person ab 50 Jahren eingestellt worden war, sowie exemplarisch mit ArbeitnehmerInnenvertretungen aus diesen Unternehmen.

Befragungsmethode: Für die Einzelinterviews in allen drei Interviewgruppen wurde als grundlegende Befragungsmethode das halbstrukturierte Leitfadeninterview gewählt, weil die hier mögliche Kombination zielgerichteter Fragen entsprechend des Erkenntnisinteresses und der Narration subjektiver Deutungsrelevanzen für das Forschungsanliegen am geeignetsten erschien. Die Methode des Leitfadeninterviews stellt generell – im Unterschied zum narrativen Interview – eine durch Fragen gesteuerte Interviewform dar, die in ihrem Strukturierungs- und Offenheitsgrad unterschiedlich eingesetzt werden kann (vgl. Misoch 2015, S. 65 f., vgl. auch Hopf 2004b, S. 351 ff.).

Zur Präzisierung der Befragungsmethode erwies sich eine Anlehnung an das von Witzel entwickelte Problemzentrierte Interview aufgrund seines Anwendungsbereiches und der flexiblen Instrumentengestaltung für das Forschungsanliegen als besonders fruchtbar: Diese Methode erfordert sowohl von der/dem ForscherIn, als auch der interviewten Person die Orientierung auf eine konkrete gesellschaftlich relevante Problemstellung – das Prinzip der Problemzentrierung – und ermöglicht zugleich eine auf den jeweiligen Forschungsgegenstand auszurichtende flexible Kombination und Ausgestaltung des konkreten Befragungsinstrumentariums – der Gegenstandsorientierung. Das dritte Prinzip, die Prozessorientierung, meint eine prozesshafte Anpassung und Weiterentwicklung in allen Phasen der Datenerhebung. In der Interviewsituation ist demnach die Entfaltung auch unterschiedlicher Reflexionen der Befragten auf das Problem zu fördern, im weiteren Erhebungsprozess kann entsprechend des Erkenntnisgewinns auch der Interviewleitfaden weiterentwickelt werden (vgl. Witzel 2000, Misoch 2015, S. 65 ff., Friebertshäuser & Langer 2010). In dem hier durchgeführten Forschungsprozess wurde diesem letztgenannten Prinzip allerdings nur im Hinblick auf die Kommunikation im Interview gefolgt, während der Leitfaden inhaltlich konstant gehalten wurde.

Die Erwerbspersoneninterviews waren im Unterschied zu den anderen Befragungen auf einen höheren Zeitumfang und eine größere Offenheit für Narrationen angelegt, sie enthielten darüber hinaus auch zwei standardisierte Frageelemente.

Interviewleitfaden für Erwerbspersonen: Aus den Forschungsfragen und den für erwerbsbiografisch orientiertes Handeln ausdifferenzierten Analysedimensionen leiteten sich die Interviewfragen für die Erwerbspersonen ab. Die Formulierungen wurden an den Prinzipien der Eindeutigkeit und Verstehbarkeit für die Interviewperson, der Stimmigkeit im Sinne z.B. je spezifischer Frageformulierungen für Beschäftigte, Arbeitslose und RentnerInnen und an ihrer inhaltlichen Abgrenzung zur Vermeidung von Dopplungen und Überschneidungen orientiert (vgl. zu den Prinzipien Frageformulierung und der Interviewführung Helfferich 2010, S. 21 ff., Misoch 2015, S. 66 ff.).

Die Interviewfragen bezogen sich auf die folgenden sieben Themenkomplexe:

- die Erwerbsbiografie bis zum Interviewzeitpunkt;
- die erwerbsbiografischen Ziele, Orientierungen und Einstellungen zur Erwerbsarbeit im Erwerbsverlauf und in der Umbruchphase in höherem Lebensalter, ergänzt um eine standardisierte Abfrage zum Vorhandensein und der subjektiven Relevanz einzelner Merkmale der zum Interviewzeitpunkt ausgeübten bzw. – im Fall von Arbeitslosigkeit oder Rente – der vorhergehenden Erwerbsarbeit, wie z.B. eine interessante Tätigkeit, Arbeitsplatzsicherheit, Aufstiegsmöglichkeit etc.;
- erwerbsbiografisch orientierte Handlungs- und Gestaltungsstrategien[135] zum Interviewzeitpunkt bzw. – im Fall von Arbeitslosigkeit oder Rente – in vorhergehender Erwerbsarbeit, ergänzt um eine standardisierte Abfrage zur Selbsteinschätzung, z.B. zum Grad an Zielstrebigkeit, Veränderungsinteresse, Konfliktbereitschaft etc.;
- Rahmenbedingungen und Einflussfaktoren für den beruflichen Werdegang wie auch als vermutete Gründe für das Gelingen des Wechsels bzw. der Reintegration;
- die Umbruchphase in höherem Lebensalter im Hinblick auf Wechselgründe, das Vorgehen bei der Stellensuche, die Unterstützung durch die Arbeitsverwaltung, die Bewertung der neuen Tätigkeit etc.;

135 Diese waren im Interviewleitfaden unter dem Begriff „Handlungsweisen“ gefasst, um die Verstehbarkeit zu erleichtern.

- Bilanzierung des beruflichen Werdegangs bezogen auf eine allgemeine Einschätzung, die Zielerreichung, das Erleben der Umbruchphase in höherem Lebensalter und das Empfinden erwerbsbiografischer Selbstgestaltung;
- nach der Erhebung von Personendaten und familiärem Kontext eine offene Abschlussfrage als Gesprächsausklang.

Interviewleitfaden für betriebliche Leitungskräfte: Anknüpfend an die Forschungsfragen und unter Orientierung an den genannten Interviewprinzipien wurden die betrieblichen Leitungskräfte zu folgenden Themenkomplexen befragt:

- Größe und Beschäftigungsentwicklung des Unternehmens;
- erfolgte Einstellungen der letzten 2 Jahre nach Anzahl und Anzahl von Personen ab 50 Jahren sowie generelle Einstellungskriterien des Unternehmens;
- die mit einer älteren Person besetzten Stellen nach Tätigkeit, (Qualifikations-) Anforderungen sowie den hierfür angewendeten einstellungsrelevanten Kriterien und Stellenbesetzungsverfahren;
- Erfahrungen mit der eingestellten älteren Person;
- Erfahrungen mit älteren Stellensuchenden allgemein;
- Erfahrungen mit Stellenbesetzungen hinsichtlich der Veränderung der zugrunde gelegten Einstellungskriterien;
- Möglichkeiten zur Unterstützung der Einstellungschancen älterer Erwerbspersonen sowie eine offene Abschlussfrage als Gesprächsausklang.

Interviewleitfaden für die ArbeitnehmerInnenvertretungen: Auch der Leitfaden für die ArbeitnehmerInnenvertretungen wurde an den Forschungsfragen und den Interviewprinzipien orientiert. Unter Einarbeitung unternehmens- bzw. branchenspezifischer Fragen fokussierte er auf folgende Themenkomplexe:

- erfolgte Einstellungen der letzten 2 Jahre nach Anzahl und Anzahl von Personen ab 50 Jahren;
- Ablauf von Stellenbesetzungsverfahren;
- Einstellungschancen für ältere Stellensuchende bei Stellenbesetzungsverfahren des Unternehmens und Ziele der ArbeitnehmerInnenvertretung in diesen Besetzungsverfahren;
- alternssensible Tätigkeiten und altersspezifische Regelungen im Unternehmen bzw. in der Organisation;
- älter werdende Belegschaften im Hinblick auf die Relevanz für das Unternehmen bzw. die Organisation und hieraus folgende Anforderungen an die Arbeitsgestaltung etc.;
- Möglichkeiten zur Unterstützung der Einstellungschancen älterer Erwerbspersonen sowie eine offene Abschlussfrage als Gesprächsausklang.

Pretest: Der Interviewleitfaden für Erwerbspersonen wurde mit 2 Personen, die die Sample-Merkmale erfüllten, getestet. Hierfür wurde das Interview planungsgemäß anhand des Leitfadens durchgeführt. Anschließend wurden Einschätzungen zum Interviewleitfaden erfragt, u.a. hinsichtlich der Verständlichkeit, Art und Reihenfolge der Fragen, der Angemessenheit der Fragen zur Erfassung von beruflichem Verlauf, Handeln und Motiven, der Interviewdauer sowie sonstiger Anregungen. Im Ergebnis wurden Formulierungen in Fragen mit einer Bezugnahme auf den aktuellen Erwerbsstatus für Erwerbstätige, Arbeitslose und RentnerInnen sprachlich ausdifferenziert, beispielhafte Erläuterungen einzelner Fragen vereinfacht und diverse Frageformulierungen begrifflich präzisiert. Da sich die nach dem Pretest vorgenommenen Änderungen am Interviewleitfaden insgesamt auf redaktionelle Modifikationen konzentrierten und die Inhalte beibehalten werden konnten, wurden die beiden Pretest-Interviews in das Sample integriert.

Für die ergänzenden Interviews mit betrieblichen Leitungskräften und die ArbeitnehmerInnenvertretungen wurde kein Pretest-Verfahren vorgeschaltet.

Sample Erwerbspersonen: Für die Erwerbspersoneninterviews wurden Personen mit einer Fachausbildung gesucht, die ab dem 50. Lebensjahr mindestens einmal einen betrieblichen Wechsel oder eine Reintegration in Erwerbsarbeit realisiert hatten. Im Stichprobenplan[136] wurden eine jeweils hälftige Zusammensetzung des Samples nach Geschlecht und nach Region (Ost- und Westdeutschland) sowie eine Verteilung auf zumindest die drei Altersgruppen der regulären Erwerbsphase, nämlich der 50–54-Jährigen, der 55–59-Jährigen sowie der 60–64-Jährigen, angestrebt. Personen ab 65 Jahren waren zum Erhebungszeitpunkt bereits jenseits des gesetzlichen Renteneintrittsalters, sollten aber auch nicht grundsätzlich aus dem Sample ausgeschlossen werden. Zur Erreichung des Stichprobenplans wurden im späteren Erhebungsprozess gezielt Interviewpersonen mit spezifischen Merkmalskombinationen gesucht, sodass dieser Stichprobenplan weitgehend realisiert werden konnte, wie nachfolgende Tabelle für die Verteilung nach Altersgruppe und Geschlecht zeigt (s. Tab. 2). Nach Region wiesen 58 % der insgesamt 24 interviewten Erwerbspersonen eine in Ostdeutschland erfolgte Schul- und Berufsausbildung auf, 42 % wurden in Westdeutschland bzw. in einem Fall im deutschsprachigen Ausland ausgebildet (zur näheren Beschreibung des Samples s. Kap. 6.1.).

136 Der Stichprobenplan definiert die angestrebte Zusammensetzung des Samples nach ausgewählten, z.B. soziodemografischen Merkmalen entsprechend der für das Forschungsvorhaben gewünschten Bandbreite, vgl. Kelle & Kluge 2010, S. 50 ff.

Tab. 2: Struktur der interviewten Erwerbspersonen nach Altersgruppe und Geschlecht

Geschlecht	Altersgruppen				Summe	Summenanteil nach Geschlecht
	50–54	55–59	60–64	65+		
Frauen	3	5	2	3	13	54 %
Männer	4	4	2	1	11	46 %
Summe	7	9	4	4	24	
Summenanteil nach Altersgruppe	29 %	38 %	17 %	17 %		

Sample betriebliche Leitungskräfte: Für die Unternehmensinterviews wurden Leitungskräfte gesucht, die an Stellenbesetzungsverfahren in ihrem Unternehmen beteiligt waren bzw. diese als geschäftsführende Gesellschafter verantworteten und in deren Unternehmen mindestens eine Person ab 50 Jahren in eine Tätigkeit ohne akademische Qualifikationsanforderung eingestellt worden war – möglichst innerhalb der vergangenen 2 Jahre vor dem Interviewzeitpunkt. Angestrebt wurde darüber hinaus eine Streuung nach Unternehmensgröße und Region, die auch jeweils in etwa ähnlicher Gewichtung erreicht wurde. Die Unternehmens- bzw. Dienstsitze der Unternehmen und Organisationen, die die insgesamt 9 befragten Leitungskräfte repräsentierten, verteilten sich zu 56 % auf die ABL und zu 44 % auf die NBL. Nach Beschäftigtenumfang zählten 44 % als Klein- und Mittelständische Unternehmen mit weniger als 250 MitarbeiterInnen sowie zu 56 % als Großunternehmen mit 250 und mehr MitarbeiterInnen (zur Größenzuordnung vgl. European Union 2015, S. 11, zur näheren Beschreibung des Samples s. Kap. 6.7.1).

Sample ArbeitnehmerInnenvertretungen: Für die Interviews mit ArbeitnehmerInnenvertretungen wurden Betriebs- oder Personalratsmitglieder gesucht, in deren Unternehmen mindestens eine Person ab 50 Jahren in eine Tätigkeit ohne akademische Qualifikationsanforderung möglichst innerhalb der vergangenen 2 Jahre vor dem Interviewzeitpunkt eingestellt worden war und die in diese Stellenbesetzungsverfahren eingebunden waren. Aufgrund eines schwierigen Interviewzugangs und der ergänzenden Funktion dieser Interviews wurden hier lediglich 2 Interviews geführt, die somit einen vorrangig exemplarischen Charakter haben. Die auch hier angestrebte Streuung der repräsentierten Unternehmen nach Unternehmensgröße und Region wurde nur teilweise erreicht. So zählten beide Unternehmen bzw. Organisationen als Großunternehmen mit 250 und mehr MitarbeiterInnen. Nach Region war eine Organisation in den alten, die andere in den neuen Bundesländern ansässig (zur näheren Beschreibung des Samples s. Kap. 6.7.2).

Gewinnung der Interviewpersonen: Der Zugang zu den Interviewpersonen erfolgte i.W. über Kontaktvermittlungen aus dem persönlichen, beruflichen und gewerkschaftlichen Umfeld sowie über unternehmensinterne Weitervermittlungen.

Verflechtungen der Interviewpersonen: Die angestrebte Möglichkeit einer Interviewführung in Unternehmen, die sowohl Interviews mit den nach ihrem 50. Lebensjahr eingestellten Beschäftigten sowie mit betrieblichen Leitungskräften wie auch ArbeitnehmerInnenvertretungen dieser Unternehmen umfasste, gelang nur teilweise: In 4 Unternehmen fanden Gespräche mit einer betrieblichen Leitungskraft und Beschäftigten statt, darunter in einem Unternehmen mit einer Beschäftigten sowie in drei Unternehmen mit jeweils 2 Beschäftigten, in zwei dieser Unternehmen mit jeweils 2 Beschäftigten zusätzlich mit jeweils einem Personalratsmitglied. Eine unerwartet anderweitige Verflechtung ergab sich im familiären Kontext: Unter den Befragten befanden sich vier Ehepaare, die in zwei Fällen zudem auch mehr- bzw. langjährig im Rahmen einer Selbstständigkeit beruflich zusammengearbeitet hatten.

Durchführung und Dokumentation: Mit drei Ausnahmen lag die Hauptphase der insgesamt 35 Interviews im Zeitraum April 2011 bis November 2012. Die Ausnahmen bezogen sich auf 2 Pretest-Interviews im Juni 2009 sowie ein Unternehmensinterview im März 2013.

Die Interviews mit den Erwerbspersonen fanden überwiegend (in 16 Fällen bzw. 67 %) in deren Privatwohnung statt, in jeweils 4 Fällen (17 %) in einer gastronomischen Einrichtung bzw. im Unternehmen. Die Interviews mit den betrieblichen Leitungskräften erfolgten überwiegend (in 6 Fällen bzw. 67 %) im Unternehmen, in einem Fall (11 %) an der Universität Erfurt und in den beiden übrigen Fällen (22 %) telefonisch. Die Interviews mit den ArbeitnehmerInnenvertretungen wurden jeweils im Unternehmen bzw. in der Organisation geführt. Die Interviews erfolgten jeweils in geschützter Atmosphäre ohne weitere (außerfamiliäre) Teilnehmende oder Zuhörende, in 5 Fällen war die/der Ehepartnerin/Ehepartner anwesend. Sofern dies der Fall war, wurden deren Kommentare und Interaktionen mit der Interviewperson in der Auswertung gesondert betrachtet.

Die Interviews mit den 24 Erwerbspersonen erstreckten sich von 60 bis 211 Minuten, die durchschnittliche Dauer betrug 109 Minuten pro Interview, die Interviews mit den 9 betrieblichen Leitungskräften dauerten zwischen 30 bis 109 Minuten, durchschnittlich 69 Minuten, und die Interviews mit den 2 ArbeitnehmerInnenvertretungen 51 bzw. 121 Minuten, im Durchschnitt somit 86 Minuten.

Sämtliche Interviews wurden im Vorfeld der Gesprächsanbahnung sowie zu Gesprächsbeginn im Hinblick auf das Forschungsanliegen, die Inhalte der Interviews und deren Verwendungsabsicht erläutert. Die Erlaubnis zur Audioaufzeichnung der face-to-face-Interviews bzw. zur Mitschrift der Telefoninterviews sowie zur anonymisierten Verwendung beider Interviewformen wurden vor Interviewbeginn erfragt. In einigen Fällen wurde diese Erlaubnis dahingehend eingeschränkt, dass im Interviewverlauf für bestimmte Ausführungen ein zeitweiliges Abstellen des Aufnahmegerätes oder eine spätere Löschung aus dem Transkript gewünscht wurde, in einem Fall erfolgte die Erlaubnis unter der Vorgabe, dass die Aufzeichnung nicht weitergeleitet und nach der Auswertung wieder gelöscht wird. Diesen Einschränkungen wurde jeweils entsprochen.

Im Ergebnis konnten alle 33 face-to-face-Interviews per Audioaufnahme aufgezeichnet werden. Die beiden Telefoninterviews mit betrieblichen Leitungskräften wurden in einer parallel geführten Mitschrift in ausgewählten Interviewaussagen weitgehend wortgetreu dokumentiert und unmittelbar anschließend zu einem Protokoll ausgearbeitet.

Methodenkritik: Die Fundierung der Leitfadenentwicklungen auf einer parallelen und ineinandergreifenden Präzisierung von Erkenntnisinteresse, Forschungsfragen und theoretischer Basis erwies sich als sehr fruchtbar, wobei die hier aufgearbeiteten theoretischen Diskurse in unterschiedlicher Weise als theoretische Anknüpfungsmöglichkeit (s. Kap. 7), als Aufnahme relevanter inhaltlicher Dimensionen, teils aber auch lediglich als theoretische oder methodologische Vorklärung genutzt wurden.

Die im Ergebnis entstandenen Leitfäden konnten in den Befragungssituationen insgesamt gut umgesetzt werden. Der flexible Umgang mit den Interviewfragen gelang mit zunehmender Interviewtätigkeit leichter und führte zu einer wertvollen inhaltlichen Vertiefung der narrativen Parts in den Interviews: Hierdurch konnten die Interviewfragen stärker an die subjektiven Relevanzen geknüpft werden, wie z.B. die sensiblen Fragen zum Erleben von Arbeitslosigkeit. Diese wurden seitens der Interviewten ergiebiger beantwortet, wenn sie an eine Ersthematisierung von Arbeitslosigkeit durch die Interviewten angeschlossen werden konnten.

In den Erwerbspersonen-Interviews war mit einer Ausnahme auch die Akzeptanz für die zwei umfangreichen standardisierten Elemente – zu Arbeitseinstellungen und zu Handlungsweisen – vorhanden, sie wurden von den Interviewpersonen mehrfach für Erläuterungen und Ergänzungen genutzt. Bereits in der Erhebung deutete sich aber auch eine geringere Datenqualität der quantitativ erhobenen gegenüber den qualitativ erhobenen Daten an: So wurde z.B. die standardisiert erfragte Bewertung der persönlichen Wichtigkeit einer beruflichen Aufstiegsmöglichkeit im aktuellen bzw. letzten Arbeitsverhältnis je nach eingeschätzter Realisierbarkeit unterschiedlich gedeutet – teils wurde sie unabhängig von einer solchen Realisierbarkeit beantwortet, teils führte dies hingegen zu Einschätzungen als unwichtig oder zu Fehlantworten. Dies verweist eher nicht auf eine fehlende Eindeutigkeit der Fragestellung, sondern vielmehr auf die verschiedenen Deutungen der Fragen im Erfahrungs- und Deutungskontext der Interviewten.

Die Offenheit der Interviewpersonen übertraf das vorab erwartete (und erhoffte) Maß deutlich. So wurden von vielen interviewten Erwerbspersonen auch sehr persönliche Aspekte eingebracht, die für das Verständnis ihres erwerbsbiografisch orientierten Handelns besonders wertvoll waren, wie z.B. die Offenlegung von Gründen einer Stellenbeendigung oder zum Umgang mit Regularien der Arbeitsverwaltung. Dessen ungeachtet war die generell begrenzte Erhebbarkeit sensibler Fragen zu berücksichtigen, deren Beantwortung ggf. das Überschreiten eines gesetzlichen Rahmens berührt, wie dies im Hinblick auf das Allgemeine Gleichbehandlungsgesetz (AGG) in den Interviews mit den betrieblichen Leitungskräften nicht ersichtlich, aber prinzipiell auch nicht ausschließbar das Antwortverhalten hätte beeinflussen können.

Auswertungsverfahren

Transkription bzw. Protokollerstellung und Anonymisierung: Für die 2 Telefon-Interviews wurden zeitlich unmittelbar anschließend Protokolle erstellt, in denen die Mitschrift um weitere erinnerte Aussagen ergänzt wurden. Im Falle der 33 face-to-face-Interviews wurden die erhobenen Daten transkribiert. Die Transkription orientierte sich an einem einfachen Transkriptionssystem, das von Dresing & Pehl (dies. 2011, S. 15 ff.) in Anknüpfung an Kuckartz, Dresing, Rädiker und Stefer (dies. 2008, S. 27 ff.) entwickelt wurde.[137] Dieses beinhaltet u.a. eine wörtliche Transkription, mit – sofern möglich – Transformation von Wortverschleifungen in hochdeutsche Schriftsprache und Ausweisung nonverbaler Äußerungen, wie z.B. Lachen, in Klammern.

Nach erfolgter Überprüfung der Transkripte wurden diese, wie auch die Protokolle, anonymisiert und spezifische Textstellen entsprechend der Anonymitätswünsche der Interviewten entfernt. Im Falle einer gewünschten Komplettlöschung des Interviews nach erfolgter Auswertung wurde für die Ergebnispräsentation auf eine Direktzitation verzichtet und der Löschung entsprochen.

137 Dieses System wurde zwischenzeitlich mehrfach weiterentwickelt, vgl. Dresing & Pehl 2015.

Funktionale und methodische Differenzierung des Interviewmaterials: In der Auswertung wurde die unterschiedliche Funktion der Interviews mit den drei Interviewgruppen inhaltlich berücksichtigt und methodisch unterschiedlich bearbeitet: der inhaltliche Hauptfokus lag auf den Interviews mit den Erwerbspersonen und den von ihnen geschilderten Eigensichten ihrer selbst. Die Auswertung dieser Interviews erfolgte mittels eines umfangreichen ausdifferenzierten methodischen Vorgehens, das nachfolgend näher erläutert wird. Den Interviews mit den betrieblichen Führungskräften und den ArbeitnehmerInnenvertretungen kam inhaltlich eine Komplementärfunktion zu, indem sie eine Fremdreflexion auf ältere Erwerbspersonen sowie eine Selbstreflexion ihres eigenen Handelns bei Einstellungsverfahren älterer BewerberInnen ermöglichten. Diese Interviews wurden nach einem vereinfachten Verfahren in Anlehnung an die qualitative Inhaltsanalyse nach Mayring (s.u.) ohne MAXQDA-gestützte Kodierung ausgewertet.

Auswertungsschritte für die Erwerbspersonen-Interviews: In der qualitativen Forschung wurden verschiedene Auswertungsverfahren entwickelt, die teils konträre Ziele und Methoden enthalten, teils miteinander kombinierbar sind.[138] Für die vorliegende Untersuchung wurde ein Verfahren gewählt, das die Methoden der Fallstudien, der qualitativen Inhaltsanalyse, der grounded theory methodology und der typologischen Analyse kombiniert: Ziel von Fallstudien ist es, das speziell Einzelne eines Falles herauszuarbeiten und „dieses Einzelne in allgemeinen Kategorien" zu entfalten, „das Allgemeine ist das sich im Konkreten Ausprägende" (Eckert 2013, S. 94). Binneberg differenziert das Vorgehen bei Fallstudien in Fallbeobachtung als der „Wahrnehmung und Betrachtung dessen, was der Fall ist", Falldarstellung und Fallanalyse (Binneberg 1997, S. 244). Die Falldarstellung sollte hierbei möglichst frei gehalten werden von analytischen Elementen, wobei er einräumt, dass weder Beobachtung noch Deskription vollständig theorielos erfolgen können (vgl. ebd., S. 247, 251). Mit einer anderen Fokussierung, aber ähnlichen Zielstellung differenziert Lamnek ein zweistufiges Verfahren, das zum Ersten das methodisch kontrollierte Fremdverstehen und sinnhafte Nachvollziehen der „erfassten Handlungsfigur" und zum Zweiten, ggf. im Fallvergleich, die Systematisierung eines typischen Handlungsmusters umfasst (vgl. Lamnek 2010, S. 290). Bei beiden Autoren wird sichtbar, dass jede Phase der Fallstudie

---

138 Das Spektrum der Auswertungsverfahren wird in der Literatur vielfach unterschiedlich strukturiert. Übersichten finden sich u.a. bei Lamnek 2010, S. 178–215, Mayring 2002, 103–133, Flick, Kardorff & Steinke 2004, S. 18 f., für die erziehungswissenschaftliche Biografieforschung s. Marotzki 2006, S. 119–125.

bereits konstruktive Leistungen der Forscherin/des Forschers enthält (vgl. zu Fallstudien auch Fatke 2010, Fatke 1997, Kraimer 2002, Jüttemann 1990).

Bezogen auf die vorliegende Untersuchung wurde das Ziel der Fallstudien darin gesehen, Analysekategorien zu entwickeln, die für die Untersuchung betrieblicher Wechsel und Reintegrationen in höherem Lebensalter relevant sind, und innere Bezüge zwischen diesen aufzuzeigen. Im Rahmen fallvergleichender Analysen konnten diese kategorialen Bezüge überprüft und in ihren inhaltlichen Ausprägungen ausdifferenziert und typisiert werden.

Für die Analyseschritte wurden folgende Methoden angewandt:

a) Entwicklung von Analysekategorien und Kodierung des Interviewmaterials entsprechend der qualitativen Inhaltsanalyse nach Mayring (2002): Sie stellt ein gut beschriebenes Vorgehen zur systematischen Kategorisierung und Kodierung umfangreichen Materials dar. Ziel dieses Schrittes war die Konzeptualisierung von Analysekategorien entlang der Forschungsfragen, theoretischer (deduktiver) Bezüge und aus dem Textmaterial gewonnener (induktiver) Kategorien sowie die Strukturierung der Daten als Voraussetzung für die weiteren Einzel- und Vergleichsanalysen. Die Kodierung erfolgte rechnergestützt in MAXQDA 11. Im Ergebnis wurden die Erwerbspersonen-Interviews nach 40 Auswertungskategorien und 83 Subkategorien kodiert. Insgesamt wurden 3.728 Kodierungen vorgenommen, die allerdings auch Mehrfachkodierungen, also die Zuordnung einer Textstelle zu mehreren Codes enthalten. Eine mit dem Vorgehen nach Mayring häufig ergänzend vorgenommene quantitative Betrachtung der Kodierungen nach zugeordneten Textstellen erfolgte im Rahmen der vorliegenden Forschungsarbeit nicht. Eine solche Betrachtung wäre für das Forschungsanliegen ohne Aussagekraft, weil die Auswertungskategorien in einigen Interviews durch jeweils eine Textstelle kodiert wurden, in anderen Interviews durch mehrere Textstellen, wenn z.B. das Thema im Gesprächsverlauf inhaltlich unterbrochen oder später erneut aufgegriffen wurde. Zu einzelnen Auswertungskategorien wurden allerdings auf der personalen Fallebene, der Kodierung nach Dokument, die quantitativen Verteilungen analysiert, wie z.B. die sozidemografischen Merkmale, die Stellenbeendigungsgründe, die berufliche Entwicklungstendenz und die Zufriedenheit.
b) Fallbeobachtung und Falldarstellung: In der Fallbeobachtung wird der „Fall" konstruiert. Das Interviewmaterial wurde hierfür entsprechend der Forschungsfragen und in Offenheit für das Material gesichtet und für den Fall relevante Inhaltselemente wurden ausgewählt. Falldarstellungen fassten diese für die einzelnen Fälle zusammen und wurden in engem Abgleich mit

der Kodierung überprüft. Um eine Deskription entlang der Sinnkonstruktionen der Interviewten zu gewährleisten, erfolgte diese möglichst nahe der Wortwahl der Interviewten. Ziel dieses Schrittes war es, die Gesamtbetrachtung eines – im vorhergehenden Schritt in Kodierungen zergliederten – Falls zu ermöglichen.

c) Fallanalyse und Fallvergleich: Für die weiteren Analyseschritte bot die qualitative Inhaltsanalyse nach Mayring keine näher präzisierte Vorgehensweise. Daher wurde zur Ermittlung kategorialer Bezüge auf der Ebene des Einzelfalls und im Fallvergleich die Methode des axialen und selektiven Kodierens entsprechend der grounded theory methodology genutzt. Sie stellt ein gut beschriebenes Vorgehen zur Einzel- und Fallvergleichsanalyse dar.[139] Im Rahmen des axialen Kodierens werden die Auswertungskategorien nach ihren Beziehungen zueinander strukturiert. In sozialwissenschaftlichen Analysen kann hierfür das „Paradigmatische Modell" genutzt werden, das auf ein von Strauss entwickeltes Kodierparadigma zurückgeht. Hiernach werden die Beziehungen unter den Auswertungskategorien differenziert nach dem Phänomen bzw. der genauen Gegenstandsbestimmung, den ursächlichen Bedingungen, den Kontext- und intervenierenden Bedingungen, den Handlungsstrategien und den Konsequenzen. Auf dieser Grundlage wird im selektiven Kodieren eine zentrale Kategorie, das Kernphänomen, ausgewählt oder neu gebildet und in seiner analytischen Einbindung mit anderen relevanten Kategorien aufgearbeitet, wobei z.B. das Paradigmatische Modell in ähnlicher Weise zugrunde gelegt werden kann. Damit wird der zentrale Untersuchungsfokus präzisiert und in seinen Verflechtungen mit den übrigen Kategorien analysiert. (Vgl. Strauss & Corbin 1996, Hülst 2010, Böhm 2004.) In der vorliegenden Arbeit werden die Zuordnungen zum Paradigmatischen Modell in der Darlegung der Forschungsergebnisse jeweils ausgewiesen (s. Kap. 6.2–6.7) und abschließend zusammengeführt (s. Kap. 7.1). Sofern in die Fallvergleichsanalyse quantitative Verteilungen, z.B. nach Geschlecht, Altersgruppe oder Region, einbezogen wurden, wurden Differenzen nach diesen soziodemografischen Merkmalen nur ausgewiesen bzw. hervorgehoben, wenn eine Mindestdifferenz von 10 Prozentpunkten feststellbar war, die sich – angesichts der geringen Fallzahl – auch bei einer Veränderung um einen Fall nicht nivellierte.

139 Der grounded theory methodology wird in der vorliegenden Arbeit nicht vollständig und somit z.B. nicht im Hinblick auf das offene Kodieren und das theoretical sampling gefolgt, da dies den Rahmen des Forschungsvorhabens überschritten hätte.

d) Typologische Analyse[140]: Die fallvergleichend sichtbar werdenden Ausprägungen ausgewählter Analysekategorien wurden typisiert, um in stärkerer Ausdifferenzierung unterhalb der Ebene des Paradigmatischen Modells zu spezifischen Fragen eine inhaltliche Strukturierung und damit Übersichtlichkeit des umfangreichen empirischen Materials zu ermöglichen. Die Entwicklung der Typologien erfolgte in Anlehnung an Kelle und Kluge (vgl. dies. 2010, S. 83 ff.). Hierbei werden auszuwählende Kategorien – begrifflich auch als Merkmale gefasst – als Vergleichsdimensionen zugrunde gelegt, die jeweils durch Subkategorien bzw. Merkmalsausprägungen ausdifferenzierbar sind. Die Kombination aller Subkategorien ergibt den mit Rückgriff auf Barton und Lazarsfeld potentiell möglichen Merkmalsraum, der sich in einer Kreuztabelle darstellen lässt und dessen Felder die Typen charakterisieren, denen die empirischen Fälle zugeordnet werden können. Die Typologie soll innerhalb der jeweiligen Typen eine möglichst hohe Homogenität und zwischen den Typen eine höchstmögliche Heterogenität aufweisen. Im Auswertungsprozess wurden folgende sechs jeweils zweidimensional[141] konstruierte Typologien gebildet: zu Erwerbsverläufen nach beruflichen Orientierungen und deren Realisierung (s. Kap. 6.2), zu den Umbruchphasen in höherem Lebensalter nach ihrem Entstehungsgrund und den Vorerfahrungen mit Arbeitslosigkeit (s. Kap. 6.3), zum Vorgehen bei der Stellensuche in höherem Lebensalter nach Zielstrebigkeit und sozio-ökonomischer Lage (s. Kap. 6.4), zur Qualität der in höherem Lebensalter neu aufgenommenen Stellen (s. Kap. 6.5), zu erwerbsbiografischen Handlungsmodi in einer Umbruchphase in höherem Lebensalter (s. Kap. 6.6) sowie zu erwerbsbiografischen Handlungsmodi in der Umbruchphase in höherem Lebensalter nach erwerbsbiografischem Kontext (s. ebenfalls Kap. 6.6).

e) Die Ergebnisse der Fallstudien wurden schließlich in einer Multi-Perspektiven-Analyse betrachtet: Hierfür wurden die Ergebnisse der Selbstreflexion der älteren Erwerbspersonen, die den zentralen Bezugspunkt der vorliegenden Forschungsarbeit darstellten, zusammengeführt mit den Auswertungsergebnissen der Interviews mit betrieblichen Leitungskräften und ArbeitnehmerInnenvertretungen. Diese umfassten eine Selbstreflexion ihres eigenen

---

140 Der Begriff der typologischen Analyse bezeichnet zum einen ein spezifisches von Udo Kuckartz entwickeltes Vorgehen zur Ermittlung von Typologien, zum anderen wird er in der Forschungsliteratur auch als Oberbegriff für die Generierung von Typologien verwendet und ist hier in dem letztgenannten, weiter gefassten Sinn gemeint.

141 Die Kennzeichnung einer zwei-, drei- oder mehrdimensionalen Typologie bezieht sich auf die Anzahl der zugrunde liegenden Kategorien bzw. Vergleichsdimensionen.

Handelns bei Einstellungsverfahren, der Blick auf ältere Erwerbspersonen erscheint in diesen Interviews aber aus einer Fremdreflexion (s. Kap. 5.1, zu den Ergebnissen s. Kap. 6.7.1 und 6.7.2).

Validierung: Die konsensuelle Validierung stellt eine mögliche Form der Validierung und damit der Qualitätskontrolle in der qualitativen Forschung dar, in deren Rahmen die vorgenommene Auswertung intersubjektiv durch weitere ForscherInnen geprüft wird (vgl. Legewie 1987, S. 148 f., Mruck & Mey 2000, Bortz & Döring 2003, S. 328 f., 335 f., Gläser-Zikuda 2013, S. 149).[142] Zur Überprüfung der in der vorliegenden Forschungsarbeit vorgenommenen Auswertungen und Interpretationen der Erwerbspersonen-Interviews wurde für zwei zentrale Analysefelder eine konsensuelle Validierung mit einer akademisch qualifizierten Kontrollperson durchgeführt, die über Erfahrungen in qualitativer Datenerhebung und -analyse verfügt. Hierfür wurden in zwei zentralen Analysefeldern, nämlich den „Vorgehensweisen bei der Stellensuche" und den „Erwerbsbiografischen Handlungsmodi" die beiden betreffenden Typologien mit ihren ausdifferenzierten Typen in ihrer Verständlichkeit und ihrer Angemessenheit sowie die Zuordnung der Interviewpersonen zu den Typen der beiden Typologien überprüft. Die Kontrollperson sichtete die Beschreibung der beiden Typologien und ihrer Typen sowie die kompletten Interviewtranskripte von 4 Personen, die jeweils alle Typen beider Typologien abdeckten.

In der Summe erstreckte sich die Prüfung auf 4 von 24 Fällen (17 %) bezogen auf 13 der 40 Auswertungskategorien (33 %) und auf 32 der 83 Subkategorien (39 %), die nicht in ihrer MAXQDA-gestützten Kodierung geprüft wurden, wohl aber in ihrer Passung zu den Interviewtranskripten sowie zu den Typen und Typologien. Mit der Sichtung der gesamten Interviews anstelle ausgewählter Textpassagen sollte sichergestellt werden, dass auch ggf. geäußerte mehrdeutige oder gar gegenläufige Interviewäußerungen in die Prüfung einbezogen werden konnten.

Die konsensuelle Validierung ergab eine hohe Übereinstimmung in der Datenauswertung und eine hohe Zustimmung zu den entwickelten Typologien. Einzelne von der Kontrollperson formulierte Einwände konnten in der Diskussion geklärt und ausgeräumt werden. Einzig kontrovers in dieser Diskussion blieb die begriffliche Bewertung eines Typennamens, die aber nicht deren inhaltliche und fallbezogene Untersetzung infrage stellte.

---

142 Diese Form der Validierung wird in der Literatur begrifflich auch als eine Form der diskursiven Validierung bezeichnet, wie z.B. bei Kelle, Kluge & Prein (dies. 1993, S. 49 ff.), vgl. auch Steinke (dies. 2004, S. 326).

Methodenkritik: Im Forschungsprozess dienten das zu Beginn formulierte Forschungsziel, das Erkenntnisinteresse und die Forschungsfragen als grundlegende Orientierung. Allerdings erfolgten in der Auseinandersetzung mit dem empirischen Material und ihrer theoretischen Einbettung zwei inhaltliche Modifikationen:

- Eine geplante Ausdifferenzierung von Handlungs- und Gestaltungsstrategien, die wesentlich auf einer standardisierten Erfragung von Selbsteinschätzungen in dem Interviewleitfaden für Erwerbspersonen in Anlehnung an eine Studie von Baumeister et al. (vgl. dies. 1991) basierte, erwies sich mit Blick auf deren im Abschnitt „Erhebungsverfahren" bereits problematisierte geringere Datenqualität als eher wenig gehaltvoll. Im Auswertungsprozess kristallisierte sich stattdessen die Untersuchung erwerbsbiografischer Handlungsmodi als eine fruchtbare Vertiefung der Analyse des Handelns und Deutens von Erwerbspersonen heraus, da sie den Blick auf die Umgehensweisen mit der Umbruchphase in höherem Lebensalter weiten und damit die Grundlage für hier verfolgte Handlungsstrategien bilden. Forschungsziel, Erkenntnisinteresse und Forschungsfragen wurden auf das in Kap. 5.1 dargestellte Ergebnis entsprechend neu akzentuiert.
- Mit dem eingesetzten Erhebungsinstrumentarium wurde eine Datenfülle generiert, die die Untersuchung vielfältiger Analysekategorien erlaubte, im Rahmen des Forschungsvorhabens aber deutlich reduziert werden musste und z.B. zum Auswertungsverzicht der Interviews mit ArbeitsvermittlerInnen sowie der arbeitsverwaltungsbezogenen Aspekte in den Erwerbspersonen-Interviews führte. Auch dies führte zu einer entsprechenden Konzentration von Forschungsziel, Erkenntnisinteresse und Forschungsfragen auf das in Kap. 5.1 ausgeführte Ergebnis.

Aufgrund der geringeren Datenqualität der beiden standardisierten Befragungselemente zu Arbeitseinstellungen und zu Handlungsweisen in den Erwerbspersoneninterviews als auch aufgrund der enormen Datenfülle wurde auf eine systematische Auswertung der standardisiert erhobenen Daten verzichtet.

In der Auseinandersetzung mit dem empirischen Material und ihrer theoretischen Einbettung wurden zudem einige der anfänglich genutzten Begrifflichkeiten geschärft. So wurde z.B. der Begriff der Berufsbiografie durch den der Erwerbsbiografie ersetzt (s. Kap. 4.3).

MAXQDA war für die detaillierte Auseinandersetzung mit den Erwerbspersonen-Interviews und die Orientierung in dem 1.068 Transkriptseiten umfassenden Interviewmaterial, insbesondere aber für die laufende Überprüfung der Dateninterpretationen am Datensatz von hoher Relevanz.

Die gewählte Methodenkombination insbesondere der qualitativen Inhaltsanalyse nach Mayring mit der grounded theory methodology erscheint eher unüblich, bot sich aber aufgrund des Forschungsfragen-geleiteten Herangehens und der begrenzten Ressourcen an, die wie erwähnt einer vollständigen Orientierung an der grounded theory methodology entgegenstanden. Für die zu Auswertungsbeginn erfolgte Entwicklung von Analysekategorien und die Kodierung des Interviewmaterials erwies sich daher die qualitative Inhaltsanalyse nach Mayring als gut nutzbare Methodik.

Eine besondere Herausforderung im Auswertungsprozess bestand darin, die Datenkomplexität im Interesse strukturierbarer, übersichtlicher Auswertungsergebnisse hinreichend zu reduzieren und zugleich den jeweiligen Begründungskontexten der Interviewpersonen mit individuell unterschiedlichen Ressourcen, Verpflichtungen, Orientierungen, Zielen und Gelegenheiten Rechnung zu tragen. Mit der Generierung von Typologien gelang eine inhaltliche Strukturierung entsprechend ausgewählter Merkmale, die typologische Analyse erwies sich daher für die Auswertung als wertvoll. Zugleich wurde in den dargestellten Auswertungsergebnissen immer auch auf bestehende Heterogenitäten außerhalb dieser Merkmale aufmerksam gemacht.

Insgesamt ermöglichte die gewählte qualitative biografieorientierte Methodik explorativ die Entwicklung von Analysekategorien für erwerbsbiografische Umbruchphasen in höherem Lebensalter – wie z.B. zur Ausdifferenzierung von Beendigungsgründen der vorhergehenden Stelle oder der Vorgehensweise bei der Stellensuche –, die fallanalytisch und falltypisierend eingesetzt und in einer Multi-Perspektiven-Analyse kontrastiert werden konnten. Im Rahmen einer quantitativ angelegten Studie wäre ein vergleichbares Vorgehen nicht realisierbar gewesen bzw. hätten allenfalls vordefinierte Aspekte ohne Berücksichtigung darüber hinausgehender Deutungen und Kontextbedingungen erhoben werden können. Verdichtete Analysekonzepte, wie z.B. Handlungsmodi, konnten zudem ausschließlich mittels qualitativer Methode generiert und falltypisierend zugeordnet werden.

Mit der eingesetzten Methode konnten die Schilderungen und Reflexionen der Interviewpersonen analysiert werden, die eine Rekonstruktion von Problemlagen und Handlungslogiken im Kontext spezifischer Bedingungskonstellationen exemplarisch für das jeweils ausgewählte Sample ermöglichte. Zu berücksichtigen ist, dass die ermittelten Ergebnisse nicht repräsentativ sind und dass mit der genutzten retrospektiven Querschnittsmethodik etwaige Veränderungen in den Orientierungen und Deutungen der Erwerbspersonen während der Umbruchphase in höherem Lebensalter und der vorhergehenden Erwerbsbiografie nur aus ihrer Perspektive zum Interviewzeitpunkt erhoben werden konnten.

6 Qualitative Analyse gelungener betrieblicher Wechsel und Reintegrationen in höherem Lebensalter: Forschungsergebnisse

Im Mittelpunkt der hier vorliegenden Untersuchung wurden Erwerbspersonen zu ihrem in höherem Lebensalter erfolgten betrieblichen Wechsel bzw. ihrer Reintegration in Erwerbsarbeit interviewt. Diese Wechsel und Reintegrationen wurden, wie in Kap. 5.2 ausgeführt, auf Basis einer Querschnittsanalyse retrospektiv untersucht. Die Auswertung der erwerbsbiografischen Schilderungen und Reflexionen der befragten Erwerbspersonen erfolgte in Anlehnung an das Paradigmatische Modell nach Strauss & Corbin (1996), dem sich ausgewählte Auswertungskategorien analytisch zuordnen ließen (s. Kap. 5.2). Für die folgende Darstellung wird hierbei zum besseren Verständnis eine chronologische Struktur entlang der biografischen Prozesskette gewählt: den Entwicklungen in den Erwerbsverläufen bis zum Interviewzeitpunkt inkl. erwerbsbiografischer Umbrüche in früheren Erwerbsphasen, einer näheren Fokussierung auf die Umbruchphase in höherem Lebensalter sowie der anschließend erreichten Neueinstellung (s. Abb. 15).[143]

Hinsichtlich der weiteren Analyse ist zu berücksichtigen, dass die befragten Erwerbspersonen zu unterschiedlichen Zeiten nach der Umbruchphase in höherem Lebensalter befragt wurden: teils zeitnah nach einer Bewältigung dieser Umbruchphase, deren weitere Perspektive mehr oder weniger vermutbar, aber zum Interviewzeitpunkt prinzipiell offen war, teils während einer erneut eingetretenen nächsten Umbruchphase, teils im Ruhestand. Die Hinwendung zu vergangenen erwerbsbiografischen Entwicklungen in den Schilderungen und Reflexionen der Befragten aus dem „Jetzt und So" (Schütz) zum Interviewzeitpunkt ist somit auch vom jeweiligen dann bestehenden Status geprägt (s. Kap. 4.1.1 und 5.2).

143 So werden z.B. die beruflichen Orientierungen im Erwerbsverlauf und deren Realisierungen als Kontextbedingungen entsprechend des Paradigmatischen Modells in der folgenden chronologischen Darstellung vor die (entsprechend des Paradigmatischen Modells) ursächlichen Bedingungen, nämlich den Grund der Stellensuche, vorgezogen, teils werden auch Kontext- und intervenierende Bedingungen, z.B. hinsichtlich der Lebenslage der Erwerbspersonen in der Umbruchphase in höherem Lebensalter, zusammengeführt. Die Zuordnung zum Paradigmatischen Modell wird in den folgenden Unterkapiteln jeweils ausgewiesen.

Abb. 15: Biografische Prozesskette und Interviewzeitpunkte

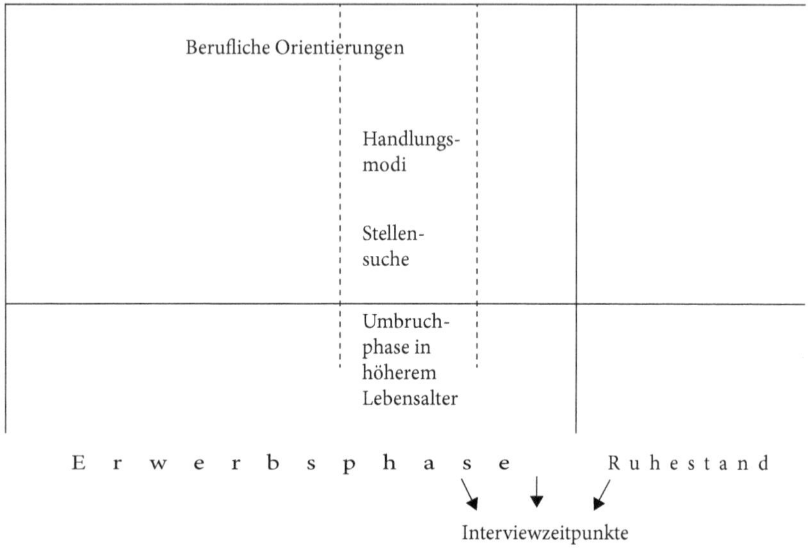

Im vorliegenden Kapitel werden nach einer Beschreibung der zentralen Interviewgruppe, nämlich der befragten Erwerbspersonen, in Kap. 6.1 deren Erwerbsverläufe in Kap. 6.2 skizziert. Diese wurden im Hinblick auf Formen von Diskontinuität sowie berufliche Orientierungen im Erwerbsverlauf und deren Realisierung untersucht, womit die ‚Gewordenheit' zu erfassen versucht wurde, die bereits erwerbsbiografische Umbrüche enthalten kann. Die in höherem Lebensalter eingetretenen Umbruchphasen werden in Kap. 6.3 näher analysiert. Der Begriff Umbruchphase bezeichnet hier den Zeitraum von der beginnenden Stellensuche der letzten regulären, nicht öffentlich-geförderten Stelle bis zur erfolgten Stellenaufnahme in höherem Lebensalter, i.d.R. ab dem 50. Lebensjahr.[144] Differenziert wurde nach dem Grund der Stellensuche und

144 Erwerbsbiografisch können solche Umbruchphasen selbst Teil eines bereits früher begonnenen erwerbsbiografischen Abschnitts, wie z.B. der gesundheitsbedingten Aufgabe des Ausbildungsberufes, sein. In diesen Betrachtungen wurde teils auch sichtbar, dass die Befragten zum Interviewzeitpunkt anderen Aspekten eine größere Relevanz zuschrieben als der eigentlichen Umbruchphase, wie z.B. der Bewältigung einer vorhergehenden Insolvenz. Teils handelte es sich auch um mehrere Umbruchphasen in höherem Lebensalter.

den Vorerfahrungen mit Arbeitslosigkeit. Darüber hinaus wurden die sozioökonomische Lage der Stellensuchenden und die Selbsteinschätzungen ihrer Einstellungschancen untersucht. Das Vorgehen bei der Stellensuche wird in Kap. 6.4 im Hinblick auf die verfolgten Suchziele und die unternommenen Suchaktivitäten erörtert. Fokussiert wurde hierfür auf die Zielstrebigkeit des Vorgehens in Verknüpfung mit der sozio-ökonomischen Lage der Erwerbspersonen. In Kap. 6.5 wird die in der gefundenen Stelle erreichte Qualität zum einen relational anhand ausgewählter, generalisierbarer Kriterien im Vergleich zu früheren Stellen bewertet, zum anderen anhand der von den Befragten geäußerten Zufriedenheit betrachtet. Einen Schwerpunkt bildete die in Kap. 6.6 dargestellte Ermittlung von Handlungsmodi, die sich auf das Handeln in der Umbruchphase in höherem Lebensalter beziehen und das jeweils spezifische Umgehen mit diesem Umbruch und teils auch mit der vorhergehenden erwerbsbiografischen Entwicklung meinen. Anschließend werden die Handlungsmodi systematischer in ihren erwerbsbiografischen Kontext eingebettet. Im Erwerbsverlauf und insbesondere in der Umbruchphase in höherem Lebensalter erfolgte Lern- und Entwicklungsprozesse schließen die Analyse der Erwerbspersonen-Interviews ab.

Die in den Kap. 6.2–6.6 entwickelten Auswertungskategorien wurden teils fallübergreifend für das gesamte Erwerbspersonen-Sample, überwiegend jedoch fallvergleichend auf Basis von Typologien auf kategorialer (nicht personaler) Ebene analysiert und dargestellt sowie mit exemplarischen Fallbeschreibungen und Interviewaussagen untersetzt. Im Einzelnen wurden Typologien vorgelegt für: a) Erwerbsverläufe nach beruflichen Orientierungen und deren Realisierung (Kap. 6.2), b) Umbruchphasen nach dem Grund der Stellensuche und den Vorerfahrungen mit Arbeitslosigkeit (Kap. 6.3), c) das Vorgehen bei der Stellensuche nach Zielstrebigkeit und sozio-ökonomischer Lage (Kap. 6.4), d) die Qualität der zuletzt aufgenommenen Stelle (Kap. 6.5), e) erwerbsbiografische Handlungsmodi in einer Umbruchphase in höherem Lebensalter (Kap. 6.6) sowie f) solcher Handlungsmodi in erwerbsbiografischem Kontext (Kap. 6.6). Dieses Vorgehen ermöglichte es, für die entwickelten Analysekategorien die vorgefundene Vielfalt in den Erwerbsbiografien der Befragten zu strukturieren und damit fallvergleichend bearbeitbar zu machen, aber auch zumindest ansatzweise die Komplexität des Einzelfalls zu verdeutlichen.

Die Analyse der Erwerbspersonen-Interviews erfolgte aus der Perspektive der beruflichen Umbruchphase in höherem Lebensalter und den hier von den Erwerbspersonen gewählten Handlungsmodi und Vorgehensweisen bei der Stellensuche. Diese wurden im Hinblick auf ihre Gewordenheit und ihre Deutung der Qualität der gefundenen Stelle auf ermittelbare Strukturmuster geprüft. Damit wurde die Umbruchphase selbst in den Mittelpunkt der Auswertung gerückt, eingebettet in die vorhergehende Entwicklung und die (zum Interviewzeitpunkt bereits vergangene) Zukunft.[145]

Das Forschungsanliegen zielte somit explizit nicht auf die Ermittlung von solchen Orientierungen, Handlungs- und Bewerbungsstrategien, mit denen Erwerbspersonen in höherem Lebensalter erwerbsbiografische Brüche und Veränderungen ‚erfolgreich' bewältigen können, quasi als sequentielle „wenn-dann-Rezeptur" – was aus meiner Sicht angesichts unterschiedlicher Gelegenheitsstrukturen, Lebenslagen und Erwerbsorientierungen der Stellensuchenden weder generalisierbar noch objektiv definierbar wäre. Vielmehr wurde hier auf die Frage fokussiert, welche Orientierungen und Handlungsweisen die Erwerbspersonen wählten, um erwerbsbiografische Brüche und Veränderungen in höherem Lebensalter überhaupt zu bewältigen und wie sie das Erreichte deuteten bzw. wie zufrieden sie damit waren.

Welche Rolle einstellende Unternehmen als „Gatekeeper" einnehmen, wurde in ergänzenden Interviews mit betrieblichen Leitungskräften und ArbeitnehmerInnenvertretungen untersucht, deren Ergebnisse in Kap. 6.7 dargestellt und in einem Vergleich der verschiedenen Perspektiven analysiert werden.

Einige der auswertungsleitenden Forschungsfragen (1–3, 7–8) bilden den Hauptfokus einzelner Unterkapitel, auf deren Beantwortung im jeweiligen Fazit der Unterkapitel eingegangen wird. Die übrigen Forschungsfragen erstrecken sich über jeweils mehrere Unterkapitel, ihre Beantwortung wird in Kap. 7 vollständig abgebildet. In den folgenden Unterkapiteln wird jeweils auf die zugeordnete(n) Forschungsfrage(n) verwiesen, zur besseren Übersichtlichkeit werden sie an dieser Stelle nochmals gesamt ausgewiesen (s. auch Kap. 5.1):

1. Wie sind die gelungenen betrieblichen Wechsel bzw. Reintegrationen qualitativ beschreibbar?
2. Welche Stellensuchaktivitäten haben die älteren Erwerbspersonen unternommen, welche Suchstrategien haben sie verfolgt?

145 Alternativ könnte eine Verknüpfung der Analyseergebnisse aus der Perspektive der erwerbsbiografischen Entwicklung vorgenommen und auf die (zum Interviewzeitpunkt bereits vergangene) Zukunft gerichtete Frage fokussiert werden, wohin diese jeweils führt, oder aus der Perspektive des nach bzw. mittels der Umbruchphase erreichten Status quo mit einer rückblickenden Fokussierung auf die Frage, was dem vorausging. Die Wahl des Darstellungskonzepts und damit die Entscheidung gegen die beiden letztgenannten Alternativen ergaben sich aus dem zentralen Forschungsanliegen: der Frage nach der Bewältigung der Umbruchphase in höherem Lebensalter.

3. Können insbesondere spezifische erwerbsbiografische Handlungsmodi ermittelt werden?
4. Welche Kontextbedingungen und Einflussfaktoren sind von Relevanz?
5. Lassen sich geschlechtsspezifische Konstellationen ermitteln?
6. Wie deuten die Erwerbspersonen ihren beruflichen Werdegang?
7. Was sind aus Sicht der einstellenden Unternehmen als relevant geäußerte Entscheidungskriterien für die erfolgte Einstellung einer älteren Erwerbsperson?
8. Sind die Einschätzungen zwischen den befragten Erwerbspersonen, den betrieblichen Leitungskräften und den ArbeitnehmerInnenvertretungen kongruent bzw. worin bestehen mögliche Divergenzen?
9. Welche Unterstützung erhielten die älteren Erwerbspersonen bei ihrem Wechsel bzw. ihrer Reintegration; lassen sich Schlussfolgerungen zur Unterstützung von Erwerbsverläufen in höherem Lebensalter herleiten?

6.1 Beschreibung des Samples

Die Hauptuntersuchungsgruppe stellten 24 Erwerbspersonen nach einem in höherem Lebensalter erfolgten betrieblichen Wechsel bzw. einer Reintegration in Erwerbsarbeit dar. Im Folgenden werden die Auswahlkriterien für die originär angestrebte Zielgruppe unter den Erwerbspersonen erläutert. Anschließend wird dargestellt, wie sich die Gruppe der Befragten nach personen- und regionalstrukturellen Merkmalen sowie qualifikations- und berufsbezogenen Differenzen strukturiert.

Ergänzend wurden Interviews mit 9 betrieblichen Leitungskräften und 2 Personalratsmitgliedern geführt. Nähere Angaben zu diesen beiden Interviewgruppen finden sich jeweils zu Beginn der Kap. 6.7.1 und 6.7.2.

Zielgruppe der interviewten Erwerbspersonen

Die Befragung zielte prioritär auf Erwerbspersonen mit einer Fachausbildung, die nach ihrem 50. Lebensjahr in ein sozialversicherungspflichtiges Beschäftigungsverhältnis eingestellt wurden. Zentrale Analyseperspektive war, für diese Gruppe Chancen und Konstellationen einer gelingenden Arbeitsmarktmobilität zu erforschen. Der Begriff des Gelingens – das sei hier nochmals betont – wird in der vorliegenden Arbeit ausschließlich im Sinne einer realisierten Stellenaufnahme genutzt und beinhaltet keine qualitative Wertzuschreibung, d.h., es kann sich ggf. auch um eine Stelle mit schlechten Beschäftigungskonditionen handeln. Wechsel oder Reintegrationen in selbstständige Erwerbsarbeit wurden nicht in den Blick genommen, da gerade auch die Neuaufnahme einer Erwerbsarbeit, die eine Einstellung durch ein Unternehmen voraussetzt, betrachtet werden sollten. Auch nebenberufliche Arbeitsformen, wie z.B. Beschäftigungsgelegenheiten mit Mehraufwandsentschädigung (die sog. Ein-Euro-Jobs) im Rahmen der öffentlichen Beschäftigungsförderung oder geringfügige Beschäftigung (die sog. Minijobs) standen nicht im Mittelpunkt des Interesses, da sie den Tatbestand der (Re-) Integration in den Arbeitsmarkt nur unvollständig erfüllen.

Personenstrukturelle Merkmale

Unter den 24 befragten Erwerbspersonen waren 13 Frauen (54 %) und 11 Männer (46 %). Alle Befragten hatten eigene Kinder bzw. übernahmen (in einem Fall) eine soziale Elternrolle gegenüber den Kindern der Partnerin. Unter den Befragten befanden sich 4 Ehepaare, deren Erwerbsverläufe in 2 Fällen über eine Selbstständigkeit mehr- bzw. langjährig verflochten waren.[146] Vielfach wurde in den Erwerbsbiografien die Relevanz der familiären Konstellationen auf erwerbsbiografisch orientiertes Handeln sichtbar (s. Kap. 6.2 und 6.6).

Das Alter der Interviewpersonen variierte von 50 bis 70 Jahren zum Interviewzeitpunkt, sie stammten aus den Geburtsjahrgängen 1939 bis 1961.[147] Nach Alter ließ sich in Anlehnung an die in Arbeitsmarktstatistiken unternommene Differenzierung eine noch rentenferne Altersgruppe von 50–54 Jahren eingrenzen, zu der 7 Interviewpersonen (29 %) zu zählen waren, und eine mittlere Altersgruppe von 55–59 Jahren mit 9 Interviewpersonen (38 %). Vier Befragte befanden sich zum Interviewzeitpunkt in der rentennahen Gruppe der 60–64-Jährigen (17 %) und ebenfalls 4 Befragte (17 %) in der Altersgruppe ab 65 Jahren. Die meisten Interviews erfolgten somit in der Erwerbsphase vor dem Renteneintritt, hierbei konnte eine nach Geschlecht ähnliche Verteilung entsprechend des Stichprobenplans weitgehend realisiert werden (s. Kap. 5.2).

Zwei Befragte verfügten über eine in höherem Lebensalter eingetretene Schwerbehinderung.

146 Die Interviews fanden teils in Anwesenheit der/des anderen Ehepartnerin/Ehepartners statt. Deren Kommentare und Interaktionen mit der Interviewperson wurden in der Auswertung gesondert betrachtet.

147 Die Differenz zwischen dem Altersspektrum zum Interviewzeitpunkt und dem der Geburtsjahrgänge erklärt sich aus dem Interviewzeitraum. Dieser erstreckte sich mit 2 Ausnahmen vom April 2011 bis November 2012. Zwei Pretest-Interviews wurden im Juni 2009 durchgeführt und konnten aufgrund der inhaltlich nicht substantiell geänderten Leitfadenmodifikation in die Auswertung einbezogen werden.

Eine Interviewperson wies einen Migrationshintergrund auf, sie stammte aus dem deutschsprachigen Ausland und lebte seit ihrem jungen Erwachsenenalter familiär bedingt in den ABL.

Regionalstrukturelle Differenzen

Zehn Befragte (42 %) realisierten ihren Erwerbsverlauf überwiegend in den alten Bundesländern (ABL), 14 (58 %) in den neuen Bundesländern (NBL), dem entsprach auch der jeweilige Wohnsitz zum Interviewzeitpunkt und ebenfalls – allerdings mit der Ausnahme der bereits erwähnten Person aus dem deutschsprachigen Ausland – die Herkunft. In den Erwerbsverläufen ergaben sich bei mehreren Befragten aus den NBL mehrjährige Erwerbsphasen in einem westdeutschen Bundesland, umgekehrt erfolgte eine regionale Mobilität in ein ostdeutsches Bundesland nur von einem Befragten aus den ABL. Die Interviewpersonen lebten zum Interviewzeitpunkt überwiegend (17 Personen/71 %) in einem städtischen Ort, 7 Personen (29 %) in einem ländlichen Ort.[148]

Die Interviewpersonen wohnten zum Interviewzeitpunkt in Regionen mit unterschiedlich ausgeprägter Arbeitslosigkeit, die Arbeitslosenquoten variierten hier von unter 2,5 % bis ca. 13,0 %, bezogen auf alle zivilen Erwerbspersonen auf Kreisebene im Juni 2012 (vgl. Bundesagentur für Arbeit 2012a). Gut die Hälfte der Befragten (13/54 %) lebte in Regionen mit Arbeitslosenquoten von 5 bis unter 10 %, eine niedrigere Quote war in den Wohnregionen von 6 Befragten (25 %) anzutreffen, eine höhere Quote in den Wohnregionen von 5 Befragten (21 %).

Das Arbeitslosigkeitsniveau erschien in keinem näheren Zusammenhang zu der Stadt-Land-Struktur der Wohnorte, die ländlichen Orte wiesen unterschiedliche Arbeitslosigkeitsniveaus auf (2 unter 5 %, 2 von 5 bis unter 10 %, 3 ab 10 %). Die Arbeitslosigkeit fiel jedoch – auch 2012 noch – unterschiedlich nach alten und neuen Bundesländern aus: 6 der 10 Befragten in den ABL (60 %) lebten in Wohnorten mit einer niedrigeren Arbeitslosenquote unter 5 %, aber keine Interviewperson aus den NBL. Zwei der 10 Befragten aus den ABL (20 %) gegenüber 11 der 14 Befragten aus den NBL (79 %) lebten in Wohnorten mit einer Arbeitslosenquote von 5 bis unter 10 %. Ähnlich verteilten sich nur die Befragten aus den alten und den neuen Bundesländern auf Regionen mit einer

148 Als ländlich werden Orte mit maximal 5.000 EinwohnerInnen bezeichnet. Unter den städtischen Orten sind alle darüber liegenden Größen von einer Kleinstadt mit max. 20.000 EinwohnerInnen bis zur Großstadt mit über 100.000 EinwohnerInnen im Sample vertreten, vgl. zur Ortsstrukturierung: Springer Gabler Verlag o.J.

höheren Arbeitslosenquote ab 10 %, in solchen wohnten 2 der 10 Befragten aus den ABL (20 %) sowie 3 der 14 Befragten aus den NBL (21 %).

Qualifikations- und berufsbezogene Differenzen

Als jeweils höchsten Schulabschluss erreichten jeweils 4 Erwerbspersonen bzw. je 17 % den Abschluss der 8. und der 9. Klasse. Gut die Hälfte der Befragten (13 Personen bzw. 54 %) erwarben den 10.-Klasse-Abschluss. Das Abitur legten 3 männliche Befragte (13 %) ab, wobei die Wege hierhin von einem kontinuierlichen 12-jährigen Schulbesuch über eine 3-jährige Berufsausbildung mit Abitur bis zum Zweiten Bildungsweg reichten. Auch zwei weibliche Befragte holten Schulabschlüsse nach, darunter eine Person aus den ABL den 9.-Klasse-Abschluss mit ca. 27 Jahren und eine andere Person aus den NBL mit ca. 30 Jahren den 9.- und 10.-Klasse-Abschluss. Nach Geschlecht zeigten sich leicht geringere Schulbildungsprofile bei den Frauen, von denen 23 % den 8.-Klasse-Abschluss absolvierten (gegenüber 9 % der Männer) und 62 % den 10.-Klasse-Abschluss (gegenüber 46 % der Männer mit 10.-Klasse-Abschluss und 27 % der Männer mit Abitur). Lediglich für den 9. Klasse-Abschluss wiesen die Frauen mit 15 % einen ähnlichen Anteil im Vergleich zu den Männern (18 %) auf. Die Dauer der ersten Berufsausbildung erstreckte sich für 21 Befragte (88 %) – auch abhängig vom Schulabschluss – über 2–3 Jahre. In kürzerer Dauer von 1,5 Jahren absolvierte lediglich eine weibliche Befragte ihre Ausbildung zur Konfektionärin, während die Ausbildungszeit von zwei männlichen Befragten länger dauerte, darunter eine 4-jährige Ausbildung zum Elektromechaniker sowie ein 8-jähriges Studium der Germanistik.

Nach ihrer Erstausbildung wiesen die Befragten ein breites Berufsspektrum auf, das überwiegend geschlechtsspezifische Unterschiede erkennen ließ, wie sie für den deutschen Arbeitsmarkt prägend waren und auch im Zeitverlauf weitgehend stabil sind (vgl. Hausmann & Kleinert 2014, S. 3)[149]. Nach einer in Berufsstatistiken verbreiteten – allerdings groben – Unterteilung können Berufsfelder strukturiert werden nach produktionsbezogenen Berufen, primären Dienstleistungsberufen und sekundären Dienstleistungsberufen.[150]

---

149 Die Ergebnisse von Hausmann und Kleinert basieren auf IAB-Daten für Westdeutschland von 1976 bis 2010.

150 Zu den produktionsbezogenen Berufen zählen Rohstoffgewinnende Berufe, be-, verarbeitende und instand setzende Berufe sowie Maschinen- und Anlagen steuernde und wartende Berufe. Die primären Dienstleistungsberufe umfassen Berufe im Warenhandel, Vertrieb, Verkehrs-, Lager-, Transport-, Sicherheits-, Wachberufe, Gastronomie- und Reinigungsberufe sowie Büro und kaufmännische Dienstleistungsberufe. Als sekundäre Dienstleistungsberufe gelten schließlich technisch-naturwissenschaftliche

Sechs Befragte (25 %) erlernten in ihrer Erstausbildung einen produktionsbezogenen Beruf, 10 Befragte (42 %) einen primären Dienstleistungsberuf und die übrigen 8 Befragten (33 %) einen sekundären Dienstleistungsberuf. Hierbei absolvierten die meisten weiblichen Befragten eine Erstausbildung im Bereich primärer Dienstleistungsberufe (9 von 13 weiblichen Befragten/69 %), während die Erstausbildung der männlichen Befragten überwiegend auf die Bereiche der sekundären Dienstleistungsberufe (6 von 11/55 %) und der produktionsbezogenen Berufe verteilt war (4 von 11/36 %); zu den Einzelberufen s. Tab. 3.

Bei der Betrachtung der aktuellen bzw. letzten ausgeübten Tätigkeit ließen sich Wechsel in alle drei Berufsfelder feststellen: In die produktionsbezogenen Berufe wechselte 1 Befragter, während 3 von dort fortwechselten, 5 Befragte wechselten in die primären Dienstleistungen, während 1 Befragte von dort fortwechselte, und 3 Befragte wechselten in die sekundären Dienstleistungen, aus denen 5 Befragte fortwechselten. Insgesamt gewannen die primären Dienstleistungsberufe, denen in der zum Interviewzeitpunkt aktuellen bzw. letzten Stelle nun 14 der 24 Befragten (58 %) nachgingen, damit weiter an Bedeutung. Sechs Befragte (25 %) waren in einem sekundären Dienstleistungsberuf tätig, 4 Befragte (17 %) in einem produktionsbezogenen. Nach Geschlecht wurde die Verschiebung zu den primären Dienstleistungsberufen insbesondere durch die Wechsel bei den männlichen Befragten getragen, während sich die Berufsfeldverteilung der Frauen kaum veränderte. Die Berufsfeldwechsel erfolgten in unterschiedlichen Lebensabschnitten bei tendenziell zudem sehr heterogenen Berufsverläufen der Befragten. Auch die 15 Befragten, die in ihrer aktuellen bzw. letzten Stelle im gleichen Berufsfeld im Vergleich zu ihrer Erstausbildung verblieben, wiesen diverse Entwicklungstendenzen auf. Die erwerbsbiografischen Entwicklungen werden im folgenden Abschnitt 6.2 näher skizziert.

Die aktuelle bzw. letzte Stelle der meisten Befragten war in einem privatwirtschaftlichen Unternehmen angesiedelt (16 Befragte bzw. 67 %), 2 Befragte (8 %) waren im Öffentlichen Dienst tätig, ebenfalls 2 Befragte (8 %) in einem kommunalen Unternehmen und die übrigen 4 Befragten (17 %) in einer Körperschaft öffentlichen Rechts.

Berufe, Rechts-, Management- und wirtschaftswissenschaftliche Berufe, künstlerische, Medien-, geistes- und sozialwissenschaftliche Berufe, Gesundheits- und Sozialberufe, Körperpflege sowie Lehrberufe (vgl. Autorengruppe Bildungsberichterstattung 2010, S. 163). Zur Kritik an der in den vorliegenden Statistiken verbreiteten Differenzierung nach primären und sekundären Dienstleistungen vgl. Baethge 2011, S. 447.

Tab. 3: Berufsfelder der befragten Erwerbspersonen nach Erstausbildung und aktueller bzw. letzter Stelle

	Produktionsbezogene Berufe	**Primäre Dienstleistungsberufe**	**Sekundäre Dienstleistungsberufe**
in der Erstausbildung erlernter Beruf			
Berufsfeld: alle befragten Erwerbspersonen	6 von 24 (25 %)	10 von 24 (42 %)	8 von 24 (33 %)
Berufsfeld: weibliche Befragte	2 von 13 (15 %)	9 von 13 (69 %)	2 von 13 (15 %)
Berufsfeld: männliche Befragte	4 von 11 (36 %)	1 von 11 (9 %)	6 von 11 (55 %)
erlernter Beruf: weibliche Befragte	- Elektromontiererin - Schneiderin	- Stenophonotypistin (2x) - Facharbeiterin EDV - Bürokauffrau - Einzelhandelskauffrau - Bäckereifachverkäuferin - Industriekauffrau (2x) - Speditionskauffrau	- Friseurin (2x)
erlernter Beruf: männliche Befragte	- Maler - Werkzeugmacher - Zerspaner - Nachrichtengerätemechaniker (2-jährige Ausbildung)	- Polizeibeamter	- Holzbildhauer - Zinngießer - Dipl.-Ing.-Ökonom - HS-Ingenieur für Elektronik - Magister in Germanistik - Elektromechaniker mit Fachrichtung Elektronik (4-jährige Ausbildung)
in der letzten/aktuellen Stelle ausgeübter Beruf			
Berufsfeld: alle befragten Erwerbspersonen	4 von 24 (17 %)	14 von 24 (58 %)	6 von 24 (25 %)
Berufsfeld: weibliche Befragte	1 von 13 (8 %)	10 von 13 (77 %)	2 von 13 (15 %)

	Produktionsbezogene Berufe	Primäre Dienstleistungsberufe	Sekundäre Dienstleistungsberufe
Berufsfeld: männliche Befragte	3 von 11 (27 %)	4 von 11 (36 %)	4 von 11 (36 %)
ausgeübter Beruf: weibliche Befragte	- Elektromontiererin	- Sekretärin (2x) - Lohnbuchhalterin - Sachbearbeiterin - leitende Verkäuferin - nebenberuflich selbstständige Bürodienstleisterin - nebentätige Concierge im Sicherheitsdienst - Stationswirtschaftshilfe - Busfahrerin (2x)	- Mitarbeiterin (Sachbearbeitung) einer Kultureinrichtung (2x)
ausgeübter Beruf: männliche Befragte	- Maler - Fräser - Einsteller in einer Stanzerei	- Bereichsmeister im Logistikunternehmen - Wachmann - Angestellter (Dokumentation, Sachbearbeitung) einer Polizeibehörde (2x)	- Lehrer in der Lehrausbildung - Projektingenieur - Arbeitsvermittler (2x)

Zum Interviewzeitpunkt befanden sich 16 der 24 Beschäftigten (67 %) in einem sozialversicherungspflichtigen Beschäftigungsverhältnis, 3 Befragte (13 %) in Arbeitslosigkeit, darunter 2 Befragte mit Nebentätigkeit, und 5 Befragte (21 %) im Ruhestand, darunter 2 Befragte mit einer geringfügigen Beschäftigung. Ein Eintritt in den Ruhestand erfolgte weniger als einen Monat vor dem Interview und aus direktem Wechsel von einer vorhergehenden Beschäftigung in die Rente.

Zielgruppenerweiterung

Die originär angestrebte Zielgruppe wurde in zwei Aspekten erweitert: Zum einen wurden zusätzlich zu den 21 Interviewpersonen mit einer Fachausbildung auch 3 Personen befragt, die ein Hochschulstudium absolviert und abgeschlossen haben. In diesen Fällen wurde das Auswahlkriterium der Fachausbildung dahingehend spezifiziert, dass die Hochschulausbildung keine Voraussetzung für die nach dem 50. Lebensjahr erfolgte Neueinstellung war, sondern diese auch eine Fachausbildung zuließ. Im Einzelnen handelte es sich hierbei um eine Stelle im Wachdienst, eine Stelle in der Arbeitsvermittlung sowie um eine auf einer fachschulischen Umschulung zum Wirtschaftsinformatiker basierenden Neueinstellung als Projektingenieur.

Zum anderen wurde das Auswahlkriterium des Mindestalters von 50 Jahren, ab dem Neueinstellungen als Stellenaufnahmen in höherem Lebensalter erforscht wurden, bei 4 Personen zeitlich unterschritten. In zwei Fällen wurde diese Altersgrenze nur geringfügig unterlaufen, die Einstellung erfolgte 6 Wochen bzw. 8 Monate vor dem 50. Lebensjahr der Interviewpersonen. In zwei weiteren Fällen wurden die Interviewpersonen in die zum Interviewzeitpunkt aktuelle bzw. letzte sozialversicherungspflichtige Stelle mit 46 bzw. 42 Jahren eingestellt. Der Interviewperson, die mit 46 Jahren letztmalig neu eingestellt wurde, gelang nach ihrem Stellenverlust mit 58 Jahren eine nur noch nebenberufliche Reintegration in Erwerbsarbeit. Für die Einstellung der anderen Interviewperson, die in ihre zum Interviewzeitpunkt noch aktuelle Stelle bereits mit 42 Jahren eingestellt wurde, war u.a. ihr fortgeschrittenes Alter ein Einstellungskriterium.

Fazit

Das Sample der zu ihrer Erwerbsbiografie Befragten setzte sich aus 24 Personen zusammen, die zum Interviewzeitpunkt zwischen 50 und 70 Jahren alt waren, darunter 54 % Frauen. In den ABL verbrachten 42 % der Befragten ihren überwiegenden Erwerbsverlauf, darunter 1 Befragte mit Migrationshintergrund, die übrigen 58 % in den NBL. Einen Schwerbehindertenstatus wiesen 2 Befragte auf. Die Interviewpersonen lebten zum Interviewzeitpunkt in überwiegend städtischen Orten (71 %), die Arbeitslosenquoten variierten zwischen knapp 2,5 und ca. 13,0 % – bezogen auf alle zivilen Erwerbspersonen im Juni 2012 – und in den NBL häufiger in Orten mit höheren Arbeitslosenquoten. Gut die Hälfte der Befragten (54 %) erwarb einen Schulabschluss der 10.-Klasse, je 17 % die Abschlüsse der 8. und der 9. Klasse, 13 % das Abitur, wobei Frauen ein leicht geringeres Schulbildungsprofil aufwiesen. Die in der Erstausbildung erlernten Berufe umfassten produktionsbezogene, primäre Dienstleistungs- und sekundäre Dienstleistungsberufe. Bis zur aktuellen bzw. letzten ausgeübten Tätigkeit vollzogen sich gegenüber der Erstausbildung Wechsel in alle drei genannten Berufsfelder mit einer Bedeutungszuname insbesondere der primären Dienstleistungen. Nach Geschlecht waren die befragten Frauen überwiegend in Berufen mit traditionell hohen Frauenanteilen tätig, Entsprechendes galt für die männlichen Befragten. Eine Ausnahme bildeten 2 weibliche Befragte, die einen Berufswechsel hin zur Busfahrerin vollzogen.[151] Zwei Drittel der Befragten waren in ihrer aktuellen bzw. letzten Stelle in einem privatwirtschaftlichen Unternehmen tätig. Ebenfalls zwei Drittel der Befragten waren zum Interviewzeitpunkt in einer sozialversicherungspflichtigen Beschäftigung, 13 % arbeitslos und 21 % im Ruhestand.

Die originär anvisierte Zielgruppe – Erwerbspersonen mit einer Fachausbildung, die nach ihrem 50. Lebensjahr in ein sozialversicherungspflichtiges Beschäftigungsverhältnis eingestellt wurden – wurde in zwei Aspekten erweitert: Zusätzlich zu 21 Interviewpersonen mit einer Fachausbildung wurden 3 Personen mit einem Hochschulabschluss befragt, die in eine Tätigkeit eingestellt wurden, für die ein Hochschulstudium allerdings keine Voraussetzung war. Des Weiteren wurde das Mindestalter von 50 Jahren, ab dem eine neue Stellenaufnahme realisiert wurde, bei 4 Personen unterschritten.

Zu berücksichtigen ist, dass im Sample somit keine Personen vertreten waren, die nach einem erwerbsbiografischen Bruch in höherem Lebensalter nicht erneut eingestellt wurden, auch wenn bei einigen Befragten im weiteren Erwerbsverlauf erneut Arbeitslosigkeit eintrat. Das Handeln und Deuten von Erwerbspersonen unter den Bedingungen einer dauerhaften Exklusion aus Erwerbsarbeit und damit möglicherweise verknüpfte Folgeprobleme einer solchen Exklusion

---

151 Der Frauenanteil der BusfahrerInnen beträgt nach Loof und Christmann (vgl. dies. 2014, S. 7f.) 9,3 %, basierend auf einer 2014 durchgeführten Online-Befragung von 750 Unternehmen mit 26-prozentiger Rücklaufquote. Fast alle befragten Unternehmen waren im Reiseverkehr (96 %) sowie hälftig (53 %) im Öffentlichen Personennahverkehr tätig.

waren daher nicht Gegenstand dieses Forschungsanliegens und wären spezifisch zu untersuchen.

6.2 Erwerbsverläufe

In Kap. 3.5 und 3.6 der vorliegenden Arbeit wurden die sog. (männlichen) Normalarbeitsverhältnisse und Normalbiografien diskutiert und dargelegt, dass sie für wieder zunehmende Teile der Erwerbspersonen zwar kaum mehr erreichbar sind, aber für die Existenz- und Alterssicherung nach wie vor den zentralen Bezugspunkt bilden und zudem überwiegend auch normativ und subjektiv als Fluchtpunkt für eine erfolgreiche Berufsbiografie gelten. Daran anknüpfend werden die Erwerbsverläufe der interviewten Erwerbspersonen insbesondere unter dem Fokus betrachtet, inwiefern sie Merkmale von kontinuierlicher ‚Normalarbeit' bzw. Diskontinuität aufweisen.

Der Begriff der Diskontinuität wird in der Arbeitsmarkt- und Berufsforschung unterschiedlich verwendet. In einer engeren Auslegung bezieht sich Diskontinuität der Berufs-/Erwerbsbiografie auf Unterbrechungen der Berufs-/Erwerbstätigkeit durch Phasen der (registrierten) Arbeitslosigkeit bzw. Nichterwerbstätigkeit, die betriebsseitig oder eigeninitiiert veranlasst sein können. Diese Form der Diskontinuität beinhaltet Risiken im Hinblick auf die Reintegration in die Erwerbsarbeit, insbesondere in die qualifikationsadäquate Berufstätigkeit, auf die psychosoziale Bewältigung und auf die materielle Absicherung in der Gegenwart und in der Zukunft des Rentenbezugs. In einem weiter gefassten Verständnis umfasst Diskontinuität der Berufs-/Erwerbsbiografie jegliche berufs-/erwerbsbiografischen, vor dem regulären Rentenalter erfolgten Unterbrechungen, Beendigungen oder Wechsel von Arbeitsstelle, Tätigkeit, Beruf, Erwerbsstatus und ggf. weiteren erwerbsbiografischen Merkmalen.[152] Auch diese können jeweils betriebsseitig oder eigeninitiiert herbeigeführt worden sein. Sie können subjektiv im Verlauf oder retrospektiv als belastend, z.B. als

152 Klatt & Nölle beziehen Diskontinuität auf den Wechsel der Erwerbsstationen und definieren eine Erwerbsbiografie ab vier Erwerbsstationen als diskontinuierlich, vgl. dies. 2006, S. 140; Hall, Hansen, & Ulrich differenzieren die Dimensionen von Diskontinuität nach Arbeitsstellen- und Berufswechseln, vgl. dies. 2004, S. 97 f.; Weßler-Poßberg & Vomberg nach – von den Autorinnen z.T. begrifflich anders benannten Dimensionen – Erwerbsstatus, Arbeitsstelle, Haupt-/Nebenberuflichkeit, Erwerbsform, Branchen, Beruf, Berufsbereichen, Tätigkeiten, Anforderungen, Auf-/Abwärtsmobilität, vgl. dies. 2007, S. 66–69; Geffers & Hoff zusätzlich nach Autonomie und Kooperation, vgl. dies. 2010, S. 113.

erlebte Unsicherheit oder Übergang in einen verschlechterten Zustand, oder als bereichernd, z.B. als Erfahrungsgewinn oder Übergang in einen verbesserten Zustand, bewertet werden. Eine Bewertung der mit Diskontinuität verknüpften Probleme und Möglichkeiten lässt sich nur im Kontext der individuellen Erwerbsbiografie und ihrer Deutung durch die Erwerbspersonen vornehmen.

In der vorliegenden Arbeit wird der Begriff der Diskontinuität im weiter gefassten Sinne verwendet und in seiner jeweiligen Bezugnahme auf Einzelaspekte ausdifferenziert. Hierfür werden die Erwerbsverläufe im Folgenden zum einen in ihren Verlaufsstrukturen im Hinblick auf Stellendiskontinuität, bezogen auf die Stellenanzahl inkl. Stellenbeendigungsgründe, auf Erwerbsstatusdiskontinuität unter Berücksichtigung von Arbeitslosigkeit und unfreiwilliger Erwerbsunterbrechung, auf Berufsdiskontinuität bzw. Berufsfeldwechsel sowie auf Tätigkeits- und Berufsstatusdiskontinuität i.S.v. Auf- und Abstiegen fallübergreifend skizziert. Wie sich dabei die Brücke von Diskontinuitätsformen, die eine erneute Reintegration in Erwerbsarbeit erfordern, im Kontext der Arbeitsmarktentwicklung darstellt, wird für Stellenaufnahmen nach dem 50. Lebensjahr beleuchtet. Zum anderen werden die beruflichen Orientierungen der Erwerbspersonen und deren Realisierung im Erwerbsverlauf erkundet und falltypisierend dargestellt. Die Verlaufsdaten beziehen sich jeweils auf die Erwerbsbiografie der befragten Erwerbspersonen bis zum Interviewzeitpunkt. Sie werden zusätzlich für die Entwicklung bis zur Umbruchphase in höherem Lebensalter gesondert ausgewiesen, um die Vorgeschichten und ‚Gewordenheit' dieser Umbruchphase zu erfassen.[153, 154]

Stellendiskontinuität: Stellenanzahl inkl. Stellenbeendigungsgründe

Die Erwerbsverläufe der interviewten Erwerbspersonen umfassten ein vielfältiges Spektrum sequenzieller und teils auch parallel verlaufender Erwerbsformen, die sich nach haupt- und nebenberuflicher bzw. nebentätiger, nach sozialversicherungspflichtiger inkl. öffentlich geförderter, selbstständiger, verbeamteter, im Familienbetrieb mithelfender oder geringfügig beschäftigter Erwerbsarbeit

153 In der an das Paradigmatische Modell angelehnten Auswertung wurden die Erwerbsverlaufsstrukturen, die Arbeitsmarktentwicklung sowie die beruflichen Orientierungen der Erwerbspersonen und deren Realisierung im Erwerbsverlauf den „intervenierenden Bedingungen" zugeordnet (vgl. Kap. 5.2).

154 Die Ausführungen in diesem Unterkapitel enthalten Teilantworten zu Forschungsfrage 4 nach relevanten Kontextbedingungen, zu Forschungsfrage 5 nach geschlechtsspezifischen Konstellationen, zu Forschungsfrage 6 nach Deutungen des beruflichen Werdegangs sowie zu Forschungsfrage 9 nach erhaltener Unterstützung bei der Stellensuche.

sowie öffentlich geförderten „Arbeitsgelegenheiten" ohne Generierung eines neuen Arbeitslosengeldanspruches, nach Vollzeit- und Teilzeitarbeit, nach befristeter und unbefristeter Beschäftigung differenzieren lassen.

Bei der Erfassung der Stellendiskontinuität werden nachfolgend nur die hauptberuflichen (abhängigen und selbstständigen, voll- und teilzeitigen) Erwerbsarbeitsverhältnisse einbezogen, da sie die Existenzsicherung der Erwerbspersonen begründen. Die Existenzsicherungsfunktion gilt auch für hauptberufliche Teilzeitarbeit, ist hier i.d.R. allerdings in den Haushaltskontext eingebettet. Damit soll nicht die teils auch hohe ökonomische und soziale Angewiesenheit der Erwerbspersonen auf nebentätige Erwerbsarbeit, gerade im Status registrierter Arbeitslosigkeit, in Abrede gestellt werden.

Der Verbleib in einer Stelle im Falle von befristeten Freistellungen nach der Geburt eines Kindes oder im Falle von Firmenübernahmen durch andere Unternehmen sowie unmittelbare Anschlussverträge an zuvor befristete Verträge im gleichen Unternehmen werden nicht gesondert ausgewiesen. Sie stellen aber Elemente von Diskontinuität dar, die gerade in den beiden letztgenannten Fällen teils auch als Unsicherheitsphasen erlebt wurden. Die Stellendiskontinuität wird über die Anzahl der aufgenommenen Stellen bzw. hauptberuflichen Erwerbsarbeitsverhältnisse ohne Einbezug der Ausbildungsstelle ausgewiesen. Diese können im unmittelbaren Wechsel erfolgen oder dazwischen liegende Arbeitslosigkeits- und sonstige Nichterwerbsphasen enthalten.

Bei der Dateninterpretation ist zu berücksichtigen, dass sich die 24 interviewten Erwerbspersonen über unterschiedliche Altersgruppen zwischen 50 und 70 Jahren verteilten und für 18 Erwerbspersonen die Erwerbsphase bis zum Renteneintritt noch nicht abgeschlossen war (5 Personen befanden sich bereits im Ruhestand, 1 Person in gesichertem Beschäftigungsstatus einige Monate vor dem Renteneintritt). Somit können die Daten für die gesamten Erwerbsverläufe und für die Erwerbsphasen nach dem 50. Lebensjahr Hinweise auf strukturelle Aspekte und auf das bereits erreichte Ausmaß an Stellendiskontinuität liefern, dieses kann sich aber für die Mehrheit der Interviewpersonen in der zum Interviewzeitpunkt noch offenen Zukunft bis zum Renteneintritt noch erhöhen. Zudem ist damit eine direkte interpersonale Vergleichbarkeit auch nur für einen von allen bereits durchlaufenen Lebensabschnitt oder unter Berücksichtigung des jeweiligen Alters der Interviewpersonen möglich, da allein altersbedingt ein unterschiedliches Ausmaß an Stellendiskontinuität eintreten konnte.

Daher wurden die Daten zur Stellendiskontinuität im gesamten, bis zum Interviewzeitpunkt erfolgten Erwerbsverlauf differenziert nach Stellenaufnahmen vor und nach dem 50. Lebensjahr, womit gerade auch die Entwicklungen bis zur Umbruchphase in höherem Lebensalter in den Blick genommen wurden.

Für die Bewertung der Stellendiskontinuität wurden daher auch jeweils unterschiedliche Kategorisierungen erforderlich:

- Für den gesamten Erwerbsverlauf wurden 3 Stellenaufnahmen als geringe Stellendiskontinuität bezeichnet, 4–9 Stellenaufnahmen als mittlere und 10–15 Stellenaufnahmen als hohe Stellendiskontinuität.[155]
- Für den Erwerbsverlauf vor dem 50. Lebensjahr gelten 2 Stellenaufnahmen als geringe Stellendiskontinuität, 3–7 Stellenaufnahmen als mittlere und 8–12 Stellenaufnahmen als hohe Stellendiskontinuität.[156]
- Für den Erwerbsverlauf nach dem 50. Lebensjahr gewährleistet die Aufnahme nur einer Stelle nach der Umbruchphase in höherem Lebensalter noch keine Stellenkontinuität, da die meisten Befragten ihre Erwerbsphase zum Interviewzeitpunkt noch nicht beendet hatten und sich damit die Anzahl ihrer Stellenaufnahmen noch erhöhen kann, auch kann eine Stelle vor dem Renteneintritt enden. Hierunter wird auch die Aufnahme nur einer Stelle gefasst, die in höherem Lebensalter, aber nicht nach dem 50. Lebensjahr erfolgte (in dem Fall 0 Stellenaufnahmen nach dem 50. Lebensjahr, allerdings bis zum Interviewzeitpunkt im Status hauptberuflicher Erwerbsintegration). 2 Stellenaufnahmen stellen eine erneut eintretende Stellendiskontinuität dar, 3–5 Stellenaufnahmen wurden als hohe und 8 Stellenaufnahmen als sehr hohe Stellendiskontinuität bewertet. Exklusion aus hauptberuflicher Erwerbsarbeit bezeichnet die nicht mehr gelungene hauptberufliche Reintegration (0 Stellenaufnahmen seit der nach dem 50. Lebensjahr eingetretenen Erwerbslosigkeit und bis zum Interviewzeitpunkt bzw. Renteneintritt im Arbeitslosigkeitsstatus mit max. nebentätiger Erwerbsintegration). Die Kategorien für 0–2 Stellenaufnahmen wurden begrifflich entsprechend des jeweiligen Tatbestandes gefasst, alle über 2 hinausgehenden Stellenaufnahmen wurden als hohe bzw. sehr hohe Stellendiskontinuität hervorgehoben.

Stellendiskontinuität im gesamten Erwerbsverlauf bis zum Interviewzeitpunkt: Die befragten 24 Erwerbspersonen, die alle in höherem Lebensalter eine Umbruchphase und eine neue Stellenaufnahme erfuhren, somit alle in ihrem gesamten Erwerbsverlauf bis zum Interviewzeitpunkt mindestens 2 Stellenaufnahmen

155 Zur Abgrenzung der Kategorien wurden für die erste Kategorie die geringste und zugleich nahe der Zahl 1 liegende Anzahl an Stellen gewählt, für die zweite und dritte Kategorie wurde die Spannweite in der Anzahl der Stellenaufnahmen jeweils hälftig zugrunde gelegt.

156 Die Abgrenzung der Kategorien wurde methodisch entsprechend dem Verfahren für den gesamten Erwerbsverlauf vorgenommen.

Tab. 4: Stellendiskontinuität der befragten Erwerbspersonen

(n = 24)	
im gesamten Erwerbsverlauf (bis zum Interviewzeitpunkt)	
– geringe Stellendiskontinuität (3 Stellenaufnahmen)	3 (13 %)
– mittlere Stellendiskontinuität (4–9 Stellenaufnahmen)	10 (42 %)
– hohe Stellendiskontinuität (10–15 Stellenaufnahmen)	11* (46 %)
vor dem 50. Lebensjahr	
– geringe Stellendiskontinuität (2 Stellenaufnahmen)	4 (17 %)
– mittlere Stellendiskontinuität (3–7 Stellenaufnahmen)	10 (42 %)
– hohe Stellendiskontinuität (8–12 Stellenaufnahmen)	10* (42 %)
nach dem 50. Lebensjahr	
– Aufnahme nur 1 Stelle seit der Umbruchphase in höherem Lebensalter (0 Stellenaufnahmen nach der letzten, in höherem Lebensalter, aber nicht nach dem 50. Lebensjahr, erfolgten Stellenaufnahme, bis zum Interviewzeitpunkt im Status hauptberuflicher Erwerbsintegration)	2 (8 %)
– Aufnahme nur 1 Stelle seit der Umbruchphase nach dem 50. Lebensjahr (1 Stellenaufnahme)	6 (25 %)
– erneut eintretende Stellendiskontinuität (2 Stellenaufnahmen)	9 (38 %)
– hohe Stellendiskontinuität (3–5 Stellenaufnahmen)	4 (17 %)
– sehr hohe Stellendiskontinuität (8 Stellenaufnahmen)	1* (4 %)
– Exklusion aus hauptberuflicher Erwerbsarbeit (0 Stellenaufnahmen seit der nach dem 50. Lebensjahr eingetretenen Erwerbslosigkeit, bis zum Interviewzeitpunkt bzw. Renteneintritt im Arbeitslosigkeitsstatus mit max. nebentätiger Erwerbsintegration	2 (8 %)

*Hierbei handelt es sich um eine Schätzzahl, die jeweils eine Untergrenze darstellt und sich überwiegend auf die frühen Phasen der Erwerbsbiografie bezieht. Die auf den gesamten Erwerbsverlauf bezogenen Schätzangaben betreffen 5 Erwerbspersonen, darunter 4 Erwerbspersonen in ihrem Erwerbsverlauf vor dem 50. Lebensjahr und 1 Erwerbsperson in ihrem Erwerbsverlauf nach dem 50. Lebensjahr. Diese 5 Interviewpersonen verteilen sich über alle Altersgruppen.

realisierten, verzeichneten – allein bezogen auf ihre hauptberuflichen Erwerbsarbeitsverhältnisse – nur in wenigen Fällen (3 Personen) eine geringe Stellendiskontinuität mit 3 Stellenaufnahmen. Die übrigen Interviewpersonen wiesen zu jeweils ähnlichen Anteilen (10 bzw. 11 Personen) eine mittlere (4–9 Stellenaufnahmen) und hohe Stellendiskontinuität (10–15 Stellenaufnahmen) auf (s. zu diesen, wie auch zu den nachfolgenden Ausführungen Tab. 4).[157]

Stellendiskontinuität vor dem 50. Lebensjahr: Die erwerbsbiografischen Verläufe vor dem 50. Lebensjahr beinhalteten nur für wenige der Befragten eine geringe Stellendiskontinuität mit 2 hauptberuflichen Stellenaufnahmen (4 Personen), jeweils 10 Personen wiesen bereits vor dem 50. Lebensjahr eine mittlere Stellendiskontinuität mit 3–7 Stellenaufnahmen bzw. eine hohe Stellendiskontinuität mit 8–12 Stellenaufnahmen auf.

Stellendiskontinuität nach dem 50. Lebensjahr: Nach der Umbruchphase in höherem Lebensalter nahmen 8 Personen, darunter 2 bereits vor dem 50. Lebensjahr (mit 42 und 49 Jahren), nur eine einzige hauptberufliche Stelle bis zum Interviewzeitpunkt auf. Eine Aussage über eine damit erreichte Stellenkontinuität bis zum Renteneintritt ist für 6 der 8 Personen, die sich zum Interviewzeitpunkt noch in der Erwerbsphase befanden, nicht möglich. Für eine Person mündete die aufgenommene Stelle vor ihrem Renteneintritt in Langzeitarbeitslosigkeit. Eine bis zum Renteneintritt reichende Kontinuität nach dem erwerbsbiografischen Umbruch ab dem 50. Lebensjahr konnte nur in einem Fall festgestellt werden, in dem die einzige nach dem 50. Lebensjahr neu aufgenommene Stelle bis zum Rentenbeginn andauerte – jedoch mit dem Wechsel in ein geringqualifiziertes geringvergütetes Berufsfeld verbunden war.

Für 9 Befragte ist eine nach dem Umbruch in höherem Lebensalter erneut eintretende Stellendiskontinuität in Form von 2 hauptberuflichen Stellenaufnahmen feststellbar, die sich für 7 Personen in rentenfernerem Alter eventuell noch erhöhen könnte.

Eine hohe Stellendiskontinuität mit 3–5 Stellenaufnahmen nach dem Umbruch in höherem Lebensalter wiesen 4 Erwerbspersonen auf, eine Erwerbsperson mit 8 Stellenaufnahmen sogar eine sehr hohe Stellendiskontinuität. Auch diese könnte sich mit Ausnahme einer bereits im Ruhestand befindlichen Person eventuell noch erhöhen.

157 Für alle hier und im Folgenden angegebenen absoluten und prozentualen Daten ist zu beachten, dass sie Hinweise auf ein im Sample eher geringeres oder eher häufigeres Vorkommen liefern, angesichts der Gesamtfallzahl von 24 Erwerbspersonen aber nicht verallgemeinerbar sind.

Eine von der Umbruchphase in höherem Lebensalter bis zum Interviewzeitpunkt während Exklusion aus hauptberuflicher Erwerbsarbeit erfuhren 2 Personen, die beide zeitweise eine nur nebentätige Erwerbsarbeit realisieren konnten. Für eine Person könnte sich dies bis zu ihrem Renteneintritt noch ändern, die zweite Person befand sich zum Interviewzeitpunkt bereits im Ruhestand.[158]

Stellendiskontinuität nach Kontexten und Strukturmerkmalen

Bei einer näheren Betrachtung der Erwerbsverläufe mit hoher Stellendiskontinuität ließen sich folgende Spezifika erkennen:[159]

Eine hohe Stellendiskontinuität *vor dem 50. Lebensjahr* zeigte sich insbesondere in der jüngsten befragten Altersgruppe der 50–54-Jährigen (6 von 7 bzw. 86 %) im Vergleich zu allen Befragten (10 von 24 bzw. 42 %). Eine Überrepräsentanz trat bei den 50–54-jährigen Befragten aus den alten (4 von 4 bzw. 100 %) und den neuen Bundesländern (2 von 3 bzw. 67 %) auf.[160] Dies wirft die Frage nach einer Zunahme von Stellendiskontinuität und damit Arbeitsplatzstabilität im Zeitverlauf auf, die quantitativer Analysen bedarf, aber trotz zahlreicher Erhebungen nach wie vor umstritten ist (vgl. Struck, Grotheer, Schröder & Köhler 2006, S. 5–12, Bosch 2010, S. 655–662, Hübler & Walter 2008, vgl. auch Kap. 3.6).

Alle 5 Erwerbspersonen mit hoher oder sehr hoher Stellendiskontinuität *nach dem 50. Lebensjahr* wiesen eine bereits mittlere bis hohe Stellendiskontinuität vor ihrem 50. Lebensjahr auf.[161] Eine besondere Problematik in den

---

158 Beide Personen wurden in das Sample aufgenommen, da ihre letzte hauptberufliche Stellenaufnahme zwar nicht nach dem 50. Lebensjahr, aber in höherem Lebensalter mit 46 bzw. 49 Jahren erfolgte, vgl. Kap. 6.1.

159 Geprüft wurden die Ergebnisse durchgängig nach Geschlecht, Region und Altersgruppe. Die Darstellung konzentriert sich auf festgestellte Strukturdifferenzen. Sofern nicht gesondert erwähnt, erfolgt eine Ausweisung von Unterschieden nach Strukturmerkmalen der Befragten ab einer Mindestdifferenz von 10 Prozentpunkten, die sich auch bei Veränderung um einen Fall nicht nivelliert. Unterschiede unterhalb dieser Ebene werden im Folgenden i.d.R. auch nicht aufgeführt.

160 Die prozentuale Differenz zwischen den ABL und den NBL ist aufgrund der geringen Fallzahl nicht weiter interpretierbar.

161 Eine hohe Stellendiskontinuität vor ihrem 50. Lebensjahr traf auf 2 der Befragten zu mit 8 bzw. 10 Stellenaufnahmen, für die übrigen 3 Befragten lässt sich vor ihrem 50. Lebensjahr eine mittlere Stellendiskontinuität mit 5 bzw. 7 Stellenaufnahmen konstatieren. Die gegenteilige Relation ist aufgrund der für die meisten noch offenen Erwerbsperspektive nicht interpretierbar. Zwar zeigte sich für 2 der 10 Personen mit hoher Stellendiskontinuität vor dem 50. Lebensjahr deren Fortsetzung mit jeweils 3 Stellenaufnahmen auch nach dem 50. Lebensjahr und für 1 Person die Exklusion aus hauptberuflicher Erwerbsarbeit bis zu deren bereits erfolgten Renteneintritt. Für die

Stellenaufnahmen nach dem 50. Lebensjahr zeigte sich für die NBL: 6 der 14 bzw. 43 % der interviewten Erwerbspersonen aus den NBL erfuhren nach dem 50. Lebensjahr entweder eine hohe Stellendiskontinuität (4 Personen mit 3–8 Stellenaufnahmen) oder eine bis zum Interviewzeitpunkt anhaltende Exklusion aus hauptberuflicher Erwerbsarbeit nach erfolgtem Stellenverlust ab dem 50. Lebensjahr (2 Personen, darunter 1 Person im Ruhestand).[162]

Bei den meisten Erwerbspersonen (8 von 11) mit hoher Stellendiskontinuität *im gesamten Erwerbsverlauf* bis zum Interviewzeitpunkt traten jeweils spezifische Stellenbeendigungsgründe gehäuft auf, die auf besondere Einflussfaktoren hindeuten:

- **Betriebsseitig gewünschte arbeitsvertragliche Befristungen** erhielten 3 Personen fünf- bis siebenmal, darunter in einem Fall aufgrund der befristeten Einstellungspraxis eines Unternehmens mit jeweils 11-monatigen Befristungen über mehrere Jahre, in einem anderen Fall im Rahmen von Saisonbeschäftigungen beim gleichen Unternehmen über mehrere Jahre und in einem dritten Fall in Form mehrfacher ABM und sonstiger öffentlich geförderter Beschäftigungsverhältnisse. Alle diese Befristungen erfolgten in den NBL nach der Wende.
- **Betriebsbedingte Kündigungen durch den Betrieb** kamen bei 2 Personen fünf- bzw. sechsmal vor. Beide Erwerbspersonen kamen aus den NBL und erfuhren alle diese Kündigungen nach der Wende.
- **Eigeninitiierte betrieblich oder beruflich bedingte Stellenbeendigungen** leiteten 3 Personen fünf- bis siebenmal mit dem Ziel ein, ihre Arbeits- und Beschäftigungsbedingungen zu verbessern. Die regionale Herkunft der Erwerbspersonen umfasste die ABL und die NBL.
- **Eigeninitiierte betrieblich oder beruflich bedingte Stellenbeendigungen in der Berufsanfangsphase** nahmen 2 Personen aus den ABL vier- bzw. sechsmal mit dem Ziel vor, ihre Fachkompetenz zu entwickeln.

übrigen Personen mit 1–2 Stellenaufnahmen sind jedoch weitere Stellenaufnahmen bis zu ihrem Renteneintritt nicht auszuschließen.

162 Ein prozentualer Vergleich zeigt einen deutlich geringeren Vergleichswert für die ABL im Hinblick auf die Erwerbspersonen mit hoher Stellendiskontinuität nach dem 50. Lebensjahr (1 von 10 bzw. 10 % in den ABL gegenüber 4 von 14 bzw. 29 % in den NBL). Dieser ist aber aufgrund der geringen Fallzahl und eines höheren Anteils von Personen in den ABL in der jüngsten befragten Altersgruppe nicht aussagekräftig (in den ABL waren zum Interviewzeitpunkt 40 % der Befragten in der Altersgruppe von 50–54 Jahren, in den NBL 21 % der Befragten).

Herr Tannheim[163], Kunsthandwerker, 60 Jahre:
„(…) wollte ich hauptsächlich lernen und mal ein bisschen die Welt sehen." (Z. 51)
„Jeder arbeitet anders und man kann vor allem bei Altmeistern (…) wahnsinnig viel lernen (…) ich habe sehr viele uralte Tricks gelernt, vor allem für alte Sachen zum Restaurieren und so weiter, wo eigentlich alles in Vergessenheit gerät und kein Mensch mehr kann." (Z. 39–42)
Frau Allenbach, Buchhalterin, 70 Jahre:
„Am Anfang wollte ich häufig wechseln, weil, dann kriegt man eine bessere Übersicht (…)." (Z. 1650–1651)
„Mit jedem Wechsel lernt man was. Und darum ging es mir auch, weil ich ein breites Spektrum haben wollte. Ich konnte ja nachher auch alles." (Z. 438–439)

Damit lässt sich als ein spezifischer Einflussfaktor einer hohen Stellendiskontinuität die schwierige Wirtschafts- und Arbeitsmarktlage in den NBL nach der Wende annehmen, auf deren Grundlage die häufigen betriebsbedingten Betriebskündigungen, die zeitweilig intensive Arbeitsmarktförderung, aber auch eine für die Beschäftigten prekäre Beschäftigungspolitik von Unternehmen zu verorten sind. Deutlich erkennbar verursachten darüber hinaus die Erwerbspersonen ihre Stellendiskontinuität aber auch selbst, indem sie ihre Erwerbsbiografie durch Stellenwechsel positiv zu gestalten suchten. Teils schien dies mit einer besonderen persönlichen Offenheit für neue Erfahrungen verknüpft sowie in einem Fall mit der besonderen Berufstradition des betreffenden Kunsthandwerks.

Alle Erwerbsverläufe wurden zudem daraufhin untersucht, in welcher Weise sie durch den als Wende bezeichneten Beitritt der DDR zur BRD geprägt waren. Tatsächlich markierte die Wende für fast alle Interviewpersonen aus den NBL (12 von 14 bzw. 86 %) einen erwerbsbiografischen Einschnitt, indem die damalige Stelle wendebedingt entweder aufgrund Betriebsschließung oder Personalabbau seitens des Betriebes oder präventiv zwecks Stellenwechsels durch die Erwerbsperson gekündigt wurde. In den Jahren 1989–90 endete die Stelle für 3 männliche Erwerbspersonen aus den NBL (darunter für 2 Männer auf eigene Initiative, von diesen in 1 Fall zur Beschäftigungssicherung) sowie für 2 weibliche Erwerbspersonen (darunter für 1 Frau eigeninitiativ zur Beschäftigungssicherung). Im Zeitraum 1991–93 endete die Stelle für 2 männliche und 5 weibliche Erwerbspersonen. Fast alle erhielten eine Kündigung durch den Betrieb (ein Mann äußerte sich hierzu nicht eindeutig). Für 3 der Frauen begann daraufhin eine langjährige Unsicherheitsphase mit einem mehrfachen Wechsel zwischen

163 Die Namen aller interviewten Erwerbspersonen wurden zur Anonymisierung durch fiktive Alias ersetzt.

Arbeitslosigkeit und öffentlich geförderter Beschäftigung. Inwieweit eigeninitiierte Stellenkündigungen zur präventiven Beschäftigungssicherung über einen Stellenwechsel eher in zeitlicher Nähe nach der Wende erfolgten und nach Alter, familiären Kontexten und anderen Merkmalen überwiegend von bestimmten Personengruppen gewählt wurden, wäre quantitativ zu untersuchen.

Mehrfach zeigte sich in den Interviews, dass auch in den Folgejahren Stellenbeendigungen in den NBL auf wirtschaftsstrukturelle und arbeitsmarktliche Spätfolgen der Wende hindeuteten, wie z.B. Insolvenzen und prekäre Beschäftigungsbedingungen. Inwieweit die Wende die Stellendiskontinuitäten in den weiteren Folgejahren noch spezifisch beeinflusste, bleibt ebenfalls einer quantitativen Untersuchung vorbehalten.[164]

Nur 2 Erwerbspersonen aus den NBL gelang eine langjährige Kontinuität in ihrem Erwerbsverhältnis über die Wendezeit hinweg bis 2009 bzw. bis 2011, darunter eine angestellte Friseurin sowie ein selbstständiger Kunsthandwerker. Umgekehrt erhielt eine männliche Erwerbsperson aus den ABL kurz nach der Wende eine Leitungsstelle in den NBL, die für ihn einen Aufstieg bedeutete.

Bei einem Vergleich aller im Erwerbsverlauf aufgenommenen 205 Stellen zeigte sich eine ähnliche Stellenanzahl von 8,7 Stellenaufnahmen je Erwerbsperson aus den NBL (14 Erwerbspersonen aus den NBL mit 122 Stellenaufnahmen) und 8,3 Stellenaufnahmen je Erwerbsperson aus den ABL (10 Erwerbspersonen aus den ABL mit 83 Stellenaufnahmen) und damit keine generell differente Stellendiskontinuität nach Region im Sample. Deutlichere Unterschiede ließen sich indes bei einer näheren Betrachtung der Stellenbeendigungsgründe feststellen.

Stellenbeendigungsgründe

Von den interviewten Erwerbspersonen wurden in der Summe 189 Stellenbeendigungen[165] berichtet, hierbei zeigte sich eine Vielfalt angegebener Stellenbeendigungsgründe. Zur Differenzierung dieser Gründe sind arbeitsrechtliche Kategorien für das hier verfolgte Forschungsinteresse nur begrenzt nutzbar.[166]

---

164 Das für die vorliegende qualitative Analyse interviewte Sample lässt hierüber keine näheren fallvergleichenden Aussagen zu, zumal die Daten nach Alterskohorte, Region und Geschlecht zu differenzieren sind.

165 Die Differenz in der Anzahl der 189 Stellenbeendigungen gegenüber den vorhergehend genannten 205 Stellenaufnahmen ergibt sich daraus, dass zum Interviewzeitpunkt 16 Befragte eine noch laufende hauptberufliche Stelle innehatten.

166 Arbeitsrechtlich wird unterschieden nach ordentlicher oder außerordentlicher Kündigung durch eine der beiden Vertragsparteien, bei arbeitgeberseitigen Kündigungen kann zudem nach betriebsbedingten, personenbedingten oder verhaltensbedingten Gründen differenziert werden. Weiterhin kann eine Stelle durch Befristung,

Zum einen können die in Kündigungen angegebenen Gründe von den realen Gründen abweichen – z.B. zur Verringerung des Klagerisikos –, zum anderen fehlt eine weitere Differenzierung der Beendigungsgründe seitens der Erwerbsperson. Daher werden in der vorliegenden Arbeit die Beendigungsgründe nach der die Initiative ergreifenden Seite, statt des ggf. in der Kündigung benannten Grundes, unterschieden. Sie lassen sich für die befragten Erwerbspersonen wie folgt beschreiben:[167]

- Als Hauptgrund der betrieblich initiierten Stellenbeendigungen wurde in 41 Fällen *eine betriebsbedingte Kündigung* angegeben. Erwerbspersonen aus den NBL erfuhren diese wendebedingt deutlich häufiger, da es wie erwähnt insbesondere Anfang der 1990er Jahre zu vielfältigen Betriebsschließungen und Personalabbaumaßnahmen kam (30 bzw. 2,1 je Erwerbsperson aus den NBL; 11 bzw. 1,1 je Erwerbsperson aus den ABL).
- *Sonstige Betriebskündigungen* umfassten 9 Stellenbeendigungen, in denen der Kündigungsgrund im Interview nicht eindeutig benannt wurde.
- Die *Befristung* eines Arbeitsvertrags wurde hier ebenfalls zu betrieblich initiierten Stellenbeendigungen gezählt, soweit es sich betriebsseitig um befristete Vertragsangebote handelte. Eine solche betraf 34 Stellenbeendigungen (31 bzw. 2,2 je Erwerbsperson aus den NBL; 3 bzw. 0,3 je Erwerbsperson aus den ABL). Dass überwiegend Erwerbspersonen aus den NBL einen befristeten Vertrag erhielten, ist zum einen auf den in den NBL verstärkten Einsatz öffentlich geförderter Beschäftigungsverhältnisse zurückzuführen, die für 3 interviewte Frauen in den NBL über lange Zeiträume von jeweils 14 bis 16 Jahren (nahezu) die einzige hauptberufliche Erwerbsquelle im Wechsel mit zwischenzeitlichen Arbeitslosigkeitsphasen darstellten. Zum anderen macht sich hier eine vorwiegend in den NBL angewendete Einstellungspraxis mit prekären Beschäftigungsbedingungen bemerkbar.

Bericht von Frau Osterloh, 59 Jahre, über 3 befristet aufeinanderfolgende Anstellungen als Verkäuferin in einem Supermarkt:

Auflösungsvertrag oder Erreichen des Regelrentenalters für die Regelaltersrente entsprechend getroffener Vereinbarung bzw. Erreichen einer vertraglich geregelten Altersgrenze enden (vgl. Bundesministerium für Arbeit und Soziales 2015a, S. 73–89, Bundesministerium der Justiz und für Verbraucherschutz o.J.f, § 1 KschG).

167 Die Angaben zu betriebsseitigen Befristungen, zu betrieblich bzw. beruflich bedingten Eigenkündigungen und zu sonstigen Wechselgründen basieren teils auf Schätzwerten, die jeweils eine Untergrenze darstellen, s. hierzu die Anmerkung unter vorstehender Tab. 4 ‚Stellendiskontinuität der befragten Erwerbspersonen'.

„Ich war happy, das war eine sozialversicherungspflichtige Tätigkeit, 20 Stunden pro Woche. Aber denken Sie nicht, dass das 20 waren, montags waren es drei Stunden mehr, wenn man in der Frühschicht war, ab halb sieben kriegte man bezahlt und ab um fünf stand man hinter der Theke. Also um alles vorzubereiten. Und das musste sein (...).“ (Z. 321–325)

„Dann hat sie (Anm. d. V.: die Abteilungsleiterin) gesagt: ‚Das ist aber erstmal nur befristet.‘ Aber was war es bei den Befristungen, und da denke ich auch wieder, frühestes Mittelalter, zwei Monate, drei Monate und immer ein Tag vorher. Also ich habe dann praktisch ab 2007, ab Januar, bis, sage ich mal, bis 31.03. gekriegt. Dann kam kurz vor dem Ende der Befristung kam wieder der größere Chef, dann habe ich eine Befristung gekriegt, wenn das der 31. März war, bis 30. Juno, immer ein Tag vorher und immer nur zwei oder drei Monate. Ich kann Ihnen sagen, mir ging es in der Zeit dreckig (...).“ (Z. 329–335)

Bericht von Herrn Hansen, Zerspaner, 57 Jahre, über seine seit sechs Jahren währenden Befristungen von Januar bis November im jeweils gleichen Betrieb:

„Es hat mich ja an sich die letzten zwei Jahre nicht mehr gestört, wie ich wusste, Ende November ist Schluss, Anfang Januar geht es weiter. Ich werde ja praktisch von meinem Chef so angesehen, wie so ein Tagelöhner, sag ich mal. (...) Ich bin für ihn kein Mitglied dieser Firma.“ (Z. 1544–1547)

- Eine *betrieblich oder beruflich bedingte Eigenbeendigung* stellte mit 62 Fällen den häufigsten Grund eigeninitiierter Beendigungen der hauptberuflichen Erwerbsarbeitsverhältnisse dar (29 bzw. 2,1 je Erwerbsperson aus den NBL; 33 bzw. 3,3 je Erwerbsperson aus den ABL). Hierzu zählten Kündigungen abhängiger Beschäftigungsverhältnisse, seitens der Erwerbsperson gewünschte Befristungen für kürzere, zum Kompetenzaufbau angenommene Stellen sowie Beendigung einer selbstständigen Tätigkeit.

Überwiegend handelte es sich um Stellenwechsel, die in beruflicher Hinsicht einen Aufstieg oder eine gewünschte Arbeit in einem neuen Tätigkeits- oder Berufsfeld ermöglichten.

Mehrfach wurden die Stellen aber auch aufgrund nicht mehr akzeptierter Beschäftigungs- und Arbeitsbedingungen gekündigt, wenn eine neue Stelle gefunden war, teils auch unter Inkaufnahme anschließender Arbeitslosigkeit. Die Gründe bezogen sich v.a. auf die Vergütung, zudem auch auf Arbeitsinhalte, -anforderungen und -klima. In einem Fall gab eine Erwerbsperson wegen Mobbing in den ersten Berufsjahren die Stelle und damit den erreichten Beamtenstatus auf. Zwei Erwerbspersonen schieden nach langjährigen Aufstiegen bei der Nationalen Volksarmee vor bzw. nach der Wende aus dem Armeedienst aus.

Eine hauptberufliche Selbstständigkeit mussten 4 Erwerbspersonen aus den ABL und den NBL in 5 Fällen aus wirtschaftlichen Gründen aufgeben, darunter 1 Frau. In wenigen Fällen wurde das Erwerbsarbeitsverhältnis zur beruflichen Absicherung präventiv eigeninitiiert beendet und in eine andere Stelle gewechselt. So wechselten eine weibliche und eine männliche Erwerbsperson aus den NBL wendebedingt die Stelle, als sich für sie deren Unsicherheit abzeichnete. Ebenfalls eine weibliche und eine männliche Erwerbsperson aus den NBL nahmen einen präventiven Wechsel auch mit Blick auf ihre Beschäftigungssicherung bis zum Renteneintritt vor. Ausgelöst durch einen Arbeitszeitrückgang begann Frau Ehrhardt, mit 51 Jahren nach einer Alternative zu suchen.

Frau Ehrhardt, 55 Jahre:
„Habe dann aber für mich angefangen, zu überlegen, das ist, irgendwie musst du nun mal sehen, dass du die Kurve kriegst … Du wirst immer älter und willst du bis 65 noch als Friseurin arbeiten?“ (Z. 311–313)

Nach zweijähriger Suche gelang ihr der Wechsel in ein anderes Berufsfeld. Auch Herr Gillessen entschied sich mit 51 Jahren, seine hauptberufliche Selbstständigkeit als Kunsthandwerker zugunsten einer hauptberuflichen Tätigkeit als Fachpraxislehrer in diesem Bereich nur noch nebentätig weiterzuverfolgen. Er begründete dies sowohl mit der sozialen Absicherung als auch mit Belastungen in seinem Beruf, die für ihn mit zunehmendem Alter spürbarer wurden. Beide Wechsel waren zugleich auch berufliche Wechsel.

- *Familiär bedingte Eigenkündigungen* wurden in 15 Fällen benannt (12 bzw. 0,9 je Erwerbsperson aus den NBL; 3 bzw. 0,3 je Erwerbsperson aus den ABL). Solche Kündigungen wurden unternommen, weil die Familie an den Arbeitsort des Ehemannes (4x) oder einen für beide Eheleute neuen Arbeitsort (1x) zog, um an eine Arbeitsstelle in näherer Entfernung zum Wohnort der Familie (3x) oder zur Krippe (1x) zu wechseln, um Kinder zu betreuen (3x), um für erkrankte Kinder zu sorgen (2x) oder weil schwangerschaftsbedingte Probleme die Busfahrt zur Arbeit verunmöglichten (1x). In 11 Fällen handelte es sich um Kündigungen von weiblichen Erwerbspersonen, in 4 Fällen um Kündigungen von männlichen Erwerbspersonen, darunter bei Letzteren zwecks näherer Entfernung zum Wohnort der Familie (3x) sowie zur Sorge für ein erkranktes Kind (1x). Hierin spiegelt sich die auch im Sample verbreitete geschlechtliche Arbeitsteilung wider, in der überwiegend Frauen für die familiäre Sorgearbeit und Männer für die Stabilität des Einkommens – auch unter den Bedingungen einer den Männern eher ermöglichten, aber auch von ihnen geforderten höheren regionalen Mobilität –, zuständig sind.

- Eine *persönlich bedingte Eigenbeendigung* wurde in 7 Fällen angegeben (1 bzw. 0,1 je Erwerbsperson aus den NBL; 6 bzw. 0,6 je Erwerbsperson aus den ABL). Gründe waren in jeweils 2 Fällen eine eingetretene Berufskrankheit, fehlende finanzielle Ressourcen, um nach Wegfall einer zuvor bestandenen Anfahrtsmöglichkeit ein für den Arbeitsweg benötigtes Auto zu kaufen und ein persönlich gewünschter, nicht familiär bedingter Umzug sowie in einem Fall die eheliche Trennung.
- Als *sonstige Wechselgründe* wurden 18 Fälle zusammengefasst (4 bzw. 0,3 je Erwerbsperson aus den NBL; 14 bzw. 1,4 je Erwerbsperson aus den ABL), deren Gründe nicht eindeutig benannt wurden (16x) oder sich in der zeitlichen Dynamik nicht eindeutig einer Vertragspartei zuordnen ließen.
- Durch *Renteneintritt* beendeten 3 Erwerbspersonen (darunter 1 aus den ABL, 2 aus den NBL) ihre letzte hauptberufliche Stelle. Nur eine weibliche Erwerbsperson wechselte mit 65 Jahren aus hauptberuflicher Erwerbsarbeit in Rente, eine männliche Erwerbsperson mit 63 Jahren und eine weibliche Erwerbsperson mit 61 Jahren.

Auf personaler Ebene traten im erwerbsbiografischen Verlauf jeweils unterschiedliche Gründe für Stellenbeendigungen auf. Teils gewannen aber auch spezifische Gründe eine besondere Relevanz, wie für die Erwerbspersonen mit im gesamten Erwerbsverlauf hoher Stellendiskontinuität bereits ausgeführt wurde.

Bei einer Zusammenfassung aller betrieblich initiierten Stellenbeendigungen einerseits und aller Eigenbeendigungen andererseits, also ohne Berücksichtigung der sonstigen Beendigungsgründe, zeigte sich eine Gleichverteilung von jeweils 84 Stellenbeendigungen (je 44 % aller Stellenbeendigungen) für das gesamte Sample (s. Tab. 5). Nach regionaler Differenzierung erfuhren allerdings, wie sich in den zahlenmäßig relevanten Einzelgründen bereits andeutet, die Erwerbspersonen aus den NBL deutlich häufiger eine betrieblich initiierte Stellenbeendigung (66 bzw. 4,7 je Erwerbsperson aus den NBL; 18 bzw. 1,8 je Erwerbsperson aus den ABL). Demgegenüber beendeten die Erwerbspersonen aus den ABL öfter eigeninitiativ eine Stelle (42 bzw. 3,0 je Erwerbsperson aus den NBL; 42 bzw. 4,2 je Erwerbsperson aus den ABL). Auch hier wird die Bedeutung der regional unterschiedlichen arbeitsmarktlichen Chancen und Risiken sichtbar.

Stellendiskontinuität kann, muss aber nicht ein Anzeichen für eine riskante Erwerbsbiografie sein. Unter Beleuchtung der Stellenbeendigungsgründe differenziert sie sich zum einen in eigeninitiierte Formen zur Beendigung eines

Tab. 5: Stellenbeendigungsgründe nach Anzahl und Region

Stellenbeendigungsgrund	**Stellenbeendigungen von Erwerbspersonen aus den**		**Gesamt**
	ABL	**NBL**	
betrieblich initiiert			
betriebsbedingte Kündigung	11	30	41
sonstige Betriebskündigung	4	5	9
Befristung	3	31	34
Summe	*18*	*66*	*84*
eigeninitiiert			
betrieblich oder beruflich bedingte Eigenbeendigung	33	29	62
familiär bedingte Eigenkündigung	3	12	15
persönlich bedingte Eigenbeendigung	6	1	7
Summe	*42*	*42*	*84*
sonstige Beendigungsgründe			
uneindeutige Gründe bzw. Initiierung	14	4	18
Renteneintritt	1	2	3
Summe	*15*	*6*	*21*
Gesamt	**75**	**114**	**189**
Stellenbeendigungen je Erwerbsperson	**7,5**	**8,1**	**7,9**

ungewünschten Zustands oder im besten Fall zur beruflichen Verbesserung und zum anderen in fremdinitiierte und zumeist ungewünschte Beendigungen. Inwieweit Stellendiskontinuität zu einem Erwerbsrisiko wird, zeigt sich unter Einbeziehung der Erwerbstatusdiskontinuität.

Erwerbsstatusdiskontinuität: Arbeitslosigkeit und unfreiwillige Erwerbsunterbrechung

In der deutschen Arbeitsmarktforschung dominieren zwei Konzepte zur Erfassung von Arbeitslosigkeit: Das Statistische Bundesamt weist, basierend auf der Methodik der International Labour Organization (ILO) der Vereinten Nationen, die *Erwerbslosigkeit* aus, wonach arbeitsuchende Erwerbslose bereits bei Aufnahme einer Erwerbsarbeit von wöchentlich einer Stunde nicht mehr als Erwerbslose, sondern als Erwerbstätige gelten.[168] Demgegenüber bezieht sich

168 Das Statistische Bundesamt differenziert zwischen Erwerbspersonen und Nichterwerbspersonen, erstere umfassen Erwerbstätige und Erwerbslose (vgl. auch zu

die Bundesagentur für Arbeit auf die Begriffsdefinition von *Arbeitslosigkeit* nach Sozialgesetzbuch III, das arbeitsuchende registrierte Arbeitslose auch dann als solche erfasst, wenn sie eine nebenberufliche Erwerbsarbeit unterhalb 15 Stunden wöchentlich ausüben. Allerdings gelten Teilnehmende an Maßnahmen der aktiven Arbeitsmarktpolitik nicht als Arbeitslose.[169] (Vgl. Statistisches Bundesamt 2017, S. 7, Bundesministerium der Justiz und für Verbraucherschutz o.J.h, Konle-Seidl 2009, s. auch Kap. 2.2 der vorliegenden Arbeit.)

Das hier verfolgte Forschungsinteresse richtet sich auf Erwerbspersonen, die in einer erwerbsbiografischen Umbruchphase in höherem Lebensalter eine hauptberufliche Erwerbsarbeit wechseln oder die Reintegration in eine solche suchen. Hierfür wird der Blick auch auf den vorhergehenden Erwerbsverlauf gerichtet, um zu prüfen, inwieweit eine gewünschte hauptberufliche Erwerbsarbeit realisiert werden konnte. Mit der Fokussierung auf hauptberufliche

---

folgenden Zitaten Statistisches Bundesamt 2017, S. 7 f.): „Erwerbstätige sind alle Personen im Alter von 15 und mehr Jahren, die im Berichtszeitraum mindestens eine Stunde gegen Entgelt irgendeiner beruflichen Tätigkeit nachgehen bzw. in einem Arbeitsverhältnis stehen (…).“ Hierzu zählen u.a. auch Selbstständige, mithelfende Familienangehörige und Personen, die nur gelegentlich tätig sind oder bei formeller Verbindung mit einem Arbeitsplatz im Erhebungszeitraum aus Krankheits- oder sonstigen Gründen vorübergehend nicht arbeiten. „Erwerbslose sind Personen ohne Erwerbstätigkeit, die sich in den letzten vier Wochen aktiv um eine Arbeitsstelle bemüht haben (…). Dabei spielt es keine Rolle, ob sie bei einer Arbeitsagentur als Arbeitslose gemeldet sind. (…) Andererseits zählen Arbeitslose, die eine geringfügige Tätigkeit ausüben, nach ILO-Definition nicht als Erwerbslose, sondern als Erwerbstätige.“ „Nichterwerbspersonen sind Personen, die nach dem ILO-Konzept weder als erwerbstätig noch als erwerbslos einzustufen sind.“

169 Arbeitslose sind nach § 16 Sozialgesetzbuch III (SGB III) wie folgt definiert: „(1) Arbeitslose sind Personen, die wie beim Anspruch auf Arbeitslosengeld 1. vorübergehend nicht in einem Beschäftigungsverhältnis stehen, 2. eine versicherungspflichtige Beschäftigung suchen und dabei den Vermittlungsbemühungen der Agentur für Arbeit zur Verfügung stehen und 3. sich bei der Agentur für Arbeit arbeitslos gemeldet haben. (2) An Maßnahmen der aktiven Arbeitsmarktpolitik Teilnehmende gelten als nicht arbeitslos.“ Der Beschäftigungslosigkeit nicht widersprechende Nebentätigkeiten sind in § 138 (3) SGB III konkretisiert: „Die Ausübung einer Beschäftigung, selbständigen Tätigkeit, Tätigkeit als mithelfende Familienangehörige oder mithelfender Familienangehöriger (Erwerbstätigkeit) schließt die Beschäftigungslosigkeit nicht aus, wenn die Arbeits- oder Tätigkeitszeit (Arbeitszeit) weniger als 15 Stunden wöchentlich umfasst; gelegentliche Abweichungen von geringer Dauer bleiben unberücksichtigt. Die Arbeitszeiten mehrerer Erwerbstätigkeiten werden zusammengerechnet.“ (Bundesministerium der Justiz und für Verbraucherschutz o.J.h).

Erwerbsarbeit wird eine Existenzsicherungsfunktion unterstellt, die ebenso für hauptberufliche Teilzeitarbeit gilt, wenn hier auch i.d.R. eingebettet in einen Haushaltskontext, wie bereits in den vorhergehenden Ausführungen zur Stellendiskontinuität erläutert.

Damit erweist sich das Erwerbslosigkeitskonzept des Statistischen Bundesamtes als nicht nutzbar, weil es bereits eine geringfügige Erwerbstätigkeit ausschließt. Vielmehr wird hier in Anlehnung an das Sozialgesetzbuch III Arbeitslosigkeit auf die Zeit bezogen, in der Personen als arbeitslos registriert sind, auch wenn sie einer nebenberuflichen bzw. nebentätigen Erwerbsarbeit nachgehen.[170] Zusätzlich werden in Abgrenzung zum SGB III auch Zeiten, in denen Arbeitslose an öffentlich finanzierten, nicht einem erstmaligen Berufsausbildungsabschluss dienenden Weiterbildungen teilnehmen, Arbeitslosigkeitszeiten gleichgestellt, weil auch in dieser Zeit die Orientierung auf eine hauptberufliche Erwerbsarbeit unterstellt werden kann.[171]

Darüber hinaus werden sonstige unfreiwillige Erwerbsunterbrechungen berücksichtigt, die insbesondere auf einer Unvereinbarkeit von Familie und Beruf gründen. Während freiwillige Erwerbsunterbrechungen auch Diskontinuität bedeuten, aber zugleich mit einem Wandel auch der Erwerbsorientierung einhergehen, stehen in der vorliegenden Arbeit insbesondere jene Formen von Diskontinuität im Vordergrund, die aus subjektiver Sicht der Erwerbspersonen

---

170 Die Begriffe Haupt- und Nebenberuflichkeit bzw. -tätigkeit werden im Arbeits-, Dienst-, Sozialversicherungs- und Steuerrecht unterschiedlich ausgelegt. Hier werden Nebentätigkeiten als Erwerbstätigkeiten gefasst, die den Arbeitslosigkeitsstatus entsprechend § 138 (3) SGB III nicht infrage stellen. Zusätzlich zum Arbeitszeitvolumen gilt bei Bezug von Arbeitslosengeld I ein spezifischer Freibetrag, oberhalb dessen das Nebeneinkommen angerechnet wird (vgl. Bundesagentur für Arbeit 2017d, S. 2 ff.), während im Regelungsbereich des Arbeitslosengeld II nicht nach der Arbeitszeit unterschieden wird und andere Freibeträge bestehen (vgl. Bundesagentur für Arbeit 2017e, S. 48 ff.).

171 Damit wird eine gewisse Unschärfe in Kauf genommen, die insbesondere in jenen Fällen nach einer weiteren Spezifizierung drängt, in denen eine Erwerbsperson absehbar nicht mehr in ihren Ausbildungsberuf reintegriert werden kann und die Ausbildung zu einer alternativen Berufsperspektive führt, z.B. nach Eintreten berufsrelevanter gesundheitlicher Entwicklungen, nach Ausscheiden aus dem Beamtenstatus oder dem Militärdienst. In vielen Fällen ist aber aus dem Interviewmaterial nicht eindeutig ausweisbar, inwieweit eine Weiterbildung mangels beruflicher Alternativen möglicherweise vorrangig zur Verlängerung des Arbeitslosengeldanspruches angenommen wurde oder – im Falle unfreiwilliger Teilnahmen – für die spätere berufliche Reintegration irrelevant war.

Tab. 6: Gesamtdauer an Arbeitslosigkeit und gleichgestellten Zeiten in Weiterbildung und unfreiwilliger Erwerbsunterbrechung

im gesamten Erwerbsverlauf bis zum Interviewzeitpunkt	
0–3 Monate	3 Personen (13 %)
5–12 Monate	4 Personen (17 %)
13–32 Monate (1 bis unter 3 Jahre)	7 Personen (29 %)
78–132 Monate (über 6,5 bis 11 Jahre)	10 Personen (42 %)
vor dem 50. Lebensjahr	
0–3 Monate	9 Personen (38 %)
5–12 Monate	2 Personen (8 %)
13–32 Monate (1 bis unter 3 Jahre)	5 Personen (21 %)
49–77 Monate (4 bis unter 6,5 Jahre)	4 Personen (17 %)
84–132 Monate (7 bis 11 Jahre)	4 Personen (17 %)

erzwungenermaßen bzw. unfreiwillig bei fortbestehender Erwerbsorientierung erfolgten. Neben Arbeitslosigkeit zählt hierzu eine familiär bedingte unfreiwillige Erwerbsunterbrechung.[172]

Eine kurzfristige Gesamtarbeitslosigkeitsdauer von 0–3 Monaten *im gesamten Erwerbsverlauf bis zum Interviewzeitpunkt* wiesen nur 3 befragte Erwerbspersonen auf (s. zu diesen, wie auch zu den nachfolgenden Ausführungen Tab. 6).

172 Die Datenausweisung in der Tabelle beinhaltet neben den Zeiten registrierter Arbeitslosigkeit und Zeiten in öffentlich geförderter, nicht auf einen ersten Berufsausbildungsabschluss zielenden Weiterbildung auch Zeiten familiär bedingter unfreiwilliger Erwerbsunterbrechungen, um mit Blick auf die Diskontinuität von Erwerbsbiografien die Gesamtzeiten vorhandener, aber nicht realisierbarer Orientierungen auf eine hauptberufliche Erwerbsarbeit erfassen zu können. Mit Blick auf das Erleben von Arbeitsmarktchancen, auf die in Kap. 6.3 fokussiert wird, bietet es sich hingegen eher an, familiär bedingte unfreiwillige Erwerbsunterbrechungen nicht einzubeziehen, da diese eher als zeitliche Unvereinbarkeit von Beruf und Familie, denn als individuell fehlende Arbeitsmarktchancen erlebt werden dürften. Ohne Berücksichtigung der familiär bedingten unfreiwilligen Erwerbsunterbrechungen verteilen sich die Arbeitslosigkeitszeiten und gleichgestellte Zeiten in Weiterbildung wie folgt: - im gesamten Erwerbsverlauf bis zum Interviewzeitpunkt: 0–3 Monate: 3 Personen (13 %); 5–12 Monate: 4 Personen (17 %); 13–32 Monate: 8 Personen (33 %); 78–132 Monate: 9 Personen (38 %) - vor dem 50. Lebensjahr: 0–3 Monate: 10 Personen (42 %); 5–12 Monate: 2 Personen (8 %); 13–32 Monate: 5 Personen (21 %); 49–77 Monate: 5 Personen (21 %); 94–132 Monate: 2 Personen (8 %) Auf diese Datengrundlage wird in Kap. 6.3 Bezug genommen.

Auch eine Dauer von insgesamt 5–12 Monaten ist bezogen auf die Erwerbsverläufe der mindestens 50-jährigen Interviewpersonen als eine eher kürzere Gesamtarbeitslosigkeitsdauer zu werten, sie betraf nur 4 Erwerbspersonen. Ein größerer Anteil von 7 Erwerbspersonen war insgesamt 13–32 Monate arbeitslos, was hier als eine eher längere Gesamtarbeitslosigkeitsdauer bezeichnet wird. Und die relativ größte Gruppe mit 10 Erwerbspersonen wies eine langzeitige Gesamtarbeitslosigkeitsdauer von 78–132 Monaten auf.

Nach Region zeigte sich für die Gruppe mit einer langzeitigen Gesamtarbeitslosigkeit eine überwiegende Repräsentanz von Erwerbspersonen aus den NBL (8 von 14 Erwerbspersonen aus den NBL bzw. 57 % gegenüber 2 von 10 Erwerbspersonen aus den ABL bzw. 20 %).

Nach Geschlecht waren Frauen bezogen auf die Gesamtarbeitslosigkeit zu einem höheren Anteil langzeitig arbeitslos (7 von 13 Frauen bzw. 54 % gegenüber 3 von 11 Männern bzw. 27 %), wobei alle Frauen zugleich aus den NBL waren, während 2 der 3 Männer aus den ABL stammten.

Bei einer näheren Betrachtung der *Arbeitslosigkeitszeiten vor dem 50. Lebensjahr* zeigte sich, dass hier die Arbeitslosigkeit weit geringer ausfiel. So war insbesondere der Anteil mit einer nur kurzfristigen Gesamtarbeitslosigkeitsdauer von 0–3 Monaten mit 38 % bzw. 9 Personen deutlich höher, während derjenige mit einer langzeitigen Gesamtarbeitslosigkeitsdauer über 77 Monate mit 17 % bzw. 4 Personen wesentlich niedriger war.

Nach Strukturmerkmalen wiesen Erwerbspersonen aus den NBL vor ihrem 50. Lebensjahr in höherem Maße eine Gesamtarbeitslosigkeitsdauer von mehr als 12 Monaten auf (10 von 14 Personen aus den NBL bzw. 71 % gegenüber 3 von 10 Personen aus den ABL bzw. 30 %).

Frauen waren im Vergleich zu Männern in etwas höherem Maße vor ihrem 50. Lebensjahr mehr als 12 Monate arbeitslos (8 von 13 Frauen bzw. 62 %, Männer: 5 von 11 Männern bzw. 46 %), wobei mit einer Ausnahme alle Frauen aus den NBL stammten.

Für knapp ein Drittel der Befragten bzw. 7 Personen erfolgte die individuelle Gesamtarbeitslosigkeitsdauer jeweils überwiegend nach ihrem 50. Lebensjahr, dies betraf verstärkt Erwerbspersonen aus den NBL (5 von 14 Personen aus den NBL bzw. 36 % gegenüber 2 von 10 Personen aus den ABL bzw. 20 %). Die Arbeitslosigkeit vor ihrem 50. Lebensjahr lag zwischen 0–49,5 Monaten.

Das Gegenteil war bei einem weiteren Drittel (8 Personen bzw. 33 %) der Fall: Diese erlebten ihre Hauptarbeitslosigkeitsdauer in ihrem bisherigen Erwerbsverlauf vor dem 50. Lebensjahr mit 18–132 Monaten. Auffälligkeiten nach Region oder Geschlecht zeigten sich in dieser Gruppe nicht. Allerdings kann mit Ausnahme von 2 bereits im Ruhestand befindlichen Personen für keine der übrigen 6 Personen je nach Erwerbsverlauf bis zu ihrem Renteneintritt ausgeschlossen werden, dass sich der Schwerpunkt noch auf die Phase nach dem 50. Lebensjahr verschieben könnte.[173]

Im Ergebnis wies knapp die Hälfte der 24 befragten Erwerbspersonen vor ihrem 50. Lebensjahr eine nur eher kürzere Unterbrechung ihrer Erwerbstätigkeit durch Arbeitslosigkeit und gleichgestellte Zeiten in Weiterbildung und unfreiwilliger Erwerbsunterbrechung von insgesamt max. 12 Monaten auf. Die übrigen Erwerbspersonen erfuhren unterschiedlich lange Unterbrechungszeiten, die bis zu 11 Jahre noch vor dem 50. Lebensjahr betrugen. Von längerer Gesamtarbeitslosigkeit waren sowohl für den gesamten bis zum Interviewzeitpunkt erhobenen Erwerbsverlauf, als auch vor dem 50. Lebensjahr verstärkt Erwerbspersonen aus den NBL betroffen. Ein Drittel der 24 Befragten erfuhr den Schwerpunkt ihrer individuellen Gesamtarbeitslosigkeitsdauer erst nach dem 50. Lebensjahr – hier stellte somit das höhere Lebensalter ein erhöhtes Diskontinuitätsrisiko dar.

Familiär bedingte Erwerbsunterbrechungen

Alle Interviewpersonen hatten mindestens ein Kind, ausgenommen eine Person, die eine soziale Elternfunktion innehatte. Keiner der männlichen Befragten unterbrach seinen Erwerbsstatus familiär bedingt, es kam allerdings in mehreren Fällen zu familiär bedingten Stellenwechseln.

Von den befragten Frauen unterbrachen 4 Frauen (jeweils 2 aus den ABL und den NBL) ihre Erwerbsarbeit familiär bedingt nicht, beide Frauen aus den ABL wechselten aber nach der Geburt in Teilzeitarbeit.

Eine jeweils einjährige Betriebsfreistellung nach der Geburt unter Fortsetzung des Beschäftigungsverhältnisses nahmen 3 Frauen aus den NBL in Anspruch, darunter wechselte eine Frau anschließend in Teilzeitarbeit.

Eine Erwerbsunterbrechung, die von den Interviewten eher als eine familienorientierte Phase dargestellt wurde bzw. bezüglich derer zumindest keine fortbestehende Erwerbsorientierung geäußert wurde, nahmen familiär bedingt 2 Frauen aus den NBL für einen Zeitraum von 4 Monaten bzw. 2,5 Jahren vor

173 Die übrigen 9 Personen wurden hier nicht näher betrachtet, da sie zum Interviewzeitpunkt kürzere Gesamtarbeitslosigkeitszeiten bis max. 14 Monate aufwiesen. Eine Differenzierung der Arbeitslosigkeit vor und nach dem 50. Lebensjahr ist hier nicht aussagekräftig. Zudem ist deren weitere Erwerbsperspektive mehrheitlich offen, nur 2 der 9 Personen waren zum Interviewzeitpunkt in einem rentennahen Alter bzw. bereits im Ruhestand.

sowie 3 Frauen aus den ABL, darunter 2 teilweise alleinerziehende Frauen für jeweils 11 Jahre und eine Frau für ein ¾ Jahr.

Familiär bedingte Erwerbsunterbrechungen, als deren Grund die Interviewpersonen einen fehlenden Zugang zu Krippenplätzen benannten, können als unfreiwillige Erwerbsunterbrechungen bezeichnet werden. Diese betrafen 2 Frauen aus den NBL, darunter eine Frau mit einer 2-jährigen und eine Frau mit einer 7-jährigen Erwerbsunterbrechung[174].

Im Ergebnis zeigte sich somit, dass sowohl kurze als auch langjährige familiär bedingte Erwerbsunterbrechungen im Erwerbsverlauf der befragten Frauen in den alten und neuen Bundesländern bzw. der früheren DDR vorkamen und auch ein Wechsel in Teilzeitarbeit nach der Geburt eines Kindes in beiden Regionen vorgenommen wurde. Spezifisch für Erwerbsverläufe von Frauen in der DDR – zumindest für die jüngeren befragten Kohorten – erscheint indes die Inanspruchnahme von Betriebsfreistellungen.[175] Auch die ausschließlich bei Frauen aus den NBL zum Ausdruck gebrachte Unfreiwilligkeit einer familiär bedingten Erwerbsunterbrechung verweist auf eine in den NBL stärker ausgeprägte Orientierung auf eine kontinuierliche Erwerbstätigkeit, wie sie in zahlreichen Studien belegt ist (vgl. exemplarisch Engelbrech, Gruber & Jungkunst 1997, S. 155 ff.).

Erwerbsverläufe nach Stellen- und Erwerbsstatusdiskontinuität

Im Zusammenhang betrachtet waren die Erwerbsverläufe der Befragten vor dem 50. Lebensjahr in unterschiedlicher Weise von Stellen- und Erwerbsstatusdiskontinuitäten geprägt:

Die günstigste Konstellation im Hinblick auf Erwerbskontinuität – somit allerdings ohne Berücksichtigung der Stellenqualität – stellte, vor dem 50. Lebensjahr, eine max. kurzfristige Gesamtarbeitslosigkeit von 0–3 Monaten und

---

174 Die letztgenannte weibliche Erwerbsperson nahm in ihrem späteren Erwerbsverlauf zusätzlich eine freiwillige 4-monatige Erwerbsunterbrechung vor, daher ist die Summe der hier ausgewiesenen Daten nicht identisch mit der Anzahl der 13 befragten weiblichen Erwerbspersonen.

175 Diese wurden ab 1976 als bezahlte einjährige Freistellungen nach Geburt des 2. Kindes gewährt und 1986 ausgeweitet, ähnliche Regelungen folgten in der BRD 1979 mit dem erst sechsmonatigen Mutterschaftsurlaub, der 1986 zum zehnmonatigen Elternurlaub ausgeweitet wurde und in die aktuelle Regelung der Elternzeit mündete (vgl. Kreyenfeld 2006, S. 3, Cornelißen 2005, S. 323). 2 Befragte aus den ABL hätten eine solche Freistellung von ihrem Beschäftigungsstatus her und im Hinblick auf die Jahrgänge ihrer Entbindung prinzipiell ebenfalls nutzen können, darunter in einem Fall bei einem gleichen Einführungsjahr wie in der DDR.

eine geringe Stellendiskontinuität von 2 Stellenaufnahmen dar. Dies traf auf 4 Erwerbspersonen ohne Auffälligkeit nach Geschlecht und Region zu, darunter erfuhr eine Befragte vor ihrem Renteneintritt eine Langzeitarbeitslosigkeit.

Eher günstig erschien vor dem 50. Lebensjahr auch die Kombination fehlender Arbeitslosigkeit und einer mittleren bis hohen Stellendiskontinuität, soweit sie überwiegend selbst initiiert wurde. Dies war der Fall bei 3 Erwerbspersonen aus den ABL. Nach dem 50. Lebensjahr traten allerdings bei allen Personen Gesamtarbeitslosigkeitszeiten von 5–28 Monaten ein.

Eine eher kürzere Gesamtarbeitslosigkeit von 0 bis 10 Monaten vor dem 50. Lebensjahr war schließlich auch mit einer mittleren bis hohen, überwiegend betriebsseitig initiierten Stellendiskontinuität verknüpft, was auf 4 Erwerbspersonen zutraf. In einem Fall wurde ein Befragter allerdings nach dem 50. Lebensjahr langzeitarbeitslos.

Längere Gesamtarbeitslosigkeitszeiten bzw. längere unfreiwillige Erwerbsunterbrechungen traten ausschließlich in Kombination mit einer mittleren bis höheren Stellendiskontinuität auf. Auch hier ließ sich zum einen differenzieren in eine überwiegend eigeninitiierte, zugleich überwiegend höhere Stellendiskontinuität im Falle von 5 Erwerbspersonen, die vor dem 50. Lebensjahr insgesamt zwischen 14–94 Monate arbeitslos bzw. unfreiwillig erwerbslos waren. Darunter trat bei einer Befragten nach dem 50. Lebensjahr eine Langzeitarbeitslosigkeit ein.

Zum anderen – und dies stellte die ungünstigste Konstellation dar – handelte es sich um eine überwiegend betriebsseitig initiierte, zugleich überwiegend mittlere Stellendiskontinuität von 8 Erwerbspersonen, die vor ihrem 50. Lebensjahr 13–132 Monate arbeitslos bzw. unfreiwillig erwerbslos waren. Diese Personen stammten alle aus den NBL, waren überwiegend Frauen (6 von 8) und erfuhren zur Hälfte auch nach dem 50. Lebensjahr weitere langzeitige Arbeitslosigkeitsdauern von mindestens 53 Monaten.

Das Diskontinuitätsrisiko in Erwerbsbiografien wird somit in besonderer Weise von der Häufigkeit und Dauer an Arbeitslosigkeit und unfreiwilliger Erwerbsunterbrechung geprägt. Kürzere Gesamtarbeitslosigkeitsdauern können dabei, wie die untersuchten Erwerbsbiografien verdeutlichen, auch in Kombination mit einer hohen Stellendiskontinuität auftreten, die sowohl auf überwiegend eigeninitiierten, als auch auf überwiegend betriebsseitig initiierten Stellenbeendigungen beruhen kann. Längere Gesamtarbeitslosigkeitsdauern gingen bei den befragten Erwerbspersonen jeweils mit einer mittleren bis hohen Stellendiskontinuität einher und stellten insbesondere bei überwiegend betriebsseitig initiierten Stellenbeendigungen die ungünstigste Risikokombination dar.

Berufsdiskontinuität: Berufsfeldwechsel

Im erwerbsbiografischen Verlauf können sich Erwerbspersonen auf Tätigkeiten spezialisieren, diese erweitern oder wechseln, wie auch ihren Beruf wechseln. Durch innerbetriebliche Veränderungen oder Stellenwechsel kann sich ihr qualifikatorischer, finanzieller oder sozialer Status mit oder innerhalb ihrer Tätigkeit sowie mit oder innerhalb ihres Berufes ändern. Berufliche Wechsel interessieren in der vorliegenden Arbeit insbesondere unter dem Blickwinkel des damit verknüpften Neuen und Unbekannten in der Berufsfachlichkeit und im beruflichen Selbstverständnis, auf das sich die befragten Erwerbspersonen einlassen wollten oder mussten. Daher werden Wechsel zum einen ab der Berufsgruppen-Ebene[176] näher betrachtet, die im Folgenden als Berufsfeldwechsel bezeichnet und nur bezogen auf die hauptberufliche Erwerbsarbeit beleuchtet werden. Mit der Fokussierung auf Unbekanntes werden zum anderen Berufsfeldwechsel nur für den erstmaligen Wechsel in ein neues Berufsfeld ausgewiesen. Unberücksichtigt bleiben somit Rückwechsel in das vorherige Berufsfeld oder Mehrfachwechsel zwischen den Berufsfeldern, die auch mehrere befragte Erwerbspersonen im weiteren Erwerbsverlauf vollzogen.

Im Ergebnis zeigte sich, dass die meisten Befragten (20 von 24 bzw. 83 %) bis zum Interviewzeitpunkt mindestens einen Berufsfeldwechsel in ihrer hauptberuflichen Erwerbsarbeit – freiwillig oder unfreiwillig – vorgenommen haben. Damit erscheint das befragte Sample in diesem Aspekt in einer hohen beruflichen Diskontinuität. Im Gegensatz dazu wurde in quantitativen Studien eine überwiegende Kontinuität des ausgeübten Berufs nachgewiesen, so z.B. von Behringer, zu deren Untersuchung ein Vergleich auch unter Berücksichtigung der unterschiedlichen genutzten Berufsklassifikation möglich ist (vgl. Behringer 2004, S. 75 ff., vgl. auch Fitzenberger & Spitz 2004, S. 15).[177] Angesichts der geringen Fallzahl interviewter Erwerbspersonen ist diese Diskrepanz jedoch nicht weiter interpretierbar.

Die höchste Anzahl an Berufsfeldwechseln pro Person wies eine weibliche Erwerbsperson mit 6 Wechseln auf. Im Folgenden wird die Verteilung der Wechsel auf individueller und Sample-Ebene näher betrachtet (s. Tab. 7):

---

176 Die Berufsgruppen entsprechen in der Klassifikation der Berufe 2010 den 3-Stellern, vgl. Bundesagentur für Arbeit 2011a, S. 16. So wird z.B. der Wechsel einer befragten Erwerbsperson von ihrem Ausbildungsberuf Stenophonotypistin zur staatlich geprüften Sekretärin als Aufstieg, nicht aber als Berufsfeldwechsel gekennzeichnet, da beide Berufe zur Berufsgruppe 714 „Büro und Sekretariat" gehören, vgl. ebd., S. 269 f.

177 Zum Vergleich der unterschiedlichen Berufsklassifikationen vgl. Bundesagentur für Arbeit 2011a, S. 19, zu Problemen der Erhebungsmethode vgl. Hall 2010.

Tab. 7: Berufsfeldwechsel

Vornahme keines oder mindestens eines Wechsels vor und nach dem 50. Lebensjahr nach Personen	
keine	4 Personen (17 %)
nur vor dem 50. Lebensjahr dar.: vor 45 und im Alter zwischen 46–49 Jahren: 5 Personen	15 Personen (63 %)
nur nach dem 50. Lebensjahr	3 Personen (13 %)
vor und nach dem 50. Lebensjahr dar.: im Alter zwischen 46–49 und ab 50 Jahren: 1 Person	2 Personen (8 %)
Verteilung der insgesamt 37 Wechsel im Sample nach Altersphasen	
18–22 Jahre	4 Wechsel
24–29 Jahre	8 Wechsel
31–38 Jahre	6 Wechsel
40–46 Jahre	9 Wechsel
48–51 Jahre	8 Wechsel
56–60 Jahre	2 Wechsel

Die Wechsel erstreckten sich über alle Altersphasen: Wechselwellen ließen sich für die Phase unmittelbar oder kurz nach der Ausbildung im Alter von 18–22 Jahren (4 Wechsel), nach einem ersten Berufseinstieg mit 24–29 Jahren (8 Wechsel), im späteren Erwerbsverlauf von 40–46 Jahren (9 Wechsel) und nochmals um das 50. Lebensjahr herum mit 48–51 Jahren (8 Wechsel) verorten. Eine vergleichsweise geringere Wechselintensität erfolgte im 4. Lebensjahrzehnt (6 Wechsel in der Spanne von 31–38 Jahren) sowie in der Erwerbsphase ab 56 Jahren (2 Wechsel mit 56 bzw. 60 Jahren). Damit erschienen die Berufsanfangsphase bis zum 30. Lebensjahr sowie die spätere Erwerbsphase vom 40. Lebensjahr bis Anfang 50 als besonders relevant für berufliche Wechselaktivitäten – als Ergebnis selbstgewünschter Neuorientierungen oder besonderer Entlassungsrisiken in dieser letztgenannten Lebensspanne.

Die Motive für Berufsfeldwechsel ab 46 Jahren bestanden überwiegend in dem Bemühen um Reintegration in Erwerbsarbeit, deren Chance im bisherigen Beruf als nicht mehr gegeben eingeschätzt wurde (4 Personen) oder die in einem neuen Berufsfeld gewünscht wurde (4 Personen). Wenige Befragte initiierten einen Berufsfeldwechsel auch aus bestehender Erwerbsarbeit heraus und hier vorrangig zur präventiven Beschäftigungssicherung bis zur Rente (3 Personen).

Tätigkeits- und Berufsstatusdiskontinuität: Auf- und Abstiege

Mit der Diskontinuität von Tätigkeits- und Berufsstatus ist eine inner- oder überbetriebliche Positionsveränderung in der erwerbsarbeitsbezogenen Statushierarchie gemeint, die sich allerdings auf vielfältige Dimensionen beziehen kann: u.a. auf Funktion, Position, Entscheidungsbefugnisse, qualifikatorische Anforderungen, Tätigkeiten, Vertragsform, wie z.B. befristet, unbefristet, geringfügig beschäftigt etc., des Weiteren Vergütung und sonstige Gratifikationen sowie diverse Statussymbole, mittels derer Statusänderungen auch innerbetrieblich kommuniziert werden.

Im Folgenden wird Tätigkeits- und Berufsstatusdiskontinuität auf zwei Dimensionen fokussiert, die für alle Erwerbspersoneninterviews verfügbar[178] und auch unabhängig von der subjektiven Bewertung interpersonal vergleichbar sind, nämlich qualifikatorische oder funktionale Statusauf- bzw. -abstiege im Rahmen der bekleideten Stellen. Hierzu zählen z.B. Wechsel von einer Leitungsposition in eine Stelle in nicht leitender Position, Wechsel von Selbstständigkeit in abhängige Beschäftigung oder Wechsel von einer ausbildungsadäquaten Tätigkeit in eine Stelle mit geringer qualifizierter Tätigkeit. Unberücksichtigt bleibt, ob damit eine Einkommensveränderung einherging. Umgekehrt werden auch finanzielle Verbesserungen oder Verschlechterungen ohne Statusänderung hier nicht einbezogen.

Indem die betrachteten Dimensionen nur einen begrenzten Blick auf das komplexe Gebilde der Statushierarchie ermöglichen und durchaus auch mit gegenläufigen Entwicklungen in anderen Dimensionen, insbesondere dem Verdienst, einhergehen können, wird für die positionellen Veränderungen der beiden genannten Dimensionen innerhalb der Statushierarchie hier die Begrifflichkeit der partiellen Auf- und Abstiege gewählt.

Als Aufstiege werden Verbesserungen gegenüber einem bislang erreichten beruflichen Niveau bezeichnet, Bezugspunkt für die erste Stelle nach dem ersten Berufsausbildungsabschluss ist dieser Abschluss selbst. Nicht als Aufstiege ausgewiesen sind Verbesserungen, die im Berufsverlauf nach einem vorhergehenden Abstieg realisiert wurden, aber unterhalb des ersten

178 Insbesondere die Vergütung hätte eine detaillierte Erhebung von Verdienst und sonstigen geldwerten Leistungen nach Arbeitszeitvolumen über den gesamten Erwerbsverlauf und deren Vergleichsanalyse in der Wertentwicklungs- und der Zweistaatenperspektive erfordert, die nicht mit den prioritären Forschungsinteressen der Interviews vereinbar war.

Berufsausbildungsabschlusses bzw. eines insgesamt maximal erreichten beruflichen Niveaus verblieben.

Abstiege beziehen sich auf Verschlechterungen gegenüber dem jeweils vorhergehenden erreichten beruflichen Niveau. Arbeitslosigkeit und Erwerbsunterbrechungen werden nicht per se als Abstiege gefasst, berufliche Nebentätigkeiten in Arbeitslosigkeitsphasen werden jedoch mit in den Blick genommen und im Falle einer – i.d.R. damit auch einhergehenden – qualifikatorischen oder funktionalen Verschlechterung als Abstiege ausgewiesen, da sie ebenfalls Abstiegserfahrungen beinhalten.

> Herr Uhlig, 52, über eine, während seiner Arbeitslosigkeit nebentätige geringfügige Beschäftigung bei einer Tankstelle:
> „Es war ein bisschen komisch an der Tankstelle, weil dann sind natürlich früher oder später auch viele Bekannte vor der Kasse aufgetaucht und da gab es dann schon so Reaktionen: ‚Was machst denn du da? Hast du die jetzt gekauft?' So nach dem Motto: ‚Hast du jetzt die Tankstelle übernommen oder was?' Also es war dann teilweise schon ein bisschen, ja, peinlich (…).“ (Z. 1054–1058)

Somit wird jede erneute Abstiegserfahrung herausgehoben, für Aufstiege hingegen nur das erwerbsbiografisch erreichte Maximum berücksichtigt, weil diese als die das professionelle Selbstverständnis prägendsten Erfahrungen unterstellt werden.

Tatsächlich wiesen mehrere Interviewpersonen wechselhafte Erwerbsbiografien mit mehrfachen Auf- und Abstiegen aus, deren Aufstiege nur Verbesserungen gegenüber vorhergehenden Verschlechterungen darstellten, ohne ein früher erreichtes Niveau wieder zu erlangen.

Insgesamt bleibt zu berücksichtigen, dass die hier dargestellten partiellen Auf- und Abstiege auf interpersonell vergleichbaren Kriterien beruhen, die keine Rückschlüsse auf die je subjektiven Deutungen ermöglichen und daher nur begrenzt interpretierbar sind. Insbesondere der Verdienst stellte für die subjektive Bewertung von Tätigkeits- und Berufsstatusdiskontinuität ein wichtiges Kriterium dar, aber auch die Arbeitsinhalte und -bedingungen (s. Kap. 6.5). Inwieweit ein qualifikatorischer Abstieg auch Ergebnis einer selbst getroffenen freiwilligen Entscheidung für eine geringer qualifizierte, aber subjektiv arbeitsinhaltlich begehrtere Tätigkeit sein kann, ist im je individuellen Erwerbs- und Deutungskontext näher zu beleuchten.

> Frau Ziegler, 53, in aktueller Tätigkeit Busfahrerin:
> „(…) ob Busfahren im Vergleich zu Speditionskauffrau eine Verbesserung ist, das will man dahingestellt sein, aber persönlich finde ich: Ja. Ob das jetzt anspruchsvoll ist für andere, weiß ich nicht, für mich, ich bin zufrieden, es macht mir Spaß (…).“ (Z. 1939–1941)

Tab. 8: Partielle Auf- und Abstiege nach Personen

keine Auf- oder Abstiege	1 Person (4 %)
ausschließlich Aufstiege	1 Person (4 %)
Auf- und Abstiege	15 Personen (63 %)
ausschließlich Abstiege	7 Personen (29 %)

Anmerkung: Partielle Aufstiege relational zum maximal erreichten beruflichen Niveau, partielle Abstiege relational zum vorhergehenden beruflichen Niveau.

Nur jeweils eine Erwerbsperson verzeichnete in ihrem gesamten und bereits durch Renteneintritt beendeten Erwerbsverlauf eine Statuskontinuität oder ausschließlich Aufstiege (s. Tab. 8). Mehrheitlich waren die Erwerbsverläufe durch eine wechselhafte Entwicklung sowohl partieller Auf- als auch Abstiege gekennzeichnet. Ausschließlich Abstiege prägten, zumindest bis zum Interviewzeitpunkt, die Erwerbsverläufe von 7 Personen. Hier ist, wie erwähnt, die im Vergleich dazu jeweils eigenständig zu betrachtende subjektive Deutung zu berücksichtigen, die auch in dieser letztgenannten Gruppe durchaus positiv ausfallen kann, wie z.B. bei Frau Xannick. Die gelernte Bäckereifachverkäuferin war nach gesundheitsbedingtem Ausscheiden aus ihrem Beruf langjährig in diversen angelernten geringvergüteten Stellen tätig, bis sie 49-jährig zur Busfahrerin umschulte und seitdem in diesem Beruf arbeitet. Was qualifikatorisch und funktional einen Abstieg darstellte, war mit einer explizit positiven Deutung der Erwerbsperson verknüpft. So wertete Frau Xannick ihre jetzige Tätigkeit im Vergleich zu ihrer Fachausbildung als Verbesserung in jeder Hinsicht:

> Frau Xannick, 52, in aktueller Tätigkeit Busfahrerin:
> „(…) ist verbessert, auf jeden Fall. (…) Auch die Arbeit selber, alles. Das Gesamtpaket auch, alles, komplett. (…) Ja, auf jeden Fall, ja. Meine Tochter hat zu mir gesagt: ‚Mama, jetzt bist du angekommen!' " (Z. 376–385)
> „Der komplette Werdegang? (…) Also manchmal denke ich, es sollte alles so sein, damit ich jetzt Bus fahren kann. Das denke ich oft." (Z. 1199–1206)

Zudem wurden manche Abstiege als Zwischenschritte einer beruflichen Entwicklungsalternative bewusst gewählt, die nach kurzer Zeit in neue, teils ähnliche, teils verbesserte Aufstiegspfade mündeten. So wechselte z.B. Herr Uhlig unmittelbar nach seiner Ausbildung zum Nachrichtengerätemechaniker wegen fehlender ausbildungsadäquater Beschäftigungsperspektive im Ausbildungsbetrieb in eine angelernte Tätigkeit als Computertechniker und konnte in diesem neuen, Mitte der 1980er Jahre rasch expandierenden Berufsfeld mehrfache Aufstiege bis hin zur Selbstständigkeit realisieren.

In der Geschlechter-Perspektive erschien der Erwerbsverlauf fast aller befragten Männer (10 von 11 bzw. 91 %) wechselvoller mit sowohl Auf- als auch Abstiegen (zum Vergleich: 5 von 13 Frauen bzw. 39 %). Hingegen wiesen die befragten Frauen verstärkt negative erwerbsbiografische Entwicklungen auf, ausschließlich Abstiege prägten den Erwerbsverlauf von 6 der 13 (46 %) befragten Frauen gegenüber 1 der 11 Männer (9 %).

Auch in regionaler Hinsicht wurden erneut Differenzen sichtbar: Ein Erwerbsverlauf mit ausschließlichen Abstiegen traf verstärkt auf Erwerbspersonen aus den NBL zu (5 von 14 bzw. 36 %) gegenüber Erwerbspersonen aus den ABL (2 von 10 bzw. 20 %).

Im Erwerbsverlauf wurden fast alle partiellen Aufstiege, die über ein bereits erreichtes berufliches Niveau hinausgingen, vor dem 50. Lebensjahr realisiert, schwerpunktmäßig im vierten Lebensjahrzehnt (s. Tab. 9). Nur einer befragten Erwerbsperson gelang mit 51 Jahren ein Stellen- und Betriebswechsel in eine Leitungsposition, die auch im Vergleich zu früher bereits ausgeübten Leitungsfunktionen einen Aufstieg darstellte. Verbesserungen gegenüber Vortätigkeiten, die unterhalb eines früher bereits erreichten beruflichen Niveaus verblieben, gelangen allerdings mehrfach auch nach dem 50. Lebensjahr. Demgegenüber verteilten sich die partiellen Abstiege – bezogen auf das jeweils vorhergehende berufliche Niveau – bei den befragten Erwerbspersonen über den gesamten Erwerbsverlauf, erfolgten jedoch insbesondere im 5. und 6. Lebensjahrzehnt. Zu berücksichtigen ist, dass die hier zugrunde gelegten Erwerbsverläufe zum Interviewzeitpunkt mehrheitlich noch unvollendet und damit in ihrer weiteren Statusentwicklung noch offen waren.

Tab. 9: Partielle Auf- und Abstiege nach Alter

	Anzahl	
	partieller Aufstiege	**partieller Abstiege**
2. Lebensjahrzehnt (18 Jahre)	1	1
3. Lebensjahrzehnt (20–29 Jahre)	5	7
4. Lebensjahrzehnt (31–38 Jahre)	12	7
5. Lebensjahrzehnt (41–48 Jahre)	5	10
6. Lebensjahrzehnt (50–59 Jahre)	1	17
7. Lebensjahrzehnt (60 Jahre)	–	1

Anmerkung: Partielle Aufstiege relational zum maximal erreichten beruflichen Niveau, partielle Abstiege relational zum vorhergehenden beruflichen Niveau.

Aufgrund der unterschiedlichen Bezugsperspektiven sind die Auf- und Abstiege in ihrer nummerischen Verteilung nicht vergleichbar, jedoch zeigt sich, dass die Aufstiege (als Erreichen eines neuen beruflich maximalen Niveaus) im Erwerbsverlauf zwischen dem 4. und 6. Lebensjahrzehnt tendenziell abnahmen, während die Abstiege (in Relation zum vorhergehenden beruflichen Niveau) tendenziell zunahmen.

Tätigkeits- und Berufsstatusdiskontinuität nach Berufsfeldwechseln
Inwieweit ein hauptberuflicher Berufsfeldwechsel mit einem Abstieg verknüpft war, wird nur für den ersten Wechsel in ein neues Berufsfeld ausgewiesen, weil es sich nur dann um einen Schritt ins Ungewisse handelt. Wie erwähnt vollzogen mehrere befragte Personen in ihrem weiteren Erwerbsverlauf auch Rück- bzw. Mehrfachwechsel zwischen den Berufsfeldern.

Spezifische Differenzen nach Alter, Geschlecht oder Region ließen sich nicht erkennen. Unter Einbeziehung der Erwerbssituation und Motivation wurde jedoch ein höheres oder geringeres Vorkommen von Abstiegen im Kontext von Berufsfeldwechseln deutlich.

a) Relativ häufig erfolgten Berufsfeldwechsel zur Erfüllung eines alternativen Berufswunsches aus Beschäftigung oder Arbeitslosigkeit heraus (17 Wechsel von 15 Personen). Diese wurden zwischen dem 18. und 50. Lebensjahr realisiert, schwerpunktmäßig vom 40.–50. Lebensjahr (9 Wechsel bzw. 53 %) und mündeten überwiegend in einen direkten oder späteren Aufstieg, eine Teilverbesserung oder einen Statuserhalt (12 Wechsel bzw. 71 %), während 5 Wechsel (29 %) zu einem Abstieg führten. Auch in letzterem Fall waren die Wechsel gewünscht, z.B. aus arbeitsinhaltlichem Interesse.
b) Zur präventiven Beschäftigungssicherung wurde das Berufsfeld von 4 Personen gewechselt – überwiegend in späterem Erwerbsverlauf (3 Wechsel im Alter von 46–51 Jahren) und hier jeweils verknüpft mit einem qualifikatorischen Abstieg. Allerdings realisierten die Erwerbspersonen im neuen Berufsfeld – zumindest bis zum Interviewzeitpunkt – eine höhere Vergütung, eine höhere Beschäftigungssicherheit oder eine finanzielle Absicherung.
c) Zur Realisierung von Teilverbesserungen, die zwar unterhalb eines früher erreichten beruflichen Niveaus verblieben, aber erfahrene Verschlechterungen zumindest wieder teilkompensierten, wurden 4 Wechsel von 3 Personen gewählt, darunter 3x im Alter von 25–31 Jahren, 1x mit 46 Jahren. Diese Wechsel mündeten in einen Statuserhalt, eine Teilverbesserung oder einen späteren Aufstieg, jedoch in keinem der Fälle in einen Abstieg.
d) Ein Berufswechsel zur Vereinbarkeit von Erwerbsarbeit mit familiären Aufgaben wurde von 4 Personen, ausschließlich Frauen aus den NBL im Alter zwischen 24–29 Jahren, vollzogen. Alle Wechsel mündeten in einen Abstieg,

wurden in einem Fall jedoch arbeitsinhaltlich positiv bewertet und konnten in einem anderen Fall durch Nachholen einer Fachausbildung in eine spätere Verbesserung auf das früher erreichte berufliche Niveau überführt werden.

e) Ein häufigerer Grund war schließlich die Beendigung von Arbeitslosigkeit, die 7 Personen das Berufsfeld wechseln ließ. Die Wechsel erfolgten in 6 Fällen in eine ungewünschte Stelle, führten alle zu Abstiegen, die allerdings in einem Fall zwar einen Abstieg zur vorherigen Hauptberuflichkeit, aber zumindest eine Teilverbesserung gegenüber der vorherigen Nebentätigkeit in Arbeitslosigkeit darstellte. Die Personen umfassten überwiegend Männer (5 von 11 Männern bzw. 45 %, gegenüber 2 von 13 Frauen bzw. 15 %) und überwiegend Wechsel im späteren Erwerbsverlauf zwischen 41–60 Jahren (6 Wechsel).

f) Die Bewältigung einer Krisensituation, nämlich eines erfahrenen Mobbings, war letztlich Anlass für eine Erwerbsperson, das Berufsfeld zu wechseln. Dies mündete in einen Abstieg, der jedoch durch weitere Berufsfeldwechsel wieder kompensiert werden konnte.

Zusammengefasst lassen sich diese Wechselkontexte differenzieren nach gewünschten und ungewünschten, eher den restriktiven Arbeitsmarktbedingungen geschuldeten Wechseln. Zu ersteren zählen die Gruppen a)–c), die in geringerem Maße mit einem Abstieg verknüpft waren bzw. angestrebte berufliche Vorteile trotz Abstieg boten. Ungewünschte Berufsfeldwechsel prägen die Gruppen d)–f), die in deutlich höherem Maße zu Abstiegen führten.

Im Hinblick auf Berufsfeldwechsel war das Sample somit von einer hohen Diskontinuität geprägt. Die Wechsel erfolgten insbesondere in der Berufsanfangsphase bis zum 30. Lebensjahr sowie in der späteren Erwerbsphase vom 40.–51. Lebensjahr. Qualifikatorische und funktionale Statusdiskontinuität kann in der Form von Abstiegen auf Risiken in der Erwerbsbiografie hindeuten, je nach individuellem Erwerbs- und Deutungskontext muss dies aber keineswegs der Fall sein. Aufstiege, soweit sie ein neues beruflich maximales Niveau erreichten, nahmen im Erwerbsverlauf der Befragten zwischen dem 4. und 6. Lebensjahrzehnt tendenziell ab, Abstiege, bezogen auf das jeweils vorhergehende berufliche Niveau, hingegen zu. In gemeinsamer Betrachtung von Tätigkeits- und Berufsstatusdiskontinuität sowie Berufsfeldwechseln waren Abstiege im Sample zudem verstärkt mit ungewünschten Berufsfeldwechseln verknüpft.

Stellenaufnahmen nach dem 50. Lebensjahr im Kontext der Arbeitsmarktentwicklung

Die bislang beleuchteten Diskontinuitätsformen erfordern eine Reintegration in eine neue Erwerbsform, wenn die Diskontinuität nicht nur eine zeitliche Begrenzung und damit Abbruch einer Stelle, eines Berufs oder einer Tätigkeit bezeichnet, sondern auch einen Wechsel in eine neue Stelle oder Tätigkeit beinhaltet. Inwiefern eine solche gelingt, hängt von zahlreichen Faktoren auf der individuellen sowie der regional differierenden betrieblichen, Branchen-, wirtschaftlichen und arbeitsmarktlich/demografischen Ebene ab.

Nachfolgend werden die nach dem 50. Lebensjahr erfolgten Stellenaufnahmen der befragten Erwerbspersonen nach ihrem arbeitsmarktlichen Kontext differenziert, um – zumindest ansatzweise – dessen Relevanz zu untersuchen. In Phasen mit sinkenden oder niedrigen Stellenneubesetzungen sind die Einstellungschancen für Stellensuchende generell erschwert, da sich das Verhältnis von Stellensuchenden und Stellenangeboten zuungunsten der Stellensuchenden verschiebt. Dies gilt insbesondere für Personen mit geringeren Reintegrationschancen[179] im Vergleich zu anderen Stellensuchenden.

Eine Differenzierung solcher Phasen nach Konjunkturzyklen wurde geprüft, erwies sich aber als weniger geeignet, da sie sich nicht unmittelbar auf das Einstellungs- und Entlassungsverhalten der Unternehmen auswirkten.[180]

Die Entwicklung von Beschäftigung und Arbeitslosigkeit können Änderungen der Arbeitskraftnachfrage aufzeigen, unterliegen aber, insbesondere in ihren

---

179 In den Sozialgesetzbüchern II und III werden diese als „Vermittlungshemmnisse" gefasst, vgl. § 16e SGB II, § 45 SGB III. Hierzu zählen Langzeitarbeitslosigkeit und hohes Alter (vgl. Brussig, Schwarzkopf & Stephan 2011, S. 6), auch das Vorliegen einer Behinderung oder ein fehlender Berufsabschluss. Vermittlungshemmnisse sind im Einzelnen jedoch nicht eindeutig definiert (vgl. ebd.) und müssen nicht für jede Person, die ein solches Merkmal, wie z.B. hohes Alter oder fehlende Sprachkenntnisse aufweist, beeinträchtigend wirken, vgl. Bundesagentur für Arbeit 2012b, S. 10.

180 Die Bezugnahme auf Konjunkturzyklen erwies sich zum einen aus methodischen Gründen als problematisch: Der wirtschaftliche Kontext, von dem günstige bzw. ungünstige Wirkungen auf die Einstellungschancen Stellensuchender angenommen werden können, wird unterschiedlich ermittelt und eingeschätzt. Ein grundlegender Indikator sind die Veränderungsraten des Bruttoinlandsprodukts (BIP). Kontrovers hingegen sind die Modelle, nach denen die wirtschaftliche Entwicklung eingeschätzt wird, sodass in der Literatur unterschiedliche Typen von Konjunkturzyklen definiert werden (vgl. Schirwitz 2007). Hinterfragt wird zudem die Orientierung an Veränderungsraten, die im Verhältnis zum beständigen Wachstum zu interpretieren sind. (Vgl., auch in grundsätzlicher Kritik Brehm o.J.) Zum anderen wirken sich Konjunkturzyklen nicht unmittelbar auf den Arbeitsmarkt aus und sind somit für den hier interessierenden Zusammenhang zu Einstellungschancen weniger aussagekräftig. So ist nach Zarth von einer ein- bis zweijährigen Verzögerung auszugehen (vgl. Zarth 2011, S. 101). Darüber hinaus unterliegen Konjunkturentwicklungen auch der politischen Steuerung, die die Auswirkungen auf den Arbeitsmarkt beeinflussen kann, wie z.B. die Ausweitung von Kurzarbeit und die „Abwrackprämie" nach der Bankenkrise 2008.

Abb. 16: Arbeitslosenquote bezogen auf abhängige zivile Erwerbspersonen 1991–2012.

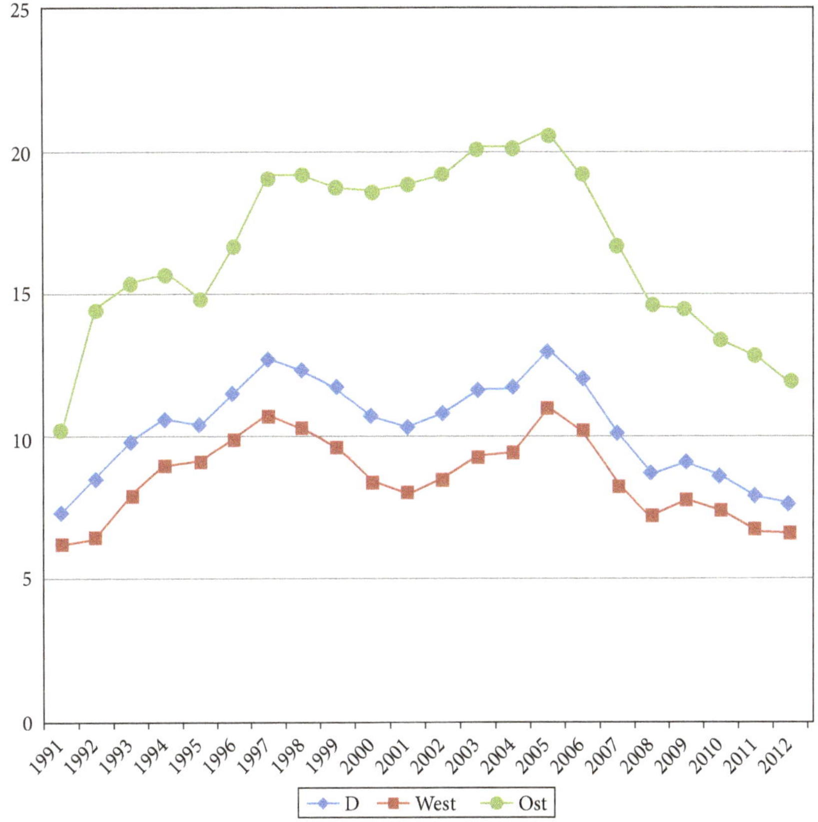

Quelle: Bundesagentur für Arbeit 2015a, Eigendarstellung.

Absolutdaten, vielfältigen Einflussfaktoren, wie z.B. der quantitativen Bevölkerungsentwicklung. Relativdaten, wie die Arbeitslosenquote, sind hier aussagekräftiger, daher wurde diese als Indikator für Phasen mit sinkenden oder niedrigen Stellenneubesetzungen gewählt. Gleichwohl ist zu berücksichtigen, dass auch die Arbeitslosenquote durch vielfältige Faktoren geprägt ist, wie z.B. Änderungen in der methodischen Erfassung,[181] aber auch Verschiebungen in

181 Inwieweit die Arbeitslosenquote die Arbeitslosigkeit tatsächlich angemessen abbildet, ist umstritten, zur Kritik an der Erhebungsmethodik s. Kap. 2.2.

der Altersstruktur der Bevölkerung und Abwanderung. Darüber hinaus sind die unterschiedlichen Entwicklungen und Niveaus der Arbeitslosigkeit in Ost- und Westdeutschland zu berücksichtigen (s. Abb. 16).

Die nach dem 50. Lebensjahr realisierten Stellenaufnahmen der interviewten Erwerbspersonen erstreckten sich auf den Zeitraum von 1991 bis 2012.

Als günstigere Arbeitsmarktlage werden im Folgenden die Jahre bezeichnet, in denen die Arbeitslosigkeit abnahm oder auf einem niedrigeren Niveau verblieb; als ungünstigere Arbeitsmarktlage jene Zeiträume, in denen die Arbeitslosigkeit zunahm oder konstant auf einem höheren Niveau verharrte.

Nach einer gegenläufigen Entwicklung zu Beginn der 1990er Jahre verlief die Arbeitslosenquote in Ost- und Westdeutschland in ähnlicher Tendenz, wenn auch mit leichten zeitlichen Abweichungen (s. Tab. 10). Innerhalb des 22-jährigen Betrachtungszeitraums waren die NBL durch eine etwas höhere Anzahl an Jahren mit ungünstigerer Arbeitsmarktlage geprägt (12 Jahre) als die ABL (10 Jahre).[182] Die bedeutsamste Differenz war aber die nach wie vor deutlich höhere Arbeitslosenquote in den NBL – trotz gesunkener Quote und leichter Annäherung.

Für die Betrachtung von Stellenaufnahmen und Arbeitsmarktlage wurden nur hauptberufliche Stellenaufnahmen und ausschließlich solche nach dem 50.

Tab. 10: Differenzierung der Arbeitsmarktlage nach Arbeitslosenquote 1991–2012

ABL		**NBL**	
regional günstigere Arbeitsmarktlage	regional ungünstigere Arbeitsmarktlage	regional günstigere Arbeitsmarktlage	regional ungünstigere Arbeitsmarktlage
1991–1992			1991–1994
	1993–1997	1995	
1998–2001			1996–1998
	2002–2005	1999–2000	
2006–2008			2001–2005
	2009	2006–2012	
2010–2012			
Gesamt: 12 Jahre	Gesamt: 10 Jahre	Gesamt: 10 Jahre	Gesamt: 12 Jahre

Quelle: Eigenberechnung nach: Bundesagentur für Arbeit 2015a.

182 Zu berücksichtigen ist eine gewisse Unschärfe der vorgenommenen Differenzierung nach Jahresdurchschnittswerten statt einer detaillierteren Ausweisung nach Quartals- oder Monatsdaten.

Tab. 11: Hauptberufliche Stellenaufnahmen nach dem 50. Lebensjahr im Zeitraum 1991–2012 nach Arbeitsmarktlage (n = 20)

	regionale Arbeitsmarktlage			
	günstiger		ungünstiger	
ABL	12		7	
dar. geförderte Stellen		1		1
NBL	21		7	
dar. geförderte Stellen		5		4

Lebensjahr der befragten Erwerbspersonen untersucht. Nicht berücksichtigt wurden 2 Erwerbspersonen, die nach dem 50. Lebensjahr zwar arbeitslos wurden, aber nicht mehr hauptberuflich eingestellt wurden sowie 2 weitere Erwerbspersonen, die in der zum Interviewzeitpunkt bestehenden Stelle wenige Wochen vor dem 50. Lebensjahr bzw. bereits mit 42 Jahren eingestellt wurden.

Die Aufnahme einer geförderten Stelle bezieht sich auf Stellen, die auf einer arbeitsmarktpolitischen Individualförderung basieren, wie z.B. ABM, SAM etc., hingegen wurden hierunter nicht befristete Stellen in öffentlich geförderten Projekten oder Stellen, die aus öffentlichen Mitteln finanziert wurden, z.B. im Öffentlichen Dienst, gefasst, deren Einstellungsprocedere nicht durch die Arbeitsverwaltung beeinflusst war.

Im Ergebnis zeigte sich (s. Tab. 11), dass Stellenaufnahmen nach dem 50. Lebensjahr eher in Zeiten abnehmender oder relativ niedriger Arbeitslosigkeit erfolgten (33 der 47 Einstellungen bzw. 70 %). Dabei war die Arbeitsmarktlage für die realisierten Stellenaufnahmen in den NBL von höherer Bedeutung als in den ABL (12 von 19 Einstellungen bzw. 63 % in den ABL erfolgten in Zeiten mit abnehmender oder relativ niedriger Arbeitslosigkeit, in den NBL lag dieser Anteil bei 21 von 28 Einstellungen bzw. 75 %). In zwei Fällen erfolgten Stellenaufnahmen von Erwerbspersonen aus den NBL auch zu bundesweit ungünstigeren Zeiten in den ABL. Soweit Einstellungen in ungünstigeren Zeiten in den NBL erfolgten, handelte es sich hierbei ausschließlich entweder um geförderte Stellen (4x) oder um gering vergütete Stellen in der Zeitarbeit (2x) oder im Wachdienst (1x).

Obgleich diese Daten angesichts der Fallzahl der Befragten nur begrenzt interpretierbar sind, zeigt sich zumindest für das Sample eine hohe Relevanz der Arbeitsmarktlage für ihre Chancen, eine neue Stelle aufzunehmen: Die Mehrheit der zum oder nach dem 50. Lebensjahr eingestellten Befragten konnte eine Stellenaufnahme nur unter günstigeren oder sich erholenden Arbeitsmarktbedingungen realisieren – obgleich etwa die Hälfte des Betrachtungszeitraums durch

Phasen einer ungünstigeren Arbeitsmarktlage geprägt war (zu 45 % in den ABL, zu 55 % in den NBL).

Typologische Analyse von Erwerbsverläufen nach beruflichen Orientierungen und deren Realisierung

In den vorherigen Ausführungen wurde fallübergreifend herausgearbeitet, nach welchen Kategorien sich die Erwerbsverläufe im Sample strukturieren und vergleichen ließen und in welchem Ausmaß sie durch ausgewählte Formen von Diskontinuität geprägt waren. Ziel der folgenden falltypisierenden Analyse ist es, die Erwerbsverläufe im Sample miteinander zu vergleichen und zu prüfen, inwieweit hierbei je spezifische Verknüpfungen ausgewählter Diskontinuitätsformen zutage treten.

Die Entwicklung der Typologie lehnte sich methodisch an Kelle und Kluge (vgl. dies. 2010, S. 83 ff.) an, indem Typen gebildet wurden, nach denen die Erwerbsverläufe strukturiert wurden. Die Strukturierung erfolgte nach dem Prinzip einer möglichst hohen Homogenität innerhalb der jeweiligen Typen sowie einer höchstmöglichen Heterogenität zwischen den Typen.

Während bereits für die Analyse der Verlaufsstrukturen auf die Relevanz der subjektiven Deutungskontexte für die Interpretation der Daten, insbesondere der Stellen- und Berufsdiskontinuität, verwiesen wurde, sollten die Deutungen der befragten Erwerbspersonen in die Typologie einbezogen werden.[183] Leitfrage der Typologie war, in welche Richtung die Befragten ihre Erwerbsverläufe zu lenken versuchten und inwieweit ihnen dies gelang. Dementsprechend wurde eine zweidimensionale Typologie entwickelt, der folgende Kategorien zugrunde gelegt wurden: zum einen die beruflichen Orientierungen im Erwerbsverlauf, zum anderen die Realisierung dieser Orientierungen.[184]

Der Begriff der Orientierungen wird in der sozialwissenschaftlichen Forschung unterschiedlich verwendet und teils auf die Einstellungs-, teils auf die Verhaltensebene bezogen (vgl. Botschen 1999, S. 6 f., Grozdanovic 2007, S. 11–13). In der vorliegenden Arbeit wird indes die Auffassung vertreten, dass

---

183 Die Zuordnung der Fälle zu den einzelnen Typen auf Basis nicht ausschließlich objektiver (i.S. intersubjektiv vergleichbarer und außerhalb subjektiver Wahrnehmung und Wertung definierbarer) Kriterien, wie z.B. Arbeitslosigkeitsdauer, sondern auch subjektiver Aspekte stützt sich auf explizit geäußerte Wertungen der Interviewpersonen oder Interpretationen ihrer Schilderungen und wird exemplarisch zitiert.

184 Der auswertungsmethodischen Entscheidung für diese Vergleichskategorien ging ein längerer Suchprozess voraus, in dem vorab weitere Differenzierungsalternativen, wie z.B. ausgewählte berufliche Entwicklungen, Beendigungsgründe, Berufsgruppen,

eine analytische Differenzierbarkeit zwischen Einstellungen und Handeln zu hinterfragen und vielmehr von einer prozesshaften Verwobenheit auszugehen ist – ähnlich der in Kap. 4.1.1 diskutierten fließenden Grenzen zwischen Entscheidung und Handeln. Daher wird hier der Begriff der Orientierungen an der Schnittstelle beider Bezüge verortet und als handlungsleitende Vorstellungen für erwerbsbiografisch orientiertes Handeln gefasst.

Das Vorhandensein und die Wirksamkeit von Orientierungen muss von den handelnden Individuen allerdings nicht unbedingt bewusst wahrgenommen und reflektiert werden. So wird Orientierung im ‚Lexikon zur Soziologie' von Fuchs-Heinritz, Lautmann, Rammstedt & Wienold definiert als:

> „(…) allgemeine und umfassende Bezeichnung für diejenigen Verhaltensweisen bzw. für diejenigen Aspekte des Motivationsgeschehens, durch die sich ein Organismus in einer Situation zurechtfindet und auf bestimmte Ziele oder Zielobjekte und auf Wege zur Erreichung dieser Ziele ausrichtet. Dabei muß es sich keinesfalls um einen ‚bewußten' Erkenntnisvorgang handeln." (Fuchs-Heinritz, Lautmann, Rammstedt & Wienold 2007, S. 475)

Von erwerbsbiografisch orientiertem Handeln ist die Rede, wenn sich das Handeln über eine konkrete Handlungssituation hinausgehend auch auf grundlegendere Weichenstellungen der Erwerbsbiografie bezieht. Dies gilt z.B. für einen Stellenwechsel in ein anderes Berufsfeld zur Vereinbarkeit mit familiären Aufgaben, während eine mehrmonatige Elternzeit innerhalb eines Arbeitsverhältnisses i.d.R. nicht die weitere Erwerbsentwicklung grundlegend beeinflusst.

Das mit Erwerbstätigkeit – im Erwerbsverlauf mehrfach veränderbare – prioritär verfolgte Ziel kann sich vorrangig auf berufliche oder auf sonstige erwerbsarbeitsbezogene Aspekte beziehen. *Berufliche Orientierungen* umfassen zum einen berufsfachliche Orientierungen, die auf einer – im Erwerbsverlauf veränderbaren – Identifikation mit einem spezifischen Beruf basiert, wobei sich diese im Einzelfall auf unterschiedliche oder auch mehrere Dimensionen beziehen kann: z.B. eine vorrangig arbeitsinhaltliche, tätigkeits- oder funktionsbezogene Identifikation mit dem Beruf (z.B. als Busfahrerin) oder eine sowohl arbeitsinhaltliche als auch fachausbildungsbezogene Identifikation (z.B. als Maler oder Sekretärin). Zum anderen können berufliche Orientierungen auch arbeitsorientierte Vorstellungen enthalten, wenn nicht die Identifikation mit einem spezifischen Beruf, sondern das generelle Ausüben einer Arbeitstätigkeit im Vordergrund steht – dies kann durchaus zugleich mit einem hohen

Geschlecht i.V.m. Kindern, Arbeitszeit, Relevanz des Einkommens und Region geprüft und dann aufgrund geringerer Auswertbarkeit wieder verworfen wurden.

arbeitsinhaltlichen Interesse an der jeweiligen Tätigkeit verknüpft sein. *Sonstige erwerbsarbeitsbezogene Orientierungen*, die die beruflichen Aspekte ergänzen, teils aber auch zeitweilig überwiegen können, sind u.a. soziale Integration, Beschäftigungssicherung, Existenzsicherung oder erwerbsarbeitsbezogene Reintegration.

Veränderungen von Orientierungen im Erwerbsverlauf können somit zu einer gewünschten berufsfachlichen Neuorientierung, ggf. in einem neuen Berufsfeld, führen oder – im Falle unveränderter, aber zeitweilig nicht realisierbarer beruflicher Orientierungen – zu einer zeitweiligen Priorisierung sonstiger erwerbsarbeitsbezogener Orientierungen, ebenfalls möglicherweise in einem neuen Berufsfeld. Im Unterschied zu einer langfristigen Arbeitsorientierung stellt eine zeitweilige Existenzsicherungsorientierung eine von den Erwerbspersonen i.d.R. eher ungewünschte Option dar, währenddessen der gewünschte Beruf nicht realisierbar ist. Eine entsprechende Zuordnung lässt sich nur bei Stellen- bzw. Berufswechseln und unter Berücksichtigung ihrer jeweiligen Deutung seitens der Befragten vornehmen.

Im Hinblick auf die Leitfrage der Typologie, in welche Richtung die Befragten ihre Erwerbsverläufe zu lenken versuchten, wurden die *beruflichen Orientierungen* (berufsfachliche oder arbeitsorientierte) in den Mittelpunkt gerückt und danach differenziert, inwieweit sie von den Erwerbspersonen konstant verfolgt oder geändert wurden:[185]

Konstanz vs. Änderung beruflicher Orientierungen

1. konstante berufliche Orientierung als
   - konstant berufsfachliche Orientierung auf den Ausbildungsberuf oder
   - konstant überwiegende Arbeitsorientierung
2. veränderte berufliche Orientierung als gewünschte berufliche Neuorientierung auf ein alternatives Berufsfeld

Inwieweit es den Erwerbspersonen gelang, diese Orientierungen in ihrem Erwerbsverlauf auch zu realisieren, wurde durch die Kontinuität in Erwerbsarbeit entsprechend dieser Orientierungen untersetzt. Differenziert wurde in eine ‚gelingende' und eine ‚nur zeitweise gelingende' Realisierung.[186] Von Letzterer wurde dann ausgegangen, wenn ein Erwerbsverlauf Phasen von Arbeitslosigkeit und unfreiwilliger Erwerbsunterbrechung ab einer Gesamtdauer von

---

185 Konstanz und Änderung bilden damit die Subkategorien der Kategorie ‚berufliche Orientierungen im Erwerbsverlauf'.

186 ‚Gelingend' und ‚nur zeitweise gelingend' stellen somit die Subkategorien der Kategorie Realisierung dar.

summiert mehr als 12 Monaten aufwies.[187] Weiterbildungsphasen sowie Phasen freiwilliger Erwerbsunterbrechung wurden hierbei nicht berücksichtigt.

Der Begriff des Gelingens trifft allerdings keine Aussagen über die Qualität des Erreichten, wie z.B. das realisierte Niveau in finanzieller, qualifikatorischer oder funktionaler Hinsicht. So wurde sowohl eine eher ungewünschte, vorrangig der Existenzsicherung dienende Stellenaufnahme im bisherigen Berufsfeld, als auch ein Stellenwechsel in ein anderes Berufsfeld infolge einer gewünschten beruflichen Neuorientierung als gelingende Realisierung konstanter bzw. veränderter beruflicher Orientierungen gefasst, auch wenn mit der Stelle ein geringerer qualifikatorischer oder funktionaler Status verbunden war.

Aus den Kategorien erschloss sich folgende Typologie (s. Tab. 12):

Tab. 12: Typologie: Erwerbsverläufe nach beruflichen Orientierungen und deren Realisierung

Berufliche Orientierungen im Erwerbsverlauf	**Realisierung dieser Orientierungen**	
	gelingend	**nur zeitweise gelingend**
Konstanz	a) Gelingende Realisierung konstanter berufsfachlicher Orientierungen	d)–f) Nur zeitweise gelingende Realisierung konstanter beruflicher Orientierungen
Änderung	b) Gelingende Realisierung gewünschter beruflicher Neuorientierungen	c) Nur zeitweise gelingende Realisierung gewünschter beruflicher Neuorientierungen

Die Typologie differenziert sich in sechs Typen, von denen sich drei Typen zu einer Gruppe mit gemeinsamen Grundmerkmalen bündeln lassen: Typ a) umfasst Erwerbsverläufe mit konstanten berufsfachlichen Orientierungen, die es auch zu realisieren gelang. Typ b) zeichnet sich durch gewünschte berufliche Neuorientierungen, verknüpft mit mindestens einem Berufsfeldwechsel, aus, die es ebenfalls zu realisieren gelang. Die Erwerbsverläufe des Typs c) beinhalten auch eine gewünschte berufliche Neuorientierung, diese gelang es jedoch

187 Hierzu zählten 10 Personen mit einer langzeitigen Arbeitslosigkeit inkl. unfreiwilliger Erwerbsunterbrechung ab 78 Monaten sowie 5 Personen mit einer Gesamtarbeitslosigkeitsdauer von 14–32 Monaten, bei denen auch ohne Berücksichtigung von Weiterbildungsphasen die Gesamtarbeitslosigkeitsdauer 12 Monate überstieg, darunter 3 Personen mit je einer Langzeitarbeitslosigkeitsphase. Nicht hierunter gefasst wurden 7 Personen mit einer Gesamtarbeitslosigkeitsdauer von max. 12 Monaten sowie 2 Personen, deren Gesamtarbeitslosigkeitsdauer von 13 bzw. 24 Monaten ohne Berücksichtigung der gewünschten Weiterbildungen nur mehr 5 bzw. 12 Monate betrug.

nur zeitweise zu realisieren und war mit einer durchschnittlich mehrjährigen Arbeitslosigkeit verknüpft. Die Typen d)–f) bilden eine Gruppe mit konstant bleibenden beruflichen Orientierungen, die aber nur zeitweise realisiert wurden und somit ebenso mit durchschnittlich mehrjähriger Arbeitslosigkeit einhergingen. In einer näheren Spezifizierung ist hierbei Typ d) durch den Verbleib im Ausbildungsberuf, Typ e) durch ungewünschte Wechsel in ein anderes Berufsfeld und Typ f) durch eine überwiegende Arbeitsorientierung in verschiedenen Berufsfeldern geprägt. Im Folgenden werden die einzelnen Typen näher vorgestellt.

Typ a): Gelingende Realisierung konstanter berufsfachlicher Orientierungen
Diesem Typ ließen sich die Erwerbsverläufe von 2, zum Interviewzeitpunkt bereits im Ruhestand befindlichen Frauen aus den ABL zuordnen. Beide Frauen waren hauptberuflich ausschließlich in ihrem jeweils zu den primären Dienstleistungsberufen zählenden Ausbildungsberuf als Büro- bzw. Industriekauffrau tätig und wiesen vor ihrem 50. Lebensjahr keinerlei Arbeitslosigkeit auf. Anschließend trat bei einer Erwerbsperson eine 9-monatige Arbeitslosigkeit ein, bei der zweiten Erwerbsperson zwei Arbeitslosigkeitsphasen mit insgesamt knapp 26 Monaten, darunter 24 Monate vor ihrem Renteneintritt. Da dies zwar eine längere Arbeitslosigkeit darstellte, die Erwerbsperson in dieser Zeit aber über Arbeitslosengeld abgesichert war und anschließend in Rentenbezug mündete, wurde ihr Erwerbsverlauf als ‚Sonderfall' in diesem Typ mit ausgewiesen.

Die Stellendiskontinuität war in einem Fall durch eine hohe Diskontinuität mit 8 Stellenaufnahmen vor dem 50. Lebensjahr geprägt, die aber fast ausschließlich auf selbstgewünschten Wechseln basierten: Frau Allenbach wollte, wie bereits zitiert, in ihrer beruflichen Anfangsphase gezielt häufig wechseln, um Erfahrungen aufzubauen. Demgegenüber wechselte Frau Bönte vor ihrem 50. Lebensjahr nur einmal ihre Stelle. Nach ihrem 50. Lebensjahr gelang beiden Erwerbspersonen die Aufnahme einer neuen langjährigen ausbildungsadäquaten Stelle. Aufgrund der – unter Berücksichtigung des Sonderfalls – geringen Arbeitslosigkeit und des realisierten Verbleibs im Ausbildungsberuf können die Erwerbsverläufe dieses Typs als vergleichsweise günstig bezeichnet werden (s. Tab. 13 ‚Stellenaufnahmen und Arbeitslosigkeit nach Typen beruflicher Orientierungen und deren Realisierung').

Typ b): Gelingende Realisierung gewünschter beruflicher Neuorientierungen
Dieser Typ umfasst die Erwerbsverläufe von 7 Personen, die nach Geschlecht und Region eine erhöhte Repräsentanz von Männern (4 von 11 Männern bzw. 36 % gegenüber 3 von 13 Frauen bzw. 23 %) und von Personen aus den ABL (4 von 10 Personen aus den ABL bzw. 40 % gegenüber 3 von 14 Personen aus den

NBL bzw. 21 %) aufwiesen. Die Ausbildungsberufe der Erwerbspersonen streuten über ein breites Spektrum von produktionsorientierten Berufen (Werkzeugmacher, Elektromechaniker), über primäre Dienstleistungsberufe (Verkäuferin, Bäckereifachverkäuferin) bis hin zu sekundären Dienstleistungsberufen (Friseurin, Kunsthandwerker, Germanist mit Hochschulabschluss). Alle Personen dieses Typs wiesen einen oder zwei Berufsfeldwechsel auf, die für sie mit einer Ausnahme[188] auch jeweils eine gewünschte Berufsalternative darstellten und für die sie neue berufliche Orientierungen entwickelten. Die Berufsfeldwechsel waren teils erneut berufsfachlich motiviert, teils dienten sie auch der Beschäftigungssicherung oder der sozialen Integration. 3 der 7 Personen waren bis zu ihrem 50. Lebensjahr gar nicht arbeitslos, die übrigen waren max. 10 Monate arbeitslos. Bis zum Interviewzeitpunkt stieg die Arbeitslosigkeit auf bis zu 13 Monate bzw. betrug ohne Einbeziehung von Weiterbildungszeiten ebenfalls max. 10 Monate[189]. Die Stellendiskontinuität fiel in den Erwerbsverläufen sowohl vor als auch nach dem 50. Lebensjahr sehr unterschiedlich aus und erstreckte sich vor dem 50. Lebensjahr von 2 bis zu 11 Stellenaufnahmen und im gesamten Erwerbsverlauf bis zum Interviewzeitpunkt von 3 bis zu 13 Stellenaufnahmen.

Das Verbindende, aber die zugleich auch fortbestehende Heterogenität sonstiger erwerbsbiografischer Aspekte soll exemplarisch an drei Fällen illustriert werden:

Frau Xannick arbeitete, unterbrochen durch eine langjährige Erziehungszeit, als Bäckereifachverkäuferin bis zum Alter von 41 Jahren. Aus gesundheitlichen Gründen musste sie ihren Beruf aufgeben und nahm zur Existenzsicherung in den folgenden 8 Jahren diverse angelernte und geringvergütete Tätigkeiten im Produktions- und Dienstleistungssektor an, die für sie nur Notalternativen darstellten.

> Frau Xannick:
> „Und ganz ehrlich, als ich in der Spielhalle gearbeitet habe für 6,40 € Brutto, also da habe ich gedacht: ‚Früher wärst du dafür nicht aufgestanden.' Aber gut … (…) Ich bin dann aber auch nachts, manchmal, wenn ich bis ein Uhr da war, bin ich nachts heulend nach Hause gegangen, war fix und fertig. Ich habe gedacht: ‚Du bist so runtergekommen!' "
> (Z. 519–527)

Mit 44 Jahren versuchte sie erstmalig eine berufsfachliche Neuorientierung auf den Beruf Busfahrerin, erhielt aber keine Ausbildungsstelle. Dieses Vorhaben

188 In einem Fall war nur einer der erfolgten Berufswechsel auch ein gewünschter.
189 Aufgrund dieser Reduzierung wurde auch der Erwerbsverlauf der Person mit 13-monatiger Arbeitslosigkeit dem Typ b) zugeordnet.

konnte sie dann mit 49 Jahren realisieren und arbeitete auch zum Interviewzeitpunkt als Busfahrerin. Wie bereits zitiert wertete sie ihren aktuellen Beruf im Vergleich zu ihrem Ausbildungsberuf positiv. Der Prozess der beruflichen Neuorientierung erwies sich dabei als durchaus schwierig:

> Frau Xannick:
> „Also ehrlich gesagt, ich habe manchmal gesessen, gegrübelt und gedacht: ‚Meine Güte, übersiehst du irgendwas? Es muss doch irgendetwas geben, was dir Spaß macht, wo du auch noch Geld verdienst. Es muss, du übersiehst irgendwas!' " (Z. 761–763)

Demgegenüber wies der Erwerbsverlauf von Frau Ehrhardt eine hohe Stellenkontinuität auf. Sie arbeitete über 35 Jahre in 2 Stellen als Friseurin. Mit 51 Jahren begann sie, wie bereits zitiert, ihre weitere Beschäftigungsperspektive bis zur Rente in ihrem Beruf zu hinterfragen und nach einer beruflichen Alternative zu suchen. Diese fand sie nach einem 2-jährigen, parallel zu ihrer fortbestehenden Beschäftigung erfolgten Suchprozess in der Tätigkeit als Stationswirtschaftshilfe in einem Krankenhaus. Obgleich diese Tätigkeit nicht ihrem berufsfachlichen Alternativwunsch, einer Umschulung zur Pflegekraft, entsprach und geringer qualifiziert war, wertete sie die Arbeitsinhalte, die höhere Vergütung und die Beschäftigungsperspektive positiv.

Eine ebenfalls langjährige Stellenkontinuität wies der Erwerbsverlauf von Herrn Sonntag auf. Der gelernte Elektromechaniker wechselte kurz nach seiner Ausbildung in ein Großunternehmen, in dem er über 30 Jahre tätig war und nach seiner Meisterprüfung einen langjährigen Aufstieg bis zu Leitungspositionen realisierte. Nach Aufkauf des Unternehmens verschlechterten sich, bei allerdings gleichbleibender Vergütung, seine Arbeitsbedingungen massiv, was er als Versuche einschätzte, ihn aus dem Beschäftigungsverhältnis heraus drängen zu wollen. Nach neuerlichem Aufkauf der Firma mündete er in eine Auffanggesellschaft, konnte aber eine Abfindung durchsetzen, die ihn finanziell für die restlichen 10 Jahre bis zu seinem Rentenbeginn absicherte. Obgleich er somit nicht auf ein Erwerbseinkommen angewiesen war, nahm er mit 56 Jahren eine geringer qualifizierte und geringer vergütete Stelle im Fahrzeugwesen einer Behörde an, die er im Hinblick auf die Qualität der Arbeitsbedingungen, insbesondere ohne Druck zur Arbeit gehen zu können, positiv wertete.

> Herr Sonntag:
> „(…) also, als ich in der (Name Auffanggesellschaft) war, das Jahr, da war ich ja in Arbeit und Brot, hatte ich ein anderes Kopfgefühl. Aber die zwei Monate, wo ich arbeitslos war und bin mit meiner Frau vormittags einkaufen gegangen, das war, sau, sau, sau blöd. Da habe ich, jeder, der mich angeguckt hat, der sieht da oben geschrieben: ‚Du bist arbeitslos!' Das habe ich richtig hier oben, habe ich gemerkt." (Z. 1525–1529)

Die Erwerbsverläufe von Frau Xannick, Frau Ehrhardt und Herrn Sonntag unterschieden sich im Hinblick auf Stellendiskontinuität, berufliche Statusentwicklung und die mit der beruflichen Neuorientierung verfolgten Ziele. Gemeinsam war ihnen, wie auch den anderen Erwerbsverläufen dieses Typs, dass sie nur kürzere Arbeitslosigkeitszeiten aufwiesen und berufliche Neuorientierungen als Wunschalternativen realisieren konnten (s. Tab. 13 ‚Stellenaufnahmen und Arbeitslosigkeit nach Typen beruflicher Orientierungen und deren Realisierung'). Daher erschienen auch diese Erwerbsverläufe vergleichsweise günstig, wenngleich sie teils auch zeitlich begrenzte Erwerbsphasen innerhalb einer Stelle (z.B. Herr Sonntag) oder in anderen Stellen (z.B. Frau Xannick) beinhalteten, die von den Erwerbspersonen als schwer erträglich geschildert wurden.

Typ c): Nur zeitweise gelingende Realisierung gewünschter beruflicher Neuorientierungen

Die Erwerbsverläufe von 7 Personen wiesen Merkmale dieses Typs auf. Die Erwerbspersonen umfassten 5 Männer (5 von 11 bzw. 46 %) und 2 Frauen (2 von 13 bzw. 15 %), die in 4 Fällen aus den ABL (4 von 10 bzw. 40 %) und in den übrigen 3 Fällen aus den NBL (3 von 14 bzw. 21 %) stammten. Damit zeigte sich eine Überrepräsentanz von Männern sowie von Erwerbspersonen aus den ABL in diesem Typ. In den Ausbildungsberufen der Erwerbspersonen wurde das gesamte Spektrum abgedeckt mit einem Schwerpunkt auf den primären Dienstleistungsberufen (produktionsorientierte Berufe: Elektrotechniker; primäre Dienstleistungsberufe: Diplom-Ingenieurökonom mit Hochschulabschluss, Ingenieur für Elektronik mit Hochschulabschluss, Polizeivollzugsbeamter, Speditionskauffrau; sekundäre Dienstleistungsberufe: Friseurin, Kunsthandwerker). Die Erwerbspersonen vollzogen 1–6 Berufsfeldwechsel, fast alle von ihnen (6 der 7 Personen) mindestens 2 Wechsel.

Mindestens einer der Berufsfeldwechsel war in allen Erwerbsverläufen, mit einer Ausnahme, eine auch berufsfachlich gewünschte Neuorientierung, die von den Erwerbspersonen entwickelt wurde. Die genannte Ausnahme bezog sich auf einen Kunsthandwerker, der sich bereits mit 22 Jahren zusätzlich in einem 2. Berufsfeld engagierte, indem er sein Kunsthandwerk phasenweise haupt- oder nebenberuflich betrieb, aber in beiden Berufsfeldern Aufstiege, wie auch wechselvolle Entwicklungen realisierte. In den übrigen Fällen zeichneten sich jeweils mehrere berufsfachliche Orientierungen mit zusätzlich weiteren, dann auch teils ungewünschten Erwerbsorientierungen ab, in denen Existenzsicherungs- und Reintegrationsziele Priorität erhielten. Arbeitslosigkeit und gleichgestellte

Zeiten[190] waren in den Erwerbsverläufen dieses Typs sehr unterschiedlich ausgeprägt und streuten sowohl vor dem 50. Lebensjahr zwischen 0 bis 94 Monaten als auch im gesamten Erwerbsverlauf bis zum Interviewzeitpunkt zwischen 24 und 110 Monaten. Auch die Stellendiskontinuität reichte von mittel bis hoch: die Erwerbspersonen nahmen vor ihrem 50. Lebensjahr zwischen 4 und 12 Stellen auf, bis zum Interviewzeitpunkt insgesamt zwischen 5 und 12.

Erwerbsverläufe mit wechselnden Orientierungen sollen anhand des folgenden Beispiels exemplarisch verdeutlicht werden. Herr Mund realisierte nach seinem Hochschulabschluss als Ingenieur für Elektronik eine 15-jährige Armeelaufbahn verknüpft mit Aufstiegen bis zum Oberstleutnant. Nach der Wende schied er mit 38 Jahren auf eigenen Wunsch aus der Nationalen Volksarmee (NVA) aus, absolvierte eine selbst finanzierte betriebswirtschaftliche Fortbildung und gründete eine Selbstständigkeit als Fuhrunternehmer, die er nach 6 Jahren wirtschaftlich bedingt aufgeben musste (1. Berufsfeldwechsel). Nach knapp 2 Monaten Arbeitslosigkeit nahm er für 1,5 Jahre eine befristete Stelle im Wachdienst in einem anderen Bundesland auf, die Wochenendpendeln beinhaltete (2. Berufsfeldwechsel). Sowohl den 1. als auch den 2. Berufsfeldwechsel nahm Herr Mund aufgrund einer prioritären Existenzsicherungsorientierung vor:

> Herr Mund:
> „Und wie gesagt, nach der Wende ging es ja in erster Linie (um die) Familie und ich musste die Familie durchbringen. Und dem hat sich alles unterzuordnen. Da kann ich keine Flausen im Kopf haben oder sonst was. Deswegen habe ich das gemacht. Und deswegen bin ich danach auch als Wachmann gegangen." (Z. 776–779)

Nach erneut ca. 4 Monaten Arbeitslosigkeit absolvierte Herr Mund an einer Fachschule eine von ihm gewünschte ca. 2-jährige arbeitsamtsfinanzierte Umschulung zum Wirtschaftsinformatiker mit erfolgreich abgelegter IHK-Prüfung und nahm unmittelbar anschließend mit 48 Jahren eine erste Stelle in dem neuen Berufsfeld an. Sein somit 3. Berufsfeldwechsel gründete auf einer gewünschten berufsfachlichen Neuorientierung, die er anknüpfend an seine beruflichen Kompetenzen vornahm:

> Herr Mund:
> „Ich würde das mal eher als Wunsch deklarieren. Ich meine, man macht sich Gedanken, was kann man, wozu ist man in der Lage und da habe ich mir gesagt: ‚Naja …'. Ich hatte nicht so einen Draht zum Computer unbedingt. Anschluss verpasst. Und da habe ich mir gesagt: ‚Naja, dann machst du Informatik.' Das hat was mit deinem Beruf

190 Diese umfassen, wie erläutert, Zeiten in öffentlich geförderter Weiterbildung und in unfreiwilliger Erwerbsunterbrechung.

> noch insofern zu tun, weil ja Elektronik, damals BMSR-Technik, also Steuer- und Regeltechnik. Da gab es die Ansatzpunkte und naja gut, ich war selbstständig gewesen, Wirtschaft… Also das heißt, dieser Wirtschaftsinformatiker ist ja 50:50 geteilt, also 50 % IT, 50 % Wirtschaft, also mit VWL, BWL und und und. Und da habe ich mir gesagt: ‚Ja, da habe ich nun auch schon investiert. Das ist an und für sich das, wo die Zukunft liegen könnte.'"[191] (Z. 316–324)

Um sich beruflich zu verbessern, wechselte er die Stelle nach ca. ½ Jahr, die 2. Stelle wurde jedoch nach gut einem Jahr betriebsseitig betriebsbedingt gekündigt. Es folgte eine ca. 2-jährige Arbeitslosigkeit, während der er zeitweise in einem geringer qualifizierten Bereich in einer Computerfirma nebentätig war sowie zwei von ihm gewünschte arbeitsamtsfinanzierte fachliche Fortbildungen absolvierte, die Letztere aber wegen Arbeitsaufnahme vorzeitig abbrach. Mit 52 Jahren nahm er eine Stelle als Projektingenieur[192] in einem anderen Bundesland an, die erneut mit Wochenendpendeln verbunden war, aber nach einem ¾ Jahr betriebsseitig betriebsbedingt gekündigt wurde. In den folgenden 7 Jahren bis zum Interviewzeitpunkt war Herr Mund langzeitig arbeitslos, teils mit Nebentätigkeiten, z.B. als LKW-Fahrer, und nur unterbrochen durch eine zwischenzeitliche 3-jährige öffentlich geförderte Arbeit ohne Generierung eines neuen Arbeitslosengeldanspruches im geringer qualifizierten Bereich. Zum Interviewzeitpunkt prüfte Herr Mund die Möglichkeit einer Selbstständigkeit in seinem neuen Berufsfeld.

Andere Erwerbsverläufe dieses Typs waren durch mehrere berufsfachlich orientierte Berufsfeldwechsel geprägt, deren Realisierung aber in der letzten Erwerbsphase nicht mehr gelang, sondern die in Berufsfeldwechsel mit überwiegend prioritärem Existenzsicherungsziel mündeten. Diese bezogen sich auf fast ausschließlich männliche Erwerbspersonen mit langjährigen, dann abbrechenden Aufstiegskarrieren. Im Folgenden wird das Beispiel von Frau Pütz geschildert, deren Erwerbsverlauf aufgrund der Anforderungen zur Vereinbarkeit mit der Familie eine besondere Komplexität aufwies. Frau Pütz arbeitete nach ihrer Ausbildung zur Friseurin 2 Jahre in ihrem Beruf. Nach Geburt des

191 Die in dem Zitat verwendeten Abkürzungen bedeuten Folgendes: BMSR: Betriebsmess-, Steuerungs- und Regelungstechnik; IT: Informationstechnologien; VWL: Volkswirtschaftslehre; BWL: Betriebswirtschaftslehre.

192 Das Interview mit Herrn Mund wurde aufgrund dieser Stellenaufnahme geführt, da er aufgrund seiner Ausgangsqualifikation zwar nicht zur Zielgruppe im engeren Sinne zählte, aber sein Hochschulabschluss weder für die Fortbildung zum Wirtschaftsinformatiker an der Fachschule noch für die Stellenaufnahme als Projektingenieur eine Voraussetzung war.

1. Kindes und einem Umzug an den neuen Arbeitsort des Ehemannes folgte aufgrund eines dort fehlenden Zugangs zu einem Kindergartenplatz eine unfreiwillige hauptberufliche Erwerbsunterbrechung, die sich nach der Geburt ihrer drei weiteren Kinder über insgesamt 7 Jahre erstreckte. In dieser Zeit war sie an den Wochenenden teilweise nebentätig als Aushilfskellnerin. Nach einer viermonatigen Heimarbeitsstelle gelang ihr nach Erhalt eines Krippenplatzes für ihr jüngstes zweijähriges Kind mit 26 Jahren die Aufnahme zweier aufeinanderfolgender, angelernter Sachbearbeitungsstellen (1. hauptberuflicher Berufsfeldwechsel) über etwa 3 Jahre, während derer sie die Schulabschlüsse der 9. und 10. Klasse nachholte. Eine ihr angebotene Weiterbildung konnte sie aufgrund eines 2. Umzugs an den neuen Arbeitsort des Ehemannes nicht wahrnehmen. Am neuen Ort arbeitete sie einen Monat als Produktionsarbeiterin (2. Berufsfeldwechsel), dann 3 Monate als Sachbearbeiterin in der gleichen Fabrik. Nach ihrem Wechsel in eine Stelle als Büromitarbeiterin in einer Lehrwerkstatt für Kfz-Mechaniker absolvierte sie berufsbegleitend eine einjährige Weiterbildung zum Verkehrskaufmann mit erfolgreich abgelegter Prüfung, legte eine Prüfung zur Taxifahrerin ab und absolvierte eine sechswöchige Fortbildung zur Fahrlehrerin in einer anderen Stadt, die für sie mit Wochenendpendeln verbunden war. Während dieser Fortbildung war ihr Mann bereits erneut an einen anderen, nicht mehr im Tagespendelbereich gelegenen Arbeitsort versetzt, die 4 Kinder waren im Alter von 8–13 Jahren. Anschließend nahm sie, nunmehr 33-jährig, eine Stelle als Fahrlehrerin auf (3. Berufsfeldwechsel), bis sie nach 1,5 Jahren an den Arbeitsort des Mannes umzog (3. Umzug). Auch dort arbeitete sie als Fahrlehrerin und legte nach zweijähriger berufsbegleitender Fortbildung mit 40 Jahren den Meisterabschluss in Betriebs- und Transporttechnik ab, der zwischenzeitlich für den Verbleib in ihrem Beruf erforderlich geworden war. Nach 7-jähriger Tätigkeit wechselte sie in eine einjährige Vollzeit-Weiterbildung an einer Parteischule, war anschließend ein Jahr als Parteisekretär tätig (4. Berufsfeldwechsel) und wechselte dann für 3 Jahre in eine Abteilungsleiterstelle eines Kombinats (5. Berufsfeldwechsel), hernach für ein halbes Jahr in die Leitung einer Mensa. Zur Beschäftigungssicherung suchte sie 1989 nach einer Möglichkeit für eine gemeinsame Selbstständigkeit mit dem Ehemann und wechselte als Erste Verkäuferin (6. Berufsfeldwechsel), später Marktleiterin in den Einzelhandel, formal im Anstellungsverhältnis bei ihrem dort selbstständigen Ehemann.[193]

193 Die Leitungsstellen in Mensa und Einzelhandel wurden nicht als weitere Berufsfeldwechsel bezeichnet, da sie wie bereits die Abteilungsleiterstelle im betriebswirtschaftlichen Segment angesiedelt waren.

Nach ca. 9 Jahren musste das Ehepaar wirtschaftlich bedingt die Selbstständigkeit aufgeben. Frau Pütz wurde mit 55 Jahren arbeitslos und blieb dies bis zu ihrem Renteneintritt mit 60 Jahren (ab 58 nicht mehr im registrierten Arbeitslosigkeitsstatus). Sie unternahm eine Fortbildung im Sicherheitsdienst und übte diverse Nebentätigkeiten u.a. im überregionalen mobilen Verkauf inkl. Fahren des Verkaufswagens und, ab 58 Jahren, als Concierge im Sicherheitsdienst aus. Letzteres wurde ihr als Vollzeitarbeit angeboten, was sie aber ablehnte. Auch zum Interviewzeitpunkt mit 67 Jahren dauerte die geringfügige Arbeit als Concierge noch an.

Für den Erwerbsverlauf von Frau Pütz führten somit die ersten beiden Umzüge zu Brüchen, nach denen sie sich langwierig jeweils wieder verbesserte. Nach dem 3. Umzug konnte sie an ihren erreichten Status anknüpfen und diesen weiter ausbauen. Die Wende bedeutete einen erneuten beruflichen Bruch, der sie in der Stelle als Erste Verkäuferin eine Beschäftigungssicherung priorisieren ließ, aber auch zu einer nachfolgenden Teilverbesserung als Marktleiterin führte. In der späteren Arbeitslosigkeit übte sie nur noch Nebentätigkeiten im geringer qualifizierten und gering vergüteten Bereich aus. Trotz hoher familiärer Anforderungen und nachzuholender Schulabschlüsse gelang ihr langjährig die Realisierung ihrer berufsfachlichen mit Aufstiegsinteressen verknüpften Orientierung:

> Frau Pütz:
> „(…) ich habe das verfolgt, so ein bisschen als: ‚Taxi willst du mal fahren!‘ Dass daraus ein Fahrlehrer wurde, war Glück. Also man muss schon … Genauso habe ich die Parteischule besucht mit dem Gedanken: ‚Na, da könntest du ja in eine Leitungsfunktion, wenn du das schaffst, muss es dir doch gelingen, in eine Leitungsfunktion …‘ Also habe ich schon mir Gedanken gemacht: ‚Das Ziel muss das und das sein!‘, was ich dann auch erreicht habe. Wenn es auch mal nach unten ging und ich bloß erst mal bei der (Name) als APO-Sekretär gearbeitet habe (…).“[194] (Z. 2015–2020)
> „Noch besser war ja dann der Wechsel zur Mensa, (…) denn ich wollte ja wieder in eine Führungsposition, auf jeden Fall, man will ja nicht nach unten, nein, ich wollte schon oben bleiben (…).“ (Z. 2029–2031)

Im Vergleich beider Fallbeispiele zeigt sich, dass die sonstigen Erwerbsorientierungen mit eher der Not geschuldeten Zielprioritäten für einen Teil der Befragten eine zeitlich begrenzte Interimsphase darstellten, die es, wie im Falle von Herrn Mund, anschließend wieder in eine berufsfachliche Orientierung zu überführen gelang, während sie für einen anderen Teil der Befragten, wie z.B.

194 Die in dem Zitat verwendete Abkürzung APO bedeutet: Abteilungsparteiorganisation.

Frau Pütz, in höherem Lebensalter die einzig verbleibende Form der Erwerbsbeteiligung bis zum Renteneintritt bedeutete. Zugleich wird in beiden Beispielen die Vielgestaltigkeit und Komplexität der Erwerbsverläufe sichtbar.

Die Erwerbsverläufe dieses Typs erschienen mit Blick auf die Arbeitslosigkeitsdauer vergleichsweise ungünstig, als günstige Elemente kann die zumindest zeitweise gelungene Realisierung gewünschter Neuorientierungen bezeichnet werden. Für die meisten Erwerbspersonen stellten die von ihnen entwickelten beruflichen Neuorientierungen zudem eine stärkende Ressource dar, indem sie auf das Geleistete und/oder Erreichte stolz waren, z.B. auf die erbrachten Lernleistungen, die unter schwierigen Bedingungen realisierte Existenzsicherung oder auf den erreichten Traumberuf.

Typen d–f) mit den gemeinsamen Gruppenmerkmalen: Nur zeitweise gelingende Realisierung konstanter beruflicher Orientierungen

Zu den Typen dieser Gruppe zählen die Erwerbsverläufe von insgesamt 8 Personen, die ihre berufliche Orientierung nur zeitweise realisieren konnten, aber sie konstant weiterhin favorisierten, ohne eine berufliche Wunschalternative zu entwickeln. Alle Erwerbsverläufe wiesen eine Gesamtarbeitslosigkeit von mindestens 14 Monaten – ohne Weiterbildungszeiten – auf. In allen Fällen handelt es sich um die Erwerbsverläufe von Personen aus den NBL sowie vorwiegend um jene der weiblichen Befragten (6 von 13 Frauen bzw. 46 %, 2 von 11 Männern bzw. 18 %). Für einen besseren Vergleich mit den Erwerbsverläufen des Typs c) bot sich eine weitere Ausdifferenzierung in die drei Typen d) bis f) an.

Typ d): Nur zeitweise gelingende Realisierung konstanter berufsfachlicher Orientierungen mit Verbleib im Ausbildungsberuf: Typ d) umfasst die Erwerbsverläufe einer weiblichen und einer männlichen Erwerbsperson, die über eine Ausbildung zur Sekretärin (primärer Dienstleistungsberuf) bzw. zum Maler (produktionsorientierter Beruf) verfügten. Beiden Personen ist gemeinsam, dass sie über ihren gesamten Erwerbsverlauf bis zum Interviewzeitpunkt in ihrem Ausbildungsberuf blieben und vor ihrem 50. Lebensjahr beide ca. 14 Monate arbeitslos waren. Unterschiedlich entwickelte sich ihre Arbeitslosigkeit nach dem 50. Lebensjahr sowie ihre Stellendiskontinuität:

Frau Claßen konnte seit ihrer mit 50 Jahren erneut eintretenden Arbeitslosigkeit keine weitere hauptberufliche Stellenaufnahme realisieren, ihre Arbeitslosigkeit stieg bis zum Interviewzeitpunkt, nun 57-jährig, auf knapp 90 Monate. Mit 5 Stellenaufnahmen bis zu ihrem 50. Lebensjahr lag ihre Stellendiskontinuität im mittleren Bereich, was infolge nicht erfolgter weiterer hauptberuflicher Stellenaufnahmen auch für den gesamten Verlauf bis zum Interviewzeitpunkt galt. Eine Reintegration in Erwerbsarbeit gelang ihr einzig in Form einer abhängigen

Nebentätigkeit in ihrem Berufsfeld, deren Erwerbskonditionen sie durch Überführung in eine nebenberufliche Selbstständigkeit verbessern konnte.

Für Herrn Dederichs erhöhte sich die Arbeitslosigkeit nach dem 50. Lebensjahr bis zum Interviewzeitpunkt, hier 58-jährig, nicht weiter. Er wies bereits vor dem 50. Lebensjahr eine hohe Stellendiskontinuität mit 10 Stellenaufnahmen auf, bis zum Interviewzeitpunkt stiegen diese noch auf 13 Stellenaufnahmen. Die Hälfte seiner Stellenwechsel initiierte er selbst. Mehrere Stellen waren gering vergütet und erforderten lange Anfahrtswege oder schwere körperliche Arbeit.

Typ e): Nur zeitweise gelingende Realisierung konstanter berufsfachlicher Orientierungen mit ungewünschtem Wechsel in ein anderes Berufsfeld: Dieser Typ umfasst die Erwerbsverläufe von 2 Frauen und 1 Mann, die über Ausbildungen in einem primären Dienstleistungsberuf (Sekretärin) und zwei produktionsorientierten Berufen (Elektromontiererin und Zerspaner) verfügten. Alle drei Erwerbsverläufe wiesen bereits vor dem 50. Lebensjahr eine längere bis langzeitige Arbeitslosigkeit von 23 bis 132 Monaten auf, die sich bis zum Interviewzeitpunkt auf 32 bis 132 Monate erhöhte. Alle wechselten zeitweilig, wenn auch teils langjährig, in weit geringer qualifizierte Stellen anderer Berufsfelder, was für sie mit geringer Vergütung und teils hohen körperlichen Anforderungen verbunden war. Im Unterschied zu den Erwerbsverläufen der Typen b) und c) handelte es sich dabei jedoch um ausschließlich ungewünschte Berufsfeldwechsel unter fortbestehender beruflicher Orientierung auf den Ausbildungsberuf. So sah sich auch Frau Faber gezwungen, ihren Ausbildungsberuf aufzugeben und in eine angelernte Tätigkeit in der Gastronomie zu wechseln, nachdem ihr ein qualifikatorischer Anschluss an die EDV-Entwicklung in der Büroarbeit in der Nachwendezeit nicht gelungen war.

> Frau Faber:
> „(…) ich wollte immer Sekretärin sein." (Z. 1514)
> „Das hatte ich dann abgeschlossen, ja, weil, weil, die, die ganze Entwicklung und und und die beruflichen Quali…, vielen Qualifikationen, die sind mir ja nicht gege…, waren mir nicht gegeben und dadurch habe ich den Sekretärinnenberuf praktisch an den Nagel gehängt." (Z. 1523–1525)

Allen gelang anschließend auch wieder die Rückkehr in ihren Ausbildungsberuf, allerdings teils auf nur gering vergütetem Niveau. Die Stellendiskontinuität war unterschiedlich ausgeprägt und erstreckte sich von 5–12 Stellenaufnahmen vor dem 50. Lebensjahr sowie 6 bis 15 Stellenaufnahmen bis zum Interviewzeitpunkt. Eine hohe Stellendiskontinuität trat sowohl in dem Erwerbsverlauf mit 32 Monaten Arbeitslosigkeit als auch in dem mit 132 Monaten Arbeitslosigkeit auf.

Typ f): Nur zeitweise gelingende Realisierung überwiegender Arbeitsorientierungen in verschiedenen Berufsfeldern: Die Erwerbsverläufe von 3 weiblichen Erwerbspersonen zeichneten sich nach teils anfänglich berufsfachlichen Orientierungen überwiegend durch eine berufliche Orientierung aus, in der das Ausüben einer Arbeitstätigkeit von hoher Relevanz ist, aber keine spezifische Identifikation mit dem beruflichen Hintergrund der Arbeitstätigkeit thematisiert oder sichtbar wurde, indem z.B. der Beruf thematisiert oder in seinen Aufgaben beschrieben wurde oder ein bestimmtes Selbstverständnis als Angehöriger einer Berufsgruppe geäußert wurde, wie dies bei den Erwerbspersonen mit einer berufsfachlichen Orientierung der Fall war. So antwortete Frau Osterloh auf die Frage, welche Arbeit sie gerne alternativ zu ihrer zum Interviewzeitpunkt aktuellen Arbeit hätte:[195]

> Frau Osterloh:
> „Eine versicherungspflichtige, aber eine, die mir richtig Spaß macht." (Z. 900–901)

Dies soll nicht in Widerspruch dazu stehen, dass die Erwerbspersonen mit einer überwiegenden Arbeitsorientierung ein hohes arbeitsinhaltliches Interesse an einzelnen Arbeitstätigkeiten, wie z.B. der Arbeit mit historischen Büchern, schilderten oder auch hohe Ansprüche an die Qualität der von ihnen geleisteten Arbeit formulierten. Die drei Erwerbspersonen absolvierten Ausbildungen jeweils in primären Dienstleistungsberufen, nämlich zur Facharbeiterin für EDV, Wirtschaftskauffrau und Industriekauffrau. Vor ihrem 50. Lebensjahr waren sie zwischen 49 und 87 Monaten arbeitslos (inkl. einer unfreiwilligen Erwerbsunterbrechung), bis zum Interviewzeitpunkt stieg ihre Arbeitslosigkeit (inkl. unfreiwilliger Erwerbsunterbrechung) auf knapp 103 bis knapp 116 Monate an, womit dieser Typus die längste Arbeitslosigkeit aufweist. In allen Erwerbsverläufen verdichteten sich die Arbeitslosigkeitsphasen mit zwischenzeitlich fast ausschließlich geförderten und damit befristeten Beschäftigungsverhältnissen zu 14- bis 16-jährigen Zeiträumen, die hier aufgrund ihres prekären Charakters als Unsicherheitsphase bezeichnet werden. Diese endeten erst mit 57, 58 und 62 Jahren mit der Aufnahme einer regulären Stelle bzw. einem Wechsel von einer geförderten befristeten Stelle in eine Festanstellung. Die Erwerbsverläufe waren durch 1–2 Berufsfeldwechsel geprägt, die überwiegend zur Vereinbarkeit mit familiären Aufgaben vorgenommen wurden. Die Stellendiskontinuität fiel vor dem 50. Lebensjahr mit 5–7 Stellenaufnahmen mittel aus, insgesamt bis zum Interviewzeitpunkt mit 9–12 Stellenaufnahmen mittel bis hoch.

195 Das nachfolgende Zitat versteht sich lediglich als eine exemplarische Illustration, nicht als hinreichender Beleg.

Die Erwerbsverlaufstypen im Vergleich

Aus den vorhergehenden Ausführungen ergaben sich folgende Typen:

- Typ a): Gelingende Realisierung konstanter berufsfachlicher Orientierungen (n = 2)
- Typ b): Gelingende Realisierung gewünschter beruflicher Neuorientierungen (n = 7, darunter 4 Männer, 4 ABL)
- Typ c): Nur zeitweise gelingende Realisierung gewünschter beruflicher Neuorientierungen (n = 7, darunter 5 Männer, 4 ABL)
- Typen d–f) mit den Gruppenmerkmalen: Nur zeitweise gelingende Realisierung konstanter beruflicher Orientierungen (n = 8, darunter 6 Frauen, 8 NBL)
    - Typ d): Nur zeitweise gelingende Realisierung konstanter berufsfachlicher Orientierungen mit Verbleib im Ausbildungsberuf
    - Typ e): Nur zeitweise gelingende Realisierung konstanter berufsfachlicher Orientierungen mit ungewünschtem Wechsel in ein anderes Berufsfeld
    - Typ f): Nur zeitweise gelingende Realisierung überwiegender Arbeitsorientierungen in verschiedenen Berufsfeldern

Eine Überrepräsentanz nach Geschlecht oder Region zeigte sich zum einen in den Typen b) und c) mit jeweils höheren Anteilen von Männern und Personen aus den ABL, zum anderen in der Gruppe der Typen d)–f) mit ausschließlich Personen aus den NBL sowie einem höheren Frauenanteil.[196]

Die Erwerbsverläufe innerhalb der einzelnen Typen wiesen Gemeinsamkeiten im Hinblick auf die etwaige (Nicht-)Veränderung von beruflichen Orientierungen sowie das (Nicht-) Überschreiten einer einjährigen Arbeitslosigkeit bzw. gleichgestellter Zeiten auf. Obgleich dies nur eine erste grobe Differenzierung darstellt und sich die Erwerbsverläufe auch innerhalb eines Typus in weiteren relevanten Erwerbsaspekten durchaus unterschieden, wie z.B. konkreteren beruflichen Orientierungen oder Statusentwicklungen, zeigten sich im Vergleich der Typen unterschiedliche Ausprägungen von Stellen- und Erwerbsstatusdiskontinuität (s. Tab. 13).

Eine erhöhte Stellendiskontinuität kam in den Typen c) bis f) zum Ausdruck, wobei dies für die Erwerbsverläufe bis zum 50. Lebensjahr in geringerem Maße galt. Die Gesamtarbeitslosigkeit fiel entsprechend des diesbezüglichen

196 Eine Ausweisung für den Typ a) sowie die einzelnen Typen d)-f) bot sich aufgrund der geringen Fallzahl nicht an.

Tab. 13: Stellenaufnahmen und Arbeitslosigkeit nach Typen beruflicher Orientierungen und deren Realisierung

	Stellenaufnahmen vor dem 50. Lebensjahr	**Stellenaufnahmen gesamt**	**Gesamtarbeitslosigkeit und gleichgestellte Zeiten nach Anzahl und Dauer vor dem 50. Lebensjahr**	**Gesamtarbeitslosigkeit und gleichgestellte Zeiten nach Anzahl und Dauer gesamt**
Typ a)	Ø 5,0 (2–8)	Ø 6,5 (3–10)	Anzahl: Ø 0 (0)	Anzahl: Ø 1,5x (1–2x) Dauer: Ø 17,3 Monate (9–25,5 Monate)
Typ b)	Ø 5,3 (2–11)	Ø 7,1 (3–13)	Anzahl: Ø 1,3x (0–5x) Dauer: Ø 3,4 Monate (0–10 Monate)	Anzahl: Ø 1,9x (0–5x) Dauer: Ø 6,0 Monate (0–13 Monate)
Typ c)	Ø 7,6 (4–12)	Ø 8,7 (5–12)	Anzahl: 1,9x (0–4x) Dauer: Ø 43,1 Monate (0–94 Monate)	Anzahl: Ø 3,1x (2–5x) Dauer: Ø 69,1 Monate (24–110 Monate)
Typ d)	Ø 7,5 (5–10)	Ø 9,0 (5–13)	Anzahl: Ø 2x (1–3x) Dauer: Ø 13,8 Monate (13,5–14 Monate)	Anzahl: Ø 2,5x (1–4x) Dauer: Ø 51,8 Monate (14–89,5 Monate)
Typ e)	Ø 8,0 (5–12)	Ø 11,0 (6–15)	Anzahl: Ø 3x (2–4x) Dauer: Ø 75,3 Monate (23–132 Monate)	Anzahl: Ø 5,7x (2–10x) Dauer: Ø 80,7 Monate (32–132 Monate)
Typ f)	Ø 6,3 (5–7)	Ø 10,0 (9–12)	Anzahl: Ø 3,0x (2–4x) Dauer: Ø 61,8 Monate (49–63 Monate)	Anzahl: Ø 6x (je 6x) Dauer: Ø 109,1 Monate (102,8–115,5 Monate)

Differenzierungskriteriums in den Typen a)[197] und b) gering aus. Aufschlussreich hingegen ist die Betrachtung der Gesamtarbeitslosigkeit in den übrigen Typen c)–f):

Langzeitige Arbeitslosigkeitsphasen bestanden im Typendurchschnitt mit Ausnahme von Typ d) bereits vor dem 50. Lebensjahr mit 43 Monaten und mehr. Die längsten Arbeitslosigkeitsphasen sowohl vor dem 50. Lebensjahr als auch im gesamten betrachteten Erwerbsverlauf fanden sich im Typendurchschnitt mit 109 Monaten in Typ f), in dem Arbeitslosigkeit somit auch nicht durch die hier bestehende berufliche Offenheit vermieden werden konnte, sowie mit knapp 81 Monaten in Typ e), der durch berufliche Flexibilität auch in ungewünschten Berufsfeldern geprägt war. Schließlich zeigte sich, dass auch eine berufliche Flexibilität im Sinne entwickelter und gewünschter beruflicher Neuorientierungen nicht unbedingt vor Arbeitslosigkeit schützte. Im Gegenteil wiesen die Personen mit gewünschten Neuorientierungen sogar ungünstigere Arbeitslosigkeitsdauern in ihren Erwerbsverläufen des Typs c) auf im Vergleich zu den Personen mit Erwerbsverläufen des Typs d), die an ihrem Ausbildungsberuf festhielten und auch bei längerer Arbeitslosigkeit nicht in ungewünschte Berufsfelder wechselten.[198] Mit Blick auf die Gesamtarbeitslosigkeitsdauer lassen sich daher keine Schlussfolgerungen ziehen, welche Art der verfolgten Orientierung – und hierfür war die Ausdifferenzierung der Typen d) bis f) erforderlich – „erfolgreich" im Sinne einer hohen Erwerbskontinuität war. Auch hier ist vielmehr davon auszugehen, dass abhängig von den jeweiligen Kontexten und Gelegenheiten sowie deren subjektiven Deutungen Berufswechsel, berufliche Neuorientierungen und die, individuellen Ansprüchen entsprechenden oder auch zuwiderlaufenden, Stellenaufnahmen von den Erwerbspersonen in unterschiedlicher Weise als gang- und wünschbar betrachtet und genutzt werden.

---

197 Wie erläutert wurde eine der beiden Personen dieses Typs trotz 24-monatiger Arbeitslosigkeit als Sonderfall dem Typ a) zugeordnet, zur Begründung s.o.

198 Hierbei ist zwar zu berücksichtigen, dass Personen mit Erwerbsverläufen des Typs c) im Rahmen ihrer beruflichen Neuorientierung in höherem Maße an öffentlich geförderten Weiterbildungen teilnahmen, die als der Arbeitslosigkeit gleichgestellte Zeiten in der ausgewiesenen Arbeitslosigkeitsdauer enthalten sind. Aber auch ohne Berücksichtigung der Zeiten in öffentlich geförderter Weiterbildung wiesen die Erwerbsverläufe des Typs c) mit 54,6 Monaten in ihrer gesamten bisherigen Erwerbsbiografie höhere Arbeitslosigkeitsdauern auf als die Erwerbsverläufe des Typs d) mit 49,5 Monaten. (Auch die Positionierung der übrigen Typen bleibt ohne Berücksichtigung der Weiterbildungszeiten unverändert mit 17,3 Monaten in Typ a), 4,0 Monaten in Typ b), 64,3 Monaten in Typ e) und 99,1 Monaten in Typ f)).

Eine spezifische Nähe des Ausbildungsberufs oder Berufssegments zu einzelnen Typen zeigte sich nicht. Interessanterweise bezog sich die festgestellte Überrepräsentanz von Männern und Personen aus den ABL auf die beiden Typen b) und c) mit einer jeweils gewünschten beruflichen Neuorientierung bei unterschiedlich hoher Arbeitslosigkeit, während Frauen und Personen aus den NBL in der Gruppe mit den Typen d)–f) mit hier jeweils hoher Arbeitslosigkeit verstärkt vertreten waren.

Fazit

Anhand ausgewählter Diskontinuitätsformen wurde fallübergreifend eine große Heterogenität in den Erwerbsverläufen der befragten Erwerbspersonen sichtbar. Die Stellendiskontinuität reichte von 3–15 Stellenaufnahmen bis zum Interviewzeitpunkt, die sich für die Mehrheit der Befragten bis zu ihrem noch bevorstehenden Renteneintritt noch erhöhen könnten. Eine geringe Stellendiskontinuität mit nur 2 Stellenaufnahmen vor dem 50. Lebensjahr bzw. 3 Stellenaufnahmen im gesamten betrachteten Erwerbsverlauf war allerdings eher die Ausnahme. Stellendiskontinuität ist jedoch immer danach zu betrachten, inwieweit sie von den Erwerbspersonen unfreiwillig erfahren oder möglicherweise auch selbst gewünscht und initiiert wurde.

Auch die über den Erwerbsverlauf summierte Gesamtarbeitslosigkeit inkl. gleichgestellter Zeiten in Weiterbildung und unfreiwilliger Erwerbsunterbrechung war im Sample heterogen ausgeprägt von 0–132 Monaten sowohl vor dem 50. Lebensjahr als auch im gesamten Erwerbsverlauf bis zum Interviewzeitpunkt. Allerdings waren die Befragten vor dem 50. Lebensjahr fast hälftig (zu 46 %) max. 12 Monate arbeitslos, dies traf bis zum Interviewzeitpunkt nur noch auf 29 % zu. Für ebenfalls 29 % der Befragten lag der Schwerpunkt der individuellen Gesamtarbeitslosigkeit erst nach dem 50. Lebensjahr, hier stellte das höhere Lebensalter ein besonderes Diskontinuitätsrisiko dar.

In Kombination von Stellen- und Erwerbsstatusdiskontinuität zeigten sich unterschiedliche Verlaufsstrukturen, in denen die günstigste Konstellation eine geringe Arbeitslosigkeitsdauer bei zugleich geringer Stellendiskontinuität war und im ungünstigsten Fall eine hohe Arbeitslosigkeit mit einer höheren, überwiegend betriebsseitig initiierten Stellendiskontinuität zusammentrafen.

Berufsfeldwechsel nahmen – freiwillig oder unfreiwillig – über 80 % der Befragten vor, bis zu sechsmal in einem Fall. Besonders häufig erfolgten Berufsfeldwechsel in der Berufsanfangsphase bis zum 30. Lebensjahr sowie in einer späteren Erwerbsphase zwischen dem 40. und 51. Lebensjahr.

Eine Analyse von Tätigkeits- und Berufsstatusdiskontinuität, bezogen auf qualifikatorische oder funktionale Auf- oder Abstiege, ergab, dass fast zwei Drittel der Erwerbsverläufe der Befragten sowohl durch Aufstiege als auch Abstiege geprägt waren. Hierbei wurden Aufstiege als Verbesserungen gegenüber einem früher erreichten maximalen beruflichen Niveau definiert, Abstiege als Verschlechterungen gegenüber dem jeweils vorhergehenden Niveau. Wie bereits bei der Stellendiskontinuität konnten Veränderungen, die nach qualifikatorischen und funktionalen Kriterien einen Abstieg darstellten, von den Erwerbspersonen auch gewünscht, selbst herbeigeführt und positiv gewertet worden sein. Zwischen dem 4. und 6. Lebensjahrzehnt nahmen die Aufstiege, gemessen als Erreichen eines neuen beruflich maximalen Niveaus, tendenziell ab, während die Abstiege gegenüber dem jeweils vorhergehenden Niveau tendenziell zunahmen. Ungewünschte Berufsfeldwechsel führten in deutlich höherem Maße zu Abstiegen als gewünschte Wechsel.

Eine Überprüfung der erfolgten Stellenaufnahmen nach dem 50. Lebensjahr im Kontext der Arbeitsmarktentwicklung ergab, dass diese eher in Zeiten abnehmender oder relativ niedriger Arbeitslosigkeit realisiert wurden. Dies galt in den NBL in noch verstärkter Weise. Insoweit dennoch Stellen in den NBL in arbeitsmarktlich ungünstigeren Zeiten aufgenommen wurden, handelte es sich hierbei um öffentlich geförderte Stellen oder um gering vergütete Stellen in der Zeitarbeit bzw. im Wachdienst.

Damit wurde die besondere Relevanz der Region für die Erwerbsverläufe deutlich, die auch in den genannten Diskontinuitätsformen nahezu durchgängig feststellbar war: So fiel die Stellendiskontinuität zwischen den Erwerbspersonen aus den ABL und den NBL zwar ähnlich hoch aus, Letztere erfuhren aber zu 86 % einen wendebedingten Einschnitt in ihrem Erwerbsverlauf in Form von Stellenverlust bzw. Stellenwechsel. Für Erwerbspersonen aus den NBL endete zudem häufiger eine Stelle auf betriebliche Initiative und umgekehrt in geringerem Maße eigeninitiiert im Vergleich zu Personen aus den ABL. Im Hinblick auf Erwerbsstatusdiskontinuität waren die Erwerbsverläufe von Personen aus den NBL zu einem höheren Anteil durch eine langzeitige Arbeitslosigkeit geprägt. Schließlich verzeichneten Personen aus den NBL in höherem Maße als Personen aus den ABL ausschließlich Abstiege in ihrem Erwerbsverlauf.

Demgegenüber erwies sich das Merkmal Geschlecht als nicht durchgängig prägend für die Erwerbsverläufe. Auch hier zeigten sich aber Differenzen im Hinblick auf langzeitige Arbeitslosigkeit, die Frauen in höherem Maße betraf sowie bzgl. familiär bedingter Erwerbsunterbrechungen, die ausschließlich in weiblichen Erwerbsverläufen auftrat. Als unfreiwillige Unterbrechungen wurden sie ausschließlich von Frauen aus den NBL geäußert. Darüber hinaus waren Frauen unter den Personen mit ausschließlichen Abstiegen im Erwerbsverlauf überrepräsentiert.

In einer falltypisierenden Analyse wurden die Erwerbsverläufe nach den Kategorien der beruflichen Orientierung sowie deren Realisierung differenziert. Hieraus ergab sich erstens ein Typ von Erwerbsverläufen mit konstanten berufsfachlichen Orientierungen, deren Realisieren auch gelang (Typ a). Unter Berücksichtigung eines hier auch einbezogenen Sonderfalls fiel die Arbeitslosigkeit in diesem Typ vor und nach dem 50. Lebensjahr niedrig aus und die Stellendiskontinuität war im Verhältnis zu den anderen Typen durchschnittlich vergleichsweise geringer.

Ein zweiter Typ zeichnete sich durch gewünschte berufliche Neuorientierungen, verknüpft mit mindestens einem Berufsfeldwechsel, aus, die es ebenfalls zu realisieren gelang (Typ b). Auch hier war die Arbeitslosigkeit gering und die Stellendiskontinuität im Durchschnitt vergleichsweise niedrig.

Die Erwerbsverläufe des dritten Typs beinhalteten ebenfalls eine gewünschte berufliche Neuorientierung, diese gelang es jedoch nur zeitweise zu realisieren (Typ c). Entsprechend des eingeschränkten Gelingens trat hier eine durchschnittlich mehrjährige Arbeitslosigkeit auf, was zudem bereits für die Erwerbsphase vor dem 50. Lebensjahr galt. Die Stellendiskontinuität fiel vor dem 50. Lebensjahr und insgesamt im Durchschnitt höher aus.

Die übrigen Typen ließen sich zu einer Gruppe bündeln, die als gemeinsame Merkmale konstant bleibende berufliche Orientierungen aufwiesen, die aber nur zeitweise realisiert wurden. In einer näheren Spezifizierung von Orientierungen und Berufsfeldwechseln unterschieden sich die Typen dieser Gruppe wie folgt:

In einem Typ waren die Erwerbsverläufe durch den nur zeitweise gelingenden Verbleib im Ausbildungsberuf geprägt (Typ d). Die Arbeitslosigkeit fiel vor dem 50. Lebensjahr und insgesamt günstiger aus als beim Typ c), entwickelte sich aber auch hier nach dem 50. Lebensjahr zu einer im Durchschnitt mehrjährigen Dauer. Die Stellendiskontinuität entsprach den Durchschnittswerten des Typs c).

Die Erwerbsverläufe eines weiteren Typs zeichneten sich durch ungewünschte Wechsel in ein anderes Berufsfeld – bei zugleich nur zeitweise gelingender Realisierung konstanter berufsfachlicher Orientierungen – aus (Typ e). Die Gesamtarbeitslosigkeit vor dem 50. Lebensjahr war hier durchschnittlich am längsten und fiel auch im gesamten Erwerbsverlauf durchschnittlich vergleichsweise ungünstig aus. Die Stellendiskontinuität wies die höchsten Werte im Vergleich zu den anderen Typen auf, sowohl vor dem 50. Lebensjahr als auch insgesamt.

Im letzten Typ waren die Erwerbsverläufe mit einer nur zeitweise gelingenden überwiegenden Arbeitsorientierung in verschiedenen Berufsfeldern verknüpft (Typ f). Wie bei Typ e) war die Arbeitslosigkeit hier bereits vor dem

50. Lebensjahr vergleichsweise ungünstig und mehrjährig und wies bezogen auf den gesamten Erwerbsverlauf den höchsten Durchschnittswert auf. Die Stellendiskontinuität erschien im Durchschnitt vor dem 50. Lebensjahr vergleichsweise geringer, im gesamten Erwerbsverlauf jedoch nahezu so hoch wie bei Typ e).

Die Erwerbsverläufe innerhalb der Typen wiesen Gemeinsamkeiten im Hinblick auf die genannten Differenzierungskriterien der Orientierungen und ihrer Realisierung auf, unterschieden sich aber auch innerhalb eines Typus in Bezug auf die Intensität von Arbeitslosigkeit und Stellendiskontinuität sowie in weiteren Erwerbsaspekten, wie z.B. Statusentwicklung und spezifischeren beruflichen Zielen. Dennoch verdeutlichten sie, dass bei höherer Arbeitslosigkeit auch die Stellendiskontinuität höher ausfiel und bestätigten diese bereits in der vorhergehenden fallübergreifenden Analyse aufgezeigte Verknüpfung auch in dynamischer Hinsicht.

‚Erfolgreiche' Orientierungen zur Vermeidung von Arbeitslosigkeit konnten aus den Befunden nicht geschlussfolgert werden. So waren gewünschte berufliche Neuorientierungen des Typs c) nicht per se mit einer geringeren Arbeitslosigkeit verbunden, wie ein Vergleich zu Typ d) verdeutlichte, und die längsten Arbeitslosigkeitsdauern fanden sich in den Erwerbsverläufen mit beruflicher Offenheit des Typs f) sowie in dem durch berufliche Flexibilität auch in ungewünschten Berufsfeldern gekennzeichneten Typ e). Letztlich sind die Sinnhaftigkeit und Umsetzbarkeit von konstanten oder veränderten berufsfachlichen, arbeits- oder sonstigen erwerbsbezogenen Orientierungen in ihren jeweiligen Kontexten, Gelegenheiten und subjektiven Deutungen zu betrachten.

Inwieweit die Überrepräsentanz von Männern in den Typen mit erfolgten gewünschten beruflichen Neuorientierungen für die Kohorte insgesamt belegbar ist und sich ggf. in jüngeren Kohorten nivelliert oder fortsetzt, wäre quantitativ zu erforschen. Die Merkmale Geschlecht und Region traten zudem auch in der falltypisierenden Analyse in allen Typen mit hoher Arbeitslosigkeit in Form höherer Anteile bei den Frauen und den Personen aus den NBL auf. Sie erwiesen sich damit, wie bereits bei den fallübergreifenden Ergebnissen, jeweils als Nachteilsmerkmale.

Die Entwicklungen in den Erwerbsverläufen vor und nach dem 50. Lebensjahr zeigten teils hohe Diskontinuitäten bereits vor wie auch nach dem 50. Lebensjahr an, teils lagen Diskontinuitätsschwerpunkte vor dem 50. Lebensjahr, teils danach. Vertiefende Aussagen hierzu waren auf der Ebene des gesamten Samples nicht möglich, flossen aber in die weiteren Analysen zur Umbruchphase in höherem Lebensalter, insbesondere auf der Einzelfallebene, ein.

6.3 Spezifik der Umbruchphasen in höherem Lebensalter

Wurden in Kap. 6.2 die Erwerbsverläufe der 24 befragten Erwerbspersonen in ihrer Gesamtheit und ihrer Entwicklung vor dem 50. Lebensjahr untersucht, sollen im Folgenden die erwerbsbiografischen Umbrüche in höherem Lebensalter im Mittelpunkt der Analyse stehen.

Eine Umbruchphase in höherem Lebensalter wird hier definiert als eine Phase der Suche und Neuaufnahme einer oder mehrerer neuer Stellen in höherem Lebensalter, i.d.R. nach dem 50. Lebensjahr, die mit dem Ende der letzten vorhergehenden regulären Stelle oder einer eigeninitiativen Wechselabsicht eingeleitet wurde, teils aber auch in weiter zurückliegenden erwerbsbiografischen Entwicklungen begründet ist. Eine erfolgte Umbruchphase in höherem Lebensalter war eines der Auswahlkriterien für die Interviewpersonen. Dies schließt nicht aus, dass die Interviewten in ihrer früheren Erwerbsbiografie bereits anderweitige Umbruchphasen erlebten oder in höherem Lebensalter mehrere Umbruchphasen erfuhren.

Im Verlauf einer Umbruchphase können sich Kontextbedingungen verändern und auf das Handeln, die Orientierungen und Deutungen der Stellensuchenden auswirken, wie z.B. eine neu justierte Suchstrategie nach Auslaufen des Arbeitslosengeldanspruches. Mit dem Begriff der Umbruchsituation ist eine jeweils spezifische Lebens- und Stellensuchsituation der Stellensuchenden innerhalb einer Umbruchphase gemeint.

Veränderungen in der (Erwerbs-)Biografie werden in der sozialwissenschaftlichen Literaturmit diversen Begriffskonzepten erfasst: Mit dem Begriff der Statuspassagen werden Statuswechsel analysiert, während sich der gegenwärtig weitgehend dominierende Begriff der Übergänge auf prozesshafte Wechsel zwischen zwei Zuständen bezieht (vgl. Walther & Stauber 2013, S. 30, Sackmann & Wingens 2001, S. 22 ff.). Schröer hebt als Unterschied zwischen den beiden Konzepten hervor, dass das Statuspassagenkonzept auf das gelingende oder scheiternde Absolvieren der Statuspassage fokussiert, der Übergangsbegriff hingegen die Bewältigung des Übergangs und das Bewältigungsverhalten untersucht und damit auf biografische Offenheit und die Bewegung des Subjekts rekurriert (vgl. Schröer 2013, S. 70). Die individuelle Bewältigung und Gestaltung von Übergängen wird, neben der Analyse institutioneller Regulierungen von Übergängen, auch von Walther und Stauber als zentrales Element der Übergangsforschung thematisiert:

> „Aus biografischer Perspektive bedeuten Übergänge im Lebenslauf erst einmal die Konfrontation mit neuen Anforderungen, deren biografische Anschlussfähigkeit und Passung nicht von vornherein gegeben sind, sondern aktiv hergestellt werden und aus der

> Bilanzierung des vergangenen und vor dem Entwurf des zukünftigen Lebens subjektiv Sinn machen müssen." (Walther & Stauber 2013, S. 31)

Während der Übergangsbegriff inhaltlich umfassend, aber im Hinblick auf die Qualität von Übergängen neutral angelegt ist und die Begriffe Wechsel und Unterbrechungen den Zielzustand zumindest erahnen lassen, ist dieses, in dem Zitat anklingende Neuartige und in seiner Dauer, seinem Fort- und Ausgang Ungewisse den Termini Zäsur (vgl. Tillmann 2013, S. 17), Brüche (vgl. Weßler-Poßberg & Vomberg 2007, S. 66), Aufbrechen, Abbrechen und Umbruchsituationen (Schwammer 2015, S. 06–5) bereits inhärent. Der letztgenannte Begriff wird – erweitert um den situationsübergreifenden Begriff der Umbruchphase – für die vorliegende Forschungsarbeit verwendet, weil er im Gegensatz zum Terminus Übergang die Dramatik für die involvierten Individuen andeutet, ohne den Risiko- oder den Chancenaspekt auszuschließen. Die Verunsicherung durch das Ungewisse einer Umbruchsituation wird von Schäffter im Rahmen seiner Analyse von Transformationen mit unbekanntem Zielzustand pointiert:

> „Erlebt werden zieloffene Transformationen von den Betroffenen meist als Aufbruch, Ausbruch oder verwirrende Umbruchsituationen hinein in einen verunsichernden Schwebezustand, bei dem zwar klar ist, welche Ordnung man verlassen oder verloren hat, nicht aber wie die zukünftige aussehen wird." (Schäffter 2001, S. 23)

Ziel der folgenden Ausführungen ist es, die Umbruchphasen in höherem Lebensalter in ihrer Spezifik näher zu analysieren. Die mit einer Stellensuche eingeleitete Umbruchphase beinhaltet (nicht nur) in höherem Lebensalter eine Ungewissheit über die Dauer der Suche sowie das Suchergebnis und dessen evtl. weitreichende Konsequenzen für die materielle und psychosoziale Lage, evtl. sogar für den Wohnort – sofern die anvisierte Stelle und das Bewerbungsergebnis nicht bereits vorab bekannt sind. Wie diese Ungewissheit erlebt wird, hängt u.a. von dem Entstehungsgrund[199] der Umbruchphase und den Vorerfahrungen mit Arbeitslosigkeit ab, weiterhin von der Angewiesenheit auf eine (baldige) Einstellung in eine neue Stelle, der Einschätzung der eigenen Einstellungschancen sowie der Suchdauer, die bei zunehmender Länge auf die Chanceneinschätzung und das Suchverhalten rückwirken kann (vgl. Kieselbach 1998, S. 40 ff., Baumann 2010, S. 110 ff., Büssing 1993, S. 10 ff., Frese 2008, Guggemos 1989, S. 64–67, 201 f.).

---

199 Bei im günstigsten Fall eigeninitiierten Umbrüchen geht Kieselbach von „relativ belastungsfreien Bewältigungsformen bei selbstgewählten beruflichen Übergängen" aus (ders. 1998, S. 41).

In einem ersten Schritt werden die Umbruchphasen nach den beiden erstgenannten Aspekten, dem Entstehungsgrund der Umbruchphase und den Vorerfahrungen mit Arbeitslosigkeit, dargestellt. Eine Analyse der Suchdauer und der Angewiesenheit auf eine neue Stelle wird anschließend vorgenommen, sie werden zugleich als Indikatoren für die sozio-ökonomische Lage der Stellensuchenden herangezogen. Die Einschätzungen der eigenen Einstellungschancen werden exemplarisch verdeutlicht.[200] [201]

Typologische Analyse der Umbruchphasen nach ihrem Entstehungsgrund und den Vorerfahrungen mit Arbeitslosigkeit

Zur Differenzierung der Umbruchphasen wurden diese zum einen gruppiert nach dem Entstehungsgrund der Umbruchphase, der in den Erwerbsbiografien der Befragten jeweils eine hauptberufliche Erwerbsarbeit vorausging (alternative Reintegrationspfade, wie z.B. Rückkehr in Erwerbsarbeit nach einer Familienphase waren im Sample nicht vorhanden). Wie diese beendet wurde und damit den Grund der Stellensuche darstellt (Kategorie), wurde in eigen- und betriebsinitiierte Beendigung (Subkategorien) unterschieden (vgl. hierzu auch Kap. 6.2).

Zum anderen wurden die Vorerfahrungen mit Arbeitslosigkeit einbezogen, indem die Dauer der Arbeitslosigkeit vor dem 50. Lebensjahr (Kategorie) als ein Indikator für bereits erlebte Arbeitsmarktrisiken genutzt wurde. Allerdings kann dies nur im Sinne einer für die eigene Person eher geringen Chanceneinschätzung auf Neueinstellung bei einer erlebten langen Arbeitslosigkeit unterstellt werden, während umgekehrt eine fehlende oder kurze Arbeitslosigkeit keine Schlussfolgerung für eher gut eingeschätzte Chancen zulässt.

Differenziert wird in fehlende bis zu einer max. 12-monatigen Arbeitslosigkeit vor dem 50. Lebensjahr sowie einer über 12 Monate hinausgehenden Arbeitslosigkeit (Subkategorien). Bei Letzterer lässt sich die Dauer vertiefend jeweils in eine längere Arbeitslosigkeitsdauer von 13–30 Monaten und eine langzeitige Arbeitslosigkeitsdauer ab 49 Monaten aufzeigen. Die Grenzziehung

---

200 In der an das Paradigmatische Modell angelehnten Auswertung wurden der Entstehungsgrund der Umbruchphase in höherem Lebensalter den „ursächlichen Bedingungen", die Vorerfahrungen mit Arbeitslosigkeit sowie die sozio-ökonomische Lage der Stellensuchenden den „intervenierenden Bedingungen" und die Einschätzung von Einstellungschancen dem „Handeln" zugeordnet (vgl. Kap. 5.2).

201 Die Ausführungen in diesem Unterkapitel enthalten Teilantworten zu Forschungsfrage 4 nach relevanten Kontextbedingungen, zu Forschungsfrage 5 nach geschlechtsspezifischen Konstellationen und zu Forschungsfrage 9 nach erhaltener Unterstützung bei der Stellensuche.

bei 12 Monaten orientiert sich an der in der Arbeitsmarktforschung üblichen Begriffsdefinition von Langzeitarbeitslosigkeit, die dort allerdings einen zusammenhängenden Zeitraum voraussetzt. Für die folgenden Ausführungen wird die Arbeitslosigkeitsdauer summiert aus Zeiten registrierter Arbeitslosigkeit sowie gleichgestellten Zeiten in öffentlich geförderter Weiterbildung (vgl. hierzu die Erläuterungen in Kap. 6.2). Nicht berücksichtigt werden hierbei Zeiten unfreiwilliger familiär bedingter Erwerbsunterbrechung, da diese eher als zeitliche Unvereinbarkeit von Beruf und Familie erlebt werden dürften und weniger als das Erleben individuell fehlender Arbeitsmarktchancen.

Aus diesen Kategorien und Subkategorien ergibt sich die folgende zweidimensionale Typologie, bei der jeder Merkmalskombination jeweils ein Typ zugeordnet ist (s. Tab. 14):

Typ a) umfasst Umbruchphasen, denen eine eigeninitiierte Beendigung der vorhergehenden Stelle sowie eine fehlende oder max. 12-monatige Arbeitslosigkeitserfahrung vor dem 50. Lebensjahr vorausgingen. Dies charakterisiert die Umbruchphasen von 7 der 24 befragten Erwerbspersonen, darunter 4 Männer und 4 Personen aus den NBL. Erfahrungen mit Arbeitslosigkeit vor dem 50. Lebensjahr fehlten vollständig in 5 der Erwerbsbiografien und betrugen max. 10 Monate. Die Stellendiskontinuität vor dem 50. Lebensjahr erstreckte sich von 2–4 Stellenaufnahmen in 4 Erwerbsbiografien bis zu 8–12 Stellenaufnahmen in den übrigen 3 Erwerbsbiografien.

Tab. 14: Typologie: Umbruchphasen in höherem Lebensalter nach Grund der Stellensuche und Dauer der Arbeitslosigkeit vor dem 50. Lebensjahr

Grund der Stellensuche	**Dauer der Arbeitslosigkeit vor dem 50. Lebensjahr***	
	bis max. 12 Monate	**über 12 Monate**
eigeninitiierte Beendigung der vorhergehenden Arbeitsstelle	a) eigeninitiierte Beendigung der vorhergehenden Stelle mit eher kurzer Arbeitslosigkeitserfahrung vor dem 50. Lebensjahr	b) eigeninitiierte Beendigung der vorhergehenden Stelle mit längerer Arbeitslosigkeitserfahrung vor dem 50. Lebensjahr
betriebsinitiierte Beendigung der vorhergehenden Arbeitsstelle	c) betriebsinitiierte Beendigung der vorhergehenden Stelle mit eher kurzer Arbeitslosigkeitserfahrung vor dem 50. Lebensjahr	d) betriebsinitiierte Beendigung der vorhergehenden Stelle mit eher längerer Arbeitslosigkeitserfahrung vor dem 50. Lebensjahr

*inkl. gleichgestellter Zeiten in öffentlich geförderter Weiterbildung, aber ohne Zeiten unfreiwilliger Erwerbsunterbrechung

Die Dauer der der Umbruchphase in höherem Lebensalter vorhergehenden Erwerbsarbeit war mit einer Ausnahme jeweils langjährig und lag zwischen 8–27 Jahren, nur in einem Fall betrug sie lediglich 3 Jahre. Als Motivation zur eigeninitiierten Beendigung dieser Erwerbsarbeit lässt sich für 4 Erwerbspersonen die wirtschaftlich bedingte Aufgabe einer langjährigen Selbstständigkeit benennen, die teils allein geführt wurde, teils gemeinsam mit der/dem EhepartnerIn[202], mindestens 8 Jahre dauerte und im Alter von 52–58 Jahren aufgegeben wurde. Zusätzlich zu dem etwaigen Verlust an Einkommen, Identität und sozialer Integration, den jeder in Arbeitslosigkeit mündende Arbeitsplatzverlust bedeuten kann, kann die Aufgabe einer langjährigen Selbstständigkeit auch zum Verlust aller persönlichen Vermögenswerte und der persönlichen Kreditwürdigkeit führen.

Herr Tannheim über die wirtschaftliche Abwärtsentwicklung seiner Selbstständigkeit als Kunsthandwerker:
„Bis man dann gesagt hat: ‚Moment mal, jetzt wird es langsam gefährlich, sonst haben wir irgendwie einen Schuldenberg oder sonst irgendwas. Das wollen wir nicht!' Aber man wollte mit allen Mitteln doch versuchen, das, an dem man hängt, zu halten." (Z. 2199–2201)
Herr Koch über die Insolvenz seiner Selbstständigkeit als Geschäftsinhaber im Einzelhandel:
„Meine sämtlichen Lebensversicherungen wurden ja dann zur Tilgung herangezogen." (Z. 311)
„Ich kriegte ja gar nichts. Ich lebte ja nur von meiner Frau. Wenn die gesagt hätte: ‚Loser, hau ab!', dann hätte ich (lacht) … (…) Dann hätte ich unter der Brücke geschlafen. Da hatte ich ja gar nichts. Noch nicht einmal eine Krankenversicherung, nichts. Das war ja alles weg." (Z. 679–692)

Für Herrn Koch ist zudem die verantwortungsvolle Abwicklung der Insolvenz von hoher Relevanz, die er für sich positiv auswertete, was ihm auch von einem hinzugezogenen Unternehmensberater bestätigt wurde.

Herr Koch über die Abwicklung der Insolvenz:
„Aber die Vielzahl an Konkurrenten, die dann auftraten, uns immer alle im Preis unterboten … wir konnten …, die haben ja billiger verkauft, wie wir es eingekauft haben. War nicht zu schaffen. (…) so sind wir dann am Ende doch in die Insolvenz gekommen. Naja, ich habe natürlich ein bisschen was gelernt und auch vorne weg geguckt und gesehen wie es läuft, dass wir dem nicht entgehen können und da sind wir … habe ich

202 Gemeinsam ausgeübte Selbstständigkeiten erfolgten teils mit Angestelltenverhältnis, teils im Status als mithelfende Familienangehörige oder mit wechselnder Betriebsführung.

praktisch das Heft in der Hand behalten und ich bin nicht von den Banken überfahren worden, sondern ich habe gesagt: ‚Jetzt mache ich zu.'. Und das ist natürlich eine ganz andere Position, als wenn man überall dann nicht weiß, wo es herkommt, der letzte Hieb. Das, das … den letzten Hieb, wenn man so will, habe ich gesteuert. Ich habe auch alle meine Verpflichtungen gegenüber dem Staat und meinen Angestellten erfüllt. Nur die Lieferanten und der Kreditgeber, die konnte ich natürlich nicht mehr … Die letzte Lieferung habe ich nicht mehr bezahlt und der Kredit war natürlich noch nicht abgezahlt. Ich hatte mir vorher aber einen Unternehmensberater geholt, auch wieder mit Beziehungen, der mir praktisch bestätigt hat: ‚Herr (Nachname des Interviewten), Sie können nichts besser machen. Sie müssen der Sache ins Auge gehen … Auge sehen, dass es so ist.' Und das hat mir natürlich auch geholfen. Ich habe mich also nicht geschämt, wenn man so will, nach Hilfe zu suchen in der Situation." (Z. 265–281)

In 2 Fällen erfolgte eine berufliche Neuorientierung aus bestehender Erwerbsarbeit heraus zur vorsorgenden Absicherung bis zum Renteneintritt. Hierzu zählte Frau Ehrhardt, die als Friseurin im Angestelltenverhältnis mit 51 Jahren – ausgelöst durch einen Arbeitszeitrückgang – begann, nach einer neuen Stelle in einem anderen Berufsfeld mit besseren Verdienst- und Verbleibsmöglichkeiten zu suchen, bis ihr nach 2-jähriger Suche ein solcher Wechsel gelang (s. hierzu die zitierte Schilderung von Frau Ehrhardt in Kap. 6.2). Herr Gillessen bewarb sich mit ca. 51 Jahren erfolgreich auf eine Stelle in der Lehrausbildung eines Kunsthandwerks, in der er nebentätig bereits langjährig und parallel zu seiner bis dahin hauptberuflichen Selbstständigkeit als Kunsthandwerker engagiert war. Durch den hiermit angestrebten Tausch von selbstständiger Haupt- und abhängiger Nebentätigkeit zielte Herr Gillessen auch mit Blick auf seine Perspektive bis zum Renteneintritt auf eine Belastungsreduzierung und erhöhte Sozialabsicherung.

Herr Gillessen, Kunsthandwerker:
„Man wird nicht jünger und im Alter kommen diese und jene Wehwehchen, ne und ich sag mal hier so als Handwerker und das alles …, das ist schon, ist schon eine Belastung."
(Frage der Interviewerin: Und als Lehrer ist das leichter vorstellbar?)
„Als Lehrer ist das leichter vorstellbar. (…) Ich bin ja auch wieder in der gesetzlichen Krankenversicherung drin. Das ist ja nun auch die andere Seite. Und ich bezahle wieder in die gesetzliche Rentenversicherung ein, ne. Das ist ja eine gewisse Absicherung für das Alter (…)." (Z. 1278–1289)

Somit sind alle Erwerbsbiografien, in denen die Umbruchphase in höherem Lebensalter durch die Aufgabe ihrer langjährigen Selbstständigkeit eingeleitet wurde, im Typ a) erfasst. Hierbei stellte die eigeninitiierte wirtschaftlich bedingte Aufgabe einer Selbstständigkeit für die Befragten somit keine gewünschte Beendigungsform dar, bot aber eigene Steuerungsmöglichkeiten in der Wahl des Zeitpunktes, der Realisierungsform und der ggf. nebenberuflichen Fortführung.

In einem letzten Fall erfolgte eine erfolgreich verlaufene Stellensuche aus einem seit 3 Jahren bestehenden Beschäftigungsverhältnis mit 51 Jahren zur beruflichen Verbesserung.

Typ b) kennzeichnet Umbruchphasen, die ebenfalls durch eine eigeninitiierte Beendigung der vorhergehenden Stelle eingeleitet wurden, deren vorhergehende Erwerbsphasen jedoch längere Arbeitslosigkeitsdauern von über 12 Monaten aufwiesen. Dies trifft auf die Umbruchphasen von 3 Erwerbspersonen, darunter 2 Frauen sowie 2 Personen aus den NBL, zu. Eine nähere Beschreibung bietet sich entlang einer weiteren Differenzierung der Arbeitslosigkeitsdauer an: 2 Personen waren vor dem 50. Lebensjahr insgesamt 14–18 Monate arbeitslos. Zugleich wiesen beide eine hohe Stellendiskontinuität von 8–10 Stellenaufnahmen vor ihrem 50. Lebensjahr auf, ihr letztes vorhergehendes Beschäftigungsverhältnis dauerte 3–5 Jahre. Dieses beendete der männliche Befragte mit 52 Jahren betrieblich bedingt, als er erfuhr, dass ihm das ihn beschäftigende Zeitarbeitsunternehmen Fahrtkosten vorenthielt, die ein Kunde für seinen Arbeitseinsatz vertragsgemäß entrichtete. Mit 53 und 55 Jahren leitete diese Erwerbsperson eigeninitiiert 2 weitere erfolgreich verlaufene Stellensuchphasen aus bestehender Beschäftigung heraus ein, um sich jeweils in den Beschäftigungsbedingungen zu verbessern. Die weibliche Erwerbsperson beendete mit 49 Jahren persönlich bedingt eine von ihr sehr geschätzte Stelle, als ihre Anfahrt zur Arbeit nach einem Autoschaden nicht mehr möglich war und sie keinen Kredit für eine Neuanschaffung erhielt, da sie wegen der Schulden ihres Exmannes in Privatinsolvenz gehen musste.

Demgegenüber wies die dritte Person dieses Typs eine deutlich längere Arbeitslosigkeitsdauer vor dem 50. Lebensjahr von 71 Monaten auf, verbunden mit einer nur mittleren und damit geringeren Stellendiskontinuität von 5 Stellenaufnahmen vor dem 50. Lebensjahr sowie einer langjährigen Tätigkeit von 10 Jahren in ihrer letzten Stelle, die jenseits ihres Ausbildungsberufs als Sekretärin im gering qualifizierten Bereich angesiedelt war. Mit 58 Jahren kündigte sie diese betrieblich bedingt.

> Frau Faber, über die eigeninitiierte Beendigung ihrer letzten Stelle:
> „(…) da habe ich in drei Schichten gearbeitet, sieben Tage die Woche in einem Bistro in der Tankstelle. 10 Jahre, fast 10 Jahre. Und da hat es mich aber dann ausgeschert zum Schluss, als ich aufgehört habe, Dezember 2010. Hat es mich ausgeschert, da konnte ich nicht mehr." (Z. 179–182)
> „(…) da konnte ich nervlich nicht mehr und … Das hat mit dem Arbeitgeber auch zu tun." (Z. 203–204)

Anlass war die Information, dass sie gesetzlich erst mit 63 Jahren in vorgezogene Rente gehen kann und nicht, wie von ihr angenommen, mit 60. Ihr

Plan, die bis dahin noch ausstehenden 2 Jahre in der Stelle zu verbleiben, erschien ihr für drei weitere Jahre nicht aushaltbar. Ihre Kündigung mündete in Arbeitslosigkeit.

In Typ c) sind Umbruchphasen zusammengefasst, denen eine betriebsinitiierte Beendigung der vorhergehenden Stelle und eine fehlende oder max. 12-monatige Arbeitslosigkeitsdauer vor dem 50. Lebensjahr vorausgingen. Dies prägt die Umbruchphasen von 5 Erwerbspersonen, darunter 3 Frauen und 4 Personen aus den ABL.

Weiter reichende Gemeinsamkeiten ließen sich für 2 Untergruppen erkennen: In 3 Fällen erfolgte die Umbruchphase in höherem Lebensalter im Rahmen von Erwerbsbiografien ohne jegliche Arbeitslosigkeit vor dem 50. Lebensjahr und – in 2 der 3 Fälle – einer geringen Stellendiskontinuität von nur 2 Stellenaufnahmen vor dem 50. Lebensjahr. Die letzte, der Umbruchphase vorausgehende Stelle wurde langjährig, nämlich über 21–34 Jahre ausgeübt und seitens des Betriebes betriebsbedingt gekündigt.

Eine durch die vorhergehende Stelle finanziell gesicherte Umbruchphase erlebte Herr Sonntag. Der gelernte Elektromechaniker erhielt nach 34-jähriger Tätigkeit in einem mehrfach den Besitzer wechselnden Unternehmen mit 55 Jahren eine Abfindung in Höhe von 10 Jahren Tätigkeit, die ihn auch ohne eine weitere Einkommensquelle bis zu seinem Renteneintritt hätte absichern können. Diese musste er aber durchsetzen, da ihm nach erneutem Unternehmensverkauf der Anspruch auf die bereits unterschriebene, aber noch nicht begonnene Altersteilzeit zuerst streitig gemacht wurde.

> Herr Sonntag über die von ihm durchgesetzte Abfindung aus der der Umbruchphase in höherem Lebensalter vorhergehenden Stelle:
> „Also ich war eigentlich der Rädelsführer gewesen (…). Ich sage: ‚Das kann doch nicht sein, also ihr habt mit mir einen Vertrag geschlossen über Altersteilzeit und das ist ja nun Papier und den will ich aber auch antreten.‘ Sagt der: ‚Das geht aber doch nicht.‘ Da habe ich gesagt: ‚Da müsst ihr euch was einfallen lassen!‘ Und wir waren sieben Personen gewesen, bei denen das jetzt … Und da haben sie sich was einfallen lassen und zwar haben sie gesagt: ‚Okay, ihr macht Altersteilzeit, alle Mann, alle sieben. Aber die Arbeitsphase, die schenken wir euch. Ihr macht zehn Jahre Freistellung.‘“ (Z. 247–254)

Nach erfolgter Klärung dieses Konflikts – und unabhängig von diesem – trat für Herrn Sonntag ein Schwerbehindertenstatus ein.

Die Umbruchphase der beiden übrigen Personen schloss an Erwerbsbiografien mit einer 2–9-monatigen Arbeitslosigkeit vor dem 50. Lebensjahr und einer hohen Stellendiskontinuität mit 9–11 Stellenaufnahmen vor dem 50. Lebensjahr an. Die letzte Stelle vor der Umbruchphase dauerte hier nur 3 Monate bzw. 2 Jahre, bevor sie betriebsbedingt durch den Betrieb gekündigt wurden. In einem der beiden Fälle folgte eine weitere Umbruchphase nach einer einjährigen vom Betrieb befristeten Stelle.

Die betriebsbedingt nicht mögliche Verlängerung dieser Befristung im Pflegebereich nahm Herr Jacobi zum Anlass, seine berufliche Neuorientierung zum Servicemanager in der Pflege zu korrigieren und eine Stelle in seinem früheren (bereits zweiten) Beruf als Speditionskaufmann zu suchen.

> Herr Jacobi über seine berufliche Rückorientierung zum Ende der der Umbruchphase in höherem Lebensalter vorhergehenden befristeten Stelle:
> „Ich wollte es nicht mehr. Nicht für das Geld und auch nicht für die Arbeit. Es ist auch teilweise … ich sage mal, da hat sich auch ein bisschen was gebissen, was meine Vorstellung in die Wirklichkeit betraf. Man hofft oft … man hat in der Pflege gar nicht oft die Zeit, auf die Patienten, auf die alten Menschen richtig einzugehen. Auch einfach mal psychisch einzugehen. Weil das ist nur ein Gerammel. Spritze rein, raus aus der Tür, zum nächsten, so ungefähr. Und das wollte ich nicht mehr. Weil da haben die mir einfach zu leid getan, die Leute. Da habe ich gesagt: ‚Gehe ich in meinen alten Beruf zurück.‘ “ (Z. 801–807)

In den Schilderungen von Herrn Jacobi wird zugleich auch eine eher optimistische Grundüberzeugung zur Bewältigung beruflicher Veränderungen und Umbrüche deutlich:

> Herr Jacobi über seine Einstellungen zu beruflichen Veränderungen und Umbrüchen:
> „(…) Tätigkeitswechsel oder Betriebswechsel. Ich habe da nie ein Problem damit gehabt, mich zu verändern. Weil, wie gesagt, der Mensch wächst mit seinen Aufgaben und für mich war es auch immer wieder eine Herausforderung. Wie komme ich eigentlich damit zurecht und letztendlich hatte ich immer so ein Credo: Arbeitslos, nie! Wollte ich nicht. Habe ich kein Bock drauf. Weil das ist Stillstand und Rückwärtsgehen.“ (Z. 1304–1308)

Alle Stellenbeendigungen erfolgten im jüngeren hier betrachteten Alterssegment, die 5 Erwerbspersonen waren zum Zeitpunkt des Stellenendes zwischen 49 und 54 Jahre alt.

Die Umbruchphasen des Typs d) erfolgten nach betriebsinitiierten Beendigungen der vorhergehenden Stelle und bereits längeren Arbeitslosigkeitsdauern von über 12 Monaten vor dem 50. Lebensjahr. Hierzu zählten die Umbruchphasen von 9 Erwerbspersonen, darunter 5 Frauen und 7 Personen aus den NBL.

Wie in Typ b) ließen sich die Umbruchphasen des Typs d) nach der Dauer der vorhergehenden Arbeitslosigkeit spezifizieren: In drei Fällen betrug die Arbeitslosigkeitsdauer vor dem 50. Lebensjahr 13–30 Monate, die Stellendiskontinuität lag mit 5–7 Stellenaufnahmen vor dem 50. Lebensjahr im mittleren Bereich. Die Erwerbspersonen wurden jeweils betriebsbedingt durch den Betrieb gekündigt, sie waren zu dem Zeitpunkt 49–50 Jahre alt, aber mit 5 Monaten bis 11 Jahren unterschiedlich lang in dieser letzten Stelle tätig. Eine Erwerbsperson erlebte weitere Umbruchphasen mit 52 Jahren nach einer betriebsbedingten Betriebskündigung sowie mit 59 Jahren nach Auslaufen einer befristeten öffentlich geförderten Beschäftigung. Eine andere, im Folgenden näher beschriebene Person erfuhr 8 weitere Umbruchphasen im Alter von 50–57 Jahren infolge einer beruflich bedingten Eigenkündigung, einer betriebsbedingten Betriebskündigung sowie 6 befristeter Stellen:

Herr Hansen wurde mit 49 Jahren aus einer von ihm sehr geschätzten Beschäftigung als Fräser in einem gewerblichen Unternehmen gekündigt, nachdem sich herausstellte, dass er die Förderbedingungen nicht erfüllte.

> Herr Hansen über die der Umbruchphase in höherem Lebensalter vorhergehende Stelle: „Die Arbeit war herrlich! Bis ich mitbekommen hatte, der Geschäftsführer der war …, der konnte mir kaum noch in die Augen gucken … (…) Das war ein geförderter Arbeitsplatz über EU-Mittel. Grundbedingung: Zwei Jahre Arbeitslosigkeit. Hätte ich erfüllt, wäre nicht die Firma (Name einer Arbeitsvermittlungsfirma) GmbH gewesen. (…) Dadurch waren die zwei Jahre nicht erfüllt. Der konnte mich nicht mehr bezahlen. (…) Und damit bin ich auf die Schnauze geflogen. Der hatte mir noch angeboten eine Ich-AG oder, oder, oder … Das war mir alles zu heikel und damit ist das ganze Ding irgendwie geplatzt." (Z. 1042–1059)
> „Die Arbeitsaufgabe war spitze! (…) Der Lohn war auch spitze!" (Z. 1083–1087)

Zwei Folgestellen in Zeitarbeitsfirmen, in denen Herr Hansen die Zahlung von Fahrgeld und zweimalige Einbestellungen zu einer falschen Schicht monierte, endeten eigen-, als auch betriebsinitiiert. An die sechs 11-monatigen Befristungen in einem folgenden, jeweils gleichen Unternehmen und die zwischenzeitlich einmonatigen Arbeitslosigkeitsphasen gewöhnte er sich mit der Zeit, es hat ihn „die letzten zwei Jahre nicht mehr gestört" (s. hierzu die zitierte Schilderung von Herrn Hansen in Kap. 6.2).

In den 6 übrigen Fällen des Typs d) gingen der Umbruchphase in höherem Lebensalter langzeitige Arbeitslosigkeitsdauern zwischen 49–132 Monaten[203] voraus. Auch die Stellendiskontinuität lag mit in einem Fall 5, ansonsten 7–12 Stellenaufnahmen vor dem 50. Lebensjahr höher als bei den vorhergehend dargestellten Erwerbspersonen dieses Typs. Die letzte Stelle vor der Umbruchphase in höherem Lebensalter dauerte 1–4 Jahre. Das Altersspektrum, in dem diese Stellen endeten, zieht sich hier von 42–50 Jahren, in einem Sonderfall endete die letzte reguläre Stelle sogar bereits mit 28 Jahren. Die spezifischen Beendigungskontexte sind heterogen: Für eine männliche Erwerbsperson endete die

203 Ohne Berücksichtigung von öffentlich geförderten Weiterbildungszeiten, die hier den Arbeitslosigkeitszeiten gleichgestellt wurden, erstreckte sich die Arbeitslosigkeit vor dem 50. Lebensjahr summiert auf 28–89 Monate.

3-jährige Stelle mit 50 Jahren nach 6-wöchiger Erkrankung betriebsinitiiert, ein infolge der Erkrankung beantragter Schwerbehindertenstatus war dem Unternehmen vor der Kündigung nicht bekannt, verzögerte aber den Kündigungstermin um einige Monate. Die Stelle einer weiteren männlichen Erwerbsperson endete im Alter von 42 Jahren durch einen betrieblich initiierten Aufhebungsvertrag nach einem Konflikt mit dem Vorgesetzten. Eine weibliche Erwerbsperson erhielt mit 55 Jahren drei 3-monatige Befristungen als Verkäuferin in einem Supermarkt. Diese Stelle war die erste reguläre Stelle nach einer langjährigen Unsicherheitsphase im Wechsel zwischen Arbeitslosigkeit und öffentlich geförderter Beschäftigung seit einer früheren Stelle, die ihr mit 40 Jahren betriebsbedingt gekündigt wurde. Auch die drei übrigen weiblichen Erwerbspersonen erfuhren langjährige Unsicherheitsphasen, die bereits mehrjährig bestanden oder erneut einsetzten. So endete bei zwei dieser Erwerbspersonen die letzte reguläre Stelle mit 45 und mit 28 Jahren[204], jeweils betriebsbedingt durch den Betrieb gekündigt.

Für die dritte Erwerbsperson, Frau Vosskamp, stellte die Arbeitsstelle, die ihr mit 50 Jahren nach 3-jähriger Tätigkeit betriebsbedingt gekündigt wurde, die erste reguläre Stelle nach einer bereits vorhergehenden 7-jährigen Unsicherheitsphase im Wechsel zwischen Arbeitslosigkeit und öffentlich geförderter Beschäftigung dar. Auch in den folgenden 4 Jahren wechselten sich Arbeitslosigkeit und öffentlich geförderte Beschäftigungen ab. Während sie die Kündigung, die ihre langjährige Unsicherheitsphase einleitete und die komplette Belegschaft betraf, ohne weitere Wertung schilderte, thematisierte sie eine hohe Belastung des mehrfach erlebten Auslaufens befristeter öffentlich geförderter Beschäftigungen.

> Frau Vosskamp über die mit 39 Jahren erlebte betriebsbedingte Kündigung ihrer Stelle durch den Betrieb:
> „Naja und dann 1993 sind wir dann, ist der Besitzer von diesem Kindergarten wiedergekommen, von dem Haus, von dem Grundstück, war ja dann schon nach der Wende und 1993 haben sie uns dann alle entlassen. Und von da an war ich dann arbeitslos." (Z. 187–190)
> Frau Vosskamp über das mit 44, 46 und 52 Jahren erlebte Auslaufen befristeter öffentlich geförderter Stellen:

---

204 Die Erwerbsperson, deren letzte reguläre Stelle vor der Umbruchphase in höherem Lebensalter bereits mit 28 Jahren endete, stellt einen Sonderfall im befragten Sample dar, da ihre die Umbruchphase beendende Neueinstellung nicht nach dem 50. Lebensjahr, sondern im Alter von 42 Jahren erfolgte, hier aber eine altersbezogene Begründung aufwies.

„(…) ich war immer, eigentlich immer glücklich in meinem Leben, bis auf die Zeit, wo man immer, wo man eben da ist und hat eine schöne Arbeit und muss immer wieder gehen. Das macht einen, kann einen auch krank machen. Da bin ich auch mal ganz tief in ein Loch gefallen, ganz, ganz tief in ein Loch (…).“ (Z. 923–926)
„Ja, doch, das eine war schlimm. Gerade wo ich entlassen worden bin und bin ein Jahr wieder raus, bin dann wieder hierhergekommen und habe mir wieder Hoffnung gemacht. Die Hoffnung ist immer da, wenn man wieder da ist oder in Arbeit ist: ‚Jetzt kann man bleiben!‘ Man strengt sich ja an die ganze Zeit, wenn man da ist. Man gibt auch alles. Man verzichtet mal auf ganz viele Sachen auch, wo man sagt: ‚Hauptsache ich bin hier, ist mir jetzt egal, ich bin hier!‘ Und dann geht man eben wieder raus und dann fällt man aber wirklich ganz tief runter.“ (Z. 934–939)
Frau Vosskamp auf die Frage, ob sie die geschilderte schwere Krise aus eigener Kraft geschafft habe zu überwinden:
„Aus eigener Kraft und durch meinen Partner, durch meinen Ehemann, das kann man so sagen, und durch meine Kinder.“ (Z. 1269–1270)

Zwischenfazit
Die Umbruchphasen lassen sich entsprechend ihrer Vorgeschichte in vier Typen differenzieren:

- Typ a): infolge einer eigeninitiierten Beendigung der vorhergehenden Stelle und mit einer fehlenden oder insgesamt max. 12-monatigen Arbeitslosigkeitserfahrung vor dem 50. Lebensjahr (7 Personen)
- Typ b): infolge einer eigeninitiierten Beendigung der vorhergehenden Stelle und mit einer über 12-monatigen Arbeitslosigkeitserfahrung vor dem 50. Lebensjahr (3 Personen, darunter 1 Person mit langzeitiger Arbeitslosigkeitserfahrung)
- Typ c): infolge einer betriebsinitiierten Beendigung der vorhergehenden Stelle und mit einer fehlenden oder insgesamt max. 12-monatigen Arbeitslosigkeitserfahrung vor dem 50. Lebensjahr (5 Personen)
- Typ d): infolge einer betriebsinitiierten Beendigung der vorhergehenden Stelle und mit einer über 12-monatigen Arbeitslosigkeitserfahrung vor dem 50. Lebensjahr (9 Personen, darunter 6 Personen mit langzeitiger Arbeitslosigkeitserfahrung)

Besonders aufschlussreich erscheint, dass von den 12 Personen mit keiner oder einer max. 12-monatigen Arbeitslosigkeitserfahrung vor dem 50. Lebensjahr 7 Personen die der Umbruchphase vorhergehende Stelle eigeninitiativ beendeten, darunter gewünscht zur beruflichen Verbesserung von 3 Personen, dies entspricht 25 % (die übrigen 4 Personen gaben ihre Selbstständigkeit wirtschaftlich bedingt und damit notgedrungen auf).

Demgegenüber beendeten von den 12 Personen mit einer über 12-monatigen Arbeitslosigkeitserfahrung vor dem 50. Lebensjahr nur 3 Personen die der Umbruchphase vorhergehende Stelle eigeninitiativ und darunter gewünscht zur beruflichen Verbesserung nur 1 Person, dies entspricht 8 % (die übrigen 2 Personen kündigten ihre Stelle notgedrungen wegen Autoverlust oder nicht mehr aushaltbarer Belastungen).

Mit diesem Ergebnis wird die eingangs aufgestellte Annahme bestärkt, dass Arbeitslosigkeitserfahrungen, insbesondere von längerer Dauer, die Arbeitsmarktchancen für die eigene Person – als Einstellungs- oder Verbleibschancen in einer neuen Stelle – riskant erscheinen lassen und in geringerem Maße zu einer gewünschten eigeninitiierten Beendung einer bestehenden Stelle führen.

Besonderheiten nach Geschlecht sind für keine der Typen erkennbar, nach Region hingegen bezieht sich Typ c) mit einer Ausnahme ausschließlich auf die Umbruchphasen von Personen aus den ABL, während sich Typ d) vorwiegend auf jene von Personen aus den NBL bezieht. Dies kann durch die bereits mehrfach sichtbar gewordene höhere Arbeitslosigkeit in den NBL bedingt sein.

Die erwerbsbiografischen Vorerfahrungen und insbesondere die Bedeutung und Beendigung der vorhergehenden Erwerbsarbeit, wie sie aus den Beschreibungen der Typen von Umbruchphasen hervorgingen, erscheinen als relevante Kontextbedingungen für den Beginn der nachfolgenden Umbruchphase in höherem Lebensalter. Sie stellen ein heterogenes Spektrum für die Einmündung in solche Umbruchphasen dar und lassen sich differenzieren nach:

1. *Bedeutung der vorhergehenden Stelle:* Die gewünschte eigeninitiierte Beendigung einer Stelle, für die eine verbesserte berufliche Alternative gesucht bzw. bereits gefunden wurde (z.B. bei Herrn Gillessen), wie auch eine betriebsinitiierte Kündigung einer als schlecht empfundenen Stelle (z.B. bei Herrn Jacobi) beinhaltet überwiegend oder zumindest auch positive Aspekte in der Umbruchphase und kennzeichnet 46 % bzw. 11 der 24 Umbruchphasen aus allen Typen, während eine ungewünschte eigeninitiierte Beendigung einer Stelle, u.a. infolge einer wirtschaftlich bedingten Aufgabe der Selbstständigkeit (z.B. bei Herrn Tannheim), wie auch eine betriebsinitiierte Kündigung einer sehr wertgeschätzten Stelle (z.B. bei Herrn Hansen) neben der Bewältigung der neuen Situation auch die Verarbeitung des Verlustes der bisherigen Erwerbsarbeit erfordert und 54 % bzw. 13 der 24 Umbruchphasen ebenfalls aus allen Typen prägt – dies schließt nicht aus, dass auch das Ende einer schlecht bewerteten Stelle als Verlust von Einkommen, sozialer Integration etc. erlebt werden kann;

2. *Etwaiger finanzieller Auswirkung der vorhergehenden Erwerbsphase:* Unabhängig von verfügbaren Alternativ- oder Ersatzeinkommen in der Umbruchphase inkl. der dem Stellenende ggf. folgenden Arbeitslosigkeit kann die vorhergehende Erwerbsarbeit im günstigen Fall die Folgezeit durch eine Abfindung erleichtern oder gar gänzlich bis zur Rente absichern (z.B. bei Herrn Sonntag), oder sie kann sie massiv belasten durch den Verlust von Vermögen und sozialer Absicherung nach einer Insolvenz (z.B. bei Herrn Koch);
3. *Wechsel- und Arbeitslosigkeitserfahrungen:* Die der Umbruchphase in höherem Lebensalter vorausgegangenen Erfahrungen mit Stellenwechseln und Arbeitslosigkeit prägten die Erwerbsbiografien der Befragten in unterschiedlichen Kombinationen; diese lassen sich in je exponierter Form zu drei Profilen verdichten:

   - eine in mehrfacher Hinsicht neuartige Situation stellten solche Umbruchphasen in höherem Lebensalter dar, die gekennzeichnet waren durch ein erstmaliges Erleben von Arbeitslosigkeit nach einer langzeitigen Beschäftigungsdauer in der Vorbeschäftigung von 20–34 Jahren und einer zuvor geringen Wechselerfahrung mit nur 2 Stellenaufnahmen vor dem 50. Lebensjahr, wie auf 2 Fälle aus Typ c) zutreffend;
   - die vergleichsweise günstigste Form stellten Umbruchphasen nach bereits vorliegenden positiven Bewältigungserfahrungen dar, die, wie im Beispiel der Umbruchphase von Herrn Jacobi (ebenfalls Typ c) nach einer nur kurzen Vorbeschäftigung von 3 Monaten erfolgte, aber an häufige Wechselerfahrungen mit 9 Stellenaufnahmen bei einer insgesamt nur kurzen Arbeitslosigkeit von 2 Monaten anknüpfen konnte (ähnlich vorkommend auch in einem weiteren Fall aus Typ c);
   - umgekehrt erschienen schließlich die Umbruchphasen am problematischsten, denen wie im Beispiel der Umbruchphasen von Frau Vosskamp (Typ d) krisenhafte Erfahrungen durch ein langzeitiges Erleben von Arbeitslosigkeit mit einer Dauer von insgesamt 63 Monaten noch vor dem 50. Lebensjahr in Verbindung mit einer mehrfachen Diskontinuitätserfahrung von 7 Stellenaufnahmen vor dem 50. Lebensjahr inkl. einer eher kürzeren 3-jährigen Beschäftigungsdauer in der Vorbeschäftigung vorausgingen (ähnlich beschreibbar ist diese Kombination auch für 2 weitere Fälle aus Typ d) prägend).

Sozio-ökonomische Lage der Stellensuchenden

Sofern die Umbruchphase in höherem Lebensalter nicht ausschließlich als Stellensuche parallel zu einer bestehenden Beschäftigung erfolgt und im günstigsten Fall mit einem zeitlich unmittelbar anschließenden Wechsel in eine neue Stelle endet, sondern sich auch über Phasen von Arbeitslosigkeit erstreckt, wirkt sich dies i.d.R. auch massiv auf die sozio-ökonomische Lage der älteren Erwerbspersonen aus.

Mit zunehmender Suchdauer im Arbeitslosigkeitsstatus, insbesondere mit Eintritt von Langzeitarbeitslosigkeit[205], sinken die Reintegrationschancen in Erwerbsarbeit (vgl. Bosch 2015, S. 4, Moertel & Rebien 2013, S. 3) und bei Übergang von Arbeitslosengeld I (ALG I)[206] in Arbeitslosengeld II (ALG II) für einen Großteil der Arbeitslosen auch die damit verbundene Leistungshöhe (vgl. IAQ 2013),[207] sofern überhaupt Anspruch auf ALG II besteht (vgl. DGB Bundesvorstand 2014).

In Bezugnahme auf die Stellensuchphase in höherem Lebensalter vor der Aufnahme der letzten[208] sozialversicherungspflichtigen Stelle bzw. in 2 Fällen einer geringfügigen abhängigen Beschäftigung lässt sich der Erwerbsstatus während der Stellensuche wie folgt unterscheiden: Bei 4 der 24 Befragten (17 %) erfolgte die Stellensuche parallel zu einer bestehenden unbefristeten Beschäftigung und mündete ohne eine zwischenzeitliche Arbeitslosigkeit in die Aufnahme einer neuen Stelle. Das höchste Wechselalter lag hier bei 55 Jahren. Die Umbruchphase eines der Befragten zählte zum Typ b), die der übrigen 3 Befragten zum Typ a). Nach Geschlecht betraf dies mehr Männer (3 von 11 bzw. 27 %) als Frauen (1 von 13 bzw. 8 %) und nach Region mehr Personen aus den NBL (3 von 14 bzw. 21 %) als aus den ABL (1 von 10 bzw. 10 %).

Eine Suchdauer im Arbeitslosigkeitsstatus bis max. 12 Monate wiesen 12 der 24 Erwerbspersonen auf (50 %). Umbruchphasen mit einer solchen Suchdauer erstreckten sich über alle Typen, wobei sie alle Umbruchphasen des Typs c) umfassten. Nach Geschlecht betraf dies mehr Frauen als Männer (8 von 13

---

205 Unter Langzeitarbeitslosigkeit wird nach § 18 SGB III eine Arbeitslosigkeitsdauer von mindestens einem Jahr gefasst.

206 Arbeitslosengeld I wird je nach vorliegenden Anspruchsvoraussetzungen gemäß § 147 SGB III vor dem 50. Lebensjahr max. 12 Monate und nach dem 50. Lebensjahr max. 24 Monate gezahlt. Eine Befristung des Anspruchs auf ALG II ist bei vorliegenden Anspruchsvoraussetzungen im SGB II nicht benannt.

207 Auf Basis von Daten der Bundesagentur für Arbeit weist das IAQ für das Jahr 2012 ein durchschnittlich gezahltes Arbeitslosengeld I in Höhe von monatlich 924 € für Männer und 697 € für Frauen aus, der Regelsatz des ALG II inkl. Unterhaltskosten beträgt zu dieser Zeit 671 €. Zugleich erhielten Ende 2011 19,9 % der Männer und 44,8 % der Frauen monatlich weniger als 600 € ALG I und lagen damit unter dem ALG II-Satz.

208 Einige interviewte Erwerbspersonen realisierten mehrere Stellenaufnahmen seit ihrem 50. Lebensjahr.

Frauen bzw. 62 %, 4 von 11 Männern bzw. 36 %) und nach Region mehr Personen aus den ABL (7 von 10 Personen aus den ABL bzw. 70 % gegenüber 5 von 14 Personen aus den NBL bzw. 36 %). Das höchste Alter einer Stellenaufnahme lag bei 59 Jahren. In zwei Fällen gingen dieser letzten Stellenaufnahme eine jeweils langjährige Unsicherheitsphase im Wechsel zwischen Arbeitslosigkeit und öffentlich geförderter Beschäftigung voraus.

Eine längere Suchdauer im Arbeitslosigkeitsstatus über 12 Monate kennzeichnete die in höherem Lebensalter erfolgten Umbruchphasen der übrigen 8 Erwerbspersonen (33 %), deren Umbruchphasen überwiegend Typ d) mit 6 von 9 Fällen bzw. 67 %[209] sowie Typ a) mit 2 von 7 Fällen bzw. 29 % zuordenbar waren. Unterschiede nach Geschlecht zeigten sich nur geringfügig, nach Region betraf dies in höherem Maße Personen aus den NBL (6 von 14 Personen bzw. 43 % als Personen aus den ABL (2 von 10 Personen bzw. 20 %). Das höchste Alter einer Stellenaufnahme lag bei 60 Jahren.[210] Die längsten Suchdauern im Arbeitslosigkeitsstatus umfassten in einem Fall 6 Jahre, die zum Interviewzeitpunkt andauerten, in einem Fall 7 Jahre und in einem dritten Fall 11 Jahre, nur unterbrochen von einer einjährigen öffentlich geförderten Beschäftigung. In einem weiteren Fall bestand eine 16-jährige Unsicherheitsphase, die ab einem Alter von 41 Jahren ausschließliche Wechsel zwischen Arbeitslosigkeit und öffentlich geförderter Beschäftigung umfasste. In allen 4 Fällen dieser Umbruchphasen, die mit extrem langzeitiger Arbeitslosigkeit bzw. langzeitigen Unsicherheitsphasen verknüpft waren, handelte es sich um Umbruchphasen des Typs d) sowie – mit Ausnahme einer männlichen Erwerbsperson aus den ABL – um 3 Frauen aus den NBL.

---

209 In 3 dieser 6 Umbruchphasen des Typs d) begannen die Suchphasen in Arbeitslosigkeit ganz oder teilweise bereits vor dem 50. Lebensjahr und überschnitten sich damit mit dem typenkonstituierenden Merkmal einer längeren Arbeitslosigkeit vor dem 50. Lebensjahr für diesen Typ.

210 Bei einer Betrachtung der Arbeitslosigkeitsdauer während der Stellensuche nach Altersgruppe anstatt nach höchstem Wechselalter bestätigte sich das nach Arbeitslosigkeitsdauer steigende Höchstalter dahingehend, dass die Anteile von Personen, die in der Umbruchphase in höherem Lebensalter parallel zu einer bestehenden unbefristeten Beschäftigung nach einer neuen Stelle suchten und diese fanden, mit zunehmendem Alter sanken: Für die 50–54-Jährigen traf dies auf 2 von 7 Personen bzw. 29 % zu, für die 55–59-Jährigen auf 2 von 9 bzw. 22 %, hingegen auf keine der 8 Personen ab 60 Jahren. (Für die gegenpolige längere Suchdauer im Arbeitslosigkeitsstatus über 12 Monate fiel die Anteilsverteilung indes weniger eindeutig aus: Demnach kennzeichnete dies 2 von 7 Personen bzw. 29 % der 50–54-Jährigen; 4 von 9 bzw. 44 % der 55–59-Jährigen sowie 2 von 8 bzw. 25 % der 60-Jährigen und Älteren).

Negative Auswirkungen auf die sozio-ökonomische Lage der Stellensuchenden zeigten sich insbesondere in Umbruchphasen mit längerer Dauer im Arbeitslosigkeitsstatus und wurden von den Befragten entsprechend thematisiert, wie nachfolgend dargestellt wird.

Ob und ggf. in welcher Intensität eine finanzielle oder psychosoziale Angewiesenheit auf eigene Erwerbsarbeit besteht und damit eine rasche Stellenaufnahme erfordert, ist nur unter Berücksichtigung des je individuellen Lebenskontextes und der subjektiven Wertung ermittelbar: Finanzielle Einbußen während der Arbeitslosigkeit erfolgen auf unterschiedlichem Niveau, sind je nach Gesamteinkommen im Haushaltskontext von verschiedener Relevanz und werden u.a. in Abhängigkeit des erreichten Lebensstandards subjektiv unterschiedlich bewertet. Daher wird eine fehlende finanzielle Angewiesenheit nur dort verortet, wo dies von den Erwerbspersonen auch selbst so formuliert wurde oder die Stellensuche aus Beschäftigung heraus erfolgte. Insgesamt betraf dies 8 der 24 Erwerbspersonen, die sich in ihrer Repräsentanz nach Region und Geschlecht nur geringfügig unterschieden.

Eine finanzielle Angewiesenheit bestand nach eigenem Bekunden bei 4 Erwerbspersonen nicht. Von diesen waren zwei weibliche Befragte im Haushaltskontext nicht auf eigenes Erwerbseinkommen angewiesen, eine weitere weibliche Befragte nahm nach einer erhaltenen Erbschaft eine ihr im geringer qualifizierten Bereich angebotene Vollzeitstelle nur als geringfügige Tätigkeit an und meldete sich bei der Arbeitsagentur ab. Eine männliche Person schließlich war durch eine hohe Abfindung aus der Vorbeschäftigung bis zum Rentenbeginn abgesichert. Die Umbruchphasen dieser Personen wurden in drei Fällen den Typen a) und c) zugeordnet und enthielten Arbeitslosigkeitsdauern zwischen 2–26 Monaten, in einem Fall dem Typ d) mit einer Arbeitslosigkeitsdauer von über 115 Monaten.

Bei 4 weiteren Erwerbspersonen erfolgte, wie bereits erwähnt, die Stellensuche aus der Beschäftigung heraus, sie waren während der teils mehrfachen Umbruchphasen nach ihrem 50. Lebensjahr überhaupt nicht arbeitslos.

Unter Berücksichtigung der Arbeitslosigkeitsdauer während ihrer Umbruchphase in höherem Lebensalter und der Angewiesenheit auf eigene Erwerbsarbeit bewerteten auch die Befragten ihre sozio-ökonomische Lage in dieser Zeit sehr unterschiedlich.

Eine Umbruchphase unter finanziell eher sicheren Bedingungen, die Typ a) zuzuordnen ist, schilderte Frau Ehrhardt:

> Frau Ehrhardt, Friseurin, 55 Jahre:
> „Und dann habe ich gedacht, wenn du es jetzt als Pflegehilfe versuchst einfach irgendwo reinzukommen. Und dann habe ich angefangen, habe das meiner Chefin gesagt erstmal, habe ihr klaren Wein eingeschenkt, wie meine Gedanken sind. Dass ich jetzt anfange,

mich zu bewerben, um mir was anderes zu suchen. Dass ich aus meinem Beruf raus gehe … Wenn es klappt, bin ich weg. Wenn es nicht klappt, bin ich halt da. Und das hat so ungefähr zwei Jahre gedauert.“ (Z. 369–374)

Herr Sonntag erlebte infolge einer Abfindung sogar die Arbeitslosigkeit während seiner Typ c) zuordenbaren Umbruchphase in einer gesicherten Situation:

Herr Sonntag, Elektromechaniker, 62 Jahre, über ein Gespräch mit seinem Arbeitsvermittler:
„Nein, ich hätte gar nichts mehr gemacht, ich hätte es ja nicht mehr gemusst. Das hat der (Anm. d. V.: der Arbeitsvermittler) ja auch so gesehen, hat er ja auch gesagt: ‚Sie haben ja die Abfindung bekommen, die ja bis zu Ihrem 65. Lebensjahr noch ausreichend ist. Sie müssen ja da eigentlich gar nicht … Aber wenn Sie Arbeitslosengeld beziehen wollen, müssen wir Sie in das Programm aufnehmen.‘“ (Z. 1403–1406)
Herr Sonntag über seine Ziele nach Eintritt der Arbeitslosigkeit:
„Eigentlich habe ich mir gedacht: ‚Ich …, wenn ich das Bedürfnis habe, zu arbeiten, dann suche ich mir eine Arbeit.‘ Aber noch war ich ja noch nicht so weit gewesen, ich war ja noch nicht, ich wollte ja noch bisschen meine Freiheit genießen (…).“ (Z. 1420–1422)

Zugleich fühlte er sich stigmatisiert:

Herr Sonntag:
„Also in diesen zwei Monaten, also, als ich in der (Name einer Auffanggesellschaft) war, das Jahr, da war ich ja in Arbeit und Brot, hatte ich ein anderes Kopfgefühl. Aber die zwei Monate, wo ich arbeitslos war und bin mit meiner Frau vormittags einkaufen gegangen, das war, sau, sau, sau blöd. Da habe ich, jeder, der mich angeguckt hat, der sieht da oben geschrieben: ‚Du bist arbeitslos!‘ Das habe ich richtig hier oben, habe ich gemerkt.“ (Z. 1525–1529)

Im Gegensatz zu den Beispielen von Frau Ehrhardt und Herrn Sonntag wird bei Frau Ziegler sichtbar, wie massiv sie ihre Lage während ihrer mit 49 Jahren beginnenden 2-jährigen Arbeitslosigkeit nach dem Wechsel in den ALG II-Bezug eingeschränkt sah. Sie war auf ein eigenes Erwerbseinkommen bzw. zumindest auf Fortzahlung des ALG II angewiesen und verbarg in der Öffentlichkeit eine bestehende Freundschaft, um ihren ALG II-Anspruch nicht zu gefährden. Die Umbruchphase von Frau Ziegler ist dem Typ b) zuzuordnen.

Frau Ziegler, Speditionskauffrau, 53 Jahre:
„(…) ich hätte mich da nie getraut, mit meinem Freund Arm in Arm durch die Stadt zu gehen, dann heißt es ja wieder: ‚Ja, Sie haben ja einen Partner, der muss bezahlen!‘“ (Z. 2060–2062)
„Und nur, weil man jetzt gerade jemanden kennt, man ist vielleicht in der Anfangsphase, ja dann kann man doch nicht verlangen, dass derjenige für einen bezahlen muss, der ist grausam, der Gedanke.“ (Z. 2074–2076)

Herr Uhlig erlebte den ALG II-Bezug, in den er während seiner mit 41 Jahren beginnenden 7-jährigen Arbeitslosigkeit wechselte, als existenzbedrohend. Die fünfköpfige Familie war auf sein Einkommen angewiesen, seine Frau war nicht erwerbstätig. Seine Umbruchphase ist dem Typ d) zugeordnet:

> Herr Uhlig, Elektrotechniker, 52 Jahre (auf die Frage nach unfreiwilligen beruflichen Veränderungen):
> „Bei unfreiwilligen beruflichen Veränderungen empfinde ich nicht eine Befürchtung vor Verschlechterungen, sondern eine nackte Existenzangst. (...) Ja, das ist irgendwann so. Also diese sieben Jahre Arbeitslosigkeit, das ist, das ist schon ein gravierender Einschnitt. Sie gehen irgendwann in den Kik und kaufen eine Jeans für 6,99 € oder 7,99 € im Februar und hoffen, dass der Reißverschluss vor Jahresende nicht kaputtgeht. Sie haben irgendwann Angst, aus dem Haus zu gehen, weil sobald Sie sich bewegen, könnte ein Schuh aufgehen, eine Hose kaputtgehen oder sonst was und Sie wissen nicht, wie Sie Ersatz beschaffen sollen." (Z. 1033–1044)
> „(...) die Ersparnisse waren aufgebraucht, probieren Sie mal, mit fünf Mann im Reihenhaus zu wohnen und von Hartz IV zu leben." (Z. 1051–1052)
> „(...) es war wie eine Nullpunkterfahrung, Sie rauschen durch den Nullpunkt durch auf Minus 20 oder so, in dem Moment, wo dann, sage ich mal, die finanziellen Hemmnisse durchschlagen, dass Sie wirklich Angst haben müssen, dass eine Hose kaputtgeht, weil Sie nicht wissen, von was Sie die nächste kaufen sollen. Und ein Druck entsteht, ja ... die Kinder stehen vor dem Kühlschrank und Sie müssen gucken, dass da was reinkommt. Das ist ... Wenn Sie dann dastehen und sagen freitags abends: ‚Hurra Kinder, heute gibt es Nudeln mit Ketchup, weil sonst ist nichts im Haus.'..." (Z. 1085–1091)

Psychosoziale Aspekte der Exklusion[211] aus Erwerbsarbeit problematisierte sehr eindrücklich Frau Claßen in dem von ihr geschilderten Erleben der Arbeitslosigkeit. Ihre Umbruchphase ist ebenfalls Typ d) zugeordnet.

> Frau Claßen, Sekretärin, 57 Jahre:
> „Das sind wirklich 5 Jahre ohne eigenes Geld. Ich habe tatsächlich darunter gelitten, nicht mehr selbst mein Taschengeld, mein Geld zu verdienen, weil ich, ich war das gewohnt mein Leben lang. Wenn man, wenn man sein Leben lang arbeitet, über 30 Jahre, 35 Jahre habe ich gearbeitet oder noch länger, dann ist das zermürbend, aber das ist nicht irgendwie, das ist psychisch zermürbend. Das, das geht an die Substanz des Menschen. Nicht mehr gebraucht zu werden, ist sträflich für den Menschen und klar hat mir das gefallen, als dann plötzlich wieder Geld auf mein Konto kam, selbst verdientes Geld auf meinem Konto war. Aber es war nicht Voraussetzung oder das Wichtigste." (Z. 913–920)

211 Zum Begriff der Exklusion und ihrer Dimensionen vgl. Kronauer 2010, S. 41 ff., vgl. auch Husemann 2017, Engels 2006.

Einschätzung der Einstellungschancen

In den Schilderungen der Umbruchphase in höherem Lebensalter wurden auch die persönlichen Einstellungschancen auf unterschiedliche Weise thematisiert, die im Folgenden im Hinblick auf generelle, nicht die konkrete Suchstrategie betreffende Einschätzungen dargestellt werden (zu Letzteren s. Kap. 6.4).

Drei Erwerbspersonen, deren Umbruchphasen Typ a) zugeordnet sind, verorteten die Gründe für nicht erfolgreiche Bewerbungen bzw. fehlende Einstellungschancen bei den einstellenden Unternehmen in Verknüpfung mit eigenen Stärken, nämlich ihrer Qualifikation. So berichtete Frau Roloff über 2 Beispiele, in denen ihre Einstellung daran gescheitert war, dass die Unternehmen sie als Fachkraft nicht bezahlen konnten.

> Frau Roloff, Einzelhandelskauffrau, später Selbstständige, 63 Jahre:
> „Und es ist halt, wissen Sie, in dieser Zeit jetzt, es ist tote Zeit, jetzt, wenn Fasching herum ist, bis Ostern ist ja tote Zeit, da stellt niemand ein. Im Sommer, da reißt man sich um alle, ja. Ich habe z.B., ein Kiosk hat gesucht in (Ortsname) und die haben zu mir gesagt: ‚Frau (Nachname der Interviewperson), wir würden Sie gerne nehmen, aber wir können das nicht bezahlen.' Ja. Da war eine Metzgerei da, ich kenne die auch persönlich, haben die gesagt (…): ‚Sie, ich würde Sie gerne einstellen, aber ich kann das nicht bezahlen.' Wissen Sie, um das geht es. Ja, die würden Sie schon nehmen, aber die können sich so eine Kraft nicht leisten." (Z. 1290–1298)

Frau Pütz vermutete Befürchtungen der Einstellenden gerade vor einer zu hohen Qualifikation:

> Frau Pütz, Friseurin, später mehrere Berufswechsel und Leitungspositionen, 67 Jahre, über ihre Einstellungschancen im Einzelhandel:
> „Ich hatte mir nur Chancen im Handelsbereich noch gegeben (…)." (Z. 2373–2374)
> „Man hatte doch gar keine Chance. Noch dazu, wo wir selbstständig waren, da kann sich jeder ausrechnen: ‚Die haben Ahnung, die blicken durch.' Wer stellt denn uns da ein? Keiner! Also im Handel hätten wir gar keine Chance gehabt (…)." (Z. 1228–1230)

Ähnlich äußerten sich auch Herr Koch, dessen Umbruchphase ebenfalls Typ a) zuordenbar ist, sowie Herr Mund mit einer Typ d) zugeordneten Umbruchphase. So berichtete Herr Mund:

> Herr Mund, Ingenieur für Elektronik, nach Aufstieg zum Oberstleutnant 3 Berufsfeldwechsel, 59 Jahre:
> „Wo ich arbeitslos gewesen bin und die haben einen Kraftfahrer gesucht, dann habe ich eben auch LKW gefahren. Wie gesagt, ich habe kein Problem mit meiner Bildung und so weiter, nicht irgendwas anderes zu machen. Und das ging anderen aber … Ich habe das eben wirklich sehr, sehr häufig erlebt, dass dann andere irgendwelche Befürchtungen kriegen." (Z. 1304–1307)

Ebenfalls bedingt durch die jeweilige Einstellungspolitik der Unternehmen schätzten 2 Erwerbspersonen ihre Einstellungschancen als gering ein. Sie vermuteten eine jugendorientierte Stellenbesetzung und werteten ihre Einstellungschancen aufgrund ihres Alters negativ. Die Umbruchphasen beider nachfolgend zitierter Erwerbspersonen sind dem Typ d) zugeordnet.

> Herr Hansen, Zerspaner, 57 Jahre:
> „Mich graust das, wenn ich Bewerbungen schreiben muss. (…) Weil, ich fühle mich dafür zu alt. Ganz ehrlich. Und man sieht, man sieht keine Ergebnisse mehr darin."
> (Frage der Interviewerin: Weil Sie auch schon so viel schlechte Erfahrungen oder viele Absagen bekommen haben?)
> „Nein, das eigentlich nicht. Aber man merkt mit steigendem Alter, dass man, dass potentielle Arbeitgeber das kaum noch lesen." (Z. 2000–2011)

Frau Claßen schätzte ihre Einstellungschancen ähnlich ein, bei ihr wird jedoch zugleich eine positive Konnotation von höherem Alter mit größerer Erfahrung deutlich.

> Frau Claßen, Sekretärin, 57 Jahre, über die mit dem Ende der Vorbeschäftigung in ihrem 50. Lebensjahr beginnende Arbeitslosigkeit:
> „Und da bin ich dann natürlich sehr schlecht weg gekommen mit dem Alter. Also, ich habe mich sehr viel beworben, ich habe alles Mögliche versucht und habe keinen Job bekommen." (Z. 373–375)
> Frau Claßen zum eingeschätzten Stellenwert von Alter und Erfahrung bei Stellenbesetzungen im Berufsfeld Sekretärin:
> „(…) ja klar gelten Erfahrungen. Aber das war uninteressant. Es werden heute immer noch 20-Jährige mit 30-jähriger Berufserfahrung gesucht." (Z. 1672–1673)

Alter als Hemmnis für berufsspezifische Einstellungen, aber auch für weitere Stellenwechsel und Entwicklungsoptionen wurde von mehreren weiteren Erwerbspersonen benannt.

Auf die eigene Person bezogene Gründe wurden ebenfalls benannt, diese umfassten fehlende Qualifikationen für bestimmte Tätigkeiten oder ein fehlendes Zutrauen zu deren Ausübung und wurden jeweils über daran angepasste Stellensuchstrategien berücksichtigt (s. Kap. 6.4).

Während somit die Einstellungschancen in verschiedenen Aspekten problematisiert wurden, fand sich in den Interviews eine explizit positive Chanceneinschätzung nur bei Frau Ziegler. Ihre Umbruchphase ist dem Typ b) zugeordnet und enthielt eine 2-jährige ab 49 Jahren beginnende Arbeitslosigkeitsdauer. Frau Ziegler sah gute Einstellungschancen für sich und generell für ihre Generation aufgrund ihrer ausgeprägten Arbeitseinstellung.

> Frau Ziegler, Speditionskauffrau, 53 Jahre: in ihrer Äußerung anknüpfend an ihre als Verbesserung eingeschätzte berufliche Entwicklung:

„Zwischendurch immer wieder mal die Rückschritte beim Taxifahren, wenn nichts anderes da war, da war keine Verbesserung, aber wenigstens gearbeitet. Das war für mich wichtig. Und ich denke mal, das ist auch ein Grund, warum unsere Generation in dem Alter eigentlich schon noch gute Chancen hat, eine Arbeit zu kriegen." (Z. 581–584)

Bemerkenswert ist diese Einstellung insbesondere vor dem Hintergrund, dass Frau Ziegler wenige Jahre zuvor mit 44 Jahren die Erfahrung einer vom Arbeitsamt verweigerten Unterstützung gemacht und damit die Begrenzung ihrer Handlungsspielräume erlebt hatte. Eine von ihr beantragte Umschulung wurde von ihrer Sachbearbeiterin abgelehnt, während deren längerer Abwesenheit aber von ihrem Vertreter ermöglicht. Anschließend gelang Frau Ziegler eine Stellenaufnahme im neuen Berufsfeld, in dem sie auch zum Interviewzeitpunkt noch tätig war.

Frau Ziegler:
„Und damals kam dann, hatte ich dann auch schon gefragt, ob ich den Busführerschein, weil ich das eigentlich immer haben wollte und meine Sachbearbeiterin sagte dann: ‚Nein.' So und dann hatte die wohl irgendwie Erziehungsurlaub oder so, auf jeden Fall war die drei Monate oder was weg, war eine Vertretung da und der fragte mich dann: ‚Warum machen Sie keinen Busführerschein?' Ich sage: ‚Würde ich gerne, aber Ihre Kollegin hat mir den nicht gegeben.' (…) So und dann sagte der: ‚Das können wir ändern', sagte er, ‚die ist jetzt lange genug weg', sagte er, ‚Sie haben die Qualifikation, das ziehen wir jetzt durch!'" (Z. 314–325)

Schließlich ist die Perspektive von 2 weiteren Erwerbspersonen aufschlussreich, die sich weder positiv noch negativ zu vermuteten Einstellungschancen äußerten, aber das eigene Handeln in der jeweils gelingenden Stellensuche thematisierten. In beiden Fällen sind deren Umbruchphasen dem Typ c) zugeordnet und enthielten Arbeitslosigkeitsdauern unter 12 Monaten.

Indem Frau Xannick Arbeitslosigkeit mehrfach mit den eigenen erfolgreichen Suchaktivitäten verknüpfte, erschienen ihre Einstellungschancen als abhängig von der eigenen Suche.

Frau Xannick, Bäckereifachverkäuferin mit späteren Berufswechseln, 52 Jahre, auf die Frage nach einer evtl. gewünschten Umschulung:
„Vor allen Dingen eine Umschulung kriegt man ja eigentlich nur, wenn man arbeitslos ist und dadurch, dass ich mir immer selber was gesucht habe …" (Z. 800–802)
Frau Xannick auf die Frage nach ihrer längsten Arbeitslosigkeitsdauer:
„Ich weiß es gar nicht mehr, die längste Zeit, also ich habe mir immer schnell was gesucht, ich glaube, das zum Schluss."
(Frage der Interviewerin: Ja? Also diese vier, vier/fünf Monate?)
„Oder vorher noch? Ich weiß das gar nicht mehr. Ich war ja da mal und dann habe ich mir da was gesucht." (Z. 856–862)

Auch Herr Jacobi betrachtete eine erhaltene Stellenkündigung im Hinblick auf das für ihn daraus folgende Handeln, nämlich die Enttäuschung zu verarbeiten und was Besseres zu suchen, auch wenn dies schwierig ist. Damit erschienen auch bei ihm die Einstellungschancen letztlich von seinem eigenen Handeln abhängig, wie er auch in seinem bereits oben zitierten Credo zum Ausdruck brachte: „Arbeitslos, nie! Wollte ich nicht. Habe ich kein Bock drauf. Weil das ist Stillstand und Rückwärtsgehen."

> Herr Jacobi, Werkzeugmacher, 51 Jahre:
> „Es ist eine bittere Sache, wenn man gekündigt wird. Und erst recht, wenn es, sage ich mal, ohne Vorwarnung passiert. Wie gesagt, dann ist man schon verbittert und enttäuscht. Aber, ich habe dann auch immer versucht, das Positive daraus zu sehen, dass ich gesagt habe: ‚Es ist eine Veränderung notwendig aufgrund dessen. Und nicht verschlechtern, einfach nur was Besseres daraus machen.' Das ist aber ein Kampf, den man mit sich selber führen muss und das ist gar nicht so einfach. Denn oftmals überwiegt dann doch auch eine gewisse Enttäuschung." (Z. 2547–2553)

Fazit

Beginn und Verlauf der Umbruchphase in höherem Lebensalter wurden nach verschiedenen Kriterien betrachtet: dem Grund der Stellensuche in höherem Lebensalter, den Erfahrungen mit Arbeitslosigkeits- und Stellenwechseln vor dem 50. Lebensjahr, der Suchdauer im Arbeitslosigkeitsstatus während der Umbruchphase in höherem Lebensalter, der Angewiesenheit auf ein eigenes Erwerbseinkommen sowie ausgewählten Deutungen der Erwerbspersonen im Hinblick auf die Umbruchphase, die vorhergehende Erwerbsphase und die eingeschätzten Einstellungschancen.

Als besonders relevant erscheint hierfür der *Erwerbsstatus während der Umbruchphase*: Eine parallel zu einem bestehenden Erwerbsarbeitsverhältnis erfolgende Suche stellte die günstigste Form dar, die 4 Erwerbspersonen bei ihren teils auch mehrfachen Umbruchphasen in höherem Lebensalter realisieren konnten. Eine max. 12-monatige Suchdauer im Arbeitslosigkeitsstatus prägte die Umbruchphase von 12 Erwerbspersonen, eine längere Suchdauer in Arbeitslosigkeit die von 8 Erwerbspersonen. Unter Letzteren verdichteten sich für 3 Personen die Umbruchphasen zu langjährigen Arbeitslosigkeitsphasen von 6–11 Jahren, für eine weitere Person zu einer Unsicherheitsphase von 16 Jahren, die fast ausschließlich durch einen Wechsel von Arbeitslosigkeit und öffentlich geförderten Beschäftigungsverhältnissen geprägt war. Entsprechend variierten die mit der Umbruchphase einhergehenden Belastungen von eher gering, wie z.B. von Frau Ehrhardt geschildert, bis zu extremen Krisenerfahrungen, wie z.B. von Frau Vosskamp berichtet.

Die *soziale Absicherung während der Umbruchphase* ist teils verknüpft mit dem jeweiligen Erwerbsstatus, teils sind mit der Beendigung der vorhergehenden Erwerbsarbeit finanzielle Folgen verbunden, teils sind weitere oder alternative Einkommen verfügbar. Den günstigsten Fall stellten auch hier die Umbruchphasen der 4 Erwerbspersonen dar, die in ihrer Suchphase noch in Beschäftigung waren und einen direkten Wechsel vornehmen konnten. Für 4 weitere Personen bestand keine unbedingte finanzielle Angewiesenheit auf eine neue Stelle, da sie durch das Einkommen des Partners, eine Erbschaft oder eine Abfindung aus der vorhergehenden Stelle abgesichert waren. Entsprechend sorglos beschrieb z.B. Herr Sonntag seine Arbeitslosigkeit als Möglichkeit, Freiheit zu genießen. Hingegen erlebten andere Erwerbspersonen gerade infolge der vorhergehenden Erwerbsphase den Verlust ihres gesamten Vermögens und jeglicher sozialer Absicherung, so im Falle einer wirtschaftlich bedingt aufgegebenen und in Insolvenz mündenden Selbstständigkeit (z.B. Herr Koch). Auch den Wechsel in ALG II nach Auslaufen ihres ALG I-Anspruchs[212] erlebten mehrere Befragte als Bedrohung ihrer Existenzsicherung, weil sie hiervon die Versorgung mit Kleidung und Lebensmitteln nicht ausreichend finanzieren konnten (z.B. Herr Uhlig) oder fürchteten, dass ihnen ein Verstoß gegen Anspruchsvoraussetzungen unterstellt werden könnte und ihr ALG II-Anspruch entfiele (z.B. Frau Ziegler). Das Spektrum reichte hier somit von finanziell sicheren Bedingungen bis hin zu Existenzangst.

Ein dritter, die Umbruchphase in höherem Lebensalter in besonderer Weise prägender Aspekt sind die *früheren Wechsel- und Arbeitslosigkeitserfahrungen.* Hier konnten drei Profile identifiziert werden: Die Umbruchphase in höherem Lebensalter stellte für einige Erwerbspersonen eine in mehrfacher Hinsicht neuartige Situation dar, in der sie erstmalig in ihrer Erwerbsbiografie arbeitslos wurden und mit 2 Stellenaufnahmen vor dem 50. Lebensjahr zudem kaum Erfahrung mit Stellenwechseln besaßen (z.B. Herr Sonntag). Über positive Bewältigungserfahrungen verfügten andere Erwerbspersonen, die bereits vielfach die Stelle gewechselt hatten und nur kürzere Zeiten arbeitslos waren, wie z.B. Herr Jacobi mit 9 Stellenaufnahmen und 2 Monaten Arbeitslosigkeit vor dem 50. Lebensjahr. Krisenhafte Erfahrungen kennzeichneten hingegen die Erwerbsbiografien

212 Dem ALG II-Bezug ging im befragten Sample jeweils ein ALG I-Anspruch voraus. Grundsätzlich ist ALG II jedoch auch ohne vorhergehenden ALG I-Bezug möglich und kann bei ALG I-Ansprüchen, die unterhalb des ALG II-Niveaus liegen, zusätzlich als Aufstockung bezogen werden.

von Personen mit langzeitiger Arbeitslosigkeit und häufigen Stellenwechseln, wie z.B. bei Frau Vosskamp mit 63 Monaten Arbeitslosigkeit und 7 Stellenaufnahmen jeweils vor dem 50. Lebensjahr. Diese unterschiedlichen Erfahrungen flossen in das Erleben der Umbruchphase ein und prägten, so darf angenommen werden, auch die von Herrn Jacobi vorgenommene Fokussierung des Themas Arbeitslosigkeit auf sein Handeln sowie die von Frau Vosskamp geschilderte psychische Belastung durch das wiederholte Eintreten von Arbeitslosigkeit nach einem befristeten Arbeitsvertrag.

Die zu Beginn dieses Abschnitts entwickelte Typologie zu Umbruchphasen in höherem Lebensalter erwies sich in mehrerer Hinsicht als fruchtbar:

- Sie ermöglichte eine Analyse der Vorbedingungen dieser Umbruchphasen.
- Dabei zeigte sich, dass die der Umbruchphase vorhergehende Stelle zwar von 10 der 24 Personen eigeninitiativ beendet wurde, gewünscht erfolgte dies aber nur von 4 Personen. Hier handelte es sich überwiegend um Personen mit einer max. 12-monatigen Arbeitslosigkeit vor dem 50. Lebensjahr (3 von 12 Personen mit max. 12-monatiger Arbeitslosigkeit vor dem 50. Lebensjahr bzw. 25 %), während von den 12 Personen mit einer über 12-monatigen Arbeitslosigkeit vor dem 50. Lebensjahr nur 1 Person gewünscht eigeninitiativ die vorhergehende Stelle beendete (1 von 12 Personen bzw. 8 %). Dies könnte darauf zurückgeführt werden, dass frühere längere Arbeitslosigkeitserfahrungen die eigenen Arbeitsmarktchancen riskant erscheinen ließen und daher eine gewünschte eigeninitiierte Kündigung eher vermieden wurde.
- In Verknüpfung mit der sozio-ökonomischen Lage während der Umbruchphase in höherem Lebensalter zeigte sich, dass Umbruchphasen in höherem Lebensalter ohne Arbeitslosigkeit überwiegend aus solchen des Typs a) bestanden, in denen die Arbeitslosigkeit vor dem 50. Lebensjahr max. 12 Monate betrug. Eine kürzere Arbeitslosigkeit bis 12 Monate während der Umbruchphase in höherem Lebensalter kam ebenfalls überwiegend in Umbruchphasen der Typen a) und c) vor, denen vor dem 50. Lebensjahr jeweils eine max. 12-monatige Arbeitslosigkeitsdauer vorausging. Umgekehrt betrafen längere Arbeitslosigkeitsdauern über 12 Monate überwiegend Umbruchphasen des Typs d) mit auch bereits vor dem 50. Lebensjahr über 12-monatigen Arbeitslosigkeitsdauern. Hier kulminierten jeweils Arbeitslosigkeitsrisiken aus der früheren Erwerbsbiografie mit jenen in der Umbruchphase in höherem Lebensalter.

Unterschiede nach Region wurden im Hinblick auf eine eher bei Personen aus den ABL vorkommende kürzere Suchdauer im Arbeitslosigkeitsstatus bis max. 12 Monaten sichtbar, wie auch umgekehrt eine eher bei Personen aus den NBL auftretende längere Suchdauer über 12 Monate im Arbeitslosigkeitsstatus. Nach Geschlecht waren es überwiegend Frauen aus den NBL, die langjährige Arbeitslosigkeits- bzw. Unsicherheitsphasen erlebten. Eine Suche aus dem Beschäftigungsstatus heraus, die zu einem direkten Stellenwechsel und damit zur Vermeidung von Arbeitslosigkeit führte, nahmen überwiegend Männer vor. Nach Alter zeigte sich in den Umbruchphasen mit einer Stellensuche aus Beschäftigung heraus mit 55 Jahren ein jüngeres Höchstalter bei Aufnahme der neuen Stelle im Vergleich zum Höchstalter von 59 bzw. 60 Jahren bei Stellenaufnahme nach einer max. 12-monatigen bzw. längeren Arbeitslosigkeit. Dies könnte auf geringere Wechselversuche von Erwerbspersonen in den höheren Altersgruppen und/oder auf geringere Wechselerfolge hinweisen.

6.4 Vorgehen bei der Stellensuche

Die Vorgehensweisen bei einer Stellensuche umfassen vielfältige Dimensionen, wie u.a.:

- die Zielklärung für die zu suchende Stelle, z.B. Erwartungen in fachlicher Hinsicht, Verdiensthöhe etc.;
- Formen und Umfang der Informationsbeschaffung, z.B. Zeitungsinserate, Internetrecherche, Nachfrage bei Bekannten;
- Formen und Umfang der Hinzuziehung von Unterstützung, z.B. Nutzung der Angebote der Arbeitsagentur/des Jobcenters, Inanspruchnahme der Hilfe von Familienangehörigen bei der Erstellung von Bewerbungsunterlagen;
- Formen und Umfang der Bewerbungsaktivitäten, z.B. Bewerbungen mit hoher oder geringer Passgenauigkeit zwischen Stellenprofil und eigenem Qualifikationsprofil, Bewerbungen auf ausgeschriebene Stellen und/oder Initiativbewerbungen, Konzentration auf eher wenige, nach Unternehmen oder Stelle spezifisch zugeschnittene Bewerbungen oder Orientierung auf möglichst viele, aber unspezifische Bewerbungen, mit klassischer oder kreativer Selbstpräsentation, mit auffallend hochwertigen oder Standardmaterialien;
- Formen und Umfang vorbereitender oder begleitende Aktivitäten für ein Suchsegment, wie z.B. Qualifizierung oder ehrenamtliches Engagement;
- Formen der Kontaktaufnahme, z.B. elektronisch, schriftlich, anschließend oder vorab telefonisch oder persönlich, nach oder ohne Terminvereinbarung;

- Formen der Gesprächs- und Verhandlungsführung, z.B. die eigenen Ansprüche und Sichtweisen offensiv einbringend oder defensiv auf Ansprüche verzichtend bzw. eigene Sichtweisen zurückhaltend.

(Vgl. Bürkle u.a. 1993, Rohrschneider & Lorenz 2009, Geiger & Pifko 2012, S. 38 ff.)

Diese Elemente der Stellensuche können jeweils geplant oder spontan, reflektiert oder unreflektiert, mit viel oder wenig (möglichem) Zeitaufwand, mit viel oder wenig Sorgfalt, mit tatsächlicher oder nur formaler, den weiteren Arbeitslosengeld-Bezug sichernden Suchabsicht erfolgen.

Eine Generalisierung, welche dieser Vorgehensweisen in welcher Kombination erfolgversprechend sind und welche nicht, ist nach hier vertretener Auffassung nicht möglich.[213] Sie treffen auf unterschiedliche Berufs- und Unternehmenskulturen, unterschiedliche wirtschaftliche und arbeitsmarktpolitische Gelegenheiten sowie im Zeitverlauf sich verändernde Bewerbungsstandards. Schließlich ist ein etwaiger Sucherfolg von den – im Suchprozess ebenfalls veränderlichen – Orientierungen und Ressourcen der Stellensuchenden abhängig. Insofern können je nach individuellen Zielen und Ansprüchen, finanzieller und/oder sozialer Angewiesenheit auf einen Bewerbungserfolg sowie je nach individuellen Kommunikationsstilen verschiedene Vorgehensweisen als sinnvoll und realisierbar erscheinen und letztlich zu einer Einstellung führen.

Somit wird eine Differenzierung nach der Vorgehensweise der Stellensuche und der Quantität der Aktivitäten für wenig aussagekräftig gehalten, insbesondere im Hinblick auf den Bewerbungserfolg. Stattdessen wird die Analyse der Stellensuche auf die Zielstrebigkeit fokussiert, mit der die Stellensuchenden vorgehen, und aus dieser Perspektive die Forschungsfrage 2 bearbeitet. Im Folgenden wird eine hierfür entwickelte Typologie erläutert und die den Typen zuordenbaren Vorgehensweisen der interviewten Erwerbspersonen bei

213 Konträr hierzu ermittelten Arni & Wunsch auf Basis einer Studie mit ca. 320 Stellensuchenden über 45 Jahren im Schweizer Kanton Aargau spezifische Einflussgrößen auf den Bewerbungserfolg, wie insbesondere eine höhere Bewerbungszahl, pessimistischere Lohnerwartungen, ein geringerer Mindestverdienstanspruch („Reservationslohn"), eine hohe Konzessionsbereitschaft für einen längeren Arbeitsweg, hohe Motivation und hohes Selbstvertrauen, vgl. Arni & Wunsch 2014, S. 57 f. Hierbei handelt es sich allerdings überwiegend um höher aggregierte Untersuchungsdimensionen, vgl. ebd., S. 26 ff., und die Untersuchung erfolgte in einer Region mit einer im Vergleich zur Bundesrepublik Deutschland und v.a. zu den neuen Bundesländern deutlich niedrigeren Arbeitslosigkeit.

der Stellensuche werden jeweils anhand ihrer Suchziele und Suchaktivitäten expliziert.[214] [215]

Typologische Analyse des Vorgehens bei der Stellensuche in höherem Lebensalter nach Zielstrebigkeit und sozio-ökonomischer Lage

Durch die Analyse der Stellensuche aus der Perspektive der Zielstrebigkeit (Kategorie), mit der die Stellensuchenden vorgehen, können die verschiedenen Dimensionen der Stellensuche gebündelt und unter dem Aspekt betrachtet werden, inwieweit und unter welchen Bedingungen die Suchaktivitäten auf eine tatsächliche Stellenaufnahme abzielen. Differenziert wird in eine zielstrebige und eine weniger zielstrebige Stellensuche (Subkategorien). Als zielstrebig wird im Folgenden eine Stellensuche bezeichnet, wenn damit entschlossen das Ziel verfolgt wird, über Stellensuchaktivitäten eine neue Stelle zu finden. Dies wird unterstellt, wenn aus den Schilderungen der Erwerbspersonen ein solches Ziel und engagierte Suchaktivitäten hervorgehen. Im Gegensatz dazu wird unter einer weniger zielstrebigen Stellensuche eine weniger konsequent oder weniger engagiert durchgeführte Suche verstanden. Hiervon wird ausgegangen, wenn die Erwerbspersonen deutliche Einschränkungen ihrer Stellensuche benennen. Daraus sind allerdings keine Aussagen über den Erfolg spezifischer Suchstrategien und -aktivitäten ableitbar.

Da in der sozio-ökonomischen Lage (Kategorie) ein relevanter Einflussfaktor auf die Stellensuche vermutet wurde, wurde diese in die gebildete Typologie einbezogen. Sie wurde in eine (eher) günstige und eine (eher) ungünstige sozio-ökonomische Lage (Subkategorien) differenziert. Die sozio-ökonomische Lage wird als (eher) günstig zugeordnet, wenn die betreffende Erwerbsperson nicht dringend auf das Einkommen einer neu zu findenden Stelle angewiesen ist, weil sie entweder über eine Verbleibsperspektive in ihrem bereits bestehenden Erwerbsarbeitsverhältnis oder über alternative Einkommensquellen, ggf. auch im Haushaltskontext, verfügt. Umgekehrt gilt eine Lage als (eher) ungünstig, wenn die Erwerbsperson eine finanzielle und/oder soziale Angewiesenheit auf das Einkommen einer neuen Stelle zum Ausdruck brachte. Damit beruht

214 In der an das Paradigmatische Modell angelehnten Auswertung wurde das Vorgehen bei der Stellensuche dem „Handeln" zugeordnet (vgl. Kap. 5.2).

215 Die Ausführungen in diesem Unterkapitel fokussieren auf die in Forschungsfrage 2 erfragten Stellensuchaktivitäten und -strategien, sie enthalten darüber hinaus zugleich Teilantworten zu Forschungsfrage 4 nach relevanten Kontextbedingungen, zu Forschungsfrage 5 nach geschlechtsspezifischen Konstellationen und zu Forschungsfrage 9 nach erhaltener Unterstützung bei der Stellensuche.

die Zuordnung nicht auf festen Einkommensgrößen, sondern auf der von den Erwerbspersonen subjektiv gedeuteten Angewiesenheit auf eine erfolgreiche Stellensuche. Hieraus ergibt sich folgende zweidimensionale Typologie (s. Tab. 15):

Tab. 15: Typologie: Vorgehen bei der Stellensuche in höherem Lebensalter nach Zielstrebigkeit und sozio-ökonomischer Lage

Zielstrebigkeit	**Sozio-ökonomische Lage**	
	(eher) günstig	**(eher) ungünstig**
zielstrebig	a) zielstrebig in (eher) günstiger sozio-ökonomischer Lage	b) zielstrebig in (eher) ungünstiger sozio-ökonomischer Lage
weniger zielstrebig	c) weniger zielstrebig in (eher) günstiger sozio-ökonomischer Lage	d) weniger zielstrebig in (eher) ungünstiger sozio-ökonomischer Lage

Typen a) und b): Zielstrebige Vorgehensweisen in unterschiedlicher sozio-ökonomischer Lage

Typ a) umfasst zielstrebige Vorgehensweisen bei der Stellensuche in höherem Lebensalter in (eher) günstiger sozio-ökonomischer Lage, die sich bei 3 Personen finden ließen, darunter 2 Männer und 2 Personen aus den NBL. Aufgrund der geringen Fallzahl sind hieraus jedoch keine Aussagen über Unterschiede nach Geschlecht und Region ableitbar. Auch Typ b) bündelt zielstrebige Vorgehensweisen, die aber aus einer (eher) ungünstigen sozio-ökonomischen Lage heraus erfolgen. Hierzu zählen die Vorgehensweisen von 15 Personen, darunter waren Frauen und Personen aus den ABL in etwas höherem Maße vertreten (9 von 13 Frauen bzw. 69 % gegenüber 6 von 11 Männern bzw. 55 % sowie 7 von 10 Personen aus den ABL bzw. 70 % gegenüber 8 von 14 Personen aus den NBL bzw. 57 %).

Da beide Typen ähnliche Suchziele und -aktivitäten aufwiesen, werden sie nachfolgend gemeinsam beschrieben: Die Typen a) und b) umfassen demnach zielstrebige Vorgehensweisen bei der Stellensuche in höherem Lebensalter in unterschiedlicher sozio-ökonomischer Lage. Diese betrafen 18 Personen, darunter 10 Frauen und 8 Männer sowie 10 Personen aus den NBL und 8 Personen aus den ABL. Unterschiede nach Geschlecht und Region bestanden nicht bzw. nur geringfügig.

Suchziele

Die Ziele der Stellensuche waren vielfältig und beinhalteten je nach Erwerbsstatus, Suchdauer und Chanceneinschätzung den Wunsch nach einer spezifischen beruflichen Tätigkeit, einer Tätigkeit in einem vergleichbaren oder besseren Status zur vorhergehenden Stelle, nach verbesserten Beschäftigungsbedingungen sowie nach Sicherung von Einkommen, sozialer Absicherung oder Reintegration in Erwerbsarbeit. Diverse Mindestbedingungen für die Aufnahme einer neuen Stelle wurden formuliert, diese bewegten sich auf unterschiedlichen, teils höheren, teils nur geringen Anspruchsniveaus.

In die Chanceneinschätzung floss eine Selbsteinschätzung des Leistungsvermögens in sowohl qualifikatorischer wie auch physischer Hinsicht ein. Dieses erwies sich im Fall von Frau Faber (Vorgehenstyp b) aufgrund ihrer fehlenden qualifikatorischen Anpassung an die technologische Entwicklung in ihrem Ausbildungsberuf als nicht mehr ausreichend und veranlasste sie zu einer Stellensuche in einem anderen, geringer qualifizierten Berufsfeld und einem langjährig dorthin realisierten beruflichen Wechsel, bevor ihr eine Rückkehr in ihren Ausbildungsberuf gelang (s.u., vgl. auch Kap. 6.2).

Eine Veränderung ihres physischen Leistungsvermögens schilderte Frau Roloff (Vorgehenstyp b) anhand der Arbeitsanforderungen in ihrer vorhergehenden Stelle, die sie nicht bis zu ihrem zum Interviewzeitpunkt aktuellen Alter hätte erfüllen können. Dies beeinflusste auch ihre Zielsetzung für die Stellensuche.

> Frau Roloff, Einzelhandelskauffrau, auf die Frage, ob sie ihre Stellensuche an Mindestanforderungen ausrichtete:
> „Ja, ich hätte es zum Beispiel nicht gemacht, wenn ich jetzt jeden Tag eine Anfahrt von 50, 60 km gehabt hätte, dann hätte ich es nicht gemacht. (…) Und ich muss Ihnen ehrlich sagen, ich habe ja den Käse verkauft, also das war eine Arbeit, das hätte ich nicht bis zu dem Alter jetzt schaffen können, ich habe Käselaibe schleppen müssen (…)" (Z. 809–812)

In länger andauernden Suchphasen nahmen die Erwerbspersonen zudem Anpassungen in ihren verfolgten Zielen vor. Hier lassen sich drei Kontexte differenzieren, in denen dies erfolgte:

In einem ersten Kontext wurden mit zunehmender Suchdauer die Chancen zur Erreichung der verfolgten Ziele geringer eingeschätzt und die Ziele nach unten angepasst, somit Ansprüche reduziert.

Herr Koch (Vorgehenstyp b), Diplom-Ingenieurökonom in Erstausbildung mit Leitungserfahrung in verschiedenen Berufen, bewarb sich nach einer mit 59/60 Jahren absolvierten einjährigen kaufmännischen Weiterbildung erst entsprechend seiner Ausbildung, bevor er sich auf eine geringer qualifizierte Tätigkeit bewarb.

Herr Koch, 70 Jahre:
„Und nachdem ich die ersten 25 Absagen dieser Art hatte, habe ich gesagt: ‚Nun ist Schluss. Jetzt nimmst du, was du kriegen kannst.' Es ging ja darum, ich war ja nicht mehr Krankenversicherung, ich war nicht mehr Rentenversicherung, als Selbstständiger fliegt man ja da überall raus. Ich musste ja irgendwie wieder Fuß fassen. Also habe ich gesagt: ‚Jetzt nimmst du aber auch das allerbilligste an, was geht.' Naja und ich war mal bei der Armee, also habe ich mich erst mal bei Wachfirmen beworben und habe dann drei Stellenangebote herausgegriffen." (Z. 383–389)

In einer Firma traf er auf dort tätige Bekannte aus der Militärzeit.

„Man kannte sich und da wurde ich halt aufgenommen. Als Wachmann für 4,85 Euro." (Z. 394–395)

Auch Frau Ehrhardt (Vorgehenstyp a) veränderte ihr Suchziel: Sie strebte parallel zu ihrer Stelle als Friseurin mit 51 Jahren einen Berufswechsel in die Pflegehilfe an. Nach zweijähriger Suche erweiterte sie ihr Suchziel auf den angelernten Bereich der Wirtschaftshilfe und nahm eine Stelle als Stationswirtschaftshilfe in einem Krankenhaus auf.

Im Gegensatz hierzu wurden in einem zweiten Kontext aus der Reflexion von Erfahrungen Mindestbedingungen entwickelt, die als Haltegrenzen zu einer unzumutbar empfundenen Erwerbsarbeit gezogen wurden. Im Ergebnis wurden Ansprüche wieder ausgeweitet. So war Frau Claßen (Vorgehenstyp b), ausgebildete Sekretärin, nach längerer Arbeitslosigkeitsdauer bereit, zusätzlich zu ihrer geringfügigen Beschäftigung bei einem Zeitarbeitsunternehmen eine zweite geringfügige Beschäftigung anzunehmen, die zwar ausbildungsadäquat, aber deutlich unterbezahlt war. Nachdem ihr Mann ihre Stellenzusage verhinderte, wertete sie später ihre Bereitschaft, zu dieser geringen Vergütung zu arbeiten, als Ausdruck ihrer Verzweiflung als Arbeitslose und entwickelte aufgrund dieser Erfahrung ein wieder höheres Anspruchsniveau.

Frau Claßen, 57 Jahre:
„Also, das letzte Angebot, wo ich auch in meiner Verzweiflung hingehen wollte, das waren ja 5 Euro 40, glaube ich, ne, Stundenlohn. Ich glaube, es waren 5 Euro 40. Der (Vorname des Ehemannes) wird es noch besser wissen, der hat es mir verboten, dort zu arbeiten." (Z. 937–939)
„Und wenn ich jetzt, als eine, die in ihrer Verzweiflung jahrelang arbeitslos ist, jetzt für 5 Euro anfängt zu arbeiten, dann breche ich ja im Prinzip meinen Arbeitskampf, den ich mal irgendwann geführt habe. Dann falle ich ja im Prinzip den Gewerkschaften auch in den Rücken. Und das war so eine Motivation für mich zu sagen: ‚Unterm Mindestlohn gehe ich nicht mehr arbeiten.'" (Z. 954–957)

Schließlich wurden in einem dritten Kontext bei einer unerwartet gebotenen Gelegenheit zuvor verfolgte Ziele durch neue Ziele ersetzt, die in viel höherem Maße den berufsfachlichen Wünschen entsprachen, zugleich aber auch anspruchsvoller waren.

Frau Faber (Vorgehenstyp b), ausgebildete Sekretärin, wurde nach langjähriger angelernter Tätigkeit in einem Tankstellen-Bistro nach ihrer Eigenkündigung mit 58 Jahren arbeitslos. Ihr prioritäres Ziel war das Nachholen von EDV-Kenntnissen, um eine Rückkehr in ihren Ausbildungsberuf zu ermöglichen. Bei der Arbeitsagentur beantragte sie eine Weiterbildung, der jedoch nicht entsprochen wurde. Daraufhin orientierte sie ihr Suchziel auf an- und ungelernte Tätigkeiten in der Gastronomie. Als sich ihr über einen persönlichen Kontakt die Möglichkeit zu einer Bewerbung in ihrem Ausbildungsberuf bot, nahm sie diese aufgrund ihres Alters und ihrer fehlenden EDV-Kenntnisse nur auf mehrfaches Drängen ihrer Tochter und deren Freundes wahr. Dass diese Stelle die Aneignung von EDV-Kenntnissen erforderte, war ihr bewusst.

> Frau Faber, 59 Jahre:
> „Ich wusste doch, dass ich nach der (Name einer Tankstellenkette) wieder Sekretärin werden wollte. Da wollte ich einen Computerkurs, da haben sie mich gesteckt in einen Kurs, da habe ich gelernt, wie ich im Internet surfen kann, das war alles." (Z. 1186–1189)
> „(…) ich war arbeitslos und habe, wie gesagt, mir war bewusst, dass ich in diesen, in meinen Beruf nicht wieder reinkomme. Eben, weil mir diese Computer-, EDV-Kenntnisse alle fehlten. Und da habe ich mich nur beworben als Köchin und und und und, was denn noch, Haushaltshilfe oder irgend so was." (Z. 988–991)
> „Und dann hat ein Freund von meiner Tochter, (…) hat gesagt, dass in (Name der Stadt) die Firma (Name der Firma) eine Sekretärin sucht. ‚Upps', sagte ich, ‚da bin ich zu alt dafür, und da habe ich auch gar nicht die Computerkenntnisse'. ‚Na ja, probier' es doch mal', (lacht) hat meine Tochter gesagt und ihr Kumpel, von dem ich die Empfehlung gekriegt habe." (Z. 993–997)
> „Ja, hätten die das nicht gesagt, ich hätte mich nie hier beworben, ehrlich. Ich hätte nie wieder eine Bewerbung für Sekretärin abgegeben. Ich wollte als Backwaren, habe ich ja schon gesagt, Backwarenverkäuferin, Köchin und und Haushaltshilfe und so was wollte ich machen. Weil ich wusste, das bringst du, eben durch die (Name der Tankstellenkette, bei der Frau Faber zuvor im Bistro tätig war)-Erfahrung. (…) Durch das Bistro, die haben ja auch Kuchen, Kuchen und Brötchen gebacken und verkauft und belegt. Und, so was Ähnliches wollte ich schon wieder machen." (Z. 1545–1553)
> Frau Faber über ihre beginnenden EDV-Lernaktivitäten, als sie mit 59 Jahren die Zusage für die Stelle als Sekretärin erhielt:
> „(…) ich habe in meinem Bekanntenkreis alles rebellisch gemacht, ‚jetzt zeigst du mir das, jetzt zeigst du mir das, und wenn ich dort anfange, will ich wenigstens das Mindeste wissen' (…)." (Z. 1256–1258)

Ähnlich wandelte auch Frau Xannick (Vorgehenstyp b) ihr Suchziel von einer Einkommenssicherung im geringer qualifizierten Bereich in eine neue berufsfachliche

Orientierung um. Frau Xannick, die nach Eintreten einer Berufserkrankung mit 41 Jahren ihren Beruf als Bäckereifachverkäuferin nicht mehr ausüben konnte, suchte langjährig im an- und ungelernten Bereich nach einkommenssichernden Stellen. In dieser Zeit war sie auf der Suche nach einer neuen beruflichen Orientierung, die sie mit 44 Jahren als gewünschten Berufswechsel zur Busfahrerin konkretisieren, aber noch nicht realisieren konnte. Nach zwischenzeitlich anderweitigen, der Existenzsicherung dienenden Stellen las sie, mit 49 Jahren in Arbeitslosigkeit, in der Zeitung ein Weiterbildungsangebot mit dem Berufsziel Busfahrerin, das ihrer Suche eine neue Richtung gab und zu einer Teilnahme an dieser Weiterbildung und nachfolgend entsprechenden Suchaktivitäten führte (s. hierzu auch die Schilderung von Frau Xannick über ihre berufliche Neuorientierung in Kap. 6.2).

Suchaktivitäten
Die Suchaktivitäten umfassten jeweils die Recherche von Bewerbungsmöglichkeiten und deren Auswahl, die Bewerbungen und die Verhandlungsführung.

Zur Recherche: Die Sichtung von Stellenanzeigen in Zeitungen und in den elektronischen Datenbanken der Arbeitsagentur („Jobbörse") waren die am häufigsten genutzten Suchwege der befragten Erwerbspersonen.

Zusätzlich wurden in einigen Fällen die Suchwege verbreitert, z.B. durch Nutzung weiterer Print- und Internetmedien, durch Nutzung sozialer Kontakte, um offene Stellen in Erfahrung zu bringen, z.B. durch Nachfragen bei früheren KollegInnen, aber auch in sich spontan ergebenden Gesprächen mit HundebesitzerInnen beim Ausführen des eigenen Hundes etc., durch Besuch von Veranstaltungen der Arbeitsagentur oder der Industrie- und Handels- bzw. Handwerkskammern, auf denen sich Unternehmen vorstellten.

Teils wurde die Stellensuche in einem spezialisierten Segment vertieft. So suchte Herr Lersch (Vorgehenstyp b), ausgebildeter Polizeivollzugsbeamter mit einer anschließend wechselvollen Erwerbsbiografie inklusive zweier beruflicher Neuorientierungen, in seiner Arbeitslosigkeit mit 50 Jahren in verschiedenen Berufsfeldern, darunter prioritär in einem Sicherheitsberuf. Hierfür nutzte er vielfältige Suchwege, die er selbst erst nach intensiverer Recherche fand.

> Herr Lersch, 57 Jahre:
> „Ach ich habe da irgendwann mal abends in der Tagesschau gesehen, wie der Milošević da, wie gegen den Milošević verhandelt wurde und da standen immer Securitys rum und da habe ich mir überlegt: ‚Wie kommen die dahin?' Irgendwie müssen die ja mal dahin kommen. Das muss ja irgendwann mal, muss mal irgendwo eine Stellenanzeige gewesen sein und wenn eine Stellenanzeige war, muss die beinhaltet haben: Was musst du dort können oder wie kommst du dahin und wie wirst du bezahlt und was es so

weiter … Und da habe ich mir dann, ja, ein paar Wege einfallen lassen: ‚Wie kriegst du das raus?' Und ich habe das auch rausgekriegt." (Z. 1405–1411)
„Die (Anm. d. V.: Stelleninformationen) sind öffentlich. Man muss nur ein paar, um ein paar Ecken rum. Zum Beispiel über das Auswärtige Amt, da muss man sich dann einloggen und es da auch, sich mehr oder weniger nackig machen, die wollen schon wissen, wer du bist. Und dann hast du da die Berechtigung, auf diesen Seiten zu gucken. Und kannst da Stellenangebote einsehen, entweder über die EU oder … Gibt es, wenn Sie einfach nur irgendein Ministerium angucken im Internet, die haben ja alle ihre Internetauftritte, da gibt es immer eine Möglichkeit, Kontakte oder offene Jobs oder: ‚Hier geht es weiter zur Stellenbörse von der Bundesrepublik Deutschland.' Und dann steht unten drunter ein Link: ‚Weiter zur Stellenbörse der EU' oder ‚Weiter zur Stellenbörse der UN'. Und dann finden Sie das alles raus." (Z. 1454–1462)

Zu den Suchaktivitäten von Herrn Lersch gehörte zudem ein sehr häufiges Nachfragen bei seinem Arbeitsvermittler, den er wöchentlich persönlich aufsuchte und zusätzlich zwischendurch anrief.

Eine ergänzende Form der Stellensuche bezog sich in einigen Fällen auch auf die Recherche von Unternehmen für Initiativbewerbungen. Hierfür recherchierte Herr Tannheim (Vorgehenstyp b), ausgebildeter Kunsthandwerker, für seine Suche nach einer Stelle in der Metallbearbeitung gemeinsam mit seiner Frau infrage kommende Unternehmen der Region.

Herr Tannheim, 60 Jahre:
„Erst einmal über Internet und sonst irgendwas, sämtlich Betriebe, was es im Umkreis gibt, was in Frage kommen würde. Da haben wir eine Liste zusammengestellt und dann habe ich angefangen, das und das und das wäre interessant und dann angeschrieben." (Z. 1994–1996)

Zu den Bewerbungen: Die Bewerbungen selbst erfolgten i.d.R. als schriftliche oder elektronische Antworten auf ausgeschriebene Stellen.

Besondere Vorgehensweisen waren hier teils sehr umfangreiche Bewerbungen: So schrieb Herr Jacobi (Vorgehenstyp b), ausgebildeter Werkzeugmacher, der zweimalig den Beruf und mehrfach die Stelle wechselte, jeweils mehrere Hundert Bewerbungen, die er ausschließlich postalisch versandte. Zugleich achtete er auf eine möglichst frühzeitige Stellensuche, wenn sich ein Stellenende andeutete.

Herr Jacobi, 51 Jahre:
„(…) die längste Zeit, wo ich da arbeitslos war, war während dieser Weiterbildung, was ja fast ein halbes Jahr war. Hm, da waren … das waren halt die 376 Bewerbungen am längsten. Ansonsten hatte ich dann auch vorher schon immer so, ich sage mal so um die 200, wo ich noch nicht arbeitslos war und habe gemerkt, hier wird es eng oder irgendetwas oder mit gefällt das nicht mehr. Oder es ist nicht mehr vereinbar mit meinem

Gewissen, et cetera. Dann habe ich auch schon angefangen dann mich zu bewerben.“ (Z. 2425–2430)

„Man sollte da schon das alles gut beobachten und rechtzeitig anfangen zu reagieren und nicht auf sich zukommen lassen unbedingt. Selbst wenn man noch so alt ist. Man muss ja bis zu einem gewissen Alter noch was machen.“ (Z. 2218–2220)

Andere Befragte konzentrierten ihre Bewerbungen auf eine geringere Anzahl, die sie teils intensiv vorbereiteten oder gestalteten. So reichte Herr Quendt (Vorgehenstyp a), Germanist mit Hochschulabschluss, für eine Stelle in der Arbeitsmarktberatung eine mit viel Aufwand besonders gestaltete Bewerbungsmappe ein.

Herr Quendt, 54 Jahre:

„Als es bei mir jetzt geklappt hat, da hatte ich noch keine Kontakte, aber da habe ich dann telefonisch habe ich mich hier im Grunde beworben. Da sagt dann hier die Personalverantwortliche: ‚Ja, wir werden im Januar wieder suchen. Bewerben Sie sich mal.‘ Und dann habe ich auch eine Bewerbung geschrieben. Ich habe (…) innerhalb von Bildungsträgern habe ich immer nur per E-Mail mich beworben. Und hier habe ich, (…) hier war die einzige Stelle, wo ich mir richtig Mühe gegeben habe. Wo ein Kollege von mir sagte: ‚Du, guck doch mal, da gibt es so ein Papier, das hat so Elefantenhaut, das wird eine Mappe, die mal auffälliger ist. Machen wir ein schönes Foto. Und ich finde, du bist in dem Alter, du solltest mit Füller schreiben.‘ (lacht) Und das habe ich alles gemacht, ja. Und habe aber wirklich so eine richtig schöne klassische Bewerbung, wie man sich so bei der Bank bewerben würde, gemacht. (…) Und das hat irgendwie, ich weiß nicht, ob es ausschlaggebend war, ich denke immer noch, der Inhalt war ausschlaggebend. Aber das war die einzige Stelle, wo ich mich so beworben habe. Und die habe ich bekommen.“ (Z. 895–908)

Zusätzlich erfolgten, entsprechend der bereits erwähnten Unternehmensrecherche, Bewerbungen auch initiativ, indem Unternehmen, die keine Stelle ausgeschrieben hatten, mittels schriftlicher Bewerbungen oder durch persönliches Aufsuchen angefragt wurden. Dies erfolgte teils mit, teils auch ohne vorherige telefonische Kontaktaufnahme.

Herr Dederichs (Vorgehenstyp a), gelernter Maler, machte bei seinen häufigen und auch nach dem 50. Lebensjahr mehrfachen Stellenwechseln gute Erfahrungen mit dem persönlichen Aufsuchen von Unternehmen, die eine Stelle ausgeschrieben hatten, in manchen Fällen wurde er auch ohne Kenntnis einer offenen Stelle vorstellig. Teils vereinbarte er vorab telefonisch einen Termin, häufig jedoch fuhr er ohne vorherige Absprache zu den Unternehmen. Er suchte möglichst das persönliche Gespräch nicht mit dem Personalverantwortlichen, sondern mit dem potentiellen direkten Vorgesetzten, z.B. dem Meister. Die Nutzbarkeit dieses Vorgehens beschränkte er jedoch auf Bewerbungen im Handwerksbereich.

Herr Dederichs, 58 Jahre:
„(…) die schriftlichen Bewerbungen, die ich abgeschickt habe. Ich würde mal sagen, 70 % sind gar nicht wieder zurückgekommen. Und was zurückgekommen ist, waren meistens nur Absagen. Ich bin wirklich nur an Arbeit gekommen, wenn ich selber vor Ort stand und habe mit demjenigen gesprochen, der jemand sucht. Alles andere kann man wirklich vergessen." (Z. 1454–1458)
„Wenn ich eine Telefonnummer hatte von demjenigen, da habe ich angerufen. Aber ich bin meistens hingefahren, habe mich vorgestellt und habe gesagt: ‚Hier, wie sieht es aus? Habt ihr Arbeit für mich?' Oder: ‚Was könnt ihr mir anbieten?' Und das hat sich im Gespräch dann ergeben, ob das etwas gewesen ist oder nichts gewesen ist. Und das ist für meine Begriffe die beste Bewerbung, die man überhaupt machen kann. So ist es zumindest im Handwerk. Wie das natürlich in der Industrie ist, da ist es sicherlich etwas anders. (…) Aber im Handwerk muss ich Ihnen, muss ich unterstreichen, das ist echt …, das Gespräch von Mann zu Mann, das ist, meiner Meinung nach, in der Branche das Beste, was es überhaupt gibt." (Z. 1463–1473)
„Und das persönliche Gespräch, ich würde noch nicht einmal sagen mit dem Personalchef, mit dem Mann, für den man arbeitet, mit dem muss man sich unterhalten." (Z. 1388–1390)
„(…) wer etwas älter ist und sucht Arbeit, der muss privat selber die Initiative ergreifen und muss sich da bei den Firmen vorstellen. Oder zumindest selber Kontakt aufnehmen. Ich kann mir ja auch vorstellen, dass das von den Firmen her auch eine Anerkennung gibt, die sie eigentlich …, wo sie sagen: ‚Wer sich selber auf die Füße macht und sucht nach Arbeit, der will auch Arbeit.'" (Z. 1806–1810)

In Einzelfällen engagierten sich Erwerbspersonen vor und während der Stellensuche ehrenamtlich in einem dem Suchfeld nahegelegenen Bereich. Dieses bewerbungsbegleitende Engagement war in einem Fall gar nicht, in einem anderen Fall nicht ausschließlich durch die Stellensuche motiviert, könnte aber die erfolgte Einstellung unterstützt haben.

So absolvierte Frau Ehrhardt (Vorgehenstyp a), ausgebildete Friseurin, bereits vor ihrer beruflichen Neuorientierung zu einer Tätigkeit im Pflegebereich eine Hospizausbildung und wurde Mitglied in einem Hospizverein.

Frau Ehrhardt, 55 Jahre, zur Motivation für ihr Engagement:
„Ehrenamtlich. Nein, da war das Berufliche noch gar nicht so der Grund. Also das kam erst danach. Das habe ich aus ehrenamtlichen, persönlichen, erstmal persönlichen, dann ehrenamtlichen Gründen gemacht damals." (Z. 1434–1436)

Herr Lersch (Vorgehenstyp b), ausgebildeter Polizeivollzugsbeamter mit anschließend mehrfachen Berufswechseln, begann zum absehbaren Ende seiner der Umbruchphase in höherem Lebensalter vorhergehenden Stelle eine ehrenamtliche Mitarbeit in einem freiwilligen Polizeidienst.

Herr Lersch, 57 Jahre, auf die Frage, ob sein Engagement auch durch die Absicht motiviert war, dass er dies für seine beruflichen Perspektiven nutzen wollte:

> „Konnte ich damals nicht absehen. War natürlich im Hinterkopf, würde lügen, wenn ich sagen würde: ‚Nein!' Aber das, damals konnte man das wirklich nicht absehen." (Z. 474–475)

Zur Verhandlungsführung: Die Vorstellungsgespräche waren i.d.R. durch die jeweilige unternehmensseitige Gesprächsführung geprägt, in der die Stellensuchenden auf Fragen antworteten, ihre Qualifikationen und Erfahrungen schilderten, eigene Fragen stellten und den angebotenen Konditionen zustimmten.

In einigen, jeweils in Stellenaufnahmen gemündeten Fällen schilderten die befragten Erwerbspersonen hiervon abweichende Vorgehensweisen, in denen sie die Gesprächsführung auch aktiv mitgestalteten bzw. die angebotenen Konditionen offensiv verhandelten.

Herr Dederichs (Vorgehenstyp a) versuchte, in den Vorstellungsgesprächen seine Kompetenz durch Ansprechen konkreter fachlicher Fragen sichtbar zu machen.

> Herr Dederichs, 58 Jahre:
> „Wenn mein Gegenüber merkt, dass ich Ahnung habe von dem, was ich mache. Das spielt schon eine große Rolle. Das will man, glaube ich, auch wissen. Ob man kompetent ist oder nicht." (Z. 1613–1615)
> „Wenn Sie gleich spezielle Sachen ansprechen und zeigen, dass Sie da Ahnung haben." (Z. 1624)

Herr Quendt (Vorgehenstyp a) schilderte sein selbstbewusstes Auftreten im Vorstellungsgespräch, das er auf seinen zu der Zeit bestehenden Beschäftigtenstatus zurückführte und neben seinen fachlichen Vorerfahrungen als entscheidend für die erfolgreich verlaufende Bewerbung einschätzte.

> Herr Quendt, 54 Jahre:
> „Es war eine Sache, die war ausschlaggebend, nämlich, dass ich eine Stelle hatte. Dass ich nicht arbeitslos war. Ich bin dort aufgetreten, ich kam sogar zu spät, eine Viertelstunde. Da haben sieben Leute auf mich gewartet, ja. Und ich habe aber angerufen und gesagt: ‚Ich habe die Fahrtstrecke unterschätzt hierher, tut mir leid.' (…) Ich bin reingekommen, strahlend, weil ich war absolut sicher, ich habe einen guten Job, also was heißt, nicht so gut wie der jetzt hier, aber ich war beim alten Arbeitgeber wieder genommen worden und war dort … Ich hatte einen Job und bin dann reingegangen und habe gesagt: ‚Okay, ich würde lieber diesen Job machen.' Aber ich war nicht mit dem Stigma der Arbeitslosigkeit, es ist nämlich der unsichtbare Stempel ‚Ich brauche den Job', den man auf der Stirn hat. Das spürt jeder (…)." (Z. 773–783)
> „Sie durften natürlich auch unterstellen aufgrund meines Lebenslaufs, dass ich da sofort einsetzbar bin (…) Und ich war ja sofort einsetzbar. Auch in diesem Selbstbewusstsein. Aber ich bin natürlich …, das letzte entscheidende Stück Selbstbewusstsein war, weil ich einen Job hatte, ja. Also von Job zu Job, dass ich nicht arbeitslos war. Da habe ich dann, da hat man eine Ausstrahlung …" (Z. 795–801)

Umso wichtiger hielt Herr Quendt es, sich bei Bewerbungen aus Arbeitslosigkeit heraus als gleichrangiges Marktsubjekt zu verstehen, das einem Nachfrager eine bestimmte Leistung anbietet und sich im Vorstellungsgespräch selbstbewusst präsentiert.

> Herr Quendt:
> „Und dann muss man eben sich auf den Markt einlassen, als Marktsubjekt, muss Angebot und Nachfrage begreifen. Und man muss gucken, wie …, was will denn der andere, ja. Man muss ja im Prinzip wie im Vertrieb arbeiten. Man muss verstehen, worauf es ankommt. Wenn man das Grundverständnis in sich hat, dann wird man sich immer richtig verhalten. Dann wird man sich auf die richtigen Stellen bewerben, dann wird man die richtige Bewerbung schreiben und den Ton treffen, man wird im Gespräch richtig und ernstzunehmend argumentieren können. Weil der andere einfach spürt, da ist wirklich jemand, der ist auf Augenhöhe, das ist bis in Ihr Mark, ich bin Arbeitgeber, der ist ein Arbeitnehmer, ein zukünftiger, wir wollen jetzt zusammenkommen, ja. Der will mir was verkaufen, ich frage nach, ich kriege gute Antworten, ja, ich will den haben, diese Arbeitsleistung." (Z. 983–992)
> „Man muss ja nicht sagen: ‚Wie gehe ich auf Frage A mit welcher Antwort …', das ist gar nicht der Punkt. Man muss grundsätzlich die richtige Haltung zum Thema haben." (Z. 1016–1018)

Frau Roloff (Vorgehenstyp b), ausgebildete Einzelhandelskauffrau, lehnte in einem Vorstellungsgespräch eine angebotene Teilzeitstelle ab und beharrte auf einer Vollzeitstelle, die sie letztlich auch erhielt.

> Frau Roloff, 63 Jahre:
> „(…) die haben eine Verkäuferin gesucht. Und ich habe dort angerufen: ‚Ja' hat sie gesagt, ‚der Chef, der kommt.' Und sie geben mir Bescheid. Und da hat sich kein Mensch gemeldet und mein Mann geht (…) heim und sieht, dass da ein (adjektivierter Ortsname) Auto steht. Da hat er gesagt: ‚Du, der Chef ist da, geh rüber!' Nehme ich mein ganzes Zeugs, gehe ich hin, leg ihm das hin: ‚Na' hat er gesagt, ‚ist alles in Ordnung', aber sie suchen nur so Teilzeitkräfte und ich wollte ganztags arbeiten. Dann habe ich dem mein Zeugs hingelegt und habe gesagt: ‚Falls Sie es sich noch anders überlegen, Sie können mich ja anrufen.' Und damit war das für mich erledigt. (…) abends um acht ruft der an: ‚Sie haben die Stelle, kriegen so und so viel, Sie können anfangen!'" (Z. 259–269)
> „Ja, der hat keinen gefunden." (Z. 275)

Zu Veränderungen in den Suchstrategien: Mit zunehmender Suchdauer veränderten sich auch die verfolgten, in veränderten Suchzielen und -aktivitäten zum Ausdruck kommenden Suchstrategien. Entsprechend der erläuterten Veränderungen in den Zielen der Stellensuche senkten einige Erwerbspersonen ihre berufsfachlichen Ansprüche und bewarben sich nicht mehr, wie zu Suchbeginn, ausschließlich auf ausbildungsadäquate Stellen, sondern auch auf geringer qualifizierte Stellen, wie am Beispiel von Herrn Koch (Vorgehenstyp b) näher dargestellt.

Eine umgekehrte Entwicklung war in anderen Fällen zu beobachten, in denen Erwerbspersonen in Arbeitslosigkeit eine weitgehende Kompromissbereitschaft entwickelten, die sie wieder eingrenzten, ihre Ansprüche also wieder ausweiteten und sich nur noch auf Stellen bewarben, die bestimmte Mindestbedingungen erfüllten, wie exemplarisch für Frau Claßen (Vorgehenstyp b) erläutert.

Eine weitere Veränderung stellte die nach ergriffenen Chancen erfolgte Umorientierung auf wieder möglich erscheinende berufsfachliche Ziele dar, die nach vorhergehender Suche im geringer qualifizierten Bereich zu gezielten berufsfachlichen Bewerbungen führten und mit Weiterbildungsaktivitäten verbunden waren. Wie exemplarisch bereits erläutert, unternahm Frau Faber (Vorgehenstyp b) hierfür diverse Formen informellen Lernens, Frau Xannick (Vorgehenstyp b) nahm an einer Umschulung teil.[216]

Zusätzlich zu diesen an die drei bereits erläuterten Kontexte veränderter Suchziele – einer Anspruchssenkung, Anspruchsausweitung und erneuten Berufsfachlichkeit – anknüpfenden geänderten Suchaktivitäten fanden sich zwei weitere Änderungsverläufe:

Frau Vosskamp (Vorgehenstyp b), ausgebildete Wirtschaftskauffrau, erlebte von ihrem 39. bis zu ihrem 57. Lebensjahr eine langjährige Unsicherheitsphase, in der sie zwischen Arbeitslosigkeit und öffentlich geförderten Beschäftigungen wechselte, mit Ausnahme einer dreijährigen unbefristeten, aber dann betriebsseitig betriebsbedingt gekündigten Stelle. Ihre Suchaktivitäten folgten erst berufsfachlichen, dann reintegrationsorientierten Zielen. Nach anhaltend vergeblicher Suche dienten ihre Bewerbungsaktivitäten nur noch dazu, die Forderungen der Arbeitsverwaltung zu erfüllen, womit ihr Vorgehen in dieser Phase dem Typ d) zuzuordnen ist, der ein weniger zielstrebiges Vorgehen in individuell eher ungünstiger sozio-ökonomischer Lage kennzeichnet. Zum Ende der vorhergehenden befristeten Stelle fing sie dann an, sich für deren Fortsetzung zu engagieren. Indem sie somit eine arbeitsvertragliche Zielorientierung entwickelte und entsprechende Aktivitäten ergriff, ist ihr Vorgehen als Sonderfall

216 Nach der in der Bildungsforschung verbreiteten Differenzierung von Lernformen in formal education (= reguläre Bildungsgänge), non-formal education (= organisierte Weiter- und Erwachsenenbildung) und informal learning (= selbstgesteuertes intentionales Lernen) zählt die Umschulungsteilnahme zu non-formal education, vgl. zur Definition der drei Lernformen: Bilger, Behringer & Kuper 2013, S. 18–20.

dem Typ b) zugeordnet. Im Ergebnis erhielt Frau Vosskamp einen unbefristeten Arbeitsvertrag.

> Frau Vosskamp, 57 Jahre:
> „Am Anfang war es gezielt, das, was ich gerne hätte gemacht mit, eben in der Öffentlichkeit, mit Kindern oder die Arbeit eben, das war gezielt. Aber je mehr man Bewerbungen geschrieben hat, desto … Irgendwie hat man dann keine Lust mehr so richtig gehabt. Da hat man eben alles genommen, was man kriegen konnte. Ich habe dann wirklich nur noch Bewerbungen geschrieben, die mich eigentlich gar nicht interessiert haben. Nur, dass die (Anm. d. V.: die ArbeitsvermittlerInnen der Arbeitsagentur) Ruhe geben und sagen: ‚So, die hat sich jetzt beworben.' 175 Bewerbungen, die habe ich jetzt verbrannt vor 14 Tagen." (Z. 1195–1201)
> Frau Vosskamp über ihr Engagement zum Ende der vorhergehenden Stelle für deren Fortsetzung:
> „Und da hätte ich wieder rausgemusst, voriges Jahr im Juli. Und da fing meine Kämpferei an." (Z. 484–485)

Im Folgenden wird die Veränderung in den Suchstrategien von Herrn Uhlig (Vorgehenstyp b) näher dargestellt, weil sie auf eine sehr beeindruckende Weise einen mit zunehmender Suchdauer einsetzenden dramatischen Verlust an Handlungsfähigkeit, aber auch die von Herrn Uhlig eingeleitete Rückgewinnung seiner Handlungsfähigkeit und seine Aktivitäten für eine schrittweise Reintegration in Erwerbsarbeit veranschaulicht. Zudem werden die Verflechtungen zwischen der Umbruch- und Suchphase in höherem Lebensalter mit der vorhergehenden Erwerbsbiografie sichtbar.

Herr Uhlig, ausgebildeter Elektrotechniker, wurde nach frühzeitigem Berufswechsel und Tätigkeit in 7 Stellen, darunter Leitungspositionen und Selbstständigkeit, mit 41 Jahren arbeitslos. Die vorhergehende Stelle endete durch einen betriebsseitig initiierten Aufhebungsvertrag. Die hohen Belastungen dieser Arbeitsstelle mit u.a. extrem langen Arbeitszeiten kompensierte Herr Uhlig mit Kaffee und Nikotin. Die beginnende Arbeitslosigkeit war für ihn daher erst einmal die Befreiung aus diesen Belastungen, zugleich schätzte er seine Chancen für eine neue Stellenaufnahme aufgrund seiner früheren Erfahrungen mit mehrfach gelungenen Stellenwechseln optimistisch ein.

> Herr Uhlig, 52 Jahre:
> „Das geht irgendwann nicht mehr. Also das kann man, sage ich mal, mit 30 machen, aber ich war ja jetzt schon Anfang 40 und dann habe ich es nicht mehr gekonnt. Ich konnte im Stehen schlafen, am Bahnhof so an die Laterne, 30 Sekunden, überhaupt kein Problem." (Z. 397–399)
> „(…) drei Tage durcharbeiten ohne zu schlafen, das geht nur, wenn Sie ex … Also ich habe alles extrem gemacht. Bis zu 100 Zigaretten geraucht, drei Liter Kaffee getrunken." (Z. 1319–1320)

> „Und haben eine Abfindung ausgemacht und dann bin ich erst mal nach Hause und ja, habe mal ein viertel Jahr ausgeschlafen (…).“ (Z. 485–458)
> „(…) bis dato war das ja alles kein Problem, einen neuen Job zu beschaffen und ja, habe das dann ganz locker angegangen, habe Kontakt gepflegt zu dem einen oder anderen Headhunter wieder und habe mich beworben, aber ja, so das erste halbe Jahr habe ich das nicht so ernst genommen.“ (Z. 492–495)

Während sich Herr Uhlig zu Beginn seiner Arbeitslosigkeit darauf verlassen hatte, eine neue Stelle über Headhunter zu finden, was früher funktioniert hatte, korrigierte er nun seine Suchstrategie, verfasste selbst Bewerbungen, verbreiterte das Segment, auf das er sich bewarb, erhielt aber keine Stelle. Auch eine nebentätig begonnene Selbstständigkeit führte zu keiner hauptberuflichen Erwerbsperspektive.

> Herr Uhlig:
> „Und ab irgendeinem Zeitpunkt habe ich dann die Headhunter eingestampft, weil das ging nicht mehr. Und habe dann selber probiert, Stellen zu finden.“ (Z. 525–526)
> „Ja und dann habe ich irgendwann gesagt: ‚Okay. Jetzt musst du mal gucken, dass du wieder Arbeit kriegst.‘ Und habe mein monster.de aufgefrischt gehabt und ja, da kam nichts. Und da habe ich gedacht: ‚Okay. Auch nicht schlimm, schickst du Bewerbungen.‘ Musste dann mit Erstaunen feststellen, ich war dann, glaube ich, 42 so in dem Dreh, musste ich mit Erstaunen feststellen, dass die Bewerbungen schneller zurückkamen, wie ich sie weggeschickt habe.“ (Z. 499–504)
> „Und ja, ich habe mich dann auf alles beworben, Computertechniker und so weiter, aber der Lebenslauf war halt dann schon ziemlich versaut (…) also zwei, sage ich mal, hochkalibrige Managementjobs und danach wieder in die Technik zurück. Das ist ein Knick im Lebenslauf, der wohl ausschlaggebend war, dass man, dass die Leute dann gesagt haben: ‚Ja, was will er denn jetzt? Will er Technik oder will er Management oder weiß er eigentlich nicht, was er will?‘ Auf jeden Fall kam ich dann nicht, kein Fuß mehr, habe ich dann keinen Fuß mehr an Land gekriegt.“ (Z. 536–544)

Mit zunehmender Suchdauer und eintretender Langzeitarbeitslosigkeit verdichteten sich für Herrn Uhlig teils als Folge der Arbeitslosigkeit, teils aufgrund weiterer Faktoren mehrere Problemlagen. Den Übergang in ALG II erlebte er als Existenzangst, da er hiervon die Versorgung mit Nahrung und Kleidung für die Familie nicht sichern konnte (s. hierzu seine Schilderung unter Kap. 6.3). Er verlor jegliches Selbstbewusstsein. Seine Ehe scheiterte. Sein extensiver Nikotinkonsum war nicht mehr finanzierbar. In dieser zugespitzten Situation reflektierte er, dass er seine Handlungsfähigkeit verloren hatte. Die Voraussetzungen zu deren Wiederherstellung sah er darin, das Rauchen zu beenden und sich von seiner Frau zu trennen. Zu beidem entschied er sich und setzte es um, beides bedeutete für ihn massive Einschnitte in seinem Leben, was in seiner mehrfachen Verwendung der Begriffe „Gewalt“ und „brutal“ zum Ausdruck kam (diese waren jeweils nicht im Sinne physischer Gewalt gemeint). Obgleich die Nikotinentwöhnung Herrn Uhlig zuerst einen Monat niederwarf, erlebte er sein Durchhalten als Wendepunkt und als wiedergewonnenes Selbstvertrauen in seine Handlungsfähigkeit bzw. als Selbstwirksamkeitsüberzeugung (vgl. Bandura 1977, Schwarzer & Jerusalem 2002, s. hierzu auch die Ausführungen in Kap. 6.6, Lern- und Entwicklungsprozesse).

> Herr Uhlig:
> „(…) jetzt habe ich so viel … bin ich wieder so fit in meinem Selbstbewusstsein, das ist auch so weit wiederhergestellt, was völlig zerstört wurde durch die Arbeitslosigkeit … Völlig, da war nichts mehr, ich konnte kein Bewerbungsgespräch mehr machen, nix (…).“ (Z. 976–979)
> „Weil ich einfach, ich konnte nicht sehen, wie ich aus der Situation rauskomme, wenn ich nicht einfach das per Gewalt ändere. Und richtig streng nach dem Motto: ‚Die Zukunft ändert sich nur, wenn ich jetzt, heute die Eingangsbedingungen dafür verändere.‘ Das war eine rein hypothetische Überlegung, nach dem Motto: ‚Die Ehe ist sowieso scheinbar am Ende in der Situation, wie sie jetzt ist, und die Zukunft wird sich nur ändern, wenn ich es wirklich brutal anders mache.‘“ (Z. 662–667)
> „Irgendwann habe ich gesagt: ‚Da kommst du nie wieder raus.‘ Habe dann, ich war starker Raucher, Kettenraucher, habe das irgendwann mal aufgegeben, weil ich dann pleite war und habe dann mich einfach auf, besonnen und habe gesagt: ‚Jetzt musst du die Situation mit Gewalt verändern.‘“ (Z. 588–591)
> „Ich war ja im Prinzip völlig pleite, so pleite, dass ich das Rauchen aufgehört habe, ich war wirklich Kettenraucher, also zu dem Zeitpunkt habe ich bestimmt 60, 70 Zigaretten am Tag geraucht, und ich sage mal, ich hätte in der Zeit, wo ich das aufgehört habe, auch nicht arbeiten können. Ich war vier Wochen platt!“ (Z. 1078–1081)
> „Das war so ein gravierender Punkt, als ich das geschafft hatte, das Rauchen aufzuhören. Das war ein gravierender Punkt, wo ich gesagt habe: ‚Okay, jetzt geht es wieder, dass ich Geschicke selbst in die Hand nehme und aufgrund eigener Entscheidungen Veränderungen herbeiführe.‘ Ja, das war ein ganz, ganz wichtiger Punkt. Weil vorher habe ich mich, sagen wir, auch lange Zeit dann so treiben lassen, nach dem Motto: ‚Hauptsache, es passiert jetzt nichts!‘ Eher Angst vor Veränderungen und lieber den Kopf einziehen, ducken und durchhalten, so lange wie geht, bis dann halt nichts mehr ging.“ (Z. 1328–1334)

Ab diesem Wendepunkt änderte Herr Uhlig auch seine Suchziele und -aktivitäten radikal. Unter Verzicht auf jegliche berufsfachliche Ansprüche versuchte er eine schrittweise Reintegration in Erwerbsarbeit, die mit einer geringfügigen Beschäftigung in ungelernter Tätigkeit begann, eine von ihm beim Jobcenter angefragte Teilnahme an einem Integrationskurs umfasste, aus der sich dann die Gelegenheit zu einer nebentätigen Honorartätigkeit als Dozent ergab.

Herr Uhlig:
„Davor hatte ich schon gesagt: ‚Mir ist es egal, was ich arbeite.‘ Und habe mir einen 400 € Minijob an der Tankstelle geholt.“ (Z. 615–616)
„Es war ein bisschen komisch an der Tankstelle, weil dann sind natürlich früher oder später auch viele Bekannte vor der Kasse aufgetaucht und da gab es dann schon so Reaktionen: ‚Was machst denn du da? Hast du die jetzt gekauft?‘ (lacht) So nach dem Motto: ‚Hast du jetzt die Tankstelle übernommen oder was?‘ Also es war dann teilweise schon ein bisschen, ja, peinlich (…).“ (Z. 1054–1058)
„Habe den Minijob gemacht, genau, und drei Monate später bin ich auf das Amt und habe gesagt: ‚Egal was, her damit!‘ Und habe mir den Integrationskurs geholt. Und über den Integrationskurs wiederum habe ich keinen Job gefunden, aber da kam ich rein in, in, ausbildungsbegleitende Hilfen zu unterrichten, für verschiedene Bildungsträger.“ (Z. 616–620)
„Natürlich darauf spekuliert, als Dozent plus Nebenerwerb Selbstständigkeit, könnte ich mich alleine vielleicht sogar durchschlagen und aus diesem ALG II-Gedöns befreien.“ (Z. 667–669)

Nach Aufnahme der Dozententätigkeit erhielt Herr Uhlig die Aufforderung, sich auf eine Stelle in einem Arbeitsvermittlungsprojekt zu bewerben, die er auch erhielt, Herr Uhlig war zu diesem Zeitpunkt 49 Jahre alt. Rückblickend sah er in seiner vorgenommenen Anpassung und damit in seinem Handeln den Schlüssel für die gelungene Reintegration.

Herr Uhlig (über sein Vorstellungsgespräch für eine Stelle in einem Arbeitsvermittlungsprojekt):
„(…) unser damaliger Betriebsleiter hatte dann gefragt: ‚Was muss sich denn ändern? Die Person oder der Markt?‘ Und da habe ich gesagt: ‚Wenn ich das an meiner eigenen Person reflektieren darf, dann ist es die Person, die sich ändern muss und sich dem Markt anpassen muss.‘ Und das war es. Das wollte er wissen. Und das genau ist auch, das denke ich auch, der Schlüssel dazu, denn zehn Jahre vorher hätte ich gesagt: ‚Ich bin es! Jetzt richtet euch mal nach mir!‘“ (Z. 690–695)

In der ab seinem 41. Lebensjahr einsetzenden Umbruchphase wirkten einige Aspekte aus seiner früheren Erwerbsbiografie als besondere Herausforderung hinein, so der Wechsel von einer Managementstelle in eine, wenn auch hochdotierte, technische Tätigkeit, den er als ‚Knick‘ im Lebenslauf wertete, seine mehrfachen Erfahrungen, über Headhunter leicht eine neue Stelle angeboten zu bekommen, die ihn erst nach einem halben Jahr Arbeitslosigkeit mit eigenen Bewerbungen beginnen ließen, sowie die massive Nikotinabhängigkeit, die er überwinden musste.

Dennoch gelang es Herrn Uhlig, in einer Situation, in der seine Ressourcen in finanzieller (ALG II), sozial-emotionaler (Ehe) und psychischer Hinsicht (Selbstbewusstsein) massiv beeinträchtigt waren, diese Situation zu reflektieren, neue Ziele zu definieren, den Weg dorthin zu planen und die entsprechenden Schritte einzuleiten, die ihm viel abverlangten (Nikotinentwöhnung, Trennung von der Ehefrau, Ausüben einer als peinlich empfundenen Arbeit). Ohne seiner Auswertung, dass die persönliche Anpassung an den Markt entscheidend für die Überwindung von Arbeitslosigkeit ist, hier als generalisierbarer Aussage folgen zu wollen, so belegt das Vorgehen von Herrn Uhlig, dass er auf diese Weise in hauptberufliche Erwerbsarbeit zurückkehren konnte.

Typ c): Weniger zielstrebige Vorgehensweisen in (eher) günstiger *sozio-ökonomischer Lage*

Die bislang dargestellten Suchziele und Suchaktivitäten bezogen sich auf die Typen a) und b) als zielstrebige Vorgehensweisen bei der Stellensuche in höherem Lebensalter in unterschiedlicher sozio-ökonomischer Lage.

Typ c) umfasst weniger zielstrebige Vorgehensweisen bei der Stellensuche in höherem Lebensalter in (eher) günstiger sozio-ökonomischer Lage. Dies kennzeichnete die Stellensuche von 5 Erwerbspersonen, die nach Region und Geschlecht keine Auffälligkeiten aufwiesen.

Suchziele

Die Suchziele waren dadurch geprägt, dass für keine der 5 Personen eine dringende finanzielle Angewiesenheit bestand. Frau Allenbach, ausgebildete Buchhalterin, suchte eine Stelle in ihrem Berufsfeld mit breitem Aufgabenzuschnitt, aber zur Belastungsreduktion mit weniger Verantwortung als in ihrer vorhergehenden Stelle. Sie wollte nicht ausschließlich in der Buchhaltung tätig sein und hatte mehrere Anforderungen an die Stelle auf eher höherem Anspruchsniveau, wie z.B. räumliche Nähe und sympathische Vorgesetzte.

> Frau Allenbach, 70 Jahre:
> „Ein breiteres Spektrum, darum wäre ich auch gern in eine kleinere Firma gegangen, weil man da ja alles machen muss (…).“ (1396–1397)
> „Ich hatte mich aber in der Firma vorher beworben und war nicht eingestellt worden, weil ich überqualifiziert war. Die hatten Angst, dass ich sofort wieder gehen könnte. Tatsache war aber, dass ich so müde war und so kaputt (lacht) von diesen 21 Jahren, das war schon sehr anstrengend, dass ich nur noch, dass ich gar nicht mehr so etwas Verantwortliches machen wollte.“ (Z. 234–237)
> „Ich wäre nie jetzt hier 20 km gefahren. Das hätte ich nicht gemacht. Da wäre ich arbeitslos geblieben.“ (Z. 940–941)
> „Ich hätte nie irgendwo gearbeitet, wo mir der Gesprächspartner unsympathisch gewesen wäre, wenn ich gewusst hätte, ich hätte mit dem zusammenarbeiten müssen, aber das war für mich wichtig, dass da auch Sympathie war zu den Menschen, mit denen ich arbeiten musste.“ (Z. 991–993)

Herr Gillessen strebte eine zuvor nebenberufliche Tätigkeit in der Lehrausbildung als hauptberufliche Stelle an und wollte seine bislang hauptberufliche Selbstständigkeit als Kunsthandwerker nebenberuflich fortführen. Durch diesen Berufswechsel wollte er belastende Anforderungen der selbstständigen Tätigkeit reduzieren und seine soziale Absicherung erhöhen (vgl. auch Kap. 6.3). Ein alternatives Suchziel kam für ihn nicht infrage.

> Herr Gillessen, 51 Jahre:
> „Wahrscheinlich, wenn das mit der Schule nicht gewesen wäre, wäre ich selbstständig geblieben bis zu meiner Rente (…).“ (Z. 1516–1517)

Frau Osterloh, Facharbeiterin für EDV, die nach familiär bedingter Erwerbsunterbrechung in eine Tätigkeit als Verkäuferin gewechselt war und hier eine Zweitausbildung absolviert hatte, erlebte von ihrem 41.–57. Lebensjahr eine Unsicherheitsphase in einem Wechsel von Arbeitslosigkeit, öffentlich geförderten Beschäftigungen und drei jeweils dreimonatigen befristeten Teilzeitstellen in einem Supermarkt. Ihre Suchziele waren beruflich eher offen, neben Tätigkeiten in der Buchhaltung oder im Verkauf war sie zeitweilig auch bereit, eine geringfügige Reinigungsstelle anzunehmen. Mindestanforderungen waren für sie eine Stelle in räumlicher Nähe, eine ethisch vorstellbare Tätigkeit, die sie im Hinblick auf spezifische Aspekte in der Tierhaltung und bei Callcentern problematisierte. Sie war nicht dringlich auf das Einkommen angewiesen, es war ihr jedoch wichtig, erwerbstätig zu sein und mit Blick auf die Rente sozialversichert beschäftigt zu sein, wenngleich auch mit eher geringem Rentenanspruch.

> Frau Osterloh, 59 Jahre:
> „(…) es war mir schon immer wichtig zu arbeiten oder arbeiten zu gehen.“ (Z. 1441–1442)
> „Und daran lag mir viel, dass das sozialversichert ist (…).“ (Z. 501)
> „Obwohl das (Anm. d. V.: Bezug: ihr Rentenanspruch) Pillepalle ist, dazu verdiene ich sicher zu wenig (…).“ (Z. 1518)
> „(…) die (Anm. d. V.: Bezug: ihre ArbeitsvermittlerInnen) hatten dann gesagt: ‚Callcenter‘ und da habe ich gesagt: ‚Das fällt aus. Die Leute anrufen und belästigen …‘ “ (Z. 2233–2234)
> „Und da habe ich gesagt: ‚Aber nicht, wo ich die Leute anrufen muss!‘ Die Leute müssen … Also Inbound und Outbound[217] oder wie man das nennt, wenn die Leute mich anrufen, finde ich das in Ordnung, aber nicht, dass ich die Leute …“ (Z. 2237–2240)

Frau Pütz suchte eine Stelle im Handelsbereich, in dem sie auch zuvor tätig war, rechnete sich hier aber aufgrund ihrer Überqualifikation kaum Chancen aus und

217 Inbound-Callcenter bearbeiten eingehende Anrufe von KundInnen, Outbound-Callcenter kontaktieren von sich aus bestimmte Zielgruppen.

problematisierte zugleich die von ihr nicht mehr gewollte körperlich schwere Arbeit (s. hierzu auch ihre Schilderung unter Kap. 6.3). Nach ihrer selbstständigen Tätigkeit war für sie zudem eine Stelle ohne eigenen Entscheidungsspielraum nicht mehr vorstellbar. Nach Erhalt einer Erbschaft meldete sie sich aus ihrem Arbeitslosigkeitsstatus ab, zumal sie infolge der Erbschaft auch keinen Anspruch auf ALG II gehabt hätte. Mit der Abmeldung entfiel auch ihre Verpflichtung, dem Arbeitsamt eine bestimmte Anzahl an Bewerbungen vorzulegen. Ihr Suchinteresse wurde stattdessen durch die Berichte ihres Mannes über seine Tätigkeit im Wachdienst auf diesen Bereich gelenkt.

Frau Pütz, 67 Jahre:
„(…) immer wenn du da ein Schreiben (Anm. d. V.: vom Arbeitsamt) kriegst, um die und die Zeit hast du dort anzutreten und hast den Leuten Rede und Antwort zu stehen, du hast zig Bewerbungen vorzulegen, wo dich doch keiner nimmt. Man kann doch der Objektivität ins Auge sehen. Man hatte doch gar keine Chance. Noch dazu, wo wir selbstständig waren, da kann sich jeder ausrechnen: ‚Die haben Ahnung, die blicken durch.' Wer stellt denn uns da ein? Keiner! Also im Handel hätten wir gar keine Chance gehabt, wollte ich auch gar nicht mehr, weil Handel ist körperlich, also die zehn Jahre, die waren so hart, oder neun Jahre, (…) das kann sich niemand vorstellen, wie hart Handel ist, was eine Verkäuferin leisten muss." (Z. 1225–1233)
„Ich hatte mir nur Chancen im Handelsbereich noch gegeben und habe dort erst mal gesucht im Terminal und nach Möglichkeit habe ich sie übergangen."
(Frage der Interviewerin: Weil es dann doch nicht so attraktiv war?)
„Weil es einfach nicht für mich so verlockend war. Ich war ja ziemlich viel Freiheit und Entscheidungsfreiheit gewöhnt. Ich konnte mir nicht vorstellen, eine Tätigkeit zu machen, wo ich gesagt kriege, was ich zu tun und zu lassen habe, wo ich unter Zwang handeln muss." (Z. 2373–2381)
„Beim Bewerben, jetzt am Terminal, es war ja auch nichts da, was mich hätte befriedigen können. Ich kann mich nicht erinnern, es war ja auch keine lange Phase, der Lehrgang ging ja, bis ich … im September, im März wurde ich 57, also Ende 56, (…) war ja eine kurze Phase, bis ich mich aus dem Arbeitsamt abgemeldet habe." (Z. 2407–2410)
„Meine Tante hat das Zeitliche gesegnet und mir ein Erbe hinterlassen. Und davon konnten wir dann ganz gut leben." (1251–1252)
„Als meine Tante starb, habe ich mich abgemeldet." (Z. 1257)
„Sofort abgemeldet. Ich hätte ja keinen Pfennig mehr bekommen, was sollte das?" (Z. 1261)
Frau Pütz über die Berichte ihres Mannes über seine Tätigkeit beim Wachdienst:
„Er hat ja jeden Abend erzählt, was für Aufgaben, wie er es durchsteht und so weiter. Und da habe ich gedacht: ‚Das kann ich auch. Ja, das mache ich auch.' " (Z. 2426–2427)

Herr Sonntag hatte in seiner 2-monatigen Arbeitslosigkeit überhaupt keinen Suchwunsch. Aufgrund einer hohen Abfindung aus seiner vorhergehenden Stelle war er absehbar bis zur Rente auf kein Erwerbseinkommen angewiesen, wollte vorerst seine Freiheit genießen und ggf. später eine Stelle suchen (s. hierzu seine Schilderung unter Kap. 6.3).

Die Suchziele waren somit teils sehr deutlich definiert (Frau Allenbach, Herr Gillessen), teils offen bzw. eher unkonkret (Frau Osterloh, Frau Pütz) und überwiegend mit einem eher höheren Anspruchsniveau verknüpft (mit Ausnahme von Frau Osterloh). In einem Fall bestand vorerst noch gar kein Suchwunsch (Herr Sonntag). Veränderungen in den Suchzielen wurden nur in einem Fall sichtbar, indem die Suchabsicht nach Abmeldung vom Arbeitsamt zurückging, aber nicht gänzlich aufgegeben, sondern auf ein anderes Tätigkeitsfeld orientiert wurde (Frau Pütz).

Suchaktivitäten

Frau Osterloh konzentrierte sich auf Bewerbungen, bei denen sie sich Chancen ausrechnete. Einstellungsmöglichkeiten vermutete sie in der nächstgelegenen Großstadt, aus familiären Gründen konzentrierte sie ihre Bewerbungen jedoch auf die nähere Umgebung. Sie kontaktierte die Unternehmen telefonisch, teils auch initiativ. Entsprechend ihrer beruflich eher offenen Ziele bewarb sich Frau Osterloh auf diverse, nach Tätigkeit nicht begrenzte Stellen. Ihre Kompromissbereitschaft hierbei war sehr hoch, sie nahm geringfügige gering vergütete Stellen im Einzelhandel an, bewarb sich auf eine Tätigkeit in der Küche sowie im Alter von 55 Jahren auf eine geringfügige Reinigungsstelle. Letztere war mündlich auch bereits beidseitig zugesagt, aufgrund einer ihr angebotenen sozialversicherungspflichtigen Stelle im Einzelhandel kam sie aber nicht zustande. Öffentlich geförderte Beschäftigungen erhielt sie mehrfach beim gleichen Verein. Die hier ausgeübte Tätigkeit in der Buchhaltung führte sie zwischenzeitlich ehrenamtlich fort, was sie auch als einen Grund für Folgebeschäftigungen dort vermutete.

> Frau Osterloh:
> „In (Name der nächstgelegenen Großstadt) oder so hätte ich bestimmt auch Arbeit gekriegt (…).“ (Z. 870–871)
> „(…) ich habe mich immer in der näheren Umgebung beworben. Aber es ist eben, hat nicht gefruchtet.“ (Z. 875–876)
> Frau Osterloh auf die Frage, ob sie sich für sehr verschiedene Tätigkeitsfelder beworben hatte:
> „Nicht begrenzt, einfach ja, nur Stall wäre nichts für mich gewesen oder hier so Klos putzen (…).“ (Z. 2111–2112)
> „Ja ich habe damals als Pauschalkraft 5 € die Stunde gekriegt. Aber das ist es nicht. Es war einfach so, ich war meine bestimmte Anzahl von Stunden und ich hatte jeden Tag, sage ich mal, eine Stunde mehr. (…) da war einfach noch eine Stunde dran und man konnte nicht gehen, obwohl man das nicht bezahlt gekriegt hat.“ (Z. 283–287)

Entsprechend ihrer Suchziele konzentrierte Frau Allenbach ihre Bewerbungen auf ausgewählte Stellen.

> Frau Allenbach:
> „Ich habe, wenn ich was Interessantes las, dann habe ich mich beworben, aber das musste eben auch so sein, dass es mich interessierte, dass es nicht so weit weg war." (Z. 1363–1365)
> (Frage der Interviewerin: Und haben Sie dann auch eher versucht, möglichst viele Bewerbungen zu schreiben? Oder eher so gezielt?)
> „Gezielt, was nicht zu weit entfernt war." (Z. 1402)

Auch Frau Pütz unternahm keine intensiven Suchaktivitäten. Nach der erhaltenen Erbschaft bewarb sie sich bei einem Sicherheitsdienst und nahm eine Stelle als Concierge an. Diese wurde ihr als Vollzeitstelle angeboten, sie entschied sich aber für eine geringfügige Nebentätigkeit. Hierauf war sie finanziell nicht angewiesen, konnte sich damit aber besondere Wünsche leisten. Das Problem eines eingeschränkten Entscheidungsspielraums, der Frau Pütz in ihrem Suchziel wichtig war, bestand für sie in der Stelle als Concierge nicht.

> Frau Pütz:
> „Ich war nicht sehr initiativ, das muss ich zugeben. Das war wirklich nur, wenn mir eine Annonce zugesagt hat. Und dann habe ich gesucht." (Z. 2434–2435)
> „Wenn Sie jetzt vom Alter nach der Rente ausgehen, dann habe ich es gemacht, um mir Luxus leisten zu können. Aber man muss immer dazu sagen, ich bin ja verheiratet und habe mit meinem Partner zusammen eine Rente, mit der wir leben können. Aber wer nur meine 600 € hätte, der müsste 100 Prozent das machen, um leben zu können." (Z. 1636–1639)
> „Beim Wachdienst hätte ich sofort einen Arbeitsvertrag bekommen (…) auf acht Stunden, das wollte ich nicht. Ich habe gedacht: ‚Nein, du hast einfach genug gearbeitet in deinem Leben und schwer gearbeitet (…).'" (Z. 2327–2329)
> „Und dort im Gespräch habe ich mir überlegt, weil er die Möglichkeit mir auch aufließ, ich könnte ja auch nur gelegentlich, da habe ich mich dann eigentlich entschlossen …" (Z. 2347–2348)
> Frau Pütz zu den in der Concierge-Tätigkeit gegebenen Entscheidungsspielräumen:
> „Sicher, es gibt Richtlinien, wie bei dem Concierge, da muss man eben das so und so machen, aber das ist doch kein Zwang, das sind doch Selbstverständlichkeiten." (2382–2383)

Herr Gillessen bewarb sich ausschließlich auf die von ihm angestrebte Stelle in der Lehrausbildung.

> Herr Gillessen auf die Frage, ob er sich außer der Stelle in der Lehrausbildung auch auf andere Stellen beworben hatte:
> „Jetzt zu dem Zeitpunkt nicht." (Z. 1512)

Herr Sonntag bewarb sich ebenfalls nur auf eine einzige Stelle, bei der er dem Drängen seiner Frau nachgab, obgleich er selbst noch keinen Suchwunsch hatte. Die ausgeschriebene Stelle umfasste zwei Aufgabenbereiche, Fahr- und EDV-Tätigkeiten. Herr Sonntag wollte die Stelle im Grunde wegen des im Vergleich zu seiner früheren Tätigkeit geringeren Status gar nicht haben und schloss auch eine Fahrtätigkeit aus. Gerade wegen seines fehlenden Interesses an der Stelle konnte er im Vorstellungsgespräch sehr locker und offen auftreten. Nachdem bereits im Verlauf dieses Gespräches die Möglichkeit eröffnet wurde, dass er keine Fahrtätigkeit übernehmen müsste, entwickelte er letztlich doch ein Interesse an der Stelle und erhielt sie auch.

> Herr Sonntag:
> „(…) also meine Frau hat in der Zeitung gelesen, dass (Name einer Polizeibehörde) sucht einen Mitarbeiter. Und ich habe gesagt: ‚Ach, nein, ich mache das nicht.' Aber sie hat gesagt: ‚Doch, du machst das, du warst jetzt ein Jahr daheim, das drängt jetzt, du bist mir noch zu jung, du gehst an die Arbeit!'"
> (Frage der Interviewerin: Und das hat Sie überzeugt?)
> „Ich habe ja nicht gedacht, ich habe ja nie gedacht, dass ich den Job kriege! Nun bin ich da hin, mein Berater beim Arbeitsamt, der für die Schwerbehinderten zuständig ist, sagte: ‚Ja. Das kannst du, da können wir dich auf die Bewerbungsliste draufstellen, das ist ein Job, den du machen kannst.'" (Z. 343–353)
> Herr Sonntag auf die Frage, warum er die Stelle trotz des geringeren Status haben wollte:
> „Bei dem Vorstellungsgespräch kam das. Nachdem man mir eröffnet hat, welche Möglichkeiten ich habe. Also man hat dann erkannt, allein von meinen Bewerbungsunterlagen, dass ich also mich für den Kraftfahrer, dass ich für den Kraftfahrer vollkommen ungeeignet bin, dass ich eher andere Aufgaben wahrnehmen werde. Das war schon damals klargewesen." (901–904)
> Herr Sonntag auf die Frage, ob er dann auch gar nicht als Kurierfahrer gearbeitet hat:
> „Nein, gar nicht. Hätte ich auch nicht gemacht. Hätte ich auch nicht gemacht." (Z. 909)
> Herr Sonntag über das Vorstellungsgespräch:
> „Also ich habe mich da auch unheimlich locker gegeben, weil ich war ja in einer Position, also ich war ja in einer Position, ich wollte ja eigentlich gar nicht arbeiten. Ich wollte ja eigentlich gar nicht. (…) Ja, also ich saß da nicht so da, sondern ich saß, ich war offen, ich war: ‚Was kostet die Welt? Was wollen Sie von mir? Fragt mich doch!'" (Z. 403–410)

Alle fünf Personen unternahmen somit nur eher begrenzte Bewerbungsaktivitäten, darunter in zwei Fällen sogar nur eine einzige (Herr Gillessen und Herr Sonntag). Dies sowie ihr in den Suchzielen zum Ausdruck kommendes eher höheres Anspruchsniveau an die gesuchte Stelle stehen im Einklang mit ihrer fehlenden Angewiesenheit auf ein Erwerbseinkommen.

Typ d): Weniger zielstrebige Vorgehensweisen in (eher) ungünstiger *sozio-ökonomischer Lage*
Typ d) kennzeichnet weniger zielstrebige Vorgehensweisen bei der Stellensuche in höherem Lebensalter in (eher) ungünstiger sozio-ökonomischer Lage. Nur eine männliche Erwerbsperson aus den NBL wies eine solche Vorgehensweise auf.

Suchziele
Herr Hansen, Zerspaner, hatte nach betriebsbedingter betriebsseitiger Kündigung seiner vorhergehenden Stelle mit 46 Jahren nach einer Stelle in seinem Berufsfeld, allerdings entsprechend seiner Chanceneinschätzung unterhalb seines erreichten Meisterabschlusses gesucht. Eine erneute Stellenaufnahme mit 47 Jahren endete nach wenigen Monaten, nachdem er ein ungünstigeres Änderungsvertragsangebot abgelehnt hatte. In der anschließenden Arbeitslosigkeit orientierte er zur Erhöhung seiner Einstellungschancen auf eine Weiterbildungsteilnahme. Eine weitere Stellenaufnahme mit 49 Jahren musste nach wenigen Monaten betriebsbedingt durch den Betrieb gekündigt werden. Nach Verlust seines ALG II-Anspruches infolge der Arbeitsaufnahme seiner Frau senkte er mit nun 50 Jahren seine Ansprüche radikal und orientierte sich auch auf Tätigkeiten im ungelernten und geringvergüteten Segment.

> Herr Hansen, 57 Jahre:
> „Naja dann greift man dann auch nach jedem Strohhalm (…).“ (Z. 1136–1137)
> „Es ist ja heutzutage auch so: In dieser Sparte von 40, von 40 Arbeitsangeboten, die der, die der Arbeitsamts … Agenturcomputer da ausweist, sind 39 Zeitarbeitsfirmen. Das ist das ganz Gemeine an der Geschichte. Aber wenn man nichts weiter hat, nimmt man auch das.“ (Z. 1141–1144)

Hier wurde er in zwei Zeitarbeitsfirmen mit teils monotonen, gering qualifizierten Arbeitseinsätzen für nur 5,90 € bzw. 6,04–7,80 € Stundenlohn jeweils kurzzeitig tätig, die zweite Zeitarbeitsfirma mündete in erneute Arbeitslosigkeit. Auch aufgrund dieser Erfahrungen strebte Herr Hansen in der folgenden Stellensuche eine Tätigkeit an, die seiner fachlichen Qualifikation entsprach, die ihm Spaß machte, ohne eintönige Aufgaben, eine Mindestvergütung vorsah und in nicht zu großer räumlicher Entfernung lag.

> Herr Hansen:
> „(…) da kriegte ich ein Arbeitsangebot (Anm. d. V.: über die Arbeitsagentur), das war unter aller Sau. Ich war dort (Anm. d. V.: bei der Arbeitsagentur), ich habe denen gesagt, ich sage: ‚Passt auf, das passt ja überhaupt nicht zu dem, was ich eigentlich kann.‘ Unabhängig davon, ich sage: ‚Wenn ihr mal ein gutes Angebot mit plus 10 € Stundenlohn habt und es passt halbwegs.‘ Ich sage: ‚Da könnt ihr mich durchaus mal benachrichtigen.‘ Das wäre dann etwas. Ich sage: ‚Aber nicht über eine Sklavenhalterfirma!‘“ (Z. 1598–1603)

> „Ich könnte mir durchaus vorstellen, dass es in der Gegend von (Name eines ca. 90 km entfernten Ortes) bessere Arbeitsplätze gibt, wie hier. Aber ich möchte nicht jeden Tag nach (Name dieses Ortes) fahren oder nach (Name eines anderen, ca. 50 km entfernten Ortes) oder so." (Z. 1982–1985)
> „Also ich möchte nicht irgendeine Tätigkeit machen, wo ich zum Feierabend sagen muss: ‚Das befriedigt mich nicht.'" (Z. 2381–2382)

Herr Hansen war auf ein Erwerbseinkommen angewiesen, ohne ein solches schilderte er auch die Möglichkeit, in der Wohnung verbleiben zu können, als ungewiss.

> Herr Hansen:
> „Wenn meine Frau nicht da (...) arbeiten würde, könnten wir uns diese Wohnung hier nicht leisten. Die könnte ich mit meinem Lohn nicht bezahlen. (...) Wir müssten, wir müssten in die (Name einer Straße) oder hier so, in so eine Billigwohnung müssten wir da einziehen oder hier in der Nachbarschaft, Ofenheizung. Das vielleicht nicht. Aber wir könnten uns hier die Wohnung, großzügig, für uns zwei Personen ist das recht großzügig, könnten wir uns das nicht leisten. Und da wissen wir noch nicht genau, was passiert, wenn einer von uns mal keine Arbeit mehr hat." (Z. 2958–2967)

Suchaktivitäten

Herr Hansen suchte im Internet und in Zeitungen nach Stellenangeboten und bewarb sich überwiegend auf Zeitungsannoncen, versandte aber auch Initiativbewerbungen, die allerdings weniger erfolgreich verliefen.

> Herr Hansen:
> „Wenn ich in einer Zwangssituation war und schon arbeitslos war, (...) dann habe ich eigentlich auch ins Blaue (...) Firmen gesucht und auch dahingeschickt." (Z. 2356–2364)

Er bewarb sich in seiner mit 46 Jahren eintretenden Arbeitslosigkeit entsprechend seiner Suchziele. Nach erfolgter Stellenaufnahme und deren Ende engagierte er sich in seiner erneuten Arbeitslosigkeit mit 48 Jahren aufgrund einer erfolglosen Bewerbung auf eine Stelle mit Programmieranforderungen für eine Weiterbildung und nahm an einem Programmierkurs teil.

> Herr Hansen:
> „War ein recht attraktiver Lohn. Aber ich hab ihn (Anm. d. V.: den Arbeitsplatz) nicht gekriegt, weil ich keine Programmierkenntnisse hatte. Also, Programmierkenntnisse müssen her." (Z. 971–972)
> Herr Hansen über sein Weiterbildungsersuchen beim Arbeitsamt:
> „Ich will das lernen. Ich möchte das, damit ich bei der nächsten Vermittlung in der Richtung besser dastehe." (Z. 993–994)

Nach erneuter Stellenaufnahme und deren Ende wurde er mit 49 Jahren wieder arbeitslos. Als sein ALG II-Anspruch entfiel, bewarb er sich auch auf Angebote in der Zeitarbeit und nahm hier mit 50 Jahren 2 Stellen mit gering vergüteten Einsatzfeldern an. Entsprechend seiner Suchziele bewarb er sich nach deren Ende auf Stellen in seinem Berufsfeld und nahm mit 51 Jahren eine Stelle auf, die zu einem Stundenlohn von unverändert 8 € jeweils auf 11 Monate befristet war und nach einmonatiger Unterbrechung im Januar neu begann, was sich bis zum Interviewzeitpunkt und somit bis zu Herrn Hansens 57. Lebensjahr wiederholte. Während der 6 Jahre in befristeter Stelle ab seinem 51. Lebensjahr beschränkte Herr Hansen seine Stellensuche im Wesentlichen auf den Monat, in dem er arbeitslos war.

> Herr Hansen:
> „Es ist keine intensive Suche vorhanden. Ich habe ja voriges Jahr in derselben Situation gesteckt wie jetzt. Ende November arbeitslos bzw. ab ersten Dezember. Aber voriges Jahr noch mit der 90 %igen Sicherheit, im Januar beschäftigt der mich weiter. Ich habe ja trotzdem versucht, verschiedene Bewerbungen mal abzuschicken, um etwas zu verbessern. Aber das ist nicht das Normale. Das Normale ist, wenn man das ganze Jahr arbeitet, sprich von Januar bis November, unternimmt man keine größeren Anstrengungen, irgendwas zu verändern. Das war der Dezember, wo ich Zeit hatte und wo ich gesagt habe: ‚Vielleicht findet sich doch noch was Besseres.' Aber wie gesagt, das war auf den Dezember beschränkt." (Z. 2063–2070)

Eine Begründung hierfür erläuterte Herr Hansen unmittelbar vorher:

> Herr Hansen:
> „Aber die Erfahrung sagt einem, nicht ganz allgemein, so die letzten 20 Jahre: Selbst wenn man einen Arbeitsplatz hat, der einen nicht so recht zufrieden stellt, ist man eigentlich doch zu phlegmatisch, irgendwas zu unternehmen, um irgendwas zu verändern. Die soziale Sicherheit eines Arbeitsplatzes, auch wenn er unangenehm ist, ist günstiger, wie zu sagen: ‚Ich versuche ständig irgendwas Neues.' Es schleicht sich so eine, so eine gewisse Bequemlichkeit dann auch ein, den Arbeitsplatz haben, zu arbeiten und keine großartigen Anstrengungen zu unternehmen, irgendwas zu verändern." (Z. 2052–2058)

Von Relevanz für seine begrenzten Suchaktivitäten könnte auch seine Einschätzung abnehmender Einstellungschancen sein, die er aus erfolglosen Bewerbungen schlussfolgerte. Diese ließ ihn vor dem Bewerbungsschreiben „grausen" (s. hierzu seine Schilderung unter Kap. 6.3).

Während Herr Hansen mit 48 Jahren noch Aktivitäten unternommen hatte, um seine berufliche Perspektive in eine gewünschte Richtung zu steuern, indem er sich für eine Weiterbildung engagierte, sah er zum Interviewzeitpunkt mit 57 Jahren keine alternative Erwerbsperspektive. Die Stellensuche von Herrn Hansen bewegte sich damit in einem Spannungsfeld

- zwischen arbeitsinhaltlich und konditional deutlichen, wenn auch im Qualifikationsstatus bereits gesenkten Ansprüchen auf der einen Seite und auf der anderen Seite einer bereits mehrfach eingegangenen sehr hohen Kompromissbereitschaft, die sich bereits in der Annahme von zwei gering qualifizierten Stellen im Alter von 37–42 Jahren, in den beiden gering vergüteten Zeitarbeitsstellen, wie auch in der über 6 Jahre angenommenen jeweils befristeten und unter seinem Vergütungsanspruch liegenden Stelle zeigte, sowie
- zwischen reflektierter sozialer Unsicherheit und damit Angewiesenheit auf ein Erwerbseinkommen einerseits und begrenzten Suchaktivitäten andererseits.

Fazit

Die Stellensuche der Erwerbspersonen in Umbruchphasen in höherem Lebensalter wurde in Beantwortung der auswertungsleitenden Forschungsfrage 2 nach der Zielstrebigkeit ihres Vorgehens und ihrer sozio-ökonomischen Lage analysiert. Ein zielstrebiges Vorgehen wurde definiert als entschlossenes Ziel, eine Stelle zu finden, in Verbindung mit engagierten Suchaktivitäten. Eine (eher) günstige sozio-ökonomische Lage wurde unterstellt, wenn eine Erwerbsperson entsprechend ihrer subjektiven Deutung nicht dringend auf das Einkommen einer neu zu findenden Stelle angewiesen war. Differenziert wurden vier verschiedene Typen von Vorgehensweisen bei der Stellensuche:

Die meisten der befragten Erwerbspersonen (18 von 24 Personen bzw. 75 %) wiesen eine zielstrebige Stellensuche auf, darunter 3 Personen in zugleich (eher) günstiger sozio-ökonomischer Lage (Typ a) und 15 Personen in (eher) ungünstiger sozio-ökonomischer Lage (Typ b). In der aufgrund ähnlicher Suchziele und -aktivitäten zusammenfassenden Darstellung beider Typen wurde deutlich, dass sich die Suchziele auf unterschiedliche Dimensionen beziehen können, wie z.B. Tätigkeit, Einkommenssicherung etc., aber jeweils klar definiert und mit spezifischen, auf unterschiedlichen Niveaus bewegenden Ansprüchen bzw. Mindestbedingungen verknüpft waren. Selbsteinschätzungen des qualifikatorischen und physischen Leistungsvermögens flossen in die Zielstellung der Stellensuche ein. Bei längerer Suchdauer wurden drei unterschiedliche Änderungen in den Suchzielen sichtbar: Entweder wurden Ansprüche reduziert und die Suchziele nach unten angepasst, oder bereits sehr niedrige oder gesenkte Ansprüche wurden aus Selbstschutz wieder ausgeweitet, oder Suchziele wurden durch neue und anspruchsvollere Ziele ersetzt, nachdem diese durch eine unerwartet eingetretene Chance wieder als realisierbar erschienen.

Die Suchaktivitäten in den Typen a) und b) umfassten die Recherche von Bewerbungsmöglichkeiten, die Bewerbungen und die Bewerbungsgespräche. Zu den häufigsten Formen der Recherche von Bewerbungsmöglichkeiten gehörte die Sichtung von Zeitungen und der Jobbörse der Arbeitsagentur. Diese Suchwege wurden von einigen Erwerbspersonen verbreitert (z.B. Nutzung sozialer Kontakte, Veranstaltungsbesuche) oder durch eine Intensivrecherche in einem spezifischen Segment vertieft. Die Bewerbungen, als Kern der Suchaktivitäten, erfolgten überwiegend in Form schriftlicher oder elektronischer Antworten auf ausgeschriebene Stellen. Einzelne Erwerbspersonen berichteten von bei absehbarem Stellenende möglichst frühzeitigen Bewerbungen, von quantitativ sehr umfangreichen Bewerbungen sowie von besonders eindrucksvoll gestalteten Bewerbungen, von Initiativbewerbungen und von Bewerbungen mittels persönlichen Aufsuchens der fachlich Verantwortlichen vor Ort. Letzteres erfolgte im Handwerksbereich teils mit, teils ohne vorherige telefonische Terminabsprache. Auch Weiterbildungsaktivitäten wurden unternommen, um die Einstellungschancen zu erhöhen oder um Voraussetzungen für ein neues Suchfeld zu schaffen. In einigen Fällen engagierten sich Erwerbspersonen – nicht unbedingt durch die Stellensuche motiviert – bewerbungsbegleitend ehrenamtlich in einem an das Suchfeld angrenzenden Bereich oder taten dies bereits in einer früheren erwerbsbiografischen Phase. Eine Aussage über den Erfolg der verschiedenen Bewerbungsformen ist an dieser Stelle nicht möglich, da mit gleichen Bewerbungsformen unterschiedliche Erfahrungen gemacht wurden, z.B. mit Initiativbewerbungen oder persönlicher Kontaktaufnahme, und eine Untersuchung dieser Frage eine quantitative Erhebung erfordert. In den Bewerbungsgesprächen agierten die meisten befragten Erwerbspersonen entsprechend der unternehmensseitigen Gesprächsführung und stimmten den angebotenen Konditionen zu. In einigen, jeweils in eine Stellenaufnahme mündenden Fällen gestalteten die Stellensuchenden die Gesprächsführung auch aktiv mit (z.B. Ansprechen fachlicher Fragen als Mittel zur Präsentation der Kompetenz) oder verhandelten die angebotenen Konditionen offensiv (z.B. Ablehnung von Teilzeitarbeit).

Im Verlauf der Stellensuche änderten die Erwerbspersonen ihre Suchstrategie in unterschiedlicher Weise. Drei dieser Veränderungen führten zu Änderungen in den Suchzielen:

- *Änderung der Suchstrategie infolge zunehmend ungünstiger eingeschätzter Rahmenbedingungen:* Da die Erwerbspersonen mit erhöhter Suchdauer ihre Einstellungschancen als geringer werdend einschätzten, senkten sie ihre Ansprüche und bewarben sich auch auf Stellen zu schlechteren, zuvor ungewünschten Konditionen (z.B. Herr Koch).
- *Änderung der Suchstrategie trotz unverändert ungünstig eingeschätzter Rahmenbedingungen:* Obwohl die Einstellungschancen unverändert gering

eingeschätzt wurden, erweiterten die Erwerbspersonen ihre bereits sehr niedrigen oder gesenkten Ansprüche aus Selbstschutz wieder und bewarben sich nur noch auf Stellen zu Mindestbedingungen (z.B. Frau Claßen).
- *Änderung der Suchstrategie durch Aufgreifen einer unerwartet eintretenden Gelegenheit und durch Engagement hierfür:* Suchziele wurden durch neue und anspruchsvollere Ziele ersetzt und Bewerbungen in dem neuorientierten Feld durch intensive Lernaktivitäten vorbereitet bzw. begleitet (z.B. Frau Faber).

In der Analyse der Bewerbungsaktivitäten wurden darüber hinaus zwei weitere Veränderungsformen sichtbar, die außer den spezifischen Suchstrategien auch die begleitenden Handlungsstrategien einbezogen:

- *Änderung der Such- bzw. Handlungsstrategie bei unveränderten Rahmenbedingungen durch neu entfaltetes Engagement:* Nach de facto aufgegebener Hoffnung, eine Stelle zu finden, wurde in einem Fall ein neues Ziel entwickelt und dafür „gekämpft", nämlich die Fortsetzung der befristeten Stelle zu erreichen, die bereits früher mehrfach auslief und in Arbeitslosigkeit mündete (Frau Vosskamp).
- *Änderung der Such- bzw. Handlungsstrategie unter krisenhaft zugespitzten Rahmenbedingungen:* Nach de facto aufgegebener Hoffnung, aus der Arbeitslosigkeit wieder heraus zu kommen, wurden in einem Fall Schritte zur Wiederherstellung von Handlungsfähigkeit und zur Reintegration in Erwerbsarbeit unternommen (Herr Uhlig).

Änderungen von Such- und Handlungsstrategien erfolgten somit in unterschiedlichen Kontexten, in denen die Ansprüche an die neue Stelle teils parallel zu günstiger oder ungünstiger werdenden Rahmenbedingungen erhöht bzw. gesenkt wurden, wie bei Herrn Koch und Frau Faber der Fall. Die Beispiele von Frau Claßen, Frau Vosskamp und Herrn Uhlig stehen demgegenüber für eine Handlungskonsequenz bei unverändert ungünstigen oder sogar zunehmend problematisch gewordenen Rahmenbedingungen.

Die beiden weiteren Typen umfassen eher weniger zielstrebige Vorgehensweisen bei der Stellensuche in höherem Lebensalter, darunter Typ c) in der Kombination mit einer (eher) günstigen sozio-ökonomischen Lage. Diesem Typ lassen sich die Vorgehensweisen von 5 Erwerbspersonen zuordnen. Die Suchziele waren teils klar konturiert, teils auch eher beruflich offen bzw. unkonkret mit jeweils höheren Ansprüchen an die neue Stelle (mit Ausnahme einer Person). Eingeschätzte, im Verlauf der vorhergehenden Stelle eingetretene Veränderungen des physischen und psychischen Leistungsvermögens wurden in der Zielstellung der Stellensuche berücksichtigt. In einem Fall bestand noch keine Suchabsicht. Eine Veränderung in den Suchzielen während des Stellensuchprozesses wurde nicht sichtbar, ausgenommen im Fall von Frau Pütz, die nach ihrer Abmeldung vom Arbeitsamt nicht mehr zur Suche verpflichtet war und auf ein anderes Tätigkeitsfeld orientierte. Entsprechend der Suchziele wurden jeweils nur begrenzte Bewerbungsaktivitäten unternommen, in zwei Fällen bewarben sich die Erwerbspersonen nur auf eine einzige Stelle und wurden eingestellt. Da für keine der fünf Erwerbspersonen eine dringliche Angewiesenheit auf eine erfolgreiche Stellensuche bestand, war ihre weniger zielstrebige Vorgehensweise für sie auch realisierbar, ohne negative Konsequenzen befürchten zu müssen.

Diese Problematik stellt sich hingegen für Vorgehensweisen des Typs d), der eher weniger zielstrebige Vorgehensweisen bei der Stellensuche in höherem Lebensalter in einer (eher) ungünstigen sozio-ökonomischen Lage kennzeichnet. Eine männliche Erwerbsperson wies eine solche Vorgehensweise auf. Herr Hansen verfolgte klare Suchziele, die konkrete Ansprüche an Tätigkeit und Konditionen der gesuchten Stelle enthielten. Allerdings hatte er auch bereits mehrfach, auch in höherem Alter, auf diese Ansprüche zugunsten einer Stellenaufnahme verzichtet. Er war dringlich auf ein eigenes Erwerbseinkommen angewiesen und reflektierte die soziale Unsicherheit anhand der Verbleibsmöglichkeiten in der Wohnung. Seine Suchaktivitäten umfassten mit 48 Jahren ein Engagement für eine Weiterbildungsteilnahme, um seine Einstellungschancen zu erhöhen, sowie Bewerbungen bei Zeitarbeitsfirmen nach Wegfall seines ALG II-Anspruches. Seit Beginn der befristeten Stelle ab seinem 51. Lebensjahr begrenzte er seine Suchaktivitäten auf die einmonatigen Arbeitslosigkeitsphasen zwischen seinen Befristungen und begründete dies mit Vorbehalten vor Veränderung. Auch könnten seine negativen Bewerbungserfahrungen hierfür relevant sein. Für Herrn Hansen beinhaltete damit die Umbruchphase in höherem Lebensalter Ambivalenzen, die er seit seinem 46. Lebensjahr sowohl in den mehrfachen Arbeitslosigkeitszeiten wie auch in den seitdem nur noch kurzzeitigen oder befristeten Beschäftigungszeiten aushalten und bewältigen musste. Während Herr Hansen mit 48 Jahren noch mittels seines Weiterbildungsengagements versucht hatte, seine berufliche Perspektive in eine gewünschte Richtung zu steuern, sah er zum Interviewzeitpunkt mit 57 Jahren keine alternative Erwerbsperspektive.

Im Ergebnis wurde deutlich, dass fast alle befragten Erwerbspersonen in der Umbruchphase in höherem Lebensalter zielstrebig nach einer neuen Stelle suchten oder, sofern sie nicht dringlich auf eine neue Stelle angewiesen waren, teils auch weniger zielstrebig suchten. Einige Erwerbspersonen wandten hierbei besonders aufwändige oder kreative Such- und Bewerbungsaktivitäten an, vorwiegend wurden in dem untersuchten Segment jedoch die „klassischen" Vorgehensweisen der reaktiven postalischen Bewerbung genutzt. Unterschiede nach Region oder Geschlecht ließen sich bei den Vorgehensweisen zur Stellensuche nicht feststellen.

6.5 Qualität der in höherem Lebensalter neu aufgenommenen Stelle

Von welcher Qualität sind die Stellen, deren Aufnahme den befragten Erwerbspersonen in höherem Lebensalter gelungen ist? Inwiefern konnten die Stellensuchenden ihr zuvor erreichtes berufliches Niveau halten oder auch verbessern? Die Bearbeitung dieser an Forschungsfrage 1 anschließenden Fragen erfolgte aus zwei Perspektiven: Zum einen wurden die neu aufgenommenen Stellen anhand generalisierbarer, aber auf ihren jeweiligen erwerbsbiografischen Kontext bezogenen Kriterien untersucht, um einen fallübergreifenden Vergleich zu ermöglichen. Als solche Kriterien wurden die Vergütung, der Status und die soziale Absicherung ausgewählt, wie nachfolgend noch erläutert wird. Eine Kontextualisierung in die individuelle Erwerbsbiografie war erforderlich, da ein erreichtes Niveau, wie z.B. eine bestimmte Einkommenshöhe, auf individueller Ebene je nach erwerbsbiografischem Kontext eine Konstanz, eine Verbesserung oder auch eine Verschlechterung beinhalten kann.

Zum anderen war zu berücksichtigen, dass die gewählten generalisierbaren Kriterien mit unterschiedlichen subjektiven Deutungen verknüpft sein können, wonach z.B. ein geringeres Qualifikationsniveau einer neuen Stelle von einigen Erwerbspersonen als Statusverlust und deutliche berufliche Qualitätsverschlechterung erlebt und bewertet werden kann, während die gleiche Entwicklung für andere Erwerbspersonen möglicherweise ohne Relevanz ist und durch anderweitige Aspekte, wie z.B. arbeitsinhaltliches Interesse, kompensiert wird. Hierfür wurde ergänzend auch die subjektive Bewertung der neu aufgenommenen Stelle untersucht.

Bezugspunkt der in höherem Lebensalter neu aufgenommenen Stelle war jeweils die aktuelle bzw. letzte[218] sozialversicherungspflichtige Stelle,

218 Je nach daran anschließender erwerbsbiografischer Entwicklung war diese Stelle zum Interviewzeitpunkt auch die aktuelle (für 16 Interviewpersonen) oder – im Falle von

unabhängig von einer etwaigen öffentlichen Förderung dieser Stelle[219]. In vier Fällen erfolgte die letzte Stellenaufnahme in eine sozialversicherungspflichtige Beschäftigung bereits vor dem 50. Lebensjahr (mit 42, 46 und 49 Jahren, Letzteres in 2 Fällen). Darunter gelang zwei weiblichen Erwerbspersonen in ihrer ab dem 50. Lebensjahr eingetretenen Arbeitslosigkeit eine nur noch nebentätige Reintegration in Erwerbsarbeit. In diesen beiden Fällen wurde für die Bewertung der zuletzt aufgenommenen Stelle die nach dem 50. Lebensjahr begonnene geringfügige Beschäftigung zum Bezugspunkt gewählt.

Nachfolgend wird nach einem Überblick über die von den 24 befragten Erwerbspersonen aufgenommenen Stellen deren Qualität anhand entwickelter, auf generalisierbaren Kriterien basierenden Qualitätstypen beschrieben. Die subjektive Bewertung ist in den Typenerläuterungen jeweils integriert und wird danach nochmals gesondert näher betrachtet. Abschließend werden ausgewählte erwerbsbiografische Aspekte auf ihre Relevanz für die Stellenqualität untersucht.[220, 221]

---

erneut eintretender Arbeitslosigkeit (für 3 Personen) oder erfolgtem Renteneintritt (für 5 Personen) – die zum Interviewzeitpunkt letzte Stelle.

219 Gemeint sind hier personenbezogene öffentlich geförderte Beschäftigungen, wie z.B. Arbeitsbeschaffungsmaßnahmen, sofern sie sozialversicherungspflichtig sind. Diese wurden einbezogen, da auch hier letztlich das einstellende Unternehmen das Bewerbungsverfahren entschied. Zugleich nahmen sie einen gewissen Sonderstatus ein, da die Stellensuchenden bestimmte Fördervoraussetzungen erfüllen mussten und zusätzlich über das Arbeitsamt vorausgewählt sein konnten. (Im Gegensatz dazu können anderweitige öffentliche Förderungen, wie z.B. Projektförderungen, ebenfalls als Finanzierungsgrundlage von Stellen genutzt werden. Auf die Bewerbungsverfahren dürfte dies i.d.R. jedoch keinen Einfluss haben).

220 In der an das Paradigmatische Modell angelehnten Auswertung wurde die Qualität der in höherem Lebensalter neu aufgenommenen Stelle den „Konsequenzen" zugeordnet (vgl. Kap. 5.2).

221 Die Ausführungen in diesem Unterkapitel konzentrieren sich auf die in Forschungsfrage 1 aufgeworfene Frage nach der Qualität der in höherem Lebensalter neu aufgenommenen Stelle, sie enthalten darüber hinaus zugleich Teilantworten zu Forschungsfrage 4 nach relevanten Kontextbedingungen und Einflussfaktoren, zu Forschungsfrage 5 nach geschlechtsspezifischen Konstellationen sowie zu Forschungsfrage 6 nach den Deutungen des beruflichen Werdegangs.

Die Stellenaufnahmen im Einzelnen

Die letztmaligen Einstellungen in höherem Lebensalter erfolgten in ein breites Spektrum verschiedener Tätigkeiten, die im Folgenden nach dem Qualifikationsniveau[222] gruppiert sind:
Einstellung in eine HelferInnen- und Anlerntätigkeit als:

- ungelernte Stationswirtschaftshilfe in einem Krankenhaus in Teilzeit, befristet (später entfristet) mit 53 Jahren
- Wachmann in einem Sicherheitsunternehmen mit 60 Jahren
- Fräsmaschinenbediener in einem metallverarbeitenden Unternehmen, 6x befristet auf 11 Monate mit 1 Monat Arbeitslosigkeit, beginnend mit 51 Jahren

Einstellung in eine Fachkrafttätigkeit als:

- Angestellte in administrativer Tätigkeit in einer Kultureinrichtung, Einstellung in öffentlich geförderte Stelle mit 54 Jahren, in reguläre Stelle mit 57 Jahren in anderem Bereich
- Angestellte in administrativer Tätigkeit in einer Kultureinrichtung, Einstellung in öffentlich geförderte Stelle mit 60 Jahren, in reguläre Stelle mit 62 Jahren im gleichen Bereich
- Sachbearbeiterin in einem Landwirtschaftsbetrieb in Teilzeit mit 57 Jahren
- Bürokauffrau in der Rechnungskontrolle in einem Grundstücksverwaltungsunternehmen mit 52 Jahren
- Sekretärin in einem Ingenieurbüro mit 59 Jahren
- Busfahrerin in einem kommunalen Unternehmen mit 52 Jahren
- Busfahrerin in einem kommunalen Unternehmen in Teilzeit mit 52 Jahren

---

222 Die nachfolgende Differenzierung orientiert sich an den Anforderungsniveaus, die der Klassifikation der Berufe 2010 zugrunde gelegt wurden. Diese unterscheiden in 1. Helfer- und Anlerntätigkeiten, die i.d.R. keinen formalen beruflichen Bildungsabschluss oder eine einjährige Berufsausbildung voraussetzen, 2. fachlich ausgerichtete Tätigkeiten (Fachkrafttätigkeiten bzw. vergleichbare Tätigkeiten), die i.d.R. eine 2–3-jährige Berufsausbildung voraussetzen, 3. Komplexe Spezialistentätigkeiten, die i.d.R. auf einer Meister- oder Technikerausbildung bzw. einem gleichwertigen Fachschul- oder Hochschulabschluss basieren sowie 4. hoch komplexe Tätigkeiten, die i.d.R. eine mindestens vierjährige Hochschulausbildung und/oder eine entsprechende Berufserfahrung erfordern. Zu berücksichtigen sind fließende Übergänge zwischen diesen vier Stufen. (Vgl. Bundesagentur für Arbeit 2011a, S. 26–28, für die Zuordnung der einzelnen Tätigkeiten vgl. Bundesagentur für Arbeit 2011b.)

- Angestellter im Fahrzeugwesen einer Polizeibehörde mit 56 Jahren
- Maler in einem Zeitarbeitsunternehmen im Leiharbeitsverhältnis, befristet (später entfristet) mit 55 Jahren
- Montiererin in einem Unternehmen der Fahrzeugindustrie, Einstellung in aktuelle Stelle mit 42 Jahren
- Einsteller in der Stanzerei in einem metallverarbeitenden Unternehmen, befristet (mit zum Interviewzeitpunkt bevorstehender Entfristung) mit 59 Jahren

Einstellung in eine komplexe SpezialistInnentätigkeit als:

- Lohnbuchhalterin in einem Verlag in Teilzeit mit 50 Jahren
- leitende Verkäuferin einer Manufaktur mit 53 Jahren
- Projektingenieur in einem Softwareunternehmen mit 52 Jahren
- Bereichsmeister in einem Logistikunternehmen mit 51 Jahren
- Angestellter in der Datenstation in einer Polizeibehörde, auch Fallanalytiker, befristet (später entfristet) mit 51 Jahren

Einstellung in eine hoch komplexe Tätigkeit, jeweils ohne erforderlichen Hochschulabschluss als:

- Lehrer an einer berufsbildenden Schule in Teilzeit mit Perspektive Vollzeit mit 51 Jahren
- Arbeitsvermittler in einem öffentlich geförderten Vermittlungsprojekt, befristet mit 53 Jahren
- Arbeitsvermittler in einem öffentlich geförderten Vermittlungsprojekt, befristet, Einstellung in aktuelle Stelle mit 49 Jahren

Seit eingetretener Arbeitslosigkeit ab dem 50. Lebensjahr Einstellung in nur noch geringfügige Beschäftigung (die letzte Einstellung in sozialversicherungspflichtige Beschäftigung erfolgte vor dem 50. Lebensjahr) als:

- Concierge in einem Sicherheitsunternehmen in geringfügiger Nebentätigkeit mit 58 Jahren (HelferInnen- und Anlerntätigkeit) (letzte Einstellung in sozialversicherungspflichtige Stelle mit 46 Jahren als Erste Verkäuferin in einem Lebensmittelgeschäft – komplexe SpezialistInnentätigkeit)
- Phonotypistin in einem Zeitarbeitsunternehmen in geringfügigem nebentätigem Leiharbeitsverhältnis mit 55 Jahren (Fachkrafttätigkeit) (letzte Einstellung in sozialversicherungspflichtige Stelle mit 49 Jahren als Sekretärin in einem gemeinnützigen Verein in Teilzeit – Fachkrafttätigkeit)

Typologische Analyse der Stellenqualität

Als generalisierbare und auf den jeweiligen erwerbsbiografischen Kontext bezogene Kriterien zur Beurteilung der Qualität der aktuellen bzw. letzten Stelle wurden die Veränderungen in der Vergütung, im qualifikatorischen oder funktionalen Status und in der sozialen Absicherung (Sozialversicherung und Befristung) herangezogen, da sich die befragten Erwerbspersonen hierzu am häufigsten äußerten. Die Bewertung basierte auf relationalen Aussagen, in denen die aktuelle bzw. letzte Stelle zum einen mit der vorhergehenden sozialversicherungspflichtigen[223] Stelle (Kategorie), zum anderen mit dem früher erreichten besten Niveau (Kategorie) verglichen wurde. Letzteres konnte sich je nach Kriterium auf unterschiedliche Stellen beziehen, wenn z.B. die Stelle mit dem im Laufe einer Erwerbsbiografie höchsten Status nicht unbedingt auch den höchsten Verdienst aufwies. Die Veränderungen wurden als Verbesserungen gewertet, wenn sich Vergütung, Status oder soziale Absicherung im Vergleich zur Vorstelle bzw. zum früher erreichten besten Niveau erhöht haben. Der umgekehrte Fall wurde als Verschlechterung gewertet, ein Niveauerhalt in allen drei Kriterien als Konstanz. Gegenläufige Veränderungen einzelner Kriterien, wie z.B. eine aktuell geringer vergütete, aber unbefristete Stelle nach einer befristeten Vorstelle, wurden als unterschiedliche Veränderung ausgewiesen. In diese vier Subkategorien wurden beide Kategorien differenziert. Hieraus ergibt sich folgende zweidimensionale Typologie (s. Tab. 16):

Tab. 16: Typologie der Qualität der in höherem Lebensalter neu aufgenommenen Stelle im Vergleich von Vergütung, Status und sozialer Absicherung gegenüber der vorhergehenden Stelle sowie gegenüber einem früher erreichten besten Niveau

Veränderung gegenüber Vorstelle	**Veränderung gegenüber früher erreichtem besten Niveau**			
	verbessert	**konstant**	**unterschiedlich**	**verschlechtert**
verbessert	Typ a)	Typ a)	Typ b)	Typ d)
konstant				Typ d)
unterschiedlich			Typ c)	Typ e)
verschlechtert				Typ f)

223 Mit der Bezugnahme auf die sozialversicherungspflichtige Vorstelle werden insbesondere geringfügige Nebentätigkeiten außer Acht gelassen, die von mehreren befragten Erwerbspersonen während ihrer Arbeitslosigkeit ausgeübt wurden. Da sie nur als zeitweilige Zwischenlösung angelegt waren und keine Existenzsicherung ermöglichten, wurden sie in den Vergleich nicht einbezogen – ausgenommen die beiden weiblichen Erwerbspersonen, die nach ihrem 50. Lebensjahr eine nur noch geringfügige Beschäftigung annahmen.

Da die Beschreibung der Typen jeweils um die subjektiven Deutungen der Qualität der aktuellen bzw. letzten Stelle ergänzt werden soll, wird nachfolgend die Operationalisierung der subjektiven Bewertung erläutert. Diese wird konzeptionell als Zufriedenheit mit der Stelle gefasst, die hier synonym zum Begriff der Arbeitszufriedenheit verwendet wird. In der Arbeitszufriedenheitsforschung bestehen unterschiedliche Ansätze im Hinblick auf die begriffliche Definition, die Variablen der Arbeitszufriedenheit und die Methoden zu deren Erfassung (vgl. Mertel 2006, S. 8 ff., Hans-Böckler-Stiftung 2002, Albers 2008, Langfeldt 2009, S. 376 ff.). Die vorliegende Untersuchung orientiert sich an der Definition der Hans-Böckler-Stiftung:

> „Unter dem Grad der Zufriedenheit kann die Diskrepanz zwischen erwarteten bzw. erwünschten Bedingungen der Arbeit (Soll) und den wahrgenommenen, realistischen Bedingungen (Ist) verstanden werden." (Hans-Böckler-Stiftung 2002, S. 10)

Die Einschätzung der Zufriedenheit basiert auf den Antworten zu einer diesbezüglichen direkten Frage nach der Zufriedenheit mit den Beschäftigungsbedingungen der aktuellen bzw. letzten Stelle, bezogen auf Vergütung, Status, arbeitsinhaltliche Qualität und Sonstiges. Damit wurden die Interviewpersonen angeregt, sich zu spezifischen, exemplarisch genannten Zufriedenheitsmerkmalen äußern zu können, aber auch ergänzend oder alternativ andere für relevant erachtete Merkmale zu thematisieren. Die exemplarisch hervorgehobenen Zufriedenheitsmerkmale lassen sich entsprechend der 2-Faktoren-Theorie nach Herzberg et al. sowohl den zur Beseitigung von Unzufriedenheit für relevant gehaltenen „Hygiene-Faktoren" zuordnen, nämlich Vergütung und Status, als auch den für die Entstehung von Zufriedenheit verantwortlich gemachten „Motivatoren", nämlich arbeitsinhaltliche Qualität (vgl. Herzberg et al., zitiert nach Mertel 2006, S. 17 f.).

Die Bewertungen wurden differenziert in (hoch) zufrieden[224], bedingt zufrieden und nicht zufrieden. Als (hohe) Zufriedenheit wurden Äußerungen bezeichnet, die explizite Zufriedenheitsformulierungen beinhalteten oder eine solche Interpretation zuließen. Dies galt auch für Äußerungen mit teils gegenläufig bewerteten Aspekten, wenn ausdrücklich formuliert wurde, dass die positiven Zufriedenheitsaspekte die negativ kritisierten Aspekte überwogen.

---

224 Eine zu Auswertungsbeginn verfolgte weitergehende Unterteilung in ‚hoch zufrieden' und ‚zufrieden' wurde im Auswertungsverlauf wieder aufgegeben, da sich die befragten Erwerbspersonen in unterschiedlicher Emotionalität zu der Zufriedenheitsfrage äußerten und beide Subkategorien damit nicht immer eindeutig voneinander abgrenzbar waren.

In der Typologie zur Beurteilung der Qualität der aktuellen bzw. letzten Stelle mittels generalisierbarer und auf den jeweiligen erwerbsbiografischen Kontext bezogener Kriterien lassen sich sechs Typen mit einem je spezifischen Qualitätsprofil unterscheiden.

Typ a) umfasst die Stellen, die eine Verbesserung gegenüber der vorhergehenden Stelle und eine Verbesserung oder Konstanz gegenüber dem früher erreichten Niveau beinhalteten. Dies stellte die günstigste Form der Stellenaufnahme dar und betraf 5 Erwerbspersonen, darunter 4 von 13 Frauen bzw. 31 %, 2 von 11 Männern bzw. 18 %, 1 von 10 Personen aus den ABL bzw. 10 % sowie 4 von 14 Personen aus den NBL bzw. 29 %. In zwei Fällen wurde mit der Verbesserung gegenüber der Vorbeschäftigung ein bereits früher erreichtes Niveau wieder erreicht, in den drei übrigen Fällen wurde dies sogar noch übertroffen. In einem Sonderfall erfolgte die Stellenaufnahme bereits mit 42 Jahren, bei den 4 weiteren Erwerbspersonen erstreckte sich das Altersspektrum von 50 bis 59 Jahren.

Nach subjektiver Deutung äußerten sich 4 der 5 Erwerbspersonen (hoch) zufrieden mit der aktuellen bzw. letzten Stelle, 1 Person nur bedingt zufrieden.

Die letzte Stellenaufnahme von Herrn Dederichs soll exemplarisch eine Verbesserung gegenüber der Vorstelle und Konstanz gegenüber dem früher erreichten Niveau illustrieren: Herr Dederichs wechselte nach seinem 50. Lebensjahr dreimalig und jeweils eigeninitiiert seine Stelle als Maler – mit 52, 53 und 55 Jahren. Die vorhergehende Stelle bei einer Malerfirma beendete er, weil hier teilweise Arbeitstage mit 4 Stunden Arbeit und bis zu 6,5 Stunden Fahrtzeit anfielen, für die er nur eine auf die Arbeitszeit bezogene Vergütung erhielt; zudem trat ein 3-monatiger Lohnrückstand ein. Seine mit 55 Jahren in einem Zeitarbeitsunternehmen aufgenommene befristete Stelle als Maler erforderte vergleichsweise geringere tägliche Fahrtzeiten mit jedoch immer noch bis zu 3 Stunden für Hin- und Rückweg. Nach zweimaliger Befristungsverlängerung wurde die auch zum Interviewzeitpunkt noch aktuelle Stelle in eine unbefristete umgewandelt. Die Verbesserung gegenüber der Vorstelle bestand somit im Hinblick auf Fahrtzeiten und Vergütung. Seine Stellen im erwerbsbiografischen Verlauf bis hin zu seiner aktuellen Stelle verortete Herr Dederichs in finanzieller Hinsicht – andere Kriterien thematisierte er nicht – auf einem eher konstanten Level. Dies schloss auch eine frühere Stelle als einziger Lackierer eines Autohauses mit einem umfangreichen Aufgabenbereich mit ein.

> Herr Dederichs zum Vergleich seiner beruflichen Stationen:
> „(...) im Allgemeinen war das ungefähr gleich, was den Lohn angeht. Es ist, hat mal differiert um 1,50 Euro oder mal ein Euro oder mal 50 Cent. Aber im Großen und Ganzen war das ungefähr immer so ein ... eine Gehaltshöhe, sage ich mal ... Und selbst auch, als ich da alleine gearbeitet habe, als Lackierer, da habe ich auch nicht mehr gekriegt, als wenn ich in einem Betrieb gearbeitet hätte, wo ich das nicht gebraucht hätte. Also, das hat man mir nicht vergütet." (Z. 965–969)

Mit der aktuellen Stelle äußerte sich Herr Dederichs zufrieden. Deutlich wurde aber, dass diese Zufriedenheit mit einer Akzeptanz von Nachteilen, insbesondere der im Handwerk geringen Entlohnung, einherging. Auch konnte er sich vorstellen, für geringere Fahrtzeiten und ggf. bessere Vergütung erneut die Stelle zu wechseln. Daher wurde seine Stellenbewertung als bedingt zufrieden eingeordnet.

> Herr Dederichs:
> „Zufrieden bin ich eigentlich schon. Aber, wie gesagt, das Problem ist eben das Geld. Und da muss ich Ihnen eins dazu sagen, wer so speziell, Handwerk ist so wie so ein bisschen hinten dran. Wenn ich im öffentlichen Dienst arbeite, brauche ich mich um keine Lohnerhöhung kümmern. Das geht alles automatisch. Und das geht im Handwerk überhaupt nicht. Im Handwerk muss man richtig kämpfen, um mal ein paar Cent mehr kriegen zu können. Aber, wie gesagt, mit, es ist nun auch mit dem Tariflohn, das geht dann auch jetzt schon besser, sage ich mal. Ist aber so ganz lange noch nicht. Ist, glaube ich, erst zwei oder drei Jahre mit dem festgesetzten Tariflohn." (Z. 1400–1406)
> Herr Dederichs auf die Frage nach seinem Interesse, in seiner jetzigen Selle bis zum Renteneintritt zu verbleiben oder nach einer Stellenalternative zu suchen:
> „(...) ich suche dann zwar, dann nicht unbedingt nach etwas anderem, aber wenn sich etwas Besseres bietet, näher an zu Hause und das Geld vielleicht das gleiche. Vielleicht auch noch ein bisschen mehr, wäre natürlich noch besser. Da wäre ich natürlich nicht abgeneigt. Keine Frage ... Wenn man sich verbessern kann, das nimmt man wahrscheinlich immer an, sage ich mal." (Z. 1443–1447)

Demgegenüber stellte die letzte Stellenaufnahme von Herrn Jacobi eine Verbesserung sowohl gegenüber der Vorstelle als auch gegenüber dem früher erreichten Niveau dar: Die Vorstelle von Herrn Jacobi, der nach seiner Erstausbildung zum Werkzeugmacher bereits eine erste berufliche Neuorientierung zum Speditionskaufmann vorgenommen hatte, war eine befristete Tätigkeit im Pflegebereich, auf den er sich zur Vermeidung von Arbeitslosigkeit neu orientiert hatte. Die Stelle wurde gering vergütet und er hatte ethische Bedenken aufgrund zu geringer Zeitressourcen zur Gewährleistung einer guten Pflegequalität. Die betriebsbedingt nicht mögliche Verlängerung nahm er zum Anlass, in seinen vorhergehenden Beruf als Speditionskaufmann zurückzukehren. Herr Jacobi wurde mit 51 Jahren von einem Logistikunternehmen als Bereichsmeister eingestellt und verbesserte sich damit im Vergleich zur Vorstelle im Hinblick auf Vergütung, Status und soziale Absicherung.

> Herr Jacobi:
> „Gut habe ich gesagt: ‚Okay, dann geh ich wieder in meinen alten Beruf zurück, in die Logistik.' Weil Pflege ist einfach, ja, zu schlecht bezahlt." (Z. 797–799)

Der Beruf des Speditionskaufmanns war zugleich auch besser vergütet als sein Ausbildungsberuf Werkzeugmacher. Als Bereichsmeister hatte er in der zum Interviewzeitpunkt aktuellen Stelle die personelle Verantwortung für 400 Beschäftigte, in früheren Leitungspositionen waren es 50–80. Damit hatte er sich im Hinblick auf Vergütung und Status auch im Vergleich zu einem früher erreichten Niveau weiter verbessert.

> Herr Jacobi:
> „Aber ich hänge auch sehr an dem Beruf, wo ich mich in den vielen Jahren jetzt selbst eigentlich dort eingearbeitet habe. Davon abgesehen ist es (Anm. d. V.: meint: sein Ausbildungsberuf) finanziell mit Sicherheit auch schlechter als da, wo ich jetzt bin." (Z. 872–874)
> „(…) also es macht sehr viel Spaß. (…) es geht hier um Menschenführung jetzt. Also zum Großteil bei mir. Zum einen die logistischen Prozesse überwachen, aber auch in Menschenführung. Ich habe jetzt circa, ja, 400 Mitarbeiter personell zu betreuen. (…) Es waren immer so, auch als Niederlassungsleiter, immer so zwischen 50–80 Mitarbeiter (…) für die ich personale Verantwortung hatte." (Z. 964–972)

In seinen Ausführungen thematisierte Herr Jacobi mehrfach sehr positive Bewertungen. Die weite räumliche Entfernung von ca. 110 km pro Strecke, die er täglich per Auto fuhr, war für ihn zum Interviewzeitpunkt wenig relevant, da er in seiner Erwerbsbiografie mehrfach Stellen hatte, die ihm ein Wochenendpendeln abverlangten. Eine künftige Wechselabsicht schloss auch er nicht aus, und hier maß er dann doch der räumlichen Entfernung Relevanz zu, er betonte aber zugleich seine derzeitige Zufriedenheit. Die subjektive Bewertung seiner Stelle konnte somit insgesamt als hoch zufrieden eingeordnet werden.

> Herr Jacobi:
> „Und erst jetzt habe ich eigentlich so das Mittel, wo ich sage, ich bin zu Hause und ich habe es nicht weit. Nicht weit in Anführungsstrichen. Für manche wäre das eine Weltreise nach (Name des aktuellen Arbeitsortes), dort zu arbeiten." (Z. 905–907)
> „(…) wieder in der Logistik und dort mache ich jetzt Bereichsmeister, in der Logistik. Das ist direkt Internetversand, Logistik. Großes Logistikunternehmen, was weltweit agiert. Und da bin ich jetzt und ich muss sagen, mir gefällt es sehr gut. (…) Und ich hoffe, dass das jetzt dabei bleibt auch." (Z. 852–856)
> Herr Jacobi auf die Frage nach seinem Interesse an einem Stellenwechsel zur Realisierung eines weiteren beruflichen Aufstiegs:

„Also ich muss sagen, da wo ich jetzt bin (...) dass ich jetzt im Moment wirklich sehr zufrieden bin, würde ich sagen, da müsste ich mir ..., da müsste sich wirklich im Bereich auch der geografischen Verhältnisse, also noch näher am Wohnort ran, sage ich mal, da müsste sich dort (...) da müsste sich dort was auftun, ja." (Z. 1258–1268)

Die Typen b) und c) umfassen Stellenaufnahmen nach dem 50. Lebensjahr, die gegenüber dem früher erreichten Niveau für die einzelnen Vergleichskriterien je unterschiedliche Entwicklungen aufwiesen.

Typ b) stellt hierbei die günstigere der beiden Varianten dar, da hier zumindest gegenüber der vorhergehenden Stelle Verbesserungen eintraten. Zu Typ b) zählt die Stellenaufnahme von 3 weiblichen Erwerbspersonen, darunter 2 Personen aus den ABL. Die Stellenaufnahmen erfolgten im Alter von 52 bis 54 Jahren.

Alle 3 Personen zeigten sich subjektiv (hoch) zufrieden mit der zum Interviewzeitpunkt jeweils aktuellen Stelle.

In Typ c) wiesen die Stellenaufnahmen nach dem 50. Lebensjahr auch gegenüber der Vorstelle eine nach Einzelkriterien unterschiedliche Entwicklung auf. Dies kennzeichnete die Stellenaufnahmen von 4 Erwerbspersonen, darunter 3 von 13 Frauen bzw. 23 %, 1 von 11 Männer bzw. 9 %, 1 von 10 Personen aus den ABL bzw. 10 % sowie 3 von 14 Personen aus den NBL bzw. 21 %. Die 4 Personen waren zum Zeitpunkt der Stellenaufnahme zwischen 51 und 60 Jahre alt.

Auch hier äußerten sich alle 4 Personen (hoch) zufrieden mit der aktuellen bzw. letzten Stelle.

Exemplarisch wird im Folgenden die Qualität der von Frau Ehrhardt neu aufgenommenen Stelle skizziert: Frau Ehrhardt wechselte mit 53 Jahren eigeninitiativ aus einer Stelle in ihrem Ausbildungsberuf Friseurin in eine anfangs befristete Teilzeitstelle als Stationswirtschaftshilfe in einem Krankenhaus. Gegenüber der vorhergehenden Stelle, die zugleich auch ihr bis dahin erreichtes bestes berufliches Niveau darstellte, verbesserte sie sich in der Vergütung und der sozialen Absicherung, während sich ihr qualifikatorischer Status verringerte. Mit der neuen Stelle äußerte sie sich sehr zufrieden, die hauswirtschaftliche Tätigkeit sowie Schicht- und Wochenendarbeit empfand sie nicht als Problem. Attraktiv für sie war die Nähe der neuen Arbeitsstätte und die tarifliche Einbindung inkl. Urlaubsregelung und Weihnachtsgeld, was sie vorher nicht hatte. Damit reflektierte sie die unterschiedlichen Aspekte ihrer neuen Stelle und priorisierte die für sie positiven Veränderungen.

Frau Ehrhardt:
„Da habe ich gedacht: ‚Gut, das ist 8 Kilometer von uns entfernt. Haushalt ist für dich kein Thema ... Du ..., das machst du auch. Hauptsache, du kannst arbeiten.' Hatte ich kein Problem damit. Und das ist in der Nähe. Und das ist, wie gesagt, ein großes, großes

Klinikum. Es ist alles auch so vom Tarif organisiert, Urlaub, Weihnachtsgeld." (Z. 501–504)
Frau Ehrhardt auf die Frage, ob sie sich in der neuen Stelle gegenüber der Vorstelle finanziell verbessert habe:
„Ja, ich habe mich verbessert. (…) Ja, ich habe mich verbessert, ich habe mich verbessert. Auf jeden Fall … Ich habe mich verbessert. Auch mit den 20 Stunden, die ich da habe, stehe ich auf jeden Fall besser." (Z. 540–545)
Frau Ehrhardt auf die Frage, ob die Tätigkeit als Stationswirtschaftshilfe interessant ist:
„Doch, ich bin zufrieden. Das ist zwar jetzt auch, das mag sich jetzt zwar auch im unteren Bereich anhören. Also, ich bin, man kann jetzt eigentlich sagen, ich bin dort Stationshilfe. Aber ich fühle mich trotzdem wohl. An meiner Arbeit. Und es ist für mich, ist es eine sinnvolle Arbeit." (Z. 559–568)
„Es ist ja jetzt Hausarbeit. Ich weiß, das ist für jeden nicht interessant. Für mich ist es okay." (Z. 587–588)
Frau Ehrhardt über die Aufteilung ihrer Arbeit in Früh- und Spätschicht in der aktuellen Stelle:
„Die eine von Früh bis Mittag und dann sind zwei Stunden dazwischen, wo keiner da ist. Und dann die nächste von Nachmittag bis Abend. Und das ist auch zum Wochenende so … Wir arbeiten auch zum Wochenende. (…) Aber das ist kein Problem. Für mich jedenfalls nicht." (Z. 779–785)
Frau Ehrhardt auf die Frage, wie zufrieden sie mit der jetzigen Beschäftigung ist
„Sehr, sehr."
(Frage der Interviewerin: Also auch mit, sozusagen, allen Aspekte, die …)
„Ja."
(Interviewerin: … damit verbunden sind. Und, welche Perspektiven werden Ihnen in dieser Tätigkeit geboten? Also, sprich, denken Sie, dass Sie da bis zur Rente quasi tätig bleiben?)
„Also, da werden jetzt keine beruflichen Aufstiegsperspektiven geboten. Ich bin zufrieden, wenn ich jetzt vielleicht noch meine fünf Stunden noch dazu arbeiten kann." (Z. 1585–1595)
Frau Ehrhardt auf die Frage nach ihrem Interesse an einem Stellenwechsel zur Realisierung einer Einkommenssteigerung:
„Also, dann müsste es schon was Gewaltiges sein, wenn ich jetzt nochmal wechsel, weil ich mich ja da auch wohl fühle. Und auch ja sicherlich gut verdiene, was ich ja sicherlich woanders nicht bekommen würde." (Z. 849–851)

Die Typen d), e) und f) bündeln Stellenaufnahmen nach dem 50. Lebensjahr, die eine Verschlechterung gegenüber dem früher erreichten Niveau beinhalteten. Dies traf auf die Erwerbsbiografien von 12 und damit der Hälfte der Erwerbspersonen zu, darunter 4 von 13 Frauen bzw. 31 %, 8 von 11 Männern bzw. 73 %, 6 von 10 Personen aus den ABL bzw. 60 % und 6 von 14 Personen aus den NBL bzw. 43 %. Drei Viertel der Personen, deren Stellenaufnahmen in diesen drei Typen verortet waren, wiesen im Laufe ihrer Erwerbsbiografie Selbstständigkeits- und/

oder Aufstiegspfade auf, die spätestens in der Umbruchphase in höherem Lebensalter, teils bereits auch vorher, abbrachen. Der deutlich höhere Anteil männlicher Erwerbspersonen ist insofern auch nicht Ausdruck ungünstigerer Arbeitsmarktchancen im Vergleich zu Frauen in höherem Lebensalter – zumal es hierfür auch keine Hinweise gab –, sondern auf die vorwiegend in männlichen Erwerbsbiografien realisierten Selbstständigkeits- und Aufstiegspfade zurückzuführen, die auf diesem Niveau in höherem Lebensalter nicht fortgesetzt werden konnten.

Typ d) beinhaltet zumindest den positiven Aspekt einer Konstanz oder auch Verbesserung gegenüber der vorhergehenden Stelle und betraf die Erwerbsbiografien von 5 männlichen Erwerbspersonen, darunter 3 von 10 Personen aus den ABL bzw. 30 % und 2 von 14 Personen aus den NBL bzw. 14 %. Sie nahmen ihre aktuelle bzw. letzte Stelle im Alter zwischen 51 und 59 Jahren auf.

Als (hoch) zufrieden mit der aktuellen bzw. letzten Stelle zeigten sich 3 der 5 Personen, als bedingt zufrieden 2 Personen.

Exemplarisch für eine Verbesserung gegenüber der Vorstelle und eine subjektiv hohe Zufriedenheit wird nachfolgend die Stellenaufnahme von Herrn Sonntag vorgestellt: Herr Sonntag nahm mit 56 Jahren eine Stelle als Angestellter in nicht-leitender Position im Fahrzeugwesen einer Polizeibehörde auf. Er hatte eine längere Aufstiegskarriere realisiert, in deren bester Phase der gelernte Elektromechaniker in leitender Position für ca. 100 MitarbeiterInnen verantwortlich war. Der Verkauf des Unternehmens führte für ihn jedoch zu einem einjährig befristeten Wechsel in eine Auffanggesellschaft. Die anschließend nach kurzer Arbeitslosigkeit mit 56 Jahren neu aufgenommene Stelle bei der Polizeibehörde bedeutete somit eine Verbesserung seiner sozialen Absicherung gegenüber seiner vorhergehenden Stelle in der Auffanggesellschaft, allerdings eine Verschlechterung in Vergütung und Status gegenüber seinem früher erreichten Niveau.

Herr Sonntag war aufgrund einer hohen Abfindung auf die Stellenaufnahme nicht angewiesen und wollte sie anfangs aufgrund des geringeren Status gar nicht annehmen, änderte seine Meinung aber infolge des positiv verlaufenen Vorstellungsgesprächs. Er benannte mehrere Negativaspekte seiner aktuellen Stelle, die sich auf den Verdienst und den Status bezogen. Entscheidungskompetenz wertete er dabei ambivalent, indem er einerseits seine aktuell fehlende Entscheidungskompetenz problematisierte, andererseits aber rückblickend auch auf die Nachteile seiner früheren Leitungsverantwortung verwies. Von größerer Relevanz waren für Herrn Sonntag jedoch die positiven Aspekte seiner Stelle, die für ihn die kritischen Aspekte überwogen, wie z.B. ohne Druck zur Arbeit gehen zu können. Dies empfand er auch als beste Erfahrung in seiner gesamten Erwerbsbiografie. Seine Wertung wurde daher als hohe Zufriedenheit zugeordnet.

Herr Sonntag:
„(…) jetzt verdiene ich nicht einmal die Hälfte, was ich früher verdient habe. Aber das ist nicht wichtig.“ (Z. 801–802)
„Selbst das jetzt, die Stelle, die wollte ich nicht machen.“
(Frage der Interviewerin: Warum nicht, weil Sie da von der Tätigkeit her …)
„Vom Status her.“ (Z. 893–897)
„Also Entscheidungen treffe ich eigentlich keine, Entscheidungen trifft der Haushaltsbevollmächtigte. Also ich bin eigentlich nur derjenige, der den Kugelschreiber in der Hand hält und schreibt und hinterher sind dann andere, die dann nicken.“ (Z. 1264–1267)
„Ich fühle mich nicht gefordert (…).“ (Z. 1277)
„Also ich bin hierher gekommen und arbeite hier … Es ist das erste Mal seit vielen, vielen Jahren, dass ich ohne Druck an die Arbeit gegangen bin.“
(Frage der Interviewerin: Ach, ja?)
„Ich hatte ja, als ich dann da überall herum, hatte ich immer Bauchschmerzen und war immer und war immer, der Kopf war nie frei und immer Gedanken, immer Gedanken, immer Gedanken um den Arbeitsplatz, immer Gedanken um die Familie, weil sie weit weg war. Immer, immer Gedanken. Immer Gedanken. Und hier angefangen, also was Schöneres in meinem Berufsleben ist mir nie passiert, wie hier, dass ich nochmal so, so kopffrei. Ich habe keine Verantwortung hier, ich habe gar nichts.“
(Frage der Interviewerin: Sie vermissen das aber auch nicht?)
„Nein, gar nicht. War auch nie so mein Ding, dass man in die Verantwortung reingerutscht ist, war ja nur, weil man ja weiterkommen wollte.“ (Z. 608–623)
„Das ist ja das, das ist ja das, das kann sich ja gar keiner nicht vorstellen, wie das ist, wenn er das nicht kennen würde, wenn du aus der freien Wirtschaft kommst und hast dann so einen Job hier, den dir keiner mehr nehmen kann, das kann sich gar keiner vorstellen.“ (Z. 741–744)
Herr Sonntag:
(Frage der Interviewerin: Aber es wird schon auch, sage ich mal, kompensiert, durch das, was Sie eben hier auch an Vorteilen eben mal benannt haben, ohne Druck zur Arbeit gehen, gutes Arbeitsklima und so?)
„Ja. Das ist auf jeden Fall. Das wird mehr als kompensiert.“ (Z. 1307–1311)

Eine Konstanz gegenüber der Vorstelle und eine subjektiv nur bedingt gegebene Zufriedenheit kann an der Stellenaufnahme von Herrn Tannheim verdeutlicht werden: Herr Tannheim wurde mit 59 Jahren als Einsteller in der Stanzerei eines metallverarbeitenden Unternehmens befristet eingestellt. Eine Entfristung stand zum Interviewzeitpunkt unmittelbar bevor. Gegenüber seiner früheren hauptberuflichen Selbstständigkeit als Kunsthandwerker hat sich Herr Tannheim in seinem qualifikatorischen und funktionalen Status verschlechtert. (Für einen Vergleich zu seinem damaligen Einkommen und der damit verknüpften sozialen Absicherung lagen keine näheren Informationen vor.) Allerdings konnte Herr Tannheim seine Selbstständigkeit wirtschaftlich bedingt zeitweise nur nebentätig ausüben und nahm nach der wirtschaftlich bedingten Aufgabe dieser

Selbstständigkeit und einer entsprechenden Weiterbildung mit 57 Jahren eine Stelle als CNC-Fräser an. Gegenüber dieser, seiner aktuellen Stelle vorhergehenden befristeten Stelle war seine Tätigkeit als Einsteller vergleichbar bzgl. Vergütung, Status und sozialer Absicherung.

Die Qualität der aktuellen Stelle bewertete Herr Tannheim ambivalent. Einerseits bezeichnete er das Betriebsklima zwar als normal, deutlich wurde aber, dass er nach schlechten Erfahrungen mit Kollegen seine Ansprüche an das Betriebsklima lediglich gesenkt hatte. Der Wechsel vom Selbstständigen zum abhängig Beschäftigten stellte für ihn einen massiven Einschnitt dar, den er auf der Statusebene wie auch im Hinblick auf seine nunmehr weniger realisierbaren Ansprüche an Arbeitsqualität problematisierte.

> Herr Tannheim auf die Frage, ob in seiner aktuellen Stelle ein gutes Betriebsklima gegeben ist:
> „Sagen wir normal. Normal."
> (Frage der Interviewerin: Ach, normal. Normal heißt, dass Sie das auch gar nicht besonders erwarten, dass es ein sehr gutes oder gutes Betriebsklima ist?)
> „Ich habe die Erfahrung gemacht: Traue keinem, außer dir selbst. Dass hinter dir geredet wird oder was da wieder oder sonst irgendwas."
> (Frage der Interviewerin: Wäre Ihnen das denn wichtig, dass man sagen kann: „Bei uns ist es auch ein gutes Betriebsklima.")
> „Wäre mir sehr wichtig." (Z: 1297–1308)
> Herr Tannheim:
> „Aber läuft auch nicht so, wie ich mir das vorstelle. Es ist durch den Altersunterschied. Ist viel gegeben, dass man da … Entweder, ich will jetzt nicht sagen, als Trottel hingestellt wird oder sonst irgendwie oder: ‚Komm, geh weg! Bevor ich dem das zeige, mache ich es selber!' So nach dieser Richtung. (…) Man hat natürlich den Fehler, vom Selbstständigsein her denkt man ganz anders. Kommt mit den ihren Gedanken, was die haben, schon gar nicht klar. Man hätte vielmehr ein eigenes Interesse am Betrieb und so weiter, was aber im Betrieb überhaupt nicht gewünscht wird." (Z. 838–844)
> „(…) man kann das Ganze nicht miteinander vergleichen zwischen den vielen Jahren selbstständiger Arbeit und jetzt hier. Vor allem früher hat man den Leuten was beigebracht und hat man den Leuten was gesagt, jetzt muss man sich was sagen lassen." (Z. 1527–1530)
> „(…) seitdem wir drin, also das Geschäft in dem Sinne geschlossen haben, bis dorthin war es Arbeit mit Freude und so weiter und ab dem geht der Broterwerb los. Und da versucht man, soviel Freude wie möglich dabei noch rauszudrücken (…)." (Z. 2249–2252)

Andererseits wertete er die mit der abhängigen Beschäftigung verbundene soziale Absicherung gerade gegenüber den wirtschaftlich schwierigen Phasen seiner Selbstständigkeit sehr positiv. Er formulierte für sich als Notwendigkeit, mit dem zufrieden zu sein, was er hat.

Herr Tannheim:
„Wissen Sie, das ist so schön, auf der einen Seite, wenn Sie Feierabend machen können und der Betrieb geht Sie gar nichts mehr an! Wissen Sie, wenn man selbstständig ist und Sie fahren einmal ein Wochenende in den Urlaub, dann haben Sie immer den Gedanken: ‚Ist das bezahlt? Ist das gemacht? Ist das gemacht?‘ Wenn du heimkommst ist das wieder, Sie müssen Vorleistungen bringen, Sie müssen nacharbeiten und so weiter. (…) Aber da können Sie sagen: ‚Ich gehe an meinen Computer, trage ein: Da und da und da will ich Urlaub!‘ Gebe das weiter, gehe meinetwegen drei Stunden später wieder hin, da steht dort: Genehmigt. Fertig. Alles andere kann mir egal sein.“
(Interviewerin: Ja, hat dann auch mal positive Seiten!)
„Hat viele positive Seiten. Im Urlaub kriegst du sogar noch Urlaubsgeld! (…) Und als Selbstständiger kostet das wieder einen Haufen!“ (Z. 1369–1385)
„Das Einzige, was ich jetzt, was mir wichtig ist, dass ich für die nächsten fünf Jahre einen gescheiten Arbeitsplatz habe, wo ich so halbwegs glücklich und zufrieden gut durchkomme. Es ist also nicht das, was immer … Ich kann mir nicht vorstellen, noch groß was aufzubauen. Wenn es notwendig ist und ich hätte die Gelegenheit, jeder Zeit. Aber ich muss mit dem zufrieden sein, was ich eigentlich habe oder kriege.“ (Z. 1340–1345)

Herr Tannheim bestätigte hiermit eine im Grundsatz vorhandene Zufriedenheit, die aber, wie bei Herrn Dederichs, mit einer Akzeptanz von Nachteilen verknüpft war und daher als bedingt gegebene Zufriedenheit eingeordnet wurde. Deutlich wurde auch, dass diese Zufriedenheit von Herrn Tannheim bewusst hergestellt wurde, somit rational-basiert war, während sich die Zufriedenheit von Herrn Sonntag aus seinem emotional-basierten Empfinden herleitete.

In Typ e) sind die neu aufgenommenen Stellen neben der Verschlechterung im Vergleich zum früher erreichten Niveau durch eine unterschiedliche Veränderung gegenüber der vorhergehenden Stelle gekennzeichnet. Hierzu zählten die Stellenaufnahmen von 3 Erwerbspersonen, darunter 2 Frauen und 1 Mann, sowie 2 Personen aus den ABL und 1 Person aus den NBL. Sie waren zu dem Zeitpunkt 51–57 Jahre alt.

Ihre Zufriedenheit mit der zum Interviewzeitpunkt jeweils aktuellen Stelle zeigte sich in 2 Fällen als gegeben, in einem Fall als bedingt gegeben.

Die ungünstigste Variante stellte Typ f) dar, in dem die neu aufgenommene Stelle eine Verschlechterung sowohl gegenüber dem früher erreichten Niveau als auch gegenüber der Vorbeschäftigung beinhaltete. Dies kennzeichnete die Stellenaufnahmen von 4 Erwerbspersonen, darunter 2 Frauen und 2 Männer sowie 1 von 10 Personen aus den ABL bzw. 10 % und 3 von 14 Personen aus den NBL bzw. 21 %. Die Stellenaufnahmen erfolgten im Alter von 49–60 Jahren.

Auch die subjektive Wertung der aktuellen bzw. letzten Stelle fiel hier am ungünstigsten aus – 3 der 4 Personen äußerten eine nur bedingt gegebene Zufriedenheit, 1 Person eine fehlende Zufriedenheit.

Die Stellenaufnahme der letztgenannten Person, deren Wertung als einzige im befragten Sample eine fehlende Zufriedenheit erkennen ließ, wird nachfolgend skizziert: Frau Claßen nahm ihre zum Interviewzeitpunkt letzte sozialversicherungspflichtige Teilzeitstelle in ihrem Ausbildungsberuf Sekretärin mit 49 Jahren auf, diese wurde ihr aber nach einem Jahr betriebsbedingt gekündigt. In der seitdem bis zum Interviewzeitpunkt bestehenden Arbeitslosigkeit wurde sie nur noch auf Geringfügigkeitsbasis in einem Zeitarbeitsunternehmen als Phonotypistin im Leiharbeitsverhältnis mit 55 Jahren eingestellt. Die geringfügige Beschäftigung stellte in Vergütung, Status und sozialer Absicherung eine Verschlechterung gegenüber ihrer vorhergehenden Stelle wie auch ihrem früher erreichten Niveau dar.

Frau Claßen äußerte sich nicht explizit zu ihrer Zufriedenheit mit der geringfügigen Tätigkeit in dem Zeitarbeitsunternehmen. Aus ihren Schilderungen ließ sich jedoch ableiten, dass sie mit der Stelle nicht zufrieden war, weil sie eine Zeitarbeit nur aus Verzweiflung nach mehrjähriger Arbeitslosigkeit angenommen hatte und die Vergütung zu gering war, weshalb sie nach 9 Monaten auch kündigte und dieselbe Tätigkeit in eine nebentätige Selbstständigkeit umwandelte.

Frau Claßen über die Aufnahme einer Zeitarbeit:
„Ja, hm, wichtig war für mich wirklich, überhaupt erstmal wieder eine Chance zu bekommen, ins Arbeitsleben zu kommen. Und deshalb habe ich ja auch das bei der (Name des Zeitarbeitsunternehmens) angefangen, weil du ja, wenn du in so einer Firma bist, die dich, die mit dir machen kann, was sie will, auf deutsch gesagt … Denn sie kann dich zum Butter einpacken schicken und sie kann dich zum Zeitungen sortieren schicken, sie kann dich aber ganz genau so gut in deinem Beruf einsetzen. Da war für mich wirklich die Chance, mal wieder Arbeitsluft zu schnuppern. Also, das war nackte Verzweiflung, dass ich dann gesagt habe: ‚Ich will das.' " (Z. 874–880)
Frau Claßen über einen zwischenzeitlichen, einmaligen Arbeitseinsatz im Auftrag des Zeitarbeitsunternehmens, der außerhalb ihrer sonstigen Tätigkeit als Phonotypistin in einer Bürotätigkeit für ein kommunales Unternehmen angesiedelt war:
„(…) war ganz schlimm, ganz gruselig, ganz bösartig, weil ich bin dort hingefahren, habe mich auf den Stuhl gesetzt und habe von morgens bis abends den Stuhl warmgedrückt. Das war eine ganz böse Aufgabe, weil ich hatte keine Aufgabe. Und es kamen in diesen vierzehn Tagen, wo ich dort war, vielleicht fünf Leute, die mal ein Blatt Papier von mir wollten, also irgendein Formular für (Bezeichnung einer Dienstleistung) oder für irgendwas, ausfüllen mussten. Also das ist erst mal vorweggesagt, dass so eine Aufgabe, wo du halt keine Aufgabe bekommst, sondern nur anwesend sein musst, keine Arbeit für mich ist. Ich habe es zwar bezahlt gekriegt, aber dafür lohnt noch nicht mal die schlechte Bezahlung. (Z. 526–534)
Frau Claßen auf die Frage nach ihren Gründen, sich selbstständig zu machen:
„Der Verdienst, weil der bei (Name des Zeitarbeitsunternehmens) einfach zu gering war." (Z. 1365)

Durch die Umwandlung der geringfügigen Beschäftigung in eine nebentätige Selbstständigkeit gelang Frau Claßen eine zumindest partielle Verbesserung ihrer Erwerbsbedingungen, wenn auch auf weiterhin prekärem Niveau. Die Tätigkeit schilderte sie als sehr interessant, aber auch sehr schwer. An monatlich drei Tagen transkribierte sie Mitschnitte von Sitzungen eines öffentlichen Gremiums und überarbeitete das gesprochene Wort auch redaktionell. Die Arbeit erfolgte unter hohem Zeitdruck, der sich an den drei Tagen über jeweils 12 bis 14 Stunden erstreckte. Klarheit über einen möglichen Auftrag erhielt sie jeweils erst eine Woche vor der betreffenden Sitzung.

Frau Claßen, bezogen auf ihre zum Interviewzeitpunkt ausgeübte nebentätige Selbstständigkeit, die aber identisch mit der Tätigkeit war, die sie als geringfügig Beschäftigte für das Zeitarbeitsunternehmen erbracht hatte:
„Denn die Arbeit, die wir jetzt hier machen, ist wirklich eine ganz …, drei Tage harter Job, wo du wirklich kaum aufblicken kannst, und da sitzt du 12 Stunden an dem Bildschirm und haust die Tastatur da durch (…).“ (Z. 838–840)
„Mir gefällt nicht, dass der Zeitdruck über den gesamten Tag da ist, dass du dir Pausen erarbeiten musst. Und zwar über Geschwindigkeit. Je schneller du schreibst, umso mehr Freizeit hast du.“ (Z. 1843–1845)
„Ich kriege zum Jahresanfang den Kalender für die (Name der Sitzungstermine) für das ganze Jahr und werde auch im Januar darum gebeten, mich freizuhalten für diese Zeit. Aber ich weiß nicht, ob ich angefordert werde. Das erfahre ich immer erst eine Woche vorher.“ (Z. 1424–1426)

Indem die Tätigkeit als nebentätig Selbstständige identisch mit ihrer Arbeit für das Zeitarbeitsunternehmen war, galten die Belastungen gleichermaßen auch für diese vorhergehende Zeitarbeitsstelle. Gerade das Bewältigen dieser Belastungen und des hohen fachlichen Anspruchsniveaus ihrer Tätigkeit reflektierte Frau Claßen als ihre Kompetenz.

Frau Claßen, bezogen auf die Anforderungen ihrer geringfügigen Tätigkeit für das Zeitarbeitsunternehmen (auch beziehbar auf ihre anschließend nebentätige Selbstständigkeit):
„Hier, geringfügig mit Minijob. Und da waren im Prinzip die Voraussetzungen dabei, dass du mindestens 300 Anschläge tippen kannst.“ (Z. 1287–1288)
„(…) wenn du die Ausbildung hast als Stenotypistin oder Bürofachangestellte, dann sind es 240 Anschläge in der Minute.“ (Z. 1301–1302)
„Ich denke, die den normalen Facharbeiter nur machen und im Büro sitzen und nicht gefordert werden in der Geschwindigkeit, für die ist das zuviel, 300 Anschläge schreiben zu können. Also, das ist schon etwas Besonderes.“ (Z. 1327–1329)
Frau Claßen, bezogen auf ihre Tätigkeit in dem öffentlichen Gremium unabhängig von der Tätigkeitsform als geringfügig Beschäftigte des Zeitarbeitsunternehmens oder als nebentätig Selbstständige:

„Wenn jetzt einer eine Rede redet dort im (Name einer Sitzung des öffentlichen Gremiums), wir wollen es ja medientauglich zurechtarbeiten, wenn wir da protokollieren. (…) Ich will ja, seine Worte müssen ja bleiben, vom Sinn, vom Inhalt, muss ja bleiben. Es soll sich ja trotzdem wie ein ordentlicher Satz anhören, obwohl er nun eigentlich was zusammengestottert hat. Und du sollst aber seinen Inhalt nicht verändern." (Z. 1806–1811)

Frau Claßen, bezogen auf ihre Chancen als nebentätig Selbstständige, auch künftig zu denjenigen zu gehören, die von dem öffentlichen Gremium zum Transkribieren angefordert werden:

„Ich fühle mich sehr sicher, weil ich meine Leistung a) von der Zeit her schaffe und von der Qualität her ist das ja nicht nur, dass du, du hast ja nur ein bestimmtes Zeitlimit, um diese Sequenzen zu erarbeiten, zu schreiben. Es soll ja auch eine gewisse Qualität dabei sein, dass die Korrekturleser sich im Prinzip nicht noch mal alles von vorne anhören müssen und die gleiche Zeit nochmal verwenden, die du selber schon hattest zum Schreiben. Und ich denke, dass ich da meine Qualität des Schreibens sehr hoch ansiedeln kann (…)." (Z. 1450–1455)

Dieses hohe fachliche Qualifikationsbewusstsein in ihrer Tätigkeit als nebentätig Selbstständige galt aufgrund der identischen Arbeit ebenso für ihre Tätigkeit als geringfügig Beschäftigte. Obgleich ihr Wunsch nach hauptberuflicher Erwerbsarbeit auch in ihrer nebentätigen Selbstständigkeit unerfüllt blieb und die Arbeitsbelastungen sehr hoch waren, stellte deren gelingende Bewältigung eine wichtige Bestätigung ihrer Kompetenz und Leistung dar. Indem Frau Claßen durch die von ihr initiierte Umwandlung in eine nebentätige Selbstständigkeit ihren Verdienst und ihren Status zumindest partiell verbessern konnte, nahm ihre Zufriedenheit mit dieser Tätigkeit zu. Diese formulierte sie explizit, angesichts der Inkaufnahme hoher Belastungen und der Nebentätigkeit wurde diese als bedingt eingeordnet.

Frau Claßen, bezogen auf ihre zum Interviewzeitpunkt ausgeübte nebentätige Selbstständigkeit:

„Ja, bin ich eigentlich nach wie vor sehr zufrieden. Es ist zwar nicht das, was man sich als Berufstätiger wünscht, weil eben kompakt in kurzer Zeit hohe Leistung erforderlich ist. Also mir wäre es schon lieber, wenn ich wieder in einer geregelten Arbeit wäre. Aber ich bin mit allem, wie es jetzt ist, sehr zufrieden." (Z. 1382–1385)

Zwischenfazit: Bewertung der Stellenqualität im erwerbsbiografischen Kontext anhand generalisierbarer Kriterien im Sample

Die Qualität der aktuellen bzw. letzten Stelle lässt sich – bezogen auf das früher erreichte beste Niveau sowie auf die vorhergehende Stelle – für alle beschriebenen Typen wie folgt darstellen. Als Vergleichskriterien wurden Vergütung, Status und soziale Absicherung herangezogen.

Tab. 17: Qualität der aktuellen bzw. letzten Stelle im erwerbsbiografischen Kontext

Veränderung der aktuellen bzw. letzten Stelle gegenüber:	
dem früher erreichten besten Niveau	**der vorhergehenden Stelle**
Verbesserung bzw. Konstanz: - 5 Erwerbspersonen (Typ a)	Verbesserung bzw. Konstanz: - 13 Erwerbspersonen (Typen a, b + d)
unterschiedliche Veränderung: - 7 Erwerbspersonen (Typen b + c)	unterschiedliche Veränderung: - 7 Erwerbspersonen (Typen c + e)
Verschlechterung: - 12 Erwerbspersonen (Typen d, e + f)	Verschlechterung: - 4 Erwerbspersonen (Typ f)

Im Ergebnis (s. Tab. 17) konnte sich zwar nur die Hälfte der Befragten in der aktuellen bzw. letzten Stelle gegenüber einem früher erreichten besten Niveau verbessern oder dessen Niveau zumindest partiell verbessern oder halten (12 von 24 Erwerbspersonen bzw. 50 %, die eine Stellenqualität der Typen a–c erreichten), ein Großteil konnte sich aber gegenüber der Vorbeschäftigung verbessern oder dessen Niveau zumindest partiell verbessern oder halten (20 von 24 bzw. 83 %%, deren Stellenqualität den Typen a–e zugeordnet wurden).

Zu berücksichtigen ist, dass die Stellenqualität innerhalb der Typen sehr heterogen war: In den Typen a) und e) erstreckte sich die Stellenqualität zwar lediglich über zwei Qualifikationsbereiche – Fachkrafttätigkeiten und komplexe SpezialistInnentätigkeiten. Sie wies aber große Unterschiede zwischen einerseits gering vergüteten Arbeitsbedingungen bis hin zur Fortsetzung eines Aufstiegs bzw. hoher Vergütung auf. In der Hälfte der Typen, den Typen c), d) und f) streuten die Stellen gar über alle vier Qualifikationsbereiche. Nur Typ b) umfasst etwas homogenere Stellenqualitäten jeweils im Segment einer Fachkrafttätigkeit.

Eine nach generalisierbaren Kriterien in der aktuellen bzw. letzten Stelle erreichte Verbesserung oder Konstanz zumindest gegenüber der vorhergehenden Stelle zeigte sich in unterschiedlichem Maße je nach dem Alter, in dem die Stellenaufnahme erfolgte: So war der Anteil der Personen, die eine im Vergleich zur Vorstelle bessere oder konstante Stelle aufnahmen (mit einer Stellenqualität der Typen a, b und d), unter den Personen mit einer letztmaligen Stellenaufnahme zwischen 55 und 59 Jahren am höchsten mit 83 % (5 von 6 Personen), während er bei den Personen mit einer letztmaligen Stellenaufnahme im Alter zwischen 50–54 Jahren bei 58 % (7 von 12 Personen) lag und bei den beiden Personen mit einer letztmaligen Stellenaufnahme ab 60 Jahren bei 0 %.[225]

225 Nicht berücksichtigt wurden hier die 4 Personen mit einer letztmaligen Aufnahme einer sozialversicherungspflichtigen Stelle vor dem 50. Lebensjahr.

Subjektive Bewertung der Stellenqualität im Sample
Die befragten Erwerbspersonen, die sich (hoch) zufrieden mit ihrer aktuellen bzw. letzten Stelle äußerten, stützten sich in ihrer Bewertung auf eine Vielzahl unterschiedlicher Kriterien. Diese bezogen sich insbesondere auf den Arbeitsinhalt und auf die soziale Absicherung, zudem auf die Vergütung, den Status und die Reduzierung von Belastungen, die jeweils für mehrere Erwerbspersonen eine hervorgehobene Bedeutung hatten.

Einige Erwerbspersonen veränderten im erwerbsbiografischen Verlauf die Kriterien, die ihnen für eine zufriedenstellende Erwerbsarbeit wichtig waren. Mehrfach wurden mit zunehmendem Alter soziale Sicherheit und belastungsärmere Arbeitsbedingungen wichtiger, während Status und Einkommen an Bedeutung verloren. Ein solcher Einstellungswandel war teils Folge gewandelter Interessen, teils aber auch verringerter Realisierungsmöglichkeiten – Letzteres im Falle von Belastungen.

In mehreren Fällen wurde die aktuelle bzw. letzte Stelle auch emotional sehr positiv beschrieben, wie dies in nachfolgenden Zitaten deutlich wird:

> Frau Xannick:
> „Also manchmal denke ich, es sollte alles so sein, damit ich jetzt Bus fahren kann." (Z. 1205)
> Frau Ziegler:
> „(…) da bin ich auch heute Busfahrerin mit Leib und Seele." (Z 141)
> Frau Faber:
> „Ja, für mich war das ein Sechser, für mich war das ein Sechser im Lotto (lacht). Es ist so." (Z. 850)
> Frau Vosskamp:
> „Ja, ich konnte es noch gar nicht so richtig fassen, eigentlich fasse ich es ja jetzt noch gar nicht richtig, weil man ist immer noch so angstmäßig da, dass man wieder rausmuss." (Z. 576–577)
> Frau Weber:
> „Klingt komisch, aber wenn Sie etwas älter sind, so zum Schluss nur im Magazin, da war ich glücklich, da stimmte alles, da wollte ich dann keine Veränderung mehr. Früher, da konnte es, ja, wie gesagt, wenn man jünger ist, da ist das anders." (Z. 669–672)

Teils war das Empfinden von Glück auch mit dem Umstand verknüpft, dass die Stellenaufnahme die Erfüllung jahrelang nicht erfüllter Erwartungen ermöglichte, wie am Beispiel von Frau Faber die Rückkehr in ihren Ausbildungsberuf und im Falle von Frau Vosskamp ein unbefristeter Arbeitsvertrag nach zahlreichen Wechseln zwischen Befristungen und Arbeitslosigkeit.

Insgesamt erschien die geäußerte Zufriedenheit bei 16 der 24 Personen bzw. 67 % als (hoch) gegeben, bei 7 Personen bzw. 29 % als bedingt gegeben und nur bei 1 Person bzw. 4 % als nicht gegeben.

Nach Strukturmerkmalen waren die Anteile der Personen, die mit der aktuellen bzw. letzten Stelle (hoch) zufrieden waren, bei den Frauen höher als bei den Männern (10 von 13 Frauen bzw. 77 % gegenüber 6 von 11 Männern bzw. 55 %) sowie bei Personen aus den ABL höher als bei Personen aus den NBL (8 von 10 Personen aus den ABL bzw. 80 % gegenüber 8 von 14 Personen aus den NBL bzw. 57 %).

Nach Altersgruppe zeigt sich, dass eine (hohe) Zufriedenheit mit der aktuellen bzw. letzten Stelle alle 12 Personen mit einer letztmaligen Stellenaufnahme im Alter von 50–54 Jahren kennzeichnete (100 %), während sie für die beiden Personen mit einer letztmaligen Stellenaufnahme ab 60 Jahren geringer ausgeprägt war (50 % bzw. 1 von 2 Personen) und in der Gruppe mit Einstellungen zwischen 55–59 Jahren schließlich nur auf eine Minderheit zutraf (33 % bzw. 2 von 6 Personen).

Stellenqualität im Kontext ausgewählter erwerbsbiografischer Aspekte

Im Folgenden wird näher untersucht, inwieweit sich Hinweise auf Relevanzen des Erwerbsstatus, der sozio-ökonomischen Lage sowie der Zielstrebigkeit der Stellensuche in der Umbruchphase in höherem Lebensalter auf die Qualität der dann neu aufgenommen Stelle finden lassen.

Die Stellensuche nach Erwerbsstatus wird hierfür differenziert in eine Stellensuche aus unbefristeter Beschäftigung heraus, eine Stellensuche mit einer max. 12-monatigen Arbeitslosigkeit bis zur Stellenaufnahme[226] und eine Stellensuche mit einer über 12-monatigen Arbeitslosigkeit bis zur Stellenaufnahme (vgl. Kap. 6.3). Betrachtet wird eine mögliche Relevanz des Erwerbsstatus vor der Stellenaufnahme nach den generalisierbaren Kriterien zur Bewertung der Stellenqualität sowie nach der subjektiven Zufriedenheit der Erwerbspersonen mit der neuen Stelle.

In einem Vergleich der auf Basis generalisierbarer Kriterien ausdifferenzierten Stellenqualitäts-Typen a) als Typ mit der günstigsten Qualitätsentwicklung und f) als Typ mit der ungünstigsten Qualitätsentwicklung zeigt sich die Relevanz des Erwerbsstatus vor der letzten Stellenaufnahme: Typ a) streut nach Erwerbsstatus vor der letzten Stellenaufnahme und umfasst 1 Person, die aus

---

226 Eine Erwerbsperson, die parallel zu ihrer befristeten Beschäftigung nach einer neuen Stelle suchte und eine unmittelbar anschließende Stellenaufnahme ohne zwischenzeitliche Arbeitslosigkeit realisieren konnte, wurde ebenfalls der Gruppe der Personen mit einer max. 12-monatigen Arbeitslosigkeit zugeordnet, da im Gegensatz zu den Personen in unbefristeter Beschäftigung ohne die Stellensuche Arbeitslosigkeit eingetreten wäre.

unbefristeter Beschäftigung nach einer neuen Stelle suchte, 3 Personen mit einer max. 12-monatigen Arbeitslosigkeit bis zur Stellenaufnahme sowie 1 Person mit einer über 12-monatigen Arbeitslosigkeit bis zur Stellenaufnahme. Eindeutig konzentriert sich hingegen der ungünstigste Typ f) mit 4 Personen ausschließlich auf solche mit einer über 12-monatigen Arbeitslosigkeit bis zur Stellenaufnahme.

In Entsprechung hierzu wiesen die Personen mit einer Stellensuche aus unbefristeter Beschäftigung heraus sowie diejenigen mit einer max. 12-monatigen Arbeitslosigkeit bis zur Stellenaufnahme zu jeweils 25 % höhere Anteile mit der günstigsten Stellenqualität des Typs a) auf – 1 von 4 Personen im Beschäftigungsstatus, 3 von 12 Personen mit max. 12-monatiger Arbeitslosigkeit –, wohingegen bei den 8 Personen mit einer über 12-monatigen Arbeitslosigkeit bis zur Stellenaufnahme der Anteil mit der günstigsten Stellenqualität nur 13 % bzw. 1 Person betraf.

Im Hinblick auf die subjektive Zufriedenheit mit der neuen Stelle wiesen die 4 Personen, die aus unbefristeter Beschäftigung nach einer neuen Stelle suchten, mit 3 (hoch) zufriedenen Personen bzw. 75 % einen recht hohen Anteil auf. Dieser wurde in der Gruppe der 12 Personen mit einer max. 12-monatigen Arbeitslosigkeit bis zur Stellenaufnahme noch übertroffen, indem hierunter 10 Personen bzw. 83 %) (hoch) zufrieden mit ihrer neuen Stelle waren. Deutlich geringer fiel hingegen der Vergleichswert unter den Personen mit einer über 12-monatigen Arbeitslosigkeit bis zur Stellenaufnahme aus, hier betrug der Anteil der (hoch) Zufriedenen mit 3 von 8 Personen 38 %. Obgleich sich im Sample im Einzelfall gezeigt hat, dass eine vorhergehende lange Arbeitslosigkeit, wie z.B. bei Herrn Uhlig, für die Zufriedenheit mit einer Stelle von hoher Bedeutung sein kann, verweisen die hier ausgeführten Daten darauf, dass eine vorhergehende über 12-monatige Arbeitslosigkeit nicht hinreichend ist, um Zufriedenheit mit der Stelle herzustellen.

Damit lässt sich ein negativer Zusammenhang zwischen einer über 12-monatigen Arbeitslosigkeit bis zur Stellenaufnahme und der Stellenqualität vermuten, der sich sowohl in einer Bezugnahme auf die generalisierbaren Kriterien der Veränderung von Vergütung, Status und sozialer Sicherung zeigte, als auch in der Bezugnahme auf die subjektive Zufriedenheit. Hingegen zeigten sich in beiden Bezügen keine größeren Unterschiede zwischen einer Stellensuche aus unbefristeter Beschäftigung heraus und einer Stellensuche mit max. 12-monatiger Arbeitslosigkeit bis zur Stellenaufnahme.

Interessanterweise wird ein ähnlicher Zusammenhang im Hinblick auf die sozio-ökonomische Lage nicht deutlich. Unter den 8 Personen in eher günstiger sozio-ökonomische Lage, die bei der Analyse des Vorgehens bei der Stellensuche ausdifferenziert wurden (vgl. Kap. 6.4), kann – mit Blick auf die Bewertung der Stellenqualität nach generalisierbaren Kriterien – 1 Person bzw. 13 % dem günstigsten Stellenqualitäts-Typ a) mit einer Verbesserung oder zumindest Konstanz der neu aufgenommenen Stelle sowohl gegenüber der Vorstelle als auch dem erwerbsbiografisch erreichten besten Niveau zugeordnet werden. Im Vergleich dazu konnten von den 16 Personen in eher ungünstiger sozio-ökonomischer Lage 4 Personen bzw. 25 % und damit sogar zu einem höheren Anteil eine Stellenaufnahme des günstigsten Stellenqualitäts-Typs a) realisieren. Die günstigere sozio-ökonomische Lage führte somit nicht unbedingt dazu, dass vorrangig Stellen mit günstigen Konditionen angenommen wurden. Umgekehrt war auch der Anteil von Personen, die in eher günstiger sozio-ökonomischer Lage eine Stelle des ungünstigsten Stellenqualitäts-Typs f) mit einer Verschlechterung gegenüber der Vorstelle und damit zugleich auch gegenüber dem zuvor erwerbsbiografisch erreichten Niveau aufnahmen, mit 1 von 8 Personen bzw. 13 % nur geringfügig niedriger als der Vergleichswert der Personen in eher günstiger sozio-ökonomischer Lage mit 3 von 16 Personen bzw. 19 %.

Auch für die subjektive Zufriedenheit mit der neuen Stelle scheint die sozio-ökonomische Lage während der Stellensuche nicht relevant zu sein: Von den 8 Personen in eher günstiger sozio-ökonomischer Lage zeigten sich 5 Personen bzw. 63 % mit der neuen Stelle (hoch) zufrieden. Dieser Wert lag damit nur leicht unter dem Vergleichswert der Personen in eher ungünstiger sozio-ökonomischen Lage mit 11 von 16 Personen bzw. 69 %.

Nach der Zielstrebigkeit des Vorgehens bei der Stellensuche (vgl. Kap. 6.4) deutet sich ein weiterer Zusammenhang zur Qualität der neu aufgenommenen Stelle an. So realisierten nach den generalisierbaren Bewertungskriterien der Stellenqualität von den 18 Personen, die in der Umbruchphase in höherem Lebensalter zielstrebig nach einer neuen Stelle suchten, 5 Personen bzw. 28 % eine Stellenqualität des Typs a) und damit der günstigsten Stellenqualität, während 3 der insgesamt 18 zielstrebig Stellensuchenden bzw. 17 % eine Stelle des Qualitäts-Typs f) und damit der ungünstigsten Stellenqualität aufnahmen. Im Vergleich dazu waren von den insgesamt 6 weniger zielstrebig Suchenden 0 Personen bzw. 0 % dem günstigen Stellenqualitäts-Typ a) zuzuordnen und 1 Person bzw. 17 % dem ungünstigen Qualitäts-Typ f) und damit zu einem ebenso hohen Anteil wie bei den zielstrebig Suchenden.

Nach den Einschätzungen zur Zufriedenheit mit der neuen Stelle zeigte sich, dass sich von den insgesamt 18 zielstrebig Stellensuchenden 13 Personen bzw. 72 % mit der neuen Stelle (hoch) zufrieden zeigten, 4 Personen bzw. 22 % bedingt zufrieden und 1 Person bzw. 6 % nicht zufrieden. Im Vergleich dazu äußerten sich von den 6 weniger zielstrebig Suchenden 3 Personen bzw. 50 %

(hoch) zufrieden, ebenfalls 3 Personen bzw. 50 % bedingt zufrieden und keine Person bzw. 0 % unzufrieden.

Damit erscheint zwar die Zielstrebigkeit der Stellensuche von Relevanz für die erreichte Stellenqualität sowohl nach generalisierbaren Kriterien – zumindest in Bezug auf das Realisieren des günstigsten Stellenqualitäts-Typs a) –, als auch nach der subjektiven Zufriedenheit. Gleichwohl ist hierbei zu bedenken, dass für diesen Zusammenhang auch andere Faktoren naheliegend sein könnten, wie z.B. eine negative Chanceneinschätzung.

Fazit

Die in höherem Lebensalter letztmalig aufgenommenen sozialversicherungspflichtigen (sowie in 2 Fällen nur nebentätigen, nicht sozialversicherungspflichtigen) Stellen erstreckten sich über alle vier Anforderungsniveaus der Klassifikation der Berufe 2010. Angesichts der Zusammensetzung des Samples, wonach alle befragten Erwerbspersonen mindestens über eine Fachausbildung verfügten und in ihrer letztmaligen Stellenaufnahme auch keine akademische Qualifikation erforderlich war, verweist diese Heterogenität sowohl auf vollzogene berufliche Aufstiegspfade als auch auf erfolgte berufliche Abstiege.

In Beantwortung der auswertungsleitenden Forschungsfrage 1 wurde die Qualität der letztmalig aufgenommenen Stellen aus zwei Perspektiven betrachtet: entsprechend der subjektiven Bewertung und Zufriedenheit der Erwerbspersonen sowie nach Veränderungen in Vergütung, Status und sozialer Absicherung gegenüber der vorhergehenden Stelle und dem bereits erreichten besten Niveau als generalisierbaren Bewertungskriterien. Aus Letzterer wurde eine Typologie mit sechs Typen unterschiedlicher Stellenqualität entwickelt, wobei innerhalb der einzelnen Typen eine nach Qualifikationsniveau und Vergütung hohe Heterogenität zu berücksichtigen ist.

Typ a) bündelt Stellen, die eine Verbesserung gegenüber der Vorstelle und eine Verbesserung oder Konstanz gegenüber dem früher erreichten Niveau aufwiesen. Diese stellen den günstigsten Qualitätstyp dar und kennzeichnen die Stellenaufnahmen von 5 Erwerbspersonen.

In Typ b) beinhalteten die letztmaligen Stellenaufnahmen eine Verbesserung gegenüber der vorhergehenden Stelle, aber in den einzelnen generalisierbaren Vergleichskriterien unterschiedliche Veränderungen gegenüber dem früher erreichten Niveau. Hierunter fielen die Stellenaufnahmen von 3 Erwerbspersonen.

Eine unterschiedliche Entwicklung sowohl gegenüber der Vorstelle als auch im Vergleich zu dem früher erreichten Niveau prägten die in Typ c) zusammengefassten Stellenaufnahmen. Sie betrafen die Stellenaufnahmen von 4 Erwerbspersonen.

Typ d) sind Stellen zugeordnet, die eine Konstanz oder Verbesserung gegenüber der Vorstelle, jedoch eine Verschlechterung gegenüber dem früher erreichten Niveau darstellten. Hierzu zählten die Stellenaufnahmen von 5 Erwerbspersonen.

In Typ e) wurden Stellen gebündelt, die eine unterschiedliche Veränderung gegenüber der Vorstelle und eine Verschlechterung gegenüber dem früher erreichten Niveau charakterisierte. Solche bezogen sich auf 3 Erwerbspersonen.

Typ f) schließlich weist die ungünstigste Qualität auf mit einer Verschlechterung gegenüber der Vorstelle und gegenüber dem früher erreichten Niveau. Diesem Typ wurden die Stellenaufnahmen der übrigen 4 Erwerbspersonen zugeordnet.

Insgesamt verschlechterte sich die Hälfte der Befragten bei der Stellenaufnahme in höherem Lebensalter im Hinblick auf Vergütung, Status und/oder sozialer Absicherung gegenüber dem früher erreichten besten Niveau. Eine große Mehrheit konnte sich aber gegenüber der vorhergehenden Stelle verbessern oder dessen Niveau zumindest partiell verbessern oder halten. Interessant wäre eine repräsentative Untersuchung der erreichten Qualität von Stellenaufnahmen in höherem Lebensalter und ihrer Veränderung im erwerbsbiografischen Kontext sowie deren Vergleich zu Stellenaufnahmen in jüngeren Altersgruppen.[227]

Die Zufriedenheit mit der aktuellen bzw. letzten Stelle wurde aus den subjektiven Bewertungen der Erwerbspersonen hergeleitet und in (hoch) gegeben, bedingt gegeben und fehlend differenziert. Deutlich wurde, dass sich die Zufriedenheit auf eine Vielfalt unterschiedlicher Kriterien stützte. Eine

227 Kistler, Trischler & Bäcker (vgl. dies. 2009, S. 32) weisen auf Basis von Daten des Sozioökonomischen Panels 2007 eine im jeweiligen erwerbsbiografischen Kontext ungünstigere Qualität der neu aufgenommenen Stelle von 50–64-jährigen Berufswechslern gegenüber jüngeren Berufswechslern aus. Demnach haben sich ältere Berufswechsler zwischen 50–64 Jahren zu 78 % in ihrer Tätigkeit verbessert oder sind ungefähr gleich geblieben (gegenüber 88 % der 15–49-Jährigen). In Bezug auf die Arbeitsbedingungen wurde eine Verbesserung oder ungefähre Konstanz von 63 % der 50–64-jährigen Berufswechsler erreicht (gegenüber 76 % der 15–49-Jährigen). Die Daten selbst können jedoch nicht als Vergleichsfolie herangezogen werden, da in der Studie Berufswechsler untersucht wurden, während in der hier vorliegenden Arbeit alle Stellenwechsel und somit auch solche im gleichen Beruf im Fokus standen. Da zudem die Berufswechsler bei Kistler, Trischler und Bäcker begrifflich nicht näher definiert sind, ist auch kein weiterer Vergleich zu den BerufsfeldwechslerInnen des hier erforschten Samples möglich, bei denen Wechsel ab der 3-Steller-Ebene der Klassifikation der Berufe 2010 berücksichtigt wurden (vgl. hierzu Kap. 6.2).

besondere Relevanz kam hierbei dem Arbeitsinhalt und der sozialen Absicherung zu, des Weiteren Vergütung, Status und Belastungsreduktion, diese wurden jeweils mehrfach thematisiert. Während drei dieser Kriterien für die vorhergehende Typologie vertikal operationalisierbar waren – im Sinne definierbarer Bestimmungsmerkmale für eine Verbesserung oder Verschlechterung von Vergütung oder Status – und hier integriert werden konnten, ist insbesondere die Bewertung der Arbeitsinhalte von einem subjektiven Interessenbezug abhängig, der auch in seinen Bestimmungsmerkmalen, wie z.B. Aufgabenart, Aufgabenvielfalt etc., jeweils subjektiv geprägt und damit nicht generalisierbar ist.

Aber nicht nur die herangezogenen Kriterien und ihre Gewichtung, wie z.B. die Bedeutung von Entscheidungskompetenz, unterschieden sich in den subjektiven Bewertungen, sondern auch die qualitativ gewünschte Ausprägung der einzelnen Kriterien wurde unterschiedlich gefüllt. So wurde z.B. die Grenze der akzeptablen räumlichen Entfernung zwischen Wohn- und Arbeitsort sehr unterschiedlich definiert.

Abweichungen zwischen den Ergebnissen nach generalisierbaren Kriterien und subjektiven Bewertungen waren zum einen im günstigsten Qualitätstyp a) feststellbar, der sich durch eine Verbesserung gegenüber der Vorstelle und eine Verbesserung oder Konstanz gegenüber dem früher erreichten Niveau auszeichnete. Unter den hierzu zählenden Stellenaufnahmen von 5 Personen war eine Person, ein Maler, nur bedingt zufrieden mit der aktuellen Stelle. Dies lässt sich mit den im Malerberuf grundsätzlich eher geringvergüteten und belastenden Arbeitsbedingungen sowie mit weiteren subjektiven Bewertungskriterien – nämlich einer im Vergleich zu früheren Erwerbsphasen längeren Fahrtzeit – erklären. Zum anderen wichen die Ergebnisse nach generalisierbaren Kriterien und subjektiven Bewertungen in dem ungünstigsten Qualitätstyp f) voneinander ab. Trotz der hier gegebenen Verschlechterung sowohl gegenüber dem früher erreichten Niveau als auch gegenüber der Vorstelle zeigten sich 3 der 4 Personen, deren Stellenaufnahme zu diesem Typ gehörte, bedingt zufrieden mit der Stellenqualität, statt unzufrieden. In zwei Fällen thematisierten die vor der Stellenaufnahme arbeitslosen Erwerbspersonen die Dringlichkeit einer Reintegration in Erwerbsarbeit. Im dritten Fall bestand für eine ebenfalls arbeitslose Person keine finanziell dringliche Angewiesenheit auf die Stelle und sie entschied sich freiwillig für eine nur nebentätige Aufnahme einer Stelle, die ihr auch sozialversicherungspflichtig auf Vollzeitbasis angeboten worden war. Auch hier werden somit spezifische subjektive Begründungszusammenhänge deutlich, die über die ausgewählten generalisierbaren Kriterien hinausreichen.

Insgesamt erschienen die subjektiven Bewertungen außerordentlich positiv, wonach sich zwei Drittel der Befragten als (hoch) zufrieden mit der aktuellen bzw. letzten Stelle zeigten und nur eine Person als unzufrieden einzuordnen war. Angesichts der geschilderten, teils sehr unattraktiven Arbeitsbedingungen, die von einigen Befragten in Kauf genommen wurden, um erwerbstätig sein zu können, war ein höherer Anteil Unzufriedener erwartbar. Anzunehmen ist jedoch, dass das Erschließen einer positiven Einstellung – sofern möglich – essenziell erforderlich ist, um gerade auch ungewünschte Arbeitsbedingungen bewältigen zu können. Auf diesen Umstand verweist Albers:

> „Niemand kann, ohne in schwerwiegende kognitive Dissonanzen zu geraten, viele Stunden jeden Tages mit Dingen zubringen, die er als unbefriedigend empfindet. Ein Mindestmaß an Zufriedenheit mit dem, was man tut, ist Bedingung dafür, es überhaupt tun zu können." (Albers 2008, S. 158).

Ein Ausgleich solcher Dissonanzen erfolgt über die Senkung der eigenen Ansprüche (vgl. Noll 1989, S. 37). Matiaske und Mellewigt werfen diesbezüglich die Frage nach einem Messproblem, einem „Methodenartefakt" bei der Erhebung von Arbeitszufriedenheit auf, wenn diese deshalb als hoch erscheint, weil sie u.a. auf einem gesunkenen Anspruchsniveau gründet. Mit Rekurs auf Bruggemann differenzieren Matiaske und Mellewigt im Falle einer unbefriedigenden Arbeitssituation zwischen einer um Änderung bemühten konstruktiven Arbeitsunzufriedenheit und einer in eine Anspruchssenkung mündende resignative Arbeitszufriedenheit. (Vgl. dies. 2001, S. 8, 11 f.)

Den Autoren ist zuzustimmen, dass Zufriedenheit in seiner Qualität und Ausformung zu differenzieren ist. Bruggemann, Groskurth und Ulich haben mit ihrer Integration von Arbeitssituation, Bedürfnissen und Erwartungen, Zufriedenheit und Anspruchsniveau ein ertragreiches Konzept zur Differenzierung von Arbeitszufriedenheitstypen entwickelt (vgl. Bruggemann, Groskurth & Ulich 1975, zitiert nach Hans-Böckler-Stiftung 2002, S. 9).[228] Zu hinterfragen ist indes die Gleichsetzung von Anspruchssenkung und Resignation, die begrifflich auf die Aufgabe eines Plans fokussiert. Angemessener erscheint nach meiner Auffassung, eine Anspruchssenkung im Hinblick auf die hier geleistete Anpassung zu betrachten, wie sie von Zapf als „Adaptation" bezeichnet wurde

228 Bruggemann, Groskurth und Ulich entwerfen sechs Typen von Arbeitszufriedenheit: progressive Arbeitszufriedenheit, stabilisierte Arbeitszufriedenheit, resignative Arbeitszufriedenheit, Pseudo-Arbeitszufriedenheit, fixierte Arbeitsunzufriedenheit und konstruktive Arbeitsunzufriedenheit (vgl. ebd.).

(vgl. ders. 1984, S. 25 f.).[229] Sie stellt damit eine mögliche Form zur Bewältigung ungewünschter Arbeitsbedingungen dar, sofern alternative Wege zur Realisierung eigener Wünsche und Ansprüche nicht möglich erscheinen – und dies kann nur aus der subjektiven Perspektive bestimmt werden.

Eine Auswertung nach Strukturmerkmalen ließ teilweise eine besondere Relevanz nach Geschlecht, Region und Alter erkennen:

Nach Geschlecht zeigte sich eine Überrepräsentanz von Frauen auf Basis der generalisierbaren Kriterien in dem günstigsten Qualitätstyp a), während Männer in der Gesamtheit der Typen d) bis f), in denen die Stellenaufnahmen jeweils eine Verschlechterung gegenüber dem früher erreichten Niveau beinhalteten, überwogen.[230] Die letztgenannte Überrepräsentanz von Männern ist jedoch nicht Ausdruck ungünstigerer Arbeitsmarktchancen im Vergleich zu Frauen in höherem Lebensalter, sondern in den vorwiegend in männlichen Erwerbsbiografien realisierten Selbstständigkeits- und Aufstiegspfaden zu vermuten, die insbesondere mit den Typen d) bis f) verknüpft waren und auf diesem Niveau in höherem Lebensalter nicht fortgesetzt werden konnten. Auch nach subjektiver Bewertung ließ sich eine (hoch) gegebene Zufriedenheit in höherem Maße bei den Frauen erkennen.

Nach Region konnte keine Differenz im Rahmen der generalisierbaren Kriterien belegt werden, da die Qualitätstypen entweder zu kleine Fallzahlen mit 3 Fällen aufwiesen oder keine eindeutigen Unterschiede bestanden. Nach subjektiver Bewertung äußerten sich jedoch vermehrt Personen aus den ABL (hoch) zufrieden mit der aktuellen bzw. letzten Stelle.

Nach Altersgruppe zeigte sich ein ambivalentes Bild: Eine Verbesserung oder Konstanz gegenüber der Vorstelle wurde in höherem Maße in der Gruppe mit Stellenaufnahmen zwischen 55 und 59 Jahren erreicht, hingegen in keiner der beiden Stellenaufnahmen ab 60 Jahren. Demgegenüber war eine (hoch) gegebene Zufriedenheit mit der aktuellen bzw. letzten Stelle bei allen Personen mit einer Stellenaufnahme im Alter von 50–54 Jahren vorfindbar, bei Einstellungen ab 55 bzw. ab 60 Jahren jedoch geringer ausgeprägt. Dies bestätigt die vergleichsweise ungünstigsten Chancen für Stellenaufnahmen ab 60 Jahren, belegt aber

229 Zapf kombinierte – bezogen auf das generelle subjektive Wohlbefinden – die objektiven Lebensbedingungen und das subjektive Wohlbefinden in einer jeweils guten und schlechten Ausprägung zu vier Typen der Lebensqualität und bezeichnete ein gutes subjektives Wohlbefinden unter schlechten objektiven Lebensbedingungen als „Adaptation“ (vgl. ebd.).

230 Die übrigen beiden Typen b und c hatten eine zu geringe Fallzahl bzw. wiesen nur geringe Unterschiede auf.

ansonsten die Unterschiedlichkeit der je gewählten Perspektive zwischen subjektiver Zufriedenheit und generalisierbaren Kriterien.

Hinweise auf eine Relevanz ausgewählter erwerbsbiografischer Aspekte für die Stellenqualität ließen sich insbesondere im Hinblick auf eine längere Arbeitslosigkeitsdauer während der Stellensuche in der Umbruchphase in höherem Lebensalter finden. So ging allen Stellenaufnahmen des ungünstigsten Stellenqualitäts-Typs f) eine über 12-monatige Arbeitslosigkeit voraus und Personen mit einer Stellensuche aus unbefristeter Beschäftigung sowie Personen mit einer max. 12-monatigen Arbeitslosigkeit vor der Stellenaufnahme wiesen einen höheren Anteil in dem günstigsten Stellenqualitäts-Typ a) als die Personen mit einer über 12-monatigen Arbeitslosigkeit während der Stellensuche auf. Ähnlich zeigten sich auch in der subjektiven Bewertung die Personen mit einer über 12-monatigen Arbeitslosigkeit vor der Stellenaufnahme in geringerem Maße zufrieden mit der Stelle im Vergleich zu den Personen mit kürzerer Arbeitslosigkeit oder einer Stellensuche aus unbefristeter Beschäftigung. Eine nochmals höhere Relevanz einer Stellensuche aus unbefristeter Beschäftigung gegenüber den Personen mit max. 12-monatiger Arbeitslosigkeit ließ sich hingegen nicht erkennen. Ebenfalls ließ sich keine Verknüpfung zwischen der sozio-ökonomischen Lage und der Qualität der neu aufgenommen Stelle feststellen.

Ein auf den ersten Blick interessanter Zusammenhang bestand hinsichtlich der Zielstrebigkeit bei der Stellensuche. Demnach war der Anteil von Personen mit einer Stellenaufnahme des günstigsten Stellenqualitäts-Typs a) unter den zielstrebig eine neue Stelle suchenden Personen höher als unter den weniger zielstrebig Suchenden. Gleiches galt für die Zufriedenheit mit der neuen Stelle, die unter den zielstrebig Stellensuchenden höher ausgeprägt war als unter den weniger zielstrebig Suchenden. Dies muss allerdings nicht auf eine kausale Verknüpfung hindeuten, zumal eine weniger zielstrebige Stellensuche auch Ergebnis einer geringeren Angewiesenheit auf eine neue Stelle sowie einer negativen Chanceneinschätzung sein kann.

6.6 Erwerbsbiografische Handlungsmodi in der Umbruchphase

In den vorhergehenden Abschnitten wurde die Umbruchphase in höherem Lebensalter unter verschiedenen Aspekten beleuchtet: den Erwerbsverläufen vor der Umbruchphase in höherem Lebensalter, der Spezifik der Umbruchphasen, dem Vorgehen bei der Stellensuche sowie der Qualität der in höherem Lebensalter neu aufgenommenen Stelle nach generalisierbaren Bewertungskriterien und nach subjektiver Zufriedenheit. Inwieweit sich diese zu spezifischen

Umgehensweisen mit der Umbruchphase in höherem Lebensalter verdichten lassen (Forschungsfrage 3), ist Gegenstand dieses Abschnitts. Hierfür wird der Begriff der Handlungsmodi verwandt.

Dieser Begriff knüpft an den von Witzel und Kühn entwickelten Begriff der „berufsbiographischen Gestaltungsmodi" an (dies. 1999, S. 17), der – wie bereits in Kap. 4.3.2 näher ausgeführt – pointiert von Zinn definiert wurde als „übersituative Handlungslogiken" und als „Medium wie Folge berufsbiographischer Erfahrungsverarbeitung" (Zinn 2001, S. 68, 240). Trotz ihres übersituativen Charakters sind sie allerdings im Zeitverlauf auch veränderbar (vgl. Witzel & Kühn 1999, S. 18). In Anlehnung an diese Ausführungen bezeichnen erwerbsbiografische Handlungsmodi in der vorliegenden Arbeit Umgehensweisen mit der Umbruchphase in höherem Lebensalter, die die jeweilige Zuwendung zu der Umbruchphase selbst wie auch deren Verortung im Verhältnis zu früher erwerbsbiografisch Erreichtem umfassen und damit die Grundlage für verfolgte Handlungsstrategien bilden.

Methodisch basiert die Analyse der Handlungsmodi in noch höherem Maße als die Analyse von Stellensuchzielen, Orientierungen und Handlungsstrategien auf Interpretationsleistungen im Forschungsprozess, da sie von den Interviewpersonen nicht explizit reflektiert und benannt, sondern aus ihren Schilderungen hergeleitet wurden. Hierbei ist zu berücksichtigen, dass die gewählte Querschnittsmethodik eine Momentaufnahme darstellt, in der die Interviewpersonen zwar rückblickend Entwicklungen in ihren erwerbsbiografischen Erfahrungen und Deutungen reflektieren konnten, diese aber immer auch durch das von Schütz formulierte „Jetzt und So" ihrer Situation zum Interviewzeitpunkt geprägt war (vgl. Kap. 4.1.1). Im erwerbsbiografischen Verlauf vorgenommene Umdeutungen für verfolgte Handlungsstrategien und Handlungen werden daher mit einer sich allein auf retrospektive Daten stützenden Querschnittserhebung möglicherweise nicht vollständig sichtbar (vgl. Witzel 2001, S. 350–352).

Im Folgenden werden vier Typen erwerbsbiografischer Handlungsmodi in einer Umbruchphase in höherem Lebensalter differenziert, die in einem anschließenden Schritt systematischer in ihren erwerbsbiografischen Kontext eingebettet werden. Welche Lern- und Entwicklungsprozesse hierbei ermittelt wurden, wird abschließend näher betrachtet.[231] [232]

---

231 In der an das Paradigmatische Modell angelehnten Auswertung wurden die erwerbsbiografischen Handlungsmodi sowie die Lern- und Entwicklungsprozesse dem „Handeln" zugeordnet (vgl. Kap. 5.2).

232 Die Ausführungen in diesem Unterkapitel fokussieren auf die in Forschungsfrage 3 anvisierte Ermittlung erwerbsbiografischer Handlungsmodi, sie enthalten darüber

Typologische Analyse erwerbsbiografischer Handlungsmodi in einer Umbruchphase in höherem Lebensalter

Für das Umgehen mit der Umbruchphase in höherem Lebensalter – die Handlungsmodi – erscheinen zwei Bezüge von besonderer Relevanz: die Frage danach, inwieweit es den Erwerbspersonen gelungen ist, neue bzw. fortgesetzte Orientierungen und Ziele zu bestimmen und zu realisieren (1. Kategorie) sowie die Frage nach deren Veränderung gegenüber früher erwerbsbiografisch Erreichtem (2. Kategorie).

Die erste Kategorie basiert auf den Befunden zur Spezifik der Umbruchphasen und dem Vorgehen bei der Stellensuche (s. Kap. 6.3 und 6.4). Die betrachteten Orientierungen und Ziele gehen über konkrete Stellensuchziele, wie z.B. die Suche nach einer Stelle im Ausbildungsberuf mit Entscheidungskompetenz, hinaus und beziehen sich auch auf die subjektive Verortung der erlebten Umbruchphase im Verhältnis zu früher Erreichtem. Letztere umfassen das Aufstellen und Verfolgen konstanter oder neuer erwerbsbiografischer Ziele, die die in der Spezifik der Umbruchphase gegebenen Handlungsmöglichkeiten ausschöpfen oder zu erweitern suchen oder die sich mit verringerten Handlungsmöglichkeiten arrangieren – oder auch nicht arrangieren.

Inwieweit Handlungsmöglichkeiten gegeben sind, entlehnt sich jeweils aus den subjektiven Deutungen über gesehene und als gangbar eingeschätzte Handlungsmöglichkeiten, während ggf. weitere formal wählbare Handlungsmöglichkeiten, wie z.B. eine Bewerbung für eine subjektiv unzumutbar empfundene Stelle, die einen Wohnungsumzug oder Wochenendpendeln erfordert, weder für die stellensuchende Person handlungspraktisch relevant noch subjektorientiert legitimierbar sind.[233]

---

hinaus zugleich Teilantworten zu Forschungsfrage 4 nach relevanten Kontextbedingungen und Einflussfaktoren, zu Forschungsfrage 5 nach geschlechtsspezifischen Konstellationen sowie zu Forschungsfrage 6 nach den Deutungen des beruflichen Werdegangs.

233 Gegenteilige Forschungspraktiken, in denen forschungsseitig definiert wurde, ob untersuchte Erwerbspersonen ihre Handlungsmöglichkeiten ausschöpften oder unterliefen, sind daher ohne Aussagekraft über den Forschungsgegenstand und unangemessen gegenüber den Beforschten. Eine solche Forschungspraxis findet sich z.B. bei Dill & Straus, die als ein Ergebnis ihrer Studie über Erwerbspersonen mit diskontinuierlichen Erwerbsbiografien schlussfolgern: „Bei den meisten (Anm. d. V.: Fällen) zeigen unsere und andere Diskontinuitätsstudien, dass Personen oft mit einer gleichen Ausstattung an äußeren Faktoren sehr unterschiedlich

Differenziert wird nach einer gelingenden sowie nach einer nur zeitweise oder nicht gelingenden Realisierung erwerbsbiografischer neuer bzw. fortgesetzter Orientierungen und Ziele in der Umbruchphase in höherem Lebensalter (Subkategorien). Von einer gelingenden Realisierung wird ausgegangen, wenn die in der Umbruchphase prioritären, sich ggf. auch verändernden Orientierungen und Ziele für die Stellensuche und für die Bewältigung dieser gesamten Umbruchphase erreicht werden konnten. Diese Ziele sind intersubjektiv nicht vergleichbar, sie definieren sich nach den subjektiven Deutungen der je spezifischen Kontexte und dem subjektiv für erreichbar gehaltenen und gewünschten Anspruchsniveau an eine Stelle.

Eine nur zeitweise oder nicht gelingende Realisierung wird unterstellt, wenn solche prioritären Orientierungen und Ziele im Hinblick auf die Stellensuche nur begrenzt erreicht werden konnten und aufgenommene Stellen absehbar, z.B. aufgrund ihrer Befristung, in erneute Arbeitslosigkeitsphasen münden sollten oder wenn erwerbsbiografisch bereits langfristig verankerte, in der Umbruchphase in höherem Lebensalter weiterhin prioritäre Orientierungen und Ziele nicht erreicht werden konnten, weil z.B. eine begonnene Laufbahn nicht fortgesetzt werden konnte. Die Ermittlung der jeweils prioritären Orientierungen und Ziele basierte teils auf den expliziten Äußerungen der Interviewpersonen, teils auf der Interpretation ihrer Ausführungen über besonders betonte oder mehrfach thematisierte Orientierungen und Ziele.

Die Veränderung der in der Umbruchphase in höherem Lebensalter realisierten Ziele gegenüber früher erwerbsbiografisch Erreichtem als zweite herangezogene Kategorie greift die Ergebnisse der analysierten Erwerbsverläufe und der Qualität der neu aufgenommenen Stelle auf (s. Kap. 6.2 und 6.5). Die Qualität der neu aufgenommenen Stelle, in die eine Umbruchphase in höherem Lebensalter mündete, so konnte aufgezeigt werden, wird im Hinblick auf ausgewählte Kriterien und deren Ausprägungen subjektiv unterschiedlich bewertet. Generalisierbare Kriterien nach Vergütung, qualifikatorischem oder funktionalem Status und sozialer Absicherung ließen sich unter Einbeziehung der vorhergehenden Erwerbsverläufe im Vergleich mit einem früher erreichten besten Niveau vergleichen. Differenziert wird in eine verbesserte, konstante

umgehen. Vereinfacht gesagt gelingt es den einen offensichtlich, ihre Ressourcen besser zu nutzen und dann in dieser schwierigen Lebenssituation doch noch das Maximale rauszuholen, andere bleiben unter ihren Möglichkeiten." (dies. 2015, S. 56).

oder unterschiedliche[234] Veränderung von Vergütung, Status oder sozialer Absicherung der neu aufgenommenen Stelle im Vergleich zu dem früher erreichten Niveau, die zu einer Subkategorie gebündelt werden, sowie einer Verschlechterung als weiterer Subkategorie. Die Fokussierung auf eine etwaige Verschlechterung bzw. eine nicht erfolgte Verschlechterung stellte die höchste Anforderung an die Bewältigung des erwerbsbiografischen Umbruchs in höherem Lebensalter dar. Auf eine weitergehende Ausdifferenzierung der nicht verschlechterten Veränderungen wurde zum Zwecke einer besseren Überschaubarkeit der Auswertungsergebnisse verzichtet. Die Operationalisierung entspricht der in Kap. 6.5 beschriebenen Operationalisierung der Typen von Stellenqualität im Vergleich zu einem früher erreichten Niveau.

Hieraus ergibt sich folgende zweidimensionale Typologie erwerbsbiografischer Handlungsmodi in der Umbruchphase in höherem Lebensalter (s. Tab. 18):

Tab. 18: Typologie: Erwerbsbiografische Handlungsmodi in der Umbruchphase in höherem Lebensalter nach realisierten Zielen und Veränderung gegenüber früher erwerbsbiografisch Erreichtem

Realisierung erwerbsbiografischer Orientierungen und Ziele in der Umbruchphase	**Veränderung von Vergütung, Status oder sozialer Absicherung der aktuellen/letzten Stelle gegenüber früher erreichtem Niveau**	
	verbessert, konstant oder unterschiedlich verändert	**verschlechtert**
gelingend	a) Gestaltung	b) Verlustbewältigung
nur zeitweise oder nicht gelingend	c) Möglichkeitenwahrnehmung	d) Verlustpersistenz

Typ a): Handlungsmodus Gestaltung

Im Handlungsmodus Gestaltung[235] gelang es den Erwerbspersonen, in der Umbruchphase in höherem Lebensalter neue bzw. fortgesetzte Orientierungen und Ziele zu definieren und zu realisieren, ohne sich hiermit im Vergleich zu einem früheren erwerbsbiografisch erreichten Niveau zu verschlechtern. Dies kann eine Verbesserung, eine Konstanz oder eine unterschiedliche

234 Die Veränderung wird als unterschiedlich bezeichnet, wenn sich die drei ausgewählten Kriterien in unterschiedliche Richtungen verändern, sich also z.B. die Vergütung verbessert, aber der Status verschlechtert hat.

235 Der gewählte Begriff impliziert keine Entsprechung zum subjektiven Empfinden von Selbstgestaltung in der Umbruchphase.

Veränderung gegenüber dem früher erreichten Niveau beinhalten, der letztgenannte Fall bezeichnet gegenläufige Veränderungen unter den drei Kriterien Vergütung, Status und sozialer Absicherung. Einen solchen Handlungsmodus wiesen 11 Erwerbspersonen auf, darunter 8 der 13 Frauen bzw. 62 % und 3 der 11 Männer bzw. 27 % sowie 4 der 10 Personen aus den ABL bzw. 40 % und 7 der 14 Personen aus den NBL bzw. 50 %. Die Zuordnung von Umgehensweisen mit der Umbruchphase in höherem Lebensalter zum Handlungsmodus Gestaltung werden an folgenden drei Fallbeispielen veranschaulicht:

Herr Jacobi, Werkzeugmacher nach Erstausbildung, Speditionskaufmann nach beruflicher Neuorientierung, veränderte sein Ziel für die Stellensuche während seiner auslaufenden Stelle in einer Pflegetätigkeit (s. die diesbezügliche Schilderung von Herrn Jacobi in Kap. 6.3.) und strebte eine Rückkehr in seinen vorhergehenden Beruf als Speditionskaufmann mit klaren näheren Vorstellungen, aber zugleich hoher Kompromissbereitschaft an. Die Umbruchphase wie auch bereits zuvor erlebte Stellensuchphasen fielen ihm nicht leicht, aber er versuchte hierbei das Ziel zu verfolgen, sich dabei zu verbessern, wie in der nachfolgenden, bereits auch in Kap. 6.3 zitierten Äußerung deutlich wird:

> Herr Jacobi:
> „Es ist eine bittere Sache, wenn man gekündigt wird. Und erst recht, wenn es, sage ich mal, ohne Vorwarnung passiert. Wie gesagt, dann ist man schon verbittert und enttäuscht. Aber, ich habe dann auch immer versucht, das Positive daraus zu sehen, dass ich gesagt habe: ‚Es ist eine Veränderung notwendig aufgrund dessen. Und nicht verschlechtern, einfach nur was Besseres daraus machen.' Das ist aber ein Kampf, den man mit sich selber führen muss und das ist gar nicht so einfach. Denn oftmals überwiegt dann doch auch eine gewisse Enttäuschung." (Z. 2547–2553)

Somit verfolgte er ein klares Ziel im Hinblick auf die Stellensuche und suchte seine Handlungsmöglichkeiten in der Umbruchphase auszuschöpfen und möglichst zu erweitern. Herr Jacobi verbesserte sich in Vergütung und Status mit seiner neu aufgenommenen Stelle gegenüber seinem früher erreichten Niveau und war mit dieser Stelle hoch zufrieden.

Frau Bönte, Industriekauffrau, verfolgte als konstantes Ziel für die Stellensuche eine Teilzeitarbeit in ihrem Ausbildungsberuf. Indem sie sich im Suchprozess auf eine Stellenannahme einließ, die ihr größere, ihr sehr schwer fallende Lernanforderungen abverlangte, entwickelte sie die Bereitschaft, ihre berufliche Kompetenz zu erweitern und damit erwerbsbiografisch Vertrautes zu überschreiten.

> Frau Bönte:
> „(…) also vorher die 30 Jahre, das war, gut, ein Tarif, mit dem ich zu tun hatte. Wenn da einer anrief, dann hatte man nicht nachgucken müssen. Man hat das gesagt. Man hat das gewusst. Und in dem neuen Verlag dann hatte ich verschiedene Firmen abzurechnen, das hieß, das waren dann auch verschiedene Tarifverträge. Es waren verschiedene Abrechnungen. (…) Das war alles verschieden und es war wahnsinnig schwierig für mich, das mir anzueignen. Ich habe vier Wochen, einen ganzen Monat, (…) musste mich neben jemanden setzen und habe von morgens bis abends Anleitungen bekommen, die ich mitgeschrieben habe, und ich war gerädert. (…) Ich war echt gerädert. Und das hat gedauert, dass ich da durchgefunden habe. Das war ganz, ganz schlimm. Aber ich hatte ja keine Wahl. Ich konnte nicht sagen, das will ich nicht. (lacht) Und ich habe mich da durchgefuchst, und ich muss sagen, ich war ja nun schon 50, und meine Arbeitskolleginnen, die mich da angelernt haben, die waren alle 20 Jahre jünger als ich. Die haben das so toll gemacht und so viel Verständnis gehabt, wenn ich Fragen gestellt habe. Und also im Nachhinein war das für mein Ego sogar noch ganz toll, dass ich mich da durchgebissen habe. Ich habe gewusst, das habe ich nochmal geschafft, nicht." (Z. 276–295)

Frau Bönte verfolgte somit ebenso ein klares Ziel für die Stellensuche und suchte ihre Handlungsmöglichkeiten in der Umbruchphase zu erweitern. Auch ihr gelang in der neuen Stelle eine Verbesserung in der Vergütung gegenüber früher erreichtem Niveau, womit sie hoch zufrieden war.

Herr Dederichs, Maler, verfolgte in seinen mehrfachen Umbruchphasen nach dem 50. Lebensjahr als jeweils konstantes Ziel eine Stelle in seinem Ausbildungsberuf und suchte sich mit jedem Stellenwechsel in einzelnen Arbeitsbedingungen zu verbessern. Mit klarer Zieldefinition für die Stellensuche nutzte er die Umbruchphasen zur Neujustierung seiner Erwerbsbiografie. Im Ergebnis erreichte er eine Konstanz in der Vergütung, mit der er allerdings aufgrund ihres in der Branche generell geringen Niveaus sowie aufgrund unattraktiver Arbeitsbedingungen nur bedingt zufrieden war. Herr Dederichs war damit die einzige Erwerbsperson mit nur bedingter Zufriedenheit (1 von 11 bzw. 9 %), dessen Handlungsmodus dem Typ a) zugeordnet ist, während die übrigen Erwerbspersonen (10 von 11 bzw. 91 %) eine gegebene bzw. hoch gegebene Zufriedenheit aufwiesen.

Typ b): Handlungsmodus Verlustbewältigung

Im Handlungsmodus Verlustbewältigung definierten und realisierten die Erwerbspersonen in der Umbruchphase in höherem Lebensalter ebenfalls neue bzw. fortgesetzte Orientierungen und Ziele. Im Gegensatz zum Typ a) stellte ihre Zielrealisierung jedoch eine Verschlechterung von Vergütung, Status oder sozialer Absicherung im Vergleich zu einem früheren erwerbsbiografisch erreichten Niveau dar. Dieser Handlungsmodus wurde 10 Erwerbspersonen zugeordnet, darunter 4 der 13 Frauen bzw. 31 % und 6 der 11 Männer bzw. 55 % sowie 5 der 10 Personen aus den ABL bzw. 50 % und 5 der 14 Personen aus den NBL bzw. 36 %.

Alle Erwerbspersonen mit diesem Handlungsmodus zeichneten sich dadurch aus, dass sie eine erwerbsbiografische Verschlechterung – häufig sogar in massivem Ausmaß – erfuhren, es ihnen aber gelang, diese zu bewältigen. Entsprechend der in der Umbruchphase in höherem Lebensalter gegenüber einem früheren Niveau geringer eingeschätzten Arbeitsmarktchancen wurden die Ziele für die Stellensuche entsprechend neu justiert. Dabei wurden sie überwiegend klar definiert, in 3 Fällen aber auch beruflich offen bzw. unkonkret gehalten. In allen Fällen erfolgte ein Arrangieren mit der erwerbsbiografischen Verschlechterung. Hierbei wurden drei verschiedene, teils kombinierte Formen erbrachter Bewältigungsleistungen sichtbar:

Engagement für partielle Verbesserungen
Mehrere Interviewpersonen engagierten sich nach der erfahrenen erwerbsbiografischen Verschlechterung dafür, ihre Situation unter den für sie geringer gewordenen Handlungsspielräumen zumindest teilweise wieder zu verbessern. Hierzu zählen z.B. die Durchsetzung von Vollzeit-, statt der angebotenen Teilzeitarbeit, die im Vorstellungsgespräch erreichte gewünschte Eingrenzung auf eines von zwei ausgeschriebenen Tätigkeitsfeldern einer Stelle, die Annahme geringer qualifizierter Erwerbsarbeit, teils nach spezifischen Fortbildungen für diese Tätigkeiten oder alternativer Erwerbsformen, wie z.B. eine abhängige oder selbstständige Nebentätigkeit.

So verfolgte Frau Claßen das grundlegende Ziel einer sozialversicherungspflichtigen Stelle in ihrem Ausbildungsberuf, möglichst in Vollzeit. Nachdem ihr dies in zwischenzeitlich eingetretener Langzeitarbeitslosigkeit nicht zu realisieren gelang, definierte sie ein neues Teilziel – nämlich eine Verbesserung ihres Verdienstes durch Umwandlung ihrer geringfügigen Beschäftigung in einem Zeitarbeitsunternehmen in nebenberufliche Selbstständigkeit unter Fortführung der gleichen Tätigkeit – und priorisierte dieses als derzeit erreichbares Ziel (s. hierzu die Schilderung von Frau Claßen in Kap. 6.5). Damit arrangierte sie sich mit ihren derzeit gegebenen Handlungsmöglichkeiten, wie auch in folgenden Äußerungen deutlich wird (die zweite Belegstelle wurde bereits unter Kap. 6.5 zitiert):

> Frau Claßen auf die Frage, ob sie eine Fortführung ihrer jetzigen Tätigkeit in nebenberuflicher Selbstständigkeit bis zum Renteneintritt plant:
> „Also, wenn ich die Chance bekomme, nochmal in eine richtige Arbeit zu kommen, auch wenn sie nur halbtags wäre, würde ich gerne doch." (Z. 1479–1480)

Frau Claßen, bezogen auf ihre zum Interviewzeitpunkt ausgeübte nebentätige Selbstständigkeit:
„Ja, bin ich eigentlich nach wie vor sehr zufrieden. Es ist zwar nicht das, was man sich als Berufstätiger wünscht, weil eben kompakt in kurzer Zeit hohe Leistung erforderlich ist. Also mir wäre es schon lieber, wenn ich wieder in einer geregelten Arbeit wäre. Aber ich bin mit allem, wie es jetzt ist, sehr zufrieden." (Z. 1382–1385)

Ein arbeitsloser Interviewpartner engagierte sich politisch, um die Rahmenbedingungen für Arbeitslose zu verändern und sich somit auf dieser Ebene für eine Verbesserung einzusetzen.

Positivwertung von Teilaspekten
Einige Interviewpersonen thematisierten trotz der im Vergleich zu früher Erreichtem erfahrenen erwerbsbiografischen Verschlechterung eine Wertschätzung von Teilaspekten ihrer aktuellen Situation, wie z.B. das arbeitsinhaltliche Interesse an der Tätigkeit. Teils war diese Wertschätzung von Teilaspekten auch verknüpft mit einem Prioritätenwandel in den Arbeitseinstellungen, wonach der frühere Status an Relevanz verlor und andere Aspekte, wie z.B. Stressfreiheit oder Sicherheit, bedeutsamer wurden. Nach früheren höher vergüteten Stellen, teils in Leitungsfunktionen, wertete Herr Quendt seine aktuelle Tätigkeit in nicht leitender Position arbeitsinhaltlich am positivsten. Mit ca. 48 Jahren vollzog er einen Prioriätenwandel von einer Arbeit mit Leitungsfunktion und hoher Vergütung hin zu einer sicheren Stelle und reflektierte auch die mit Leitungsstellen einhergehenden persönlichen Kosten kritisch:

Herr Quendt zu Veränderungen in seinen Arbeitseinstellungen:
„Also, die Sicherheit ist ein Punkt, dass ich das Einkommen, dass mir das nicht mehr so wichtig ist, sondern dass mir eher die Sicherheit wichtig ist. Überhaupt, dass mir die Arbeit, dass sie machbar ist für mich, dass ich also nicht irgendwie immer das Gefühl habe, mir sitzt einer im Nacken. Ich bin, habe früher Situationen (Anm. d. V.: in einer früheren Leitungsstelle) gehabt, wo ich ungern zur Arbeit gegangen bin, wo ich morgens Magenschmerzen hatte (…)." (Z. 561–565)
„Und das ist eine völlig unschöne Arbeit (Anm. d. V.: Bezug ist dieselbe frühere Leitungsstelle). Und ja, aber das war mir eine Zeitlang egal, Hauptsache die Kohle stimmt, viel Geld und so. Ich wollte wichtig sein, also soziale Stellung, dass ich irgendwie Chef bin, war mir früher ganz wichtig. Ich wollte immer Führungspositionen haben, weil ich irgendwie dachte für mein Ego, oder ich dachte auch, man verdient besser, ja. Ich habe zwar gedacht, man kann aber auch seine Fähigkeiten, die man hat, besser einsetzen, also man muss weniger arbeiten. Weil, ich kann strukturiert denken, ja, und ich kann führen. Das kostet mich eigentlich nicht so viel und ich verdiene gut dabei. Das war so ein Gedanke, dabei ist das gar nicht so. Das sind eigentlich die armen Schweine, weil die nämlich immer einen oben drüber haben, notfalls ist es das Kapital oder so was oder die Bank, wo sie es vertreten müssen und wo sie letztendlich hier Liebkind

> machen müssen. Am freiesten ist im Prinzip der, der keine Führungsposition innehat." (Z. 573–584)
>
> „Das mit dem Gehalt, das ist mir gar nicht wichtig. Wie gesagt, wenn ich dann noch die Steuerprogression reinnehme, dann sind die Leute, die draußen doppelt so lange rumrennen, wie ich hier rumsitze, haben die gar nicht so viel mehr in der Tasche (...)." (Z. 358–361)

Akzeptieren und Kompensieren

In mehreren Fällen wurden die erfahrenen erwerbsbiografischen Verschlechterungen in verschiedenem Maße, aber zumindest prinzipiell akzeptiert und nach Kompensationen gesucht. Diese Kompensationen bestanden aus interessanten bzw. anspruchsvollen, beruflichen oder außerberuflichen Nebentätigkeiten, in außerberuflichem familiären oder ehrenamtlichen Engagement sowie der Integration außerberuflicher Interessen in die Erwerbsarbeit, wie z.B. der Nutzung aufgabenfreier Arbeitszeitanteile der Nachtschicht für die Arbeit an einer Publikation.

Herr Uhlig wertschätzte seine aktuelle, in Status und Vergütung unter früher erreichtem Niveau liegende Stelle, da er hiermit seine Langzeitarbeitslosigkeit beenden konnte und ihm an seiner Tätigkeit der Aspekt der Beratung gefiel. Arbeitsinhaltlich füllte ihn diese Stelle jedoch nicht aus, was er durch eine Freizeitaktivität kompensierte, in der er technisch und kreativ tätig sein konnte:

> Herr Uhlig:
>
> „Für mich war erst mal wichtig: Hauptsache Arbeit! Und dann war wichtig, der Beratungsaspekt. (...) Also das gefällt mir sehr gut daran. (...) Aber natürlich fehlt mir, weil von meiner Sozialisierungsphase war immer ein Schraubenzieher oder ein Oszilloskop oder so was mit dabei, das, ich sage Ihnen, also ketzerisch gesagt: ‚Wenn ich nur diesen Job machen würde, würde ich abends in die Tischplatte beißen.' Obwohl es mir, wie gesagt, von der Beratungsseite her Spaß macht (...)." (Z. 725–733)
>
> „Ich habe mir eine Spiegelreflex gekauft (...) und von daher, wenn ich einen Artikel schreibe und selbst veröffentliche und dann kann ich die volle Bandbreite an Technik spielen lassen und bin trotzdem kreativ. Ich erschaffe etwas, was man hinterher sieht, was man zeigen kann und ja, so und so zusammen passt das super gut." (Z. 738–741)

Somit gelang es den Erwerbspersonen mit diesem Handlungsmodus, sich mit verringerten Handlungsmöglichkeiten zu arrangieren und ihre neu justierten, unterschiedlich klar definierten Ziele für die Stellensuche zu realisieren. Unter ihnen zeigten sich 4 von 10 Erwerbspersonen bzw. 40 % zufrieden bzw. hoch zufrieden mit der neuen Stelle, 5 von 10 bzw. 50 % bedingt zufrieden und 1 von 10 Personen bzw. 10 % nicht zufrieden.

Typ c) Möglichkeitenwahrnehmung

Im Handlungsmodus Möglichkeitenwahrnehmung war eine nur zeitweise gelingende Realisierung der Orientierungen und Ziele in der Umbruchphase in höherem Lebensalter mit einer unterschiedlichen Veränderung gegenüber einem früher erreichten Niveau verknüpft. Dieser Handlungsmodus wurde einer weiblichen Erwerbsperson aus den NBL zugeordnet. Frau Weber, Industriekauffrau, erreichte mit ihrer letzten Stellenaufnahme eine verbesserte Vergütung, bei einem zugleich verschlechterten qualifikatorischen Status gegenüber ihrem früher erreichten besten Niveau. Ihr Handeln in der Umbruchphase zeichnete sich weniger als Suche zur Realisierung beruflicher Pläne aus, sondern erschien vorrangig als Wahrnehmung von Möglichkeiten:

Zu Beginn ihrer Arbeitslosigkeit suchte Frau Weber entsprechend ihrer Erstausbildung und nahm in ihrer dreijährigen Arbeitslosigkeit im Alter zwischen 45 und 48 Jahren an mehreren EDV- und kaufmännischen Lehrgängen teil. Als nützlich wertete Frau Weber nur die hier erhaltenen Computerkenntnisse, vorrangig nahm sie an den Lehrgängen teil, weil sie sie zur Aufrechterhaltung ihrer Arbeitslosengeldansprüche nicht ablehnen konnte.

> Frau Weber:
> „Das können Sie nicht ablehnen."
> (Frage der Interviewerin: Aha. Und hatte Sie das denn interessiert, das zu machen?)
> „Interessiert nicht. Aber Sie können die Lehrgänge nicht ablehnen." (Z. 359–363)

Mit zunehmender Arbeitslosigkeitsdauer bewarb sie sich in die Breite.

> Frau Weber:
> „Ich hätte jede Arbeit angenommen, wenn sie normal bezahlt wird. (…) Ich wäre auch in die Produktion gegangen, ich wäre auch ans Fließband gegangen, wenn es hätte sein müssen. Nur um Arbeit zu haben. Aber man war da schon überall zu alt." (Z. 1346–1352)

In der Folgezeit erhielt sie 6 öffentlich geförderte Beschäftigungen, die zwischen 11–22 Monate dauerten, darunter fünf in derselben Kultureinrichtung. Zwischenzeitlich war sie jeweils wieder arbeitslos, darunter dreimal über ein Jahr, einmal gut 10 Monate, einmal eine Woche. In diesen Arbeitslosigkeitsphasen bewarb sie sich jeweils wieder intensiv und nahm auf Geringfügigkeitsbasis Putzstellen an. Aufgrund familiärer Bindungen, nämlich einer gewünschten räumlichen Nähe zur Tochter, bewarb sie sich nicht überregional. Frau Weber schilderte ihr Erleben dieser Phase ambivalent, in einer Äußerung stand ihre Hoffnung und ein rückblickender Optimismus („Sieht man ja, es ging ja.") im Vordergrund, in einer späteren Äußerung betonte sie den zugleich fortbestehenden Aspekt der Unsicherheit.

> Frau Weber:
> „Als ich dann (Name der Kultureinrichtung) hatte, und dann hieß es immer, wenn sich was ergibt, werde ich wieder geholt. Und diese Hoffnung hatte ich immer, und die hat sich auch immer erfüllt. Sieht man ja, es ging ja. Und deswegen habe ich dann dazwischen die Putzstellen gehabt. Und dann habe ich immer … Und es hat immer wieder geklappt. Und es wurde ja immer eine ganze Zeit vorher gesagt, dass man jetzt wieder drankommt." (Z. 917–921)
> Frau Weber auf die Frage, ob die Hoffnung auf eine Folge-ABM in der Kultureinrichtung eher beruhigend gewirkt oder vorrangig Unsicherheit bedeutet habe:
> „Nein, das war schon Unsicherheit. Sie wissen ja nie, kriegen Sie es oder kriegen Sie es nicht. Hat die (Name der Kultureinrichtung) Gelder, um jemanden zu nehmen oder nicht. Das war schon … Deswegen, man hat es ja überall … Man hätte ja sonst was gemacht, nur um Arbeit zu haben."
> (Frage der Interviewerin: D.h. Sie haben sich in den Zwischenphasen auch dann weiterhin intensiv beworben oder?)
> „Ja ja, ja ja." (Z. 1293–1301)

Nach 17-jähriger Unsicherheitsphase im Wechsel zwischen öffentlich geförderter Beschäftigung und Arbeitslosigkeit erhielt Frau Weber mit 62 Jahren eine Festanstellung in der Kultureinrichtung. Mit dieser Stelle war sie sehr zufrieden, sie verblieb hier bis zu ihrem regulären Renteneintritt.

> Frau Weber:
> „Klingt komisch, aber wenn Sie etwas älter sind, so zum Schluss nur im Magazin, da war ich glücklich, da stimmte alles, da wollte ich dann keine Veränderung mehr. Früher, da konnte es, ja, wie gesagt, wenn man jünger ist, da ist das anders." (Z. 669–672, wie bereits unter Kap. 6.5 zitiert)
> Frau Weber:
> „Das war das echte Gefühl von Sicherheit." (Z. 1269)
> „Das ist ein völlig anderes Gefühl. Was Sie in den Zeiten durchmachen, das ist unbeschreiblich. Arbeit haben, Arbeit nicht, Arbeit haben, Arbeit nicht …" (Z. 1277–1278)

Typ d): Handlungsmodus Verlustpersistenz
Im Handlungsmodus Verlustpersistenz[236] erfuhren die Erwerbspersonen wie auch im Handlungsmodus Verlustbewältigung eine Verschlechterung gegenüber ihrem früher erreichten Niveau, im Gegensatz zum Handlungsmodus Verlustbewältigung gelang es ihnen jedoch nicht, neue Orientierungen und Ziele zu definieren und zu realisieren. Vielmehr blieben der erfahrene Verlust und

---

236 Obgleich dieser Begriff als Kompositum noch nicht in anderen Quellen gefunden werden konnte, charakterisiert er semantisch den hier angesprochenen Sachverhalt bestmöglich i.S. eines über eine längere Zeit fortbestehenden Verlustzustands.

ein Hadern mit diesem prägend auch in ihrer Reflexion der Umbruchphase in höherem Lebensalter.

Einen solchen Handlungsmodus wiesen 2 männliche Erwerbspersonen aus beiden Regionen auf. Dies schließt nicht aus, dass beide Erwerbspersonen klar definierte Ziele bei ihrer Stellensuche verfolgten – allerdings in einem Fall mit weniger zielstrebigem Vorgehen bei der Stellensuche – und dass sie mit der aktuellen bzw. letzten Stelle eine zumindest bedingte, in einem Fall auch eine hohe Zufriedenheit äußerten. Durch Betonung oder mehrfache Thematisierung wurde jedoch deutlich, dass ihr prioritäres, erwerbsbiografisch leitendes Ziel sich auf eine Option richtete, mit deren nicht mehr gelungenen Realisierung sie sich nicht arrangieren konnten oder mochten. Kompensationen wurden nicht berichtet.

Herr Lersch, Polizeivollzugsbeamter nach Erstausbildung, verließ nach einem bereits zwei Jahre anhaltenden Mobbing durch einen Vorgesetzten ihm gegenüber mit 26 Jahren den Polizeidienst, realisierte anschließend zwei Berufsfeldwechsel mit mehreren Stellenwechseln und zwischenzeitlichen Arbeitslosigkeitsphasen und kehrte nach einer gut einjährigen Arbeitslosigkeit mit 51 Jahren in den Polizeidienst auf Angestelltenbasis zurück. Rückblickend wertete er seine Entscheidung zum damaligen Ausstieg aus dem Polizeidienst und der damit verknüpften Aufgabe des Beamtenstatus als Fehler.

> Herr Lersch:
> „Also, so wie es heute aussieht, hätte ich auch nicht kündigen müssen, aber ich war eben so konsequent. Das bin ich heute eigentlich immer noch so und das ist so eine Geschichte, da, das … Ich hätte es nicht machen sollen. Jeder sagt eigentlich: ‚Du warst schön blöd. Hättest dich mal ein halbes Jahr krankschreiben lassen sollen. Dann wärst du dabei geblieben.‘ Dann wäre das, dann hätte sich das erledigt.“ (Z. 84–88)
> „(…) ich habe damals, wie ich aufgehört habe bei der Polizei, die Autobahn des Lebens an der verkehrten Abfahrt verlassen, habe eine riesen Umleitung gefahren, bis jetzt in das Jahr 2006 und jetzt bin ich auf der Auffahrt und werde nie mehr auf die linke Spur kommen, sondern bin jetzt auf der rechten Spur und damit muss ich zufrieden sein.“ (Z. 1856–1859)

Es gelang ihm jedoch nicht, diesen Selbstappell zur Zufriedenheit auch zu realisieren. Seinen beruflichen Werdegang bezeichnete er als „verhunzt“ und akzeptierte ihn letztlich auch nicht.

> Herr Lersch auf die Nachfrage, ob es auch Dinge in seinem Werdegang gab, auf die er nicht hätte verzichten wollen, die für ihn wichtig und gut waren:
> „Also, das ist rein hypothetisch, wenn ich jetzt sage, ich wäre vielleicht bei der Polizei geblieben, wäre ich vielleicht in (Ortsname), hätte ich meine jetzige Frau nicht kennengelernt, weil das vielleicht dann unter einer ganz anderen Geschichte … Wäre man sich

vielleicht gar nicht über den Weg gelaufen. Kann man so nicht sagen. Ich weiß nicht, klar gab es auch richtige … Es gab auch schöne Sachen dabei. Es war nicht alles falsch, aber ich habe immer gemerkt: ‚Das bin nicht ich.' Komischerweise." (Z. 1871–1876)

Obgleich er sich mit seinem beruflichen Werdegang nicht arrangieren konnte, äußerte sich Herr Lersch über seine aktuelle Stelle, mit der er sich im Status, nicht aber in der Vergütung gegenüber früher erreichtem Niveau verschlechterte, hoch zufrieden:

Herr Lersch über seine aktuelle Stelle:
„Das war richtig ein Glücksfall. Absoluter Glücksfall. Das weiß ich auch zu schätzen (…)." (Z. 1940)
„Es macht mir wahnsinnig Spaß, hierher zu kommen, es macht mir wahnsinnig Spaß zu arbeiten. Die Arbeit mit den Kolleginnen und Kollegen ist, ja, ausfüllend, macht Fez." (Z.1031–1033)

Herr Hansen, Zerspaner, realisierte einen innerbetrieblichen Aufstieg in einem großen Maschinenbauunternehmen. Nach langjähriger Tätigkeit wurde seine Stelle wendebedingt gekündigt. Ein Umzug in eine wirtschaftlich stärkere Region war ihm familiär bedingt nicht möglich.

Herr Hansen:
„Und wenn wir heute 20 Jahre zurückgucken, wenn man manches gewusst hätte, hätte man manches auch anders gemacht. Würden wir vielleicht nicht in (Name des jetzigen Wohnortes) wohnen, sondern irgendwo anders."
(Frage der Interviewerin: Wo?)
„Na in der Richtung, wo die große Autoindustrie sitzt oder so. (…) Möglicherweise. Man weiß es nicht. Bloß wir konnten an sich nicht. Heute sagt man: ‚Wir hätten es machen sollen'." (Z. 2618–2629)

Zur Existenzsicherung nahm er über mehrere Jahre geringqualifizierte Stellen mit unattraktiven Arbeitsbedingungen (bis zu 14-Stunden-Schichten inkl. Nachtschicht) an. Es folgten mehrere Stellen in seinem Ausbildungsberuf, teils auf gelerntem, teils auf angelerntem Niveau, sowie auch in ungelernten Tätigkeiten im Rahmen von Zeitarbeit. Zum Interviewzeitpunkt war er seit sechs Jahren jeweils befristet von Januar bis November im gleichen Betrieb tätig. Die diesbezügliche, bereits in Kap. 6.2 zitierte Schilderung soll hier nochmals wiederholt werden:

Herrn Hansen:
„Es hat mich ja an sich die letzten zwei Jahre nicht mehr gestört, wie ich wusste, Ende November ist Schluss, Anfang Januar geht es weiter. Ich werde ja praktisch von meinem Chef so angesehen, wie so ein Tagelöhner, sag ich mal. (…) Ich bin für ihn kein Mitglied dieser Firma." (Z.1544–1547)

Auf die Frage nach einer Beschreibung seines beruflichen Werdegangs bezeichnete er sich als Verlierer der deutschen Einheit.

> Herr Hansen:
> „Na, die Verlierer der deutschen Einheit. (…) Ja, das ist so! (…) Das hat mir der Bürgermeister von (Ortsname) mal vorgehalten. Ich war mal jahrelang im Stadtrat in (gleicher Ortsname). (…) Der hat mir mal gesagt, unverblümt, obwohl er auch nur ein paar Jahre jünger ist wie ich: ‚Eure Generation sind die Verlierer der deutschen Einheit'. Zu jung, um in Rente zu gehen. (…) Und zu alt, um… (…) um, um neu, um sich neu zu orientieren und neu, richtig neu anzufangen. (Z. 2571–2596)

Für beide Erwerbspersonen standen somit die Persistenz ihres erfahrenen Verlustes und das Hadern mit ihrem erwerbsbiografischen Verlauf im Vordergrund, sodass es ihnen nicht gelang, sich hiermit zu arrangieren, wie dies z.B. bei Frau Claßen der Fall war.

Zwischenfazit 1

Erwerbsbiografische Handlungsmodi in der Umbruchphase in höherem Lebensalter bezeichnen in der vorliegenden Arbeit Umgehensweisen mit dieser Umbruchphase inklusive deren Verortung im Verhältnis zu früher erwerbsbiografisch Erreichtem. Die Analyse der Handlungsmodi basiert zum einen auf der Klärung erwerbsbiografischer neuer bzw. fortgesetzter Orientierungen und Ziele in der Umbruchphase in höherem Lebensalter, die es den Erwerbspersonen zu realisieren gelang oder nur zeitweise bzw. nicht zu realisieren gelang. Zum anderen floss die Veränderung dieser realisierten Ziele im Hinblick auf Vergütung, Status und soziale Absicherung gegenüber einem früher erreichten Niveau in die Ermittlung der Handlungsmodi ein. In Kombination der jeweiligen Ausprägungen ergaben sich 4 Typen erwerbsbiografischer Handlungsmodi:

- Typ a) Gestaltung: Dieser Handlungsmodus, dem 11 Personen zugeordnet wurden, bezeichnet das gelingende Definieren und Realisieren erwerbsbiografischer Ziele und Orientierungen in der Umbruchphase in höherem Lebensalter, ohne sich hiermit gegenüber früher Erreichtem zu verschlechtern.
- Typ b) Verlustbewältigung: In diesem Handlungsmodus wurden ebenfalls Ziele und Orientierungen definiert und realisiert, die jedoch eine Verschlechterung gegenüber früher Erreichtem darstellten und auf 10 Personen zutrafen,
- Typ c) Möglichkeitenwahrnehmung: In dem Handlungsmodus gelang einer Erwerbsperson die Realisierung ihrer offen gehaltenen Ziele und

Orientierungen nur zeitweise, allerdings verschlechterte sie sich hierbei nicht gegenüber früher Erreichtem.

- Typ d) Verlustpersistenz: Der Handlungsmodus umfasst eine erfahrene Verschlechterung gegenüber früher Erreichtem, mit der sich 2 Personen nicht arrangieren konnten oder mochten und sie demzufolge auch nicht neue erwerbsbiografisch leitende Ziele und Orientierungen definieren und realisieren konnten. Für die Stellensuche wurden zwar konkrete Ziele verfolgt und mit der daraus resultierenden Stelle teils hohe Zufriedenheit geäußert, aber diese Ziele erschienen nicht prioritär in der Umgehensweise mit der Umbruchphase in höherem Lebensalter.

Indem sich die aus den Interviews kondensierten Zuordnungen zur Typologie der Handlungsmodi über alle Kategorienkombinationen erstrecken, zeigt sich, wie unterschiedlich die befragten Erwerbspersonen mit der Umbruchphase in höherem Lebensalter und mit erfahrenen Verschlechterungen umgingen. Zugleich wies der Großteil der Befragten Handlungsmodi auf, mit denen es ihnen gelang, die Umbruchphase in höherem Lebensalter unter Realisierung der von ihnen verfolgten und ggf. veränderten Ziele und Orientierungen zu bewältigen – auch bei erfahrenen erwerbsbiografischen Verschlechterungen.

Allerdings ist die subjektive Zufriedenheit unter den Erwerbspersonen mit dem Handlungsmodus Gestaltung deutlich höher, nämlich in allen Fällen vorhanden, während sie bei den Erwerbspersonen mit dem Handlungsmodus Verlustbewältigung geringer ausgeprägt ist. Anzunehmen ist, dass dies auch Ergebnis der hier erfahrenen erwerbsbiografischen Verschlechterung ist. Für die Erwerbspersonen mit den beiden übrigen Handlungsmodi sind wegen der hier geringen Fallzahlen keine entsprechenden Aussagen möglich.

Während die Handlungsmodus-Typen Möglichkeitenwahrnehmung und Verlustpersistenz für eine Betrachtung nach Strukturmerkmalen zu gering besetzt sind, zeigt sich im Typ Gestaltung eine überdurchschnittliche Vertretung von Frauen, während Männer überdurchschnittlich im Handlungsmodus Verlustbewältigung erschienen. Regionale Differenzen waren nicht auffällig. Die geschlechtsspezifischen Differenzen könnten darauf zurückgeführt werden, dass die männlichen Erwerbspersonen im Sample in weit höherem Maße eine Aufstiegs- oder Selbstständigkeitskarriere in ihrer Erwerbsbiografie realisieren konnten und damit auch ein größeres Risiko eines nachfolgenden Abstiegs bzw. Statusverlustes aufwiesen. Solche Karrieren waren auch bei den weiblichen Erwerbspersonen vorzufinden, hier aber eher die Ausnahme.

Typologische Analyse erwerbsbiografischer Handlungsmodi in der Umbruchphase in höherem Lebensalter nach erwerbsbiografischem Kontext

Das Handeln in einer erwerbsbiografischen Umbruchphase in höherem Lebensalter ist eingebettet in die in der vorhergehenden Erwerbsbiografie gemachten Erfahrungen mit der Realisierung früherer Wünsche und Orientierungen sowie in die Wünsche und Orientierungen für die Gegenwart und Zukunft. Vorerfahrungen prägen die Umbruchphase in höherem Lebensalter auf je spezifische Weise – in Form nutzbarer Ressourcen und/oder zu bewältigender Lasten. Mit dem Rückbezug auf „aufgeschichtete Erfahrungen“ wird an die Begriffsauslegung des „biografischen Potentials“ durch Theodor Schulze (vgl. Kap. 4.1.3) sowie an die „sedimentierten Erfahrungen“ als Teil des „Wissensvorrats“ nach Alfred Schütz und Thomas Luckmann (vgl. Kap. 4.1.1) angeknüpft.

Für die Typenkonstituierung der Handlungsmodi in der Umbruchphase in höherem Lebensalter wurde bereits punktuell auf die vorhergehende Erwerbsbiografie Bezug genommen, nämlich in der Kategorie Ziele als etwaige Neupositionierungen gegenüber früher verfolgten erwerbsbiografischen Zielen und in der Kategorie Veränderung als Vergleich zu dem früher erreichten besten Niveau. Beide Bezugnahmen waren insbesondere für die Typen Verlustbewältigung und Verlustpersistenz besonders bedeutsam.

Nachfolgend werden die in der Umbruchphase in höherem Lebensalter ermittelten erwerbsbiografischen Handlungsmodi nach ihrem erwerbsbiografischen Kontext nochmals vertiefend analysiert, indem sowohl diese Umbruchphase als auch der gesamte Erwerbsverlauf im Hinblick auf die hier verfolgten (Neu-)Orientierungen und ihre Realisierung betrachtet werden. Hierfür wird die Handlungsmodus-Typologie mit der zu Orientierungen im Erwerbsverlauf und deren Realisierung entwickelten Typologie (s. Kap. 6.2) verknüpft. Ziel ist es, Typen von Handeln in Umbruchphasen in höherem Lebensalter in ihrem erwerbsbiografischen Kontext zu generieren und damit die Auswertungsergebnisse für die Frage zu verdichten, mit welchen erwerbsbiografischen Erfahrungen ältere Erwerbspersonen wie gehandelt haben. Von besonderem Interesse ist hierbei, welche Änderungsleistungen die Erwerbspersonen jeweils erbracht haben.

Als übergreifende Analysekriterien sowohl in Bezug auf den Erwerbsverlauf als auch auf die Umbruchphase in höherem Lebensalter wurden die handlungsleitenden Orientierungen zwischen Konstanz und Änderung – im Folgenden begrifflich gefasst als (Neu-)Orientierung – sowie deren Realisierung zwischen Gelingen und Nicht-Gelingen ausgewählt.

Für die folgende Typologie werden diese Analysekriterien zu jeweils einer Kategorie komprimiert, nämlich der Realisierung von Orientierungen und

Zielen in der Umbruchphase in höherem Lebensalter (Kategorie 1) sowie der Realisierung von Orientierungen im Erwerbsverlauf (Kategorie 2).

Die Kategorie 1 basiert auf der ersten Kategorie der Typologie „Erwerbsbiografische Handlungsmodi in der Umbruchphase in höherem Lebensalter nach realisierten Zielen und Veränderung gegenüber früher erwerbsbiografisch Erreichtem". Sie knüpft an das gleiche konzeptionelle Verständnis der Orientierungen und Ziele in der Umbruchphase in höherem Lebensalter an – als Orientierungen und Ziele, die über konkrete Stellensuchziele hinausgehen und sich auch auf die subjektive Verortung der erlebten Umbruchphase im Verhältnis zu früher Erreichtem beziehen (s. hierzu die vorhergehenden Erläuterungen in diesem Kapitel). Sie ist jedoch in den Subkategorien weiter ausdifferenziert (s.u.). In der Kategorie 2 sind beide Kategorien der Typologie „Erwerbsverläufe nach beruflichen Orientierungen und deren Realisierung" zusammengeführt: Auch hier fließt das gleiche konzeptionelle Verständnis für die Orientierungen im Erwerbsverlauf ein – als konstante berufliche Orientierung oder als gewünschte berufliche Neuorientierung auf ein alternatives Berufsfeld (s. hierzu die Erläuterungen in Kap. 6.2) –, aber ebenfalls in den Subkategorien weiter ausdifferenziert (s.u.).

Um die erbrachten Änderungsleistungen umfassender herausarbeiten zu können, werden in beiden Kategorien die betrachteten Orientierungen zugleich erweitert um handlungsleitende Orientierungen für das Arbeitshandeln, die Arbeitseinstellungen und die Handlungsweisen an erwerbsbiografischen Weichenstellungen. Das Arbeitshandeln bezieht sich auf die Fortführung oder Änderung aller arbeits- und beschäftigungsbezogenen Aspekte, wie z.B. die Arbeitsbedingungen einer Stelle, deren Verbesserung durch Verhandlungs- oder Konfliktstrategien versucht oder auf deren Verbesserung verzichtet werden kann, des Weiteren Beibehalt oder Wechsel von Stelle, Beruf oder Berufsfeld. Arbeitseinstellungen umfassen alle Haltungen, Werte und Prioritätensetzungen gegenüber der Arbeit, wie z.B. die Bedeutung von Erwerbstätigkeit, Arbeitsinhalt, Entscheidungsspielraum, Arbeitsklima, Leistungsniveau, Vergütungsniveau etc., die je nach kontextuellen oder individuellen Entwicklungen konstant bleiben oder sich verändern können. Handlungsweisen an erwerbsbiografischen Weichenstellungen schließlich meinen die Fortsetzung von Vorgehensweisen mit bereits in früherer Biografie entwickelten Fähigkeiten und Strategien – oder deren Veränderung durch Entfaltung neuer Fähigkeiten oder Entwicklung alternativer Strategien.

Sofern berufliche Orientierungen oder Orientierungen für das Arbeitshandeln, die Arbeitseinstellungen oder Handlungsweisen geändert werden, können diese je nach subjektiver Relevanz und Deutung von unterschiedlicher Qualität sein. Auf Basis der Interviewergebnisse lassen sich folgende Formen von Veränderung differenzieren:

Entwickeln und Entfalten

- Änderung von Arbeitshandeln – z.B. ein Berufsfeldwechsel i.S. einer Wunschalternative, ergriffene Initiativen zur Ermöglichung des Wunschberufs oder zur Verbesserung von Arbeitsbedingungen durch Verhandlung, Betriebswechsel etc.,
- Änderung von Arbeitseinstellungen – z.B. subjektiv positiv bewertete befreiende oder selbstschützende Einstellungsänderungen oder
- Änderung von Handlungsweisen – z.B. eine reflektierte Strategieentwicklung oder die Entfaltung von Fähigkeiten, die reflektiert oder unreflektiert sein kann

gewünschtes Ausweichen

- Änderung von Arbeitseinstellungen – z.B. Zufriedenheit mit einem Prioritätenwandel bei gleichzeitiger Verschlechterung von Status oder Vergütung

eher ungewünschtes Ausweichen und Aushalten (i.S. von Erdulden, Ertragen)

- Änderung von Arbeitshandeln – z.B. Inkaufnahme unattraktiver Arbeitsbedingungen oder (eher) ungewünschter Berufsfeldwechsel und
- Änderung von Arbeitseinstellungen, z.B. Anspruchssenkung.

Der Begriff des Entwickelns wird hier im Sinne einer Veränderung von Handeln, Einstellungen und Handlungsweisen verstanden, die im subjektiven Deutungszusammenhang eine positiv bewertete Zunahme oder einen auch neutral bewerteten Prioritätenwandel darstellt, sich aber jeweils, in Anlehnung an Sen, auf eigene Wert- und Zielsetzungen beziehen lässt.[237] Der Begriff des Entfaltens wird als eine besondere Form des Entwickelns ausschließlich auf Veränderungen bezogen, die eine Zunahme von Handlungsmöglichkeiten zur Realisierung eigener Wert- und Zielsetzungen bedeuten. In der bildungswissenschaftlichen Literatur wird der Begriff Entfaltung vielfach als pädagogisches Grundziel benannt und mit Selbstbestimmung verknüpft, wie z.B. exemplarisch bei Faulstich:

> „Das zentrale Bildungsproblem, die Perspektive der Entfaltung von Persönlichkeit, ist demnach gebunden an die Gewinnung von Souveränität für das eigene Leben." (Faulstich 2002, S. 22)

Angelegt ist diese Begriffsverwendung bereits im Bildungsverständnis von Wilhelm von Humboldt, der die Entfaltung der Kräfte des Menschen und seiner

---

237 Raithelhuber beleuchtet Entwicklung aus der Perspektive des agency-Diskurses und hebt hier insbesondere die Arbeiten von Sen und Nussbaum hervor, vgl. Raithelhuber 2013, S. 115, Sen 1999, S. 19.

Persönlichkeit zur Herausbildung einer sich selbst bestimmenden Individualität als Ziel von Bildung sah (Salman 2009, S. 109 ff.).

Im Unterschied zu Entwickeln und Entfalten werden die Begriffe Ausweichen und Aushalten auf ein Agieren jenseits der originären eigenen Wert- und Zielsetzungen bezogen. Ausweichen meint die ungewünschte oder gezwungene Wahl einer anderen als der originär gewünschten Alternative, wenn diese nicht realisierbar ist oder als nicht realisierbar erscheint. Aushalten ist als ein Ausharren in schwierigen Bedingungen und deren Ertragen zu verstehen, was zugleich ein entsprechendes Durchhaltevermögen erfordert.

Neben der Differenzierung von Orientierungen nach Konstanz und Änderung wird somit zusätzlich nach der subjektiven Bedeutung unterschieden, die sich zwischen den Gegenpolen „Entwickeln und Entfalten" und „eher ungewünschtes Ausweichen und Aushalten" verorten lässt: Berufsfeldwechsel können demnach Ergebnis einer beruflichen Neuorientierung i.S. einer Wunschalternative sein oder als ungewünschte alternative Erwerbsmöglichkeit bei fortbestehender Orientierung auf den Ausbildungsberuf, aber hier fehlenden Erwerbschancen ergriffen werden.

Zusammenfassend beziehen sich somit die Kategorien der folgenden Typologie auf

- Orientierungen und Ziele in der Umbruchphase in höherem Lebensalter (Teilaspekt von Kategorie 1) als konkrete Stellensuchziele, wie auch als subjektive Verortung der erlebten Umbruchphase im Verhältnis zu früher Erreichtem und
- Orientierungen im Erwerbsverlauf (Teilaspekt von Kategorie 2) als konstante berufliche Orientierung oder als gewünschte berufliche Neuorientierung auf ein alternatives Berufsfeld sowie

in beiden Kategorien ergänzt um Orientierungen für das Arbeitshandeln, die Arbeitseinstellungen oder Handlungsweisen. Diese handlungsleitenden Orientierungen und Ziele werden im Hinblick auf ihre Fortsetzung (Konstanz) und Veränderung betrachtet, deren jeweilige Qualität nur unter Berücksichtigung der subjektiven Deutung verstehbar ist.

Der zweite Teilaspekt beider Kategorien, die Realisierung dieser Orientierungen und Ziele, kann sich zwischen den Polen Gelingen und Nicht-Gelingen bewegen, hieraus lassen sich folgende Subkategorien ableiten und auf jeweils beide Kategorien anwenden: gelingende Konstanz, gelingende Änderung, nur zeitweise gelingende Änderung, nur zeitweise gelingende Konstanz und nicht gelingende Konstanz oder Änderung.

Die Realisierung von Orientierungen in der Umbruchphase in höherem Lebensalter gilt als gelungen, wenn die Umbruchphase durch Realisierung der bestehenden Orientierungen oder spezifischer neuer oder fortgesetzter Ziele oder durch Arrangieren mit einer erfahrenen erwerbsbiografischen Verschlechterung bewältigt wird. Der Gelingensbegriff trifft keine Aussage über die Qualität des Erreichten.

Die Realisierung von Orientierungen im Erwerbsverlauf wird, wie bereits für die Typologie „Orientierungen im Erwerbsverlauf" definiert (s. Kap. 6.2), als gelungen bezeichnet, wenn über den gesamten Erwerbsverlauf eine durchgängige bzw. fast durchgängige Erwerbsbeteiligung erreicht wird, deren etwaige Arbeitslosigkeitsdauern summiert max. 12 Monate betragen, ohne Berücksichtigung von Weiterbildungsphasen sowie Phasen freiwilliger familiär bedingter Erwerbsunterbrechungen. Der Gelingensbegriff trifft auch hier keine Aussage über die Qualität des Erreichten, wie z.B. ein Berufsfeldwechsel zur Sicherung einer kontinuierlichen Erwerbstätigkeit, aber ggf. um den Preis einer Vergütungs- oder Statusverschlechterung.

Die Operationalisierung der Subkategorien wird in der nachfolgenden Tabelle für die beiden Kategorien – die Realisierung von Orientierungen und Zielen in der Umbruchphase in höherem Lebensalter (Kategorie 1) sowie die Realisierung von Orientierungen im Erwerbsverlauf (Kategorie 2) – abgebildet (s. Tab. 19).

Hieraus ergibt sich folgende zweidimensionale Typologie zu erwerbsbiografischen Handlungsmodi in der Umbruchphase in höherem Lebensalter im erwerbsbiografischen Kontext (s. Tab. 20):

Typ a) „Gelingende berufsfachliche Konstanz in der Umbruchphase in höherem Lebensalter nach langjähriger Berufskontinuität": In diesem Typus gelang sowohl die Realisierung von Orientierungen und Zielen in der Umbruchphase in höherem Lebensalter im Handlungsmodus Gestaltung – und damit ohne Verschlechterung gegenüber früher Erreichtem – als auch die Realisierung konstanter Orientierungen im Erwerbsverlauf. Er trifft auf 2 weibliche Personen aus den ABL zu, die zum Interviewzeitpunkt 63 und 70 Jahre alt waren. Im Sample wiesen sie die vergleichsweise günstigsten Erwerbsverläufe auf. Beide Personen konnten während ihrer erwerbsorientierten Phasen[238] eine durchgängige

238 Die Realisierung der Erwerbstätigkeit wird hier nur auf die Lebensphasen bezogen, in der die Interviewpersonen auch erwerbsorientiert waren und sich somit als Erwerbstätige oder Erwerbsarbeitslose im Status der Erwerbspersonen befanden. Familiär bedingte Unterbrechungszeiten, die freiwillig eingelegt wurden oder die zumindest nicht explizit als unfreiwillige Nichtvereinbarkeit von Beruf und Familie thematisiert wurden, wurden hier nicht berücksichtigt. In Typ a) unterbrach eine Frau ihre Erwerbsarbeit für ein ¾ Jahr freiwillig, die andere weibliche Erwerbsperson wies keine familiär bedingten Unterbrechungszeiten auf.

Tab. 19: Operationalisierung der Subkategorien zur Realisierung von Orientierungen

Subkategorien	Realisierung von Orientierungen und Zielen in der Umbruchphase in höherem Lebensalter (Kategorie 1)	Realisierung von Orientierungen im Erwerbsverlauf (Kategorie 2)
gelingende Konstanz	Gestaltung der Umbruchphase in höherem Lebensalter mit bereits im Erwerbsverlauf entwickelter und in der Umbruchphase fortgesetzter hoher Flexibilität in den Arbeitseinstellungen und Handlungsweisen	eine (fast) durchgängige Erwerbsbeteiligung entsprechend konstanter beruflicher Orientierungen mit summiert max. 12 Monaten Arbeitslosigkeit
gelingende Änderung	Gestaltung der Umbruchphase in höherem Lebensalter mit in dieser Umbruchphase geänderten Arbeitseinstellungen und Handlungsweisen oder mit bereits im Erwerbsverlauf entwickelter und in der Umbruchphase fortgesetzter hoher Flexibilität in den Arbeitseinstellungen und Handlungsweisen oder Verlustbewältigung in der Umbruchphase in höherem Lebensalter mittels Engagement für partielle Verbesserungen, Positivwertung oder Akzeptieren und Kompensieren	eine (fast) durchgängige Erwerbsbeteiligung mit diversen beruflichen Orientierungen, darunter einer zumindest zeitweise gelungenen gewünschten beruflichen Neuorientierung mit summiert max. 12 Monaten Arbeitslosigkeit
nur zeitweise gelingende Änderung	*(hypothetisch denkbar als nur jeweils zeitlich begrenzt gelingende Gestaltung der Umbruchphase in höherem Lebensalter oder als zeitlich begrenzt gelingende Verlustbewältigung in dieser Phase, kam im Sample jedoch nicht vor*[a])	Erwerbsbiografie mit diversen beruflichen Orientierungen, darunter einer zumindest zeitweise gelungenen gewünschten beruflichen Neuorientierung mit summiert über 12 Monaten Arbeitslosigkeit
nur zeitweise gelingende Konstanz	nur jeweils zeitlich begrenzt gelingende Möglichkeitenwahrnehmung in der Umbruchphase in höherem Lebensalter mit bereits im Erwerbsverlauf entwickelten und in der Umbruchphase fortgesetzten Arbeitseinstellungen und Handlungsweisen	Erwerbsbiografie mit konstanten beruflichen Orientierungen ohne eine gewünschte berufliche Neuorientierung mit summiert über 12 Monaten Arbeitslosigkeit
nicht gelingende Konstanz oder Änderung	Persistenz des erfahrenen Verlustes und Hadern mit diesem als Nichtbewältigung einer erwerbsbiografischen Verschlechterung	*(hypothetisch denkbar als Erwerbsbeteiligung mit noch nichtmal zeitweise gelingender Realisierung der beruflichen Orientierungen, kam im Sample jedoch nicht vor)*

[a] Ein Grund hierfür kann in der gewählten Querschnittsmethodik liegen, die, wie in den einleitenden methodischen Hinweisen zu diesem Kap. 6.6 verdeutlicht, Verlaufsentwicklungen nur retrospektiv und damit ggf. nicht ausreichend erfasst. Insofern ist nicht auszuschließen, dass eine Längsschnittuntersuchung z.B. für Erwerbspersonen, denen der Handlungsmodus Verlustbewältigung oder Verlustpersistenz zugeordnet wurde, ein differenzierteres Ergebnis ermöglicht hätte.

Tab. 20: Typologie: Erwerbsbiografische Handlungsmodi in der Umbruchphase in höherem Lebensalter im erwerbsbiografischen Kontext

<table>
<tr><th rowspan="2">Realisierung von Orientierungen und Zielen in der Umbruchphase in höherem Lebensalter</th><th colspan="5">Realisierung von Orientierungen im Erwerbsverlauf</th></tr>
<tr><th>gelingende Konstanz</th><th>gelingende Änderung</th><th>nur zeitweise gelingende Änderung</th><th>nur zeitweise gelingende Konstanz</th><th>nicht gelingende Konstanz/ Änderung</th></tr>
<tr><td>gelingende Konstanz
– Handlungsmodus Gestaltung</td><td></td><td></td><td></td><td rowspan="2">Typ e)</td><td></td></tr>
<tr><td>gelingende Änderung
– Handlungsmodus Gestaltung</td><td>Typ a)</td><td>Typ b)</td><td></td><td></td></tr>
<tr><td>– Handlungsmodus Verlustbewältigung</td><td colspan="2">Typ c)</td><td>Typ d)</td><td>Typ f)</td><td></td></tr>
<tr><td>nur zeitweise gelingende Änderung</td><td colspan="2"></td><td></td><td></td><td></td></tr>
<tr><td>nur zeitweise gelingende Konstanz
– Handlungsmodus Möglichkeitenwahrnehmung</td><td colspan="2"></td><td></td><td>Typ g)</td><td></td></tr>
<tr><td>nicht gelingende Konstanz/Änderung
– Handlungsmodus Verlustpersistenz</td><td colspan="2"></td><td colspan="2">Typ h)</td><td></td></tr>
</table>

Anmerkung: Die Zusammenfassung von je zwei Subkategorien in den Typen c), e) und h) wird in der nachfolgenden Typenbeschreibung erläutert.

oder fast durchgängige Erwerbstätigkeit[239] entsprechend ihrer konstant gehaltenen berufsfachlichen Orientierungen realisieren. In der Umbruchphase gelang ihnen eine Umsetzung ihrer neu justierten beruflichen Ziele. Größere Änderungsleistungen, wie z.B. Berufsfeldwechsel, hohe Stellendiskontinuität oder Wochenendpendeln waren hier nicht erforderlich.

Allerdings beinhaltete die berufsfachliche Orientierung von Frau Allenbach eine eigeninitiativ gewollte und realisierte sehr hohe betriebliche Mobilität in den frühen Berufsjahren bis zu ihrem 31. Lebensjahr, der dann eine über 20-jährige

239 Eine Erwerbstätigkeit wird, wie bereits in Kap. 6.2, als fast durchgängig bezeichnet, wenn die Person summiert maximal 12 Monate arbeitslos oder familiär bedingt unfreiwillig nicht erwerbstätig war. Weiterbildungsphasen und Phasen freiwilliger Erwerbsunterbrechung wurden hierbei nicht berücksichtigt.

Stellenkontinuität folgte. Nach eingetretener Arbeitslosigkeit suchte sie mit 52 Jahren zur Belastungsreduktion eine weniger verantwortungsvolle Tätigkeit und nahm entsprechend ihrer Ansprüche eine Stelle auf, aus der sie nach ca. 10 Jahren in vorgezogenen Ruhestand wechselte. Ihr Wechsel in die letztgenannte, auf geringerem Verantwortungsniveau gelegene Stelle kann somit als „gewünschtes Ausweichen" interpretiert werden. Eine Frage zur Selbstgestaltung ihres Werdegangs wertete Frau Allenbach ambivalent. Sie verwies darauf, dass sie nicht ihre Wunschausbildung zur Verkäuferin wählen konnte, da ihr der Besuch der Handelsschule von ihrer Mutter „vorgegeben" wurde, worüber sie im Nachhinein aber „froh" war. Zugleich bestätigte sie, viele ihrer Stellenwechsel freiwillig und gezielt selbst entschieden zu haben. (S. auch die zitierten Schilderungen von Frau Allenbach in Kap. 6.2 und 6.4.)

Frau Bönte gelang es, die in der Umbruchphase bestehenden Anforderungen mit neu entfalteten Arbeitseinstellungen und Handlungsweisen zu bewältigen, die, wie zu Beginn dieses Kap. 6.6 dargestellt ihr schwer fielen. Die erbrachte Leistung erfüllte sie dann mit Stolz und führte zu einer Umwertung der vorhergehenden 30-jährigen Tätigkeit als langweilig.

> Frau Bönte:
> „Ja, diese dreißigjährige Tätigkeit war so eine eingefahrene Chose, vielleicht ein bisschen langweilig im Nachhinein gesehen. Und die letzten zehn Jahre, die haben mich voll gefordert und auch befriedigt, wenn es auch anstrengend war, sehr anstrengend. Aber gut, ich hatte vorher ja auch familiär zu Hause mehr, ich hatte ein kleines Kind, hatte eine kranke Mutter, die ich pflegen musste (…). Und da war ich damit auch zufrieden, da habe ich keine große berufliche Anforderung noch gesucht oder hätte ich auch nicht erfüllen können." (Z. 1193–1198)

Frau Bönte wertete ihren Werdegang als selbstgestaltet. Da sie bis 60 eine fast durchgängige Erwerbskontinuität aufwies, dann aber zwei Jahre langzeitarbeitslos war und anschließend in Rente eintrat, ist sie Typ a) als Sonderfall zugeordnet.

Unterschiede innerhalb dieses Typs bezogen sich auf die Angewiesenheit auf eine neue Stelle in der Umbruchphase in höherem Lebensalter und damit verknüpft auf die Zielstrebigkeit ihrer Stellensuche. Mit der neu aufgenommenen Stelle waren beide Erwerbspersonen zufrieden.

Typ b) „Gelingende berufsfachliche Zielrealisierung in der Umbruchphase in höherem Lebensalter nach langjähriger Erwerbskontinuität": In Typ b) gelang ebenfalls die Realisierung von Orientierungen und Zielen in der Umbruchphase in höherem Lebensalter im Handlungsmodus Gestaltung – und damit ohne Verschlechterung gegenüber früher Erreichtem – wie auch die Realisierung veränderter Orientierungen im Erwerbsverlauf. Dieser Typ wurde 5

Personen zugeordnet, darunter 3 von 13 Frauen bzw. 23 % und 2 von 11 Männern bzw. 18 % sowie nach Region 2 von 10 Personen aus den ABL bzw. 20 % und 3 von 14 Personen aus den NBL bzw. 21 %. Mit einer Ausnahme befanden sich alle Personen zum Interviewzeitpunkt in der Altersgruppe 51–54, eine Person war 55 Jahre alt.

Ihre Erwerbsverläufe erschienen in Bezug auf Erwerbskontinuität überwiegend als günstig. Mit Ausnahme einer Person, die eine längere Arbeitslosigkeit von 32 Monaten aufwies, aber aufgrund sonstiger Übereinstimmungen als Sonderfall dem Typ b) zugeordnet wurde, konnten alle übrigen während ihrer erwerbsorientierten Phasen eine fast durchgängige Erwerbstätigkeit[240] realisieren. Allerdings erbrachten sie hierfür hohe Änderungsleistungen, indem sie u.a. auf eigenen Wunsch eine oder mehrere Neuorientierungen auf ein alternatives Berufsfeld vornahmen. Vielfach wurden zudem ungünstige Arbeitsbedingungen in Kauf genommen, wie z.B. geringe Vergütung, eine unterhalb des erreichten Qualifikationsniveaus liegende Tätigkeit oder Wochenendpendeln. In der Umbruchphase gelang ihnen eine Umsetzung ihrer neu justierten beruflichen Ziele. Mit der neu aufgenommenen Stelle waren sie zufrieden.

Jenseits der genannten Gemeinsamkeiten waren die Erwerbsbiografien der Personen dieses Typs sehr heterogen in Bezug auf die Qualität der realisierten Erwerbsverläufe (Qualifikation, Vergütung, Status, Inkaufnahme auch schlecht bewerteter Arbeits- und Beschäftigungsbedingungen), des Weiteren hinsichtlich familiär bedingter Erwerbsdiskontinuitäten sowie der in der Umbruchphase in höherem Lebensalter verfolgten Ziele und Orientierungen. Die Stellensuche verfolgten sie mit Ausnahme einer Erwerbsperson, die nicht unbedingt auf eine neue Stelle angewiesenen war, zielstrebig.

So gelang es Herrn Jacobi, sich in seinem Erwerbsverlauf bis zu seiner letztmaligen Stellenaufnahme mit 51 Jahren tendenziell zu verbessern und einen tendenziellen Aufstieg zu realisieren. Sein Erwerbsverlauf war von hoher Stellen- und Berufsfelddiskontinuität geprägt. Nach seiner Erstausbildung zum Werkzeugmacher nahm er mit 32 Jahren eine erste berufliche Neuorientierung zum Speditionskaufmann vor, wechselte mit 50 Jahren nach einer Weiterbildung in den Pflegebereich und kehrte anschließend in seinen zweiten Beruf zurück (vgl. die zitierten Schilderungen von Herrn Jacobi in Kap. 6.5). Herr Jacobi war nur kurz arbeitslos, insgesamt 2 Monate, wies aber mit 9 Stellenaufnahmen bis zum 50. Lebensjahr und 11 Stellenaufnahmen bis zum Interviewzeitpunkt eine

240 In Typ b) unterbrachen zwei weibliche Erwerbspersonen ihre Erwerbstätigkeit familiär bedingt langjährig.

hohe Stellendiskontinuität auf (vgl. Kap. 6.3). Für einige Stellen nahm Herr Jacobi Wochenendpendeln, sehr lange tägliche Anfahrtswege oder eine geringe Vergütung in kauf (vgl. Kap. 6.5). Die Stellenwechsel waren teils familiär bedingt, indem Herr Jacobi hierdurch wieder vom Wochenend- in den Tagespendelbereich zu gelangen suchte oder die Versorgung eines erkrankten Kindes absichern wollte.

Die Bewältigung einer erhaltenen Stellenkündigung reflektierte Herr Jacobi als „Kampf, den man mit sich selber führen muss", um die mit der Kündigung verbundene Enttäuschung zu verarbeiten und „was Besseres daraus zu machen". In den zahlreichen Umbruchphasen während seines Erwerbsverlaufs und auch in höherem Lebensalter fokussierte er im Hinblick auf seine Einstellungschancen somit v.a. auf sein eigenes Handeln (vgl. Kap. 6.3). Entsprechend achtete er auf eine möglichst präventive Stellensuche, für die er teils sehr umfangreiche Bewerbungsaktivitäten unternahm (vgl. Kap. 6.4). Anzunehmen ist, dass sich die erfolgten häufigen Stellenwechsel ohne längere Arbeitslosigkeitserfahrungen als positive Bewältigungserfahrungen darstellten. Auch seinen gesamten Berufsweg sah er durch sein eigenes Handeln geprägt und selbst gestaltet.

> Herr Jacobi auf die Frage, ob er den Eindruck habe, dass er seinen beruflichen Werdegang im Wesentlichen selbst gestaltet habe:
> „Selbstverständlich. (...) Ausschließlich selbst. Ausschließlich selbst. Hm, ja ... Auch selbst ... Wir sind ja in einer anderen Gesellschaftsordnung aufgewachsen. Auch dort haben wir natürlich unseren beruflichen Werdegang auch selbst gesteuert. Jeder für sich auch. Nur wir sind in gewissen Dingen aufgewachsen ... Für uns gab es das Wort Arbeitslosigkeit nicht." (Z. 2558–2565)

Mit 51 Jahren nahm Herr Jacobi eine leitende Stelle auf, in der er sich in Vergütung und Status gegenüber seinem bisher erreichten besten Niveau verbesserte und über die er sich, trotz einer sehr langen täglichen Anfahrt, hoch zufrieden äußerte. Die häufigen erwerbsbiografischen Wechsel und Umbrüche, die Herr Jacobi teils gewünscht, teils ungewünscht, erfahren hat, forderten hohe Änderungsleistungen von ihm ab. Diese umfassten jeweils Formen eines „Entwickelns und Entfaltens", auch wenn sie teilweise mit unattraktiven Arbeitsbedingungen, wie z.B. eines langen Anfahrtsweges, verknüpft waren, die Herr Jacobi zugunsten anderer Stellenaspekte, wie z.B. einer höheren Vergütung, akzeptierte. Hierbei fielen ihm die Änderungsleistungen nicht unbedingt leicht, dennoch brachte er eine prinzipiell positive Einstellung zu Veränderungen an sich zum Ausdruck, die als Interesse an Veränderung bezeichnet werden kann:

> Herr Jacobi auf die Frage, ob er seine beruflichen Ziele für erreicht hält:
> „Im Moment jetzt ... Jetzt, wo ich sagen muss, ich fühle mich wohl, jetzt was ich jetzt mache und hm ... würde ich sagen ja. (...) Wobei ich nie sage: Ich habe jetzt ... Ich fühle

mich wohl, es ist gut. Aber ein vervollkommnetes Leben ist eigentlich eine Vervollkommnung und Entwicklung, Entwicklungsprozess. So lange wie man lebt. Der hört auf mit dem Tod. Der hört auch nicht unbedingt mit dem Alter auf, denn ich könnte mir schon vorstellen, selbst wenn ich nicht mehr beruflich tätig bin, dass ich dann trotzdem noch sozial und gesellschaftlich tätig bin. Ob das jetzt in der Musik ist, ob das jetzt im Verein ist oder ob das einfach ja soziale Kontakte betrifft. Aber das wird eigentlich nie aufhören, denke ich mal. So lange wie man lebt." (Z. 2517–2528)

Als weiteres Fallbeispiel wird im Folgenden die Erwerbsbiografie von Frau Xannick vorgestellt. Frau Xannick arbeitete, unterbrochen durch eine langjährige Erziehungszeit, als Bäckereifachverkäuferin bis 41 Jahre. Nach Eintreten einer Berufskrankheit musste sie ihren Beruf aufgeben und nahm zur Existenzsicherung in den folgenden 8 Jahren diverse angelernte und geringvergütete Tätigkeiten im Produktions- und Dienstleistungssektor an, die für sie nur Notalternativen zur Einkommenssicherung darstellten und für sie z.T. schwer erträglich waren. In dieser Zeit suchte sie nach einer neuen beruflichen Orientierung, mit 44 Jahren konkretisierte sie Busfahren als gewünschtes neues Berufsziel, erhielt aber keine Ausbildungsmöglichkeit. Nach zwischenzeitlich anderweitigen, der Existenzsicherung dienenden Stellen erfuhr sie mit 49 Jahren, als sie im Arbeitslosigkeitsstatus war, über ein Zeitungsinserat von einem Weiterbildungsangebot zur Busfahrerin. Ihr gelangen die Teilnahme an der Weiterbildung und eine anschließende Stellenaufnahme als Busfahrerin. Ihre aktuelle Stelle beinhaltete eine unterschiedliche Veränderung gegenüber ihrem früher erreichten Niveau – eine Verschlechterung im qualifikatorischen Status, der in ihrer subjektiven, sehr positiven Bewertung der Stelle aber ohne Relevanz war, sowie eine Verbesserung in der Vergütung (vgl. die zitierten Schilderungen von Frau Xannick in Kap. 6.2 und 6.4). Mit der Stelle äußerte sie sich hoch zufrieden (vgl. ihre Schilderung in Kap. 6.5). Die Erwerbsbiografie von Frau Xannick war bis zum Interviewzeitpunkt durch eine nur kurze Arbeitslosigkeit von 5 Monaten – ohne Berücksichtigung der 8-monatigen Umschulung und der langjährigen, nicht als unfreiwillig thematisierten familiär bedingten Erwerbsunterbrechung – sowie durch eine hohe Stellendiskontinuität von mindestens 11 Stellenaufnahmen bis zum 50. Lebensjahr und 13 Stellenaufnahmen bis zum Interviewzeitpunkt geprägt.

Trotz der langjährigen Dauer ihrer Such- und Orientierungsphase zwischen 41 und 49 Jahren gab sie ihre Suche nach einem neuen Berufsziel nicht auf. Als sie eine neue Chance zur Realisierung des bereits früher erfolglos versuchten Berufswechsels sah, engagierte sie sich gezielt für dessen Umsetzung. Hierfür entfaltete sie die Bereitschaft, dies ggf. auch im Konflikt beim Arbeitsamt durchzusetzen.

Frau Xannick:
„Und dann habe ich mir schon alles zurechtgelegt, wenn das Arbeitsamt mir jetzt sagt: ‚Nein, das geht nicht', dann hätte ich denen hier meine ganze Geschichte erzählt und hängenlassen vom Arbeitsamt und alles Mögliche, wäre da nicht gegangen. Ja und da komme ich da hin und sage, dass ich das gerne machen möchte und da haben die dann zu mir gesagt: ‚Ja, ist in Ordnung!'" (Z. 196–199)

Diese Entschlossenheit zur Durchsetzung kann als Wandel in ihren Einstellungen und Handlungsweisen betrachtet werden, da sie nach Eintritt ihrer Berufskrankheit ihren Umschulungsanspruch nicht bis zum gewünschten Ende aufrecht erhielt und durchsetzte, sondern sich auf Stellen im un- und angelernten Bereich orientierte. So scheiterte eine Umschulung nach Eintritt ihrer Berufskrankheit an dem Zuständigkeitskonflikt zwischen Arbeitsamt und Berufsgenossenschaft und auch einen Rechtsstreit um eine Berufsunfähigkeitsrente führte sie nicht fort.

Frau Xannick auf die Frage, ob ihr nach eingetretener Berufskrankheit eine Umschulung angeboten wurde:
„Nein, das Arbeitsamt war für mich nicht zuständig und die haben zu mir gesagt: Nein, die BG[241] ist zuständig für mich und die hat wiederum gesagt, das Arbeitsamt ist für mich zuständig und da kam überhaupt nichts. Gar nichts." (Z. 135–137)
Frau Xannick:
„Dadurch, dass ich ja die Mehlallergie hatte, finde ich persönlich, haben die mich schon alle hängenlassen, Berufsgenossenschaft sowie … Normalerweise kriegt man darauf auch eine kleine Rente, ich habe einen Rechtsanwalt gehabt, aber ich hätte lieber einen anderen Rechtsanwalt nehmen sollen, und ja, da wurde dann alles immer abgelehnt."
(Frage der Interviewerin: Wäre das nicht jetzt noch möglich, das einzufordern? Wenn Sie sagen: ‚Möglicherweise lag es auch am Rechtsanwalt.')
„Habe ich schon dran überlegt, nachgedacht. Wollte ich …" (Z. 969–977)

Wie Herr Jacobi, so fokussierte auch Frau Xannick auf ihr eigenes Handeln in ihren Stellensuchphasen und mehrfach gelungenen Stellenaufnahmen, wie in Kap. 6.3 geschildert. Dies wird auch in der Reflexion ihres Berufsweges deutlich, den sie insgesamt als selbstgestaltet wertete.

Frau Xannick auf die Frage, ob sie den Eindruck hätte, dass sie ihren Berufsweg immer auch selbst gestalten konnte:
„Ja. Oder, warten Sie mal? Also irgendwas, wurde es mir ja auch irgendwie vorgegeben, sei es die Mehlallergie, und ich habe dann immer versucht, das Beste daraus zu machen. (…) Ja."
(Frage der Interviewerin: Also sozusagen das Gegenteil wäre, wenn sozusagen immer jemand anderes entschieden hätte, gekündigt werden oder irgendwie so.)

241 BG meint: Berufsgenossenschaft.

> „Nein, das auf keinen Fall. Nein, nein. Nein, das war ich schon. Ja. Weil ich bin ein Steh-Auf-Männchen (lacht). (…) ‚Man kann ruhig hinfallen', heißt es, ‚aber man sollte nicht liegenbleiben' (lacht)." (Z. 1257–1272)

Frau Xannick realisierte in ihrem Erwerbsverlauf somit sowohl Formen eines ‚ungewünschten Ausweichens und Aushaltens' in bzw. von Stellen in anderen Berufsfeldern nach Eintritt ihrer Berufskrankheit, als auch eines „Entwickelns und Entfaltens" von Fähigkeiten zur Integration in ein gewünschtes alternatives Berufsfeld.

Die Erwerbsbiografien von Herrn Jacobi und Frau Xannick wiesen Gemeinsamkeiten in den typengenerierenden Merkmalen auf, wonach beiden unter Erbringen hoher Änderungsleistungen eine Realisierung von Orientierungen und Zielen in ihrem Erwerbsverlauf und in der Umbruchphase in höherem Lebensalter gelang. In anderen Merkmalen unterschieden sich ihre Biografien deutlich, so in den eingeschlagenen Berufs- und Qualifikationspfaden, ihrem Veränderungsinteresse sowie den familiären Einflüssen auf ihre Erwerbstätigkeit.

Auch zeigten sich bei beiden Fallbeispielen Gemeinsamkeiten, die auf andere Erwerbspersonen dieses Typs nicht zutrafen. So war z.B. die Stellendiskontinuität in zwei Fällen nur gering ausgeprägt mit je 2 Stellenaufnahmen vor dem 50. Lebensjahr bzw. je 3 Stellenaufnahmen bis zum Interviewzeitpunkt.

Typ c) „Gelingende Neuorientierung in der Umbruchphase in höherem Lebensalter nach Brüchen in Aufstiegs-/Selbstständigkeitskarrieren": In diesem Typus wurden Orientierungen und Ziele in der Umbruchphase in höherem Lebensalter im Handlungsmodus Verlustbewältigung – und somit nach einer erfahrenen Verschlechterung gegenüber früher Erreichtem – als auch konstante oder veränderte Orientierungen im Erwerbsverlauf realisiert. Er lässt sich auf 3 Personen beziehen, darunter 1 Frau und 2 Männer aus den ABL bzw. aus dem deutschsprachigen Ausland und seit frühen Berufsjahren in den ABL lebend. Zum Interviewzeitpunkt waren sie zwischen 54 und 62 Jahre alt.

Die fast durchgängige und mit langjährig günstigen, dann ungünstiger werdenden Aufstiegs- bzw. Selbstständigkeitspfaden verknüpfte Erwerbstätigkeit in diesen Erwerbsverläufen mündete für alle 3 Personen in der Umbruchphase nach dem 50. Lebensjahr in Stellenaufnahmen, die eine erwerbsbiografische Verschlechterung für sie bedeutete, die es jedoch allen zu bewältigen gelang. Während ihrer erwerbsorientierten Phasen[242] konnten sie eine fast durchgängige

242 Keine/keiner der Befragten in Typ d) wies eine familiär bedingte Erwerbsunterbrechung auf.

Erwerbstätigkeit realisieren, teils mit konstant gehaltenen berufsfachlichen, teils mit veränderten Orientierungen. Aufgrund der geringen Fallzahl wurden sie zu einem Typ zusammengefasst und nicht wie Typ a) und b) zu je eigenen Typen nach konstanten bzw. nach veränderten Orientierungen formiert. Zudem wurde 1 Person diesem Typ als Sonderfall zugeordnet, der in seiner Erwerbsbiografie eine hohe Stellendiskontinuität mit mindestens 9 Stellenaufnahmen vor dem 50. Lebensjahr und mindestens 11 Stellenaufnahmen bis zum Interviewzeitpunkt aufwies, während die beiden anderen Personen eher wenige Stellen hatten mit 2–3 Stellenaufnahmen vor dem 50. Lebensjahr und 4–5 Stellenaufnahmen bis zum Interviewzeitpunkt. In der Umbruchphase gelang ihnen unter Erbringung hoher Änderungsleistungen, wie dem Einfinden in ein Beschäftigungsverhältnis mit deutlich geringerer oder fehlender Entscheidungskompetenz und teils auch Berufsfeldwechsel, die Umsetzung neu ausgerichteter Ziele. Ihren Werdegang werteten alle Personen als selbstgestaltet.

Wiesen die Erwerbspersonen in diesem Typ als Gemeinsamkeiten also insbesondere eine erst langjährig günstig verlaufende, dann abbrechende Aufstiegs- bzw. Selbstständigkeitskarriere, eine nachfolgend erfahrene erwerbsbiografische Verschlechterung und deren Bewältigung sowie die Einschätzung eines selbstgestalteten Werdegangs auf, lassen sich zusätzlich zu den bereits genannten Unterschieden weitere aufführen:

So verfolgten 2 Personen die Stellensuche zielstrebig, während ein Befragter finanziell überhaupt nicht auf eine erfolgreiche Stellensuche angewiesen war und sich auf eine einzige Bewerbung beschränkte.

Des Weiteren gelang die Verlustbewältigung bei einer männlichen Erwerbsperson über das Akzeptieren der erfahrenen Verschlechterung und deren Kompensieren durch eine interessante berufliche Nebentätigkeit. Die beiden übrigen Erwerbspersonen arrangierten sich ebenfalls mit der Verschlechterung durch eine positive Wertung von Teilaspekten ihrer aktuellen Stelle, zusätzlich engagierten sie sich auch um partielle Verbesserungen, die es ihnen zu realisieren gelang, wie z.B. die Durchsetzung von Vollzeit- statt der angebotenen Teilzeitarbeit, der Umwandlung einer anfangs durch längere Geschäftsschließung unterbrochenen Beschäftigung in eine ganzjährige Beschäftigung und einer im Vorstellungsgespräch erreichten gewünschten Eingrenzung auf eines von zwei ausgeschriebenen Tätigkeitsfeldern einer Stelle.

Schließlich äußerten sich 2 Personen zufrieden mit ihrer neu aufgenommenen Stelle, 1 Person nur bedingt zufrieden.

Typ d) „Gelingende Neuorientierung in der Umbruchphase in höherem Lebensalter nach Brüchen in Aufstiegskarrieren“: In diesem Typus wurden Orientierungen und Ziele in der Umbruchphase in höherem Lebensalter im

Handlungsmodus Verlustbewältigung – und somit nach einer erfahrenen Verschlechterung gegenüber früher Erreichtem – realisiert, wohingegen eine Realisierung veränderter Orientierungen im Erwerbsverlauf nur zeitweise gelang. Er wurde 5 Personen zugeordnet, darunter 1 von 13 Frauen bzw. 8 % und 4 von 11 Männern bzw. 36 % sowie 2 von 10 Personen aus den ABL bzw. 20 % und 3 von 14 Personen aus den NBL bzw. 21 %. Die Altersspanne erstreckte sich von 52 bis 70 Jahre zum Interviewzeitpunkt.

Alle Erwerbspersonen dieses Typs wiesen einen wechselhaften Erwerbsverlauf auf, in dem sie berufliche Neuorientierungen vornahmen, die sie während ihrer erwerbsorientierten Phasen[243] aber nur zeitweise realisieren konnten. Sie erfuhren berufliche Aufstiege, aber mit einer Ausnahme auch mindestens eine Langzeitarbeitslosigkeit und, bereits vor ihrem 50. Lebensjahr, eine erwerbsbiografische Verschlechterung, die es ihnen zu bewältigen gelang. Sie erbrachten hohe Änderungsleistungen im gesamten Erwerbsverlauf bis hin zur Umbruchphase in höherem Lebensalter, wie z.B. Berufsfeldwechsel und Inkaufnahme gering vergüteter Stellen, geringer qualifizierter Tätigkeiten, Wochenendpendeln und überlanger Arbeitszeiten.

Exemplarisch für diesen Typ sei auf Frau Pütz und Herrn Uhlig verwiesen. Frau Pütz unterbrach ihre Erwerbstätigkeit 7 Jahre familiär bedingt unfreiwillig, da sie erst nach dieser Zeit Zugang zu Krippen- und Kindergartenplätzen erhielt. Mit 4 Kindern und 3 überregionalen familiären Umzügen gelang ihr bis zu ihrem 55. Lebensjahr eine kontinuierliche Erwerbsbeteiligung. Über nachgeholte Schulabschlüsse und Fortbildungen realisierte sie berufliche Aufstiege u.a. zur Fahrlehrerin mit Meisterabschluss in Betriebs- und Transporttechnik sowie zur Abteilungsleiterin in einem Elektronikkombinat. Mehrfach brachen begonnene Aufstiegspfade durch 2 der Umzüge sowie die Wende ab, woraufhin Frau Pütz ihre beruflichen Orientierungen neu ausrichtete und insgesamt 6 Berufsfeldwechsel vollzog. Eine sozialversicherungspflichtige neue Stelle nahm sie letztmalig mit 46 Jahren auf. Nach Eintritt ihrer Arbeitslosigkeit mit 55 Jahren gelang ihr keine Reintegration in ihre vorhergehenden Berufsfelder. Alternativ nahm sie eine Stelle als Concierge in einem Sicherheitsdienst und damit deutlich unter ihrem vorhergehenden Qualifikationsniveau an, allerdings auf eigenen Wunsch nur als geringfügige Nebentätigkeit, auf die sie finanziell nicht unbedingt angewiesen war. (Vgl. die ausführlich zitierten Schilderungen von Frau Pütz in Kap. 6.2 sowie weitere Schilderungen in Kap. 6.3 und 6.4.)

---

243 Eine Befragte in Typ d) unterbrach ihre Erwerbsarbeit familiär bedingt unfreiwillig infolge anfangs fehlender Krippen- und Kindergartenplätze für 7 Jahre.

Herr Uhlig wechselte unmittelbar nach seiner Ausbildung zum Nachrichtengerätemechaniker wegen fehlender Beschäftigungsperspektiven in eine angelernte Tätigkeit als Computertechniker und konnte in diesem Mitte der 1980er Jahre expandierenden Berufsfeld mehrfache Aufstiege bis hin zu zwei, insgesamt ca. dreijährigen Tätigkeiten in Selbstständigkeit realisieren. Mit 38 Jahren wechselte er in eine nicht-leitende, hoch vergütete Tätigkeit im Technik-Bereich, die durch einen betriebsseitig initiierten Aufhebungsvertrag endete. Die hohen Belastungen der vorhergehenden Stelle kompensierte Herr Uhlig mit Kaffee und Nikotin und ließen ihn die mit 41 Jahren eintretende Arbeitslosigkeit erst einmal als Befreiung aus diesen Belastungen erleben. Als sich seine anfangs optimistisch eingeschätzten Chancen für eine neue Stellenaufnahme nicht bewahrheiteten, intensivierte er seine Suchaktivitäten und verbreiterte das Suchsegment. Den Übergang in ALG II erlebte er als Existenzangst, da er hiervon die Versorgung mit Nahrung und Kleidung für die Familie nicht sichern konnte. Er verlor jegliches Selbstbewusstsein. Seine Ehe zerbrach. Sein extensiver Nikotinkonsum war nicht mehr finanzierbar. In dieser zugespitzten Situation reflektierte er, dass er seine Handlungsfähigkeit verloren hatte. Die Voraussetzungen zu deren Wiederherstellung sah er darin, das Rauchen zu beenden und sich von seiner Frau zu trennen. Zu beidem entschied er sich und setzte es um, beides bedeutete für ihn massive Einschnitte in seinem Leben. Obgleich die Nikotinentwöhnung Herrn Uhlig zuerst einen Monat niederwarf, erlebte er sein Durchhalten als Wendepunkt und als wiedergewonnenes Selbstvertrauen in seine Handlungsfähigkeit bzw. als Selbstwirksamkeitsüberzeugung.

Nachfolgend versuchte Herr Uhlig unter Verzicht auf jegliche berufsfachliche Ansprüche eine schrittweise Reintegration in Erwerbsarbeit, die mit einer geringfügigen Beschäftigung in ungelernter Tätigkeit begann und eine von ihm beim Jobcenter angefragte Teilnahme an einem Integrationskurs umfasste, aus der sich dann die Gelegenheit zu einer nebentätigen Honorartätigkeit als Dozent ergab. Über seine Dozententätigkeit erhielt Herr Uhlig, nun 49-jährig, die Anfrage, sich auf eine Stelle in einem Arbeitsvermittlungsprojekt zu bewerben, die er auch erhielt. Herr Uhlig wertschätzte seine aktuelle, in Status und Vergütung unter früher erreichtem Niveau liegende Stelle, da er hiermit seine Langzeitarbeitslosigkeit beenden konnte und ihm an seiner Tätigkeit der Aspekt der Beratung gefiel. Arbeitsinhaltlich füllte ihn diese Stelle jedoch nicht aus, was er durch eine Freizeitaktivität kompensierte, in der er technisch und kreativ tätig sein konnte. (Vgl. die ausführlich zitierten Schilderungen von Herrn Uhlig in Kap. 6.4 sowie die weiteren Schilderungen in Kap. 6.2 und 6.3.)

Beiden Fallbeispielen sind neben den vorgenommenen Berufsfeldwechseln die realisierten, aber dann abbrechenden Aufstiegspfade, die eingetretene

Langzeitarbeitslosigkeit und die erbrachten hohen Änderungsleistungen gemeinsam, mittels derer ihnen die Bewältigung der erfahrenen erwerbsbiografischen Verschlechterung gelang.

In der Qualität ihrer erwerbsbiografischen Entwicklungen, Orientierungen und Deutungen wiesen alle Erwerbspersonen, denen der Typ d) zugeordnet wurde, jedoch auch deutliche Unterschiede auf: So zeichneten sich z.B. die Erwerbsbiografien von 3 Personen durch eine hohe Stellendiskontinuität mit 8–12 Stellenaufnahmen vor dem 50. Lebensjahr auf, die der beiden übrigen Personen hingegen durch eine mittlere Diskontinuität mit 4–5 Stellenaufnahmen. Auch die Form der Verlustbewältigung variierte (s. hierzu die drei ausdifferenzierten Formen zu Beginn von Kap. 6.6): In 1 Fall gelang die Verlustbewältigung über eine „Positivwertung von Teilaspekten", nämlich der Sicherheit und Stressfreiheit der neuen Stelle, in 2 weiteren Fällen über ein „Engagement für partielle Verbesserungen", indem an einer Fortbildung für eine geringer qualifizierte Tätigkeit teilgenommen und anschließend eine entsprechende Stelle angenommen wurde, bzw. indem eine geringfügige Nebentätigkeit als alternative Erwerbsform angenommen wurde. In einem 4. Fall erfolgte die Verlustbewältigung über ein „Akzeptieren und Kompensieren", indem aufgabenfreie Arbeitszeitanteile der Nachtschicht für die Arbeit an einer Publikation genutzt wurden. Und in dem 5. Fall wurden beide letztgenannten Formen kombiniert. Hier stellte die Rückgewinnung von Handlungsfähigkeit durch eine Nikotinentwöhnung und die anfängliche Annahme einer geringfügigen Beschäftigung ein „Engagement für partielle Verbesserungen" dar und eine parallel zur aktuellen Beschäftigung ergriffene außerberufliche Nebentätigkeit ein „Akzeptieren und Kompensieren". Darüber hinaus verlief auch die Stellensuche heterogen: 4 der 5 Personen verfolgten sie zielstrebig, eine weitere Person war finanziell nicht dringlich auf eine erfolgreiche Stellensuche angewiesen und suchte weniger zielstrebig. Mit der neu aufgenommenen Stelle äußerten sich 2 Personen zufrieden, die übrigen 3 Personen hingegen bedingt zufrieden.

Interessante Ambivalenzen enthielten die Einschätzungen zur Selbstgestaltung: Herr Quendt verneinte eine solche Selbstgestaltung ausdrücklich und erläuterte dies an einigen seiner mit mehrfachen kürzeren Arbeitslosigkeitsphasen verknüpften beruflichen und betrieblichen Wechsel, wie z.B. sein beruflicher Richtungswechsel nach seinem Germanistik-Studium in die Weiterbildung, die Vermittlung zweier weiterer Stellen über einen Freund und ein Familienmitglied sowie an einer von ihm vorhergesehenen Firmenpleite, die er abwartete und für ihn in Arbeitslosigkeit mündete.

Herr Quendt auf die Frage, ob er den Eindruck habe, dass er seinen Werdegang selbst entschieden habe:
„Nein. (…) Es war … Also ich habe meinen Werdegang sogar ganz wenig selbst entschieden.“ (Z. 1116–1121)
„(…) dass ich in die Weiterbildung gegangen bin, lag daran, dass im Studium bin ich in eine WG gezogen, und da hat mein Kollege gesagt: ‚Hier, hast Du schon einen Job?‘ Habe ich gesagt: ‚Nein.‘ Sagt er: ‚Kriegst du erstmal einen verpasst. Morgen kommst Du mit, hast Du einen Job.‘ Das ging von selber. So, dann, ich kann das mal erzählen, ist lustig. Das ist nämlich die Geschichte der Fremdbestimmung (…).“ (Z. 1129–1133)

Zugleich gingen aus Herrn Quendts Schilderungen diverse erwerbsbiografische Entwicklungen hervor, die er auf seine Entscheidungen und sein Handeln zurückführte, wie u.a. seine Entscheidung für einen Berufswechsel, um dort eine höhere Vergütung zu erreichen, oder ein rückblickend reflektiertes zu geringes berufliches Engagement.

Herr Quendt:
„(…) dann habe ich bewusst entschieden: Ich will mehr Geld (…).“ (Z. 1149–1150)
„Aber auch bei mir muss ich sagen, da waren schon ein paar Fehler … Ich wäre jetzt hier, ich wäre jetzt bei der (Name einer Organisation), wäre ich irgendwo Abteilungsleiter mit einem guten Gehalt oder so, dann wäre ich schon in den höheren Dienst aufgestiegen, wenn ich gewisse Dinge nicht gemacht hätte, ja, gewisse Dinge nicht ausgesessen hätte, sondern einfach bewusst rangegangen wäre und mich auch mehr gekümmert hätte, einmal gesagt hätte, ja, das will ich eigentlich. Ich habe so in den Tag hineingelebt, mir war das nicht wichtig genug. Wenn mir das so ganz zentral damals schon wichtig gewesen wäre, da hätte ich sicher Mittel und Möglichkeiten, Mittel und Wege gefunden, das zu erreichen.“ (Z. 1196–1203)

Diesen Aspekten maß Herr Quendt somit keine Relevanz für die Deutung seiner Erwerbsbiografie als nicht selbstgestalteten, sondern fremdbestimmten Werdegang zu.

Hingegen sahen die übrigen 4 Erwerbspersonen dieses Typs ihren beruflichen Werdegang zwar als selbstgestaltet an, wenn auch in unterschiedlichen Nuancen, allerdings wurde dies jeweils mit Einschränkungen verknüpft. So nahm 1 Person, Herr Uhlig, eine bestimmte Phase hiervon aus:

Herr Uhlig auf die Frage nach der Selbstgestaltung seines beruflichen Werdegangs:
„Bis 38, ja, habe ich gemacht, das war (eigener Vorname). Zwischen, sage ich mal, 38 und 48, ja, ist das irgendwie dahin getrieben, und jetzt die letzten drei Jahre, ja, das ist alles bewusst meine Entscheidung. Ich lasse mich auch nicht irgendwo hinschieben, dann sage ich: ‚Stopp! Bis dahin und keinen Schritt weiter!‘ Im Moment, ja, alles bewusste Entscheidungen: ‚In die Richtung will ich und in die Richtung gehe ich. Und wenn nicht, dann mache ich es nicht.‘ Das ist, ja, jetzt wieder, bewusste Entscheidung.“ (Z. 1306–1311)

Herr Uhlig:
„Das war so ein gravierender Punkt, als ich das geschafft hatte, das Rauchen aufzuhören. Das war ein gravierender Punkt, wo ich gesagt habe: ‚Okay, jetzt geht es wieder, dass ich Geschicke selbst in die Hand nehme und aufgrund eigener Entscheidungen Veränderungen herbeiführe.' Ja, das war ein ganz, ganz wichtiger Punkt. Weil vorher habe ich mich, sagen wir, auch lange Zeit dann so treiben lassen, nach dem Motto: ‚Hauptsache, es passiert jetzt nichts!' Eher Angst vor Veränderungen und lieber den Kopf einziehen, ducken und durchhalten, so lange wie geht, bis dann halt nichts mehr ging." (Z. 1328–1334, bereits unter Kap. 6.4 zitiert)

Die drei anderen Personen verwiesen auf Begrenzungen, innerhalb derer sie sich bewegten, darunter in besonderer Intensität die abschließend zitierte Frau Pütz:

Herr Mund auf die Frage, ob er eher den Eindruck habe, dass er berufliche Entscheidungen selber getroffen habe oder dass ihm Entscheidungen vorgegeben wurden durch die Wende, Personalabbau etc.:
„Dann würde ich eher sagen: ‚Ich habe die Entscheidungen immer selber getroffen.' Natürlich hat man irgendwelche Zwänge und wie gesagt, wenn ich meine Familie ernähren will, kann ich nicht fragen, ob ... Dann entscheide ich mich, dann mache ich das eben. Ich entscheide mich aber auch genauso gut, wenn ich es nicht machen will (...)." (Z. 2139–2142)
Herr Koch auf die Bitte, seinen Berufsweg mit drei Merkmalen zu beschreiben:
„Interessant, abwechslungsreich. Auf keinen Fall bereue ich was (lacht). Und es war eigentlich alles selbstbestimmt, worauf man ja heute großen Wert legt. Entsprechend ... Aber mit der Einschränkung: entsprechend den Umständen." (Z. 1914–1916)
Frau Pütz:
„Ich denke, mehr war nicht drin, aufgrund der Gegebenheiten, war es nicht möglich, aufgrund der Umstände, Kinder, Umzüge (...), nein. Also ich denke schon, ich habe das Maximale rausgeholt." (Z. 2701–2703)
Frau Pütz auf die Frage, ob sie der Auffassung sei, dass sie ihren beruflichen Werdegang immer selbst gestaltet habe oder dass dieser eher das Produkt von Umständen war:
„Ich denke, beides. (...) Ich glaube, das kann man nicht ausschließen. Bei uns verlief das ja nicht so, wie bei euch drüben. Das, ihr hattet ja keine Verstaatlichung der Firmen, ihr hattet ja auch nach dem Krieg sofort, blieb ja alles privat, wie es war. Es war auch nicht so viel zerstört, alles nicht. Das, die Umstände und die, ja, die Umstände dieses Landes, DDR, waren schon weitaus schwieriger wie die Umstände der BRD. Vom Regime her und von der Wirtschaft her, da ja hier alles staatlich war." (Z. 2737–2746)

Diese in der DDR erlebten Begrenzungen schilderte Frau Pütz bereits im früheren Interviewverlauf.

Frau Pütz:
„Ich wollte die mittlere Reife machen, aber ich war kein Arbeiterkind. (...) In der DDR konnten nur Arbeiterkinder weitergehen. Ich war doch, wissen Sie, ich war doch Schaustellerkind. Das, was man heute Zigeuner nennt. Ich war immer ein bisschen anders.

Dadurch, dass mein Vater (Benennung einer westeuropäischen Nationalität) war und das war im Ort bekannt, war ich schon Außenseiter. (...) und da war ich Schaustellerkind und dann wird man schon abgewertet. (...) Da hatte ich keine Möglichkeit für die Mittelschule (...).“ (Z. 2655–2666)

Im Unterschied zu den Typen a)–c) wurden von den Erwerbspersonen des Typs d) in höherem Maße Handlungsbegrenzungen thematisiert, die angesichts der hier von fast allen erfahrenen Langzeitarbeitslosigkeit nicht überrascht und vermutlich auch dadurch verstärkt wurde.

Typ e) „Gelingende berufsfachliche Zielrealisierung in der Umbruchphase in höherem Lebensalter mit konstanter, aber im Erwerbsverlauf nur zeitweise realisierbarer Orientierung auf den Ausbildungsberuf“: In diesem Typus gelang die Realisierung von konstanten Orientierungen und konstanten oder geänderten Zielen in der Umbruchphase in höherem Lebensalter im Handlungsmodus Gestaltung – und damit ohne Verschlechterung gegenüber früher Erreichtem –, allerdings gelang eine Realisierung der konstant gehaltenen Orientierungen im Erwerbsverlauf nur zeitweise. Dieser Typ konnte 4 Personen aus den NBL zugeordnet werden, darunter 3 von 13 Frauen bzw. 23 % und 1 von 11 Männern bzw. 9 %. Eine Person war zum Interviewzeitpunkt 50 Jahre alt, die übrigen 3 Personen zwischen 57–59 Jahre.

Alle vier Erwerbspersonen dieses Typs konnten während ihrer erwerbsorientierten Phasen[244] ihre berufsfachliche Orientierung bzw. in einem Fall überwiegende Arbeitsorientierung nur zeitweise realisieren und wiesen mindestens eine Langzeitarbeitslosigkeit bereits vor ihrem 50. Lebensjahr auf. Auch in dieser Zeit hielten sie aber an ihrer Orientierung fest und entwickelten keine alternative Wunschperspektive in einem anderen Berufsfeld. In der Umbruchphase gelang ihnen eine Umsetzung ihrer beruflichen Ziele, die sich im Rahmen ihrer jeweiligen Orientierung bewegten, aber spezifische und überwiegend neu justierte berufliche Vorhaben umfassten. Nur in einem Fall blieben auch die Ziele konstant. Aufgrund der geringen Fallzahl wurden hieraus aber nicht zwei eigenständige Typen gebildet, sondern diese zu einem Typ gebündelt. Im Erwerbsverlauf wurden überwiegend hohe Änderungsleistungen zur Sicherung von Erwerbsbeteiligung erbracht, wie z.B. Ausübung einer ungewünschten geringer qualifizierten, körperlich schweren Tätigkeit, Inkaufnahme langer Anfahrtswege, Zeitarbeit oder Saisonarbeit. Alle Erwerbspersonen dieses Typs

244 Erwerbsunterbrechungen erfolgten in Typ e) bei einer Befragten familiär bedingt freiwillig als einjährige Betriebsfreistellung, bei einer anderen Befragten als 2-jährige unfreiwillige Erwerbsunterbrechung.

realisierten sowohl Formen des „eher ungewünschten Ausweichens und Aushaltens“, als auch des „Entwickelns und Entfaltens“. Die Stellensuche verfolgten sie zielstrebig.

Neben den aufgeführten Gemeinsamkeiten wurden innerhalb dieses Typs folgende Unterschiede sichtbar: 2 Erwerbspersonen wiesen eine mittlere Stellendiskontinuität vor ihrem 50. Lebensjahr mit 5–7 Stellenaufnahmen auf, die beiden übrigen Personen eine hohe Stellendiskontinuität mit 10–12 Stellenaufnahmen.

In der Umbruchphase in höherem Lebensalter konkretisierte sich der Handlungsmodus Gestaltung auf unterschiedliche Weise: Eine Erwerbsperson, Herr Dederichs, verfolgte und realisierte konstante berufliche Ziele in seinem Ausbildungsberuf als Maler, nämlich eine Verbesserung in den Arbeits- und Beschäftigungsbedingungen, mit bereits bestehender hoher Flexibilitätsbereitschaft durch eigeninitiierte Betriebswechsel.

Die übrigen 3 weiblichen Erwerbspersonen richteten ihre Ziele in ihren teils langzeitigen Umbruchphasen neu aus. Frau Faber, ausgebildete Sekretärin, suchte in ihrer Arbeitslosigkeit mit 58/59 Jahren nach einer Stelle im geringer qualifizierten Bereich, in den sie seit ihrem 48. Lebensjahr unfreiwillig zur Existenzsicherung gewechselt war, nahm aber nach einigem Zögern eine Bewerbungsmöglichkeit für eine Stelle in ihrem gelernten Wunschberuf an und entfaltete hierfür intensive Lernaktivitäten. Die Bewerbung verlief erfolgreich.

Frau Vosskamp, ausgebildete Wirtschaftskauffrau, suchte in ihrer langjährigen Unsicherheitsphase zwischen dem 39. bis zu ihrem 57. Lebensjahr mit einem nahezu ausschließlichen Wechsel zwischen Arbeitslosigkeit und öffentlich geförderten Beschäftigungen eine Stelle mit erst berufsfachlichen, dann reintegrationsorientierten Zielen. Später, nach Verlust jeglicher Einstellungshoffnung, dienten ihre Bewerbungen nur noch der Erfüllung der Arbeitsagenturforderungen. Als sich in ihrem 57. Lebensjahr erneut eine befristete Stelle dem Ende näherte, fing sie an, sich für deren Fortsetzung zu engagieren und entfaltete hierfür erstmalig Konfliktbereitschaft. Im Ergebnis erhielt Frau Vosskamp einen unbefristeten Arbeitsvertrag (vgl. die Schilderung von Frau Vosskamp in Kap. 6.4).

Frau Niehus, Montiererin, erlebte seit ihrem 29. Lebensjahr ebenfalls eine langjährige Unsicherheitsphase, die durch Arbeitslosigkeit, Weiterbildungen, Trainingsmaßnahmen und eine einjährige ABM geprägt war. Ab ihrem 36. Lebensjahr veränderte sie ihre Suchstrategie und wurde in kurzfristigen Saisonbeschäftigungen in ihrem Ausbildungsberuf tätig, um darüber ihre Reintegrationschancen zu erhöhen. Mit 41 Jahren nahm sie trotz erheblicher Zweifel an einer Trainingsmaßnahme und einem anschließenden Praktikum teil, worüber ihr eine Stellenaufnahme in ihrem Ausbildungsberuf gelang.

Ein weiterer Unterschied bezog sich auf die Zufriedenheit mit der neu aufgenommenen Stelle. Über diese äußerten sich 3 Erwerbspersonen hoch zufrieden oder zufrieden, 1 Person bedingt zufrieden.

Auch im Hinblick auf die Einschätzung einer selbstgestalteten Erwerbsbiografie äußerten sich die 4 Personen heterogen, aber zugleich noch verhaltener als im vorhergehenden Typ d). Eine Person bejahte die Frage zur Selbstgestaltung eindeutig. Eine weitere Person, Herr Dederichs, sah seinen Werdegang als selbstgestaltet im Rahmen gegebener Umstände und Möglichkeiten.

> Herr Dederichs auf die Frage, ob er den Eindruck habe, dass er seinen beruflichen Werdegang auch durchaus selber gestaltet habe oder dass viel fremdbestimmt war:
> „Ja, wie gesagt, ich war nicht … also von meiner Warte aus. Ich hatte oftmals überhaupt gar keine Schuld. Das war eben einfach so, wie es war. Und ich musste mich dann wieder auf etwas Neues einstellen. Und, ich sage mal, die erste Zeit ist mir das schon schwer gefallen." (Z. 1741–1743)
> Herr Dederichs auf die Nachfrage der Interviewerin, ob seine Antwort als Selbstgestaltung seines Werdegangs zu verstehen sei:
> „Ja, soweit ich die Möglichkeit hatte, habe ich das schon versucht, das anzubringen, was mir auch am Herzen gelegen hat." (Z. 1758–1759)

Die beiden übrigen Erwerbspersonen, Frau Niehus und Frau Faber, hingegen verwiesen in ihren Äußerungen auf Fremdbestimmung.

> Frau Niehus auf die Frage, ob sie den Eindruck habe, ihren Erwerbsverlauf auch selber so bestimmt zu haben:
> „Nein, auf keinen Fall. Man ist ja, man ist ja in die Arbeitslosigkeit reingedrückt worden." (Z. 3507)
> Frau Faber auf die Frage, ob sie den Eindruck habe, ihren Werdegang selber gestaltet zu haben oder eher das Gefühl habe, dass sie durch Betriebsschließungen immer in Entscheidungen reingedrückt wurde, die gar nicht ihre eigenen waren:
> „Ja, die wollte ich gar nicht. Das wollte ich ja alles gar nicht. (…) Ich hätte nie gewechselt, wenn das nicht alles …" (Z. 1505–1506)

Typ f) „Gelingende Neuorientierung in der Umbruchphase in höherem Lebensalter mit konstanter, aber im Erwerbsverlauf nur zeitweise realisierbarer Orientierung auf den Ausbildungsberuf": In diesem Typus erfolgte die Realisierung von geänderten Orientierungen und Zielen in der Umbruchphase in höherem Lebensalter im Handlungsmodus Verlustbewältigung – und somit nach einer erfahrenen Verschlechterung gegenüber früher Erreichtem. Zudem gelang eine Realisierung der konstant gehaltenen Orientierungen im Erwerbsverlauf nur zeitweise. Dieser Typ wurde 2 weiblichen

Personen aus den NBL zugeordnet, die zum Interviewzeitpunkt 57 bzw. 59 Jahre alt waren.

Beide Erwerbspersonen dieses Typs konnten während ihrer erwerbsorientierten Phasen[245] ihre berufliche Orientierung – in einem Fall berufsfachlich, im anderen Fall überwiegend arbeitsorientiert – nur zeitweise realisieren und wiesen mindestens eine Langzeitarbeitslosigkeit auf. Auch in dieser Zeit hielten sie aber ihre Orientierung konstant und entwickelten keine alternative Wunschperspektive in einem anderen Berufsfeld. Beide wiesen eine mittlere Stellendiskontinuität mit je 5 Stellenaufnahmen vor dem 50. Lebensjahr auf. In der Umbruchphase in höherem Lebensalter gelang ihnen eine Bewältigung des erfahrenen erwerbsbiografischen Verlustes. Die insbesondere in dieser Umbruchphase eingebrachten Änderungsleistungen waren jeweils hoch, wie z.B. die Inkaufnahme von Zeitarbeit, geringfügiger Beschäftigung, unbezahlter Überstunden.

Jenseits dieser genannten Gemeinsamkeiten waren beide Erwerbspersonen sehr heterogen hinsichtlich Beginn und Verlauf ihrer Umbruchphase in höherem Lebensalter, ihrer Form der Verlustbewältigung, der Zielstrebigkeit ihrer Stellensuche und der Zufriedenheit mit der zum Interviewzeitpunkt ausgeübten Erwerbsarbeit.

Frau Claßen, ausgebildete Sekretärin, war mit einer unfreiwilligen Unterbrechung durch Arbeitslosigkeit von insgesamt ca. 13 Monaten bis zu ihrem 50. Lebensjahr in ihrem Ausbildungsberuf erwerbstätig. Seitdem gelang ihr bis zum Interviewzeitpunkt mit 57 Jahren keine Reintegration in hauptberufliche Erwerbsarbeit. Nach mehrjähriger Arbeitslosigkeit nahm sie aus Verzweiflung ein geringfügiges nebentätiges Leiharbeitsverhältnis in ihrem Berufsfeld auf einer geringeren Qualifikationsstufe auf. Nach 9 Monaten nebentätiger Leiharbeit am jeweils gleichen Einsatzort gelang ihr mit nun 56 Jahren eine Umwandlung dieser Tätigkeit in nebenberufliche Selbstständigkeit, womit sie sich in der Vergütung verbessern konnte. Damit entwarf sie ein spezifiziertes Ziel entsprechend ihrer seit Beginn der Umbruchphase verringerten Handlungsspielräume und engagierte sich für partielle Verbesserungen. Die Stellensuche verfolgte sie bis zum Interviewzeitpunkt zielstrebig. Mit der geringfügigen Beschäftigung im Leiharbeitsverhältnis äußerte sie sich nicht zufrieden, ihre Zufriedenheit mit der nebenberuflichen Selbstständigkeit ließ sich als bedingt zufrieden interpretieren. (Vgl. die ausführlich geschilderten Berichte von Frau Claßen in Kap. 6.5.)

245 In Typ f) unterbrachen beide weiblichen Erwerbspersonen ihre Erwerbstätigkeit familiär bedingt: Frau Claßen zweimal jeweils für 1 Jahr, Frau Osterloh für 2,5 Jahre.

Frau Osterloh, Facharbeiterin für EDV, mit Zweitausbildung als Verkäuferin erlebte von ihrem 41.–57. Lebensjahr eine Unsicherheitsphase in einem Wechsel von Arbeitslosigkeit, öffentlich geförderten Beschäftigungen und drei jeweils kurzzeitig befristeten Teilzeitstellen in einem Supermarkt. Sie war nicht dringlich auf das Einkommen angewiesen, es war ihr jedoch wichtig, erwerbstätig und mit Blick auf die Rente sozialversichert beschäftigt zu sein. Ihre Stellensuche erfolgte weniger zielstrebig und mit beruflich eher offenen Suchzielen, sie bewarb sich auf diverse Tätigkeiten. Ihre Kompromissbereitschaft war sehr hoch, sie nahm geringfügige gering vergütete Stellen im Einzelhandel an, bewarb sich auf eine Tätigkeit in der Küche sowie im Alter von 55 Jahren auf eine geringfügige Reinigungsstelle. Mit 57 Jahren nahm sie eine sozialversicherungspflichtige unbefristete Teilzeitstelle im kaufmännischen Bereich an, über die sie sich bedingt zufrieden äußerte. Auch mit ihrem Berufsweg sah sich Frau Osterloh nicht vollständig, aber überwiegend zufrieden. Wichtig war ihr ihr vielfältiges außerberufliches Engagement im familiären Umfeld und in Vereinen.

> Frau Osterloh:
> „Richtig zufrieden vielleicht nicht, aber überwiegend doch. Weil ich habe immer viel auch noch nebenbei gemacht, was ich zwar nicht vergütet gekriegt habe, aber was mir auch wichtig war." (Z. 2549–2551)

Diesem Engagement kann somit zugleich eine kompensierende Funktion der Verlustbewältigung zugeordnet werden. (Vgl. die ausführlich zitierten Schilderungen von Frau Osterloh in Kap. 6.4.)

Die Selbstgestaltung ihres Werdegangs bejahten beide Erwerbspersonen dieses Typs – trotz der langjährigen Arbeitslosigkeitserfahrungen – sehr deutlich.

> Frau Osterloh auf die Frage, ob sie den Eindruck habe, dass sie ihren Berufsweg selbst gestalten konnte oder dass eher für sie entschieden wurde:
> „Nein! Das war eigentlich meine Entscheidung." (Z. 2584)
> Frau Claßen:
> „Ja, habe ich eigentlich immer selbst gestaltet. Und auch immer darauf geachtet, dass ich meinen Weg ging und nicht anderer Leute." (Z. 1919–1920)

Typ g) „Konstante, aber nur zeitweise realisierbare überwiegende Arbeitsorientierung ohne Neuorientierung in der Umbruchphase in höherem Lebensalter": In diesem Typus gelang nur zeitweise die Realisierung konstanter Orientierungen und Ziele in der Umbruchphase in höherem Lebensalter im Handlungsmodus Möglichkeitenwahrnehmung – ohne Verschlechterung gegenüber früher Erreichtem –, wie auch die Realisierung der konstant gehaltenen Orientierungen im Erwerbsverlauf nur zeitweise erfolgte. Dieser Typ wurde

1 weiblichen Person aus den NBL zugeordnet, die zum Interviewzeitpunkt 65 Jahre alt war.

Frau Weber, Industriekauffrau, konnte während ihrer erwerbsorientierten Phasen[246] ihre überwiegende Arbeitsorientierung nur zeitweise realisieren. Sie ergriff diverse sich bietende Möglichkeiten in verschiedenen Berufsfeldern, eine alternative berufliche Wunschperspektive i.S. eines spezifischen alternativen Berufsfeldes entwickelte sie nicht. In ihrer Erwerbsbiografie wies Frau Weber vor ihrem 50. Lebensjahr eine mittlere Stellendiskontinuität mit 7 Stellenaufnahmen auf, die sich bis zum Interviewzeitpunkt in eine hohe Stellendiskontinuität mit 12 Stellenaufnahmen wandelte. Zwischen ihrem 45. bis zu ihrem 62. Lebensjahr erlebte sie eine Unsicherheitsphase im Wechsel von Arbeitslosigkeit, Weiterbildungen und öffentlich geförderten Beschäftigungen. Auch diese langzeitige Umbruchphase erschien weniger als Suche zur Realisierung beruflicher Pläne, sondern vorrangig als Wahrnehmung sich bietender Möglichkeiten. In ihrem Erwerbsverlauf erbrachte sie hohe Änderungsleistungen. Die Stellensuche verfolgte sie zielstrebig. Mit 62 wurde Frau Weber in eine unbefristete, bis zum regulären Renteneintritt andauernde Stelle eingestellt, über die sie sich hoch zufrieden äußerte. Ihren Berufsweg, insbesondere mit Blick auf die langjährige Unsicherheitsphase, wertete sie nicht als selbstgestaltet.

> Frau Weber:
> „Na, eigentlich habe ich es ja nicht selbst gestaltet, es wurde ja dann gestaltet, wenn ich das so nehme. Denn ich hatte ja keinen Einfluss darauf."
> (Nachfrage der Interviewerin: Aber in gewisser Weise einen Einfluss, wieder eingestellt zu werden …?)
> „Ja. Deswegen kann man sich so … Also, ich meine, ich bin zwar wieder eingestellt worden, aber ich konnte es ja nicht … Ich konnte ja nicht sagen, so, ich werde jetzt für das eingestellt oder ich werde jetzt für das eingestellt. Ich konnte ja nur ja sagen, ich mache es." (Z. 1686–1693)

(Vgl. die ausführlich zitierten Schilderungen von Frau Weber zu Beginn dieses Kap. 6.6.)

Typ h) „Teils Neuorientierung, teils konstante, aber nur zeitweise realisierbare Orientierung auf den Ausbildungsberuf ohne Neuorientierung in der Umbruchphase in höherem Lebensalter": In diesem Typus gelang keine Realisierung der konstanten Orientierungen und Ziele in der Umbruchphase in

246 Die Befragte in Typ g) wies formal keine familiär bedingte Erwerbsunterbrechung auf, während einer Langzeitarbeitslosigkeit schränkte sie jedoch ihre Stellensuche für 3 Monate ein, während der sie intensive Pflegearbeit für ihre Mutter leistete.

höherem Lebensalter im Handlungsmodus Verlustpersistenz – und somit nach einer erfahrenen Verschlechterung gegenüber früher Erreichtem –, auch die Realisierung der teils geänderten, teils konstant gehaltenen Orientierungen im Erwerbsverlauf gelang nur zeitweise. Dieser Typ wurde 2 männlichen Personen aus beiden Regionen zugeordnet, die zum Interviewzeitpunkt jeweils 57 Jahre alt waren. Zur Vermeidung eines zu hohen Detaillierungsgrades der Typologie wurden beide Fälle zu einem Typ zusammengefasst.

Das Prägende dieses Typs ist die Nicht-Bewältigung des in früher bzw. mittlerer Erwerbsphase erfahrenen erwerbsbiografischen Verlustes. In den Schilderungen beider Erwerbspersonen wurde deutlich, dass sich das für sie erwerbsbiografisch leitende Ziel auf eine Option richtete, mit deren seit dem 26. bzw. 35. Lebensjahr nicht mehr gelungener Realisierung sie sich nicht arrangieren konnten oder mochten. Dies schließt nicht aus, dass beide Erwerbspersonen in der Umbruchphase in höherem Lebensalter ihre Stellensuche mit klar definierten Zielen verfolgten und bedingte bis hohe Zufriedenheit äußerten.

Beide Personen konnten während ihrer erwerbsorientierten Phasen[247] ihre teils konstanten, teils geänderten Orientierungen nur zeitweise realisieren. In ihren Erwerbsverläufen wiesen sie Arbeitslosigkeitsdauern (ohne Weiterbildungszeiten) von 26 bzw. 42 Monaten auf. Die Stellendiskontinuität lag für beide bis zu ihrem 50. Lebensjahr mit jeweils 7 Stellenaufnahmen im mittleren Bereich, erhöhte sich dann unterschiedlich: in einem Fall auf insgesamt 8 Stellenaufnahmen, im anderen auf insgesamt 15 Stellenaufnahmen bis zum Interviewzeitpunkt. Beide erbrachten über ihren gesamten Erwerbsverlauf bis hin zur Umbruchphase in höherem Lebensalter hohe Änderungsleistungen, wie z.B. mehrere Berufsfeldwechsel, internationale Stellensuche, Inkaufnahme geringqualifizierter und geringvergüteter Arbeitsbedingungen und langer Arbeitszeiten.

Herr Lersch gab mit 26 Jahren nach langzeitiger Mobbingerfahrung seine Tätigkeit im Polizeidienst und damit auch seinen Beamtenstatus auf. Er nahm zwei gewünschte berufliche Neuorientierungen vor. Nach einjähriger Arbeitslosigkeit gelang ihm mit 51 Jahren eine Rückkehr in den Polizeidienst auf Angestelltenbasis. Die Stellensuche hierfür verfolgte er zielstrebig und mit vielfältigen, auch kreativen Aktivitäten, um z.B. Stellenangebote am Internationalen Gerichtshof in Erfahrung zu bringen. Über die mit 51 Jahren aufgenommene Stelle äußerte er sich hoch zufrieden. Gleichwohl bezeichnete er seinen Werdegang

247 Keine der beiden Personen in Typ h) wies eine familiär bedingte Erwerbsunterbrechung auf.

als „verhunzt“, er werde „nie mehr auf die linke Spur (der Autobahn des Lebens) kommen“. (Vgl. die ausführlich zitierte Schilderung von Herrn Lersch zu Beginn dieses Kap. 6.6 sowie in Kap. 6.4.)

Der von Herrn Hansen nach seiner Ausbildung als Zerspaner realisierte innerbetriebliche Aufstieg in einem großen Maschinenbauunternehmen endete wendebedingt in seinem 35. Lebensjahr. Zur Existenzsicherung nahm er diverse geringer qualifizierte Stellen an, teils an seinen Beruf angrenzend, teils auch in anderen Berufsfeldern und in diesen Fällen jeweils ungewünscht und unter Inkaufnahme langer Arbeitszeiten und geringer Vergütung. Zum Interviewzeitpunkt war Herr Hansen seit 6 Jahren in jeweils auf 11 Monate befristeten Stellen im gleichen Betrieb tätig, über die er sich bedingt zufrieden äußerte. Während er mit 46 Jahren noch versucht hatte, seine Einstellungschancen über eine Weiterbildungsteilnahme zu erhöhen, schätzte er seine Einstellungschancen mit zunehmendem Alter gering ein und bewarb sich weniger zielstrebig. (Vgl. die ausführlich zitierten Schilderungen von Herrn Hansen in Kap. 6.4 und zu Beginn dieses Kap. 6.6.)

Jenseits der Gemeinsamkeiten einer im Erwerbsverlauf längeren Arbeitslosigkeit, einer erwerbsbiografischen Verschlechterung und einer im Vordergrund stehenden Persistenz des erfahrenen Verlustes und eines Haderns mit ihrem erwerbsbiografischen Verlauf wiesen beide Personen somit auch vielfältige Unterschiede auf, wie z.B. die nach dem 50. Lebensjahr erfahrene Stellendiskontinuität, die Zielstrebigkeit ihrer Stellensuche und die Zufriedenheit mit ihrer letzten bzw. aktuellen Stelle.

Auch im Hinblick auf die Selbstgestaltung ihres Werdegangs äußerten sie unterschiedliche Einschätzungen. Aus Herrn Hansens Antwort lässt sich eine eingeschätzte Fremdbestimmung interpretieren:

> Herr Hansen auf die Frage, ob er den Eindruck habe, dass er seinen Werdegang selbst gestaltet habe:
> „Nein!“
> (Frage der Interviewerin: … oder war das eher quasi immer ein Reagieren auf etwas, was gemacht wurde? Da eine Kündigung …?)
> „Ja! Immer!“ (Z. 2613–2618)

Aus der Antwort von Herrn Lersch hingegen wird, wenn auch in negativer Wertung, die Prägung seines Werdegangs durch seine eigenen Entscheidungen deutlich:

> Herr Lersch:
> „(…) ich habe damals, wie ich aufgehört habe bei der Polizei, die Autobahn des Lebens an der verkehrten Abfahrt verlassen, habe eine riesen Umleitung gefahren (…).“

(Nachfrage der Interviewerin: (…) Ist das jetzt (…), ich verstehe Sie gerade so, dass Sie sagen, es ist eigentlich eher negativ bewertet, dass Sie damals eine falsche Entscheidung getroffen haben?)
„Ja, für mich selbst." (Z. 1856–1866)

Selbstgestaltung: Ihren beruflichen Werdegang schätzten 17 interviewte Erwerbspersonen bzw. 71 % als selbstgestaltet ein, darunter 5 mit Verweis auf gegebene Umstände und Möglichkeiten. Nur 5 Personen bzw. 21 % werteten diesen als fremdbestimmt; eine Person äußerte sich zu dieser Frage gar nicht, eine weitere Person ambivalent.

Die 5 Personen mit einer eingeschätzten Selbstgestaltung bei gleichzeitigem Verweis auf gegebene Umstände und Möglichkeiten konzentrierten sich mit einer Ausnahme auf den Handlungsmodus-Typ d) im erwerbsbiografischen Kontext, der sich durch eine „gelingende Neuorientierung in der Umbruchphase in höherem Lebensalter nach Brüchen in Aufstiegskarrieren" auszeichnete. Deren thematisierte Handlungsbegrenzungen könnten durch eben diese erfahrenen Karrierebrüche beeinflusst sein.

Von Relevanz erschien darüber hinaus die Realisierung einer gewünschten beruflichen Neuorientierung: Unter den 13 Personen mit einer im Erwerbsverlauf realisierten gewünschten beruflichen Neuorientierung war die Einschätzung von Selbstgestaltung in höherem Maße ausgeprägt (11 von 13 bzw. 85 %) als unter den 11 Personen mit konstanter beruflicher Orientierung (6 von 11 bzw. 55 %).

Mehrfach wurde der Werdegang auch nach langjährig erfahrener Arbeitslosigkeit – und damit einer Zeit, in der alle Befragten die Nichtrealisierbarkeit ihres vorrangigen Erwerbswunsches erlebt hatten – als selbstgestaltet eingeschätzt. Bemerkenswerterweise wurde die Einschätzung eines selbstgestalteten Werdegangs bei unterschiedlicher Arbeitslosigkeitsdauer sogar in ähnlichem Maße geäußert: Von 9 Personen mit einer summiert max. einjährigen Arbeitslosigkeitsdauer – ohne Berücksichtigung von Weiterbildungszeiten – schätzten 6 Personen bzw. 67 % ihren Werdegang als selbstgestaltet ein. Im Vergleich dazu sahen von den 15 Personen mit einer über einjährigen Arbeitslosigkeitsdauer 11 Personen bzw. 73 % ihren Werdegang als selbstgestaltet an, darunter von den 10 Personen mit einer Arbeitslosigkeitsdauer ab 6,5 Jahren 7 Personen bzw. 70 %.

Differenzen in der Einschätzung eines selbstgestalteten Werdegangs nach den Strukturmerkmalen Geschlecht, Region und Altersgruppe konnten nicht festgestellt werden.

Änderungsleistungen: Die von den Erwerbspersonen geschilderten beruflichen Änderungsleistungen waren in allen hier dargestellten Typen – außer in Typ a) – gefordert und sie wurden auch in ausnahmslos allen Typen in hohem

Maße erbracht. Einführend zu dieser Typologie wurden die Änderungsleistungen differenziert in die drei Formen des „Entwickelns und Entfaltens“, des „gewünschten Ausweichens“ und des „eher ungewünschten Ausweichens und Aushaltens“. Ausschließlich Änderungsleistungen des Entwickelns und Entfaltens wiesen 9 der 24 Erwerbspersonen bzw. 38 % auf, wie aus ihrer subjektiven Deutung ihrer Erwerbsbiografien entnommen werden konnte. Diese erstreckten sich auf fast alle Typen, außer auf die Typen e) und g). Sowohl Formen des Entwickelns und Entfaltens als auch eines gewünschten Ausweichens wurden bei 2 der 24 Erwerbspersonen bzw. 8 % sichtbar und bezogen sich auf die Typen a) und c). Hingegen schilderten die übrigen 13 Erwerbspersonen bzw. 54 % sowohl Formen des Entwickelns und Entfaltens als auch eines eher ungewünschten Ausweichens und Aushaltens. Außer Typ a) waren hier wiederum alle Typen vertreten.

Formen des Entwickelns und Entfaltens zogen sich über den gesamten Erwerbsverlauf, 14 der 24 Erwerbspersonen bzw. 58 % schilderten solche Änderungsleistungen auch für erwerbsbiografische Phasen ab dem 50. Lebensjahr. Sie bezogen sich ebenfalls auf fast alle Typen außer Typ g).

Zwischenfazit 2

Nach Ausarbeitung der erwerbsbiografischen Handlungsmodi in der Umbruchphase in höherem Lebensalter wurden diese mit den zu Orientierungen im Erwerbsverlauf und deren Realisierung entwickelten Typen verknüpft, indem beide im Hinblick auf die hier verfolgten (Neu-) Orientierungen und ihre Realisierung analysiert wurden. Hiermit sollte eine systematische Einbettung der erwerbsbiografischen Erfahrungen älterer Erwerbspersonen und ihres Handelns in ihren erwerbsbiografischen Kontext geleistet werden. Im Ergebnis konnten auf Basis des befragten Samples acht Typen unterschieden werden:

- Typ a) „Gelingende berufsfachliche Konstanz in der Umbruchphase in höherem Lebensalter nach langjähriger Berufskontinuität“: In diesem Typ erfolgte das Handeln in der Umbruchphase im Handlungsmodus Gestaltung im Rahmen einer gelingenden Realisierung konstanter Orientierungen im gesamten bisherigen Erwerbsverlauf. Typ a) wurde 2 Personen mit den im Sample vergleichsweise günstigsten Erwerbsverläufen zugeordnet.
- Typ b) „Gelingende berufsfachliche Zielrealisierung in der Umbruchphase in höherem Lebensalter nach langjähriger Erwerbskontinuität“: Auch hier erfolgte, wie in Typ a), das Handeln in der Umbruchphase im Handlungsmodus Gestaltung im Rahmen einer gelingenden Realisierung allerdings gewünschter beruflicher Neuorientierungen im gesamten bisherigen Erwerbsverlauf. Dieser Typ wurde 5 Personen in überwiegend der jüngsten

Altersgruppe der 50–54-Jährigen zugeordnet. Ihre Erwerbsverläufe waren zumindest unter dem Aspekt der Erwerbskontinuität überwiegend günstig.

- Typ c) „Gelingende Neuorientierung in der Umbruchphase in höherem Lebensalter nach Brüchen in Aufstiegs-/Selbstständigkeitskarrieren": Das Handeln in der Umbruchphase war durch den Handlungsmodus Verlustbewältigung geprägt, der in eine gelingende Realisierung konstanter oder gewünscht geänderter Orientierungen im gesamten bisherigen Erwerbsverlauf eingebettet war. Typ c) bezog sich auf 3 Personen aus den ABL mit langjährig günstigen, dann ungünstiger werdenden Erwerbsverläufen.
- Typ d) „Gelingende Neuorientierung in der Umbruchphase in höherem Lebensalter nach Brüchen in Aufstiegskarrieren": Auch hier erfolgte, wie in Typ c), das Handeln in der Umbruchphase im Handlungsmodus Verlustbewältigung im Rahmen einer allerdings nur zeitweise gelingenden Realisierung gewünschter beruflicher Neuorientierungen im gesamten bisherigen Erwerbsverlauf. Typ d) betraf 5 Personen mit wechselvollen Erwerbsverläufen.
- Typ e) „Gelingende berufsfachliche Zielrealisierung in der Umbruchphase in höherem Lebensalter mit konstanter, aber im Erwerbsverlauf nur zeitweise realisierbarer Orientierung auf den Ausbildungsberuf": Das Handeln in der Umbruchphase erfolgte im Handlungsmodus Gestaltung im Rahmen einer jedoch nur zeitweise gelingenden Realisierung konstanter Orientierungen im gesamten bisherigen Erwerbsverlauf. Typ e) betraf 4 Personen aus den NBL, die überwiegend zur mittleren Altersgruppe der 55–59-Jährigen zählten und ungünstigere Erwerbsverläufe aufwiesen.
- Typ f) „Gelingende Neuorientierung in der Umbruchphase in höherem Lebensalter mit konstanter, aber im Erwerbsverlauf nur zeitweise realisierbarer Orientierung auf den Ausbildungsberuf": In dem Typ war das Handeln in der Umbruchphase durch den Handlungsmodus Verlustbewältigung gekennzeichnet, der wie in Typ e) in eine nur zeitweise gelingende Realisierung konstanter Orientierungen im gesamten bisherigen Erwerbsverlauf gerahmt war. Typ f) wurde 2 Personen mit ungünstiger werdenden Erwerbsverläufen zugeordnet.
- Typ g) „Konstante, aber nur zeitweise realisierbare überwiegende Arbeitsorientierung ohne Neuorientierung in der Umbruchphase in höherem Lebensalter": Hier erfolgte das Handeln in der Umbruchphase im Handlungsmodus Möglichkeitenwahrnehmung im Rahmen einer nur zeitweise gelingenden Realisierung konstanter Orientierungen im gesamten bisherigen Erwerbsverlauf. Dieser Typ bezog sich auf 1 Person mit einem ungünstigen Erwerbsverlauf.

- Typ h) „Teils Neuorientierung, teils konstante, aber nur zeitweise realisierbare Orientierung auf den Ausbildungsberuf ohne Neuorientierung in der Umbruchphase in höherem Lebensalter“: Das Handeln in der Umbruchphase in diesem Typ wurde durch den Handlungsmodus Verlustpersistenz gekennzeichnet, der in eine nur zeitweise gelingende Realisierung konstanter oder gewünscht geänderter Orientierungen im gesamten bisherigen Erwerbsverlauf eingerahmt war. Typ h) betraf 2 Personen mit ungünstigeren Erwerbsverläufen.

In einer Gesamtbetrachtung der Typen zeigt sich, dass beide Handlungsmodi, die eine gelingende Zielrealisierung in der Umbruchphase in höherem Lebensalter enthalten, nämlich Gestaltung und Verlustbewältigung, sowohl Personen mit in ihrem Erwerbsverlauf konstanten Orientierungen (Typen a, e, f und teilweise c), als auch mit gewünscht geänderten Orientierungen (Typen b, d und teilweise c) zugeordnet wurden. Hierbei wiesen sie teils vergleichsweise günstige (Typen a, b), teils gemischte (Typen c und d) und teils eher ungünstige Erwerbsverläufe auf (Typen e und f). Während die Bezeichnung von Erwerbsverläufen als „eher ungünstig“ sich auf längere Arbeitslosigkeitsphasen über einer einjährigen Gesamtdauer sowie häufig auch auf eine Inkaufnahme deutlich verschlechterter und nach subjektiver Deutung ungewünschter Arbeitsbedingungen bezog, meint die Kennzeichnung als „vergleichsweise günstig“ eine im Sample höhere Erwerbskontinuität mit insgesamt max. einjähriger Arbeitslosigkeitsunterbrechung. Lediglich ein Drittel der Befragten wies im Hinblick auf Erwerbskontinuität vergleichsweise günstige Erwerbsverläufe auf. Unter Berücksichtigung auch qualitativer erwerbsbiografischer Aspekte sinkt der Anteil vergleichsweise günstiger Erwerbsverläufe, in denen keine größere Kompromissbereitschaft im Sinne einer Inkaufnahme verschlechterter Arbeitsbedingungen erbracht werden musste, auf 2 von 24 Personen bzw. 8 %, darunter 1 als Sonderfall zugeordnete Person mit 2-jähriger Arbeitslosigkeit vor ihrem Renteneintritt. Damit wird zum einen die Vielgestaltigkeit im Handeln und in den verfolgten Orientierungen von Erwerbspersonen mit erwerbsbiografischen Umbrüchen in höherem Lebensalter sichtbar. Zum anderen lässt sich aus dieser allerdings auch kein generelles „Erfolgs“-Schema erwerbsbiografisch orientierten Handelns, insbesondere hinsichtlich der Art oder Intensität der erbrachten Änderungsleistungen, extrahieren: So nahmen 13 der 24 Erwerbspersonen eine gewünschte berufliche Neuorientierung vor, diesen waren die Typen b) und d) jeweils vollständig, sowie die Typen c) und h) anteilig zugeordnet. Verschlechterte Arbeitsbedingungen nahmen 16 Personen in Kauf, darunter alle Personen der Typen c), d) und f) sowie anteilig der Typen b), e) und h). D.h. weder eine konstante Orientierung noch eine gewünschte berufliche Neuorientierung gewährleisteten einen im Hinblick auf Erwerbskontinuität eher günstigen Erwerbsverlauf, das Gleiche gilt für die Inkaufnahme verschlechterter Arbeitsbedingungen.

Eine gegebene oder hoch gegebene Zufriedenheit mit der aktuellen bzw. letzten Stelle äußerten alle Erwerbspersonen (100 %) in den Typen a), b) und g), 3 von 4 Personen (75 %) des Typs e), 2 von 3 Personen (67 %) des Typs c), 1 von 2 Personen (50 %) des Typs h), 2 von 5 Personen (40 %) des Typs d) und 0 von 2 Personen (0 %) des Typs f). Somit fiel die subjektive Zufriedenheit insbesondere in jenen Typen geringer aus, die mit einer erwerbsbiografischen Verschlechterung verknüpft waren, nämlich den Typen f), d), h) und ansatzweise auch c).

Als selbstgestaltet werteten alle 5 Erwerbspersonen (100 %) der Typen c) und f) ihren beruflichen Werdegang. In Typ b) bejahten dies 4 von 5 Personen (80 %), 1 Person äußerte sich hierzu nicht, in Typ d) bejahten unter Verweis auf die gegebenen Umstände und Möglichkeiten 4 von 5 Erwerbspersonen (80 % mit Einschränkungen), 1 Person verneinte, in Typ a) bejahte 1 von 2 Personen (50 %), 1 Person äußerte eine ambivalente Wertung, in Typ h) bejahte 1 von 2 Personen (50 %), hierbei handelte es sich um eine Person mit gewünschter beruflicher Neuorientierung, 1 Person ohne gewünschte berufliche Neuorientierung verneinte, in Typ e) bejahte 1 von 4 Personen (25 %), 1 Person bejahte mit Einschränkung, 2 Personen verneinten und in Typ g) verneinte die hier einzige Person eine Selbstgestaltung. Interessanterweise bewerteten die Erwerbspersonen in den Typen, die mit einer gewünschten beruflichen Neuorientierung im Erwerbsverlauf verknüpft waren – die Typen b) und d) sowie jeweils anteilig c) und h) – in höherem Maße ihren beruflichen Werdegang als selbstgestaltet. Typ d), der durch Brüche in Aufstiegskarrieren geprägt ist, zeichnete sich mit einer Ausnahme durch die Einschätzung von Selbstgestaltung innerhalb thematisierter Handlungsbegrenzungen aus, die durch die erfahrenen Karrierebrüche beeinflusst sein könnte. Lange Arbeitslosigkeitserfahrungen stellten ebenfalls kein Hindernis dar, dass Erwerbspersonen ihren Werdegang als selbstgestaltet werteten, wie dies im Typ f) deutlich wurde.

Spezifische Strukturmerkmale der verschiedenen Typen konnten nicht festgestellt werden. Nur wenige Typen wiesen punktuelle Spezifika auf, wie z.B. ein Überwiegen der jüngsten untersuchten Altersgruppe der 50–54-Jährigen in Typ b) und von Männern in Typ d) sowie eine vollständige Zuordnung des Typs e) zur mittleren Altersgruppe der 55–59-Jährigen. Eine ausschließliche Konzentration von Typ c) auf Erwerbspersonen aus den ABL und von Typ e) auf Erwerbspersonen aus den NBL könnte hinsichtlich der in Typ c) höheren Erwerbskontinuität im Vergleich zu Typ e) Ausdruck der unterschiedlichen Arbeitsmarktentwicklungen in Ost- und Westdeutschland sein. In den Typen a), f), g) und h) war die

Fallzahl mit jeweils nur max. 2 zugeordneten Personen zu gering, um Strukturmerkmale auszuweisen.

Die befragten Erwerbspersonen erbrachten in allen Typen hohe Änderungsleistungen. Ausschließliche Änderungsleistungen in Form von „eher ungewünschtem Ausweichen und Aushalten" ging aus keinem Interview hervor. Allerdings wies eine knappe Mehrheit von 54 % sowohl Änderungsleistungen in Form von „Entwickeln und Entfalten", als auch von „eher ungewünschtem Ausweichen und Aushalten" auf, während die positivste Variante ausschließlicher Änderungsleistungen in Form von „Entwickeln und Entfalten" aus den Schilderungen von 38 % der Erwerbspersonen hervorging. Auch nach dem 50. Lebensjahr erfolgten Änderungsleistungen des Entwickelns und Entfaltens in den Erwerbsbiografien von 58 % der Befragten, die sich auf fast alle Typen, außer Typ g), erstreckten.

Im Folgenden werden Lern- und Entwicklungsprozesse näher untersucht, die im Erwerbsverlauf und insbesondere in der Umbruchphase in höherem Lebensalter realisiert wurden. Sie weisen zu den vorhergehend ausgeführten Änderungsleistungen des „Entwickelns und Entfaltens" nur dann eine Schnittmenge auf, wenn diese Lern- und Entwicklungsprozesse die Grundlage für erbrachte Änderungsleistungen darstellten, wie z.B. eine durchgesetzte erwerbsbiografische Weichenstellung infolge der Entfaltung von Konfliktbereitschaft (s.u.).

Lern- und Entwicklungsprozesse

Die Lern- und Entwicklungspotentiale werden in Anlehnung an den Kompetenzdiskurs an die hier verbreitetste Differenzierung unterteilt nach Fach-, Methoden-, Sozial- und Selbst- bzw. personale Kompetenz[248]. Diese lassen sich wie folgt definieren:

> „Fachkompetenz: Können, Fähigkeiten und Fertigkeiten, die zur Bewältigung der berufs- und arbeitsplatzspezifischen Anforderungen notwendig sind,
> Methodenkompetenz: Berufs- und arbeitsplatzübergreifende Fähigkeiten, z.B. Problemlöse- oder Lernkompetenz,
> Sozialkompetenz: z.B. kommunikative oder kooperative Fähigkeiten in Interaktionssituationen,

---

248 Im Folgenden wird in Anlehnung an Lerch und Steiner synonym für den Begriff Selbstkompetenz der Begriff personale Kompetenz verwendet (vgl. Lerch 2013, S. 25, Steiner 2011, S. 97). Zu berücksichtigen ist die unterschiedliche Definition von personaler Kompetenz in anderen Quellen. So wird im Deutschen Qualifikationsrahmen Sozialkompetenz unter personale Kompetenz subsumiert, vgl. Bund-Länder-Koordinierungsstelle für den Deutschen Qualifikationsrahmen für lebenslanges Lernen 2013, S. 45 f.

> Selbstkompetenz: Einstellungen, Werthaltungen, Motive sowie Selbstwahrnehmung und Selbstorganisation etc." (Frieling, Schäfer & Fölsch 2007, S. 22)

Aus den Interviews gingen Lern- und Entwicklungsprozesse in folgenden Bereichen hervor:

Fachkompetenz

Kompetenztiefe/-breite: Berichtete Entwicklungen im Bereich der Fachkompetenz über den gesamten Erwerbsverlauf hinweg bezogen sich auf eine Zunahme der Kompetenztiefe in Form von Spezialisierungen wie auch der Kompetenzbreite in Form von Erfahrungsvielfalt, die insbesondere durch Betriebs-, Team- und Tätigkeitswechsel gewonnen wurde. Insgesamt verwiesen die befragten Erwerbspersonen vielfach auf die im Arbeitsprozess aufgebaute Erfahrung.

> Herr Gillessen:
> „(...) bei den Restauratoren, die hier rum drum sind, bin ich bekannt. Bin ich bekannt. (...) Und wenn die was haben und da kommen die hier her, weil sie wissen, sie kriegen eine ordentliche Qualität. Das hat sich halt in den 20 Jahren so entwickelt. Die können sich auf mich verlassen. Ich habe sie niemals irgendwie enttäuscht (...)." (Z. 1593–1600)
> Herr Tannheim über manuelles Präzisionsschleifen an Stahlspitzen für Reißfedern:
> „Mein Chef draußen in (Ortsname), wenn die anderen Leute weg waren, ist er zu mir gekommen und da haben wir miteinander, wer besser ist. Und zwar freihändig unter der Lupe auf dem Ölstein, erst mal eine Bahn vorschleifen, runter auf achthundertstel Millimeter, wo die beiden Spitzen zusammenhaken dürfen, die dürfen nicht größer sein, immer wieder unter der Lupe, hier nochmal, und dann einen bestimmten Radius und das so sauber anschleifen, dass der Strich kleiner wie Achthundertstel ergibt (lacht). Und das macht natürlich riesig Spaß, wenn Sie so was dann von der Hand her sauber hinbringen." (Z. 941–948)
> Frau Allenbach:
> „Mit jedem Wechsel lernt man was. Und darum ging es mir auch, weil ich ein breites Spektrum haben wollte. Ich konnte ja nachher auch alles." (Z. 438–439, wie bereits in Kap. 6.2 zitiert)

Methodenkompetenz

Entwicklungen im Bereich der Methodenkompetenz berührten verschiedene, sich auf den gesamten Erwerbsverlauf beziehende Einzelaspekte, wie z.B. eine Effektivierung von Arbeitsprozessen oder eine Perspektivenerweiterung auf die Organisation.

> Herr Dederichs:
> „Ich denke mal, ich weiß, aufgrund meiner Erfahrung, die ich habe, dass man viele Sachen besser und schneller machen kann, als es im Allgemeinen gemacht wird. Das ist so." (Z. 858–859)

Lernleistungen: Von besonderem Interesse sind Lernleistungen, die von 2 Erwerbspersonen in höherem Lebensalter erbracht wurden. In beiden Fällen erfolgten diese nach längeren Phasen ohne Aktivitäten organisierten Lernens. Von Frau Bönte wurde das Lernerfordernis, das mit ihrer im 50. Lebensjahr erfolgten Stellenaufnahme verbunden war, als eine ihr sehr schwer fallende Anforderung bewertet (s. hierzu das ausführliche Zitat zu Beginn dieses Kap. 6.6 unter Handlungsmodus Gestaltung). Über deren Bewältigung äußerte sie dann aber auch deutlichen Stolz.

> Frau Bönte:
> „(…) dass ich sehr viel Neues gelernt habe (…) ich habe mir das vorher nicht so gewünscht, aber ich war daher stolz, dass es so gewesen ist." (Z. 550–555)

Frau Faber brachte ihre Angst vor dem Lernen zum Ausdruck, schilderte aber vorrangig ihren Lernwillen:

> Frau Faber:
> „(…) und E-Mails, ich dachte, ach, hatte ich einen Schiss. E-Mails, ich wusste überhaupt nicht, wie das geht (…)." (Z. 1293–1294)
> „(…) ich habe in meinem Bekanntenkreis alles rebellisch gemacht, ‚jetzt zeigst du mir das, jetzt zeigst du mir das, und wenn ich dort anfange, will ich wenigstens das Mindeste wissen' (…)." (Z. 1256–1258, wie bereits unter Kap. 6.4 zitiert)
> „(…) wir haben mündlich vereinbart, ich verspreche Ihnen, Herr (Name des Geschäftsführers), Sie zeigen mir das einmal, ich schreibe es mit (…) und dann will ich das lernen. (…) Und ich will das lernen und ich mache das auch. Ich will hier arbeiten und tue alles dafür." (Z. 1272–1281)

Das Besondere an der von ihr erbrachten hohen Lernleistung, nämlich die erstmalige und selbstorganisierte Aneignung von EDV-Kenntnissen nach langjährigem Ausscheiden aus dem Sekretärinnenberuf, thematisierte und würdigte Frau Faber hierbei nicht.

Während Frau Bönte und Frau Faber Lernprobleme bzw. -ängste in höherem Lebensalter thematisierten, geht aus der Einschätzung von Herrn Lersch eine interessante Widersprüchlichkeit hervor, in der er einerseits eine in höherem Alter zunehmende Lernschwierigkeit konstatiert, die der zum Interviewzeitpunkt 57-Jährige aber andererseits für seine Person nicht bestätigen kann. Vielmehr schilderte er eine Veränderung in seinen Lernprozessen in Richtung eines mehr Zeit und praktische Anwendungen benötigenden Lernens, aber auch eines verstehen wollenden, bewussteren Lernens.

> Herr Lersch:
> „In einem gewissen Alter wird auch das Lernen schwerer, das ist ja so. Obwohl es bis jetzt noch geht."

> (Frage der Interviewerin: Merken Sie das, wenn Sie jetzt an Weiterbildungen teilnehmen, dass Sie anders lernen?)
> „Ja. Auf jeden Fall. Das merkt man. (…) Früher habe ich mir da eigentlich nie so viel Gedanken gemacht, ich habe es widerspruchslos in mich reingepfiffen, diesen Stoff, und jetzt versuche ich da schon mal hinter diese ganze Geschichte … das mal eher mehr zu verstehen. Früher habe ich es gelernt, um zu verstehen. Heute versuche ich zu verstehen, um das zu lernen."
> (Frage der Interviewerin: Aber heißt das denn dann nicht, dass Sie im Grunde dann besser lernen, heute?)
> „Vielleicht bewusster. Das mag schon sein. Das dauert manchmal ein bisschen länger. Ich stelle manchmal mehr Fragen, aber wenn ich das dann erstmal kapiert habe, dann habe ich es auch kapiert. Man muss es natürlich dann auch immer mal anwenden, wenn man es dann nicht anwendet, gerät das auch ganz schnell wieder in Vergessenheit." (Z. 1623–1640)

Im Gegensatz dazu schätzte Herr Koch ein, dass ihm mit zunehmendem Alter sowohl die Organisation seiner Lernaktivitäten, als auch sein Lernprozess bei Einarbeitungen leichter fielen.

> Herr Koch über sein zweijähriges berufsbegleitendes Studium im Alter von 48 bis 49 Jahren:
> „Es war ja so geartet, dass ich einen Tag dann in der Woche in (Name des 2. Ortes in Thüringen) war und den Rest hatte ich meine normale Arbeit zu machen und da konnte ich genügend Zeit abzwacken, um was für das Studium zu machen. Das kann man nur als Älterer. Wenn man diese Erfahrung schon hat …" (Z. 611–614)
> Herr Koch über seine häufig erforderlichen Einarbeitungen in neue Funktionsbereiche:
> „Mich hat nie gestört, eine neue Funktion zu übernehmen, was ich noch … Ich hatte, als ich hier die (Bezeichnung eines neuen Funktionsbereiches) kriegte, keine Ahnung (…). Aber ich habe mir gesagt: ‚Ich kann mit den Menschen umgehen, die die (…) bedienen und die bringen mir das schon bei.' Und so war das dann auch. (…) Na ein bisschen was muss man natürlich auch selber lernen. Das ist klar. Aber das ist ja dann ein Prozess und das ist ja das, was ein Mensch, je älter er wird, immer besser kann." (Z. 577–586)

Sozialkompetenz

Teamarbeit und Kommunikation: Häufige Betriebs- und Teamwechsel erwiesen sich im Erwerbsverlauf, wie bereits im Bereich der Fachkompetenz, auch im Rahmen der Sozialkompetenz als – allerdings oftmals unfreiwillig beschrittene – Wege zur Entwicklung einer leichteren Integrationsfähigkeit in ein neues Team.

Herr Dederichs reflektierte sehr genau, in welchem Maße und auf welche Weise er seine Kompetenz situationsspezifisch einbringen konnte. Für seine Teamintegration nach Aufnahme einer neuen Stelle oder bei neuen Leiheinsätzen erschien ihm ein eher zurückhaltendes und indirektes Einbringen seiner Kompetenz angemessener.

Herr Dederichs:
„Wenn Sie selbstbewusst auftreten als Leiharbeiter und man zeigt, dass man auch etwas kann, das ist oftmals gar nicht gewünscht, dass man das macht.“ (Z. 1251–1253)
„Die Erfahrung habe ich auch gemacht. Dass ich gesagt habe: ‚Ich würde das so und so machen, einmal sparst du jede Menge Arbeitszeit, teilweise sogar Material.‘ Aber, wie gesagt, sie können es nicht oder haben es noch nie gemacht. Dann wird das auch nicht gemacht. (…) Das macht man dann vielleicht ein, zwei Mal. Aber, wenn man merkt, es lässt sich keiner auf die Sache ein, dann lässt man es eben.“ (Z. 1265–1270)
„(…) ich habe dann auch gezeigt, ich habe nichts gesagt, ich habe nur gearbeitet und meine Arbeit gemacht und gut. Da ist der Chef auch gekommen: ‚Oh, das ist ja einwandfrei.‘ (…) Und ich bin der Meinung, besser ist jemand, der über einem steht, der feststellt, dass die Arbeit gut ist und sagt das dem Kollektiv, als wenn ich als Neuer irgendwo hinkomme und sage nach der zweiten Arbeit hier: ‚Das und das habe ich gemacht. Ich habe es euch gezeigt‘, nach dem Motto. Das kommt im Kollektiv überhaupt nicht an.“ (Z. 1339–1347)

Dies betraf ebenso eine Professionalisierung der Kommunikation und Kooperation mit Vorgesetzten. So berücksichtigte Herr Dederichs auch bei reflektierter höherer Kompetenz vorrangig die Einhaltung der kommunikativen Möglichkeiten in der Hierarchie.

Herr Dederichs:
„Das sieht dann vielleicht so aus, als wollte man demjenigen, der das Sagen hat, ihm den Posten wegnehmen, so ungefähr. Es ist viel Wissen oder viel Können ist nicht immer am Arbeitsplatz angebracht.“ (Z. 1275–1277)

Darüber hinaus fielen anfangs als schwierig empfundene Betriebswechsel mit zunehmender Anzahl leichter, wie ebenfalls Herr Dederichs schilderte. Diese entwickelten sich für ihn zugleich von einer Zwangs- zu einer Optionsressource, die er auch im Eigeninteresse nutzen konnte und ihm bis zum Interviewzeitpunkt mit 58 Jahren vorstellbar blieb.

Herr Dederichs:
„Und ich musste mich dann wieder auf etwas Neues einstellen. Und, ich sage mal, die erste Zeit ist mir das schon schwer gefallen. Aber, wie gesagt, ich muss ganz ehrlich sagen, die drei Sommer, die ich als Zeitarbeiter gearbeitet habe. Ich meine, ich habe dann auch immer meine Firmen gehabt. Da wurde eine Baustelle angefangen, eine Großbaustelle, und hat, wegen mir, ein viertel Jahr gedauert. Da war ich ein viertel Jahr, bis die Baustelle abgeschlossen war. Und dann kam ich zur Nächsten. (…) Ich sage mal, man fühlt, man fügt sich dann schon irgendwie ein. Und man schließt auch Bekanntschaften oder Freundschaften. Keine Frage. Aber, wie gesagt, man muss erstmal sehen, dass man dann irgendwie so reinkommt. In das ganze Betriebsgeschehen.“ (Z. 1742–1752)

Personale Kompetenz
Aspekte der personalen Kompetenz ließen sich am häufigsten und vielfältigsten aus dem Interviewmaterial herauslesen:

Qualifikations- und Selbstbewusstsein: Einen Schwerpunkt bildete die Entwicklung bzw. Zunahme von Qualifikations- und Selbstbewusstsein im Erwerbsverlauf, die von mehreren Interviewpersonen benannt wurde. Teils wurde dieses gegen eine erfahrene und reflektierte Geringschätzung der sozialen Umwelt gegen den Beruf (z.B. Verkäuferin) aufrechterhalten. Auch wurden Kompetenzen sichtbar, die von der Interviewperson selbst nicht reflektiert wurden, wie z.B. eine Kompetenzvielfalt in den von einer Befragten im Erwerbsverlauf ausgeübten unterschiedlichen Tätigkeiten.

> Frau Vosskamp auf den Hinweis der Interviewerin, dass die Befragte von ausgeübten sozialen, Verwaltungs-, handwerklichen und technischen Tätigkeiten berichtet habe:
> „Genau so, das haben Sie gut formuliert! Das habe ich noch gar nicht so gesehen (lacht)!" (Z. 592)

Von einer Interviewpartnerin wurde Qualifikationsbewusstsein nicht in Form einer Selbstzuschreibung thematisiert (z.B. als Positivwertung der eigenen Qualifikation oder Äußerung von Stolz), wohl aber eine erfahrene Wertschätzung der eigenen Arbeitsleistung durch Dritte berichtet. Dies kann als eine spezifische Form des Qualifikationsbewusstseins interpretiert werden. Eine andere Interviewpartnerin thematisierte ihr Selbstbewusstsein in einer Parallelität von selbstattestiertem fehlenden Selbstbewusstsein und erfahrener Wertschätzung durch Dritte. Beruflich waren beide weiblichen Erwerbspersonen in vorrangig ausführenden Tätigkeiten ohne eigene Entscheidungsspielräume beschäftigt.

Konfliktbereitschaft: Zu den relevanten Einstellungen im Bereich der personalen Kompetenz gehörte auch die Entwicklung bzw. Verstärkung von Konfliktbereitschaft in der Umbruchphase in höherem Lebensalter, um das gesetzte Ziel, z.B. die Bewilligung einer gewünschten Umschulung durch die Arbeitsverwaltung oder eine Arbeitsvertragsverlängerung nach mehrfacher Befristung, zu erreichen.

Erwerbsbiografische Gestaltbarkeit: Ebenfalls den relevanten Einstellungen im Bereich der personalen Kompetenz ist das im Erwerbsverlauf entwickelte Empfinden der erwerbsbiografischen Gestaltbarkeit zuzuordnen, das sich mit dem Diskurs zur Selbstwirksamkeitsüberzeugung verknüpfen lässt.[249]

249 Der Begriff der Selbstwirksamkeitserwartung bzw. -überzeugung geht auf das von Albert Bandura entwickelte Konzept der self-efficacy zurück und bezeichnet nach Schwarzer und Jerusalem „die subjektive Gewissheit, neue oder schwierige Anforderungssituationen auf Grund eigener Kompetenz bewältigen zu können" (Schwarzer & Jerusalem 2002, S. 35, vgl. auch Bandura 1977, Struck-Möbbeck et al. 1996, S. 68 ff.).

Die Einschätzung eines selbstgestalteten beruflichen Werdegangs wurde von 17 der 24 Erwerbspersonen bzw. 71 % geäußert, teils mit Hinweis auf gegebene Umstände und Möglichkeiten (s. Zwischenfazit 2 in diesem Kapitel). Am deutlichsten wertete Herr Jacobi seinen Werdegang als selbstgestaltet, der im Unterschied zu einigen anderen Befragten aus den NBL auch gegebene Selbstgestaltungsmöglichkeiten in der DDR benannte. Herr Jacobi hat in seiner Erwerbsbiografie zahlreiche, überwiegend eigeninitiierte betriebliche Wechsel erfahren, bewarb sich in seinen Stellensuchphasen mit umfangreichen Aktivitäten und hoher Kompromissbereitschaft und konnte sich in seiner beruflichen Entwicklung tendenziell verbessern. Mehrere Erwerbspersonen sahen ihren Werdegang als selbstgestaltet an, obwohl sie zugleich auch die Erfahrung betriebsseitiger Kündigungen und/oder langer Arbeitslosigkeitsdauern gemacht hatten. Umgekehrt schätzten einige Erwerbspersonen ihren Werdegang als fremdbestimmt ein, obgleich sie über vielfältige Entscheidungen und Aktivitäten berichtet hatten, mittels derer ihre Erwerbsbiografie im Rahmen gegebener Gelegenheiten eine neue Wendung genommen hatte, wie z.B. die Erschließung eines neuen Berufsfelds oder eine gelungene Rückkehr in den Ausbildungsberuf mittels intensiver Lernaktivitäten. Auch Vergleiche mit dem geäußerten Selbst- und Qualifikationsbewusstsein als (eher) ausgeprägt bzw. (eher) weniger ausgeprägt sowie Vergleiche mit der beruflichen Entwicklungstendenz als verbessert, konstant, unterschiedlich oder verschlechtert ließen keine engeren Verknüpfungen zu bestimmten Ausprägungen erkennen. Lediglich zu einer realisierten gewünschten beruflichen Neuorientierung zeigte sich eine engere Verknüpfung, wie in Zwischenfazit 2 benannt. So wird in den Interviewäußerungen von Herrn Quendt auch ein Nebeneinander eines gewachsenen Selbstbewusstseins und eines zugleich aus einem anderen biografischen Kontext gestiegenen Angstempfindens deutlich:

> Herr Quendt:
> „(…) ich denke, das ist auch eine allgemeine Sache, dass man sicherer wird im Alter. Also dass man selbstbewusster wird und dass man einfach nicht mehr sich verunsichern lässt, ja, weil man das …, auch die Umgebung realistischer einschätzen kann. Man sieht, wo man steht." (Z. 734–737)
> „Ich könnte jetzt sagen, wenn ich nicht entfristet werde oder so, ja, dann will ich hier nicht mehr arbeiten. Das könnte sein. Aber wenn ich nichts Besseres habe, arbeite ich trotzdem weiter hier. Es ist so. Man fühlt sich dann ausgeliefert, und das ist ein ganz unschönes Gefühl. Da habe ich mich als junger Mensch viel mächtiger gefühlt am Markt." (Herr Quendt, Z. 593–596)
> „Also erst einmal das Altern selber, dass man dann einfach Ängste bekommt. Man will ja unbedingt noch dazugehören und man merkt die Endlichkeit und dann wird man ernsthafter." (Z. 1324–1326)

Reflexion: Als ein weiterer Schwerpunkt der personalen Kompetenz zeigte sich die Reflexion der eigenen Entwicklung und des eigenen Handelns im Erwerbsverlauf und insbesondere in der Umbruchphase in höherem Lebensalter. Diese Reflexionen bezogen sich auf drei Erfahrungsbereiche:

Zum Ersten ließ sich eine Reflexion von *Entscheidungen und Verhalten* spezifizieren, die die Interviewpersonen selbst sowohl für spätere Negativentwicklungen verantwortlich machten, wie z.B. die Rückkehr in ein früheres Berufsfeld oder langjährig zu geringe berufliche Ambitionen, als auch als positive Gestaltung des beruflichen Werdegangs anerkannten, wie z.B. das individuell weitestgehende Ausschöpfen der vorhandenen beruflichen Möglichkeiten oder die gelungene Reintegration nach Langzeitarbeitslosigkeit. In beiden Perspektiven nahmen sich die Befragten als handelnde Subjekte wahr, deren Handeln ihre erwerbsbiografische Entwicklung beeinflusst. Insbesondere für das Erleben, Handeln und Bewältigen in der Umbruchphase erscheint die Reflexion während und nach dieser Phase als eine wichtige Quelle der Selbstvergewisserung i.S. von Selbstverantwortung und der Verarbeitung. So bewertete z.B. Herr Koch seine Insolvenz als Selbstständiger als schwer zu bewältigen, hob aber hervor, dass sein eigenes Handeln während dieser Insolvenz korrekt war, was ihm auch sehr wichtig war. Herr Uhlig erkannte in seiner realisierten Rauchentwöhnung den Wendepunkt für die Wiedererlangung seiner Handlungsfähigkeit nach langjähriger Arbeitslosigkeit und seine anschließend gelingende Reintegration in Erwerbsarbeit (s. hierzu auch die ausführliche Schilderung in Kap. 6.4).

> Herr Uhlig:
> „Das war so ein gravierender Punkt, als ich das geschafft hatte, das Rauchen aufzuhören. Das war ein gravierender Punkt, wo ich gesagt habe: ‚Okay, jetzt geht es wieder, dass ich Geschicke selbst in die Hand nehme und aufgrund eigener Entscheidungen Veränderungen herbeiführe.' Ja, das war ein ganz, ganz wichtiger Punkt. Weil vorher habe ich mich, sagen wir, auch lange Zeit dann so treiben lassen, nach dem Motto: ‚Hauptsache, es passiert jetzt nichts!' Eher Angst vor Veränderungen und lieber den Kopf einziehen, ducken und durchhalten, so lange wie geht, bis dann halt nichts mehr ging." (Z. 1328–1334, bereits in Kap. 6.4 zitiert)

Auch das Aufgefangen-Werden durch die Familie wurde als wichtige Ressource zur Bewältigung der Arbeitslosigkeit reflektiert.

Zum Zweiten wurde die eigene Entwicklung und das eigene Handeln im Erwerbsverlauf und in der Umbruchphase in höherem Lebensalter reflektiert im Hinblick auf das *Aushalten und Bewältigen* einer schwierigen Situation. So berichtete ein Interviewpartner über ca. zweijährige betriebsseitige Versuche ab seinem 52. Lebensjahr, ihn aus seinem Beschäftigungsverhältnis herauszudrängen, über den damit verbundenen erlebten Stress und seinen Umgang damit. Eine andere Interviewpartnerin thematisierte eine erlebte Burnout-Situation in der in höherem Lebensalter neu aufgenommenen Stelle, deren Bewältigung sie mit Stolz erfüllte. Diese Reflexionen erschienen somit als Quelle für Selbstvergewisserung i.S. von Durchhalten erfahrener Zumutungen und für Stolz.

Und zum Dritten erfolgte eine Reflexion des *erfolgreichen Durchsetzens von Vorhaben*, die jeweils in höherem Lebensalter realisiert werden konnten. Hierzu zählte z.B. die Vermittlung einer Stelle durch den Arbeitsvermittler nach hartnäckigem, sehr häufigem Nachfragen bei diesem oder ein offensiv geführter Konflikt mit erfolgreichem Ausgang, woraus in beiden Fällen explizite Schlussfolgerungen für künftiges Handeln gezogen wurden, wie z.B. die nachfolgende Äußerung von Frau Niehus belegt:

> Frau Niehus:
> „Wer sich wehrt, erreicht auch was. (…) Aber da ist mir die Brust geschwollen. (lacht)"
> (Z. 1870–1874)

Über andere Erfahrungen, in denen sich die Interviewpersonen durchsetzen konnten, berichteten sie mit Stolz, wie z.B. eine mühsam durchgesetzte hohe Abfindung oder die Durchsetzung günstigerer Beschäftigungsbedingungen. Diese Reflexionen dienten daher als Quelle für eine positiv bewertete Lernerfahrung und Stolz.

Ziel-/Anspruchsentwicklung: Die Entwicklung neuer Ziele und Ansprüche in höherem Lebensalter als ein weiterer Aspekt personaler Kompetenz wurde von vielen Interviewpersonen thematisiert. Die Sicherheit des Arbeitsplatzes bis zum Renteneintritt und die v.a. physische Bewältigung der Arbeitsanforderungen gewannen an Priorität, wie auch andere Studien zeigen (vgl. die Erläuterungen zur Studie von Baumeister, Bollinger, Geissler & Osterland in Kap. 4.3.1 der vorliegenden Arbeit). Darüber hinaus stellte aber gerade auch die jeweilige Arbeits- bzw. Umbruchsituation in höherem Lebensalter die Anforderung an die Erwerbspersonen, neue Ziele und Ansprüche zu entwickeln. So waren einige Interviewpersonen in ihrer Arbeitslosigkeit in höherem Lebensalter gefordert, sich beruflich neu zu orientieren, weil sie in ihrem früheren Berufsfeld nicht mehr tätig werden wollten oder konnten. In den günstigeren Fällen wechselten sie im Ergebnis das Berufsfeld oder arbeiteten an verbesserten Optionen für die Zukunft, wie z.B. an einer geplanten Selbstständigkeit. In den ungünstigeren Fällen senkten sie im Ergebnis – zur Vermeidung von Arbeitslosigkeit – ihre Ansprüche an Arbeit in ihrer neu angenommenen unattraktiveren Stelle oder kompensierten ihre neu aufgenommene geringer qualifizierte Arbeit anderweitig bzw. wählten – zur Vermeidung ihrer vollständigen Exklusion aus der Erwerbsarbeit – nebentätige Erwerbsformen außerhalb sozialversicherter Arbeit. Teilweise bot die Umbruchphase in höherem Lebensalter aber auch erst die Möglichkeit zur Entwicklung neuer Ziele und Ansprüche, wie z.B. die gebotene Chance zur Rückkehr in den Ausbildungsberuf, die zwar gewünscht, aber nicht mehr für möglich gehalten wurde und nach langjähriger Dequalifizierung hohe Lernleistungen erforderte, oder ein durch eine in höherem Lebensalter eingetretene soziale Absicherung ermöglichter Prioritätenwandel in Richtung Arbeits- und Lebensqualität.

Strategieentwicklung: Ebenfalls zur personalen Kompetenz zählt die Entwicklung von geplanten Strategien, wie sie aus den Interviews für das höhere Lebensalter ersichtlich wurden. Als geplante und damit bewusste Strategie wird in der vorliegenden Arbeit ein Handlungsplan bezeichnet, nach dem das Handeln einem entworfenen Ziel und einem intendierten Vorgehen folgt. Die im Sample gefundenen entwickelten geplanten Strategien reichten von der Übertragung reflektierter Lernerfahrungen auf einen aktuellen Handlungsbezug, nämlich das erforderliche hartnäckige Ansprechen der eigenen Anliegen – in dem Fall: die Verlängerung des auslaufenden Arbeitsvertrages –, über das Stellensuchvorgehen bis hin zu einer eigeninitiierten Planung und Einleitung eines erwerbsbiografischen Umbruchs zur präventiven beruflichen Absicherung und einer umfangreichen Neugestaltung verschiedener Lebensbereiche zur Überwindung von Langzeitarbeitslosigkeit.

Zwischenfazit 3

Die geführten Interviews bieten einen Einblick in erfolgte Lern- und Entwicklungsprozesse im Kontext erwerbsbiografischer Entwicklungen, sie bilden nicht deren potentielles Gesamtspektrum ab.

Insbesondere Umbruchphasen – und dies gilt auch für die hier näher untersuchte Umbruchphase in höherem Lebensalter – erfordern, befördern und ermöglichen neue Lern- und Entwicklungsprozesse, wie z.B. Lernleistungen, Reflexionsleistungen und die Neuausrichtung von Einstellungen, Zielen, Ansprüchen und Strategien.

Die in den Interviews sichtbar gewordenen Lern- und Entwicklungsprozesse erstrecken sich auf alle vier Kompetenzfelder: die Fach-, Methoden-, Sozial- und personale Kompetenz. Entsprechend des Interviewinteresses wurden Aspekte der personalen Kompetenz am häufigsten und vielfältigsten thematisiert, wie nachfolgende Übersicht verdeutlicht.

Fachkompetenz

- Entwicklung der Fachkompetenz in Tiefe und Breite im gesamten Erwerbsverlauf

Methodenkompetenz

- Entwicklung diverser Aspekte der Methodenkompetenz im gesamten Erwerbsverlauf
- Lernleistung in höherem Lebensalter

Sozialkompetenz

- Entwicklung der Integrationsfähigkeit in neue Teams im gesamten Erwerbsverlauf

Personale Kompetenz

- Entwicklung bzw. Zunahme von Qualifikations- und Selbstbewusstsein im gesamten Erwerbsverlauf
- Entwicklung bzw. Verstärkung von Konfliktbereitschaft in der Umbruchphase in höherem Lebensalter
- Im Erwerbsverlauf entwickeltes Empfinden der erwerbsbiografischen Gestaltbarkeit
- Reflexion der eigenen Entwicklung und des eigenen Handelns im Erwerbsverlauf und insbesondere in der Umbruchphase in höherem Lebensalter, darunter:
  - Reflexion von Entscheidungen und Verhalten als Quelle für Selbstvergewisserung i.S. von Selbstverantwortung und für Verarbeitung im Erwerbsverlauf und insbesondere in der Umbruchphase in höherem Lebensalter
  - Reflexion des Aushaltens und Bewältigens einer schwierigen Situation als Quelle für Selbstvergewisserung i.S. von Durchhalten erfahrener Zumutungen und für Stolz im Erwerbsverlauf und in der Umbruchphase in höherem Lebensalter
  - Reflexion des erfolgreichen Durchsetzens von Vorhaben als Quelle für eine positiv bewertete Lernerfahrung und Stolz in höherem Lebensalter
- Entwicklung neuer Ziele und Ansprüche in höherem Lebensalter, inkl. Anspruchssenkung und -kompensation
- Entwicklung geplanter Strategien in höherem Lebensalter

Insbesondere die erbrachten Lernleistungen, die Entwicklung von Konfliktbereitschaft, die Ziel- und Anspruchsentwicklung sowie die Strategieentwicklung flossen in die von den Erwerbspersonen realisierten Änderungsleistungen ein und stellten damit eine Ressource erwerbsbiografisch orientierten Handelns dar.

Die von den Interviewpersonen erbrachten Lern-, Entwicklungs- und Gestaltungsleistungen wurden von ihnen jedoch nicht immer auch als solche wahrgenommen und reflektiert, wie z.B. die von Frau Faber mit 59 Jahren erstmalige und selbstorganisierte Aneignung von EDV-Kenntnissen nach langjährigem Ausscheiden aus dem Sekretärinnenberuf oder, in anderen Fällen, die Vielfalt der entwickelten Kompetenzen und die zahlreichen eigenen Entscheidungen und Aktivitäten, die im Rahmen gegebener Gelegenheiten die Erwerbsbiografie beeinflussten. Deren Reflexion könnte jedoch ein ggf. vorhandenes Empfinden von Fremdbestimmung auch um Elemente einer Selbstgestaltung ergänzen.

Insgesamt kann die Reflexion der eigenen Entwicklung, Stärken, Arbeits-, Lern- und Gestaltungsleistungen eine wichtige Ressource für die Bewältigung schwieriger Arbeits- und Lebensumstände sowie für die Planung von Zukunft sein. Die Erwachsenenbildung könnte hier durch Unterbreitung freiwillig annehmbarer – oder auch ablehnbarer – Angebote eine wichtige Unterstützungsfunktion wahrnehmen.

Das Qualifikations- und Selbstbewusstsein wurde von zwei Interviewpartnerinnen über die erfahrene Wertschätzung von Dritten thematisiert. Inwieweit eine solche Sichtweise eher bei Frauen als bei Männern auftritt oder vielmehr mit spezifischen Erlebensräumen vorrangig ausführender Tätigkeiten ohne eigene Entscheidungsspielräume verknüpft ist, die ggf. eher von Frauen erfahren werden, wäre näher zu untersuchen.

Fazit

Das je spezifische Umgehen mit der Umbruchphase in höherem Lebensalter wurde als Handlungsmodus bezeichnet. Hierfür wurden die in der Umbruchphase verfolgten Orientierungen und Ziele und ihre Realisierung sowie die Veränderung von Vergütung, Status oder sozialer Absicherung der neu aufgenommenen Stelle gegenüber einem früher erreichten Niveau untersucht. In Beantwortung der auswertungsleitenden Forschungsfrage 3 nach spezifischen erwerbsbiografischen Handlungsmodi konnten aus den Interviews mit den 24 Erwerbspersonen vier Handlungsmodi differenziert werden: Gestaltung, Verlustbewältigung, Möglichkeitenwahrnehmung und Verlustpersistenz. Somit kommt bereits für das befragte Sample zum Ausdruck, wie unterschiedlich die Erwerbspersonen mit der Umbruchphase in höherem Lebensalter umgingen. Von einer Bewältigung im Sinne einer (Neu-)Ausrichtung verfolgter Ziele und Orientierungen an die Handlungsmöglichkeiten in der Umbruchphase, mit denen den Erwerbspersonen zumindest eine Teilidentifikation möglich ist, konnte lediglich im Handlungsmodus Verlustpersistenz nicht die Rede sein. Während Bezüge zur vorhergehenden Erwerbsbiografie bereits in die Kategorienbildung dieser

Handlungsmodi einflossen, zeigte sich auch die subjektive Zufriedenheit mit der neu aufgenommenen Stelle im Handlungsmodus Verlustbewältigung, dem eine erwerbsbiografische Verschlechterung vorherging, geringer ausgeprägt als im Handlungsmodus Gestaltung, in dem dies nicht der Fall war (s. Zwischenfazit 1).

Für eine systematische Einbettung der Umbruchphase in höherem Lebensalter in den jeweiligen erwerbsbiografischen Kontext der Erwerbspersonen wurden die Handlungsmodi in der Umbruchphase in höherem Lebensalter verknüpft mit den im Erwerbsverlauf verfolgten Orientierungen und ihrer Realisierung. Auf Basis des empirischen Materials konnten acht Typen generiert werden. In ihnen sind die im Erwerbsverlauf und in der Umbruchphase in höherem Lebensalter verfolgten Orientierungen in ihrer Konstanz bzw. Änderung und in ihrer gelingenden bis nur zeitweise oder nicht gelingenden Realisierung in jeweils unterschiedlichen Kombinationen enthalten. Die mit ihnen verknüpften Erwerbsverläufe bündeln spezifische erwerbsbiografische Profile, die sich im Hinblick auf die hier realisierte Erwerbskontinuität und erwerbsbiografische Entwicklung als unterschiedlich günstig darstellen. So gelingt eine Zielrealisierung in der Umbruchphase in höherem Lebensalter nach langjähriger Berufs- bzw. Erwerbskontinuität in den Typen a) und b). Eine gelingende Neuorientierung in der Umbruchphase in höherem Lebensalter nach Brüchen in Aufstiegs- bzw. Selbstständigkeitskarrieren kennzeichnet die Typen c) und d). Eine gelingende Bewältigung der Umbruchphase in höherem Lebensalter mit konstanter, aber nur zeitweise realisierbarer Orientierung auf den Ausbildungsberuf ist den Typen e) und f) gemeinsam. Und eine überwiegend konstante, aber nur zeitweise realisierbare berufliche Orientierung ohne Neuorientierung in der Umbruchphase in höherem Lebensalter prägt die Typen g) und h).

Die Realisierung eines Erwerbsverlaufs ohne Arbeitslosigkeit bzw. mit einer max. einjährigen Arbeitslosigkeitsdauer und ohne eine abverlangte Inkaufnahme verschlechterter Arbeitsbedingungen gelang nur einer Person. Eine solche Inkaufnahme verschlechterter Arbeitsbedingungen wie auch eine berufliche Neuorientierung gewährleisteten jedoch auch nicht unbedingt eine kontinuierliche Erwerbsbeteiligung.

Hervorzuheben ist, dass die hier vorgenommene Differenzierung der handlungsleitenden Orientierungen nach den Kriterien (Neu-)Orientierung und Realisierung keine Bewertung i.S. eines mehr oder weniger „erfolgreichen" Vorgehens darstellt:

- Das „Gelingen" enthält keine Aussage über die Qualität der aufgenommenen Stellen bzw. des Erreichten.

- Die „Konstanz der beruflichen Orientierungen“ auf ein Berufsfeld in einer durchgängigen Erwerbsbiografie enthält keine Aussage über mögliche intensiv erbrachte Änderungs- und Gestaltungsleistungen innerhalb dieses Berufsfeldes zur Aufnahme und zum Erhalt der Beschäftigungsverhältnisse. Eine solche Konstanz beruflicher Orientierungen ohne Neuorientierung auf ein anderes Berufsfeld ist auch bei einer nur zeitweise gelingenden Realisierung nicht als Wertung oder Misserfolg zu verstehen, zumal auch eine berufliche Neuorientierung Arbeitslosigkeit nicht ausschließt.
- Tätigkeiten, Beschäftigungsbedingungen und sonstige Beurteilungsmerkmale einer erreichten neuaufgenommenen Stelle treffen subjektiv auf unterschiedliche Relevanzen und Deutungen. Sie werden zudem unter unterschiedlichen Gelegenheitsstrukturen erreicht. Eine Generalisierung in Richtung einer „erfolgreichen“ Handlungsstrategie ist allein aus diesen beiden Gründen nicht möglich.

Als selbstgestaltet werteten 17 von 24 Personen bzw. 71 % ihren beruflichen Werdegang, wenn auch teils unter Verweis auf die gegebenen Umstände und Möglichkeiten. Dies war in den Typen, die mit einer gewünschten beruflichen Neuorientierung verknüpft waren, in höherem Maße ausgeprägt. Mehrfach wurde der Werdegang jedoch auch nach langjährig erfahrener Arbeitslosigkeit – und damit einer Zeit, in der alle Befragten die Nichtrealisierbarkeit ihres vorrangigen Erwerbswunsches erlebt hatten – als selbstgestaltet eingeschätzt.

Die erbrachten Änderungsleistungen bewegten sich zwischen den Gegenpolen eines „Entwickelns und Entfaltens“ und eines „eher ungewünschten Ausweichens und Aushaltens“. Eine knappe Mehrheit der Befragten wies Änderungsleistungen beider Formen auf, ein gutes Drittel thematisierte ausschließlich Formen des Entwickelns und Entfaltens. Diese Änderungsleistungen erstreckten sich über den gesamten Erwerbsverlauf. Formen des Entwickelns und Entfaltens wurden für 58 % der Erwerbspersonen auch für die Erwerbsphase ab dem 50. Lebensjahr deutlich (s. Zwischenfazit 2).

Über den gesamten Erwerbsverlauf wie auch in höherem Lebensalter wurden Lern- und Entwicklungsprozesse sichtbar, die sich auf Fach-, Methoden-, Sozial- und personale Kompetenz bezogen. Indem sie in die erbrachten Änderungsleistungen einflossen, stellten sie eine Ressource erwerbsbiografisch orientierten Handelns dar. Solche realisierten Entwicklungsprozesse entsprechend zu reflektieren, könnte eine weitere Ressource für die Gegenwartsbewältigung und die Zukunftsplanung darstellen. Erwachsenenbildung könnte hier eine wichtige Unterstützungsfunktion anbieten (s. Zwischenfazit 3).

6.7 Stellensuchende in höherem Lebensalter aus der Perspektive der einstellenden Unternehmen

Basierte die Analyse betrieblicher Wechsel und Reintegrationen von Erwerbspersonen in höherem Lebensalter in den vorhergehenden Kapiteln 6.2–6.6 auf Interviews mit Erwerbspersonen, die ihre eigene erwerbsbiografische Entwicklung reflektierten, wird diese Perspektive im Folgenden ergänzt um Sichtweisen von AkteurInnen aus Unternehmen, in denen ältere Erwerbspersonen eingestellt wurden. Hierzu zählen insbesondere die betrieblichen Leitungskräfte, die solche Einstellungen alleinverantwortlich oder kooperativ entschieden, sowie ArbeitnehmerInnenvertretungen, die im Rahmen gesetzlich regulierter Mitbestimmungsrechte[250] an den Einstellungsverfahren mitwirkten.

Entsprechend des Gatekeeping-Ansatzes (vgl. Kap. 3.4 und 6.3) stellen betriebliche Wechsel oder Reintegrationen Statuswechsel dar, deren Realisierung über institutionalisierte Gatekeeper beeinflusst wird. Für den mit einer Stellenneuaufnahme verknüpften Statuswechsel fungieren insbesondere die einstellenden Unternehmen als zentrale Gatekeeper, die die Einstellungschancen von Stellensuchenden nach den jeweils verfolgten Suchkriterien begünstigen oder auch erschweren.

Vor diesem Hintergrund zielten die in Unternehmen geführten Interviews auf die Beantwortung der Frage, welche Entscheidungskriterien von den UnternehmensvertreterInnen als relevant für die erfolgte Einstellung einer älteren Erwerbsperson geäußert wurden (Forschungsfrage 7). Von Interesse war darüber hinaus eine Prüfung der Frage, inwieweit die Einschätzungen zwischen den befragten Erwerbspersonen und den betrieblichen Leitungskräften sowie den ArbeitnehmerInnenvertretungen kongruent waren bzw. worin mögliche Divergenzen bestanden (Forschungsfrage 8).

Dem Interviewleitfaden für die betrieblichen Leitungskräfte lag die Vorannahme zugrunde, dass Unternehmen Stellensuchende in höherem Lebensalter vorrangig nur in Kombination mit besonderen Gründen, wie z.B. einer Einstellungsförderung, einstellen. In einem solchen Fall ließe sich dies als ein Hinweis auf überwiegend bestehende Vorbehalte von einstellenden UnternehmensvertreterInnen gegenüber älteren Stellensuchenden interpretieren.

Im nachfolgenden Kap. 6.7.1 werden die Interviews mit betrieblichen Leitungskräften analysiert. Nach einer Beschreibung des Samples und der in den

250 Vgl. exemplarisch § 75 Bundespersonalvertretungsgesetz (BPersVG) für Personalräte im Bereich des Bundes: Bundesministerium der Justiz und für Verbraucherschutz o.J.c.

Unternehmen eingestellten älteren Stellensuchenden werden die Suchkriterien, die der Suche nach BewerberInnen zugrunde lagen, sowie die Einstellungskriterien, die für die spezifische Personalentscheidung ausschlaggebend waren, herausgearbeitet. Näher beleuchtet werden zudem die von den Unternehmen gewählten Suchwege sowie die Relevanz von Einstellungs- und Ausbildungsförderungen für die Stellenbesetzung. Darüber hinaus wird untersucht, wie die UnternehmensvertreterInnen ihre Erfahrungen mit den eingestellten älteren Personen einschätzten und welche Unterstützungsmöglichkeiten sie in Bezug auf ältere Stellensuchende sahen.

Methodisch wurden die Schilderungen der UnternehmensvertreterInnen für die verschiedenen betrachteten Aspekte weitgehend nach einem jeweils gleichen Analyseschema untersucht. Dementsprechend wurden die berichteten Erfahrungen und Einschätzungen danach differenziert, inwieweit sie zum einen mit einer Gestaltbarkeit bzw. Nicht-Gestaltbarkeit durch die älteren Stellensuchenden verknüpft waren und zum anderen auf die Ressourcenstärke bzw. Ressourcenlimitation der Stellensuchenden Bezug nahmen. Dieses Analyseschema wurde im Forschungsprozess selbst entwickelt.

Im weiteren Kapitelverlauf wird in einem Vergleich der Interviews mit den UnternehmensvertreterInnen und den Erwerbspersonen aufgezeigt, welche Gemeinsamkeiten und Unterschiede zwischen beiden Perspektiven deutlich wurden. In einem abschließenden Fazit werden die zentralen Ergebnisse resümiert.

Die Analyseergebnisse der Interviews mit ArbeitnehmerInnenvertretungen werden im Kap. 6.7.2 vorgestellt. Nach einer Skizzierung des organisationalen Kontextes der interviewten Personalratsmitglieder und ihrer Einbeziehung in Einstellungsverfahren werden ihre Einschätzungen zu den Einstellungskriterien und -verfahren der Organisation und die prioritären Einstellungskriterien aus Sicht des Personalrats beleuchtet und jeweils mit den Ausführungen der betrieblichen Leitungskräfte verglichen. Anschließend werden die Ziele der Personalratsarbeit mit Relevanz für ältere Stellensuchende herausgearbeitet und diskutiert. Darüber hinaus wird untersucht, welche Erfahrungen die Personalräte mit über die Arbeitsverwaltung vermittelten Stellensuchenden thematisierten, wie sie ältere Stellensuchende einschätzten und welche Unterstützungsmöglichkeiten sie für diese Personengruppe als sinnvoll erachteten, jeweils im Vergleich mit den Interviewaussagen der betrieblichen Leitungskräfte und, soweit möglich, auch der Erwerbspersonen. Die zentralen Befunde sind auch hier in einem abschließenden Fazit zusammengefasst.[251]

---

251 In der an das Paradigmatische Modell angelehnten Auswertung wurde das Agieren der betrieblichen Leitungskräfte und der ArbeitnehmerInnenvertretungen in den

6.7.1 Unternehmen, die Stellensuchende ab 50 Jahren eingestellt haben

Das Sample

Interviews wurden mit 9 betrieblichen Leitungskräften aus je unterschiedlichen Unternehmen bzw. Organisationen geführt. Die InterviewpartnerInnen, darunter 8 Männer und 1 Frau, waren auf unterschiedlichen Leitungsebenen tätig, in denen sie jeweils in Personalauswahlprozesse eingebunden waren bzw. diese als geschäftsführende Gesellschafter verantworteten. Das eigene Alter gaben 4 GesprächspartnerInnen mit über 50 Jahren an, ein Unternehmensvertreter mit unter 30 Jahren. In den vier übrigen Fällen wurden keine Altersangaben gemacht.

Das zentrale Auswahlkriterium für die Unternehmensinterviews war, dass in den Unternehmen mindestens eine Person ab 50 Jahren in eine Tätigkeit eingestellt wurde, die keine akademische Qualifikation erforderte. Angestrebt wurde darüber hinaus eine Streuung auf die ABL und die NBL sowie die Möglichkeit einer Interviewführung auch mit den nach ihrem 50. Lebensjahr eingestellten Beschäftigten dieser Unternehmen. Letzteres gelang indes nur teilweise: In 4 Unternehmen fanden Gespräche mit einer betrieblichen Leitungskraft und Beschäftigten statt, darunter in einem Unternehmen mit einer Beschäftigten sowie in drei Unternehmen mit jeweils 2 Beschäftigten, in zwei Unternehmen mit jeweils 2 Beschäftigten auch mit jeweils einem Personalratsmitglied.

Nach Branchen handelte es sich außer einem Handwerksbetrieb ausschließlich um Dienstleistungsunternehmen/Organisationen, nämlich aus den Bereichen Bildung, Kultur, unternehmensnahe Dienstleistungen, Sicherheit und Verkehr. Die Unternehmen/Organisationen umfassten 6 privatwirtschaftliche Unternehmen, 1 kommunales Unternehmen, 1 Körperschaft des öffentlichen Rechts sowie 1 Behörde des öffentlichen Dienstes.

Die Unternehmens- bzw. Dienstsitze der Unternehmen und Organisationen, die die befragten Leitungskräfte repräsentierten, verteilen sich etwa hälftig nach Region: in jeweils 4 Fällen lag dieser in den ABL und in den NBL. In einem Fall erfolgte das Interview mit dem Vertreter einer ostdeutschen Niederlassung eines Unternehmens mit Sitz in den ABL.

Die Unternehmen/Organisationen zählten nach Beschäftigtenzahl in 2 Fällen als Kleinstunternehmen mit < 10 MitarbeiterInnen, in 1 Fall als Kleinunternehmen mit < 50 MitarbeiterInnen, in 1 Fall als Mittelunternehmen mit < 250

---

berichteten Einstellungsverfahren den „intervenierenden Bedingungen" zugeordnet (vgl. Kap. 5.2).

MitarbeiterInnen und in 4 Fällen als Großunternehmen mit ≥ 250 MitarbeiterInnen.[252] In einem Fall ist die Zuordnung wenig aussagekräftig, da eine Niederlassung eines Großunternehmens mit < 10 Mitarbeitenden relativ eigenständig in der Personalpolitik agierte. Alle 3 Kleinst-/Kleinunternehmen hatten ihren Unternehmenssitz in den NBL, hingegen 5 der 6 Mittel- und Großunternehmen ihren Unternehmens-/Organisationssitz in den ABL.

Die Unternehmensentwicklung streute bei den Kleinst-/Klein-Unternehmen sowie bei den Großunternehmen jeweils über das gesamte Spektrum von einer Beschäftigungsabnahme über eine Beschäftigungskonstanz bis hin zur Beschäftigungszunahme innerhalb der letzten 13 Jahre.

Eingestellte ältere Stellensuchende

In den 3 Kleinst-/Kleinunternehmen wurde in 2 Fällen innerhalb der letzten 2 Jahre vor dem Interviewzeitpunkt, in einem Fall innerhalb der letzten 5 Jahre jeweils eine Person eingestellt, die 50 Jahre oder älter war. In 5 Mittel-/Großunternehmen wurden innerhalb der letzten ca. 6 Jahre jeweils mehrere, teils bis zu 34 Personen ab 50 Jahre eingestellt, wobei nicht alle Befragten über die detaillierten Daten verfügten. Die Niederlassung eines Großunternehmens stellt einen Sonderfall dar, da hier auf der Niederlassungsebene keine Einstellung einer älteren Person in eine sozialversicherungspflichtige Tätigkeit erfolgte, wohl aber Verträge mit Älteren als freien Mitarbeitern geschlossen wurden.

Der Einstellung älterer Personen kam im Hinblick auf die insgesamt in den Unternehmen innerhalb der letzten 2 Jahre erfolgten Einstellungen eine unterschiedliche Relevanz zu: In einem Kleinunternehmen betraf dies 1 von 6 realisierten Einstellungen (17 %), 34 von 180 Einstellungen in einem Großunternehmen (19 %, hier bezogen auf die letzten 27 Monate), 4 von 8 Einstellungen in der Niederlassung eines Großunternehmens (50 %) sowie 2 von 2 Einstellungen in einem Kleinstunternehmen (100 %). Für die übrigen 5 Unternehmen lagen den Interviewpersonen keine umfassenden Daten vor.

Die Tätigkeitsfelder der eingestellten älteren Personen streuen über 3 der 4 in der Klassifikation der Berufe 2010 ausgewiesenen Qualifikationsniveaus und damit über ein ähnlich breites Spektrum wie bei den befragten älteren Erwerbspersonen (vgl. Kap. 6.5). Im Einzelnen wurden folgende Tätigkeitsfelder berichtet:

---

252 Die Größenzuordnung orientiert sich an der EU-Definition, vgl. European Union 2015, S. 11.

Einstellung in eine HelferInnen- und Anlerntätigkeit als:
- MitarbeiterInnen für Garten- und Parkpflege

Einstellung in eine Fachkrafttätigkeit als:
- MitarbeiterInnen für Garten- und Parkpflege
- Sekretärin
- Rezeptionistin
- MitarbeiterInnen für diverse administrative Tätigkeiten
- MitarbeiterInnen für Büro-, Hilfs- und Dokumentationstätigkeiten
- Bauglaser
- Anlagenmechaniker
- KöchInnen
- Maler
- Elektroinstallateure
- Hausmeister
- Erzieherinnen
- Call-Center-MitarbeiterInnen
- BusfahrerInnen

Einstellung in eine komplexe SpezialistInnentätigkeit als:
- Kundenberater
- Mitarbeiterin für Projektsteuerung
- Lehrkräfte in der Aus- und Weiterbildung

Das Altersspektrum der eingestellten älteren Personen erstreckte sich von 51 bis 62 Jahre. Die Einstellung bis 62 Jahre erfolgte in einem Zeitarbeitsunternehmen für Zeitarbeitseinsätze, in den übrigen Unternehmen betrug das höchste Alter der berichteten Einstellungen 58 Jahre. Einstellungen von über 60-Jährigen wurden zudem für den Bereich freier Mitarbeiter berichtet, in dem bis zu 70-Jährige unter Vertrag genommen wurden. Somit wurden Unternehmenszugänge für über 60-Jährige nur in den (bislang) überwiegend unattraktiver regulierten Segmenten der Zeitarbeit und der freien Mitarbeit realisiert. Interessanterweise setzten auch einige Kundenunternehmen der Zeitarbeitsfirma erstmalig über 60-jährige Personen im Rahmen von Zeitarbeit ein.

Spezifika nach Unternehmensgröße zeigten sich bei der Anzahl der berichteten Einstellungen älterer Personen, die bei den Kleinst-/Kleinunternehmen nur je 1 Person betraf, was den hier geringeren Einstellungsvolumina entspricht. Darüber hinaus erfolgten die Einstellungen in allen Kleinst-/Kleinunternehmen ausschließlich in eine Fachkrafttätigkeit.

Geschlechtsspezifische Differenzen wurden nicht in dem generellen Umfang der erfolgten Einstellungen älterer Personen sichtbar, wohl aber in den Tätigkeitsfeldern, in die eingestellt wurde, wie z.B. Sekretärinnen, Erzieherinnen und Anlagenmechaniker. Teils wurde auch ein Wandel traditionell geschlechtsspezifisch dominierter Berufe sichtbar, wie z.B. des Busfahrers/der Busfahrerin. Hier berichtete ein Unternehmen über eine seit Ende der 1980er Jahre begonnene Einstellung auch von Frauen als Busfahrerinnen.

In allen Unternehmen/Organisationen wurden Personen nach ihrem 50. Lebensjahr eingestellt, die zuvor arbeitslos waren. Es handelte sich also in keinem Fall um Unternehmen, die ältere Stellensuchende nur dann einstellten, wenn sie aus einer bestehenden Beschäftigung zu ihnen wechselten. In 2 der Unternehmen wurden hierbei auch langzeitarbeitslose Personen ab 50 Jahren eingestellt, darunter in einem Unternehmen jedoch nur als freie Mitarbeiter unter Vertrag genommen.

Suchkriterien

Als Suchkriterien, die für die Tätigkeitsfelder der eingestellten älteren Personen, teils auch grundsätzlich für Stellenbesetzungen des Unternehmens bzw. der Organisation relevant waren, wurden die erforderlichen fachlichen Kompetenzen und in den meisten Fällen auch überfachliche Kompetenzen benannt. Zu Letzteren zählten personale Kompetenzen, wie z.B. Motivation, Engagement und Zuverlässigkeit, sowie soziale Kompetenzen, wie z.B. Kundenfreundlichkeit. Da sich die genannten Kompetenzanforderungen im Rahmen der fachlichen, personalen und sozialen Kompetenzen bewegten, die generell als relevante Kriterien in der Personalrekrutierung von Unternehmen betrachtet werden können (vgl. Beck 2007, S. 50 f., 54 f., Schmid & Hafner 2008, S. 34 ff.), werden sie im Folgenden nicht weiter konkretisiert. Stattdessen werden solche Kriterien näher beleuchtet, die einen direkten oder indirekten Bezug zum Alter der Stellensuchenden oder zu ihrer fortgeschrittenen Erwerbsbiografie aufweisen.

Dass das Alter kein Kriterium bei der Personalsuche war, bestätigten auf Nachfrage 4 UnternehmensvertreterInnen, darunter alle Kleinst-/Kleinunternehmen. 4 weitere VertreterInnen aus Mittel-/Großunternehmen hoben explizit hervor, dass sie in ihren Stellenbesetzungsverfahren darauf achten, Diskriminierungen nach Alter und – wie von einigen ergänzend benannt – auch nach weiteren Merkmalen wie Geschlecht und Migrationshintergrund zu vermeiden. Ein weiterer Unternehmensvertreter äußerte sich hierzu nicht. Zu berücksichtigen ist, dass Unternehmen eine altersbegründete Benachteiligung in Einstellungsverfahren durch das 2006 eingeführte Allgemeine Gleichbehandlungsgesetz (AGG) verboten ist (vgl. Bundesministerium der Justiz und für Verbraucherschutz o.J.a,

§§ 1 und 2 AGG). Anzunehmen ist, dass das AGG altersdiskriminierende Einstellungspraxen in Unternehmen erschwert, aber nicht grundlegend verhindert. Insofern ist nicht auszuschließen, dass Äußerungen von UnternehmensvertreterInnen durch das AGG beeinflusst sind und auch in den geführten Interviews die Möglichkeiten einer nicht gesetzeskonformen Thematisierung begrenzt war.

Zugleich lässt das AGG in den §§ 8 und 20 eine unterschiedliche Behandlung wegen beruflicher Anforderungen oder bei vorliegenden sachlichen Gründen zu.[253] So zeigte sich, dass auch in einigen der Unternehmen, die sich einer nicht-diskriminierenden Einstellungspraxis verpflichtet sahen, das Alter einen Einflussfaktor darstellen kann. Dies bezog sich u.a. auf körperlich belastende Tätigkeiten, für die es in manchen Berufen ein Höchstalter bei Einstellungen gab bzw. die als alterssensibel galten und deren Passung mit dem Bewerber individuell zu prüfen war, wie exemplarisch aus der folgenden Schilderung eines Vertreters aus einem Zeitarbeitsunternehmen hervorgeht:

> Vertreter eines Zeitarbeitsunternehmens (UN-6) über Kundenunternehmen, die Alterswünsche an die zu vermittelnden Zeitarbeitskräfte vorgeben:
> „(…) die Kunden haben in der Regel eine Anforderung, dass eine Tätigkeit gemacht wird und da gibt es einzelne Kunden, die sagen: ‚Die Tätigkeit ist so anstrengend, kann ich mir nicht vorstellen, dass derjenige das noch kann.' (…) Also was weiß ich, nehmen wir im gewerblichen Bereich, Rohrschweißen, Überkopfschweißen, in ungünstigen Körperhaltungen irgendwo, sitzend, liegend oder kniend oder so was machen, dann kann möglicherweise derjenige, der schon kaputte Knie hat, das nicht so. Das ist dann ja häufig gekoppelt auch an eine gewisse Altersstruktur. Nicht immer, aber häufig." (Z. 430–440)
> Die gleiche Interviewperson auf die Frage, ob für solche höherbelastenden Tätigkeiten grundsätzlich alle Bewerber auf bestehende Ausführungsprobleme angesprochen werden oder dies bei Älteren in höherem Maße erfolgt:
> „Wir vermeiden alles, was diskriminierend ist. So, und von daher fragen wir wenn, die Bewerber bezogen auf die Tätigkeit, ob sie sich das zutrauen, ob das machbar ist, und da haben wir dann teilweise eben auch Ältere oder auch Jüngere, die sagen, sie trauen sich das zu und müssen hinterher feststellen, sie können es nicht." (Z. 454–457)

Die Altersstruktur der Belegschaft war ein weiterer Aspekt, den es nach Angabe von 3 UnternehmensvertreterInnen zu berücksichtigen galt. In einem dieser 3 Unternehmen konnte dies zur Erreichung einer gewünschten gemischten Altersstruktur auch eine vorrangige Suche nach einer älteren Person für ein bestehendes junges Team beinhalten, während in einem anderen Unternehmen aufgrund bereits größerer Anteile älterer Beschäftigter problematisiert wurde, dass eine Einstellung Älterer die an sich schon kritisch eingeschätzten Möglichkeiten des

253 Zur Prüfung der AGG-Konformität liegt bereits eine umfangreiche Rechtsprechung vor, vgl. Antidiskriminierungsstelle des Bundes 2015.

zukünftigen Personaleinsatzes noch mehr erschweren würden. Letzteres schilderte der Vertreter eines Großunternehmens:

> Vertreter eines Großunternehmens (UN-9):
> „Man muss ja auch gucken, was gibt denn der Arbeitsmarkt in 10, 15 Jahren her. Man muss ja auch strategisch denken, ja. D.h., kriege ich in, wenn ich heute, ich sage jetzt mal, in einem normalen Jahr 30 (Bezeichnung der Fachkräfte) pro Jahr einstelle, dann verkraftet das hier so eine Region wie (Ortsname des Unternehmenssitzes), das kann ich. Aber wenn ich aufgrund der Demografie dann plötzlich 60 oder 80 einstellen muss pro Jahr, die kriege ich ja vielleicht gar nicht. Also muss ich gucken, dass ich das Problem reduziere und dann versuche, es gar nicht da erst reinlaufen zu lassen. Deswegen werde ich heute eher dazu tendieren, (…) lieber niemanden über 50 dann einzustellen, weil, nur weil ich in, weil wir in 15 Jahren oder zehn Jahren einfach das Problem, ich sage mal, 50 bis 60 (Bezeichnung der Fachkräfte) pro Jahr und über Jahre hinweg einzustellen, hier nicht lösen werden können.“ (Z. 1335–1344)
> „Wir würden die (Anm. d. V.: Stellensuchende über 50 Jahre) alle einstellen heute auch weiter, wenn wir nicht die Probleme in 15 Jahren hätten. Das ist das Einzige. Es spricht nichts gegen die Leute, ja, das darf man nicht so verstehen, dass wir schlechte Erfahrungen hatten. Sondern, weil unsere Altersstruktur es nicht zulässt.“ (Z. 1360–1362)
> „Sollte diese Welle (Anm. d. V.: die Verrentungswelle der jetzt älteren Beschäftigten) mal draußen sein, dann, wenn es dann überhaupt noch Ältere gibt draußen, die Arbeit suchen, so wie heute, dann spricht überhaupt nichts dagegen, wieder Ältere verstärkt einzusetzen. Das ist überhaupt kein Thema. Nur jetzt in der Zeit, wo wir in den nächsten 15 Jahren, weiß ich nicht, 30 oder 40 Prozent unserer Belegschaft verlieren werden, jetzt sich noch mehr dazu zu holen, damit es dann noch fünf Prozent mehr werden, das ist eigentlich, wenn man ehrlich ist, töricht. Und das tut mir natürlich leid für die Leute, die jetzt draußen stehen, aber es ist aus der Sicht des Unternehmens schwierig. Wir müssen jetzt noch suchen, solange es noch Jüngere auf dem Markt gibt, eigentlich sind die langfristig zu binden.“ (Z. 1502–1510)

In drei Begründungskontexten wurde ein höheres Alter bei der Suche nach einer/einem neuen MitarbeiterIn positiv hervorgehoben, obwohl oder auch gerade weil der zugrunde liegende Sachverhalt auf dem Arbeitsmarkt grundsätzlich als geringere Reintegrationschance bzw. als „Vermittlungshemmnis“[254] gilt – nämlich ein rentennahes Alter, Rentenalter, Langzeitarbeitslosigkeit sowie eine vorliegende Behinderung in Verbindung mit höherem Alter.

So wurden in einem kommunalen Unternehmen in einer Phase, in der die wirtschaftliche Zukunft des Unternehmens aufgrund bevorstehender Gesetzesreformen ungewiss war, bevorzugt nach älteren Personen gesucht, weil deren Beschäftigungsdauer bis zum Renteneintritt auf max. 10–15 Jahre

254 Zur Erläuterung dieses Begriffs s. Kap. 6.2.

begrenzt war. Während eine absehbar kürzere Einsetzbarkeit in Unternehmen häufig als kostenintensiver im Hinblick auf die Amortisation von Einarbeitungs- und Fortbildungskosten sowie den erneuten Rekrutierungsprozess gilt, stellte sie für das kommunale Unternehmen eine flexible Personalplanungsstrategie dar, mit der langfristige Kostenverpflichtungen vermieden werden konnten.

> Vertreter eines kommunalen Unternehmens (UN-9):
> „(…) das sprach für die älteren Mitarbeiter im Grunde genommen, dass ihre zukünftige Betriebszugehörigkeit überschaubar ist. Sollten wir einen 25-Jährigen einstellen, der muss noch 42 Jahre arbeiten. Und in einem Unternehmen wie wir kriegen wir den auch nicht los, wenn der nicht Löffel klaut oder sonst was macht." (Z. 437–441)

Ein Großunternehmen kooperierte in spezifischen Aufgabenfeldern mit freien Mitarbeitern. Diese wurden nicht in einem gezielten Alterssegment gesucht, aber vorwiegend in höherem Alter unter Vertrag genommen. Da über die freie Mitarbeit jeweils zeitlich begrenzte Arbeitseinsätze in unterschiedlich langen Abständen erfolgten, konnten damit keine hauptberuflichen Erwerbsoptionen von Arbeitsuchenden realisiert werden. Hieraus ergaben sich eine Offenheit gegenüber Erwerbspersonen im rentennahen Alter bzw. Rentenalter, wie auch gegenüber Langzeitarbeitslosen, zugleich aber auch Vorbehalte gegenüber der Motivation und Kompetenz von Erwerbspersonen im jüngeren und mittleren Alterssegment, die auf eine hauptberufliche Erwerbsarbeit angewiesen waren.

> Vertreter eines Großunternehmens (UN-3):
> „Das ist eigentlich auch einer der Hauptpunkte, warum wir uns auf ältere Mitarbeiter doch gerne beziehen wollen. Weil, Sie müssen davon ausgehen, der Mann muss a) zur Verfügung stehen können, d.h. also sein Umfeld, sein Hintergrund muss so gestaltet sein, dass er auch wirklich frei ist. Und bezogen auf den heutigen Arbeitsmarkt, auf das ganze Gebaren in dem heutigen Arbeitsmarkt, habe ich natürlich die Problematiken, wenn jetzt ein Mensch mit dreißig Jahren zur Verfügung stehen würde, dann stellt sich mir die Frage: Warum? Das kann also rein persönliche Problematiken zum Grund haben, es kann natürlich auch fachliche Ursachen haben." (Z. 234–240)
> „Vornehmlich sind das Leute, die wir da jetzt haben, die das Berufsleben eigentlich geordnet abgeschlossen haben, also quasi bis 60, bis 65 fest angestellt waren, gearbeitet haben. Der geringere Teil, meine ich, den wir jetzt noch haben mit in dieser Runde, sind Leute, die so im Alter so um die 40 aus dem Arbeitsprozess rausgefallen sind und, na ja, ich sage mal, nicht wieder vermittelt werden konnten. Die sich zwar weiter darum bemühen müssen, das ist ganz klar, das hängt auch mit dem finanziellen Hintergrund zusammen, die uns in der Form zwar als freie Mitarbeiter zur Verfügung stehen, aber die letzten Endes, wenn sie in eine Anstellung kommen würden, da dieser Prozess parallel läuft, uns wieder verloren gehen würden." (Z. 397–404)

Aufgrund eines Einstellungsstopps im Öffentlichen Dienst nutzte eine Behörde intensiv eine Ausnahmeregelung, die Einstellungen außerhalb des Personaleinsparplans für Menschen mit einer Schwerbehinderung bzw. ihnen gleichgestellte Menschen mit einer Behinderung ermöglichte. Die in diesem Rahmen erfolgten Einstellungen waren an eine finanzielle Einstellungs- und Beschäftigungsförderung aus Mitteln eines Landesschwerbehindertenprogrammes und der Arbeitsagentur gekoppelt, deren Vorliegen zu den Suchkriterien zählte. Aufgrund einer längeren Förderung für ältere Menschen mit einer Schwerbehinderung bzw. Gleichgestellte war deren Einstellung für die Behörde besonders attraktiv und führte zu mehreren Einstellungen älterer Personen mit einer Behinderung.

> Vertreter einer Behörde (UN-4):
> „Der Einstellungsstopp lässt es nämlich ausdrücklich zu, dass wir Schwerbehinderte einstellen dürfen (…). Und deswegen haben wir mittlerweile einen Anteil an schwerbehinderten Menschen oder auch Gleichgestellten (…) von über zehn Prozent. Wir sind hier in (Name des Bundeslandes) mit führend, wenn nicht sogar die führende Dienststelle, das weiß ich jetzt nicht, weil es gibt natürlich eine soziale Verpflichtung, dass das Land (Name des Bundeslandes) eingegangen ist, einen bestimmten Prozentsatz an Beschäftigten …, (…) Arbeitsplätze auch behinderten Menschen anzubieten.“ (Z. 375–385)
> „Und da gibt es verschiedene Förderprogramme für jüngere Schwerbehinderte, aber auch für ältere Schwerbehinderte, sodass wir diese Programme nutzen und deswegen kommt es allein aus diesem Grund schon zu Einstellungen von älteren Schwerbehinderten. Das ist dann der einzige Sachgrund, weil wir keine Mittel haben, selbst, aus eigenem Budget sie zu finanzieren, müssen wir diese Förderprogramme oder nehmen wir diese Förderprogramme in Anspruch, weil wir dadurch zusätzliches Personal für eine gewisse Zeit erhalten. Und dann versuchen wir, auf freiwerdenden Stellen, das ist uns auch in vielen Fällen gelungen bisher, diese Menschen weiter zu beschäftigen bis zur Verrentung. Die sind teilweise sehr lange gefördert, bis zu acht Jahren bei den Älteren, das ist also ein sehr verlockendes Förderprogramm, acht Jahre jemanden zusätzlich, on top zu bekommen, das ist eine sehr, sehr lange Zeit.“ (Z. 409–419)
> „Also wir nehmen gerne die Älteren, das hat einen besonderen Grund, weil die Förderdauer bei Älteren länger ist (…).“ (Z. 1203–1204)

Aus zwei exemplarisch geschilderten Einstellungsverfahren ging hervor, dass eine vorliegende Schwerbehinderung in dieser Behörde kein hinreichendes Kriterium für eine Einstellung darstellte, sondern vielmehr einen Filter für den weiteren Auswahlprozess nach fachlichen, motivationalen und sonstigen Kriterien.

Auch für weitere Unternehmen wurde die Nutzbarkeit von Fördermitteln für öffentlich geförderte Beschäftigungsmaßnahmen oder Einstellungszuschüsse benannt. In 3 Unternehmen war eine solche Förderung eine Voraussetzung für die Stellenbesetzung (s.u.).

Neben diesen direkt auf das Alter bezogenen Suchkriterien wurde die Berufserfahrung der Stellensuchenden als ein weiterer relevanter Aspekt deutlich, der einen indirekten Bezug auf das Alter der Stellensuchenden bzw. auf ihre fortgeschrittene Erwerbsbiografie aufweist. So wurde von mehreren UnternehmensvertreterInnen das Vorhandensein beruflicher Erfahrungen als erforderlich für die zu besetzende Stelle benannt, das eine Einstellung von BerufsanfängerInnen ausschloss und die Einstellungschancen für ältere BewerberInnen erhöhte. Die aufgebauten Berufserfahrungen erleichterten zudem nach Einschätzung einer Interviewperson die Einarbeitung und erweiterten nach Aussage von 4 UnternehmensvertreterInnen die Kommunikationsmöglichkeiten im Vorstellungsgespräch. Ein Unternehmensvertreter aus einem Großunternehmen äußerte hierzu, dass mit jüngeren Bewerbern das Gespräch nach 20 Minuten „zäh" werde, mit älteren könnten Vorstellungsgespräche „locker" bis zu 90 Minuten dauern.

> Vertreter eines Großunternehmens (UN-3):
> „(…) also von der Darstellung alleine aus dem Lebenslauf heraus ist die Auseinandersetzung mit dem Älteren im Rahmen einer Bewerbung eine andere als mit dem Jüngeren. Weil der Ältere erwartet natürlich auch, dass man ihm im Vorfeld schon die getanen Dinge etwas anrechnet. (…) wenn man in der Altersstufe über fünfzig, da können Sie sich für bestimmte Prozesse mit jedem Beliebigen erst einmal unterhalten, der jetzt eine bestimmte berufliche Erfahrung hinter sich gebracht hat." (Z. 610–619)
> „(…) die persönliche Darstellung in so einem Gespräch ist natürlich für einen älteren Menschen durchaus etwas solider zu sehen, weil er solche Dinge vielleicht schon mehrfach gemacht hat. Also da über eine gewisse Erfahrung verfügt als jetzt vielleicht bei einem Jüngeren." (Z. 644–647)
> Vertreter eines Kleinunternehmens (UN-1):
> „Ja, diese, die Unterschiede gibt es schlicht und einfach dadurch, dass wir natürlich bei Älteren, was auch immer das ist, bei älteren Bewerbenden ein Stück weit mehr auch in die Erfahrung hineinsteigen in den Gesprächen, die diese Leute mitbringen. Und wenn sich jemand nach Beendigung des Studiums vielleicht mit dem ein oder anderen Praktikum während des Studiums bei uns bewirbt, ist dieser Teil, wo wir uns dann in dem Interview um Erfahrungen und Zugänge zu Herausforderungen unterhalten, natürlich entsprechend geringer, als wenn wir das bei jemandem machen, der eine entsprechende Berufserfahrung von 10, 15 oder x Jahren mitbringt." (Z. 261–267)
> „Diese Fragen von älteren Bewerberinnen und Bewerbern sind eigentlich förderlicher oder spannender, weil sich aus diesen Fragen und den Antworten (…) dann etwas runderes Bild oder eine andere Antizipation ergibt als jemand, von dem wir von vornherein wissen, das ist eine Berufsanfängerin, ein Berufsanfänger, der kann das noch gar nicht wissen und dem müssen wir viel mehr selber auch beibringen, mehr Zeit lassen und den Projektstart oder die Einarbeitung viel stärker begleiten. Bei einer Person, die da schon ein anderes Maß an Erfahrung hat, und das hat was mit Alter zu tun, können

wir davon ausgehen, zu einem relativ früheren Zeitpunkt von einem höheren Maß an Selbstständigkeit dieser neuen Mitarbeiterin oder diesem neuen Mitarbeiter ausgehen zu können." (Z. 293–301)

In einem Fall wurde für die Suche nach einer/einem neuen MitarbeiterIn jedoch auch positiv bewertet, wenn BewerberInnen noch nicht über berufliche Erfahrungen in dem Tätigkeitsfeld der ausgeschriebenen Stelle verfügten, weil dann die mit der Tätigkeit häufig verbundenen gesundheitlichen Folgeprobleme bei diesen Personen weniger erwartet wurden.

Vertreter eines Großunternehmens (UN-9):
„Wir haben ein bisschen darauf geachtet, dass die Mitarbeiter, gerade diese älteren Mitarbeiter vorher, in ihrem vorherigen Berufsleben möglichst wenig (Benennung der Tätigkeit der ausgeschriebenen Stelle) gemacht haben, damit sie nicht, genau in dem, ich sag mal, körperlichen Verschleiß (...) wir wollten jetzt nicht den, der schon 30 Jahre (Benennung einer ähnlichen Tätigkeit), jetzt 3 Jahre arbeitslos war und jetzt bei uns noch 10 Jahre (Benennung der Tätigkeit der ausgeschriebenen Stelle). Weil der hat natürlich die gleichen Rückenprobleme wie unsere eigenen Leute auch in dem Alter. Das wollten wir, da haben wir schon Wert darauf gelegt, dass das nicht passiert." (Z. 490–502)

Die Art der erwerbsbiografischen Erfahrungen kann sich jedoch auch entsprechend unterschiedlich in den Selbstpräsentationen der älteren Stellensuchenden niederschlagen, worauf UnternehmensvertreterInnen von 3 Großunternehmen bzw. -organisationen verwiesen. Aufgebaute berufliche Erfahrungen bei hoher Erwerbskontinuität stärken ein selbstsicheres und überzeugendes Auftreten im Vorstellungsgespräch, während negative Bewerbungserfahrungen und eine längere Arbeitslosigkeit das Selbstvertrauen schwächen. So berichtete der Vertreter eines Großunternehmens (UN-7), dass Stellensuchende je nach ihrem Selbstbewusstsein nach der 50. Absage Panik bekommen könnten, was bei Jüngeren genauso vorkäme, er aber bei Älteren häufiger erlebt habe. In solchen Fällen werde auf die Stellensuchenden spezifisch eingegangen. Eine weitere Interviewperson bezog neben der Arbeitslosigkeitsdauer die Art der Berufserfahrung ein:

Vertreter einer Behörde (UN-4):
„Muss man ganz deutlich sagen, dass wir Unterschiede (zwischen jüngeren und älteren Stellensuchenden) feststellen, dass natürlich die Sicherheit, die Gewandtheit im Umgang mit solchen Vorstellungsgesprächen im Alter steigt. Das hängt auch einfach zusammen, dass diese Menschen in der Regel schon sehr verantwortungsvolle Tätigkeiten in ihrem Berufsleben gemacht haben, wenn es um höherwertige Stellen geht. (...) Also die Gewandtheit steigt. Das hängt aber, muss ich sagen, mit den Tätigkeiten zusammen. Je höher bewertet die Stelle ist, desto mehr Berufserfahrung haben die. Es gibt natürlich auch Leute, die durch ihre bisherigen negativen Erfahrungen bei

> Bewerbungen immer mehr verunsichert sind. Wenn ich jetzt Leute habe, die lange aus dem Beruf draußen sind und viele, viele Bewerbungen geschrieben haben, die haben zwar dann viel Erfahrung in Bewerbungsgesprächen, haben aber, sagen wir mal aus meiner Sicht, ein geschwundenes Selbstvertrauen. Das merkt man auch, wenn man in Gesprächen ist. Leute, die in Verantwortung standen bei großen Firmen und nicht lange arbeitslos waren, die treten anders auf und können auch dann, sagen wir mal, überzeugen, dass sie die geeigneten Bewerber sind." (Z. 1395–1416)

Auch die Erfahrungen einer dritten Interviewperson lassen sich hier zuordnen:

> Vertreter eines Großunternehmens (UN-9):
> „Also, es gibt eigentlich nur zwei Gruppen (unter den älteren Stellensuchenden), die wir da kennengelernt haben: hoch Motivierte oder Ängstliche, die es dann auch nicht schaffen bei uns. Und diese, oft sind die Mitarbeiter gerade über 50 sehr stark motiviert (…)." (Z. 593–595)

Mit Blick auf ältere Stellensuchende lassen sich, wie in der nachfolgenden Tabelle dargestellt, die geschilderten Suchkriterien danach betrachten, ob sie auf die Einstellungschancen älterer BewerberInnen förderlich wirkten, von ihnen selbst gestaltbar waren[255] und in welcher Weise sie auf die Ressourcen der Stellensuchenden Bezug nahmen (s. Tab. 21). Unter Ressourcenstärke wurden solche Aspekte gefasst, die die Stellensuchenden aufgebaut und entwickelt haben und ihre berufliche Einsetzbarkeit aus der Perspektive der einstellenden Unternehmen befördern. Unter Ressourcenlimitation wurden Aspekte gebündelt, die die berufliche Einsetzbarkeit begrenzen oder die in der Arbeitsmarktförderung als Vermittlungshemmnis gelten und spezifische Förderungen begründen. Aspekte außerhalb eines Ressourcenbezugs der Stellensuchenden meinen solche, die in keiner Weise mit deren Ressourcen verknüpft sind.

Die von den interviewten UnternehmensvertreterInnen benannten Suchkriterien, die einen direkten oder indirekten Altersbezug aufwiesen, wirkten auf die Einstellungschancen der älteren BewerberInnen für Stellenangebote dieser Unternehmen nicht eindimensional. Vielmehr stellten einige Kriterien förderliche Faktoren dar, nämlich ein selbstsicheres und überzeugendes Auftreten, eine nebenberufliche Erwerbsorientierung im rentennahen bzw. Rentenalter, eine begrenzte Beschäftigungsdauer bis zur Rente, Nutzung von

255 Hierbei können die Suchkriterien, die von den Stellensuchenden nicht selbst gestaltbar waren, sich aus unterschiedlichen Gründen einer solchen Gestaltbarkeit entziehen, wie z.B. einer gesetzlichen oder tariflichen Regulierung im Falle der individuellen Beschäftigungsdauer bis zum Renteneintritt, des Betriebskontextes im Falle der individuellen Passung zur betrieblichen Altersstruktur oder der individuellen gesundheitlichen Situation.

Tab. 21: Aus den Interviews mit UnternehmensvertreterInnen herausgefilterte direkt oder indirekt altersbezogene Suchkriterien

	von älteren Stellensuchenden gestaltbar	von älteren Stellensuchenden nicht gestaltbar
Bezug auf Ressourcenstärke der Stellensuchenden		
einstellungsförderlich	◆ selbstsicheres und überzeugendes Auftreten[a]	
einstellungshemmend		
teils, teils	◆ berufliche Erfahrungen	
Bezug auf Ressourcenlimitation der Stellensuchenden		
einstellungsförderlich	◆ nebenberufliche Erwerbsorientierung in Langzeitarbeitslosigkeit, rentennahem Alter und Rente (gestaltbar, aber ggf. nicht gewünscht)	◆ begrenzte Beschäftigungsdauer bis zur Rente ◆ Nutzung von Ausnahmeregelungen eines generell verfügten Einstellungsstopps für bestimmte Personengruppen ◆ Nutzung von Fördermitteln
einstellungshemmend		◆ körperliche Belastungen am Arbeitsplatz
teils, teils		
außerhalb eines Ressourcenbezugs der Stellensuchenden		
einstellungsförderlich		
einstellungshemmend		
teils, teils		◆ Passung zur betrieblichen Altersstruktur

[a] Während ein selbstsicheres und überzeugendes Auftreten als gestaltbar im Rahmen der aufgebauten beruflichen Erfahrungen zugeordnet werden kann, muss dies nicht auch auf das Gegenteil, ein unsicheres Auftreten, zutreffen, wenn dieses z.B. Folge einer arbeitsmarktbedingt eingetretenen Langzeitarbeitslosigkeit trotz zielstrebiger Stellensuche ist.

Ausnahmeregelungen eines Einstellungsstopps und Nutzung von Fördermitteln, während das Kriterium der körperlichen Belastungen am Arbeitsplatz in einigen Fällen nachteilig wirkte, allerdings auch je nach Tätigkeitsfeld unterschiedliche Relevanz erhielt. Dieses Ergebnis relativiert nicht die in der Praxis häufig geringeren Einstellungschancen für ältere Stellensuchende, die auch von einigen der interviewten Erwerbspersonen thematisiert und auf ihr Alter zurückgeführt wurden (vgl. Kap. 6.3). Aber es verdeutlicht, dass altersbezogene Suchkriterien keineswegs ausschließlich hemmend wirken müssen.

Zu den eher überraschenden Ergebnissen aus den Unternehmensinterviews gehört indes, dass fast alle berichteten ausschließlich förderlichen altersbezogenen Suchkriterien mit einer Ressourcenlimitation der Stellensuchenden verknüpft waren, während die beruflichen Erfahrungen, die eine Ressourcenstärke der Stellensuchenden darstellten und von ihnen positiv gestaltbar waren, nicht ausschließlich förderlich wirkten.

Einstellungskriterien

Den konkreten Ausschlag für die ausgewählte ältere Person gaben unterschiedliche Einstellungskriterien, die aus exemplarischen Fallschilderungen der UnternehmensvertreterInnen hervorgingen. In 3 Einstellungsverfahren wurden Aspekte genannt, die die fachliche Kompetenz betrafen, darunter in einem Fall die spezifische berufliche Erfahrung sowie ein berufsrelevantes ehrenamtliches Engagement, in einem zweiten und einem dritten Fall der kompetente Eindruck einer stellensuchenden Person, den diese beim Probearbeiten bzw. im Rahmen einer Weiterbildungsteilnahme gemacht hat.

Aspekte im Bereich der sozialen und personalen Kompetenz gingen aus 3 weiteren berichteten Einstellungsverfahren hervor. Zu ihnen zählten in einem Fall Sympathie, in einem zweiten Fall ein engagiertes Auftreten im Vorstellungsgespräch verknüpft mit einem hohen Interesse an der Stelle und der Einrichtung, worin sich die ältere eingestellte Bewerberin auch von den jüngeren BewerberInnen unterschied, und ähnlich auch in einem dritten Fall ein zum Ausdruck gebrachtes hohes Engagement. Letzteres schilderte der Unternehmensvertreter wie folgt:

> Vertreter eines Großunternehmens (UN-9):
> „Und der war als Meister, ich sage mal, ohne Perspektive in der Gegend. Einen 53-jährigen arbeitslosen Meister stellt hier keiner mehr ein. Und die haben genug junge Leute, die einen Meistertitel haben und die nicht in der Funktion arbeiten können, das tut keiner. Und dann hat er überlegt, was er tut. Und dann gab es bei uns eben in der (Name einer Zeitschrift) (…) die Anzeige, dass wir Leute suchen. Der hat sich das auch überlegt. Dann hat er sich ein- oder zweimal ein Tagesticket gekauft, ist den ganzen Tag (Benennung einer Tätigkeit als Kunde des Unternehmens), hat da (…) die (Benennung der Mitarbeiter des Unternehmens) angequatscht schon mal, was das ist und wie das ist und was den Job so ausmacht und alles Mögliche, ja, also so richtig engagiert. Und dann hat er gesagt, jetzt schreibe ich eine Bewerbung. Und dann hat er die Bewerbung geschrieben und saß dann hier mit leuchtenden Augen, dass er das machen wollte. Und da habe ich mir gedacht, das ist ein Mann, der im Grunde genommen auch zu schätzen weiß, was jetzt kommt, aber auch den anderen auch das vielleicht vermittelt. Und wir haben den ganz bewusst zu den jungen Leuten dazugetan. Also gesagt, den stellen wir ein. Wir wollten eigentlich eher Jüngere, aber den, ich weiß nicht, 53-jährigen oder so, den stellen wir ein. Weil der einfach

so was von Lebenserfahrung, aber auch von positivem Denken mit sich brachte.“ (Z. 746–761)

In 2 dieser 6 geschilderten kompetenzorientierten Fälle waren für die erfolgte Einstellung zudem vorliegende Empfehlungen relevant, darunter eine Empfehlung aus dem privaten Bekanntenkreis eines einstellenden Geschäftsführers, die persönlich motiviert sein kann oder auf einer Überzeugung von der Kompetenz der empfohlenen Person basieren kann. Bei der anderen Empfehlung handelte es sich um eine Vermittlung der Arbeitsagentur, die dem Unternehmen primär den dann eingestellten älteren Bewerber vorschlug. Auch hier bleibt offen, ob die Priorisierung der Arbeitsagentur fachlich und/oder sozial begründet war. Im konkreten Fall konnte mit der betreffenden älteren Person allerdings ein Erwerbspersoneninterview geführt werden, aus dem hervorging, dass diese Person den zuständigen Arbeitsvermittler sehr häufig kontaktiert hatte, um offene Stellen zu erfragen.

In einem dritten dieser kompetenzorientierten Einstellungsverfahren wurde ein älterer Bewerber neben seiner fachlichen Passung zugleich aufgrund fehlender weiterer Bewerbungen ausgewählt.

Vertreter eines Kleinstunternehmens (UN-8):
„Es hat ja gepasst und es war, glaube ich, auch zu dem Zeitpunkt der einzige Verfügbare. Also wo ich gesagt habe: ‚Okay, kann man probieren.‘“ (Z. 327–328)

Während hohe Kompetenzen als einstellungsrelevant bewertet wurden, wurde sie von einem Behördenvertreter jedoch auch in einem Fall problematisiert. Hier stellte sich die hohe Fachkompetenz eines Bewerbers als Konkurrenz für Personen dar, die an dem Personalauswahlprozess beteiligt waren.

Vertreter einer Behörde (UN-4):
„Und da hat sich jetzt so ein bisschen bei dem Auswahlgespräch gezeigt, der ist, die Fragen konnte der top beantworten, der war aus unserer Sicht so weit, wie die Fachleute, die bei uns saßen, da besteht die Gefahr, dass einzelne Leute Angst haben um ihre berufliche Perspektive, weil dieser Mann könnte unter Umständen sie verdrängen für höherwertige Tätigkeiten.“ (Z. 1360–1364)

Während die vorgenannten ausschlaggebenden Einstellungskriterien von 6 UnternehmensvertreterInnen anhand exemplarischer Fallschilderungen berichtet wurden, bezogen die 3 übrigen UnternehmensvertreterInnen ihre Auskünfte verallgemeinernd auf die dort erfolgten Einstellungen älterer Personen. Darunter benannten 2 Interviewpersonen die fachliche und personale Kompetenz (Verlässlichkeit bzw. Motivation) als ausschlaggebende Einstellungskriterien. Die dritte Interviewperson gab für einen Teil der mit einer älteren Person besetzten Stellen deren fachliche und soziale Kompetenz als Einstellungskriterien an, teils wurden aber auch ältere Personen eingestellt, für die zu Beschäftigungsbeginn eine Anpassungsqualifizierung erforderlich war, die mit öffentlicher Förderung finanziert wurde.

Insgesamt lassen sich auch hier die berichteten Einstellungskriterien nach ihrer Gestaltbarkeit seitens der älteren Stellensuchenden sowie den Bezug auf deren Ressourcen differenzieren, wie in nachfolgender Tabelle ausgewiesen ist (s. Tab. 22).

Tab. 22: Aus den Interviews mit UnternehmensvertreterInnen herausgefilterte ausschlaggebende Einstellungskriterien für die ausgewählte stellensuchende Person

	von älteren Stellensuchenden gestaltbar	**von älteren Stellensuchenden nicht gestaltbar**
Bezug auf Ressourcenstärke der Stellensuchenden	◆ fachliche Kompetenz: berufliche Erfahrung, berufsrelevantes ehrenamtliches Engagement, demonstriertes kompetentes Agieren ◆ soziale und personale Kompetenz: sympathisches Auftreten, engagiertes Auftreten, hohes Interesse an der Stelle und am Unternehmen, demonstriertes hohes Engagement	
Bezug teils auf Ressourcenstärke, teils auf Ressourcenlimitation der Stellensuchenden	◆ Empfehlung durch Arbeitsagentur oder Bekannten (gestaltbar im Falle kompetenzbasierter Gründe, nicht gestaltbar im Falle sozialbasierter Gründe)	
außerhalb eines Ressourcenbezugs der Stellensuchenden		◆ fehlende weitere Bewerbungen

Ausschlaggebend für die Einstellung einer älteren Person waren somit in nahezu allen Einstellungsverfahren überwiegend kompetenzorientierte Kriterien, die an die Ressourcenstärke der Stellensuchenden anknüpften und über die erwerbsbiografisch aufgebaute Kompetenz einen indirekten Altersbezug enthielten. Allerdings setzt Letzterer nicht unbedingt das Überschreiten des 50. Lebensjahres voraus, sondern kann sich auch auf berufserfahrene Personen jüngerer Altersgruppen erstrecken. Auch können die berichteten einstellungsrelevanten Kriterien überwiegend als durch die Stellensuchenden gestaltbar bezeichnet werden. Dieses Ergebnis bestärkt die Bedeutung, die der Kompetenz von Stellensuchenden in der Gesamtheit ihrer drei Dimensionen – fachlich, sozial und personal – zukommt, und die es von den Stellensuchenden selbst, aber auch den Arbeitsmarktinstitutionen zu fundieren und ggf. weiterzuentwickeln gilt.

Suchwege

Die Ausschreibungs- und Suchwege umfassten nach Aussage von 8 der 9 interviewten UnternehmensvertreterInnen bei allen externen Stellenausschreibungen eine Bekanntmachung über die Arbeitsverwaltung[256]. Lediglich ein Unternehmen, das freie Mitarbeiter suchte, machte die Stellenofferte ausschließlich über eigene Kontakte und Kontakte der Mitarbeiter bekannt („Mundpropaganda"). Die Ausschreibung über die Arbeitsverwaltung erfolgte entweder über eine Bekanntmachung in der Datenbank „Jobbörse" der Bundesagentur für Arbeit oder über eine etwaige Vorauswahl von Stellensuchenden durch die ArbeitsvermittlerInnen.

Insgesamt zeigte sich in den Suchstrategien ein deutlicher Unterschied nach Unternehmensgröße. So handelte es sich ausschließlich um 3 Großunternehmen, für die Einrichtungen der Arbeitsverwaltung eine Vorauswahl von Stellensuchenden vornahmen. Auch nutzten die Mittel- und Großunternehmen sowie das Klein-Unternehmen mehrere und teils vielfältige Suchwege, wie z.B. Zeitungsinserate, Veröffentlichung auf der eigenen Website und in diversen Online-Stellenportalen, interne Ausschreibungen etc., während beide Kleinstunternehmen ausschließlich über die Arbeitsverwaltung und Mundpropaganda suchten.

Im Vergleich mit Daten der repräsentativen IAB-Erhebung des Gesamtwirtschaftlichen Stellenangebots zeigte sich damit im Sample eine Bedeutung der Arbeitsverwaltung, die die Ergebnisse der IAB-Erhebung aus dem Jahr 2010 weit übersteigt (vgl. Dietz et al. 2011, S. 2). Danach nutzten lediglich 42,8 % der Unternehmen für eine Stellenbesetzung den Suchweg über die Arbeitsverwaltung[257]. Allerdings bestätigte sich hier auch der Einfluss der Unternehmensgröße auf die höhere Anzahl genutzter Suchwege, die nach den IAB-Daten für

---

256 Der Begriff der Arbeitsverwaltung bezieht sich in der vorliegenden Arbeit auf alle Einrichtungen der Leistungsverwaltung für Arbeitslose und der Arbeitsförderung in Trägerschaft des Bundes (Agenturen der Bundesagentur für Arbeit), der Kommunen oder in gemeinsamer Trägerschaft von Bund und Kommunen (Arbeitsgemeinschaften bzw. „ARGEN") (vgl. Kaltenborn et al. 2010, S. 47 f.). Die beiden letztgenannten werden nach § 6d SGB II auch unter dem Begriff Jobcenter gefasst (vgl. Bundesministerium der Justiz und für Verbraucherschutz o.J.g).

257 Dietz et al. verwenden hierfür den Begriff Arbeitsagenturen, beziehen diesen aber explizit nicht nur auf die Agenturen der Bundesagentur für Arbeit, sondern auch auf die ARGEN und Jobcenter, vgl. dies. 2010, S. 2.

Großunternehmen mit mehr als 500 Mitarbeitenden 3,2 Suchwege je Neueinstellung betrug gegenüber 2,0 Suchwegen je Neueinstellung bei Kleinstunternehmen mit weniger als 10 Mitarbeitenden.

Zu berücksichtigen ist, dass das Erhebungsjahr der hier zitierten IAB-Daten zwar dem Bezugszeitraum der 2011–2013 interviewten UnternehmensvertreterInnen nahekommt, die zu den Stellebensetzungen der letzten 2 Jahre befragt wurden. Jedoch unterliegen die von den Unternehmen gewählten Suchwege einer dynamischen Veränderung im Zeitverlauf infolge informationstechnologischer und arbeitsmarktlicher Entwicklungen, wie z.B. der Bedeutungszunahme von Internetportalen, privater Arbeitsvermittlungen und Zeitarbeit für die Personalsuche.

Einstellungs- und Ausbildungsförderungen

Für die erfolgte Einstellung einer älteren Person nutzten nach Auskunft der Interviewpersonen 7 der 9 Unternehmen eine Einstellungs- oder Ausbildungsförderung. In einem Unternehmen waren aufgrund der Suche nach freien Mitarbeitern die Voraussetzungen für eine solche Förderung nicht gegeben, für ein weiteres Unternehmen äußerte sich die Interviewperson nicht zu diesem Thema.

In 3 der 7 Unternehmen war die Förderung relevant für die generelle Möglichkeit einer Stellenbesetzung. So berichtete der Vertreter eines Kleinunternehmens, dass die mit einer älteren Person besetzte Stelle nur unter der Voraussetzung nutzbarer Fördermittel eingerichtet werden konnte. Der Vertreter einer Behörde gab die Nutzung von Ausnahmeregelungen des bestehenden Einstellungsstopps verknüpft mit einsetzbaren Fördermitteln als Möglichkeit von Stellenbesetzungen an. In einem Großunternehmen schließlich war die Nutzbarkeit von Fördermitteln nur für ein bestimmtes Stellensegment des Unternehmens eine unabdingbare Voraussetzung, in das auch ältere Bewerber eingestellt wurden, wobei allerdings ältere Personen überwiegend in ungeförderte Stellen eingestellt wurden.

In einem anderen Großunternehmen war die Förderung nicht generell für die Stellenbesetzung, wohl aber für die getroffene Personalentscheidung relevant. Dessen Vertreter erläuterte, dass bei gleichstarken Bewerbern eine bestehende Fördermöglichkeit für eine ältere Person zu deren Einstellung führte und dass eine Förderung bei zuvor arbeitslosen älteren Bewerbern im Falle bestehender Anpassungsprobleme wichtig war, um die hierfür erforderliche Ausbildungszeit finanzieren zu können.

In den drei übrigen der 7 Unternehmen, die bei einigen Einstellungen eine Förderung in Anspruch genommen hatten, wurden diese von den Interviewpersonen im Hinblick auf die generelle Stellenbesetzung und die Personalauswahl als nicht relevant bewertet. In diesen Unternehmen stand vielmehr die benötigte Kompetenz im Vordergrund, wie nachfolgende Zitate verdeutlichen.

> Vertreter eines Mittelunternehmens (UN-6):
> „Ich stelle keinen ein, nur weil er Fördermittel einbringt, weil das von vornherein in, nicht in dieses Bild passt, was ich Ihnen vorher gesagt habe, wenn es mir darum geht, Potentiale mir anzugucken. Ein Fördermittel ist kein Potential. Fördermittel ist, hilft mir sozusagen in der Bewältigung meiner Aufgaben beim Kunden nicht." (714–718)
> „(...) der Kern ist, wir gucken uns die Leute auf die Potentiale hin an und das Geld, was sie mitbringen ist kein Potential, sondern das wäre eine Kostenreduzierung, aber ist kein Potential, was mein Problem löst." (Z. 745–747)
> Vertreter eines Großunternehmens (UN-9) zur Bedeutung von Einstellungsförderungen für über 50-Jährige bei Stellenbesetzungen des Unternehmens:
> „Die beachten wir eigentlich gar nicht. Wir nehmen sie mit, wenn sie da ist, aber es wäre kein Kriterium. Weil wir sagen, wenn ein Mitarbeiter bei uns ist, dann kostet der 50.000 Euro im Jahr, und wenn der zehn Jahre bei uns ist, wenn der über 50 ist, dann sind das 500.000 Euro. Und im Verhältnis dazu ist diese Eingliederung also, wie ich sagen würde, Peanuts oder ist unwesentlich. Man würde sich da zu einer Sache verführen lassen, nein, das würden wir nicht tun. Also wie gesagt, wenn jemand, das ist einfach der Betrag, 500.000 Euro Lohnkosten, die noch anstehen, sind einfach in keinem Verhältnis zu der Förderung. Und dann sage ich mir, das Risiko ist viel zu hoch, dass wir uns jemanden über die Förderung an Bord holen, der ungeeignet ist. Dann würden wir lieber die Förderung sausen lassen und jemand Geeigneteren nehmen." (Z. 569–577)

Die Interviewperson aus dem letztzitierten Unternehmen schätzte somit die erhaltene Einstellungsförderung ebenfalls als nicht relevant ein. Das Unternehmen erhielt allerdings für einige Stellenbesetzungen eine Ausbildungsförderung und diese bewertete der Unternehmensvertreter als wichtig, da sie dem Unternehmen die Eigenfinanzierung von Ausbildungsleistungen ersparte und über ein an die Ausbildung anschließendes gefördertes Praktikum die Personalauswahl erleichterte.

Diese Ergebnisse verdeutlichen, dass Einstellungszuschüsse in den berichteten Fällen eine sehr unterschiedliche Funktion hatten, indem sie teils Stellenbesetzungen überhaupt erst ermöglichten, teils die entsprechend der arbeitsmarktpolitischen Förderintention anvisierte Zielgruppe der arbeitslosen Stellensuchenden ab 50 Jahren bei der Stellenbesetzung begünstigten, teils aber auch nur einen günstigen Mitnahmeeffekt darstellten.

Erfahrungen mit eingestellten älteren Personen

Die interviewten UnternehmensvertreterInnen berichteten die Erfahrungen, die sie mit den eingestellten 50-jährigen und älteren Personen gemacht haben, wie folgt:

Nicht erfüllte Erwartungen: Ein Unternehmensvertreter äußerte bezogen auf einen Einzelfall, dass die Erwartungen des Unternehmens nicht erfüllt wurden. Die Ursache hierfür wurde jedoch nicht in dem höheren Lebensalter der Person verortet, sondern als persönlich bedingt vermutet.

Erfüllte Erwartungen nach erfolgter Qualifizierung: Zwei Unternehmensvertreter schätzten die Erfahrungen mit den eingestellten älteren Personen positiv ein, gaben aber zumindest teilweise auch qualifikatorische Anpassungsprobleme an. Darunter verwies, wie bereits aufgeführt, der Vertreter eines Großunternehmens auf genutzte Einstellungsförderungen, um im Falle eines Qualifizierungsbedarfs von zuvor arbeitslosen älteren Eingestellten diesen zu finanzieren, womit er sich auf mehrere vorgenommene Einstellungen älterer Personen bezog. Die andere Interviewperson benannte in einem Einzelfall einen Lernbedarf, der der eingestellten älteren Person nach längerer Arbeitslosigkeit teils auch schwerfiel, aber auch mit einem hohen Lernwillen erarbeitet wurde.

> Vertreter eines Kleinstunternehmens (UN-2) auf die Frage, ob sich seine Erwartungen und Ansprüche an die eingestellte ältere Person erfüllt haben:
> „Also bis jetzt, bis jetzt sag ich mal ja. Also alles, was ich gesagt habe, Zuverlässigkeit, Pünktlichkeit, dieser Wille, die ganzen Geschichten, die Freundlichkeit dem Kunden gegenüber, also, bis jetzt super, ich kann mich jetzt, was ich jetzt gesehen habe, was ich jetzt die letzten Monate … passt bis jetzt alles, ja. Also ich kann sagen, ja, (Benennung der eingestellten Person) erfüllt die Erwartungen. Wie gesagt, mit dem Lernen (…), das entwickelt sich auch gerade, ich habe auch keine Idee, wie schnell es sich entwickeln sollte, ich sehe aber Fortschritte, ich sehe, dass es funktioniert, und das ist für mich im Endeffekt wichtig (…).“ (Z. 466–472)
> „Also man muss auch sagen, beruflich dazu, sehe ich auch schon, dass es bei (Name der eingestellten Person) auch so ist, bei Leuten wie ihnen etc., wenn man länger aus der Arbeitswelt raus ist, tut man sich schwer, gar keine Frage. Auf der anderen Seite ist aber absolut der Wille da, dies zu erlernen, von sich aus, sich damit zu beschäftigen. Und da ist auch das Durchhaltevermögen da. (…) Es wird sich da rein gebissen, fest gebissen, bis man das Problem verstanden hat oder nachgefragt. Man ist sich auch, das ist auch schön, man ist sich auch nicht zu feige oder zu dumm nachzufragen. Viele Jüngere tun das nicht, weil man sich schämt (…).“ (Z. 174–182)
> „(…) das wird dann erklärt, und vielleicht muss man es auch zweimal erklären, aber es funktioniert dann. Und das ist halt das Schöne. Also, es wird halt gefragt, also, da ist auch keine falsche Scham.“ (Z. 217–219)

Die personenbezogenen Einschätzungen entsprachen in diesem Fall, in dem auch ein Interview mit der betreffenden eingestellten Erwerbsperson geführt wurde, auch deren Selbsteinschätzung.

Weitgehend altersunspezifische Erfahrungen: Ein Unternehmensvertreter schilderte an einem Fallbeispiel die hohe Sozialkompetenz einer mit 62 Jahren eingestellten Person, deren Kompetenz mit 69 Jahren (!) nachgelassen habe. Weitere seiner Aussagen, bezogen auf mehrere Einstellungen älterer Personen, beinhalteten sowohl altersspezifische Einschätzungen, wie z.B. Kündigung nach festgestellten unzureichenden Voraussetzungen für die körperlichen Belastungen am Arbeitsplatz, als auch altersunabhängige Einschätzungen, wie z.B. Kompetenzveränderungen und generelle Erfahrungen mit den Beschäftigten.

Vertreter eines Mittelunternehmens (UN-6):
„Wir haben gerade unserer ältesten Mitarbeiterin (…), die war 72, im Callcenter verabschiedet, weil sie … (…) Die hat angefangen mit 62, war zehn Jahre bei uns beschäftigt. Sie war, sagen wir mal, phasenweise die Ansprechpartnerin für die schwierigen Fälle, weil sie ruhig und gelassen und souverän und Sozialkompetenz hatte. Gerade aber in der letzten, in den letzten drei Jahren war sie, sagen wir mal, verlor sie einen gewissen Biss und verlor sozusagen auch eine gewisse Fachlichkeit. So, und was wir schon, also wir haben sehr freundschaftlich miteinander gesprochen, also was sie auch eben darauf bezogen hat, dass sie eigentlich so die Lust auch am Arbeiten verloren hatte und so kein, sich nochmal auf was anderes konzentrieren wollte, Bücher schreiben, hat sie dann Bücher geschrieben (lacht). (…) Wobei diese Veränderung aber in den Personen ja auch, würde ich mal sagen, nicht unbedingt altersbezogen sind.“ (Z. 528–542)
Die gleiche Interviewperson auf die Frage nach Erfahrungen mit eingestellten älteren Personen insgesamt:
„(…) als Student hieß es mal: ‚Traue niemandem über 30.‘ (…) Ja, das ist eine Weile her und wir haben dann die Erfahrung gemacht, in der Zeitarbeit vor 15 Jahren, als ich mit der Firma angefangen habe: ‚Traue niemandem unter 30.‘ Das waren die unzuverlässigsten Mitarbeiter, die man kriegen konnte. Wir haben das ausgewertet und haben dann für uns gesagt, das ist ein genauso dummer Spruch wie der erste. Man muss mit den Leuten altersgerecht umgehen (…).“ (Z. 830–839)
„Also man muss die Leute genauso angucken, wo sie gerade sind, sich intensiv mit ihnen individuell auseinandersetzen und dann ist der Alte so zuverlässig oder unzuverlässig wie der Junge (…).“ (Z. 849–851)
Die gleiche Interviewperson auf die Frage, ob es nach der Einstellung von älteren Stellensuchenden spezifische Gründe gab, sich nach kurzer Zeit wieder von ihnen zu trennen:
„Geschwindigkeit, Beweglichkeit, das sind schon gewichtige Gründe, oder körperliche Belastbarkeit, da hatten wir schon eben Fälle, wo das eindeutig mit dem Alter zusammenhängt.“ (Z. 863–864)

Keine schlechten Erfahrungen: Der Vertreter eines Großunternehmens bilanzierte überwiegend keine schlechten Erfahrungen mit eingestellten Personen ab 50 Jahren und bezog sich hierbei auf viele Fälle. Ein Herzinfarkt, den ein älterer Eingestellter erlitten hatte, verortete der Unternehmensvertreter nicht altersspezifisch. Die Personalauswahl wurde für das Unternehmen durch die Kooperation mit der Arbeitsverwaltung und mit Bildungsträgern erleichtert, die jeweils eine Vorauswahl unter den BewerberInnen trafen. Auch dieser Unternehmensvertreter hob größere Probleme von Älteren gegenüber Jüngeren hervor, die hohen Lernanforderungen in der 3-wöchigen Einarbeitungsphase zu erfüllen. Zugleich wertete er die von Älteren eingebrachte Motivation höher, wenn sie die Lernanforderungen geschafft hatten. Für das Unternehmen ergaben sich ebenfalls kaum Probleme mit mehrfach eingestellten älteren, vormals Selbstständigen aus einem zuvor höheren Einkommens- und Qualifikationsniveau.

Vertreter eines Großunternehmens (UN-9):
„(…) es gab hier sehr viele Mitarbeiter, Arbeitslose über 50 (…) und wir haben mit den allermeisten auch keine schlechten Erfahrungen gemacht." (Z. 476–478)
„(…) andere Dinge sind natürlich dann auch eingetreten, der eine hat einen Herzinfarkt bekommen oder sonstige Dinge, die aber …, das ist dann eben so. Das kann Ihnen auch bei jüngeren Mitarbeitern kann das passieren." (Z. 502–505)
„Das Arbeitsamt selber macht ja die Ausbildung nicht, da ist ja meistens noch irgendein Bildungsträger zwischengeschaltet, die auch ihre Leute, die auch die Leute auswählen, die auch Erfahrung haben, denn die leben wiederum davon, wie die Übernahmequote ist. D.h., deren Interesse ist sehr hoch, geeignete Leute zu finden (…) Und die haben eine sehr hohe Motivation, hier Leute hinzuschicken, mit denen wir zufrieden sind. Und die wissen auch über Gespräche und über die Jahre, was wir brauchen. Von der Seite her treffen die, behaupte ich, auch noch mal eine Vorauswahl. Ich denke, dass das Arbeitsamt eine Vorauswahl trifft und die Bildungsträger treffen auch noch eine Vorauswahl, und sodass eigentlich dann schon einige Filter gesetzt sind, dass wir die meisten der Leute auch übernehmen können." (Z. 608–623)
„Die (Eingestellte zu Beginn der dreiwöchigen Einarbeitungsphase) kriegen alle ihre schriftlichen (Bezeichnung)-Beschreibungen, also das sind ja relativ viele Unterlagen und Informationen. Und wir haben einfach die Erfahrung, das ist zu schaffen. Aber ich kann nur sagen, für einen Älteren (…) ist es eben besonders schwer." (Z. 693–696)
„Also wenn sie (die Stellensuchenden), ich sage mal, über 50 sind und hatten vor, ich weiß nicht, vor 35 Jahren das letzte Mal eine Schulbank gedrückt, ja, und müssen plötzlich hier lernen, das, das, das darf man nicht unterschätzen. Das ist nicht einfach." (Z. 720–723)
„Also wer das (die Lernanforderungen in der Einarbeitungszeit) schafft, der hat ja schon mal, muss man sagen, der hat ja schon mal eine hohe Motivation an den Tag gelegt, eine höhere als ein Jüngerer vielleicht, um das zu schaffen. Und ich sage mal, es gibt von den Älteren schon welche, die eigentlich, noch bevor sie bei uns anfangen, verstanden haben, was es bedeutet, in so einem Unternehmen zu arbeiten, und was es für sie auch bedeutet und wie ihr Leben dann auch weitergehen kann und das auch eigentlich zu schätzen wissen und auch wissen, was sie verlieren, wenn sie es nicht mehr haben. Da haben wir vielleicht eher als bei Jüngeren." (Z. 973–979)
Die gleiche Interviewperson zu erfolgten Einstellungen von vormals Selbstständigen:
„Und im Allgemeinen haben wir mit diesen Leuten wenig Probleme. Die, die mal selbstständig waren, eigentlich, sage ich jetzt mal, überqualifiziert sind für uns, aber genau

wissen, dass ihnen ihre Qualifikation im Moment nichts nutzt, aber auf der anderen Seite durchaus zu schätzen wissen, was es bedeutet, in einem Unternehmen zu arbeiten, das geregelte Arbeitszeiten hat, wo am 15. das Geld kommt, wo der Arbeitgeber noch eine Betriebsrente bezahlt, wo es, wo ich natürlich auch, wenn ich krank bin, mein Geld habe und wo ich im Notfall für andere Dinge auch noch versorgt bin, die das genau wissen. Und die wissen dann auch, weil sie eben die schlechten Erfahrungen gehabt haben, dass sie genau diese Attribute suchen für sich. Die wollen nicht mehr selbstständig werden. Damit haben die abgeschlossen. Das ist zumindest meine Erfahrung." (Z. 782–791)

Die im letztgenannten Zitat geschilderten Erfahrungen des Unternehmensvertreters mit älteren Personen, die vor ihrer Einstellung beruflich selbstständig waren, veranschaulichen zudem die Kompetenzen, die diese Personen im Rahmen ihrer Bewerbung und ihrer anschließenden Beschäftigung vermittelten: Ihnen gelang es nach Wahrnehmung des Unternehmensvertreters, nach erfolgter Aufgabe ihrer Selbstständigkeit ihre beruflichen Zukunftschancen zu reflektieren, ihre Ziele auf ein neues Berufsfeld auszurichten und dessen Vorteile trotz des geringeren Qualifikationsniveaus zu schätzen, sich somit mit dem neuen Beruf zu arrangieren. Dies kann als eine erwerbsbiografisch erwachsene Reflexions-, Zielfindungs- und Handlungskompetenz bezeichnet werden, die sich aus der geschilderten Perspektive eines Unternehmensvertreters erschließen lässt.

Positive Erfahrung, anschließend gesundheitlich bedingte Entlassung: Der Vertreter eines Kleinstunternehmens schätzte seine Erfahrung mit einem eingestellten älteren Bewerber in fachlicher und sozialer Hinsicht zwar als positiv ein, eine längere Erkrankung mit ungünstiger Prognose veranlasste ihn dann jedoch zu einer gesundheitlich bedingten Kündigung.

Vertreter eines Kleinstunternehmens (UN-8):
„(…) ich hatte den eingestellt und dann habe ich ziemlich schnell mitbekommen, dass er da recht gut ist und auch schon über Erfahrungen verfügte (…)." (Z. 199–201)
Die gleiche Interviewperson auf die Frage nach der Passung zwischen dem Team und dem älteren Eingestellten:
„In dem Fall hat es ganz gut gepasst." (Z. 341)
Die gleiche Interviewperson auf die Frage, ob er sich hinsichtlich der von ihm geschilderten Einstellung eines älteren Bewerbers rückblickend lieber für einen Jüngeren mit einer gleichwertigen Qualifikation entschieden hätte:
„Im Nachhinein schon, also heute würde ich es wahrscheinlich schon so machen. Das, also ich habe ihn ja dann entlassen, er war ein Jahr oder anderthalb Jahre da gewesen bei mir. Und der Grund dafür war eigentlich gesundheitlich bedingt. Also bei ihm stand eine Knieoperation an. Er hatte mir das fairerweise auch vorher gesagt und dass er da halt eben im Minimum einen Arbeitsausfall von drei Monaten, wenn ungünstig dann eben auch noch länger, je nachdem, Genesungsphase. Und daraufhin habe ich ihn halt

entlassen, also ich habe ihm das gesagt, dass es für mich halt, für die Firma nicht tragbar ist (…).“ (Z. 220–226)
„Das hat eine Rolle gespielt bei meiner Überlegung der Entlassung mit, erst mal der längere Arbeitsausfall, der anstand, und dann auch die eventuelle Prognose darauf, dass so was dann öfter auftritt beziehungsweise weniger körperlich belastbar, um das auszuschließen dann oder um das irgendwie zu minimieren, die Ausfälle.“ (Z. 348–351)

Positive Erfahrungen, teils mit Weiterentwicklung: Ein Behördenvertreter schätzte die Erfahrungen mit mehreren eingestellten Personen ab 50 Jahren positiv ein und berichtete in einem Fall über eine erfolgte berufliche Weiterentwicklung in dem Unternehmen.

Vertreter einer Behörde (UN-4), auf die Frage, ob sich die Erwartungen an die eingestellten älteren Personen erfüllt hätten:
„Richtig. Die haben sich bestätigt. Beim Herrn (Name Person 1) ist es was Besonderes (…). Er arbeitet noch länger als er müsste, zurzeit. (…) Und wir haben bisher positive Erfahrungen mit den Menschen gemacht und deswegen machen wir das auch. Hätten wir jetzt Erfahrungen gemacht, dass das … Das ist so jetzt, klingt wie so Stammtischparolen, wenn ich das sage, diese Erfahrung habe ich nicht gemacht, dass die Leute unfähig wären, zu nichts zu gebrauchen wären, dann würden wir die Möglichkeiten nutzen, die ein befristeter Arbeitsvertrag bietet, nämlich die Kündigung während der Probezeit. (…) Es gab bis jetzt nur einen Fall, wo wir im Prinzip uns wegen Unfähigkeit dann getrennt haben. Das war aber jetzt aus meiner Erinnerung heraus nicht einer über 50. Das sind aber, wie gesagt, in der Person liegende Gründe. Das gibt es aber auch bei nicht-schwerbehinderten und auch bei jüngeren Menschen, also das ist jetzt nicht spezifisch auf die Altersgruppe zu legen.“ (Z. 1323–1339)
Die gleiche Interviewperson über die berufliche Weiterentwicklung einer zweiten Person, die im Alter von über 50 Jahren eingestellt wurde:
„Und er (Anm. d. V: Bezug: Person 2) sollte halt zunächst mal nicht in diesem Bereich eingesetzt werden, sondern in einer niederen Tätigkeit. Das ist also jahrelang her, das muss man dazusagen und die waren mit einer Vergütungsgruppe bewertet, da hat man ihn halt jetzt eingestellt. Im Laufe der Jahre hat er uns natürlich hier durch Fortbildungen, interne, gezeigt, dass er ein guter Mann ist, und dadurch kriegt er auch andere Chancen.“ (Z. 802–806)

Die übrigen 2 Interviewpersonen äußerten sich nicht zu den Erfahrungen mit älteren eingestellten Personen.

Insgesamt wurde deutlich, dass die Erfahrungen mit den eingestellten 50-jährigen und älteren Personen weit streuten und von nicht erfüllten Erwartungen bis hin zu positiven Erfahrungen reichten, in denen die Eingestellten nicht nur die an sie gestellten Erwartungen erfüllten, sondern sich im Unternehmen auch beruflich weiter entwickelten. Überwiegend wurden die Erwartungen nach Einschätzung der interviewten UnternehmensvertreterInnen erfüllt, nur eine

Interviewperson gab nicht erfüllte Erwartungen an, sah diese aber personen-, nicht altersbedingt begründet.

Die Erfahrungen der UnternehmensvertreterInnen mit den Eingestellten lassen sich ähnlich zu den Such- und Einstellungskriterien ebenfalls nach der Art ihres Ressourcenbezugs und der Gestaltbarkeit durch die Eingestellten differenzieren, wie nachfolgende Tabelle veranschaulicht (s. Tab. 23):

Überwiegend wurden somit positive Erfahrungen mit älteren Eingestellten berichtet, die sich auf eine Ressourcenstärke bezogen oder, wie von 2 Interviewpersonen berichtet, mittels einer Ressourcenstärke (Lernmotivation) eine Ressourcenlimitation (Lernbedarf/-probleme) kompensierten. Mit einer Ressourcenlimitation verknüpfte negative Erfahrungen umfassten Probleme hinsichtlich der erbrachten Leistung, der Voraussetzungen für die körperlichen Belastungen am Arbeitsplatz und der Gesundheit, die in einem geschilderten Fall auch nicht durch eine zugleich positiv eingeschätzte Ressourcenstärke kompensierbar war.

Die Einschätzungen von 4 Interviewpersonen zu den eingestellten älteren Personen erfolgten, zumindest teilweise, ohne jeglichen Altersbezug bzw. mit einem explizit benannten Personenbezug. 2 dieser 4 Interviewpersonen schätzten verschiedene Aspekte teils altersbezogen, teils personenbezogen ein: In einem Fall wurde die berichtete Kompetenz altersbedingt verortet und Gesundheit personenbedingt. In einem anderen Fall wurden die Voraussetzungen für die körperlichen Belastungen am Arbeitsplatz altersbezogen bewertet, aber die Kompetenz ohne einen solchen Altersbezug eingeschätzt. Sowohl die Erfahrungen mit Altersbezug als auch mit Personenbezug beinhalteten jeweils positive und negative Bewertungen.

Auffällig ist, dass die meisten genannten Aspekte im Gestaltungsbereich der Eingestellten verortbar sind, nämlich die erbrachten Leistungen und diverse Kompetenzen inkl. Motivation. Lediglich drei Interviewpersonen thematisierten Probleme hinsichtlich Gesundheit und körperlicher Belastungen am Arbeitsplatz.

Eingeschätzte Unterstützungsmöglichkeiten in Bezug auf ältere Stellensuchende

Die UnternehmensvertreterInnen wurden nach Möglichkeiten befragt, mittels derer nach ihrer Einschätzung die Arbeitsmarktchancen älterer Erwerbspersonen auf verschiedenen Handlungsebenen unterstützt werden könnten. Die Äußerungen lassen sich a) der Unternehmensebene, b) der Ebene der älteren Stellensuchenden sowie c) der arbeitsmarkt- und beschäftigungspolitischen Ebene zuordnen.

Tab. 23: Erfahrungen von UnternehmensvertreterInnen mit eingestellten älteren Personen

	von älteren Eingestellten gestaltbar	**von älteren Eingestellten nicht gestaltbar**
Bezug auf Ressourcenstärke der Eingestellten		
positive Erfahrungen mit Altersbezug	◆ hohe Motivation ◆ erwerbsbiografisch erwachsene Reflexions-, Zielfindungs- und Handlungskompetenz am Beispiel vormals Selbstständiger	
nach geschaffenen Voraussetzungen positive Erfahrungen mit Altersbezug	◆ positiv bewertete Leistung nach erfolgter Qualifizierung (zweimalige Benennung)	
positive Erfahrungen ohne expliziten Altersbezug	◆ keine schlechten Erfahrungen ◆ gute fachliche Kompetenz ◆ hohe Sozialkompetenz	
Bezug teils auf Ressourcenstärke, teils auf Ressourcenlimitation der Eingestellten		
vorrangig positive Erfahrungen mit Altersbezug	◆ Qualifizierungsbedarf bei gleichzeitig hohem Lernwillen ◆ höhere Lernprobleme, deren Bewältigung eine höhere Motivation erfordert	
vorrangig negative Erfahrungen mit Altersbezug		◆ gute Arbeitsleistung und gute Passung, aber gesundheitlich bedingte Entlassung
gemischte Erfahrungen mit Personenbezug	◆ abgelehnte Generalisierungen nach Alter	
Bezug auf Ressourcenlimitation der Eingestellten		
negative Erfahrungen mit Altersbezug		◆ Kündigung nach festgestellten unzureichenden Voraussetzungen für die körperlichen Belastungen am Arbeitsplatz
negative Erfahrungen mit Personenbezug	◆ nicht erfüllte Erwartung an die Arbeitsleistung	◆ gesundheitliche Probleme

a) Auf der Unternehmensebene inkl. Unternehmenskultur wurden folgende Unterstützungsmöglichkeiten gesehen:

- Erforderlich ist ein Kulturwandel in den Unternehmen, um die Akzeptanz zur Einstellung älterer Stellensuchender zu erhöhen, vergleichbar der Akzeptanz von Teilzeitarbeit, die ebenfalls in vielen Unternehmen lange Zeit für nicht organisierbar gehalten wurde.
- Die Leistungskraft älterer Personen sollte nicht unterschätzt werden.

Vertreter eines Kleinstunternehmens (UN-2):
„Das Problem, denke ich mal, ist das fehlende Vertrauen in die Leistungskraft eines älteren Arbeitnehmers, habe ich so ein bisschen das Gefühl. Man geht davon aus, dass ein 35-Jähriger 70 Stunden die Woche arbeiten kann, das mit höchster Qualität und das auch das ganze Jahr ohne Urlaub. Und dass es jemand, der 55 ist, nicht mehr bringt. Dass das einem Irrglauben aufsitzt, das weiß ich nicht, ob das die wenigsten realisieren wollen (…). Ältere haben vielleicht andere Arbeitswege aufgrund der Erfahrungen, die gehen ein Projekt anders an, brauchen vielleicht etwas länger (…), haben aber dafür hintenrum wieder Zeit gespart, weil sie von vornherein, sagen wir mal, diese Probleme, die da auftreten könnten, schon berücksichtigt haben und im Gesamterfolg passen sie dann zeitlich auch wieder. Ich glaube, da ist so ein bisschen ein fehlendes Vertrauen da (…).“ (Z. 654–668)

- Leitungskräfte sollten bei Bewerbungsgesprächen sensibel auf aufgeregte Bewerber eingehen, sonst finden sie deren Potential nicht heraus.
- Die Einstellung älterer (Langzeit-)Arbeitsloser sollte durch Mentoren oder Lernbegleiter unterstützt und die Teams hierauf „eingestimmt“ werden.
- In den Unternehmen müssten Voraussetzungen für die Beschäftigung älterer Personen bis zu ihrem Rentenalter geschaffen werden (von 3 Interviewpersonen thematisiert). Hierfür müssten Wechsel von Tätigkeiten und Anforderungen bereits für Beschäftigte ab 35 Jahren eingeführt werden.

Vertreter eines Mittelunternehmens (UN-6):
„(…) da muss sozusagen viel stärker in die Betriebe reingegangen werden und gesagt werden, wie kann man Arbeitsprozesse so verändern, dass sie attraktiv sind, dass sie unterschiedliche Schwierigkeitsgrade haben, dass sie … Das kann man auch nicht pauschal machen, das wird in jedem Betrieb anders sein, so aber, wenn die Betriebe auch immer mehr sich selber eindampfen auf Kern … Kernbereiche, sozusagen die Produktionstiefe reduzieren (…).“ (Z. 1109–1114)

- Die Unternehmen sollten ihre Beschäftigten in jedem Altersabschnitt qualifizieren.

b) Ebene der älteren Stellensuchenden
   - Es liegt in der Verantwortung der Arbeitslosen, sich bis zum Renteneintritt umfassend zu bewerben (von 2 Interviewpersonen thematisiert).
   - Für die Bewerbungen ist es wichtig, sich mit der betreffenden Branche und mit dem Arbeitsmarkt zu beschäftigen und diese zu sondieren.
   - Die Stellensuchenden müssen sich über das Unternehmen informieren.
   - Die Stellensuchenden sollten für sich geklärt haben, warum sie sich auf eine Stelle bewerben und welche Motivation sie für die Stelle haben (von 2 Interviewpersonen thematisiert) und sie müssen dies authentisch erklären können, insbesondere bei Berufswechseln.
   - Arbeitslose Rehabilitanden, die für ihre Reintegration eine Umschulung erhalten haben, sollten spezifisch darauf achten, wie sie sich zu der Umschulung in einer Bewerbung positionieren und ihre Motivation für die neue Tätigkeit darstellen.
   - Ältere Beschäftigte sollten die Bereitschaft zur Weiterbildung haben und haben diese nach Erfahrungen der Interviewperson zumeist auch.

c) Arbeitsmarkt- und beschäftigungspolitische Ebene inkl. Handeln der Arbeitsverwaltung
   - Die erforderliche Umstrukturierung von Arbeit benötigt einen generellen gesellschaftlichen Wandel, der die Notwendigkeit einer solchen Umstrukturierung anerkennt.
   - Kontroverse Einschätzungen zu einem grundsätzlichen politischen Förderbedarf:
     Auffassung I: Für die Erforschung und modellhafte Entwicklung von Bedingungen für die Erwerbsarbeit älterer Menschen auch bis zum höher gesetzten Renteneintrittsalter sollten Fördermittel bereitgestellt werden. Ähnlich äußerte eine weitere Interviewperson, dass die Schaffung eines dem Wandel der Arbeitsleistung entsprechenden Arbeitsumfeldes von der Förderpolitik unterstützt werden könnte.
     Auffassung II: Maßnahmen seitens der Politik sind nicht erforderlich, da infolge der älter werdenden Gesellschaft die Unternehmen auch einfach vermehrt ältere Personen einstellen müssen.

Vertreter eines Kleinstunternehmens (UN-8):
„(…) das wird einfach sowieso so sein, weil niemand anders mehr da ist dann (…).“ (Z. 656–657)

   - Sinnvoll wäre die Subventionierung von Altersteilzeit, aber nicht in der Form des Blockmodells, da dieses in der Arbeitsphase selbst nicht gesundheitlich entlastend wirkt.

- Die Rentenversicherungsträger könnten die Reintegration von beschäftigten Rehabilitanden im Rahmen des betrieblichen Eingliederungsmanagements eines Unternehmens stärker fördern, z.B. durch geförderte Umschulungen.
- Zu klären ist, wie Rückkehrmöglichkeiten für Ältere in ein Unternehmen gestaltet werden können, wenn jemand eine Auszeit von 4 oder 5 Jahren nimmt, um einen Elternteil zu pflegen, was derzeit nur als Kann-Bestimmung im Gesetz enthalten ist.
- Die rechtlichen Bedingungen sollten so gestaltet sein, dass sie beiden Seiten ggf. eine Trennung voneinander ermöglichen, sodass für das Unternehmen eine Kündigungsmöglichkeit besteht und die eingestellte Person auch im Falle einer Kündigung über eine soziale Absicherung verfügt.

Darunter im Handlungsbereich der Arbeitsverwaltung:

- Die Arbeitsvermittlung sollte spezifischer auf die Unternehmen und ihre Suchanforderungen eingehen und die Unternehmen über geeignete Bewerber inkl. ältere Bewerber informieren.
- Kontroverse Einschätzungen zu Einstellungsförderungen:

  Auffassung I: Einstellungsförderungen für ältere Arbeitslose bieten einen finanziellen Vorteil.
  Auffassung II: Einstellungsförderungen sind nicht sinnvoll, da sie nur Mitnahmeeffekte bewirken und die Selbstwahrnehmung der Stellensuchenden verändern, die dies dann als Geschenk an das Unternehmen betrachten, statt froh über die erhaltene Arbeit zu sein.

- Die Arbeitsvermittlung sollte mit einer sehr sensiblen und möglichst genauen Bestandsaufnahme der Qualifikation und auch der gesundheitlichen Situation älterer Arbeitsloser beginnen.
- In der Arbeitsvermittlung dürfen die Arbeitslosen nicht nach ihrer Vermittelbarkeit kategorisiert werden, weil das situativ geprägt und variabel sein kann.

Vertreter eines Mittelunternehmens (UN-6):
„Also, dass man von vornherein auf keinen Fall die Leute in eine Kiste schieben darf, sondern dass man sie sich angucken muss und wenn man sie sich angeguckt hat, dann wird man eine Situationsaufnahme kriegen, kann arbeiten, will arbeiten, tut es auch und viele andere Facetten eben auch, aber das ist eben auch keine generelle Aussage. Das heißt, man hat gerade in dieser Situation die Leute gepackt, richtig erfasst und motivieren können, das heißt noch lange nicht, dass die anderen alle Pflaumen sind, sondern das war vielleicht die falsche Ansprache, war die persönlich falsche Situation, wo sie noch irgendwelche Sachen nicht erkannt hatten, ein Jahr später sind das vielleicht genau

diejenigen, die man dann wieder in Gang setzen kann. Also man muss eigentlich die Leute sich immer genau angucken, und das hat sich in allen Bereichen immer bestätigt." (Z. 260–269)

- Kontroverse Einschätzungen zu Qualifizierungsförderungen:

  Auffassung I: Berufliche Bildungsmaßnahmen sollten nutzenorientiert und an den individuellen Berufsweg anschlussfähig erfolgen sowie möglichst erst nach Klärung der Einstellungsabsicht eines Unternehmens und des vorgesehenen Tätigkeitsfeldes beginnen.
  Auffassung II: Qualifizierungsförderung ist kritisch zu sehen, weil Ältere bereits über Kompetenzen verfügen und EDV-Kenntnisse nach langjähriger Erwerbsarbeit ohne EDV nicht gelernt werden.

- Ältere Arbeitslose, die keine Erfahrung mit Bewerbungsgesprächen haben – was insbesondere Arbeitsuchende aus den NBL nach langer Berufstätigkeit betrifft –, sollten durch die Arbeitsagentur auf ein Vorstellungsgespräch vorbereitet werden, um die Angst hiervor zu verlieren.
- Durch geförderte Praktika könnten sich ältere Arbeitslose wieder an Arbeitsstrukturen, Kommunikation und Sozialverhalten gewöhnen.
- Ältere Langzeitarbeitslose sollten, sofern sie keine reellen Reintegrationschancen mehr haben, für ihre soziale Integration öffentlich geförderte Beschäftigungsmaßnahmen, wie z.B. ABM, erhalten und nicht mehr sanktioniert werden.

Auch diese Einschätzungen lassen sich danach betrachten, inwieweit sie durch die älteren Erwerbspersonen selbst gestaltbar bzw. nicht gestaltbar waren und inwieweit sie auf eine Ressourcenstärke oder -limitation der älteren Personen orientierten. Personelle Förderungen wurden hierbei der Bezugnahme auf eine Ressourcenlimitation zugeordnet, da sie i.d.R. zur Kompensation unterstellter Defizite angelegt waren. Qualifizierung und Qualifizierungsförderung wurden hingegen in den von den Interviewpersonen thematisierten Kontexten nicht ausschließlich unter einem Limitationsbezug im Sinne eines Ausgleichs von Qualifikationsdefiziten betrachtet, sondern auch auf die generelle Weiterentwicklung bestehender Kompetenzen fokussiert. Entsprechend wurden sie nach Ressourcenbezug unterschiedlich zugeordnet. Aspekte, die einen nicht nur defizitär ausgerichteten Leistungswandel älter werdender Erwerbspersonen und eine hieran angepasste Arbeits- und Personaleinsatzgestaltung in den Unternehmen ansprachen, wurden ebenfalls nicht ausschließlich unter einer Ressourcenlimitation kategorisiert.

Tab. 24: Von den UnternehmensvertreterInnen eingeschätzte Möglichkeiten zur Unterstützung der Arbeitsmarkchancen älterer Erwerbspersonen

	von älteren Erwerbspersonen gestaltbar	**von älteren Erwerbspersonen nicht gestaltbar**
Bezug auf Ressourcenstärke der älteren Personen		◆ Leistungskraft älterer Personen in Unternehmen nicht unterschätzen ◆ in Vorstellungsgesprächen Potential aufgeregter Personen herausfinden
Bezug teils auf Ressourcenstärke, teils auf Ressourcenlimitation der älteren Personen	◆ Bereitschaft zur Weiterbildung	◆ Personaleinsatz mit Anforderungswechseln ab 35 Jahren ◆ betriebliche Qualifizierung für Beschäftigte in jedem Altersabschnitt ◆ gesellschaftliche Akzeptanz für nötige Umstrukturierung der Arbeit ◆ kontrovers: (förder-)politische Unterstützung für einen Wandel der Arbeit ◆ genaue Bestandsaufnahme von Qualifikation und gesundheitlicher Situation älterer Personen zu Beginn der Arbeitsvermittlung ◆ keine Kategorisierung von Arbeitslosen nach ihrer Vermittelbarkeit in der Arbeitsvermittlung ◆ kontrovers: Qualifizierungsförderungen für ältere Arbeitslose
Bezug auf Ressourcenlimitation der älteren Personen		◆ Akzeptanz in Unternehmen zur Einstellung älterer Personen erhöhen ◆ Mentoren/Lernbegleiter und Teameinstimmung bei Einstellung älterer Personen ◆ Subventionierung von Altersteilzeit ohne Blockmodell ◆ Förderung rehabilitationsbedingter Umschulungen durch Rentenversicherungsträger ◆ gesetzliche Regelung für RückkehrerInnen nach Pflegezeit ◆ Kündigungsmöglichkeiten älterer Personen für Unternehmen und soziale Absicherung für diese ◆ kontrovers: Einstellungsförderungen für Unternehmen bei Einstellung älterer Personen

	von älteren Erwerbspersonen gestaltbar	**von älteren Erwerbspersonen nicht gestaltbar**
		◆ bei Bedarf Vorbereitung älterer Arbeitsloser auf Vorstellungsgespräche ◆ geförderte Praktika zur Gewöhnung älterer Arbeitsloser an Arbeitsstrukturen, Kommunikation und Sozialverhalten ◆ geförderte Beschäftigung für ältere Arbeitslose ohne reelle Reintegrationschancen zur sozialen Integration
außerhalb eines Ressourcenbezugs der älteren Personen	◆ umfassend bewerben ◆ Branche und Arbeitsmarkt sondieren ◆ über stellenanbietendes Unternehmen informieren ◆ Motivation für Stelle klären und authentisch vermitteln können ◆ im Falle einer rehabilitationsbedingten Umschulung die Motivation für die neue Tätigkeit klären und vermitteln können	◆ Information einstellender Unternehmen über geeignete (ältere) Stellensuchende durch die Arbeitsverwaltung

Die Verantwortung für die Arbeitsmarktchancen älterer Erwerbspersonen wurde somit von den UnternehmensvertreterInnen keinesfalls im alleinigen Verantwortungsbereich der Erwerbspersonen selbst verortet, sondern auch – und wie die Tabelle 24 zeigt, sogar überwiegend – im Handlungsbereich von Unternehmen sowie auf der politischen Ebene. Vielfältige mögliche Ansatzpunkte wurden sichtbar, kontrovers wurden hierbei förderpolitische Maßnahmen zur Förderung von Einstellungen und Qualifizierungen älterer Erwerbspersonen sowie zur Förderung eines generellen Wandels der Arbeit eingeschätzt.

Interessanterweise fokussierten die eingeschätzten Unterstützungsmöglichkeiten nicht ausschließlich auf unterstellte Defizite, obgleich die Interviewfrage nach Unterstützungsmöglichkeiten ein Unterstützungserfordernis implizierte und somit ein solches Defizit nahelegte. Vielmehr wurden von den Interviewpersonen auch bestehende Altersstereotype problematisiert und die Arbeitsmarktchancen älterer Erwerbspersonen in einen erwerbsbiografisch bereits weit früher relevanten und gestaltbaren Arbeitskontext eingebettet.

Vergleich der Interviews aus der Unternehmens- und der Erwerbspersonen-Perspektive

In allen Unternehmen, die die 9 interviewten UnternehmensvertreterInnen repräsentierten, wurden Stellensuchende ab 50 Jahren eingestellt. Personen ab 60 Jahren wurden in diesen Unternehmen hingegen nur auf Basis von Zeitarbeitsverträgen oder Verträgen einer freien Mitarbeit und somit in Bereichen eingestellt, die (bislang) überwiegend unattraktiver regulierte Arbeitsbedingungen bieten. Ebenso erfuhren 20 der 24 interviewten Erwerbspersonen eine hauptberufliche Einstellung nach dem 50. Lebensjahr. Die übrigen 4 Personen nahmen im Alter zwischen 42 und 49 Jahren letztmalig eine neue sozialversicherungspflichtige Beschäftigung auf, darunter waren 2 Personen auch zum Interviewzeitpunkt in dieser Stelle beschäftigt, während die beiden anderen Personen nach ihrem 50. Lebensjahr nur noch in eine geringfügige Beschäftigung eingestellt wurden (vgl. Kap. 6.5). Von den 24 Erwerbspersonen gelang 2 Personen eine Einstellung ab ihrem 60. Lebensjahr: In einem Fall erfolgte eine Einstellung einer 60-jährigen männlichen Person in eine für diese Person weit unter ihrem Qualifikationsniveau liegende Helfer- bzw. Anlerntätigkeit als Wachmann. In einem weiteren Fall realisierte eine interviewte weibliche Erwerbsperson mit 60 Jahren eine Einstellung in eine öffentlich geförderte Beschäftigung sowie mit 62 Jahren in ein reguläres unbefristetes Beschäftigungsverhältnis, beides in einer administrativen Fachkrafttätigkeit und in der gleichen Einrichtung, in der sie bereits in den vorhergehenden Jahren mehrfach im Rahmen einer öffentlich geförderten Beschäftigung angestellt und somit dort bekannt war. Hier werden sowohl aus den Interviews mit UnternehmensvertreterInnen wie auch aus denen mit Erwerbspersonen die nochmals höheren Arbeitsmarktrisiken für Personen ab 60 Jahren deutlich.

Ziel der Erwerbspersonen-Interviews war die Reflexion, Einschätzung und Schilderung ihres erwerbsbiografischen Werdegangs und ihres erwerbsbiografisch orientierten Handelns, insbesondere in der Umbruchphase nach ihrem 50. Lebensjahr. Die Interviews mit UnternehmensvertreterInnen zielten darauf ab (s. auch Kap. 5.1),

a) die Sichtweisen der interviewten Erwerbspersonen in Bezug auf die Einflussfaktoren für ihre realisierte Stellenaufnahme zu spiegeln,
b) eingeschätzte Stärken und Spezifika älterer Erwerbspersonen in einer Selbst- und Fremdwahrnehmung zu vergleichen und
c) sonstige einstellungsrelevante Aspekte zu eruieren, die sich aus der Erwerbspersonenperspektive nicht ermitteln lassen, wie z.B. Unternehmensstrategien.

Hierbei ist zu berücksichtigen, dass die Perspektiven von UnternehmensvertreterInnen und Erwerbspersonen auf die Einstellung bzw. Stellenaufnahme einer Person ab 50 Jahren zwar Überschneidungen, aber auch essenzielle Unterschiede in den fokussierten inhaltlichen Aspekten und deren Zielrichtung aufwiesen:

Für die Unternehmen ergab sich als zentrales Interesse an der erfolgten Stellenbesetzung, dass die eingestellte Person die geforderte Arbeitsleistung erbringt, dass eine sozial-kommunikative und altersstrukturelle Passung zum bestehenden Team und Integration in dieses erreicht wird und dass schließlich die künftige Unternehmensentwicklung, insbesondere hinsichtlich der Altersstruktur der Belegschaft, gesichert wird. Eher nur marginal und in unterschiedlicher Intensität wurden auch Belange der eingestellten Personen und Aspekte der sozialen Verantwortung thematisiert, wie z.B. Arbeitsplatzsicherung und Qualität der Beschäftigungsbedingungen. Hierbei sei nochmals darauf verwiesen, dass den interviewten UnternehmensvertreterInnen eine nicht repräsentative eher höhere Offenheit gegenüber älteren Stellensuchenden unterstellt werden kann, da in allen beteiligten Unternehmen mindestens eine ältere Person auch tatsächlich eingestellt worden war.

Für die Erwerbspersonen war im Zusammenhang mit ihrer Einstellung nach dem 50. Lebensjahr – in zumindest partieller Überschneidung mit der Unternehmensperspektive – die Passung von Arbeitsanforderungen und Unternehmenskultur mit ihren Kompetenzen und Ressourcen, insbesondere aber auch mit ihren beruflichen Wünschen und Ansprüchen zentral. Diese Wünsche und Ansprüche waren jedoch von ihrer erwerbsbiografischen Entwicklung und deren Deutung geprägt, entsprechend konnte z.B. der in einer neuen, geringer qualifizierten Stelle erreichte Zufriedenheitsgrad je nach Begründungskontext der Stellenaufnahme und vorhergehender Erwerbsbiografie höher oder niedriger ausfallen. Belange der Unternehmen wurden – sofern sie keinen direkten Bezug zu den persönlich betreffenden Arbeits- und Beschäftigungsbedingungen aufwiesen – ebenfalls nur marginal thematisiert, wie z.B. die Relevanz der im Unternehmen erbrachten Dienstleistung oder die Folgen eines Brandes in einer Betriebsstätte.

Zu a): Die Unternehmens- und Beschäftigtenperspektiven in Bezug auf die Einflussfaktoren bei der Einstellung konnten nur in wenigen Fällen gespiegelt werden. Wie in der Skizzierung des Samples benannt, wurden zwar aus 4 Unternehmen Interviews mit je einem/einer UnternehmensvertreterIn sowie insgesamt 7 Erwerbspersonen dieser Unternehmen geführt, allerdings äußerten sich nur 2 UnternehmensvertreterInnen auch spezifisch zu den Einstellungsverfahren von insgesamt 3 der interviewten Erwerbspersonen. Hier zeigte sich eine überraschend hohe Kongruenz in den Einschätzungen. So gab es weitgehende Übereinstimmungen in den Einflussfaktoren, die für die getroffene Personalentscheidung förderlich waren, wie z.B. ein bereits vorhandenes ehrenamtliches Engagement im Umfeld der ausgeschriebenen Stelle sowie die berufliche Kompetenz und Erfahrung. Darüber hinausgehend wurden auch Entwicklungsbedarfe ähnlich eingeschätzt, wie z.B. spezifische Lernanforderungen. Dieses Ergebnis lässt sich jedoch lediglich als Hinweis auf die Offenheit der Interviewten interpretieren. Unterschiede in den Sichtweisen bestanden darin, dass den Erwerbspersonen nicht alle Einflussfaktoren bekannt waren, die in den Stellenbesetzungen der Unternehmen eine Rolle spielten, wie z.B. eine genutzte Einstellungsförderung oder eine vorliegende Empfehlung. Auch dieses Ergebnis ist nicht weiter interpretierbar, da Personalauswahlprozesse, auch wenn sie im Idealfall regelgeleitet und in den Entscheidungskriterien transparent gestaltet sind, gegenüber den Betroffenen unternehmensseitig i.d.R. nicht vollständig kommuniziert werden.

Zu b): Als ertragreich hingegen erwies sich ein Vergleich der eingeschätzten Stärken und Spezifika, die älteren Stellensuchenden aus der Selbstwahrnehmung der älteren interviewten Erwerbspersonen sowie aus der Fremdwahrnehmung älterer Personen durch die interviewten UnternehmensvertreterInnen zugeschrieben wurden. In diesem Abgleich konnte eine weitgehende inhaltliche Übereinstimmung festgestellt werden.

So wurden in beiden Perspektiven jeweils mehrfach die **Einstellungschancen** für ältere Erwerbspersonen generell auf dem Arbeitsmarkt altersbedingt geringer eingeschätzt. Hierfür stehen exemplarisch die folgenden Aussagen. Auch von mehreren Erwerbspersonen wurden geringere Einstellungschancen für ältere Stellensuchende problematisiert, wobei sie zumeist die persönliche Relevanz, insbesondere in Form von eingetretener Resignation, explizit oder implizit mitthematisierten, wie folgende Äußerungen exemplarisch veranschaulichen.

Unternehmensperspektive	**Erwerbspersonenperspektive**
„Das Problem, denke ich mal, ist das fehlende Vertrauen in die Leistungskraft eines älteren Arbeitnehmers …" (UN-2, s.o. in diesem Kap. 6.7.1)	„Mich graust das, wenn ich Bewerbungen schreiben muss. (…) man merkt mit steigendem Alter, dass man, dass potentielle Arbeitgeber das kaum noch lesen." (Herr Hansen, vgl. Kap. 6.3)
„Einen 53-jährigen arbeitslosen Meister stellt hier keiner mehr ein." (UN-9, s.o. in diesem Kap. 6.7.1))	„(…) du hast zig Bewerbungen vorzulegen, wo dich doch keiner nimmt." (Frau Pütz, vgl. Kap. 6.4)

Zunehmende Probleme älterer Erwerbspersonen hinsichtlich der **körperlichen Belastungen am Arbeitsplatz** konstatierten einige UnternehmensvertreterInnen basierend auf vermuteten oder erfahrungsbasierten Einschätzungen, wobei sie sich insbesondere auf höher belastende Tätigkeitsfelder bezogen. Auch mehrere Erwerbspersonen reflektierten entsprechende Probleme. Sie verwendeten diese Einschätzung jedoch als Filter in ihrem Stellensuchprozess.

Unternehmensperspektive	**Erwerbspersonenperspektive**
„(…) die Kunden haben in der Regel eine Anforderung, dass eine Tätigkeit gemacht wird und da gibt es einzelne Kunden, die sagen: „Die Tätigkeit ist so anstrengend, kann ich mir nicht vorstellen, dass derjenige das noch kann." (…) Also was weiß ich, nehmen wir im gewerblichen Bereich, Rohrschweißen, Überkopfschweißen, in ungünstigen Körperhaltungen irgendwo, sitzend, liegend oder kniend oder so was machen, dann kann möglicherweise derjenige, der schon kaputte Knie hat, das nicht so. Das ist dann ja häufig gekoppelt auch an eine gewisse Altersstruktur. Nicht immer, aber häufig." (UN-6 über Kundenunternehmen, die Alterswünsche an die zu vermittelnden Zeitarbeitskräfte vorgeben, s.o. in diesem Kap. 6.7.1). „Geschwindigkeit, Beweglichkeit, das sind schon gewichtige Gründe, oder körperliche Belastbarkeit, da hatten wir schon eben Fälle, wo das eindeutig mit dem Alter zusammenhängt." (UN-6 auf die Frage, ob es nach der Einstellung von älteren Stellensuchenden spezifische Gründe gab, sich nach kurzer Zeit wieder von ihnen zu trennen, s.o. in diesem Kap. 6.7.1).	„Ja, ich hätte es zum Beispiel nicht gemacht, wenn ich jetzt jeden Tag eine Anfahrt von 50/60 km gehabt hätte, dann hätte ich es nicht gemacht. (…) Und ich muss Ihnen ehrlich sagen, ich habe ja den Käse verkauft, also das war eine Arbeit, das hätte ich nicht bis zu dem Alter jetzt schaffen können, ich habe Käselaibe schleppen müssen (…)" (Frau Roloff über aufgestellte Mindestanforderungen bei ihrer Stellensuche unter Bezugnahme auf die Arbeitsanforderungen ihrer vorhergehenden Stelle als Verkäuferin in einem Käsegeschäft, vgl. Kap. 6.4)

Unternehmensperspektive	Erwerbspersonenperspektive
„Wir haben ein bisschen darauf geachtet, dass die Mitarbeiter, gerade diese älteren Mitarbeiter vorher, in ihrem vorherigen Berufsleben möglichst wenig (Benennung der Tätigkeit der ausgeschriebenen Stelle) gemacht haben, damit sie nicht, genau in dem, ich sag mal, körperlichen Verschleiß (…) wir wollten jetzt nicht den, der schon 30 Jahre (Benennung einer ähnlichen Tätigkeit), jetzt 3 Jahre arbeitslos war und jetzt bei uns noch 10 Jahre (Benennung der Tätigkeit der ausgeschriebenen Stelle). Weil der hat natürlich die gleichen Rückenprobleme wie unsere eigenen Leute auch in dem Alter." (UN-9 über die Suchkriterien für Stellenbesetzungen des Unternehmens, s.o. in diesem Kap. 6.7.1)	„Also im Handel hätten wir gar keine Chance gehabt, wollte ich auch gar nicht mehr, weil Handel ist körperlich, also die zehn Jahre, die waren so hart, oder neun Jahre, (…) das kann sich niemand vorstellen, wie hart Handel ist, was eine Verkäuferin leisten muss." „Ich hatte mir nur Chancen im Handelsbereich noch gegeben und habe dort erst mal gesucht im Terminal und nach Möglichkeit habe ich sie übergangen." (Frau Pütz, vgl. Kap. 6.4)
	„Man wird nicht jünger und im Alter kommen diese und jene Wehwehchen, ne und ich sag mal hier so als Handwerker und das alles …, das ist schon, ist schon eine Belastung." (Frage der Interviewerin: Und als Lehrer ist das leichter vorstellbar?) „Als Lehrer ist das leichter vorstellbar." (Herr Gillessen über seinen vollzogenen Berufsfeldwechsel vom selbstständigen Kunsthandwerker zum Lehrer, vgl. Kap. 6.3)

Darüber hinaus wurden von Erwerbspersonen zudem Veränderungen im psychischen Leistungsvermögen reflektiert und das Stellensuchziel entsprechend ausgerichtet:

Unternehmensperspektive	Erwerbspersonenperspektive
	„Ich hatte mich aber in der Firma vorher beworben und war nicht eingestellt worden, weil ich überqualifiziert war. Die hatten Angst, dass ich sofort wieder gehen könnte. Tatsache war aber, dass ich so müde war und so kaputt (lacht) von diesen 21 Jahren, das war schon sehr anstrengend, dass ich nur noch, dass ich gar nicht mehr so etwas Verantwortliches machen wollte." (Frau Allenbach, vgl. Kap. 6.4)

Ein die Stellenanforderungen **übersteigendes Leistungsvermögen** wurde, wie bereits in dem vorhergehenden Zitat angeklungen, **als ein weiteres spezifisches Hemmnis** für die Einstellung älterer Personen benannt, wenn dies als Konkurrenz für die einstellenden Personen eingeschätzt wurde. Dies wurde in ähnlicher Weise aus der Unternehmens- wie auch aus der Erwerbspersonenperspektive geschildert:

Unternehmensperspektive	Erwerbspersonenperspektive
„Und da hat sich jetzt so ein bisschen bei dem Auswahlgespräch gezeigt, der ist, die Fragen konnte der top beantworten, der war aus unserer Sicht so weit, wie die Fachleute, die bei uns saßen, da besteht die Gefahr, dass einzelne Leute Angst haben um ihre berufliche Perspektive, weil dieser Mann könnte unter Umständen sie verdrängen für höherwertige Tätigkeiten." (UN-4, s.o. in diesem Kap. 6.7.1)	„Man hatte doch gar keine Chance. Noch dazu, wo wir selbständig waren, da kann sich jeder ausrechnen: ‚Die haben Ahnung, die blicken durch.' Wer stellt denn uns da ein? Keiner!" (Frau Pütz, vgl. Kap. 6.3) „Wo ich arbeitslos gewesen bin und die haben einen Kraftfahrer gesucht, dann habe ich eben auch LKW gefahren. Wie gesagt, ich habe kein Problem mit meiner Bildung und so weiter, nicht irgendwas anderes zu machen. Und das ging anderen aber … Ich habe das eben wirklich sehr, sehr häufig erlebt, dass dann andere irgendwelche Befürchtungen kriegen." (Herr Mund, vgl. Kap. 6.3)

Aus beiden Sichtweisen gab es jedoch auch Erfahrungen, in denen eine **Einstellung trotz eines die Stellenanforderungen übersteigenden Leistungsvermögens** erfolgte und von den Beteiligten dennoch i.W. positiv bewertet wurde. Hierbei wurde deutlich, dass die Erwerbspersonen gerade in ihrem Arrangieren mit den geringer qualifizierten beruflichen Anforderungen und Möglichkeiten eine besondere Reflexions-, Zielfindungs- und Handlungskompetenz einbrachten. Von den interviewten Erwerbspersonen wertschätzte Herr Uhlig seine aktuelle Stelle nach Langzeitarbeitslosigkeit, eine arbeitsinhaltliche Unterforderung kompensierte er durch eine Freizeitaktivität. Herr Dederichs reflektierte sehr genau, in welchem Maße und auf welche Weise er seine Kompetenz in einem Team als Neueingestellter einbringen konnte bzw. Zurückhaltung geboten war.

Unternehmensperspektive	Erwerbspersonenperspektive
„Und im Allgemeinen haben wir mit diesen Leuten wenig Probleme. Die, die mal selbstständig waren, eigentlich, sage ich jetzt mal, überqualifiziert sind für uns, aber genau wissen, dass ihnen ihre Qualifikation im Moment nichts nutzt,	„Für mich war erst mal wichtig: Hauptsache Arbeit! Und dann war wichtig, der Beratungsaspekt. (…) Also das gefällt mir sehr gut daran. (…) Aber natürlich fehlt mir, weil von meiner Sozialisierungsphase war immer ein Schraubenzieher oder ein Oszilloskop oder so

aber auf der anderen Seite durchaus zu schätzen wissen, was es bedeutet, in einem Unternehmen zu arbeiten, das geregelte Arbeitszeiten hat, wo am 15. das Geld kommt, wo der Arbeitgeber noch eine Betriebsrente bezahlt, wo es, wo ich natürlich auch, wenn ich krank bin, mein Geld habe und wo ich im Notfall für andere Dinge auch noch versorgt bin, die das genau wissen. Und die wissen dann auch, weil sie eben die schlechten Erfahrungen gehabt haben, dass sie genau diese Attribute suchen für sich. Die wollen nicht mehr selbstständig werden. Damit haben die abgeschlossen. Das ist zumindest meine Erfahrung." (UN-9 zu erfolgten Einstellungen von vormals Selbstständigen, s.o. in diesem Kap. 6.7.1)	was mit dabei, das, ich sage Ihnen, also ketzerisch gesagt: „Wenn ich nur diesen Job machen würde, würde ich abends in die Tischplatte beißen." Obwohl es mir, wie gesagt, von der Beratungsseite her Spaß macht (…)." (Herr Uhlig, vgl. Kap. 6.6)
	„Ich denke mal, ich weiß, aufgrund meiner Erfahrung, die ich habe, dass man viele Sachen besser und schneller machen kann, als es im Allgemeinen gemacht wird. Das ist so." „Wenn Sie selbstbewusst auftreten als Leiharbeiter und man zeigt, dass man auch etwas kann, das ist oftmals gar nicht gewünscht, dass man das macht." „Das sieht dann vielleicht so aus, als wollte man demjenigen, der das Sagen hat, ihm den Posten wegnehmen, so ungefähr. Es ist viel Wissen oder viel Können ist nicht immer am Arbeitsplatz angebracht." (Herr Dederichs, vgl. Kap. 6.4)

Eine **Zunahme von fachlicher und sozialer Kompetenz** wurde sowohl von den UnternehmensvertreterInnen, als auch von den Erwerbspersonen im Kontext von höherem Lebensalter und fortgeschrittener Erwerbsbiografie gesehen, wie folgende Aussagen belegen:

Unternehmensperspektive	**Erwerbspersonenperspektive**
„Bei einer Person, die da schon ein anderes Maß an Erfahrung hat, und das hat was mit Alter zu tun, können wir davon ausgehen, zu einem relativ früheren Zeitpunkt von einem höheren Maß an Selbständigkeit dieser neuen Mitarbeiterin oder diesem neuen Mitarbeiter ausgehen zu können." (UN-1, s.o. in diesem Kap. 6.7.1)	„(…) bei den Restauratoren, die hier rum drum sind, bin ich bekannt. Bin ich bekannt. (…) Und wenn die was haben und da kommen die hier her, weil sie wissen, sie kriegen eine ordentliche Qualität. Das hat sich halt in den 20 Jahren so entwickelt." (Herr Gillessen, vgl. Kap. 6.6)
„(…) die persönliche Darstellung in so einem Gespräch ist natürlich für einen älteren Menschen durchaus etwas solider zu sehen, weil er solche Dinge vielleicht schon mehrfach gemacht hat. Also da über eine gewisse Erfahrung verfügt als jetzt vielleicht bei einem Jüngeren." (UN-3, s.o. in diesem Kap. 6.7.1)	„Mit jedem Wechsel lernt man was. Und darum ging es mir auch, weil ich ein breites Spektrum haben wollte. Ich konnte ja nachher auch alles." (Frau Allenbach, vgl. Kap. 6.2)

Unternehmensperspektive	Erwerbspersonenperspektive
	„Und ich musste mich dann wieder auf etwas Neues einstellen. Und, ich sage mal, die erste Zeit ist mir das schon schwer gefallen. (…) die drei Sommer, die ich als Zeitarbeiter gearbeitet habe. (…) Da war ich ein viertel Jahr, bis die Baustelle abgeschlossen war. Und dann kam ich zur Nächsten. (…) man fügt sich dann schon irgendwie ein. Und man schließt auch Bekanntschaften oder Freundschaften. Keine Frage. Aber, wie gesagt, man muss erstmal sehen, dass man dann irgendwie so reinkommt. In das ganze Betriebsgeschehen." (Herr Dederichs, vgl. Kap. 6.6)

Ebenso wurden auch **qualifikatorische Anpassungserfordernisse** thematisiert, die in Verbindung mit Einarbeitungen nach erfolgter Neueinstellung berichtet wurden. Hierbei wurden in beiden Perspektiven sowohl Defizitzuschreibungen der Lernfähigkeit älterer Lernender als auch eine attestierte Bewältigung genau dieser Lernanforderungen aufgrund einer hohen Lernmotivation deutlich.

Unternehmensperspektive	Erwerbspersonenperspektive
„Also man muss auch sagen, beruflich dazu, sehe ich auch schon, dass es bei (Name der eingestellten Person) auch so ist, bei Leuten wie ihnen etc., wenn man länger aus der Arbeitswelt raus ist, tut man sich schwer, gar keine Frage. Auf der anderen Seite ist aber absolut der Wille da, dies zu erlernen, von sich aus, sich damit zu beschäftigen. Und da ist auch das Durchhaltevermögen da. (…) Es wird sich da rein gebissen, fest gebissen, bis man das Problem verstanden hat oder nachgefragt." (UN-2, s.o. in diesem Kap. 6.7.1)	„(…) und E-Mails, ich dachte, ach, hatte ich einen Schiss. E-Mails, ich wusste überhaupt nicht, wie das geht (…)." „(…) ich habe in meinem Bekanntenkreis alles rebellisch gemacht, „jetzt zeigst du mir das, jetzt zeigst du mir das, und wenn ich dort anfange, will ich wenigstens das Mindeste wissen" (…)." „(…) wir haben mündlich vereinbart, (…), Sie (der Geschäftsführer) zeigen mir das einmal, ich schreibe es mit (…) und dann will ich das lernen. (…) Und ich will das lernen und ich mache das auch. Ich will hier arbeiten und tue alles dafür." (Frau Faber, vgl. Kap. 6.6)

Unternehmensperspektive	Erwerbspersonenperspektive
„Also wenn sie (die Stellensuchenden), ich sage mal, über 50 sind und hatten vor, ich weiß nicht, vor 35 Jahren das letzte Mal eine Schulbank gedrückt, ja, und müssen plötzlich hier lernen, das, das, das darf man nicht unterschätzen. Das ist nicht einfach.“ „Also wer das (die Lernanforderungen in der Einarbeitungszeit) schafft, der hat ja schon mal, muss man sagen, der hat ja schon mal eine hohe Motivation an den Tag gelegt, eine höhere als ein Jüngerer vielleicht, um das zu schaffen. (UN-9, s.o. in diesem Kap. 6.7.1)	„(…) es war wahnsinnig schwierig für mich, das mir anzueignen. Ich habe vier Wochen, einen ganzen Monat, (…) musste mich neben jemanden setzen und habe von morgens bis abends Anleitungen bekommen, die ich mitgeschrieben habe, und ich war gerädert. (…) Ich war echt gerädert. Und das hat gedauert, dass ich da durchgefunden habe. Das war ganz, ganz schlimm. Aber ich hatte ja keine Wahl. Ich konnte nicht sagen, das will ich nicht. (lacht) Und ich habe mich da durchgefuchst, und ich muss sagen, ich war ja nun schon 50 (…). Und also im Nachhinein war das für mein Ego sogar noch ganz toll, dass ich mich da durchgebissen habe.“ (Frau Bönte, vgl. Kap. 6.6)

In der Erwerbspersonenperspektive wurde in einem Fall eine Defizitzuschreibung älteren Lernenden generell unterstellt, konnte aber nicht für die eigene Person bestätigt werden.

Unternehmensperspektive	Erwerbspersonenperspektive
	„In einem gewissen Alter wird auch das Lernen schwerer, das ist ja so. Obwohl es bis jetzt noch geht.“ (Herr Lersch, vgl. Kap. 6.6)

Das **Selbstbewusstsein** älterer Erwerbspersonen wurde aus der Eigen- und der Unternehmensperspektive differenziert bewertet und in den Kontext der erwerbsbiografischen Erfahrungen gestellt.

Unternehmensperspektive	Erwerbspersonenperspektive
„Also, es gibt eigentlich nur zwei Gruppen (unter den älteren Stellensuchenden), die wir da kennengelernt haben: hoch Motivierte oder Ängstliche, die es dann auch nicht schaffen bei uns. Und diese, oft sind die Mitarbeiter gerade über 50 sehr stark motiviert (…).“ (UN-9, s.o. in diesem Kap. 6.7.1)	„(…) jetzt habe ich so viel … bin ich wieder so fit in meinem Selbstbewusstsein, das ist auch so weit wiederhergestellt, was völlig zerstört wurde durch die Arbeitslosigkeit … Völlig, da war nichts mehr, ich konnte kein Bewerbungsgespräch mehr machen, nix (…).“ (Herr Uhlig, vgl. Kap. 6.4)

Unternehmensperspektive	Erwerbspersonenperspektive
„Muss man ganz deutlich sagen, dass wir Unterschiede (zwischen jüngeren und älteren Stellensuchenden) feststellen, dass natürlich die Sicherheit, die Gewandtheit im Umgang mit solchen Vorstellungsgesprächen im Alter steigt. (…) Also die Gewandtheit steigt. Das hängt aber, muss ich sagen, mit den Tätigkeiten zusammen. Je höher bewertet die Stelle ist, desto mehr Berufserfahrung haben die. Es gibt natürlich auch Leute, die durch ihre bisherigen negativen Erfahrungen bei Bewerbungen immer mehr verunsichert sind. Wenn ich jetzt Leute habe, die lange aus dem Beruf draußen sind und viele, viele Bewerbungen geschrieben haben, die haben zwar dann viel Erfahrung in Bewerbungsgesprächen, haben aber, sagen wir mal aus meiner Sicht, ein geschwundenes Selbstvertrauen." (UN-4, s.o. in diesem Kap. 6.7.1)	„Also ich habe mich da auch unheimlich locker gegeben, weil ich war ja in einer Position, also ich war ja in einer Position, ich wollte ja eigentlich gar nicht arbeiten. Ich wollte ja eigentlich gar nicht. (…) Ja, also ich saß da nicht so da, sondern ich saß, ich war offen, ich war: ‚Was kostet die Welt? Was wollen Sie von mir? Fragt mich doch!' " (Herr Sonntag über sein Vorstellungsgespräch, vgl. Kap. 6.4)
	„Es war eine Sache, die war ausschlaggebend, nämlich, dass ich eine Stelle hatte. Dass ich nicht arbeitslos war. Ich bin dort aufgetreten, ich kam sogar zu spät, eine Viertelstunde. (…) Ich bin reingekommen, strahlend, weil ich war absolut sicher, ich habe einen guten Job (…). Ich hatte einen Job und bin dann reingegangen und habe gesagt: „Okay, ich würde lieber diesen Job machen." Aber ich war nicht mit dem Stigma der Arbeitslosigkeit, es ist nämlich der unsichtbare Stempel „Ich brauche den Job", den man auf der Stirn hat. Das spürt jeder (…)."(Herr Quendt, vgl. Kap. 6.4)

In einem Fall wurde in der Erwerbspersonenperspektive neben einer Zunahme des Selbstbewusstseins an anderen Interviewstellen auch die Zunahme von Ängsten formuliert. Hierbei handelt es sich um Äußerungen des soeben bereits zitierten Herrn Quendt.

Unternehmensperspektive	Erwerbspersonenperspektive
	„(...) ich denke, das ist auch eine allgemeine Sache, dass man sicherer wird im Alter. Also dass man selbstbewusster wird und dass man einfach nicht mehr sich verunsichern lässt, ja, weil man das ..., auch die Umgebung realistischer einschätzen kann. Man sieht, wo man steht." „Ich könnte jetzt sagen, wenn ich nicht entfristet werde oder so, ja, dann will ich hier nicht mehr arbeiten. Das könnte sein. Aber wenn ich nichts Besseres habe, arbeite ich trotzdem weiter hier. Es ist so. Man fühlt sich dann ausgeliefert, und das ist ein ganz unschönes Gefühl. Da habe ich mich als junger Mensch viel mächtiger gefühlt am Markt." „Also erst einmal das Altern selber, dass man dann einfach Ängste bekommt. Man will ja unbedingt noch dazugehören (...)." (Herr Quendt, vgl. Kap. 6.6)

Zu c): Ausschließlich aus der Unternehmensperspektive extrahierbar waren schließlich die Hinweise der UnternehmensvertreterInnen zu den such- und einstellungsrelevanten Aspekten, die die Erwerbspersonenperspektive ergänzen. Sie wurden in den vorhergehenden Ausführungen dieses Kap. 6.7.1 bereits ausführlich dargelegt und werden nachfolgend komprimiert zusammengestellt:

Zu den ausschlaggebenden Einstellungskriterien zählten nach Angaben der UnternehmensvertreterInnen die jeweiligen fachlichen, sozialen und/oder personalen Kompetenzen der BewerberInnen inkl. der von ihnen vermittelten Motivation für die ausgeschriebene Stelle. Dies wurde von 8 der 9 interviewten UnternehmensvertreterInnen, teils ergänzt um weitere Kriterien, geäußert. Bei diesen zusätzlichen Kriterien handelte es sich bei 2 Unternehmen um erhaltene Empfehlungen für die dann eingestellte Person, in einem dritten Unternehmen um die Bereitschaft zur freien Mitarbeit und in einem vierten Unternehmen um das Fehlen weiterer Bewerbungen. Im Unterschied zu diesen 8 UnternehmensvertreterInnen nannte eine Interviewperson, dass in dem hier vertretenen Unternehmen ein Teil der ausgeschriebenen Stellen ebenfalls nach dem Kriterium der fachlichen und sozialen Kompetenz der BewerberInnen besetzt wurden. Ergänzend war hier eine Passung des Alters der/des Stellensuchenden zur Altersstruktur der Belegschaft relevant. Bei einigen Stellenbesetzungen wurden jedoch auch BewerberInnen eingestellt, für die zu Beschäftigungsbeginn unter Nutzung einer öffentlichen Förderung eine Anpassungsqualifizierung erfolgte.

Hier war somit die (fachliche) Kompetenz nicht bei allen Stellenbesetzungen ausschlaggebend.

Allerdings ging aus den Angaben von 4 dieser 8 durchgängig das Kompetenzkriterium priorisierenden UnternehmensvertreterInnen hervor, dass weitere Einflussfaktoren wirksam waren, die den Auswahlprozessen als Filter vorgelagert waren. Bei 3 dieser 4 Unternehmen handelte es sich um die Nutzbarkeit von Fördermitteln, ohne die eine Einstellung nicht realisiert worden wäre und deren Verfügbarkeit i.d.R. an spezifische personenstrukturelle Merkmale der Stellensuchenden, so u.a. an das Alter, die Arbeitslosigkeitsdauer etc., geknüpft ist. Neben Lohnkostenzuschüssen und öffentlich geförderten Beschäftigungsverhältnissen, wie z.B. Arbeitsbeschaffungsmaßnahmen, zählten hierzu auch Ausnahmeregelungen eines im Öffentlichen Dienst verfügten Einstellungsstopps, wonach Einstellungen u.a. unter kombinierter Nutzung von Fördermitteln des Landesschwerbehindertenprogramms und der Arbeitsagentur möglich waren. In dem 4. Unternehmen wurden in einer durch eine ungewisse Unternehmensperspektive geprägten Phase prioritär ältere Stellensuchende eingestellt, um durch deren begrenzter Beschäftigungsdauer bis zur Rente langfristige Kostenverpflichtungen zu vermeiden. Diese Filterkriterien betrafen teils alle erfolgten Einstellungen von 50-Jährigen und älteren Personen, teils auch nur einen Teil dieser Einstellungen. Erst nach Vorliegen dieser Filterkriterien erfolgte dann die weitere Auswahl nach der Kompetenz der BewerberInnen und ergänzenden Kriterien.

Im Hinblick auf die Gestaltbarkeit der unternehmerischen Such- und Einstellungskriterien durch die Stellensuchenden zeigte sich somit für mit einer älteren Person besetzte Einstellungsverfahren, dass in 5 Unternehmen, darunter 4 der kompetenzorientierten sowie einem weiteren Unternehmen, Filterkriterien im Suchprozess wirkten, die generell die Einstellung älterer BewerberInnen begünstigten – allerdings darunter in 3 Unternehmen nur für einen Teil der Einstellungen älterer Personen geltend –, und in einem sechsten Unternehmen der Auswahl- und Einstellungsprozess für eine konkrete Person auch durch das Fehlen weiterer Bewerbungen entschieden wurde. In diesen 6 Unternehmen wirkten somit – zumindest teilweise – Vorbedingungen zugunsten von älteren Stellensuchenden, die durch diese selbst nicht beeinflussbar waren. In nur 3 Unternehmen wurden hingegen durchgängig Einstellungskriterien berichtet, die durch die BewerberInnen auch gestaltbar waren. Zu berücksichtigen ist, dass sich diese Ausführungen nicht auf alle in den Unternehmen erfolgten Stellenbesetzungsverfahren beziehen, sondern nur auf solche, die zur Einstellung einer älteren Person führten.

Fazit

Die 9 interviewten betrieblichen Leitungskräfte repräsentierten Unternehmen, die mindestens eine Person ab 50 Jahren in eine Tätigkeit ohne eine akademische Qualifikationsanforderung innerhalb der letzten 6 Jahre vor dem Interviewzeitpunkt eingestellt hatten. In 4 Unternehmen erfolgten zusätzliche Interviews mit in der Summe 7 Beschäftigten, darunter in 2 Unternehmen auch mit je einem Personalratsmitglied. Es handelte sich überwiegend um Dienstleistungsunternehmen/Organisationen, die sich ca. hälftig auf die alten und neuen Bundesländer verteilten. Sie streuten nach Unternehmensgröße vom Kleinst- bis zum Großunternehmen sowie nach Unternehmensentwicklung von einer Beschäftigungsabnahme bis hin zur Beschäftigungszunahme innerhalb der letzten 13 Jahre.

Mit einer Ausnahme wurden die 50-jährigen und älteren Erwerbspersonen in eine sozialversicherungspflichtige Beschäftigung eingestellt, in einem Unternehmen wurden die älteren Erwerbspersonen jedoch nur als freie Mitarbeiter unter Vertrag genommen. Über den Anteil der Einstellung einer älteren Person im Verhältnis zu allen Einstellungen konnten nur 4 UnternehmensvertreterInnen eine Angabe machen, dieser erstreckte sich von 17 % bis 100 % aller innerhalb der letzten ca. 2 Jahre erfolgten Einstellungen. Die Tätigkeiten, in die ältere Erwerbspersonen eingestellt wurden, umfassten mit 3 der 4 in der Klassifikation der Berufe 2010 ausgewiesenen Qualifikationsniveaus ein ähnlich breites Spektrum, wie dies auch aus den Interviews mit den Erwerbspersonen ersichtlich wurde. Die UnternehmensvertreterInnen berichteten von nur wenigen Einstellungen über 60-Jähriger, die zudem ausschließlich in (bislang) überwiegend unattraktiver regulierten Arbeitsbedingungen auf Basis von Zeitarbeitsverträgen oder Verträgen der freien Mitarbeit realisiert wurden. Dies lässt sich als Hinweis auf die nochmals höheren Arbeitsmarktrisiken für Stellensuchende ab 60 Jahren betrachten, wie in ähnlicher Weise auch aus den Erwerbspersoneninterviews hervorging. Geschlechtsspezifische Differenzen zeigten sich nicht im Umfang der eingestellten älteren Personen, wohl aber teilweise bei den Tätigkeitsfeldern, in die eingestellt wurde. Alle in den repräsentierten Unternehmen eingestellten älteren Personen waren zuvor arbeitslos, darunter in 2 Unternehmen teils auch langzeitarbeitslos.

Zu berücksichtigen ist, dass die 9 interviewten UnternehmensvertreterInnen nur ein spezifisches Segment von Unternehmen repräsentierten, nämlich Unternehmen, die eine Stellenbesetzung mit einer Person ab 50 Jahren nicht grundsätzlich ausschlossen, sondern in jeweils mindestens einem Fall auch realisierten. Damit kann auch bei den interviewten betrieblichen Leitungskräften ein eher höheres Maß an Offenheit gegenüber der Einstellung älterer Erwerbspersonen unterstellt werden.

Die auswertungsleitende Forschungsfrage nach den als relevant geäußerten Entscheidungskriterien für die erfolgte Einstellung einer älteren Erwerbsperson (Forschungsfrage 7) wurde im Auswertungsprozess differenziert in Such- und Einstellungskriterien, die sich auf die Such- bzw. die Auswahlphase der berichteten, mit einer älteren Person erfolgten Stellenbesetzungen bezogen. Zusätzlich zu den benannten Such- und Einstellungskriterien wurden die Äußerungen der interviewten UnternehmensvertreterInnen im Hinblick auf ihre Erfahrungen mit den eingestellten älteren Personen und auf eingeschätzte generelle Unterstützungsmöglichkeiten für ältere Stellensuchende analysiert. Die zu diesen Themen ermittelten Aspekte wurden jeweils danach strukturiert, inwieweit sie durch die älteren Erwerbspersonen gestaltbar bzw. nicht gestaltbar waren und inwieweit sie sich auf deren Ressourcenstärke oder -limitation bezogen bzw. außerhalb eines Ressourcenbezugs zu verorten waren.

Bei den Suchkriterien, die der jeweiligen Stellenausschreibung zugrunde gelegt wurden, wurden insbesondere die direkt oder indirekt altersbezogenen Suchkriterien näher betrachtet. Im Ergebnis zeigte sich, dass altersbezogene Suchkriterien für die Einstellung älterer Personen keineswegs ausschließlich hemmend wirkten, wie z.B. die nach Tätigkeit unterschiedlich relevanten körperlichen Belastungen am Arbeitsplatz. Als förderlich in den berichteten Fällen erwiesen sich ein selbstsicheres und überzeugendes Auftreten, eine nebenberufliche Erwerbsorientierung im rentennahen bzw. Rentenalter, eine begrenzte Beschäftigungsdauer bis zur Rente, Nutzung von Ausnahmeregelungen eines Einstellungsstopps und die Nutzung von Fördermitteln. Als teilweise förderlich, teilweise aber auch hemmend ließen sich die beruflichen Erfahrungen der älteren Stellensuchenden sowie ihre Passung zur betrieblichen Altersstruktur zuordnen. Beachtlich ist, dass die benannten ausschließlich förderlichen altersbezogenen Suchkriterien überwiegend mit einer Ressourcenlimitation der Stellensuchenden verknüpft und von ihnen nicht gestaltbar waren. Die in den Interviews benannten Suchkriterien gewähren somit einen Einblick in die komplexen Bedingungsgefüge von Stellenbesetzungsverfahren, in denen auch solche Suchkriterien die Einstellungschancen älterer Stellensuchender begünstigten, die nicht an ihrer Ressourcenstärke orientiert waren.

Die Einstellungskriterien, die als ausschlaggebend für die Einstellung der ausgewählten älteren Personen geschildert wurden, waren indes in fast allen Einstellungsverfahren überwiegend Kriterien, die an der Ressourcenstärke der älteren Stellensuchenden ansetzten und von diesen auch gestaltbar waren, nämlich ihre fachliche, soziale und personale Kompetenz. Hinzu kamen in einigen Einstellungsverfahren ergänzende Einstellungskriterien, die sich auf Empfehlungen oder das Fehlen weiterer Bewerbungen bezogen. Die berichteten

Einstellungskriterien belegen somit die Bedeutung der Kompetenz von (älteren) Stellensuchenden in den verschiedenen Kompetenzdimensionen. Sie zu fundieren und ggf. weiterzuentwickeln stellt insofern eine relevante Anforderung, wie auch Möglichkeit zur Erhöhung der Einstellungschancen älterer Stellensuchender dar, für deren Realisierung den Arbeitsmarktinstitutionen eine essenzielle Unterstützungsfunktion zukommen kann.

In einer übergreifenden Betrachtung der Such- und Einstellungskriterien zeigte sich, dass die fachlichen, sozialen und personalen Kompetenzen von Stellensuchenden bei der Stellenbesetzung von besonderer Relevanz waren, die von fast allen UnternehmensvertreterInnen als notwendiges, wenn auch nicht immer hinreichendes Einstellungskriterium benannt wurden. Allerdings wirkten nach Auskunft von 4 UnternehmensvertreterInnen auch Suchkriterien als Filter, die den kompetenzorientierten Auswahlprozess im Vorfeld prägten und die Besetzung zumindest eines Teils der ausgeschriebenen Stellen von der Nutzbarkeit von Fördermitteln abhängig machten oder durch eine Priorisierung älterer Stellensuchender langfristige Kostenverpflichtungen vermeiden wollten. Auch in einem weiteren Unternehmen erfolgten einige der Stellenbesetzungen unter Einsatz von Fördermitteln. Solche Such-/Filterkriterien wirkten jeweils zugunsten älterer Stellensuchender. Sofern dies alle Stellenbesetzungen eines Unternehmens betraf, stiegen damit die Einstellungschancen von älteren Stellensuchenden. Falls jedoch die eingestellten älteren Personen vorwiegend oder ausschließlich über solche den Suchprozess vorprägenden Filterkriterien eingestellt wurden und/oder nur einen geringen Anteil unter den insgesamt Eingestellten darstellten, erscheinen diese begünstigenden Filterkriterien vielmehr als Hinweis auf generell geringere Einstellungschancen für ältere Stellensuchende, da es bedeutet, dass sie (fast) nur noch unter Sonderbedingungen eingestellt wurden. Aufgrund der nicht immer detaillierten Einstellungsdaten, die den interviewten UnternehmensvertreterInnen vorlagen, können die jeweiligen Anteile für die Unternehmen, in denen diese Filterkriterien eingesetzt wurden, nicht näher spezifiziert werden. Deutlich wurde aber, dass umgekehrt nur für 3 Unternehmen keine solche Filterkriterien berichtet wurden, sondern es sich bei den hier geschilderten Such- und Einstellungskriterien ausschließlich um Kriterien handelte, die durch die Stellensuchenden als gestaltbar eingeschätzt werden können. Von Interesse wäre daher eine quantitative Erhebung der unternehmerischen Such- und Einstellungskriterien, die diese nach der Gestaltbarkeit durch die Stellensuchenden differenziert und damit die Relevanz von Sonderbedingungen repräsentativ ermittelt. Wie benannt lassen sich diese Informationen auch nicht aus Erwerbspersonenbefragungen gewinnen.

Die Analyseergebnisse verdeutlichen somit unterschiedliche Formen des Gatekeeping seitens der Unternehmen: Teils wirkten sich die Suchkriterien für eine Stellenbesetzung förderlich auf die Einstellungschancen für ältere Stellensuchende aus, wie z.B. im Falle von Fördermittelrelevanz. Teils erschwerten sie die Chancen für ältere BewerberInnen, wie z.B. eine für ältere Erwerbspersonen als nicht mehr leistbar eingeschätzte Belastungsanforderung. Dem steht nicht entgegen, dass trotz einer im Suchprozess verfolgten Orientierung eines Unternehmens auf die Einstellung einer jüngeren Person die Stellenbesetzungsentscheidung letztlich doch zugunsten einer älteren Person ausfällt, wie aus der Schilderung eines Unternehmensvertreters hervorging.

Die in der Einleitung dieses Kap. 6.7 formulierte Vorannahme, dass Unternehmen ältere Stellensuchende vorrangig nur in Kombination mit besonderen Gründen einstellen, ist im Ergebnis der Interviews für die Stellenbesetzungsverfahren der hier geschilderten Unternehmen zu relativieren. Wie dargestellt prägten die als Filterkriterien bezeichneten besonderen Gründe zumindest einen Teil der Stellenbesetzungen in 4 Unternehmen, während dies auf 3 weitere Unternehmen nicht zutraf. Unter diesen besonderen Gründen erwies sich die Nutzung von Fördermitteln in 3 Unternehmen als Voraussetzung einer mit einer älteren Person besetzten Stelle bzw. eines Teils der solchermaßen erfolgten Stellenbesetzungen. In einem Unternehmen war die Fördermittelnutzung nicht erforderlich für die Stellenbesetzung, wohl aber für die getroffene Personalentscheidung. Und in 3 weiteren Unternehmen wurden Fördermittel für Stellenbesetzungen mit einer älteren Person in Anspruch genommen, aber als nicht relevant bewertet. Insgesamt lässt sich aus den Berichten der UnternehmensvertreterInnen die Relevanz des je spezifischen betrieblichen, wirtschaftlichen sowie landes-, bundes- und arbeitsmarktpolitischen Kontextes erkennen, in den die geschilderten Einstellungsverfahren jeweils eingebettet waren.

Hinsichtlich der Erfahrungen mit den eingestellten älteren Personen schätzten die UnternehmensvertreterInnen überwiegend ein, dass diese ihre Erwartungen erfüllt haben. Die Einschätzungen reichten von a) erfüllten Erwartungen nach erfolgter Qualifizierung, b) weitgehend altersunspezifischen Erfahrungen, c) keine schlechten Erfahrungen, d) positiven Erfahrungen, dann gesundheitlich bedingte Entlassung bis zu e) positiven Erfahrungen, teils mit Weiterentwicklung. Nur eine Interviewperson gab nicht erfüllte Erwartungen an, sah diese aber personen-, nicht altersbedingt begründet. Alle ausschließlich oder vorrangig positiv benannten Erfahrungen mit älteren Eingestellten bezogen sich auf deren Ressourcenstärke, insbesondere verschiedenen Kompetenzdimensionen, oder, wie von 2 Interviewpersonen berichtet, auf eine Ressourcenlimitation (Lernbedarf/-probleme), die aber mittels einer Ressourcenstärke (Lernmotivation) kompensiert wurde. Damit waren sie jeweils auch von den Eingestellten selbst gestaltbar. Als ausschließlich oder vorrangig negative und jeweils auf eine Ressourcenlimitation bezogene Erfahrungen nannten die UnternehmensvertreterInnen Probleme hinsichtlich der erbrachten Leistung, der Voraussetzungen für die körperlichen Belastungen am Arbeitsplatz und der Gesundheit, die in einem geschilderten Fall auch nicht durch eine zugleich positiv eingeschätzte Ressourcenstärke kompensierbar waren.

Zur Unterstützung der Arbeitsmarktchancen älterer Stellensuchender bzw. älterer Erwerbspersonen sahen die UnternehmensvertreterInnen vielfältige Möglichkeiten, wie z.B. umfassende Bewerbungsaktivitäten und Weiterbildungsbereitschaft seitens der Stellensuchenden und damit von ihnen selbst gestaltbar. Überwiegend wurden indes Unterstützungsmöglichkeiten im Handlungsbereich von Unternehmen sowie auf der politischen Ebene benannt. Hierzu zählten u.a. eine zu erhöhende Akzeptanz in Unternehmen zur Einstellung älterer Personen, eine genaue Bestandsaufnahme von Qualifikation und gesundheitlicher Situation älterer Personen zu Beginn der Arbeitsvermittlung, die gesellschaftliche Akzeptanz für eine nötige Umstrukturierung der Arbeit etc. Kontrovers wurden förderpolitische Maßnahmen zur Förderung von Einstellungen und Qualifizierungen älterer Erwerbspersonen sowie zur Förderung eines generellen Wandels der Arbeit eingeschätzt. Interessanterweise fokussierten die eingeschätzten Unterstützungsmöglichkeiten nicht ausschließlich auf unterstellte Defizite, obgleich die Interviewfrage nach Unterstützungsmöglichkeiten ein Unterstützungserfordernis implizierte und somit ein solches Defizit nahelegte. Vielmehr wurden von den Interviewpersonen auch bestehende Altersstereotype problematisiert. So wurde z.B. als eine auf die Ressourcenstärke von älteren Stellensuchenden bezogene Unterstützungsmöglichkeit darin gesehen, dass Unternehmen die Leistungskraft älterer Personen nicht unterschätzen sollten. Des Weiteren wurden die Arbeitsmarktchancen älterer Erwerbspersonen in einen erwerbsbiografisch bereits weit früher relevanten und gestaltbaren Arbeitskontext eingebettet und z.B. ein Personaleinsatz mit Anforderungswechseln ab 35 Jahren für sinnvoll erachtet.

Die Unternehmensgröße erschien wenig relevant: Die von den Interviewpersonen repräsentierten Großunternehmen realisierten entsprechend ihres höheren Personalumfangs mehr Einstellungen von 50-jährigen und älteren Erwerbspersonen, was sich jedoch nur auf der absoluten, nicht auf der relativen Ebene abbildete. Weitere Größenspezifika zeigten sich darin, dass ausschließlich VertreterInnen aus Mittel- und Großunternehmen in ihrer Erläuterung der Suchkriterien explizit auf das Allgemeine Gleichbehandlungsgesetz (AGG) Bezug nahmen. In den repräsentierten Großunternehmen wurde für

Stellenbesetzungen zudem ein breiteres Spektrum an Suchwegen genutzt. Auch eine Vorauswahl der Stellensuchenden durch Einrichtungen der Arbeitsverwaltung erfolgte ausschließlich für Großunternehmen. Diese Spezifika lassen sich durch die in großen Unternehmen höheren Personalmanagementressourcen und ihre besondere Arbeitsmarktrelevanz erklären. Keine größenspezifischen Differenzen ließen sich in den Interviewaussagen hingegen bei den Such- und Einstellungskriterien, der Relevanz von Förderungen und bei den mit den älteren Eingestellten gemachten Erfahrungen feststellen.

Im Vergleich der Interviews mit den UnternehmensvertreterInnen und den Erwerbspersonen – und damit in Bezugnahme auf die Forschungsfrage 8 nach Kongruenzen und Divergenzen beider Perspektiven – zeigten sich vielfältige Überschneidungen:

- So wurden die Einstellungschancen in beiden Perspektiven altersbedingt geringer eingeschätzt, von den Erwerbspersonen aber zumeist in Verbindung mit der für sie damit verknüpften Resignation thematisiert.
- In beiden Perspektiven wurden zunehmende Probleme älterer Erwerbspersonen hinsichtlich der körperlichen Belastungen am Arbeitsplatz konstatiert, die aus der Unternehmensperspektive im Vorfeld einer Stellenbesetzung vermutet oder nach erfolgter Stellenbesetzung festgestellt wurden. Im Gegensatz dazu schlossen die interviewten Erwerbspersonen, die entsprechende Probleme für sich reflektierten, solche für sie nicht leistbaren Stellenofferten bereits bei ihrer Stellensuche aus. Darüber hinaus berücksichtigten die Erwerbspersonen auch qualifikatorische und psychische Aspekte ihres Leistungsvermögens bei der Stellensuche, sofern sie diese als Limitation reflektierten.
- Ein die Stellenanforderungen übersteigendes Leistungsvermögen wurde von UnternehmensvertreterInnen und Erwerbspersonen als weiteres mögliches Einstellungshemmnis eingeschätzt. Dass es trotz eines die Anforderungen übersteigenden Leistungsvermögens zu einer Einstellung kommen konnte, die zudem von den Beteiligten positiv bewertet wurde, belegten ebenfalls berichtete Erfahrungen aus der Unternehmens- und der Erwerbspersonenperspektive. Diese verdeutlichten zugleich eine hierbei eingebrachte besondere Handlungskompetenz in Form des Arrangierens mit den unterfordernden beruflichen Bedingungen.
- Übereinstimmend wurde in beiden Perspektiven von einer Zunahme der fachlichen und der sozialen Kompetenz im Kontext von höherem Lebensalter und fortgeschrittener Erwerbsbiografie ausgegangen. Hier ist jedoch zu berücksichtigen, dass eine solche Kompetenzentwicklung nicht unbedingt an

ein Alter über 50 Jahren gebunden ist, sondern auch mit einer langzeitigen Berufserfahrung jüngerer Altersgruppen verknüpft sein kann.

- UnternehmensvertreterInnen wie auch Erwerbspersonen thematisierten qualifikatorische Anpassungserfordernisse nach erfolgten Neueinstellungen. Interessanterweise findet sich in beiden Perspektiven eine Ambivalenz zwischen einerseits Defizitzuschreibungen der Lernfähigkeit älterer Lernender und andererseits der attestierten Bewältigung genau dieser Lernanforderungen aufgrund einer hohen Lernmotivation sowie in der Erwerbspersonenperspektive als weitere Ambivalenz eine zwar generell unterstellte, nicht aber auf die eigene Person zutreffende Defizitzuschreibung.
- In beiden Perspektiven wurde die Relevanz der erwerbsbiografischen Erfahrungen für das Selbstbewusstsein sichtbar, das älteren Stellensuchenden interpersonell die Selbstpräsentation im Vorstellungsgespräch erleichtern oder im Falle eines eingeschränkten Selbstbewusstseins erschweren kann. Darüber hinaus ließ sich den Äußerungen einer Erwerbsperson entnehmen, dass ein (nicht nur in einer Bewerbungssituation) ausgeprägtes Selbstbewusstsein intrapersonell zugleich auch fragil sein und mit einem aus einem anderen biografischen Kontext gestiegenen Angstempfinden einhergehen kann.

Der Beitrag der Unternehmensperspektive für das vorliegende Forschungsvorhaben zeigte sich somit a) in einer weitgehenden Übereinstimmung der Einschätzungen von UnternehmensvertreterInnen und Erwerbspersonen im Hinblick auf Einflussfaktoren spezifischer Stellenaufnahmen, die – für allerdings nur 3 interviewte Erwerbspersonen – in einer Selbstreflexion der Eingestellten und in einer Fremdreflexion der sie Einstellenden untersucht werden konnte. Auf einer breiter gefassten Bezugsebene einer Selbstreflexion der Erwerbspersonen im Vergleich mit der Fremdreflexion älterer eingestellter Erwerbspersonen aus Unternehmenssicht, die in den Unternehmen eingestellt wurden, aber überwiegend nicht mit den interviewten Erwerbspersonen identisch waren, zeigte sich b) ebenfalls eine weitgehende Übereinstimmung in den Einschätzungen. Diese bezogen sich auf Einstellungshemmnisse älterer Stellensuchender wie auch auf spezifische Stärken älterer Erwerbspersonen und fundieren damit die Einschätzungen der Erwerbspersonen. Dass diese Einschätzungen letztlich immer durch ihre subjektiven Deutungen geprägt waren, wurde an den in beiden Perspektiven herausgearbeiteten Ambivalenzen sichtbar, in denen Defizitzuschreibungen an ältere Personen mit deren Bewältigung durch ebendiese älteren Personen parallelisiert wurden. Den gewichtigsten Beitrag der Unternehmensperspektive stellen jedoch c) die berichteten Such- und Einstellungskriterien dar, die aus der Erwerbspersonenperspektive nicht ermittelbar waren. Diese zeichneten sich, wie oben beschrieben, durch überwiegend kompetenzorientierte Einstellungskriterien aus, denen jedoch in mehreren geschilderten Fällen Filter im Suchprozess vorgelagert waren, die zugunsten älterer Stellensuchender wirkten, aber auch nicht von ihnen selbst gestaltbar waren, wie z.B. die Nutzbarkeit von Fördermitteln oder eine angestrebte Vermeidung langfristiger Kostenverpflichtungen durch eine Priorisierung älterer Stellensuchender.

6.7.2 Sichtweisen und Engagement von Personalräten in Bezug auf die Einstellung von Stellensuchenden ab 50 Jahren

In zwei der Unternehmen bzw. Organisationen, in denen Leitungskräfte interviewt wurden, konnten auch Vertreter des Personalrats befragt werden. Ziel dieser Gespräche war es, Einstellungsverfahren von Unternehmen mit Blick auf ältere Stellensuchende aus der Perspektive von ArbeitnehmerInnenvertretungen zu beleuchten. Welche Einstellungskriterien sie priorisierten, inwieweit sie auf die Einstellungschancen älterer Stellensuchender Einfluss zu nehmen suchten und welche Schnittmengen ihre Einschätzungen – im Hinblick auf über die Arbeitsverwaltung vermittelte Stellensuchende, die Kompetenz älterer Stellensuchender und Unterstützungsmöglichkeiten für diese – zu denjenigen der betrieblichen Leitungskräfte und der älteren Erwerbspersonen aufwiesen, sollte exemplarisch anhand der beiden Personalrats-Interviews herausgearbeitet werden.[258]

Die beiden interviewten Personalratsmitglieder[259] waren in einem Fall in einer Behörde des öffentlichen Dienstes tätig, in dem anderen Fall in einer Körperschaft des öffentlichen Rechts. Beide Organisationen fielen nach Beschäftigtenumfang unter die Kategorie Großunternehmen. Nach Region war eine Organisation in den alten, die andere in den neuen Bundesländern ansässig.

Das Agieren der Personalräte in den Einstellungsverfahren war in beiden Fällen durch die jeweilige Spezifik in der Beschäftigtenstruktur ihrer Organisation geprägt. Diese zeichnete sich in der einen Organisation durch die Differenzierung der Beschäftigten in BeamtInnen und Tarifbeschäftigte aus. Stellenbesetzungen im Verantwortungsbereich der Organisation und damit im

258 Eine Verallgemeinerung von Auswertungsergebnissen auf Basis der beiden Personalrats-Interviews ist nicht nur aufgrund der geringen Fallzahl, sondern auch aufgrund des spezifischen Wirtschafts- und Unternehmenssegments, dem die Organisationen angehören, auszuschließen.

259 Die Interviewpersonen werden im Folgenden als Personalrat 1 und 2 bezeichnet. Auf Wunsch von Personalrat 2 erfolgt aus diesem Interview keine direkte Zitation.

Mitbestimmungsbereich des Personalrats dieser Ebene erstreckten sich auf die Einstellung von Tarifbeschäftigten. Aufgrund eines verfügten Einstellungsstopps konnten Einstellungen externer BewerberInnen fast nur noch über Ausnahmeregelungen realisiert werden, zu denen insbesondere eine öffentlich geförderte Einstellung von Stellensuchenden mit einer Schwerbehinderung zählte. In der anderen Organisation gab es ebenfalls eine Differenzierung der Beschäftigten nach ihrem Beschäftigungsstatus, Mitarbeitende waren hier als haushaltsfinanzierte unbefristet oder befristet Beschäftigte tätig, als drittmittelprojektfinanzierte befristet Beschäftigte sowie als aus Mitteln der Arbeitsförderung öffentlich geförderte befristet Beschäftigte oder als Freiwillige, die ein freiwilliges soziales Jahr (FSJ) ableisten. Diese Differenzierungen erwiesen sich sowohl im Hinblick auf den Kontext der Personalratsarbeit als auch hinsichtlich der Einstellungschancen älterer Stellensuchender als relevant.

Einstellungsverfahren

Die Form der Einbeziehung der Personalräte war in beiden Organisationen klar reguliert, die Schilderungen entsprachen denen der betrieblichen Leitungskräfte (s.o., Kap. 6.7.1). In einem Fall hob die Interviewperson explizit die vertrauensvolle Zusammenarbeit und die Berücksichtigung der Personalratsanliegen hervor.

Einstellungskriterien und -verfahren der Organisation

Nach Auskunft beider Personalräte kam in den Einstellungsverfahren ihrer Organisation keine Diskriminierung von BewerberInnen nach Alter, Migrationshintergrund und anderen sozialen Merkmalen vor. Damit bestätigten sie die Äußerungen der betrieblichen Leitungskräfte (s.o., Kap. 6.7.1). Sofern in Einstellungsverfahren Such- und Einstellungskriterien mit einem direkten oder indirekten Altersbezug zugrunde gelegt wurden, wie z.B. eine von beiden Personalräten erwähnte mehrjährige Berufserfahrung, waren diese sachlich begründet und wurden von den Personalräten akzeptiert. Gleiches galt für klar oder offen definierte Altersgrenzen für Tätigkeiten mit alterssensiblen Belastungsprofilen, die in einer der beiden Organisationen aber nur den Beamten-, nicht den Tarifbereich betrafen. Zugleich schätzte in dieser Organisation der Personalrat die Einstellungschancen älterer BewerberInnen sogar höher als bei anderen Unternehmen ein, da die Organisation keinen „Jugendwahn" verfolgte, sondern sich auch an ihrer sozialen Verpflichtung orientierte. Für die andere Organisation verwies der Personalrat auf einige Einstellungsverfahren, in denen ältere Stellensuchende priorisiert wurden, weil für die Stellenbesetzung genutzte Fördermittel auf diese Zielgruppe fokussierten oder für sie höher ausfielen. In mehreren Fällen wurden ältere Stellensuchende hier auch in Stellen außerhalb der Arbeitsförderung eingestellt, weil sie fachlich überzeugten.

Prioritäre Einstellungskriterien aus Sicht der Personalräte

Beide Personalräte nannten die Qualifikation der BewerberInnen und ihre Passung zum Anforderungsprofil der Stellenausschreibung als wichtigstes Einstellungskriterium. Darüber hinaus wurde auch sozialen Kompetenzen eine hohe Relevanz zugewiesen, unter diesen wurde die Teamfähigkeit bzw. die Passung zu den Beschäftigten hinsichtlich des sozialen Verhaltens der BewerberInnen von beiden Interviewpersonen besonders betont. In der Bezugnahme auf die Beschäftigten zeigt sich die zentrale Schutzfunktion der Institution Personalrat gegenüber der Belegschaft. Alter und sonstige soziale Merkmale stellten für beide Personalräte keine Einstellungskriterien dar.

In der Priorisierung der fachlichen und sozialen Kompetenz war eine weitgehende Überschneidung mit den von den betrieblichen Leitungskräften genannten Einstellungskriterien ersichtlich, die von den Leitungskräften lediglich noch um die personale Kompetenz ergänzt wurde (s.o., Kap. 6.7.1).

Ziele der Personalratsarbeit mit Relevanz für ältere Stellensuchende

Als Ziele für ihr Agieren in Einstellungsverfahren wurden verschiedene Aspekte angegeben, die sich auf eine Unterstützung der sozialen Belange der Stellensuchenden bezogen und hierin eine Schutzfunktion der Institution Personalrat gegenüber den BewerberInnen verdeutlichen. So schilderte ein Personalrat, dass er insbesondere darauf achtet, dass alle BewerberInnen die gleichen Chancen erhalten. Bei der Nutzung öffentlicher Förderungen aus Mitteln der Arbeitsverwaltung engagierte er sich für einen Verzicht auf Stellenbesetzungen auf Basis der sog. 1-Euro-Jobs aufgrund der für die Arbeitslosen ungünstigen Konditionen. Stattdessen unterstützte er den Einsatz anderer Formen öffentlich geförderter Stellen mit besseren finanziellen Konditionen für die Arbeitslosen, da diese dann aus dem Arbeitsverhältnis heraus bessere Bewerbungschancen haben. Auch unterstützte er die Beschäftigungspolitik der Organisation, bereits früher in öffentlich geförderten Stellen beschäftigte Personen erneut in solche oder auch anderweitig finanzierte Stellen einzustellen. Dies verweist auf eine dritte Schutzfunktion der Institution Personalrat, nämlich gegenüber ehemaligen Beschäftigten der Organisation. Beide Personalräte berichteten, dass sie sich unter der Voraussetzung einer gegebenen gleichwertigen Qualifikation mehrerer BewerberInnen für diejenige Person engagierten, die aufgrund ihrer sozialen Situation in dringlicherem Maße auf die Einstellung angewiesen war. Allerdings definierten sie das unterschiedlich aus: Ein Personalrat bezog dies vorrangig auf Personen, von deren Einkommen weitere Haushaltsangehörige abhängig waren, wie z.B. Alleinerziehende oder Personen mit pflegebedürftigen Angehörigen. Der andere Personalrat nannte indes Personen mit schlechteren Arbeitsmarktchancen, wie z.B. ältere arbeitslose BewerberInnen, für die er sich gegenüber qualifikatorisch gleichwertigen beschäftigten BewerberInnen prioritär einsetzte, wie nachfolgendes Zitat verdeutlicht.

> „(…) im Prinzip einigt man sich (…) auf eine Kandidatin oder einen Kandidaten. Und da spielen beispielsweise soziale Aspekte auch eine Rolle. Berücksichtigung findet bei uns insbesondere dann, wer hat auf dem Arbeitsmarkt eine Chance[260], woanders eine Stelle zu finden. Deswegen haben wir auch eine Vielzahl von Schwerbehinderten, die wir einstellen, das begrüße ich. Und zwar auch eine Vielzahl relativ von denen auch noch, die (…) über 50 Jahre alt sind. (…) Aber, eingeschränkt muss man dazu sagen, die müssen natürlich sich auch entsprechend präsentiert haben. D.h., sie müssen das Anforderungsprofil genauso gut mindestens erfüllen wie andere und auch bei der Vorstellung im Prinzip ähnlich gut gewesen sein. Dann kann man auch für diesen Personenkreis als Personalrat was machen. Also, als Beispiel, wenn jemand noch in Lohn und Brot, sprich Arbeitsplatz hat, sich hier bewirbt, und ein Arbeitsloser, der schon, was weiß ich, ein halbes Jahr arbeitslos ist, 55 Jahre alt ist, nur mal als Beispiel, sich ähnlich gut präsentiert hat, dann weiß ich, für wen ich mich einsetze, nämlich für den Arbeitslosen, aus sozialen Gründen." (Personalrat 1, Z. 919–933)

Bei einer näheren Betrachtung der bereits erwähnten direkt oder indirekt altersbezogenen Einstellungskriterien der Organisation, die von den Personalräten als sachlich begründet akzeptiert wurden, führten die Interviewpersonen hierfür mehrere Begründungskontexte an. Zum einen handelte es sich um Stellen mit körperlich schweren Tätigkeiten, für die über 60-jährige BewerberInnen wegen fehlender körperlicher Voraussetzungen und einer erhöhten Gefahr von Arbeitsunfällen nicht berücksichtigt wurden. In einem zweiten Kontext hatte eine Interviewperson Bedenken gegen eine Einstellung von BewerberInnen über 60 Jahren, wenn das Team sehr jung ist oder sich ein Team in der Aufbauphase befindet und auf eine längerfristige Mitarbeit der Teammitglieder angewiesen ist, was bei Stellensuchenden im rentennahen Alter aufgrund ihrer nur begrenzten Beschäftigungsdauer nicht gegeben ist. Beide Personalräte führten schließlich als prinzipielle, bislang jedoch nicht realisierte Überlegung einen dritten Begründungskontext an, wonach sie eine Senkung des in beiden Organisationen sehr hohen Altersdurchschnitts durch eine vorrangige Einstellung jüngerer

260 Aus dem Sinnzusammenhang des Gesamtzitats lässt sich schlussfolgern, dass die geäußerte Wortwahl „eine Chance" vielmehr als „keine Chance" zu verstehen ist, da sich die Interviewperson in der Erläuterung der Aussage im nachfolgenden Zitatteil auf Personen mit einem höheren Arbeitsmarktrisiko bezieht.

BewerberInnen für sinnvoll erachteten. Eine Interviewperson bezog dies explizit nur auf ein durch hohe körperliche Belastungen geprägtes Beschäftigtensegment der Organisation. Die andere Interviewperson befürwortete eine solche Einstellungspolitik unabhängig von den körperlichen Belastungsanforderungen, die in dem Tätigkeitsspektrum der Organisation eine geringere Relevanz haben.

Diese Argumentationen verdeutlichen in allen drei Begründungskontexten exemplarisch die Problematik der Umsetzung der AGG-Vorgaben: Ohne die Einschätzungen der Interviewpersonen im Hinblick auf ihre jeweilige AGG-Konformität hier näher bewerten zu können oder zu wollen, wird deutlich, dass die sachliche Begründung altersbezogener Kriterien jeweils weitmöglichst zu präzisieren ist, wenn sie sich von einem Diskriminierungstatbestand klar abgrenzen will oder muss.

Strittig ist, inwiefern die bestehende Altersstruktur der Belegschaft eines Unternehmens als begünstigendes oder hemmendes Kriterium für eine Einstellung älterer Personen AGG-konform ist. So stellen Altersangaben in Stellenausschreibungen zur Sicherung einer ausgewogenen Altersstruktur nach einer Expertise von Rothermund und Temming einen legitimen Grund für eine zulässige, nach Alter unterschiedliche Behandlung bei externen Einstellungen dar, deren Rechtfertigung dem Arbeitgeber i.d.R. gelingen müsste (vgl. Antidiskriminierungsstelle des Bundes 2010, S. 87 f.). Im Gegensatz dazu verweist Hensche darauf,

> „dass die Altersstruktur nur dann altersbedingte Ungleichbehandlungen bei der Einstellung rechtfertigen kann, wenn sie ihrerseits durch Besonderheiten der Arbeitsaufgaben bzw. der daraus folgenden Anforderungen an die körperliche bzw. gesundheitliche Verfassung der Arbeitnehmer gerechtfertigt ist" (Hensche o.J.a).[261]

Erfahrungen mit über die Arbeitsverwaltung vermittelten Stellensuchenden

Beide Personalräte problematisierten Aspekte, die sich ausschließlich auf Stellensuchende bezogen, die über die Arbeitsverwaltung vermittelt wurden – ohne

---

261 Hensche zieht diese Schlussfolgerung aus einem Urteil des Europäischen Gerichtshofs aus dem Jahr 2010. Geklagt hatte ein Bewerber um einen Ausbildungsplatz bei der Feuerwehr für den mittleren feuerwehrtechnischen Dienst in Frankfurt/Main, dessen Bewerbung mit Verweis auf das bestehende Einstellungshöchstalter von 30 Jahren abgelehnt wurde. Der Gerichtshof folgte hier der Argumentation des Generalanwaltes, aufgrund der körperlich anspruchsvollen Aufgaben in diesem Bereich und der ab 50 Jahren hierfür nicht mehr gewährleisteten Leistungsfähigkeit das Ziel einer ausgewogenen Altersstruktur als zulässigen Grund anzuerkennen (vgl. Curia o.J.a, Curia o.J.b, Hensche o.J.b).

damit die Tätigkeit der Arbeitsverwaltung direkt anzusprechen. Eine Interviewperson berichtete, dass einige der von der Arbeitsverwaltung „geschickten" Stellensuchenden qualifikatorisch nicht zu dem Anforderungsprofil der ausgeschriebenen Stelle passen würden.

> „Viele ältere Arbeitslose werden auch zu uns geschickt, und die kommen beispielsweise als Maurer. Das ist gar kein Vorwurf an die Person, (…) hat auch sicherlich gut gearbeitet, hat aber dann irgendwann ein Rückenleiden oder sonst irgendetwas gekriegt und kann seinen Beruf nicht mehr weiter ausüben, seinen bisherigen. Hat aber mit Schreibtätigkeiten eigentlich so gut wie noch nie ein Berührungsfeld gehabt. Ich glaube auch nicht, dass sie dem was Gutes tun würden, wenn der jetzt hier anfangen müsste (…)." (Personalrat 1, Z. 976–981)

Die andere Interviewperson schilderte, dass manche Stellensuchende im Vorstellungsgespräch äußerten, dass sie nur die Unterschrift des Unternehmens für die Bestätigung ihrer Gesprächsteilnahme bräuchten. Ohne hiermit die Relevanz beruflicher Wechsel auch in Tätigkeiten mit stark abweichenden Qualifikationsanforderungen infrage stellen zu wollen, sofern sie von den Erwerbspersonen selbst gewünscht sind, wird hier doch deutlich, dass das Interesse der Stellensuchenden an der ausgeschriebenen Stelle i.d.R. eine unbedingte Voraussetzung für eine erfolgreiche Bewerbung darstellt und ein solches nicht erzwungen werden kann. Vielmehr führen Vermittlungspraxen der Arbeitsverwaltung, die von Arbeitslosen Bewerbungsaktivitäten für von diesen ungewollte Stellen fordern, zu einem verfehlten Ressourceneinsatz der Unternehmen und auch der Arbeitslosen.

Ließen sich somit aus den Personalratsinterviews eher kritische Hinweise auf die Tätigkeit der Arbeitsverwaltung herauslesen, wurde von den betrieblichen Leitungskräften der Beitrag der Arbeitsverwaltung für Einstellungsverfahren vorrangig positiv und unterstützend thematisiert, z.B. durch Veröffentlichung der Stellenausschreibungen, Vorauswahl der Stellensuchenden sowie gewährte Einstellungs- und Ausbildungsförderungen (s.o., Kap. 6.7.1).

Einschätzung der Kompetenz älterer Stellensuchender

Altersspezifische Kompetenzen von älteren Stellensuchenden benannten beide Personalräte nicht. Vielmehr verorteten sie ihre Einschätzungen der Kompetenz älterer BewerberInnen entweder als personen- oder erfahrungsabhängig. So berichtete eine Interviewperson anhand eines exemplarischen Einstellungsverfahrens, dass der jüngste, ca. 35-jährige Bewerber im Vorstellungsgespräch am schlechtesten aufgetreten war, was er dessen Persönlichkeit zuschrieb, während sich ein älterer Bewerber, zu dessen Gunsten das Einstellungsverfahren auch entschieden wurde, aufgrund seiner Lebens- und Berufserfahrung sehr gut präsentierte und sich über die Anforderungen der Stelle Gedanken gemacht hatte. Die andere Interviewperson schätzte die Qualität der Bewerbungen und ihr Auftreten im Vorstellungsgespräch im Hinblick auf Motivation, Nervosität und Schüchternheit als personenabhängig ein. An anderer Stelle verwies er allerdings auch darauf, dass Langzeitarbeitslose eher eingeschüchtert wirkten und ein verlorenes Selbstwertgefühl zum Ausdruck brachten. In der Einschätzung von PC-Kenntnissen älterer Stellensuchender äußerten beide Interviewpersonen konträre Erfahrungen, wonach diese Kenntnisse nach einer Auffassung bei älteren BewerberInnen eher geringer ausgeprägt, nach der anderen Auffassung hingegen nach Alter heterogen und personenabhängig waren.

Somit thematisierten beide Personalräte die Relevanz der Erfahrung als Einflussfaktor auf die Kompetenz und Präsentation älterer Stellensuchender – als positiv wirkender Einfluss der Berufserfahrung, wie von einer Interviewperson berichtet, und als negativ wirkender Einfluss einer Arbeitslosigkeitserfahrung, wie von der anderen Interviewperson geschildert. In diesen Einschätzungen aus der Personalratsperspektive bestand eine hohe Übereinstimmung mit entsprechenden Einschätzungen der betrieblichen Leitungskräfte und der Erwerbspersonen (s.o., Kap. 6.7.1).

Unterstützungsmöglichkeiten für ältere Stellensuchende

Überlegungen, wie ältere Stellensuchende unterstützt und ihre Einstellungschancen erhöht werden könnten, äußerte nur einer der beiden interviewten Personalräte. Er betonte insbesondere die Bedeutung einer gründlichen Vorbereitung der Stellensuchenden auf das Vorstellungsgespräch, in dem die BewerberInnen ihre Stärken verdeutlichen und sich glaubwürdig präsentieren sollten. Damit fokussierte dieser Personalrat auf die Handlungsebene der älteren Stellensuchenden selbst und entsprach inhaltlich den auch von den betrieblichen Leitungskräften eingeschätzten Unterstützungsmöglichkeiten auf dieser Ebene (s.o., Kap. 6.7.1).

Fazit

In zwei der Unternehmen bzw. Organisationen, die die betrieblichen Leitungskräfte repräsentierten, wurden Interviews auch mit Personalratsmitgliedern geführt. Diese waren in einem Fall in einer Behörde, in dem anderen Fall in einer Körperschaft des Öffentlichen Rechts tätig. Regional war eine Organisation in den alten, die andere in den neuen Bundesländern verortet, beide zählten zur Kategorie der Großunternehmen.

Die Einbeziehung des Personalrats in die Einstellungsverfahren war in beiden Fällen gegeben und klar reguliert, ein Personalrat wertete die Zusammenarbeit explizit als vertrauensvoll. Beide Personalräte bestätigten auch die Anwendung diskriminierungsfreier Einstellungskriterien in der jeweiligen Organisation. Sofern Einstellungskriterien einen direkten oder indirekten Altersbezug enthielten, war dieser sachlich begründet und von den Personalräten akzeptiert. Die Priorisierung fachlicher und sozialer Kompetenz durch die Personalräte deckte weitgehend auch die von den betrieblichen Leitungskräften priorisierten Einstellungskriterien ab.

Das Agieren der Personalräte in den Einstellungsverfahren ließ sich in einer Orientierung an drei Schutzfunktionen differenzieren:

- erstens einer Schutzfunktion gegenüber den Stellensuchenden, indem ein Personalrat angab, auf die Gewährung gleicher Chancen für alle BewerberInnen zu achten und sich beide Personalräte bei gegebener gleichwertiger Qualifikation für die bewerbende Person engagierten, die nach ihrer sozialen Lage in besonderem Maße auf eine Einstellung angewiesen war – was allerdings von den Interviewpersonen unterschiedlich ausgedeutet wurde und teils auch eine Priorisierung älterer arbeitsloser Stellensuchender umfasste;
- zweitens einer Schutzfunktion gegenüber ehemaligen Beschäftigten, deren Wiedereinstellung unterstützt wurde;
- drittens einer Schutzfunktion gegenüber der Belegschaft, indem auf eine soziale Passung der BewerberInnen geachtet wurde.

Dass diese unterschiedlichen Schutzfunktionen auch untereinander konfligieren können, wurde in den Begründungskontexten für direkt oder indirekt altersbezogene Einstellungskriterien deutlich, die von den Personalräten als sachlich begründet akzeptiert wurden. Mit Blick auf das AGG erweist sich hierbei eine weitestmögliche Präzisierung und Fundierung als unabdingbar, um eine klare Abgrenzung zu einem Diskriminierungstatbestand ziehen zu können.

Aus der Thematisierung der Arbeitsverwaltung ergaben sich aus den Personalratsinterviews einzelne eher kritische Hinweise auf deren Vermittlungsaktivitäten, die sich nach Schilderung eines Personalrats auf eine fehlende qualifikatorische Passung, nach Äußerungen des anderen Personalrats auf unfreiwillige Bewerbungen bezogen. In letzterem Fall führt dies zu einem verfehlten Ressourceneinsatz der Unternehmen und auch der Arbeitslosen. Im Unterschied hierzu fanden sich in den Interviews mit den betrieblichen Leitungskräften vorrangig positive Thematisierungen der Unterstützungsleistungen der Arbeitsverwaltung bei Einstellungsverfahren.

Die Kompetenz älterer Stellensuchender schätzten die Personalräte nicht als altersabhängig, sondern als personenabhängig ein oder sie kontextualisierten diese im Hinblick auf die Berufs- wie auch Arbeitslosigkeitserfahrungen der

Stellensuchenden. Eine ähnliche Kontextualisierung fand sich ebenso in den Auffassungen der betrieblichen Leitungskräfte und der Erwerbspersonen.

Schließlich deckten sich auch die von einem Personalrat eingeschätzten Unterstützungsmöglichkeiten für ältere Stellensuchende in dem von ihm fokussierten Handlungsfeld der Stellensuchenden selbst, nämlich einer gut vorbereiteten glaubwürdigen Präsentation im Vorstellungsgespräch, mit den von den betrieblichen Leitungskräften geäußerten Überlegungen in diesem Handlungsfeld.

Somit wurde im Hinblick auf die berichteten Entscheidungskriterien für die Stellenbesetzung mit einer älteren Person (Forschungsfrage 7) eine Übereinstimmung in den zentralen Kriterien, aber zugleich auch deren Erweiterung sichtbar. Im Vergleich mit den Perspektiven der betrieblichen Leitungskräfte und der Erwerbspersonen (Forschungsfrage 8) überwogen zudem Kongruenzen bei der Einschätzung der Kompetenz älterer Stellensuchender und genereller Unterstützungsmöglichkeiten für diese Personengruppe.

7 Resümee

Ziel der hier vorgelegten Untersuchung war die Analyse betrieblicher Wechsel (aus Beschäftigung in Beschäftigung) und Reintegrationen (aus Arbeitslosigkeit oder Nichterwerbsarbeit in Erwerbsarbeit), die von Erwerbspersonen in höherem Lebensalter vorgenommen wurden, sowie die Analyse von erwerbsbiografisch orientiertem Handeln der Erwerbspersonen und damit verknüpfter Orientierungen, Deutungen und Handlungsmodi in ihren jeweiligen Kontextbezügen (vgl. Kap. 5.1).

Dieses Untersuchungsziel wurde mit folgenden forschungsleitenden Fragestellungen untersetzt:

1. Wie sind die gelungenen betrieblichen Wechsel bzw. Reintegrationen qualitativ beschreibbar?
2. Welche Stellensuchaktivitäten haben die älteren Erwerbspersonen unternommen, welche Suchstrategien haben sie verfolgt?
3. Können insbesondere spezifische erwerbsbiografische Handlungsmodi ermittelt werden?
4. Welche Kontextbedingungen und Einflussfaktoren sind von Relevanz?
5. Lassen sich geschlechtsspezifische Konstellationen ermitteln?
6. Wie deuten die Erwerbspersonen ihren beruflichen Werdegang?
7. Was sind aus Sicht der einstellenden Unternehmen als relevant geäußerte Entscheidungskriterien für die erfolgte Einstellung einer älteren Erwerbsperson?
8. Sind die Einschätzungen zwischen den befragten Erwerbspersonen, den betrieblichen Leitungskräften und den ArbeitnehmerInnenvertretungen kongruent bzw. worin bestehen mögliche Divergenzen?
9. Welche Unterstützung erhielten die älteren Erwerbspersonen bei ihrem Wechsel bzw. ihrer Reintegration; lassen sich Schlussfolgerungen zur Unterstützung von Erwerbsverläufen in höherem Lebensalter herleiten?

In der Umsetzung des Forschungsvorhabens wurde nach einer sekundäranalytischen Fundierung der Relevanz des Forschungsthemas (vgl. Kap. 2) der theoretisch konzeptionelle Bezugsrahmen zu den Diskursen der Arbeitsmarkttheorie (vgl. Kap. 3) und der Handlungstheorie (vgl. Kap. 4) aufgearbeitet. Dies diente als Suchprozess und Selbstverortung der Vorbereitung der primäranalytischen Untersuchung. Auf dieser Basis wurde ein methodisches Design für die Datenerhebung und -auswertung entworfen (vgl. Kap. 5) und nach deren Durchführung wurden die Auswertungsergebnisse dargelegt (vgl. Kap. 6).

Zur eingesetzten Methodik: Die gewählte qualitative biografieorientierte Methodik ermöglichte explorativ die Entwicklung von Analysekategorien für erwerbsbiografische Umbruchphasen in höherem Lebensalter – wie z.B. zur Ausdifferenzierung von Beendigungsgründen der vorhergehenden Stelle oder der Vorgehensweise bei der Stellensuche –, die fallanalytisch und falltypisierend eingesetzt und in einer Multi-Perspektiven-Analyse kontrastiert werden konnten (s. Kap. 5). Im Rahmen einer quantitativ angelegten Studie wäre ein vergleichbares Vorgehen nicht realisierbar gewesen bzw. hätten allenfalls vordefinierte Aspekte ohne Berücksichtigung darüber hinausgehender Deutungen und Kontextbedingungen erhoben werden können. Verdichtete Analysekonzepte, wie z.B. Handlungsmodi, konnten zudem ausschließlich mittels qualitativer Methode generiert und falltypisierend zugeordnet werden.

Mit der eingesetzten Methode konnten die Schilderungen und Reflexionen der Interviewpersonen analysiert werden, die eine Rekonstruktion von Problemlagen und Handlungslogiken im Kontext spezifischer Bedingungskonstellationen exemplarisch für das jeweils ausgewählte Sample ermöglichte. Die ermittelten Ergebnisse sind jedoch nicht repräsentativ. Als retrospektive Querschnittsmethodik konnten etwaige Veränderungen in den Orientierungen und Deutungen der Erwerbspersonen während der Umbruchphase in höherem Lebensalter und der vorhergehenden Erwerbsbiografie zudem nur aus ihrer Perspektive zum Interviewzeitpunkt erhoben werden. Von Interesse wäre daher eine vertiefende Längsschnitterhebung, um die Reflexion von Erfahrungen, Orientierungen, Vorgehensweisen und Handlungsmodi in ihrem Entwicklungsprozess, insbesondere mit zunehmender Suchdauer während der Umbruchphase, näher erfassen zu können.

Mit dem eingesetzten Erhebungsinstrumentarium wurde eine Datenfülle generiert, die die Untersuchung vielfältiger Analysekategorien erlaubte, im Rahmen des Forschungsvorhabens aber deutlich reduziert werden musste und z.B. zum Auswertungsverzicht der Interviews mit ArbeitsvermittlerInnen sowie der arbeitsverwaltungsbezogenen Aspekte in den Erwerbspersonen-Interviews führte.

Der Interviewleitfaden für die Erwerbspersonen enthielt außer den vorrangig offenen Fragen auch zwei standardisierte Befragungselemente zu Arbeitseinstellungen und zu Handlungsweisen. Auf deren systematische Auswertung wurde mit Blick auf die vorgenannte Datenfülle, aber auch auf die hier erzielte geringere Datenqualität infolge teils unterschiedlichen Bedeutungsverständnisses der Fragen verzichtet. Diese konnten weniger auf eine fehlende Eindeutigkeit der Fragestellungen zurückgeführt werden, sondern vielmehr auf die verschiedenen Deutungen der Fragen im Erfahrungs- und Deutungskontext der Interviewten.[262] Die Auswertungsproblematik der quantitativen Leitfadenelemente verdeutlichte zugleich die Auswertungsqualität qualitativer Daten, sofern ihre Bedeutung durch Kontextualisierung innerhalb des Gesamtinterviews fundiert werden kann.

Eine besondere Herausforderung im Auswertungsprozess bestand darin, die Datenkomplexität im Interesse strukturierbarer, übersichtlicher Auswertungsergebnisse hinreichend zu reduzieren und zugleich den jeweiligen Begründungskontexten der Interviewpersonen mit individuell unterschiedlichen Ressourcen, Verpflichtungen, Orientierungen, Zielen und Gelegenheiten Rechnung zu tragen.

Zentrale Forschungsergebnisse werden im Folgenden zum einen auf einer analytisch-kategorialen Ebene resümiert, indem die in der vorliegenden Forschungsarbeit vorgenommene Analyse zu einem Analysemodell für erwerbsbiografische Umbruchphasen in höherem Lebensalter verdichtet wird (Kap. 7.1). Zum anderen werden ausgewählte empirische Befunde dargelegt, in ihren theoretisch-konzeptionellen Bezügen diskutiert und Forschungsdesiderata aufgezeigt (Kap. 7.2).

7.1 Analytisch-kategoriale Ergebnisse – ein Analysemodell erwerbsbiografischer Umbruchphasen in höherem Lebensalter

Im Rahmen des methodischen Vorgehens wurden zur Bearbeitung des Untersuchungsziels und der forschungsleitenden Fragen Analysekategorien entwickelt. Im weiteren Auswertungsprozess wurden diese in Anlehnung an das Paradigmatische Modell der grounded theory methodology in ein Beziehungsgefüge transformiert (vgl. Strauss & Corbin 1996, Hülst 2010, Böhm 2004, s. auch Kap. 5).

Im Ergebnis konnten die einbezogenen Analysekategorien zu einem Analysemodell verdichtet werden, das auch für Folgeuntersuchungen erwerbsbiografischer Umbruchphasen in höherem Lebensalter nutzbar ist. Die Spezifik dieses Modells liegt darin, dass es das Handeln und Deuten der Erwerbspersonen in

262 So wurde z.B. die standardisiert erfragte Bewertung der persönlichen Wichtigkeit einer beruflichen Aufstiegsmöglichkeit im aktuellen bzw. letzten Arbeitsverhältnis je nach eingeschätzter Realisierbarkeit unterschiedlich gedeutet – teils wurde sie unabhängig von einer solchen Realisierbarkeit beantwortet, teils führte dies hingegen zu Einschätzungen als unwichtig oder zu Fehlantworten.

der Umbruchphase in höherem Lebensalter in die jeweilige Erwerbsbiografie einbettet und u.a. Berufswünsche, erfahrene Auf-/Abstiege, Ziel- und Handlungsspielräume integriert sowie in ihren Veränderungen berücksichtigt. Das Analysemodell ist wie folgt strukturiert (s. Abb. 17):

Abb. 17: Analysemodell erwerbsbiografischer Umbruchphasen in höherem Lebensalter im Kontext der gesamten Erwerbsbiografie

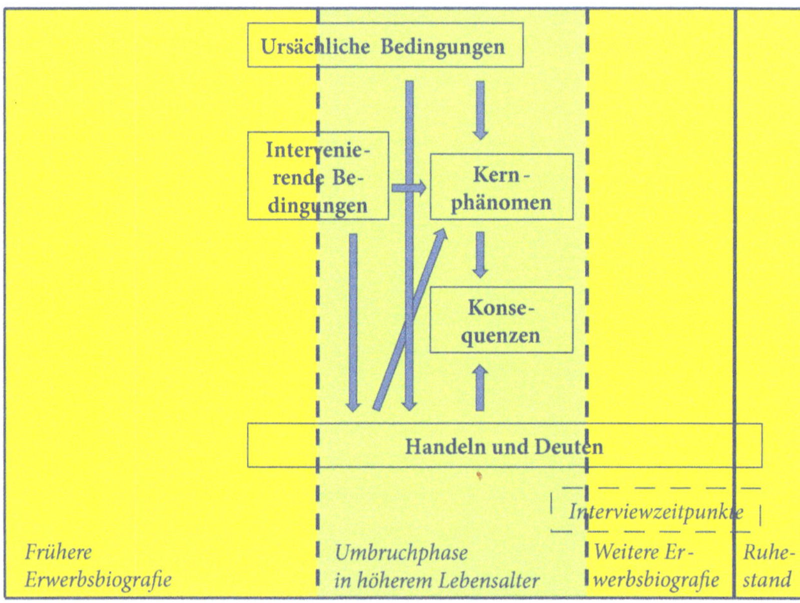

Der Struktur des Analysemodells sind folgende Analysekategorien zugeordnet (s. Tab. 25):

Das *Kernphänomen*, das den zentralen Fokus der Untersuchung bildete, war die Aufnahme einer neuen Stelle, die Erwerbspersonen in einer erwerbsbiografischen Umbruchphase in höherem Lebensalter gelang.

Zur Analyse dieses Kernphänomens wurden als *ursächliche Bedingungen* der Entstehungsgrund der Umbruchphase in höherem Lebensalter ermittelt, der teils in weit früheren Phasen der Erwerbsbiografie verortet war und sich auf den Beendigungsgrund der vorhergehenden Stelle bzw. auf sonstige Gründe der Stellensuche in höherem Lebensalter bezog.

Als umfangreich stellten sich die *intervenierenden Bedingungen* dar. Sie umfassten die frühere erwerbsbiografische Entwicklung mit ihrer jeweiligen

Tab. 25: Analysemodell für erwerbsbiografische Umbruchphasen in höherem Lebensalter im Kontext der gesamten Erwerbsbiografie – Die zugeordneten Analysekategorien

	gesamte Erwerbsbiografie inkl. der Umbruchphase in höherem Lebensalter	**Umbruchphase in höherem Lebensalter**
Kernphänomen		Gelungene Aufnahme einer neuen Stelle in höherem Lebensalter
ursächliche Bedingungen	Entstehungsgrund der Umbruchphase	
intervenierende Bedingungen	frühere erwerbsbiografische Entwicklung: Stellen-, Tätigkeits- und Berufsstatus-, Berufs-, Erwerbsstatusdiskontinuität, Wechsel- und Arbeitslosigkeitserfahrungen verfolgte und ggf. geänderte berufliche Orientierungen und deren Realisierung arbeitsmarktrelevante personenstrukturelle Merkmale: Region, Geschlecht, Altersgruppe, Vorliegen eines Migrationshintergrunds, einer Behinderung, Schulabschluss, Beruf etc. regionale Arbeitsmarktlage	Erwerbsstatus während der Umbruchphase in höherem Lebensalter sozio-ökonomische Angewiesenheit auf einen Sucherfolg und ihre Änderung Interventionen etwaiger Gatekeeper: Such- und Einstellungskriterien von einstellenden Personen in Unternehmen, Interventionen der ArbeitnehmerInnenvertretungen in einstellenden Unternehmen, Interventionen der Arbeitsverwaltung und weiterer Gatekeeper
Handeln und Deuten	erbrachte Änderungsleistungen und deren Deutung (gewünscht oder ungewünscht, Handlungsmöglichkeiten erweiternd oder restringierend) Einschätzung der Selbstgestaltung der erwerbsbiografischen Entwicklung erfolgte Lern- und Entwicklungsprozesse und deren Reflexion	Umgehensweisen mit der Umbruchphase in höherem Lebensalter und ihre Deutung im erwerbsbiografischen Kontext Einschätzung von Einstellungschancen und Deutung von Bewerbungsaktivitäten und ihren Ergebnissen verfolgte Suchziele und ihre Änderung Zielstrebigkeit der Stellensuche und ihre Änderung
Konsequenzen		Verortung der in höherem Lebensalter neu aufgenommenen Stelle(n) gegenüber der vorhergehenden Stelle Verortung der in höherem Lebensalter neu aufgenommenen Stelle(n) gegenüber einem früher erreichten besten Niveau subjektive Bewertung der neu aufgenommenen Stelle(n)

Stellen-, Tätigkeits-, Berufsstatus-, Berufs- und Erwerbsstatusdiskontinuität sowie ihren Wechsel- und Arbeitslosigkeitserfahrungen, verfolgte und ggf. geänderte berufliche Orientierungen und deren Realisierung, arbeitsmarktrelevante personenstrukturelle Merkmale, so z.B. Region, Geschlecht, Altersgruppe, Vorliegen eines Migrationshintergrunds, einer Behinderung, Schulabschluss, Beruf etc., sowie die regionale Arbeitsmarktlage. Des Weiteren zählten zu den intervenierenden Bedingungen speziell in der Umbruchphase in höherem Lebensalter der Erwerbsstatus während dieser Umbruchphase, eine etwaige sozio-ökonomische Angewiesenheit auf einen Sucherfolg und ihre Änderung im Verlauf der Umbruchphase sowie Interventionen etwaiger Gatekeeper. Letztere bezogen sich auf die Such- und Einstellungskriterien von einstellenden Personen in Unternehmen, auf die Interventionen der ArbeitnehmerInnenvertretungen in einstellenden Unternehmen sowie auf Interventionen der Arbeitsverwaltung und weiterer Gatekeeper.

Mit diesen jeweils spezifischen Bedingungskontexten war das *Handeln und Deuten* der Erwerbspersonen verwoben. Dies wurde ausdifferenziert in Umgehensweisen mit der Umbruchphase in höherem Lebensalter und ihre Deutung im erwerbsbiografischen Kontext, auf die erbrachten Änderungsleistungen und deren Deutung – gewünscht oder ungewünscht, Handlungsmöglichkeiten erweiternd oder restringierend –, die Einschätzung der Selbstgestaltung der erwerbsbiografischen Entwicklung sowie die erfolgten Lern- und Entwicklungsprozesse und deren Reflexion, speziell in der Umbruchphase in höherem Lebensalter zudem die Einschätzung von Einstellungschancen und Deutung von Bewerbungsaktivitäten und ihren Ergebnissen, die verfolgten Suchziele und ihre Änderung sowie die Zielstrebigkeit der Stellensuche und ihre Änderung.

Die *Konsequenzen* schließlich betrafen die Verortung der in höherem Lebensalter neu aufgenommenen Stelle(n) gegenüber der vorhergehenden Stelle, die Verortung der in höherem Lebensalter neu aufgenommenen Stelle(n) gegenüber einem früher erreichten besten Niveau sowie die subjektive Bewertung der neu aufgenommenen Stelle(n).

In ihrer Verknüpfungsstruktur wirkten die ursächlichen und die intervenierenden Bedingungen jeweils sowohl auf das Handeln und Deuten als auch auf das Kernphänomen ein, das Handeln und Deuten auf das Kernphänomen und die Konsequenzen, Letztere waren zusätzlich unter Einwirkung des Kernphänomens zu betrachten.

Dieses Analysemodell erscheint für weitere Untersuchungen zu erwerbsbiografischen Umbruchphasen in höherem Lebensalter transferierbar. Zu berücksichtigen wäre hierbei ein möglicher Modifizierungsbedarf im Hinblick auf weitere Personengruppen, wie z.B. ältere stellensuchende Erwerbspersonen mit

Migrationshintergrund oder mit einer Schwerbehinderung – die hier jeweils nur ansatzweise einbezogen wurden –, oder hinsichtlich älterer Erwerbspersonen mit geringerem oder höherem Qualifikationsniveau sowie älterer Erwerbspersonen mit selbstständigen oder sonstigen Entwicklungspfaden seit ihrem 50. Lebensjahr.

Auf Basis des hier vorgestellten Analysemodells wurde die empirische Untersuchung durchgeführt und ausgewertet, deren Ergebnisse im anschließenden Kap. 7.2 vorgestellt werden.

7.2 Empirische Ergebnisse – theoretisch-konzeptionelle Diskussion und Forschungsdesiderata

Im Folgenden werden die inhaltlichen Ergebnisse der durchgeführten empirischen Untersuchung, die in Kap. 6 ausführlich dargelegt wurden, entlang der Forschungsfragen resümiert und vor dem Hintergrund der in Kap. 3 und 4 entfalteten theoretisch-konzeptionellen Rahmen sowie im Hinblick auf handlungspraktische Schlussfolgerungen diskutiert. An die Auswertungsergebnisse angrenzende Forschungsdesiderata werden jeweils aufgezeigt und abschließend zusammengefasst.

Qualität der gelungenen betrieblichen Wechsel und Reintegrationen

In welche Stellenqualität die gelungenen betrieblichen Wechsel bzw. Reintegrationen einmündeten, wurde in Beantwortung der Forschungsfrage 1[263] für die jeweils in höherem Lebensalter zuletzt aufgenommene sozialversicherungspflichtige Stelle bzw. in zwei Fällen nur nebentätige, nicht sozialversicherungspflichtige Stelle untersucht (vgl. Kap. 6.5). Obgleich entsprechend der Auswahlkriterien für das Sample der interviewten Erwerbspersonen für keine der aufgenommenen Stellen eine akademische Qualifikation erforderlich war, deckten sie ein sehr heterogenes Qualifikationsspektrum ab, indem sie sich über alle vier Anforderungsniveaus der Klassifikation der Berufe 2010 erstreckten.

Die Qualität der letztmalig aufgenommenen Stellen wurde aus zwei Perspektiven betrachtet: zum einen nach der subjektiven Bewertung und Zufriedenheit der Erwerbspersonen, zum anderen nach Veränderungen in Vergütung, Status oder sozialer Absicherung gegenüber der vorhergehenden Stelle und gegenüber dem bereits erreichten besten Niveau als generalisierbaren Bewertungskriterien.

---

263 Forschungsfrage 1: Wie sind die gelungenen betrieblichen Wechsel bzw. Reintegrationen qualitativ beschreibbar?

Aus Letzterer wurde eine Typologie mit sechs Typen unterschiedlicher Stellenqualität entwickelt, die in dem günstigsten Typ eine Verbesserung gegenüber der Vorstelle und eine Verbesserung oder Konstanz gegenüber dem früher erreichten Niveau aufwiesen, in dem ungünstigsten hingen eine Verschlechterung gegenüber der Vorstelle und gegenüber dem früher erreichten Niveau. Die übrigen vier Typen befanden sich zwischen diesen Polen und waren durch spezifische Kombinationen von Verbesserung, Konstanz, unterschiedlicher Veränderung oder Verschlechterung in den Kriterien gegenüber den beiden Vergleichsbezügen geprägt. Innerhalb der einzelnen Typen bestand zugleich eine nach Qualifikationsniveau und Vergütung hohe Heterogenität fort.

Insgesamt konnte sich zwar eine große Mehrheit gegenüber der vorhergehenden Stelle verbessern oder dessen Niveau zumindest partiell verbessern oder halten, was ein positives Ergebnis darstellt. Zugleich ist jedoch zu beachten, dass sich die Hälfte der Befragten bei der Stellenaufnahme in höherem Lebensalter im Hinblick auf Vergütung, Status und/oder sozialer Absicherung gegenüber dem früher erreichten besten Niveau verschlechterte – ein Umstand, der in der weiteren Biografie zu bewältigen war (s. hierzu die Ausführungen zu den in Forschungsfrage 3 erfragten erwerbsbiografischen Handlungsmodi). Angesichts bislang nur weniger vorliegender quantitativer Erhebungen (vgl. exemplarisch Kistler, Trischler & Bäcker 2009), wäre eine repräsentative Untersuchung von Interesse, die die erreichte Qualität von Stellenaufnahmen in höherem Lebensalter nicht nur mit jener in jüngeren Altersgruppen vergleicht, sondern auch ihre Veränderung im erwerbsbiografischen Kontext erfasst.

Die Ermittlung der subjektiven Bewertung zur Zufriedenheit mit der aktuellen bzw. letzten Stelle ergab – in Anknüpfung an die Zufriedenheitsdefinition der Hans-Böckler-Stiftung und an Variablen der Zufriedenheit aus der Arbeitszufriedenheitsforschung (vgl. Hans-Böckler-Stiftung 2002, Mertel 2006, Albers 2008, Langfeldt 2009) sowie basierend auf sonstigen, sich aus den Interviewäußerungen extrahierbaren Zufriedenheitsvariablen –, dass sich diese auf eine Vielfalt unterschiedlicher Kriterien stützte. Hierbei unterschieden sich nicht nur die für die Bewertung herangezogenen Kriterien, sondern auch ihre Gewichtung, wie z.B. die Bedeutung von Entscheidungskompetenz, sowie deren qualitativ gewünschte Ausprägung, so z.B. die Auslegung interessanter Arbeitsinhalte oder die noch als akzeptabel definierte räumliche Entfernung zwischen Wohn- und Arbeitsort. Für die Zufriedenheit der interviewten Erwerbspersonen kam dem Arbeitsinhalt und der sozialen Absicherung eine besondere Relevanz zu, des Weiteren der Vergütung, dem Status und der Belastungsreduktion, diese wurden jeweils mehrfach thematisiert.

Die aus den subjektiven Bewertungen der Erwerbspersonen hergeleitete Zufriedenheit wurde in (hoch) gegeben, bedingt gegeben und fehlend differenziert. Eine deutliche Mehrheit von zwei Dritteln der Befragten zeigte sich (hoch) zufrieden mit der aktuellen bzw. letzten Stelle, nur eine Person war als unzufrieden einzuordnen. Angesichts der teils sehr unattraktiven Arbeitsbedingungen, die von einigen Befragten in Kauf genommen wurden, um erwerbstätig sein zu können, war ein höherer Anteil Unzufriedener erwartbar. Anzunehmen ist jedoch, dass das Erschließen einer positiven Einstellung – sofern möglich – essenziell erforderlich ist, um gerade auch ungewünschte Arbeitsbedingungen bewältigen zu können, wie in ähnlicher Weise von Albers formuliert (vgl. ders. 2008). Dies kann u.a., wie aus den geführten Interviews hervorging, über die Senkung von Ansprüchen, deren Umwertung oder Ersatz durch andere Ansprüche erfolgen.

Indem in die Zufriedenheitsbewertungen subjektiv spezifische Erwartungen und Ansprüche an die jeweils ausgewählten Kriterien und deren gewünschte Ausprägung eingehen, ist zu berücksichtigen, dass das Konstrukt Zufriedenheit nach seinen unterschiedlichen Qualitätsmerkmalen zu differenzieren ist, wie dies beispielsweise von Bruggemann, Groskurth und Ulich (vgl. dies. 1975) unternommen wurde. In theoretischer Abgrenzung zu deren heuristisch fruchtbaren Typisierungsmodell von Arbeitszufriedenheit wird indes in der vorliegenden Arbeit eine in dem Modell von Bruggemann et al. enthaltene Gleichsetzung von Anspruchssenkung und Resignation abgelehnt, da Resignation begrifflich auf die Aufgabe eines Plans fokussiert. Angemessener erscheint nach meiner Auffassung, eine Anspruchssenkung im Hinblick auf die hier geleistete Anpassung zu betrachten, wie sie von Zapf als „Adaptation" bezeichnet wurde (vgl. ders. 1984). Sie stellt damit eine mögliche Form zur Bewältigung ungewünschter Arbeitsbedingungen dar, sofern alternative Wege zur Realisierung eigener Wünsche und Ansprüche nicht möglich erscheinen – und dies kann nur aus der subjektiven Perspektive bestimmt werden.

In beiden hier gewählten Perspektiven zur Beschreibung der Stellenqualität nach generalisierbaren Kriterien und subjektiven Bewertungen waren die Ergebnisse teils auch inkongruent. So waren weder in dem günstigsten Qualitätstyp mit einer Verbesserung gegenüber der Vorstelle und einer Verbesserung oder Konstanz gegenüber dem früher erreichten Niveau alle hier zugeordneten Personen (hoch) zufrieden, noch waren in dem ungünstigsten Qualitätstyp mit einer Verschlechterung gegenüber der Vorstelle und gegenüber dem früher erreichten Niveau alle hier zugeordneten Personen unzufrieden. In den spezifischen Begründungszusammenhängen wurden diese Inkongruenzen jeweils nachvollziehbar, wie z.B. die Dringlichkeit einer Reintegration in Erwerbsarbeit für eine arbeitslose Person, die nach erfolgter Stellenaufnahme zumindest bedingt zufrieden mit der Stelle war, obwohl sie eine Verschlechterung gegenüber der Vorstelle und dem früher erreichten Niveau darstellte. Solche subjektiven Begründungszusammenhänge reichen somit über die ausgewählten generalisierbaren Kriterien hinaus.

Stellensuchaktivitäten und Suchstrategien

Für die Analyse von Stellensuchaktivitäten und -strategien der interviewten Erwerbspersonen entsprechend Forschungsfrage 2[264] wurde eine Operationalisierung nach Form und Umfang der Aktivitäten für wenig aussagekräftig gehalten, insbesondere hinsichtlich des Such- und Bewerbungserfolgs. In Abgrenzung zu gegenläufigen, höher aggregierten Befunden in der Forschungsliteratur (vgl. exemplarisch Arni & Wunsch 2014) erscheint eine Generalisierung erfolgversprechender Vorgehensweisen angesichts unterschiedlicher Berufs- und Unternehmenskulturen, unterschiedlicher wirtschaftlicher und arbeitsmarktpolitischer Gelegenheiten, sich im Zeitverlauf verändernder Bewerbungsstandards sowie individueller Kommunikationsstile der Stellensuchenden und ihrer im Suchprozess ebenfalls veränderlichen Orientierungen und Ressourcen nicht möglich.

Stattdessen wurde die Analyse der Stellensuchaktivitäten und -strategien aus der Perspektive der Zielstrebigkeit, mit der die Stellensuchenden vorgingen, vorgenommen, womit die verschiedenen Dimensionen der Stellensuche unter dem Aspekt gebündelt betrachtet werden konnten, inwieweit und unter welchen Bedingungen sie auf eine tatsächliche Stellenaufnahme abzielten (vgl. Kap. 6.4). Als zielstrebig wurde hierbei eine Stellensuche bezeichnet, wenn damit entschlossen das Ziel verfolgt wurde, über Stellensuchaktivitäten eine neue Stelle zu finden, und wenn aus den Schilderungen der Erwerbspersonen ein solches Ziel und engagierte Suchaktivitäten hervorgingen. Unter einer weniger zielstrebigen Stellensuche wurde indes eine weniger konsequent oder weniger engagiert durchgeführte Suche verstanden, in den Interviews unterlegt durch geäußerte deutliche Einschränkungen der Stellensuche. Als ein sich als relevant bestätigender Einflussfaktor auf die Stellensuche wurde die sozio-ökonomische Lage der Erwerbspersonen in die Analyse der Stellensuchaktivitäten und -strategien integriert. Eine (eher) günstige sozio-ökonomische Lage wurde unterstellt, wenn eine Erwerbsperson entsprechend ihrer subjektiven Deutung nicht dringend auf das Einkommen einer neu zu findenden Stelle angewiesen war und vice versa.

264 Forschungsfrage 2: Welche Stellensuchaktivitäten haben die älteren Erwerbspersonen unternommen, welche Suchstrategien haben sie verfolgt?

Differenziert wurden vier verschiedene Typen von Vorgehensweisen bei der Stellensuche in der Umbruchphase in höherem Lebensalter: Die meisten der befragten Erwerbspersonen wiesen eine zielstrebige Stellensuche auf, darunter wenige Personen in zugleich (eher) günstiger sozio-ökonomischer Lage (Typ a) und überwiegend Personen in (eher) ungünstiger sozio-ökonomischer Lage (Typ b). Die Suchziele in beiden Typen bezogen sich auf unterschiedliche Dimensionen, wie z.B. Tätigkeit, Einkommenssicherung etc., waren aber jeweils klar definiert und mit spezifischen, auf unterschiedlichen Niveaus bewegenden Ansprüchen bzw. Mindestbedingungen verknüpft. Selbsteinschätzungen des qualifikatorischen und physischen Leistungsvermögens flossen in die Zielstellung der Stellensuche ein. Für die Stellensuche wurden in den Typen a) und b) vorwiegend die „klassischen" Vorgehensweisen der reaktiven postalischen Bewerbung genutzt. Einige Erwerbspersonen wandten hierbei besonders aufwändige oder kreative Such- und Bewerbungsaktivitäten an.

Mit zunehmender Suchdauer änderten die Erwerbspersonen ihre Suchstrategie in unterschiedlicher Weise. Drei dieser Veränderungen führten zu Änderungen in den Suchzielen:

- *Reduzierung des Anspruchsniveaus infolge zunehmend ungünstiger eingeschätzter Rahmenbedingungen:* da die Erwerbspersonen mit erhöhter Suchdauer ihre Einstellungschancen als geringer werdend einschätzten, senkten sie ihre Ansprüche und bewarben sich auch auf Stellen zu schlechteren, zuvor ungewünschten Konditionen;
- *Ausweitung des Anspruchsniveaus trotz unverändert ungünstig eingeschätzter Rahmenbedingungen:* obwohl die Einstellungschancen unverändert gering eingeschätzt wurden, erweiterten die Erwerbspersonen ihre bereits sehr niedrigen oder gesenkten Ansprüche aus Selbstschutz wieder und bewarben sich nur noch auf Stellen zu Mindestbedingungen;
- *Aufgreifen einer unerwartet eintretenden Gelegenheit und Engagement hierfür:* Suchziele wurden durch neue und anspruchsvollere Ziele ersetzt und Bewerbungen in dem neuorientierten Feld durch intensive Lernaktivitäten vorbereitet bzw. begleitet.

Zwei weitere Veränderungsformen bezogen außer den spezifischen Suchstrategien auch die begleitenden Handlungsstrategien im Hinblick auf ein verändertes Engagement ein:

- *Verändertes Engagement unter krisenhaft zugespitzten Rahmenbedingungen:* nach de facto aufgegebener Hoffnung, aus der Arbeitslosigkeit wieder heraus zu kommen, wurden in einem Fall Schritte zur Wiederherstellung von Handlungsfähigkeit und zur Reintegration in Erwerbsarbeit unternommen;

- *neu entfaltetes Engagement bei unveränderten Rahmenbedingungen:* nach bereits aufgegebener Hoffnung, eine Stelle zu finden, wurde in einem Fall ein neues Ziel entwickelt und dafür „gekämpft", nämlich die Fortsetzung der befristeten Stelle zu erreichen, die bereits früher mehrfach auslief und in Arbeitslosigkeit mündete.

Änderungen von Such- und Handlungsstrategien in den Typen a) und b) erfolgten somit in unterschiedlichen Kontexten. Teils änderten die Erwerbspersonen ihre Suchziele und/oder ihr Engagement hierbei parallel zu günstiger oder ungünstiger werdenden Rahmenbedingungen. Teils – und dies ist besonders bemerkenswert – wurden jedoch auch Änderungen konträr zu unverändert ungünstigen Rahmenbedingungen vorgenommen, wie z.B. eine Anspruchsausweitung oder ein neu entfaltetes Engagement. Gerade Letzteres verdeutlicht, dass Anlässe und Bedingungsgefüge erwerbsbiografischer Entwicklungen nicht unbedingt für Dritte sichtbar werden, was insbesondere in der Arbeitsvermittlung durch eine situations- und prozessadäquate Absprache von Unterstützungsmöglichkeiten für Stellensuchende zu berücksichtigen ist.

Die beiden weiteren Typen umfassten eher weniger zielstrebige Vorgehensweisen bei der Stellensuche in höherem Lebensalter, darunter Typ c) in der Kombination mit einer (eher) günstigen sozio-ökonomischen Lage. Die Suchziele der Erwerbspersonen dieses Typs waren teils klar konturiert, teils auch eher beruflich offen bzw. unkonkret mit jeweils höheren Ansprüchen an die neue Stelle. Eingeschätzte Veränderungen des physischen und psychischen Leistungsvermögens wurden in der Zielstellung der Stellensuche berücksichtigt. In einem Fall bestand noch keine Suchabsicht. „Klassische" Vorgehensweisen der reaktiven postalischen Bewerbung prägten die Suchaktivitäten. Eine Veränderung in den Suchzielen während des Stellensuchprozesses wurde nicht sichtbar, ausgenommen ein Fall, in dem eine Person nach erfolgter Abmeldung vom Arbeitsamt und damit entfallener Suchverpflichtung auf ein anderes Tätigkeitsfeld orientierte. Entsprechend der Suchziele wurden jeweils nur begrenzte Bewerbungsaktivitäten unternommen, in wenigen Fällen bewarben sich die Erwerbspersonen nur auf eine einzige Stelle und wurden eingestellt. Da jeweils keine dringliche Angewiesenheit auf eine erfolgreiche Stellensuche bestand, war diese weniger zielstrebige Vorgehensweise realisierbar, ohne negative Konsequenzen befürchten zu müssen.

Diese Problematik stellte sich hingegen für Vorgehensweisen des Typs d), der eher weniger zielstrebige Vorgehensweisen bei der Stellensuche in höherem Lebensalter in einer (eher) ungünstigen sozio-ökonomischen Lage kennzeichnet und nur eine Person betraf. Diese Person verfolgte in einer langjährigen

Umbruchphase mit mehrfachen kürzeren Stellen und zwischenzeitlichen Arbeitslosigkeitszeiten klare Suchziele mittels „klassischer" Vorgehensweisen. Konkrete Ansprüche an Tätigkeit und Konditionen einer Stelle wurden formuliert, aber auch mehrfach zugunsten einer Stellenaufnahme aufgegeben. Während die Person in der zweiten Arbeitslosigkeitsphase noch mittels eines Engagements für eine Weiterbildung versucht hatte, die berufliche Perspektive in eine gewünschte Richtung zu steuern, sah sie nach mehrfach erfahrenen Befristungen beim gleichen Unternehmen mit anschließend jeweils einmonatiger Arbeitslosigkeit keine alternative Erwerbsperspektive und begrenzte die Suchaktivitäten auf den Monat in Arbeitslosigkeit. Änderungen in der Suchstrategie waren hier durch eine Anspruchssenkung und im weiteren Verlauf durch eine Einschränkung des Engagements infolge benannter fehlender Veränderungsmotivation und nach eingeschätzter Chancenlosigkeit geprägt. In diesem Fall musste die Ambivalenz zwischen einer dringlichen Angewiesenheit auf ein eigenes Erwerbseinkommen und der weniger zielstrebigen Stellensuche ausgehalten und bewältigt werden.

Unterschiede nach Region oder Geschlecht ließen sich bei den Vorgehensweisen zur Stellensuche in den vier Typen nicht oder nur geringfügig feststellen.

Erwerbsbiografische Handlungsmodi

Aus den Interviews mit den Erwerbspersonen ließen sich in Beantwortung der Forschungsfrage 3[265] unterschiedliche erwerbsbiografische Handlungsmodi in der Umbruchphase in höherem Lebensalter ermitteln (vgl. Kap. 6.6). Diese wurden definiert als Umgehensweisen mit der Umbruchphase in höherem Lebensalter, die die jeweilige Zuwendung zu der Umbruchphase selbst, wie auch deren Verortung im Verhältnis zu früher erwerbsbiografisch Erreichtem umfasste. Die Generierung der Handlungsmodi basierte zum einen darauf, inwieweit es den Erwerbspersonen gelang, Orientierungen und Ziele in der Umbruchphase in höherem Lebensalter zu bestimmen und zu realisieren. Zum anderen wurde die Veränderung der neu aufgenommenen Stelle im Verhältnis zu einem früher erreichten besten Niveau anhand der Indikatoren Vergütung, Status oder sozialer Absicherung in die Bildung der Handlungsmodi einbezogen. Im Ergebnis konnten vier erwerbsbiografische Handlungsmodi differenziert werden, die als „Gestaltung", „Möglichkeitenwahrnehmung", „Verlustbewältigung" und „Verlustpersistenz" bezeichnet wurden. In den Handlungsmodi Gestaltung und Möglichkeitenwahrnehmung verzeichneten die Erwerbspersonen, denen diese Modi zugeordnet wurden, keine Verschlechterung ihrer neu aufgenommenen

265 Forschungsfrage 3: Können insbesondere spezifische erwerbsbiografische Handlungsmodi ermittelt werden?

Stelle gegenüber ihrer früheren Erwerbsbiografie. Während Erwerbspersonen mit dem Handlungsmodus Gestaltung Orientierungen und Ziele in der Umbruchphase in höherem Lebensalter klären und auch realisieren konnten, war der Handlungsmodus Möglichkeitenwahrnehmung vorrangig durch eine Fokussierung auf sich bietende berufliche Möglichkeiten, denn auf eine Klärung der eigenen beruflichen Orientierungen und Ziele geprägt. Erwerbspersonen, denen die beiden anderen Handlungsmodi Verlustbewältigung und Verlustpersistenz zugeordnet wurden, wiesen in ihrer neu aufgenommenen Stelle in mindestens einem der Indikatoren Vergütung, Status oder soziale Absicherung eine Verschlechterung gegenüber einem früher erreichten Niveau auf, die auch nicht durch eine Verbesserung in einem der anderen Indikatoren kompensiert wurde. Im Unterschied zum Handlungsmodus Verlustbewältigung, in dem es den Erwerbspersonen gelang, neue Orientierungen und Ziele zu definieren und zu realisieren und sich somit mit der erfahrenen Verschlechterung zu arrangieren, blieben im Handlungsmodus Verlustpersistenz früher verfolgte, aber in der Umbruchphase in höherem Lebensalter nicht mehr realisierbare Orientierungen und Ziele prioritär, sodass der erfahrene Verlust und ein Hadern mit diesem in ihrer Reflexion der Umbruchphase in höherem Lebensalter prägend waren.

Trotz der nicht näher konkretisierten beruflichen Orientierungen und Ziele im Handlungsmodus Möglichkeitenwahrnehmung bzw. einer erfolgten Zielklärung im Handlungsmodus Verlustpersistenz, die sich jedoch nur auf die in der Umbruchphase in höherem Lebensalter unternommene Stellensuche bezog und nicht auch als neue erwerbsbiografisch leitende Orientierung priorisiert wurde, schlossen beide Handlungsmodi ein zugleich zielstrebiges Vorgehen bei der Stellensuche nicht aus. Vielmehr wurden für beide Handlungsmodi im Sample Kombinationen mit einer zielstrebigen Stellensuche gefunden.

Das Spektrum verschiedener Handlungsmodi, das den interviewten Erwerbspersonen zugeordnet werden konnte, verdeutlicht, wie unterschiedlich diese mit der Umbruchphase in höherem Lebensalter und mit erfahrenen Verschlechterungen umgingen. Dem Großteil der Befragten wurden die Handlungsmodi Gestaltung und Verlustbewältigung zugeordnet und damit solche Handlungsmodi, mit denen es den Erwerbspersonen gelang, die Umbruchphase in höherem Lebensalter unter Realisierung der von ihnen verfolgten und ggf. veränderten Ziele und Orientierungen zu bewältigen – auch bei erfahrenen erwerbsbiografischen Verschlechterungen.

Handlungsmodi in erwerbsbiografischem Kontext

In einer vertiefenden Analyse wurden die Handlungsmodi in der Umbruchphase in höherem Lebensalter systematisch in den jeweiligen erwerbsbiografischen

Kontext der Erwerbspersonen eingebettet, indem die im Erwerbsverlauf und in der Umbruchphase in höherem Lebensalter verfolgten Orientierungen in ihrer Konstanz bzw. Änderung und in ihrer gelingenden bzw. nur zeitweise oder nicht gelingenden Realisierung miteinander verknüpft wurden. Im Ergebnis konnten die vier Handlungsmodi in acht Kontextualisierungen ausdifferenziert werden, die im Sample gefunden wurden und spezifische erwerbsbiografische Profile darstellen. Diese ließen sich zu folgenden vier Profilen verdichten:

- eine im Handlungsmodus Gestaltung gelingende Zielrealisierung in der Umbruchphase in höherem Lebensalter nach langjähriger Berufs- bzw. Erwerbskontinuität,
- eine im Handlungsmodus Verlustbewältigung gelingende Neuorientierung in der Umbruchphase in höherem Lebensalter nach Brüchen in Aufstiegs- bzw. Selbstständigkeitskarrieren,
- eine in den Handlungsmodi Gestaltung oder Verlustbewältigung gelingende Bewältigung der Umbruchphase in höherem Lebensalter mit konstanter, aber nur zeitweise realisierbarer Orientierung auf den Ausbildungsberuf und
- eine überwiegend konstante, aber nur zeitweise realisierbare berufliche Orientierung ohne Neuorientierung in der Umbruchphase in höherem Lebensalter in den Handlungsmodi Möglichkeitenwahrnehmung oder Verlustpersistenz.

Unter den beiden erstgenannten erwerbsbiografischen Profilen befanden sich die im Hinblick auf Erwerbskontinuität vergleichsweise günstigen Erwerbsverläufe, die sich durch eine max. einjährige Arbeitslosigkeitsunterbrechung im gesamten Erwerbsverlauf bis zum Interviewzeitpunkt auszeichnen, was allerdings lediglich ein Drittel der Befragten aufwies. Unter Berücksichtigung auch qualitativer erwerbsbiografischer Aspekte gelang die Realisierung eines vergleichsweise günstigen Erwerbsverlaufs mit einer max. einjährigen Arbeitslosigkeitsdauer und ohne eine abverlangte Inkaufnahme verschlechterter Arbeitsbedingungen nur einer Person. Eine solche Inkaufnahme verschlechterter Arbeitsbedingungen und/oder eine berufliche Neuorientierung gewährleisteten jedoch nicht unbedingt eine kontinuierliche Erwerbsbeteiligung.

Im Ergebnis der vertiefenden Analyse wird somit auch auf dieser Ebene die Vielgestaltigkeit im Handeln und in den verfolgten Orientierungen von Erwerbspersonen mit erwerbsbiografischen Umbrüchen in höherem Lebensalter sichtbar. Aus dieser ließ sich allerdings kein generelles „Erfolgs"-Schema erwerbsbiografisch orientierten Handelns, insbesondere hinsichtlich der Art oder Intensität der erbrachten Änderungsleistungen, extrahieren. So gewährleisteten weder die Inkaufnahme verschlechterter Arbeitsbedingungen noch eine oder mehrere berufliche Neuorientierungen eine kontinuierliche Erwerbsbiografie.

Zur Operationalisierung der Handlungsmodi in erwerbsbiografischem Kontext wurden zudem die aus dem Interviewmaterial ermittelbaren erbrachten Änderungsleistungen sowie erfolgten Lern- und Entwicklungsprozesse der Erwerbspersonen näher analysiert, worauf im Folgenden eingegangen wird.

Änderungsleistungen
Sichtbar gewordene Änderungsleistungen wurden auf eine Veränderung des Arbeitshandelns, der Arbeitseinstellungen oder der Handlungsweisen bezogen und differenziert in „Entwickeln und Entfalten", „gewünschtes Ausweichen" und „eher ungewünschtes Ausweichen und Aushalten". Formen eines Entwickelns und Entfaltens setzen im Verständnis der vorliegenden Arbeit in Anlehnung an Sen (vgl. ders. 1999) eine Bezugnahme auf die eigenen Wert- und Zielsetzungen voraus und beinhalten in der Form des Entfaltens eine Zunahme von Handlungsmöglichkeiten zur Realisierung dieser eigenen Wert- und Zielsetzungen. Demgegenüber meinen Formen des Ausweichens und Aushaltens die ungewünschte oder gezwungene Wahl einer Alternative jenseits der originären eigenen Wert- und Zielsetzungen bzw. ein Ausharren in schwierigen Bedingungen und deren Ertragen, was zugleich ein entsprechendes Durchhaltevermögen erfordert.

Insbesondere durch die Unterscheidung zwischen einer gewünschten Neuorientierung auf ein neues Berufsfeld und einem ungewünschten temporären oder dauerhaften Ausweichen auf ein ungewünschtes Berufsfeld konnte die Typenzuordnung zu den Handlungsmodi in erwerbsbiografischem Kontext fundiert werden.

Neben der analytischen Funktion zeigte sich hierbei, dass die befragten Erwerbspersonen in allen Typen der Handlungsmodi in erwerbsbiografischem Kontext hohe Änderungsleistungen erbrachten. Vielfach wurden für eine Stellenaufnahme auch unattraktive Arbeitsbedingungen in Kauf genommen. Sie stellten einen Indikator für ein eher ungewünschtes Ausweichen und Aushalten dar, wie z.B. hohe Arbeitsbelastungen bei zugleich geringer Vergütung, sofern deren Relevanz in der Bewertung der Erwerbspersonen nicht durch andere positive Aspekte überkompensiert wurde, wie z.B. ein langer Anfahrtsweg zu einer insgesamt positiv bewerteten Stelle mit Leitungsfunktion.

Ausschließliche Änderungsleistungen in Form von eher ungewünschtem Ausweichen und Aushalten gingen aus keinem Interview hervor. Eine knappe Mehrheit wies sowohl Änderungsleistungen in Form von Entwickeln und Entfalten, als auch von eher ungewünschtem Ausweichen und Aushalten auf, während die positivste Variante ausschließlicher Änderungsleistungen in Form von Entwickeln und Entfalten aus den Schilderungen eines guten Drittels der

Erwerbspersonen hervorging. Diese Änderungsleistungen erstreckten sich über den gesamten Erwerbsverlauf, wobei Formen des Entwickelns und Entfaltens bei einer Mehrheit der interviewten Erwerbspersonen auch für die Erwerbsphase ab dem 50. Lebensjahr deutlich wurden. Hierzu zählten z.B. eine Entfaltung von Konfliktbereitschaft im Alter von 57 Jahren, um die Entfristung eines Arbeitsvertrages nach vielfacher Tätigkeit in befristeten Stellen zu erreichen, oder eine mit 59 Jahren entwickelte hohe Lernleistung, nämlich der erstmaligen und selbstorganisierten Aneignung von EDV-Kenntnissen, zur Ermöglichung einer Rückkehr in den gelernten Wunschberuf nach langjährigem Ausschluss aus diesem.

Diese Ergebnisse zeigen eindrucksvoll die Vielgestaltigkeit erwerbsbiografischer Entwicklungen in höherem Lebensalter, die den nach wie vor aktuellen negativen Altersstereotypen sehr deutlich widersprechen (vgl. Kap. 3.1.1 und 3.1.3).

Lern- und Entwicklungsprozesse

Die Lern- und Entwicklungsprozesse der Erwerbspersonen, die aus ihren erwerbsbiografischen Schilderungen extrahiert werden konnten, erstreckten sich – bezogen auf ihren gesamten Erwerbsverlauf – auf alle vier Kompetenzbereiche der Fach-, Methoden-, Sozial- und personalen Kompetenz. Sie weisen zu den vorhergehend ausgeführten Änderungsleistungen des Entwickelns und Entfaltens insoweit eine Schnittmenge auf, wenn diese Lern- und Entwicklungsprozesse die Grundlage für erbrachte Änderungsleistungen darstellten, wie z.B. eine durchgesetzte erwerbsbiografische Weichenstellung infolge der Entfaltung von Konfliktbereitschaft.

Für die Umbruchphase in höherem Lebensalter konnten u.a. im Bereich der Methodenkompetenz besondere Lernleistungen, wie z.B. die oben erwähnten, sowie im Bereich der personalen Kompetenz die Entwicklung neuer Ziele, Ansprüche und Strategien herausgefiltert werden.

Diese Lern- und Entwicklungsprozesse bilden eine wichtige, wenngleich nicht immer auch reflektierte Ressource für erwerbsbiografisch orientiertes Handeln, auf das unten unter den handlungspraktischen Schlussfolgerungen noch näher eingegangen wird (s.u. die Ausführungen zu Forschungsfrage 9).

Erwerbsbiografisch orientiertes Handeln

Theoretisch-konzeptionell wurde den hier erläuterten erwerbsbiografischen Handlungsmodi ein Handlungsbegriff zugrunde gelegt, der erwerbsbiografisch orientiertes Handeln immer im Kontext beruflicher sowie außerberuflicher Bedingungen, Ressourcen, Erfahrungen und Orientierungen verortet – und damit an das Handlungsverständnis nach Theodor Schulze anknüpft – und der sich im Verhältnis von Struktur und Handeln in Anlehnung an Alheit und Dausien als eine „biographische Prozessstruktur“ darstellt (vgl. Schulze 2006, S. 37 ff., Alheit & Dausien 2006, S. 441, s. auch Kap. 4.1.3). Der Begriff der Handlungsmodi bezieht sich über eine konkrete Handlungssituation hinausgehend auch auf grundlegendere Weichenstellungen der Erwerbsbiografie und knüpft an die „Berufsbiographischen Gestaltungsmodi“ nach Zinn mit Rekurs auf Witzel und Kühn an (vgl. Zinn 2001, S. 68 ff., s. auch Kap. 4.3.2).

Die Bezugnahme auf gegebene Handlungsmöglichkeiten entlehnte sich jeweils aus den subjektiven Deutungen der interviewten Erwerbspersonen über von ihnen gesehene und als gangbar eingeschätzte Handlungsmöglichkeiten. Ggf. weitere formal wählbare Handlungsmöglichkeiten, wie z.B. eine Bewerbung für eine subjektiv unzumutbar empfundene, außerhalb des Tagespendelbereiches gelegene Stelle, wurde weder für die stellensuchende Person als handlungspraktisch relevant, noch als subjektorientiert legitimierbar betrachtet. Von einem Verständnis, das die individuell bestehenden Handlungsmöglichkeiten und deren Ausschöpfung aus der Perspektive der Forscherin bzw. des Forschers zu bestimmen sucht (vgl. exemplarisch Dill & Straus 2015), wurde sich in der vorliegenden Arbeit hingegen distanziert.

Ausgewählte Kontextbedingungen, Einflussfaktoren und geschlechtsspezifische Konstellationen

Im Auswertungsprozess wurden in Bearbeitung der Forschungsfragen 4[266] und 5[267] vielfältige personen- und sozialstrukturelle Merkmale auf ihre möglichen Relevanzen für das Handeln und Deuten der Erwerbspersonen, ihr Vorgehen bei der Stellensuche, die erwerbsbiografischen Handlungsmodi in der Umbruchphase in höherem Lebensalter und die Qualität der neu aufgenommenen Stelle geprüft. Untersucht wurden u.a. die Bedeutung von ausgewählten beruflichen Entwicklungen, Beendigungsgründen, Berufsgruppen, Geschlecht i.V.m. Kindern, Arbeitszeit, Relevanz des Einkommens und Region.

Im Ergebnis konnten überraschend wenige Verknüpfungen herausgefiltert werden, die entweder bereits vorliegenden Forschungsarbeiten zu auch quantitativen bildungswissenschaftlichen und Arbeitsmarktanalysen entsprachen oder als mögliche Strukturmuster zumindest einen näher zu untersuchenden Forschungsbedarf aufzeigten. Vielmehr konnten durch die biografische Methode Verlaufsmuster ermittelt werden, die in verschiedenen Konstellationen erfolgten

266 Forschungsfrage 4: Welche Kontextbedingungen und Einflussfaktoren sind von Relevanz?

267 Forschungsfrage 5: Lassen sich geschlechtsspezifische Konstellationen ermitteln?

und hierbei eine jeweils individuelle Spezifik im Handeln und Deuten der interviewten Erwerbspersonen im Kontext je spezifischer Bedingungskonstellationen aufwiesen, die sich einfacher Verknüpfungen oder gar „wenn-dann"-Relationen verschlossen.

So konnte z.B. die Relevanz spezifischer Berufskulturen sehr eindrücklich aus dem Interviewmaterial herausgelesen werden, wie exemplarisch die häufigen Stellenwechsel eines Kunsthandwerkers verdeutlichten, die dieser auf eigenen Wunsch in den beruflichen Anfangsjahren unternahm, um von „Altmeistern" zu lernen, und die der Berufstradition in diesem Kunsthandwerk – zumindest für die 1960er/70er – Jahre entsprachen. Indes ließen sich keine durchgängigeren erwerbsbiografischen Muster bis hin zur Umbruchphase in höherem Lebensalter nach Berufen oder Berufsgruppen erkennen, wie auch umgekehrt das lernmotivierte Interesse an anfänglich häufigen Stellenwechseln nicht auf Handwerksberufe mit einer „Wandergesellen"-Tradition beschränkt war (vgl. Kap. 6.2).

Ansatzweise zeigten sich Differenzen[268] nach Altersgruppe, Geschlecht und insbesondere Region, die aber keinesfalls als ausschließliche Einflussfaktoren betrachtet werden konnten, was in Anknüpfung an den theoretischen Diskurs des Intersektionalitätsansatzes auch nicht erwartbar war (vgl. Kap. 3.5). Darüber hinaus wurde aus dem Interviewmaterial die Relevanz der erwerbsbiografischen Aspekte und Erfahrungen sowie der sog. „Gatekeeper" für das Handeln in der Umbruchphase und für deren Verlauf sichtbar.

Altersgruppe

Im Hinblick auf den Erwerbsverlauf vor dem 50. Lebensjahr wiesen die interviewten 50–54-jährigen Erwerbspersonen und damit die jüngste befragte Altersgruppe in einem im Vergleich zu den 55–59-Jährigen und den 60-Jährigen und Älteren weit überdurchschnittlichen Maße eine hohe Stellendiskontinuität von 8–12 Stellenaufnahmen vor dem 50. Lebensjahr auf. Eine solche Überrepräsentanz zeigte sich bei den 50–54-Jährigen aus den alten und den neuen Bundesländern (vgl. Kap. 6.2). Dies wirft die Frage nach einer Zunahme von Stellendiskontinuität und damit Arbeitsplatzstabilität im Zeitverlauf auf, die quantitativer Analysen bedarf, aber trotz zahlreicher Erhebungen nach wie vor

268 Ermittelte Differenzen im Subgruppenvergleich wurden näher betrachtet und ausgewiesen, wenn bei einer Mindestzahl von 4 Fällen Mindestdifferenzen von 10 Prozentpunkten auftraten, die sich auch bei Veränderung um einen Fall nicht nivellierten, vgl. Kap. 6.2.

umstritten ist (vgl. Struck, Grotheer, Schröder & Köhler 2006, S. 5–12, Bosch 2010, S. 655–662, Hübler & Walter 2008, vgl. auch Kap. 3.6).

Bei einer Betrachtung des Erwerbsstatus während der Stellensuche in der Umbruchphase in höherem Lebensalter erfolgte die Suche unter den interviewten 50–54-Jährigen im Vergleich zu den 55–59-Jährigen in höherem Maße parallel zu einer bestehenden unbefristeten Beschäftigung und mündete in einen Stellenwechsel ohne eine zwischenzeitliche Arbeitslosigkeit, während dies auf keine der Personen ab 60 Jahren zutraf (vgl. Kap. 6.3). Dies könnte auf geringere Wechselversuche von Erwerbspersonen in den höheren Altersgruppen und/oder auf geringere Wechselerfolge hinweisen.

Im Hinblick auf die Qualität der zuletzt aufgenommenen Stelle und ihrer Bewertung nach generalisierbaren Vergleichskriterien, nämlich der Veränderung von Vergütung, Status und sozialer Absicherung gegenüber der vorhergehenden Stelle, wurde eine Verbesserung oder Konstanz in weit überdurchschnittlichem Maße in der Gruppe mit Stellenaufnahmen zwischen 55 und 59 Jahren[269] erreicht, hingegen in keiner der beiden Stellenaufnahmen ab 60 Jahren. Bei einer Bewertung der Stellenqualität aus der Zufriedenheitsperspektive hingegen verdeutlichten alle Personen mit einer Stellenaufnahme im Alter von 50–54 Jahren eine gegebene bzw. hoch gegebene Zufriedenheit mit der zuletzt aufgenommenen Stelle, was bei Einstellungen ab 55 bzw. ab 60 Jahren weit geringer ausgeprägt war (vgl. Kap. 6.5). Damit zeigen sich in beiden Bewertungsperspektiven die vergleichsweise ungünstigeren Chancen für Stellenaufnahmen ab 60 Jahren als Gemeinsamkeit trotz ansonsten bestehender Unterschiede.

Aber auch die generelle Realisierung von Stellenaufnahmen ab 60 Jahren wurde in den Interviews mit Erwerbspersonen wie auch mit betrieblichen Leitungskräften in nur geringem Umfang und zu vergleichsweise unattraktiveren Bedingungen berichtet. Von den 24 interviewten Erwerbspersonen gelang 2 Personen eine Einstellung ab ihrem 60. Lebensjahr: In einem Fall erfolgte eine Einstellung einer 60-jährigen männlichen Person in eine für diese Person weit unter ihrem Qualifikationsniveau liegende Helfer- bzw. Anlerntätigkeit als Wachmann. In einem weiteren Fall realisierte eine interviewte weibliche Erwerbsperson mit 60 Jahren eine Einstellung in eine öffentlich geförderte Beschäftigung,

269 Zu berücksichtigen ist, dass die Gruppendifferenzierung hier von einem Kohortenbezug zu einem Situationsbezug wechselt und in diesem Fall neben Personen, die zum Interviewzeitpunkt zur Altersgruppe der 55–59-Jährigen zählten, auch Personen aus der Altersgruppe der zum Interviewzeitpunkt 60-Jährigen und Älteren umfasst. Von den 8 Interviewpersonen ab 60 Jahren haben nur 2 Personen nach ihrem 60. Lebensjahr eine Stellenaufnahme realisiert.

aus der sie mit 62 Jahren in ein reguläres unbefristetes Beschäftigungsverhältnis in der gleichen Einrichtung wechseln konnte. Unternehmensseitig berichteten nur 2 der 9 interviewten betrieblichen Leitungskräfte von Stellenbesetzungen mit Personen ab 60 Jahren. Diese umfasste Einstellungen bis 62 Jahre in einem Zeitarbeitsunternehmen für Zeitarbeitseinsätze sowie in einem anderen Unternehmen Vertragsabschlüsse mit bis zu 70-jährigen Personen als freie Mitarbeiter. Somit wurden 60-Jährige und Ältere hier ausschließlich in Bereiche eingestellt, die (bislang) überwiegend unattraktiver regulierte Arbeitsbedingungen bieten (vgl. Kap. 6.7.1).

Insgesamt wurden damit für Erwerbspersonen ab 60 Jahren neben einer zwar geringeren Stellendiskontinuität vor dem 50. Lebensjahr einige Nachteilsmerkmale sichtbar, so eine im Sample fehlende Stellenaufnahme in Form eines Stellenwechsels ohne vorhergehende Arbeitslosigkeit in der Altersgruppe der 60-jährigen und älteren Interviewpersonen, eine vergleichsweise ungünstiger zu bewertende Qualität der Stellenaufnahmen im Alter ab 60 Jahren und die in den Erwerbspersonen- und Unternehmensinterviews in nur geringem Umfang berichtete Realisierung von Stellenaufnahmen ab 60 Jahren. Diese verweisen auf ein nochmals erhöhtes Arbeitsmarktrisiko für Stellensuchende ab 60 Jahren.

Geschlecht

Die Erwerbsverläufe bis zur Umbruchphase in höherem Lebensalter wiesen in vielen Fällen tradierte Muster einer geschlechtshierarchischen Arbeitsteilung in der Erwerbs- und der Reproduktionssphäre auf (vgl. Kap. 3.5, vgl. Dressel & Wanger 2010, Kattein 1994, S. 19 f.), in der Frauen in höherem Maße in geringer vergüteten Berufen mit geringeren Aufstiegsmöglichkeiten und mit einem langjährig eingeschränkten Zugang zur (Vollzeit-)Erwerbsarbeit tätig waren – in den Erwerbsabschnitten bis Ende der 1980er Jahre allerdings mit unterschiedlichen institutionellen und beruflichen Rahmenbedingungen in der DDR und der BRD ausgestattet.

Im befragten Sample zeigten sich solche tradierten Muster exemplarisch an der in der BRD erfolgten Erwerbsbiografie von Frau Bönte, die als ausgebildete Industriekauffrau eine nur geringe Stellendiskontinuität bis zur Umbruchphase in höherem Lebensalter aufwies und seit der Geburt ihres Kindes in Teilzeit tätig war.[270] Auch die Erwerbsbiografie von Herrn Uhlig erfolgte in der BRD. Mit einer mittleren Stellendiskontinuität von 6 Stellen vor seiner Umbruchphase in

270 Zu näheren Schilderungen der Erwerbsbiografie von Frau Bönte s. Kap. 6.6, diese thematisieren ihre Biografie vor der Umbruchphase in höherem Lebensalter allerdings nur am Rande.

höherem Lebensalter realisierte der gelernte Nachrichtengerätemechaniker nach der Geburt seiner beiden Kinder mehrfache Aufstiege bis hin zu Leitungspositionen in Vollzeit.[271]

Tradierte Muster für Interviewpersonen aus den neuen Bundesländern (NBL) lassen sich nur bis zur Wende aufzeigen, da diese für fast alle Befragten unmittelbar oder in der Folgezeit zu erwerbsbiografischen Brüchen mit teils langzeitigen Folgen in Form von Arbeitslosigkeit und ungewünschten Berufsfeldwechseln führte. Beispielhaft sei hier auf die in der DDR begonnene Erwerbsbiografie von Frau Claßen verwiesen, die sich nach ihrer Ausbildung zur Stenophonotypistin zur staatlich geprüften Sekretärin weiterqualifizierte. Bis kurz nach der Wende zeichnete sich ihre Erwerbstätigkeit durch eine geringe Stellendiskontinuität mit nur 2 Stellen in Vollzeit aus, die sie jeweils nach der Geburt ihrer beiden Kinder für ein Jahr unterbrach, nach der 2. Geburt als bezahlte Betriebsfreistellung.[272]

Die skizzierten Fallbeispiele tradierter weiblicher Erwerbsbiografien unterscheiden sich somit insbesondere in dem Arbeitszeitvolumen. Allerdings knüpft dies eher an die bis in die 1980er Jahre dominierenden unterschiedlichen gesellschaftlichen Leitbilder einer Vollzeiterwerbstätigkeit in der DDR sowie einer Nicht- oder höchstens Teilzeitarbeit von Müttern in der BRD an. Tatsächlich lag in der DDR die Frauenerwerbstätigenquote insgesamt zwar weit über dem westdeutschen Vergleichswert, die Teilzeitquote der erwerbstätigen Frauen in der DDR hingegen nur geringfügig unter dem westdeutschen Niveau (vgl. Kreyenfeld & Geisler 2006, S. 333, 337 ff., Maier 2012, S. 46, Winkler 1990, S. 60 ff., 81 ff., Wippermann 2015, S. 21 f., s. auch Kap. 3.5). Auch im befragten Sample war jeweils nur eine der befragten Frauen aus den NBL und aus den alten Bundesländern (ABL) familiär bedingt längerfristig in Teilzeitarbeit tätig.

Als ein spezifisches Fallbeispiel für eine tradierte männliche, in der DDR begonnene Erwerbsbiografie kann Herr Hansen angeführt werden, der als ausgebildeter Zerspaner im weiteren Erwerbsverlauf eine Höherqualifizierung zum Meister mit anschließendem innerbetrieblichen Aufstieg realisierte und sich von dem für die BRD skizzierten Fallbeispiel Herr Uhlig insbesondere durch die fehlende Stellendiskontinuität bis zur Wende mit nur 1 Stelle unterschied. In der Endphase dieses erwerbsbiografischen Abschnittes wurde Herr Hansen Vater zweier Kinder.[273]

---

271 Zu näheren Schilderungen der Erwerbsbiografie von Herrn Uhlig s. insbes. Kap. 6.6.

272 Zu näheren Schilderungen der Erwerbsbiografie von Frau Claßen s. Kap. 6.5, diese beziehen sich allerdings nicht auf ihre Biografie vor der Wende.

273 Zu näheren Schilderungen der Erwerbsbiografie von Herrn Hansen s. Kap. 6.6, in denen seine Biografie vor der Umbruchphase in höherem Lebensalter allerdings nur am Rande gestreift wird.

Diesen zur Illustration tradierter Muster angeführten Fallbeispielen stehen zugleich zahlreiche alternative erwerbsbiografische Entwicklungen der interviewten Frauen und Männer gegenüber, wie z.B. bei folgenden Interviewpersonen:

- Frau Xannick und Frau Ziegler realisierten in den ABL nach langjährigen Familienphasen ohne hauptberufliche Erwerbstätigkeit und nach hinsichtlich Stellen und Berufsfeldern hoch diskontinuierlichen Erwerbsbiografien Wechsel in den Beruf der Busfahrerin – und damit in einen bislang vorwiegend von Männern ausgeübten Beruf – durch Erwerb des Busführerscheins mit 44 bzw. 49 Jahren.[274]
- Die Erwerbsbiografie von Frau Pütz war bis zur Wende in der DDR durch eine hohe Diskontinuität nach Stellen und Berufsfeldern, aber auch durch hohe Aufstiege geprägt: Nach den Geburten ihrer vier Kinder unterbrach sie ihre Erwerbsarbeit wegen fehlendem Zugang zur Kinderbetreuung unfreiwillig lange. Nach erfolgtem beruflichen Wiedereinstieg holte sie den 9.- und 10.-Klasse-Abschluss nach und realisierte mehrere Aufstiege bis hin zur Abteilungsleitung eines Kombinates, wobei ihre berufliche Entwicklung durch familiär bedingte Umzüge mehrfach unterbrochen wurde und allein bis zur Wende 5 Berufsfeldwechsel umfasste.[275]
- Erwerbsbiografische Weichenstellungen entgegen einer Aufstiegsorientierung nahm zum einen Herr Lersch vor, der auf eigene Initiative seine Stelle als Polizeivollzugsbeamter nach länger währender Mobbingerfahrung in einer frühen Phase seiner in den ABL erfolgten Erwerbsbiografie aufgab und damit auch seinen erreichten Beamtenstatus verlor. Im weiteren Erwerbsverlauf mit 2 Berufsfeldwechseln gelang ihm bei einer mittleren Stellendiskontinuität von insgesamt 7 Stellen vor der Umbruchphase in höherem Lebensalter eine alternative Aufstiegsentwicklung.[276] Zum anderen gelang Herrn Jacobi nach seiner in der DDR begonnenen und anschließend in den NBL sowie teilweise in den ABL fortgesetzten Erwerbsbiografie im Rahmen eines Berufsfeldwechsels und einer hohen Stellendiskontinuität mit 9 Stellen vor der Umbruchphase in höherem Lebensalter tendenziell ein beruflicher Aufstieg mit Tätigkeit in mehreren Leitungspositionen. Während einer Arbeitslosigkeit mit 50 Jahren

---

274 S. die Schilderungen der Erwerbsbiografie von Frau Xannick in Kap. 6.6 und von Frau Ziegler in Kap. 6.2 und 6.3.

275 S. die Schilderung der Erwerbsbiografie von Frau Pütz in Kap. 6.2.

276 S. die Schilderung der Erwerbsbiografie von Herrn Lersch in Kap. 6.6.

schulte er zum Servicemanager in der Pflege um und nahm anschließend eine Stelle in dieser generell gering vergüteten Branche mit vorwiegend weiblichen Beschäftigten auf. Durch eine nachfolgende Rückkehr in seinen zweiten Beruf konnte Herr Jacobi nicht nur seine frühere berufliche Position wiedererlangen, sondern seine Aufstiegsentwicklung fortsetzen.[277]

Die im Sample vorgefundenen Erwerbsbiografien zeichneten sich damit ebenfalls in geschlechtsspezifischer Hinsicht durch Vielgestaltigkeit mit teils vielfachen Brüchen, wechselvollen Entwicklungen, Um- und Neuorientierungen aus.

Auch im Hinblick auf die exemplarisch aufgeführten tradierten Muster ist zu beachten, dass sich der Berichtszeitraum der interviewten Erwerbspersonen von 1955–2012 erstreckt und sich im Zeitverlauf mannigfache Entwicklungen in der Frauen- und in der Männererwerbstätigkeit ergeben haben, die durch zunehmende Frauenerwerbstätigkeit, erhöhte Aus- und Weiterbildung, aber auch zunehmende Diskontinuitäten gekennzeichnet sind (vgl. Kap. 3.6). Dementsprechend werden sich ebenfalls die Erwerbsorientierungen in der Bevölkerung im Zeitverlauf verändert haben.

Unter Berücksichtigung dieser im Sample gefundenen Vielgestaltigkeit und ihrem soziokulturellen Kontext waren zugleich die Erwerbsverläufe der interviewten Frauen in höherem Maße als jene der interviewten Männer von folgenden nachteiligen Entwicklungen geprägt (vgl. Kap. 6.2): Frauen

- erlebten in höherem Maße ausschließliche Abstiege im Erwerbsverlauf, während der Erwerbsverlauf fast aller befragter Männer wechselvoller mit sowohl Auf- als auch Abstiegen ausfiel;
- erfuhren in höherem Maße langzeitige Arbeitslosigkeit und langjährige Unsicherheitsphasen im Wechsel von Arbeitslosigkeit und befristeten öffentlich geförderten Beschäftigungen, Letztere betrafen ausschließlich Frauen aus den NBL;
- realisierten in geringerem Maße gewünschte berufliche Neuorientierungen – inwieweit dies für die Kohorte insgesamt belegbar ist und sich ggf. in jüngeren Kohorten nivelliert oder fortsetzt, wäre quantitativ zu erforschen.

Die Relevanz der familiären Konstellationen auf das erwerbsbiografisch orientierte Handeln der Interviewpersonen wie auch auf ihr Erleben und Deuten von Umbruchphasen wurde in den Interviews vielfältig sichtbar (s. Kap. 6.2 und 6.6).

---

277 S. die Schilderungen der Erwerbsbiografie von Herrn Jacobi in Kap. 6.5 und 6.6.

Alle interviewten Erwerbspersonen hatten 1–4 Kinder, darunter in einem Fall in sozialer Elternschaft.

So zeigte eine Analyse der familiär bedingten Eigenkündigungen, dass diese überwiegend von Frauen vorgenommen wurden. Sie zielten darauf, familiäre Sorgearbeit durch eine mit den familiären Anforderungen zu vereinbarende Erwerbsarbeit zu gewährleisten oder an den Arbeitsort des Ehemannes zu ziehen, während die familiär bedingten Eigenkündigungen der Männer v.a. dazu dienten, in eine wieder nähere Entfernung zum Wohnort der Familie zu gelangen (s. Kap. 6.2). Hierin spiegelt sich die ebenfalls im Sample verbreitete geschlechtliche Arbeitsteilung wider, in der überwiegend Frauen für die familiäre Sorgearbeit und Männer für die Stabilität des Einkommens – auch unter den Bedingungen einer den Männern eher ermöglichten, aber ebenso von ihnen geforderten höheren regionalen Mobilität –, zuständig sind. Teils wurde von männlichen Interviewpartnern der Verzicht auf überregionale berufliche Optionen im Interesse der Schul- und Ausbildungsphase ihrer Kinder berichtet, die für sie in Arbeitslosigkeit mündete oder diese verlängerte.

Familiär bedingte Erwerbsunterbrechungen wurden ausschließlich von den weiblichen Erwerbspersonen berichtet, darunter unfreiwillige familiär bedingte Unterbrechungen ausschließlich von Frauen aus den NBL. Letzteres entspricht einer in den NBL anhaltend stärker ausgeprägten Orientierung auf eine kontinuierliche Erwerbstätigkeit, wie sie in zahlreichen Studien belegt ist (vgl. exemplarisch Engelbrech, Gruber & Jungkunst 1997, S. 155 ff., Wippermann 2015, S. 30 ff., 42 ff., vgl. auch Kap. 6.2).

Familie wirkte sich insofern einerseits vielfach als einschränkender Faktor auf die Erwerbsbiografie insbesondere von Frauen, aber auch von Männern aus, der, wie aufgeführt, zu unfreiwilligen Erwerbsunterbrechungen, Stellenkündigungen und Stellenwechseln führte. Hierbei wurde die Erwerbsarbeit von den Interviewpersonen während ihres Erwerbsverlaufs oftmals auf eigenen Wunsch in ihrer Relevanz gegenüber der Familie zurückgestuft. Andererseits wirkten sich Familie und Partnerschaft mehrfach als förderlich für berufliche Optionen aus. So erhielten jeweils mehrere weibliche und männliche Interviewpersonen eine neue Stelle durch Vermittlung ihrer EhepartnerInnen oder Kinder, wurden von diesen bei der Suche nach offenen Stellen und der Erstellung von Bewerbungsunterlagen unterstützt oder arbeiteten mit der/dem EhepartnerIn in einer gemeinsamen wirtschaftlichen Selbstständigkeit zusammen. Zudem fungierten Familienangehörige und PartnerInnen stabilisierend in Umbruchphasen, insbesondere in finanziellen und emotionalen Krisen. Als essenziell berichteten Interviewpersonen beiderlei Geschlechts die erfahrene Unterstützung von EhepartnerInnen und teils auch Kindern, die intervenierten, als sie sich aus

Verzweiflung auf unzumutbar empfundene Stellenangebote einlassen wollten, ihnen dabei halfen, aus psychischen Zusammenbrüchen in der Arbeitslosigkeit wieder herauszufinden und die sie materiell absicherten, als sie ihr Einkommen, ihr Erspartes und ihre eigenständigen Sozialversicherungsansprüche verloren hatten.

Vor dem Hintergrund dieser vielfältigen, wenn auch differenzierten Geschlechtsspezifika in den Erwerbsverläufen der Interviewpersonen überraschte die weitgehende Nichtermittelbarkeit geschlechtsspezifischer Differenzierungsmerkmale im Handeln der Interviewpersonen in der Umbruchphase in höherem Lebensalter. Diese konnten nicht bzw. in nicht relevanter Weise für die Zielstrebigkeit der Stellensuche, die gewählten Stellensuchaktivitäten oder die Ziele und Mindestkriterien der Stellensuche aufgezeigt werden (vgl. Kap. 6.4) sowie ebenfalls nicht für die vorhandene soziale Absicherung oder das krisenhafte Erleben von Arbeitslosigkeit in höherem Lebensalter (vgl. Kap. 6.3). Hingegen wurden geschlechtsspezifische Differenzen in folgenden Aspekten deutlich:

- Eine Suche aus dem Beschäftigungsstatus heraus, die zu einem direkten Stellenwechsel und damit zur Vermeidung von Arbeitslosigkeit führte, nahmen überwiegend Männer vor (vgl. Kap. 6.3).
- In der Bewertung der Qualität der in der Umbruchphase in höherem Lebensalter neu aufgenommenen Stelle nach der subjektiven Zufriedenheit der interviewten Erwerbspersonen ließ sich eine gegebene bzw. hoch gegebene Zufriedenheit mit der neuen Stelle in höherem Maße bei den Frauen als bei den Männern erkennen (vgl. Kap. 6.5).
- Im Hinblick auf die Qualität der in der Umbruchphase in höherem Lebensalter neu aufgenommenen Stelle auf Basis der generalisierbaren Bewertungskriterien (s.o. die Ausführungen zur Forschungsfrage 1) zeigte sich, dass sich Männer in höherem Maße als Frauen in der Vergütung, dem Status oder der sozialen Absicherung der neuen Stelle gegenüber ihrem früher erreichten besten Niveau verschlechterten (vgl. Kap. 6.5). Zu vermuten ist, dass diese Verschlechterungen nicht aus ungünstigeren Arbeitsmarktchancen resultierten, zumal sich hierfür keine Hinweise finden ließen, sondern dass sie Ergebnis der von Männern häufiger realisierten Selbstständigkeits- und Aufstiegspfade waren, die spätestens seit der Umbruchphase in höherem Lebensalter nicht fortgesetzt werden konnten.
- Bei einer weiteren Betrachtung der Veränderung der neu aufgenommenen Stellen gegenüber dem im Erwerbsverlauf besten erreichten Niveau auf Basis dieser generalisierbaren Kriterien fiel in einem Fall bei einer weiblichen

Erwerbsperson, Frau Ehrhardt, die Kombination einer Verschlechterung im qualifikatorischen Status bei einer gleichzeitigen Verbesserung in der Vergütung auf. Die gelernte Friseurin war langjährig in einem gering vergüteten Beruf mit traditionell hohen Frauenanteilen an den Beschäftigten tätig, bevor sie auf eigenen Wunsch in eine höher vergütete, tariflich geregelte Stelle mit ungelernter Tätigkeit in einem anderen Berufsfeld wechselte.[278] Obgleich dies nur einen Fall betraf, kann er als ein Hinweis auf geschlechtsdifferenzierte Vergütungsstrukturen betrachtet werden, die in ungelernten Tätigkeiten eine teils höhere Vergütung als in einem Ausbildungsberuf mit hohen Frauenanteilen ermöglichen.
- Entsprechend waren Männer überdurchschnittlich im Handlungsmodus Verlustbewältigung vertreten, der u.a. durch eine erwerbsbiografische Verschlechterung gekennzeichnet war, während Frauen im Handlungsmodus Gestaltung, der das Fehlen einer solchen erwerbsbiografischen Verschlechterung voraussetzte, überdurchschnittlich repräsentiert waren (vgl. Kap. 6.6). Auch für diese Differenz sind die überwiegend in männlichen Erwerbsbiografien erfolgten, dann nachfolgend abgebrochenen Aufstiegs- und Selbstständigkeitskarrieren als Grund zu vermuten.

In den Interviews mit den Erwerbspersonen ließen sich somit geschlechtsspezifische Differenzen finden, die in mehreren Fällen tradierten erwerbsbiografischen Mustern entsprachen, aber auch einige Fälle mit alternativen, solchen tradierten Mustern entgegenstehenden Entwicklungen, die auf eine Vielgestaltigkeit der Erwerbsbiografien ebenfalls in geschlechtsspezifischer Hinsicht verweisen. In den Erwerbsverläufen von Frauen wurde ein im Vergleich zu Männern erhöhtes Maß an ausschließlichen Abstiegen sowie an langzeitiger Arbeitslosigkeit sichtbar. Der Familie kam eine hohe Relevanz für die Erwerbsbiografien zu. Sie schränkte in Form von unfreiwilligen Erwerbsunterbrechungen, Stellenkündigungen und -wechseln die erwerbsbiografischen Entwicklungen insbesondere von Frauen ein. Teilweise galt dies jedoch ebenso für Männer. Auch ging aus mehreren Schilderungen die Funktion von Familie als wichtiger Ressource zur Bewältigung von erwerbsbiografischen Umbruchphasen und ihrer krisenhaften Folgen für die weiblichen und männlichen Interviewpersonen hervor. Ebenso stellte das Geschlecht für die Umbruchphase in höherem Lebensalter keine durchgängig prägende Differenzierungslinie im Handeln der Erwerbspersonen dar. Einige Ergebnisse deuten jedoch auf

278 S. die Schilderung der Erwerbsbiografie von Frau Ehrhardt in Kap. 6.5.

Folgewirkungen geschlechtsspezifischer Differenzen in den vorhergehenden Erwerbsverläufen hin, insbesondere der Relevanz überwiegend von Männern realisierter Aufstiegs- und Selbstständigkeitspfade, deren Abbrechen als Ursache für geschlechtsspezifische Differenzen in der Bewertung der Qualität der neu aufgenommenen Stelle und in den Handlungsmodi herangezogen wurde. Inwieweit die bei Männern in der Umbruchphase in höherem Lebensalter häufiger gefundene Stellensuche aus einer laufenden Beschäftigung heraus für die Kohorte repräsentativ und ggf. auch für jüngere Kohorten feststellbar ist, auf welche Faktoren dies zurückgeführt werden kann und welche Relevanz ggf. unterschiedlichen Einstellungschancen zukommt, wäre quantitativ und qualitativ näher zu erforschen.

Region

Als ein besonders relevanter Einflussfaktor auf die Erwerbsbiografien der Interviewpersonen erwies sich die regionale Verortung nach Ost- und Westdeutschland bzw. bis zur Wende nach DDR und BRD. Analog zu vorliegenden Forschungsbefunden bildeten sich auch im Sample der befragten Erwerbspersonen die weitgehend kontinuierliche Integration in Erwerbsarbeit im Beschäftigungssystem der DDR[279], die Folgen der Wende auf die bestehenden und neu entstehenden Beschäftigungsverhältnisse sowie die nachfolgend deutlich erschwerten Arbeitsmarktbedingungen in den NBL ab (vgl. Willms 2003, S. 137, Fritz 2001, Booth 2010, Bernhardt, Köhler & Krause 2008, vgl. auch Kap. 3.6 sowie zur andauernden Differenz in den regionalen Arbeitslosenquoten Kap. 2.2 und Kap. 6.2).

So zeichneten sich die von den Interviewpersonen geschilderten erwerbsbiografischen Abschnitte in der DDR nahezu ausschließlich durch eine kontinuierliche Erwerbstätigkeit ohne Arbeitslosigkeitsphasen aus. In Einzelfällen kam es hier allerdings ebenfalls zu unfreiwilligen familiär bedingten Erwerbsunterbrechungen bei Müttern aufgrund fehlender Zugänge zu einer Kinderbetreuung. In den übrigen Fällen kehrten Mütter nach dem Mutterschutz bzw. einer max. einjährigen, in einem Fall 2,5-jährigen Elternphase wieder in die Erwerbsarbeit zurück, allerdings teils verbunden mit einem Berufsfeldwechsel entsprechend der jeweils vorhandenen Möglichkeiten zur Reintegration in Erwerbsarbeit oder infolge familiärer Anforderungen nach räumlich-zeitlicher Verfügbarkeit der Mütter (vgl. Kap. 6.2 sowie exemplarisch die Erwerbsbiografien von Frau

279 In den statistischen Datenausweisungen der angegebenen Literaturhinweise entspricht dies einer im Vergleich zur BRD höheren Erwerbsquote bei zugleich fehlender Arbeitslosigkeit in der DDR.

Osterloh und Frau Pütz[280]). Alle männlichen Interviewpersonen aus den NBL wiesen während ihrer erwerbsbiografischen Abschnitte in der DDR eine kontinuierliche Erwerbsarbeit auf, darunter nahezu alle ohne einen Stellenwechsel, wohingegen Interviewpersonen aus den ABL auch in ihren jüngeren Erwerbsphasen Arbeitslosigkeit erfuhren, wie z.B. Herr Lersch und Herr Quendt.[281]

Die Wende führte bei fast allen Interviewpersonen aus den NBL zu Einschnitten in ihrem Erwerbsverlauf, indem sie infolge wendebedingter Schließung von Betrieben oder Betriebsteilen ihre Stelle verloren bzw. im günstigsten Fall bei absehbaren Schließungen eigeninitiiert präventiv ihre Stelle wechselten. Nachfolgend erlebten sie eine höhere Stellendiskontinuität, die zwar in der Gesamtbetrachtung ihres Erwerbsverlaufs bis zum Interviewzeitpunkt ähnlich hoch ausfiel wie bei den Personen aus den ABL, aber deutlich öfter betrieblich initiiert endete, entweder infolge einer betriebsbedingten Kündigung oder als Auslaufen einer Befristung. Letztere waren häufig durch den Einsatz öffentlich geförderter Beschäftigungsverhältnisse begründet, die insbesondere in den 1990er Jahren für den Arbeitsmarkt in den NBL von hoher Bedeutung waren. Teils berichteten die Erwerbspersonen aber auch von für die Beschäftigten prekären Einstellungs- und Beschäftigungspraktiken von Unternehmen, wie z.B. wiederholte kurzfristige Befristungen auf jeweils 11 Monate über mehrere Jahre im Falle von Herrn Hansen in einer Tätigkeit als Zerspaner in einem metallverarbeitenden Betrieb oder drei aufeinanderfolgende Dreimonatsbefristungen im Falle von Frau Osterloh in einer Tätigkeit als Verkäuferin in einem Supermarkt.[282]

Erfolgte somit die Stellendiskontinuität bei Personen aus den NBL in höherem Maße unfreiwillig, war sie zudem auch mit höherer Arbeitslosigkeit verknüpft. So wiesen Erwerbspersonen aus den NBL vor ihrem 50. Lebensjahr in höherem Maße als Personen aus den ABL eine Arbeitslosigkeitsdauer von mehr als 12 Monaten auf und in ihrem gesamten Erwerbsverlauf bis zum Interviewzeitpunkt in höherem Maße eine langzeitige Arbeitslosigkeit von 6,5–11 Jahren – jeweils bezogen auf summierte Arbeitslosigkeitsphasen inkl. gleichgestellter Zeiten in Weiterbildung und unfreiwilliger Erwerbsunterbrechung. Darüber hinaus zeichnete sich die erwerbsbiografische Entwicklung von Personen aus den NBL

280 S. die Schilderungen der Erwerbsbiografien von Frau Osterloh in Kap. 6.4 und von Frau Pütz in Kap. 6.2.

281 S. die Schilderungen der Erwerbsbiografien von Herrn Lersch und Herrn Quendt in Kap. 6.6. In Kap. 6.2 sind die Daten zur Stellen- und Erwerbsstatusdiskontinuität spezifisch auch für die Erwerbsphase vor dem 50. Lebensjahr ausgewiesen, nicht jedoch für die Erwerbsphasen in der BRD und der DDR bis zur Wende.

282 S. die Schilderungen von Herrn Hansen und Frau Osterloh in Kap. 6.2.

in höherem Maße als von Personen aus den ABL durch ausschließliche Abstiege in ihrem Erwerbsverlauf aus. (Vgl. Kap. 6.2.)

In der Umbruchphase in höherem Lebensalter zeigten sich keine relevanten Unterschiede zwischen Personen aus den ABL und den NBL im Hinblick auf die Zielstrebigkeit bei der Stellensuche, den unternommenen Suchaktivitäten und der finanziellen Angewiesenheit auf ein Erwerbseinkommen (vgl. Kap. 6.4). Differenzen traten hingegen in folgenden Aspekten hervor:

- Hinsichtlich der Relevanz der regionalen Arbeitsmarktlage zeigte sich sowohl für die ABL als auch für die NBL, dass die von den interviewten Erwerbspersonen nach ihrem 50. Lebensjahr realisierten Stellenaufnahmen eher in Zeiten abnehmender oder relativ niedriger Arbeitslosigkeit erfolgten. Dies galt in noch höherem Maße für die Stellenaufnahmen in den NBL. Soweit Einstellungen in ungünstigeren Zeiten in den NBL erfolgten, handelte es sich hierbei ausschließlich entweder um geförderte Stellen oder um gering vergütete Stellen in der Zeitarbeit oder im Wachdienst.
- Entsprechend der bereits aufgeführten längeren Arbeitslosigkeit von Personen in den NBL wiesen sie auch in der Umbruchphase in höherem Lebensalter zu einem größeren Anteil eine längere Suchdauer von über 12 Monaten im Arbeitslosigkeitsstatus auf, bis sie eine neue Stelle aufnahmen, während umgekehrt Personen aus den ABL vermehrt eine kürzere Suchdauer im Arbeitslosigkeitsstatus bis max. 12 Monaten verzeichneten.
- Arbeitslosigkeit wurde im Falle damit verknüpfter gravierender finanzieller Problemlagen von weiblichen und männlichen Erwerbspersonen aus den ABL und den NBL ähnlich krisenhaft als Bedrohung der Existenzsicherung erlebt.[283] Ein krisenhaftes Erleben psychosozialer Folgeprobleme der Exklusion aus Erwerbsarbeit formulierten hingegen überwiegend Frauen aus den NBL sowie in wenigen Fällen männliche Personen aus den ABL.[284] Mit einer Ausnahme wurden psychosoziale Aspekte ausschließlich von Personen mit langzeitiger Arbeitslosigkeitsdauer von summiert über 6,5 Jahren thematisiert. Dies kann angesichts der in den NBL höher ausgeprägten Arbeitslosigkeit auch die regionale Differenz in der Thematisierung solcher Aspekte begründen.

283 S. die Schilderungen von Herrn Koch, Frau Ziegler und Herrn Uhlig in Kap. 6.3.

284 S. die Schilderungen von Herrn Sonntag in Kap. 6.3, von Herrn Uhlig in Kap. 6.4 sowie – exemplarisch für ähnliche Berichte mehrerer Frauen aus den NBL – von Frau Claßen und Frau Vosskamp in Kap. 6.3.

- In der Qualität der in höherem Lebensalter neu aufgenommenen Stelle konnten im Rahmen der generalisierbaren Kriterien keine Differenzen nach Region ermittelt werden. Im Hinblick auf die subjektive Bewertung äußerten sich Personen aus beiden Regionen jeweils mehrheitlich zufrieden oder hoch zufrieden mit der neu aufgenommenen Stelle, hierbei zeigten sich jedoch Personen aus den ABL zu einem größeren Anteil zufrieden bzw. hoch zufrieden (vgl. 6.5). Auffällig an diesem Befund ist zum einen, dass nach den generalisierbaren Kriterien der Veränderung von Vergütung, Status und sozialer Absicherung der neuen Stelle gegenüber dem früher erreichten besten Niveau keine auffälligen regionalen Differenzen ermittelt werden konnten, die z.B. über eine vermehrte Verschlechterung die geringere Zufriedenheit erklären könnten (vgl. Kap. 6.5). Zum anderen war vielmehr im Gegenteil vermutbar, dass die Zufriedenheit mit einer neu aufgenommen Stelle in den NBL angesichts der hier höheren Arbeitslosigkeit eher größer ausfallen könnte als in den ABL, zumal die mit der neuen Stelle erreichte soziale Absicherung eines der meist genannten Bewertungskriterien darstellte. Mit den Daten zur höheren Zufriedenheit von Personen aus den ABL korrespondiert, dass diese sich vermehrt auch mit solchen neu aufgenommenen Stellen zufrieden zeigten, die eine Verschlechterung gegenüber dem früher Erreichten darstellten[285], während sich Personen aus den NBL in einem solchen Fall mit einer Ausnahme ausschließlich bedingt zufrieden oder nicht zufrieden äußerten[286]. Eine mögliche Erklärung hierfür könnte darin liegen, dass die neu aufgenommenen Stellen in den NBL besonders unattraktive Arbeitsbedingungen aufwiesen, wie z.B. geringe Vergütung, fehlende Tarifeinbindung und wiederkehrende Befristung sowie fast ausschließlich ungewünscht zur Existenzsicherung aufgenommen wurden, während Personen aus den ABL Stellen, die eine Verschlechterung beinhalteten, fast ausschließlich gewünscht annahmen, d.h. neben der Existenzsicherung auch weitere Ansprüche realisieren konnten, wie z.B. arbeitsinhaltliches Interesse oder stressfreies Arbeiten.

Die besondere Relevanz der Region für die Erwerbsbiografien der interviewten Personen zeigte sich somit für die erwerbsbiografischen Abschnitte während der DDR in Form einer höheren Stellen- und Erwerbsstatuskontinuität. Die Wende führte bei fast allen Personen aus den NBL zu erwerbsbiografischen Brüchen, in der Folgezeit erfuhren die Interviewpersonen aus den NBL

285 S. exemplarisch die Schilderungen von Herrn Sonntag in Kap. 6.5.

286 S. exemplarisch die Schilderungen von Frau Claßen in Kap. 6.5.

häufiger betrieblich initiierte Stellenbeendigungen sowie längere Arbeitslosigkeitsdauern im Vergleich zu Personen aus den ABL. In der Umbruchphase in höherem Lebensalter, die für alle Interviewten aus den NBL nach der Wende erfolgte bzw. durch diese eingeleitet wurde, erschien die regionale Arbeitsmarktlage von verstärkter Relevanz für Stellenaufnahmen in den NBL, fiel die Suchdauer im Arbeitslosigkeitsstatus länger aus, wurden vermehrt auch psychosoziale Folgeprobleme von Arbeitslosigkeit thematisiert und eine geringere Zufriedenheit mit der neu aufgenommenen Stelle geäußert. Damit stellen sich die anhand der regionalen Arbeitslosenquoten bereits ablesbaren höheren Arbeitsmarktrisiken in den NBL für Erwerbspersonen in höherem Lebensalter in besonderer Weise dar, in denen sich regionale und altersbezogene Nachteilsstrukturen kumulieren.

Sonstige Einflussfaktoren
Darüber hinaus sind im Ergebnis der Datenauswertung zwei weitere Einflussfaktoren hervorzuheben: die erwerbsbiografischen Aspekte und Erfahrungen sowie die „Gatekeeper“. Diese finden im Folgenden nur eine kurze Erwähnung, da sie im Rahmen anderer Forschungsfragen näher erläutert wurden.

a) *Erwerbsbiografische Aspekte und Erfahrungen*
   Aus den Schilderungen der Interviewpersonen ging eine hohe Relevanz ihres Erwerbsstatus und ihrer sozialen Absicherung während der Umbruchphase in höherem Lebensalter für ihr Handeln hervor. Die Angewiesenheit auf eine Stellenaufnahme infolge von bereits eingetretener oder drohender Arbeitslosigkeit sowie infolge fehlender Alternativeinkommen im Haushaltskontext war mit einer Ausnahme jeweils auch mit einem zielstrebigen Vorgehen bei der Stellensuche verknüpft und beeinflusste zudem die Ansprüche an eine neue Stelle (s.o. die Ausführungen zu Forschungsfrage 2 im Abschnitt „Stellensuchaktivitäten und Suchstrategien“, s. auch Kap. 6.4).
   Das Erleben der Umbruchphase in höherem Lebensalter erstreckte sich von Zuversicht und Selbstermutigung[287] bis zu Hoffnungslosigkeit und Entmutigung[288]. Diesem unterschiedlichen Erleben gingen differente Wechsel- und Arbeitslosigkeitserfahrungen in der früheren Erwerbsbiografie voraus. Anhand der geschilderten Erwerbsbiografien ist zu vermuten, dass mehrfach gelungene Stellenwechsel ohne längere Arbeitslosigkeitsphasen

287 S. die Schilderungen von Frau Ziegler, Frau Xannick und Herrn Jacobi in Kap. 6.3.
288 S. die Schilderungen von Herrn Hansen in Kap. 6.3 und von Frau Vosskamp in Kap. 6.3 und 6.4.

positive Bewältigungserfahrungen darstellten, die in der Umbruchphase in höherem Lebensalter als Ressource fungierten, während die Erfahrung langzeitiger und/oder häufiger Arbeitslosigkeit eine zusätzliche Belastung in der Umbruchphase bedeutete (s.u. die Ausführungen zu Forschungsfrage 9 im Abschnitt „Unterstützung für Erwerbspersonen in Umbruchphasen in höherem Lebensalter“, s. auch Kap. 6.3).
Von Relevanz erschien darüber hinaus die Realisierung einer gewünschten beruflichen Neuorientierung. So war unter den Personen mit einer im Erwerbsverlauf realisierten gewünschten beruflichen Neuorientierung die Einschätzung von Selbstgestaltung in höherem Maße ausgeprägt als unter den Personen mit konstanter beruflicher Orientierung (s.u. die Ausführungen zu Forschungsfrage 6 im Abschnitt „Deutungen zum beruflichen Werdegang“, s. auch Kap. 6.6).

b) *„Gatekeeper“ in der Umbruchphase*
Welche Chancen die stellensuchenden Erwerbspersonen in der Umbruchphase in höherem Lebensalter erhielten und welche Unterstützungen ihnen gewährt oder nicht gewährt wurden, entschieden sog. Gatekeeper. Hierzu zählten zum einen die Unternehmen, die die einstellungsförderlichen und -hemmenden Kriterien bei den Stellenbesetzungen entschieden und damit die Einstellungschancen der Stellensuchenden bestimmten (s.u. die Ausführungen zu Forschungsfragen 7 und 8 im Abschnitt „Sichtweisen der betrieblichen Leitungskräfte und ArbeitnehmerInnenvertretungen und Vergleich mit der Erwerbspersonenperspektive“, s. auch Kap. 6.7 sowie die Ausführungen zu Forschungsfrage 9 im Abschnitt „Unterstützung für Erwerbspersonen in Umbruchphasen in höherem Lebensalter“). Zum anderen fungieren die AkteurInnen der Arbeitsverwaltung als wichtige Gatekeeper, die neben der finanziellen Sicherung die Stellensuchenden in ihren Einstellungschancen über Beratungen, Vermittlungsaktivitäten oder Gewährung von Weiterbildungen, öffentlich geförderten Beschäftigungen, Einstellungszuschüssen etc. unterstützen können, wie auch gegenteilig die Stellensuchenden durch dessen Vorenthalten, geforderte unfreiwillige Bewerbungen oder Weiterbildungen in ihren Einstellungschancen hemmen können. Auf die Interventionen der Arbeitsverwaltung wurde, wie erwähnt, in der vorliegenden Arbeit allerdings nicht näher eingegangen (s. auch die daher nur andiskutierten Unterstützungsmöglichkeiten der Arbeitsverwaltung in den Ausführungen zu Forschungsfrage 9).

Biografien sind, so zeigen die hier ausgeführten Einflussfaktoren, eingegliedert in das soziale Feld. Personenstrukturelle Merkmale, wie Altersgruppe und Geschlecht in Verbindung mit Familie, sowie insbesondere die regionale

Verortung werden zu Filtern im Hinblick auf die Arbeitsmarktchancen. Institutionen, wie die einstellenden Unternehmen und die Arbeitsverwaltung, können hierbei als „Sandbänke, Klippen oder Schleusen" fungieren. In diesen Kontexten agieren die Erwerbspersonen mit ihren Orientierungen und Erfahrungen, suchen nach Realisierungsmöglichkeiten ihrer Ziele, nutzen gebotene Chancen, arrangieren sich mit ungewünschten Optionen oder wehren sich gegen solche. Teils umfahren sie „Klippen", indem sie wie z.B. Frau Ziegler trotz Ablehnung ihres Umschulungswunsches durch ihre Arbeitsvermittlerin diese Umschulung bei deren Vertretung erhalten konnte (vgl. Kap. 6.3). Teils wirken die Erwerbspersonen auch verändernd auf Kontextbedingungen ein, wie z.B. die in Kap. 6.7 geschilderte Einstellung einer älteren Person trotz der ursprünglich prioritären Orientierung des Unternehmens UN-9 auf eine jüngere Person – und damit eine Orientierung, die für ältere BewerberInnen als „Sandbank" betrachtet werden kann. Dies schließt an das Konzept der „biographische(n) Prozessstruktur" nach Alheit & Dausien i.S. einer biografischen „Organisation von Erfahrungen im sozialen Raum" an (dies. 2006, S. 441, vgl. auch Kap. 4.1.3).

Deutungen zum beruflichen Werdegang

Die Forschungsfrage 6 zur Deutung der beruflichen Werdegänge durch die interviewten Erwerbspersonen selbst durchzog gleichsam den gesamten Auswertungsprozess.[289] Die Kategorisierung erwerbsbiografischer Weichenstellungen in Form von gewünschten beruflichen Neuorientierungen oder einem ungewünschten Ausweichen auf andere Berufsfelder konnte nur unter Einbezug der jeweiligen Deutungen vorgenommen werden (vgl. Kap. 6.2). Gleiches gilt für die Analyse der Zufriedenheit mit der Qualität der in höherem Lebensalter neu aufgenommenen Stelle (vgl. Kap. 6.5 sowie die oben ausgeführte Beantwortung der Forschungsfrage 1), für die Zuordnung der Handlungsmodi in der Umbruchphase in höherem Lebensalter, insbesondere der Differenzierung zwischen den Handlungsmodi Verlustbewältigung und -persistenz, sowie im Hinblick auf die Wahrnehmung und Reflexion von Lern- und Entwicklungsprozessen (vgl. Kap. 6.6 sowie die oben ausgeführte Beantwortung der Forschungsfrage 3).

Eine Betrachtung der gesamten Erwerbsbiografie, die für die meisten Interviewten zum Interviewzeitpunkt noch unabgeschlossen, in wenigen Fällen aber auch bereits beendet war, konzentrierte sich auf die Einschätzung des beruflichen Werdegangs als selbstgestaltet oder fremdbestimmt. Die Fokussierung auf das Empfinden von erwerbsbiografischer Selbstgestaltung und damit auch der

289 Forschungsfrage 6: Wie deuten die Erwerbspersonen ihren beruflichen Werdegang?

Gestaltbarkeit knüpft an den Diskurs zur Selbstwirksamkeitsüberzeugung an (vgl. Bandura 1977, Schwarzer & Jerusalem 2002, vgl. auch die Ausführungen in Kap. 6.6).

Ihren beruflichen Werdegang schätzten die interviewten Erwerbspersonen mehrheitlich als selbstgestaltet ein, darunter in einigen Fällen mit Verweis auf gegebene Umstände und Möglichkeiten. Diese letztgenannten Fälle konzentrierten sich mit einer Ausnahme auf den Handlungsmodus-Typ d) im erwerbsbiografischen Kontext, der sich durch eine „Gelingende Neuorientierung in der Umbruchphase in höherem Lebensalter nach Brüchen in Aufstiegskarrieren" auszeichnete. Die thematisierten Handlungsbegrenzungen könnten durch eben diese erfahrenen Karrierebrüche beeinflusst sein.

Von Relevanz erschien darüber hinaus die Realisierung einer gewünschten beruflichen Neuorientierung: Unter den Personen mit einer im Erwerbsverlauf realisierten gewünschten beruflichen Neuorientierung war die Einschätzung von Selbstgestaltung in höherem Maße ausgeprägt als unter den Personen mit konstanter beruflicher Orientierung.

Mehrfach wurde der Werdegang auch nach langjährig erfahrener Arbeitslosigkeit – und damit einer Zeit, in der alle Befragten die Nichtrealisierbarkeit ihres vorrangigen Erwerbswunsches erlebt hatten – als selbstgestaltet eingeschätzt. Bemerkenswerterweise wurde die Einschätzung eines selbstgestalteten Werdegangs bei unterschiedlicher Arbeitslosigkeitsdauer sogar in ähnlichem Maße geäußert.

In den Schilderungen der Erwerbspersonen, die ihren Werdegang als fremdbestimmt einschätzen, wurden in einigen Fällen Ambivalenzen sichtbar. Hier schätzten die Erwerbspersonen ihren Werdegang als fremdbestimmt ein, obgleich sie über vielfältige Entscheidungen und Aktivitäten berichtet hatten, mittels derer ihre Erwerbsbiografie im Rahmen gegebener Gelegenheiten eine neue Wendung genommen hatte, wie z.B. eine gelungene Rückkehr in den Ausbildungsberuf mittels intensiver Lernaktivitäten. Eine andere Interviewperson führte trotz eingeschätzter Fremdbestimmung mehrere Entwicklungen in der eigenen Erwerbsbiografie sogar ausdrücklich auf das eigene Handeln zurück, wie u.a. die Entscheidung für einen vollzogenen Berufswechsel, um dort eine höhere Vergütung zu erreichen, oder ein rückblickend reflektiertes zu geringes berufliches Engagement. Diesen Aspekten maß die Interviewperson somit keine Relevanz für die Deutung des Werdegangs als fremdbestimmt zu. Die Wahrnehmung und Reflexion von „Selbstwirksamkeit" ist somit nicht unmittelbar an den Erwerbsverlauf und an Handlungserfolge gekoppelt, kann aber eine Ressource für erwerbsbiografisch orientiertes Handeln darstellen.

Sichtweisen der betrieblichen Leitungskräfte und ArbeitnehmerInnenvertretungen und Vergleich mit der Erwerbspersonenperspektive
Die Interviews mit UnternehmensvertreterInnen und ArbeitnehmerInnenvertretungen zielten auf eine Spiegelung der Befunde aus den Erwerbspersonen-Interviews im Hinblick auf die benannten Einflussfaktoren für eine realisierte Stellenaufnahme und die eingeschätzten Stärken und Spezifika älterer Erwerbspersonen sowie des Weiteren auf die Ermittlung ergänzender Analysekriterien für die Arbeitsmarktmobilität älterer Erwerbspersonen, wie z.B. Unternehmensstrategien.

In Beantwortung der Forschungsfrage 8[290] ergab der Perspektivenvergleich eine weitgehende Übereinstimmung in folgenden Aspekten (vgl. Kap. 6.7):

- Sowohl die Erwerbspersonen, als auch die betrieblichen Leitungskräfte sahen Einstellungshemmnisse für ältere Erwerbspersonen zum einen in für ältere Erwerbspersonen eingeschätzte zunehmende Probleme hinsichtlich der körperlichen Belastungen am Arbeitsplatz – allerdings abhängig vom Tätigkeitsfeld – sowie zum anderen im Falle einer vorliegenden anforderungsübersteigenden Kompetenz. Sofern es trotzdem zu einer Einstellung kam, wurde die aufgenommene Stelle bzw. die eingestellte Person durch die Erwerbspersonen und betrieblichen Leitungskräfte positiv bewertet. Hierbei verdeutlicht gerade das Arrangieren mit einer solchen beruflich-qualifikatorischen Verschlechterung eine besondere Handlungskompetenz der betreffenden Erwerbspersonen.
- Die fachliche und soziale Kompetenz älterer Erwerbspersonen wurde in allen drei Perspektiven – der Erwerbspersonen, der betrieblichen Leitungskräfte und der ArbeitnehmerInnenvertretungen – in Abhängigkeit von der erwerbsbiografischen Entwicklung und damit kontextualisiert eingeschätzt und umfasste sowohl eine durch berufliche Erfahrungen aufgebaute Kompetenz als auch Qualifizierungsanforderungen bei Einstellung in neue Tätigkeitsfelder sowie negative Wirkungen einer längeren Arbeitslosigkeit auf das Selbstbewusstsein und die Selbstpräsentation von Stellensuchenden in Vorstellungsgesprächen. Während beide Personalratsmitglieder diese ausschließlich personenabhängig verorteten, betrachteten die Erwerbspersonen und die betrieblichen Leitungskräfte die Kompetenz älterer Erwerbspersonen teils personen-, teils altersbezogen.

290 Forschungsfrage 8: Sind die Einschätzungen zwischen den befragten Erwerbspersonen, den betrieblichen Leitungskräften und den ArbeitnehmerInnenvertretungen kongruent bzw. worin bestehen mögliche Divergenzen?

- In der Einschätzung der Lernfähigkeit problematisierten sowohl einige Erwerbspersonen als auch einige betriebliche Leitungskräfte Lernprobleme älterer Erwerbspersonen. In beiden Perspektiven wurde zugleich eine dennoch gelingende Bewältigung der Lernanforderungen geschildert und mit einer hohen Lernmotivation begründet.

Insgesamt wurden somit in der Interviewgruppe der Erwerbspersonen und der betrieblichen Leitungskräfte inter- und intrapersonelle Ambivalenzen zwischen einer Altersgeneralisierung und einer Personalisierung von Einschätzungen älterer Erwerbspersonen sichtbar. Diese Befunde knüpfen somit – zumindest teilweise – an die Stigmatisierungstheorie an (vgl. exemplarisch Backes & Clemens 2008), wonach jegliche altersassoziierte Generalisierungen eine Stereotypisierung darstellen, die als negatives Altersbild die Fremd- und Selbstwahrnehmung älterer Menschen prägt und darüber auch auf deren realisierte Lern- und Arbeitsleistungen einwirkt (vgl. Kap. 3.1.3). Interessanterweise fand sich zugleich in der Erwerbspersonenperspektive als weitere Ambivalenz eine teils generell unterstellte altersbezogene Defizitzuschreibung in Bezug auf die Lernfähigkeit älterer Menschen, von der aber die eigene Person explizit ausgeschlossen wurde oder die in Parallelität zu vielfältigen Lern- und Entwicklungspotentialen der befragten Erwerbspersonen thematisiert wurde, die diese im Erwerbsverlauf bis hin zur Umbruchphase in höherem Lebensalter entfaltet haben. Dies verweist auf die Möglichkeit, trotz eines negativen Altersbildes ein davon abweichendes positives Selbstbild aufrechtzuerhalten.

Deutlich gewordene Divergenzen in den Perspektiven erscheinen hingegen weniger als Korrektiv denn als ergänzende Perspektiven. Sie bezogen sich z.B. auf einen umfassenderen Abgleich der Belastungsanforderungen einer Stellenofferte mit den individuellen Voraussetzungen und Wünschen durch die Erwerbspersonen, die auch psychische Belastungen, die Entfernung zum Arbeitsort etc. in den Blick nahmen. Darüber hinaus wurden in verschiedener Weise weitere Aspekte der Stellensuch- bzw. Stellenbesetzungsverfahren thematisiert, denen im jeweiligen Handlungs- und Deutungskontext unterschiedliche Relevanzen für die erwerbsbiografische Entwicklung, die Unternehmensentwicklung oder die Personalratstätigkeit zukamen.

Wie benannt, ist bei der Interpretation der Einschätzungen älterer Erwerbspersonen durch die interviewten betrieblichen Leitungskräfte zu berücksichtigen, dass in den von diesen repräsentierten Unternehmen bereits jeweils mindestens eine Person ab 50 Jahren eingestellt wurde und damit eine prinzipielle Offenheit gegenüber Stellensuchenden in höherem Lebensalter anzunehmen ist, die nicht repräsentativ ist.

Als besonders fruchtbar erwies sich die Einbindung der Unternehmensperspektive im Hinblick auf die von den betrieblichen Leitungskräften berichteten Such- und Einstellungskriterien, anhand derer die in Forschungsfrage 7[291] anvisierten Entscheidungskriterien nach den verschiedenen Phasen eines Stellenbesetzungsverfahrens von der Suche nach BewerberInnen bis zur Auswahl der einzustellenden Person ausdifferenziert wurden (vgl. Kap. 6.7.1). Die ermittelten Such- und Einstellungskriterien wurden strukturiert nach ihrer einstellungsförderlichen bzw. -hemmenden Wirkung, ihrem Bezug auf die Ressourcenstärke bzw. -limitation[292] der Stellensuchenden sowie ihrer Gestaltbarkeit durch die Stellensuchenden. Als prioritär für die Stellensuche sowie für die konkrete Personalauswahl benannten alle betrieblichen Leitungskräfte die fachliche, soziale und personale Kompetenz und damit Kriterien, die von den Stellensuchenden prinzipiell auch selbst gestaltbar waren. Bei den übrigen genannten Kriterien handelte es sich hingegen überwiegend um solche, die durch die Stellensuchenden nicht gestaltbar waren, wie z.B. das Fehlen bzw. Vorhandensein weiterer Bewerbungen oder die unternehmensseitig eingeschätzte Passung bzw. Nicht-Passung zur betrieblichen Altersstruktur – das letztgenannte Kriterium knüpft an den organisationsdemografischen Ansatz an (vgl. Frerichs 1998, S. 56 ff., Struck 2008, S. 175, s. auch Kap. 3.2.5). Des Weiteren zeigte sich, dass mehrere Kriterien einstellungsförderlich wirkten, obwohl sie sich auf eine Ressourcenlimitation der Stellensuchenden bezogen. Hierzu zählte z.B. die zeitweilige Einstellungsstrategie eines Unternehmens, durch eine bevorzugte Einstellung älterer Stellensuchender, die aufgrund ihres Alters absehbar rentenbedingt wieder aus dem Unternehmen ausscheiden würden, eine langfristige Bindung von Personalkosten zu vermeiden. Ebenfalls einstellungsförderlich für ältere Stellensuchende wirkte auch ein Einstellungsstopp im Öffentlichen Dienst, dessen Ausnahmeregelungen für eine weiterhin mögliche Einstellung von Menschen mit einer Schwerbehinderung bzw. ihnen gleichgestellten Menschen mit einer Behinderung eine Behörde nutzte, um ihren Personalbedarf zu decken,

---

291 Forschungsfrage 7: Was sind aus Sicht der einstellenden Unternehmen als relevant geäußerte Entscheidungskriterien für die erfolgte Einstellung einer älteren Erwerbsperson?

292 Als Kriterien mit Bezug auf die Ressourcenstärke bzw. -limitation der Stellensuchenden werden solche bezeichnet, die die berufliche Einsetzbarkeit aus der Perspektive der einstellenden Unternehmen befördern oder begrenzen. Zu Letzteren zählen z.B. Einschränkungen der Verfügbarkeit von Stellensuchenden nach Arbeitszeit und -dauer oder das Vorliegen von Merkmalen, die in der Arbeitsmarktförderung als Vermittlungshemmnis gelten und spezifische Förderungen begründen.

und hierbei oftmals vorrangig ältere Stellensuchende mit einer Schwerbehinderung bzw. ältere Gleichgestellte aufgrund der für diese höheren Fördersätze berücksichtigte. Allerdings kam diesen Kriterien lediglich eine (unterschiedlich durchlässige) Filterfunktion zu, die die Relevanz der Kompetenzkriterien nicht schmälerte. Lediglich im Falle einer Fördermittelnutzung, die zur Qualifizierung in der Einarbeitungsphase eingesetzt wurde, stellten Unternehmen auch Personen mit unzureichend eingeschätzter Qualifikation ein.

Die Nutzung von Fördermitteln war für die Unternehmen von unterschiedlicher, gleichwohl beobachtbarer Relevanz: Nur eine interviewte Leitungskraft gab an, dass für die Einstellung älterer Personen keine Fördermittel genutzt wurden. Hingegen war die Nutzbarkeit von Fördermitteln in 3 Unternehmen die Voraussetzung dafür, dass zumindest ein Teil der mit älteren Personen besetzten Stellen überhaupt realisiert werden konnten, z.B. im Falle von ABM-Stellen. In einem Unternehmen wirkte die Fördermitteloption steuernd auf die getroffene Personalentscheidung und in 3 Unternehmen wurden Fördermittel für die Einstellung einer älteren Person genutzt, aber als nicht relevant eingeschätzt (ein weiteres Unternehmen äußerte sich nicht hierzu). Diese Befunde sind keinesfalls generalisierbar, sie werfen aber die Frage nach der Relevanz von Fördermitteln für erfolgte Einstellungen von älteren Stellensuchenden auf. Eine Ermittlung repräsentativer, belastbarer Daten müsste erheben, wie hoch innerhalb eines spezifischen Zeitraums je Unternehmen der Anteil der unter Einsatz von Fördermitteln erfolgten Einstellung älterer Personen an allen eingestellten älteren Personen sowie an allen eingestellten Personen insgesamt ist und wie die Relevanz der Fördermittel für die grundsätzliche Möglichkeit der Stellenbesetzung und für die konkrete Personalentscheidung aus Sicht der zu befragenden Unternehmen eingeschätzt wird. Allerdings müsste erhebungsmethodisch das Problem sozial erwünschten Antwortverhaltens berücksichtigt werden, da hiermit der sensible Tatbestand eines möglichen Offenlegens etwaiger Mitnahmeeffekte verbunden ist, der auch in anonymisierten Umfragen nur schwer zu erfassen sein dürfte.

Insgesamt ließen sich aus den Interviews mit den betrieblichen Leitungskräften mit Ausnahme der an vorliegende Forschungsbefunde anknüpfenden Priorisierung des Kompetenzkriteriums bei Stellenbesetzungen keine generalisierbaren Einstellungsstrategien der Unternehmen ableiten. Vielmehr erwiesen sich die berichteten Einstellungsverfahren als komplexe Bedingungsgefüge, in denen das Handeln der einstellungsentscheidenden Personen im Unternehmen eng verknüpft ist mit den unternehmensspezifischen, branchenstrukturellen, sozio-ökonomischen sowie landes- und bundes- bzw. arbeitsmarktpolitischen Entwicklungen.

Die interviewten älteren Erwerbspersonen kannten die Such- und Einstellungskriterien der Unternehmen – soweit sie über den Ausschreibungstext hinausgingen, wie z.B. die Relevanz von Fördermitteln, Personalrekrutierungsstrategien zur Vermeidung langfristiger Kostenbindung etc. – i.d.R. nicht. Einflussfaktoren auf Einstellungen konnten somit nicht aus der Erwerbspersonen-Perspektive ermittelt werden, sondern deren Erhebung war auf die ergänzenden Interviews mit betrieblichen Leitungskräften angewiesen.

Die hier vorgelegte Auswertung der Such- und Einstellungskriterien von Unternehmen knüpft an den Gatekeeping-Ansatz an (vgl. Sackmann & Wingens 2001), wonach berufliche Statuswechsel durch Zugangschancen zu Stellenbesetzungen, Fortbildungen etc. institutionell gefördert oder erschwert werden können (vgl. Kap. 3.4 und 6.3), und bestätigt diesen: Für den mit einer Stellenaufnahme verbundenen Statuswechsel fungierten insbesondere die einstellenden Unternehmen als zentrale Gatekeeper in den erwerbsbiografischen Umbruchphasen älterer Erwerbspersonen, indem die von ihren einstellungsentscheidenden Gremien und Personen verfolgten Such- und Einstellungskriterien die Einstellungschancen älterer Stellensuchender in jeweils spezifischer Weise begünstigten oder auch erschwerten.

Als weitere Gatekeeper ließen sich ArbeitnehmerInnenvertretungen identifizieren, deren Wirksamwerden allerdings das Vorhandensein von Mitbestimmungsstrukturen in einstellenden Unternehmen voraussetzt. Obgleich nur zwei Interviews mit Personalratsmitgliedern verschiedener Unternehmen bzw. Organisationen geführt wurden, wurde deutlich, dass sich die befragten Personalräte mit jeweils eigenem Profil in die Einstellungsverfahren einbrachten (vgl. Kap. 6.7.2). Beide Personalratsmitglieder benannten ähnliche prioritäre Einstellungskriterien wie die ebenfalls befragten Leitungskräfte des Unternehmens, nämlich fachliche und soziale Kompetenz, und beide bestätigten die von den Leitungskräften geäußerte Diskriminierungsfreiheit der Einstellungskriterien. Bei gegebener gleichwertiger Qualifikation von BewerberInnen gaben beide Personalratsmitglieder an, sich bei der Personalauswahl ergänzend nach sozialen Kriterien zu engagieren. Die sozialen Kriterien konkretisierten sie indes unterschiedlich, teils wurden infolgedessen Personen mit Einkommensfunktion für weitere Haushaltsmitglieder priorisiert, teils auch ältere arbeitslose BewerberInnen.

Unterstützung für Erwerbspersonen in Umbruchphasen in höherem Lebensalter
Welche handlungspraktischen Schlussfolgerungen sich aus den vorgelegten Analysen ergeben, wurde in der abschließenden Forschungsfrage 9[293] nach

293 Forschungsfrage 9: Welche Unterstützung erhielten die älteren Erwerbspersonen bei ihrem Wechsel bzw. ihrer Reintegration; lassen sich Schlussfolgerungen zur Unterstützung von Erwerbsverläufen in höherem Lebensalter herleiten?

erhaltenen und möglichen Unterstützungsmöglichkeiten für Erwerbspersonen, die eine erwerbsbiografische Umbruchphase in höherem Lebensalter erfuhren, bearbeitet. Diese wurde bezogen auf eine Phase der Suche und Neuaufnahme einer oder mehrerer neuer Stellen in höherem Lebensalter, i.d.R. nach dem 50. Lebensjahr, die mit dem Ende der letzten vorhergehenden regulären Stelle oder einer eigeninitiativen Wechselabsicht eingeleitet wurde, teils aber auch in weiter zurückliegenden erwerbsbiografischen Entwicklungen begründet war (vgl. Kap. 6.3).

In den Interviews wurde deutlich, wie vielfältig und teils existenziell die Problemlagen waren, die aus diesen Umbruchphasen für die Erwerbspersonen erwuchsen. Sie traten bei den Interviewten in unterschiedlicher Ausprägung auf und umfassten u.a. Folgeprobleme aus der vorhergehenden Erwerbsarbeit, wie z.B. Verlust aller persönlichen Vermögenswerte und der persönlichen Kreditwürdigkeit im Falle einer vorhergehenden Insolvenz, Verlust beruflicher und sozialer Integration, Statusverlust, finanzielle und psychosoziale Folgen von Arbeitslosigkeit, Probleme in der beruflichen Neuorientierung und Zielklärung, Probleme in der erlebten bzw. empfundenen Stigmatisierung als ältere stellensuchende Person, erlebte bzw. empfundene Lern- und Leistungseinbußen oder Qualifikationsdefizite hinsichtlich der Tätigkeitsanforderungen im Berufsfeld sowie Probleme der Motivierung zu Bewerbungsaktivitäten und des Auftretens in Vorstellungsgesprächen (vgl. Kap. 6.3, 6.4, 6.7). Dies schließt an vorliegende Befunde zu den auch altersunabhängigen Auswirkungen von Arbeitslosigkeit, insbesondere Langzeitarbeitslosigkeit, an (vgl. Jahoda, Lazarsfeld & Zeisel 1975 [1933], Epping, Klein & Reutter 2001, S. 46 ff., Kirchler 1993, S. 39 ff., Bergmann 1996, S. 32 ff., Hacker 2006, S. 109, s. auch Kap. 3.1.4).

Vielfältig war ebenfalls die Unterstützung, die die interviewten älteren Erwerbspersonen bei ihrem betrieblichen Wechsel bzw. ihrer Reintegration in Erwerbsarbeit erhielten. Hierzu zählten seitens der Arbeitsverwaltung – sofern gewährt und von den Stellensuchenden gewünscht – Integrationskurse, Weiterbildungen, die Information über offene Stellen bis hin zu Vermittlung zu Unternehmen im Rahmen einer Vorauswahl, öffentlich geförderte Beschäftigungen, Einstellungszuschüsse sowie die finanzielle Existenzsicherung über Arbeitslosengeld I oder II (vgl. Kap. 6.2, 6.3, 6.4). Über ihre Familie und ihr soziales Umfeld wurden die Erwerbspersonen mehrfach unterstützt durch Information über offene Stellen und Kontaktvermittlung zu einstellenden Unternehmen, Hilfen bei der Informationsrecherche und der Erstellung von Bewerbungsunterlagen, Vermittlung benötigter Kenntnisse, z.B. in EDV, weiterhin durch eine finanzielle Absicherung sowie einen psychosozialen Rückhalt (vgl. Kap. 6.2 und 6.6).

Aus den Interviews ließen sich einige Handlungs- und Unterstützungsmöglichkeiten ableiten, wenngleich diese nicht die Gesamtheit möglicher Problemlagen von Erwerbspersonen in höherem Lebensalter abdecken.

a) *Handlungsmöglichkeiten auf der Ebene der Erwerbspersonen*
Aus den Schilderungen der Erwerbspersonen ging ein sehr unterschiedliches Maß an Reflexion über ihre im Erwerbsverlauf aufgebauten Qualifikationen, Erfahrungen und Stärken inkl. ihrer realisierten Lern- und Entwicklungsprozesse hervor. Diese Reflexion kann als eine wichtige Ressource für die Einschätzung beruflicher Chancen und Optionen, der beruflichen (Neu-)Orientierung, Planung von Stellensuchaktivitäten und deren Umsetzung fungieren. In bildungswissenschaftlichen Projekten wurden zahlreiche Handlungshilfen entwickelt, die von Erwerbspersonen bei Bedarf auch individuell genutzt werden können, um ihre Kompetenz und ihre beruflichen Interessen zu analysieren (vgl. exemplarisch DIE/IES 2016, Projekt KomNetz 2005, S. 12 ff., Husemann, Kattein & Vonken 2007, S. 41 ff.).

Die individuelle Reflexion und Zielklärung kann insbesondere dann erschwert sein, wenn eine Erwerbsperson mehrfache Berufswechsel vollzogen hat, längere Arbeitslosigkeitsphasen vor oder während der Umbruchphase in höherem Lebensalter erfahren hat und/oder die Rückkehrmöglichkeit in den früheren Beruf oder Status aus qualifikatorischen, altersbezogenen oder sonstigen Gründen gering einschätzt. In solchen Fällen könnte ein Austausch im sozialen Umfeld oder die Nutzung professioneller Unterstützung in Form von Beratungs- oder Bildungsangeboten, sofern diese qualifiziert sind und subjektorientiert die Wünsche und Ziele der Erwerbspersonen aufgreifen, den Reflexionsprozess unterstützen.

Eine Reintegration in den gewünschten Beruf ist damit nicht gewährleistet. Aber die Klärung möglicher Handlungsoptionen im Rahmen jeweils spezifischer Handlungsspielräume und -begrenzungen, die jeweils individuelle Definition solcher beruflichen Optionen, die subjektiv als anschlussfähig gedeutet werden, die Klärung von Zumutbarkeiten, die eine Erwerbsperson individuell bereit ist einzugehen, und von Möglichkeiten eines Arrangierens mit diesen – solche Reflexionen und Klärungen können relevant sein für das eigene Handeln, für das Empfinden von Handlungsfähigkeit und für das Selbstbild in dieser Umbruchphase. Dies knüpft an die Konzepte der „berufsbiographischen Anschlußfähigkeit“ und der „berufsbiographischen Gestaltungskompetenz“ nach Hendrich (vgl. ders. 2004, S. 264 ff., s. auch Kap. 4.3), der „Schlüsselqualifikation ‚Biographizität‘“ nach Alheit (vgl. ders. 2003, S. 16) sowie der „Selbstwirksamkeitserwartung“ nach Bandura (vgl. ders. 1977, vgl. auch Kap. 6.6) an.

b) Unterstützungsmöglichkeiten für ältere Stellensuchende auf der Ebene der Unternehmen

Die Unternehmen entscheiden mit ihrer Unternehmens-, Personal- und insbesondere Einstellungspolitik über die Einstellungschancen, die sie älteren Stellensuchenden prinzipiell einräumen und in ihrer Einstellungspraxis realisieren. Angesichts der demografischen Entwicklung, die durch einen Rückgang und eine Alterung des Erwerbspersonenpotentials charakterisiert ist (vgl. exemplarisch Grünheid & Sulak 2016, S. 9 ff.), müssen sich Unternehmen auf älter werdende Belegschaften und auf quantitativ abnehmende sowie in ihrer Zusammensetzung zunehmend ältere BewerberInnen einstellen. Eine Fortsetzung der derzeitigen Einstellungspraxis, in der ältere Stellensuchende bei Einstellungen unterdurchschnittlich berücksichtigt werden (vgl. SÖSTRA 2007, S. 61, SÖSTRA 2015, S. 56, Brussig 2009, S. 12, Brussig & Eggers 2014, S. 16, vgl. auch Kap. 2.3), würde gesamtwirtschaftlich die Besetzung ausgeschriebener Stellen gefährden, sofern diese nicht parallel reduziert werden.

Somit ist die Ermöglichung einer langfristigen Personalbindung bis zum regulären Renteneintritt der Beschäftigten, wie auch gleicher Einstellungschancen für ältere Stellensuchende bis zum regulären Rentenalter relevant für die Zukunftssicherung der Unternehmen. Hierfür wurden in arbeits-, gesundheits- und bildungswissenschaftlichen Projekten ebenfalls zahlreiche Handlungshilfen entwickelt (vgl. exemplarisch Mühlenbrock 2016, Freidank & Grabbe 2011, Husemann, Kattein & Vonken 2007, S. 9 ff., Beutler, Bender, Stock & Langhoff, 2010). Diese fokussieren insbesondere auf folgende Handlungsfelder:

- *Gestaltung der Arbeitsaufgabe bzw. Tätigkeit*: Eine gesundheits- und lernförderliche Arbeitsgestaltung zeichnet sich nach arbeitspsychologischen und arbeitswissenschaftlichen Befunden durch Anforderungswechsel und Dispositionsspielräume aus (vgl. ebd., vgl. auch Hacker 2006, S. 113 ff., Dehnbostel & Elsholz 2007, S. 40 ff., s. auch Kap. 3.1.4). Dieses Handlungsfeld wurde ebenfalls von mehreren der interviewten UnternehmensvertreterInnen angesprochen. Zur Unterstützung älterer Stellensuchender und älterer Beschäftigter erachteten sie es als wichtig, dass in den Unternehmen Voraussetzungen für die Beschäftigung älterer Personen bis zu ihrem Rentenalter geschaffen werden. Hierfür müssten Wechsel von Tätigkeiten und Anforderungen bereits für Beschäftigte ab 35 Jahren eingeführt werden (vgl. Kap. 6.7.1).
- *Gestaltung der Arbeitsorganisation*: Die Arbeitsabläufe und insbesondere die eingesetzten Arbeitszeitmodelle bergen unterschiedliche Belastungen für die Beschäftigten, insofern kommt einer möglichst gesundheitsförderlichen

Arbeitszeitgestaltung eine besondere Relevanz zu (vgl. Amlinger-Chatterjee 2016, S. 59 ff., Beermann & Brenscheidt 2013).

- *Betriebliches Gesundheitsmanagement:* Das betriebliche Gesundheitsmanagement erstreckt sich auf eine systematische Steuerung aller betrieblichen Prozesse mit dem Ziel, die Gesundheit der Mitarbeitenden zu erhalten und zu fördern und umfasst u.a. den Arbeits- und Gesundheitsschutz, das betriebliche Eingliederungsmanagement und die betriebliche Gesundheitsförderung (vgl. Krauss-Hoffmann, Molnár & Sochert 2014, Breucker et al. 2013, BMAS 2013, Wegner 2009, Mollenkopf 2003, DAK-Gesundheit o.J.). Zur Sicherung der Beschäftigungsperspektive älterer MitarbeiterInnen ist dieses Handlungsfeld besonders relevant, was auch in der Thematisierung von Gesundheit und von körperlichen Belastungen am Arbeitsplatz in den Interviews mit den Erwerbspersonen, den betrieblichen Leitungskräften und den Personalratsmitgliedern deutlich wurde.
- *Qualifizierung und Weiterbildung:* Angesichts kürzer werdender Wissenszyklen (vgl. Blossfeld et al. 2010, S. 11) ist die Bedeutung kontinuierlicher Weiterbildung der Beschäftigten massiv gestiegen. Die Ermöglichung von Zugängen zur betrieblichen Weiterbildung gleichermaßen für Beschäftigte in höherem Lebensalter ist für deren Beschäftigungssicherung bis zum regulären Rentenalter essenziell. Diese sollten lebensphasenorientiert die Orientierungen der Beschäftigten aufgreifen, partizipativ mit ihnen geplant werden und in eine entsprechende Personalentwicklungsstrategie integriert sein (vgl. Geldermann 2007, Zimmermann 2009, S. 61 ff. BMAS 2014). Wenngleich auch generalisierende Aussagen über die Lernfähigkeit Älterer infrage zu stellen sind, sind bei der Konzipierung bzw. Auswahl von Weiterbildungen ggf. spezifische Lernerfahrungen und -bedürfnisse der teilnehmenden Beschäftigten zu berücksichtigen (vgl. Kap. 3.1.2). Aus den Interviews mit den betrieblichen Leitungskräften ging ebenfalls die Empfehlung an Unternehmen hervor, ihre Beschäftigten in jedem Altersabschnitt zu qualifizieren (vgl. Kap. 6.7.1).
- *Führung und Unternehmenskultur:* Die Einstellungschancen älterer Stellensuchender sowie die Chancen für eine Beschäftigungsperspektive älterer Mitarbeitender bis zu deren regulärem Renteneintrittsalter werden grundlegend geprägt durch das Agieren der betrieblichen Leitungskräfte und der von ihnen verfolgten und geförderten Unternehmenskultur (vgl. INQA 2005, Nübold & Maier 2012). Auf Leitungsebene entscheidet sich, ob ältere Stellensuchende und ältere Beschäftigte als Ressource für das Unternehmen anerkannt und wertgeschätzt werden, ob Möglichkeiten einer

Beschäftigungsperspektive im Betrieb auch im Falle einer Veränderung des Leistungsvermögens von Mitarbeitenden genutzt werden und ob eine konstruktive, partizipativ orientierte Zusammenarbeit im Unternehmen gefördert wird. Eine diskriminierungsfreie Einschätzung der Qualifikationen und Erfahrungen älterer Erwerbspersonen dürfte i.d.R. die Reflexion von Alterszuschreibungen im betrieblichen Personalmanagement voraussetzen. Dies schließt an den von Gildemeister geprägten Begriff des „doing old" als sozialem Konstruktionsprozess an (vgl. dies. 2008, S. 200, s. auch Kap 3.5). In den Empfehlungen der interviewten betrieblichen Leitungskräfte wurde mehrfach auf dieses Handlungsfeld Bezug genommen. So wurde ein Kulturwandel in den Unternehmen für erforderlich gehalten, um die Akzeptanz zur Einstellung älterer Stellensuchender zu erhöhen. Zudem wurden bestehende Altersstereotype problematisiert und im Eigeninteresse der Unternehmen davor gewarnt, die Leistungskraft älterer Personen zu unterschätzen (vgl. Kap. 6.7.1).

- *Personalgewinnung/-beschaffung:* Durch Personalgewinnung bzw. -beschaffung kann ein bestehender Personalbedarf intern durch bereits in dem Unternehmen vorhandene MitarbeiterInnen gedeckt werden und bietet damit eine Option für Beschäftigte in höherem Lebensalter, durch einen Tätigkeitswechsel ggf. ihre weitere Beschäftigungsperspektive zu sichern oder sich beruflich zu verbessern. Alternativ kann die Personalbedarfsdeckung durch die Neueinstellung externer Personen erfolgen. In beiden Fällen setzt die Ermöglichung gleicher Zugangschancen für Beschäftigte und Stellensuchende in höherem Lebensalter Aktivitäten der Unternehmen in den vorgenannten Handlungsfeldern voraus. Mit Blick auf externe Stellenbesetzungen sind alle Verfahrensschritte und Einflussfaktoren darauf zu prüfen, dass sie solche Chancen gewähren. Dies bezieht sich insbesondere auf eine ggf. gebotene Sensibilisierung der am Auswahlprozess beteiligten Personen für etwaige Diskriminierungseffekte, die Auswahl der Suchkriterien, im Falle ggf. erforderlicher altersbezogener Kriterien eine weitmöglichst zu präzisierende, dem Allgemeinen Gleichbehandlungsgesetz (AGG) konforme sachliche Begründung (vgl. Hensche o.J.a, s. auch Kap. 6.7.2), die Gestaltung der Stellenausschreibung und der Vorstellungsgespräche jeweils inkl. der Selbstpräsentation des Unternehmens, die Auswahl der Entscheidungskriterien sowie ggf. die Planung spezifischer Einarbeitungs- und Begleitmaßnahmen für die eingestellten Personen (vgl. Benz 2010, S. 199 ff., Brandenburg & Domschke, 2007, S. 124 ff., s. auch Kap. 6.7). Indes sind ebenfalls für die Personalgewinnung keine Generalisierungen hinsichtlich älterer BewerberInnen möglich, vielmehr sind die jeweiligen Qualifikationsprofile und erwerbsbiografischen Erfahrungen zu berücksichtigen. Diese können sich als besondere Stärken älterer gegenüber jüngeren BewerberInnen erweisen, hingegen im Falle von Langzeitarbeitslosigkeit älterer Stellensuchender ggf. zu erschwerten Bewerbungsbedingungen verdichten. Entsprechend konzentrierten sich die Empfehlungen der interviewten betrieblichen Leitungskräfte auf ältere Stellensuchende mit schwierigeren Bewerbungsbedingungen. Demnach sollten Leitungskräfte in Vorstellungsgesprächen sensibel insbesondere auf verunsicherte BewerberInnen eingehen, um deren Potential herausfinden zu können. Zudem sollte ggf. die Einstellung älterer (Langzeit-)Arbeitsloser durch MentorInnen oder LernbegleiterInnen unterstützt und mit den aufnehmenden Teams kommuniziert werden.

Wenngleich die hier aufgeführten Handlungsansätze auf ältere Beschäftigte und ältere Stellensuchende fokussiert sind, sind sie grundlegend für die gesamte Belegschaft relevant und förderlich und können gleichermaßen für andere Personengruppen mit geringeren Zugangschancen zu innerbetrieblichen Aufstiegskarrieren und externen Neueinstellungen genutzt werden, wie z.B. BerufsrückkehrerInnen, Menschen mit Migrationshintergrund, Menschen mit Behinderungen etc.

c) Unterstützungsmöglichkeiten für ältere Stellensuchende auf der Ebene der Arbeitsverwaltung (ausgewählte Aspekte)

Eine nähere Analyse des Agierens der Arbeitsverwaltung in Stellensuchphasen älterer Erwerbspersonen und deren Zugangschancen zu Beratung und Förderinstrumenten in den Regelangeboten der Arbeitsverwaltung wurde in der vorliegenden Arbeit ausgespart. Aufgrund der hohen Relevanz der Arbeitsverwaltung als „Gatekeeper" (s.o. in diesem Kapitel die Ausführungen zu ausgewählten Einflussfaktoren) wird im Folgenden dennoch andiskutiert, welche Schlussfolgerungen sich aus den vorliegenden Interviewauswertungen für ausgewählte Aspekte ableiten lassen.

Die interviewten Erwerbspersonen berichteten mehrfach über gewünschte Stellenvermittlungen und Weiterbildungsteilnahmen, die sie über die Arbeitsverwaltung erhalten hatten und ihnen hilfreich für die erfolgte Stellenaufnahme waren.[294] Diese Unterstützungsleistung der Arbeitsverwaltung wurde von ihnen teils reflektiert und positiv bewertet, teils auch nicht weiter thematisiert. Aus

294 S. exemplarisch die Schilderungen von Herrn Sonntag in Kap. 6.4 und Frau Xannick in Kap. 6.6.

mehreren Interviews gingen jedoch auch negative Erfahrungen der Erwerbspersonen mit der Arbeitsverwaltung oder Befürchtungen vor Sanktionen hervor. Diese erlebten sie auf der institutionellen Ebene des Regelwerks und seiner Anwendung sowie auf der personalen Ebene der/des betreuenden Arbeitsvermittlerin/Arbeitsvermittlers. Zu ersterem zählte z.B. die Sorge von Frau Ziegler vor einer Gefährdung ihres ALG-II-Anspruchs, wenn sie in der Öffentlichkeit eine bestehende Freundschaft sichtbar machen würde[295], sowie die Teilnahme von Frau Weber an ungewünschten Weiterbildungen, um ebenfalls leistungsbezogene Sanktionen zu vermeiden[296], zu Letzterem die unbegründete Ablehnung des Umschulungswunsches von Frau Ziegler durch ihre Arbeitsvermittlerin, der ihr später durch einen vertretenden Vermittler bewilligt wurde und in eine gelingende Integration im neuen Berufsfeld mündete[297].

Diese Negativerfahrungen gründen auf einer zunehmend restriktiver an ein „regelkonformes" Verhalten geknüpften Leistungsgewährung für Arbeitslose, auf deren Regelinhalte die Betroffenen kaum bzw. keine Mitspracherechte hatten und haben und die in der bundesdeutschen Arbeitsmarktpolitik von einer seit Ende der 1970er Jahre mehrfach verschärften Zumutbarkeitsregelung flankiert wurde (vgl. Rosenthal, Sommer & Matysik 2012, S. 11 ff., Oschmiansky, Mauer & Schulze Buschoff 2007, Oschmiansky 2013, Bundesagentur für Arbeit 2017e, S. 14 f., 64 ff., Bundesagentur für Arbeit 2017f, S. 24 ff, 55 ff, Bundesagentur für Arbeit 2016e, S. 11).

Mögliche Unterstützungen der Arbeitsverwaltung für Stellensuchende in höherem Lebensalter zeigten sich entsprechend der vorliegenden Interviewauswertungen in folgenden Handlungsansätzen:

- *Subjektorientierte fakultative Beratung für Stellensuchende*: Eine qualitativ hochwertige Beratung von arbeitslosen und beschäftigten Stellensuchenden durch die Arbeitsverwaltung, also die Arbeitsagenturen und Jobcenter, wie auch weiterer Arbeitsmarktinstitutionen, zu denen u.a. Bildungseinrichtungen und Träger von Vermittlungsprojekten zählen können, kann für die Bewältigung erwerbsbiografischer Umbrüche in höherem Lebensalter hochrelevant sein. Hier können Informationen über chancenreichere Bewerbungssegmente gegeben sowie berufliche Optionen und ggf. berufliche Neuorientierungen angeregt und erörtert werden. Besonders wichtig ist ein solches Beratungsangebot für Stellensuchende mit berufs(feld)

295 S. die Schilderung von Frau Ziegler in Kap. 6.3.
296 S. die Schilderung von Frau Weber in Kap. 6.4.
297 S. die Schilderung von Frau Ziegler in Kap. 6.3.

übergreifenden Erwerbsbiografien und/oder mit geringen Rückkehr- bzw. Verbleibschancen in ihrem bisherigen Beruf. In den Interviews mit den betrieblichen Leitungskräften wurde hierzu die Empfehlung formuliert, zu Beginn der Arbeitsvermittlung eine genaue Bestandsaufnahme von Qualifikation und gesundheitlicher Situation älterer Arbeitsloser durchzuführen (vgl. Kap. 6.7.1). Ein subjektorientierter Beratungsansatz ermöglicht, bestehende oder erschließbare berufliche Optionen aufbauend auf den erwerbsbiografischen Erfahrungen und Interessen der Stellensuchenden gemeinsam mit ihnen zu ermitteln und hierbei eventuelle Veränderungen im Suchprozess zu berücksichtigen. Dabei dürfte nur ein fakultatives Beratungsreglement den Stellensuchenden eine offene Thematisierung ihrer beruflichen Interessen ermöglichen, ohne daraus folgende Verpflichtungen oder gar Sanktionen befürchten zu müssen – was allerdings nicht dem derzeitigen Reglement der Arbeitsverwaltung entspricht[298]. Aufforderungen zu Bewerbungen für Stellen, die für die/den Stellensuchende/n nicht vorstellbar erscheinen, können zwar formal zu der geforderten Bewerbungsaktivität führen, sind aber neben der Problematik der für arbeitslose LeistungsbezieherInnen vorgenommenen Einschränkung des grundgesetzlich verankerten Rechts auf Berufsfreiheit[299] auch in ihren Erfolgschancen aufgrund vielfältiger Möglichkeiten der „unfreiwilligen" BewerberInnen zur Vermeidung einer Einstellung zu hinterfragen. Dies bindet zeitliche und finanzielle Ressourcen sowohl bei den personalsuchenden Unternehmen als auch bei den Stellensuchenden. Wenn solche Bewerbungen sogar bis zum Vorstellungsgespräch führen und erst dort ein fehlendes Einstellungsinteresse der BewerberInnen deutlich wird, wie von einem interviewten Personalrat

---

298 Zum Beratungsselbstverständnis der Bundesagentur für Arbeit vgl. Bundesagentur für Arbeit 2014, S. 21 ff., zur Analyse von Beratungen durch die Arbeitsverwaltung vgl. Baethge-Kinsky, Bartelheimer & Henke 2007, S. 72 ff., Hielscher & Ochs 2009, zur Diskussion vgl. Göckler 2010, S. 128 ff. Es bleibt abzuwarten, wie die 2015 als Pilotprojekt an ausgewählten Standorten aufgebaute Weiterbildungsberatung der Bundesagentur für Arbeit, die ab 2019 als „Lebenslange Berufsberatung" bundesweit eingeführt werden soll, ein von der Vermittlung unabhängiges fakultatives Beratungsangebot ermöglichen wird, vgl. Fuchs et al. 2017, S. 59, Der Tagesspiegel 2017.

299 In Artikel 12 Grundgesetz ist formuliert: „Alle Deutschen haben das Recht, Beruf, Arbeitsplatz und Ausbildungsstätte frei zu wählen. Die Berufsausübung kann durch Gesetz oder auf Grund eines Gesetzes geregelt werden." Vgl. Bundesministerium der Justiz und für Verbraucherschutz o.J.e. Sperrzeiten und sonstige Voraussetzungen einer Leistungsgewährung für Arbeitslose sind nach Bundessozialgericht mit Art. 12 GG vereinbar, vgl. Neumann & Ochs 2015, S. 98.

berichtet (vgl. Kap. 6.7.2), steigen die verfehlt eingesetzten Ressourcen in ihrer Höhe deutlich an.

- *Weiterbildungsförderung:* Entsprechend der prioritären Gewichtung der fachlichen Qualifikation in den Stellenbesetzungsverfahren, die in den Interviews mit betrieblichen Leitungskräften und Personalratsmitgliedern hervorging (vgl. Kap. 6.7) können Einstellungschancen über eine Weiterbildung oder eine Umschulung erweitert werden, sofern sie einem arbeitsmarktlichen Bedarf entsprechen, von den Stellensuchenden gewünscht werden und die angekündigten Lehrziele realisieren. I.d.R. ist eine Teilnahme für Arbeitslose nur über eine Förderung der Arbeitsverwaltung, der Rentenversicherung oder Berufsgenossenschaft möglich, die hier eine wichtige Unterstützungsfunktion wahrnehmen können. Die Weiterbildungsförderung der Arbeitsverwaltung hat allerdings nicht nur generell eine massive Kürzung seit Ende der 1990er Jahre erfahren (vgl. Walter 2015, S. 14, Dobischat 2004, S. 202, Klein & Reutter 2010, S. 349 ff.), sondern in der derzeitigen Förderpraxis der Arbeitsverwaltung partizipieren Arbeitslose in höherem Lebensalter auch nur unterdurchschnittlich an der Förderung zur beruflichen Weiterbildung.[300]
- *Beschäftigungs- und Einstellungsförderung:* In den Interviews mit Erwerbspersonen und betrieblichen Leitungskräften wurde darüber hinaus insbesondere die Relevanz von Beschäftigungs- und Einstellungsförderungen sichtbar, die allerdings in ihren zugehörigen Förderinstrumenten und deren Konditionen im Zeitverlauf vielfach verändert wurden. Zu den „Beschäftigung schaffenden Maßnahmen" zählen gegenwärtig die Beschäftigungszuschüsse im Rahmen der Förderung von Arbeitsverhältnissen (FAV). In den 1990er Jahren wurden die zwischenzeitlich ausgelaufenen Arbeitsbeschaffungsmaßnahmen (ABM) und Strukturanpassungsmaßnahmen (SAM) intensiv eingesetzt. Gemeinsam ist diesen Instrumenten, dass sie auf die Finanzierung von Beschäftigungsverhältnissen für spezifische Zielgruppen der Arbeitsmarktpolitik zielen und solche Beschäftigungsverhältnisse

300 Im Jahresdurchschnitt 2015 erhielten 11,7 % der Arbeitslosen im Rechtskreis des SGB III eine Förderung zur beruflichen Weiterbildung (Bestandsdaten), darunter jedoch nur 1,7 % der Arbeitslosen ab 55 Jahren; im Rechtskreis des SGB II wurde der hier insgesamt mit 3,4 % geringere Anteil der Arbeitslosen, die eine Förderung zur beruflichen Weiterbildung erhielten, bei den Arbeitslosen ab 55 Jahren mit einem geförderten Anteil von 0,5 % nochmals deutlich unterschritten – vgl. Bundesagentur für Arbeit 2016c, Bundesagentur für Arbeit 2016d.

i.d.R. ohne diese Förderung gar nicht eingerichtet werden können.[301] Zu den Förderungen zur „Aufnahme einer Erwerbstätigkeit“ zählen v.a. die Eingliederungszuschüsse. Sie sind im Vergleich zu den vorhergehend genannten Beschäftigungsförderungen mit geringeren Förderquoten und Förderdauern[302] sowie zumeist einer Nachbeschäftigungspflicht ausgestattet und zielen auf einen unterstützenden Effekt der Einstellungschancen für Stellensuchende mit besonderen Vermittlungshemmnissen. In der Arbeitsmarktforschung finden sich für die einzelnen Förderinstrumente zunehmend ausdifferenzierte Evaluationsstudien mit unterschiedlicher Fokussierung und teils divergenten Ergebnissen.[303] Von den interviewten Erwerbspersonen wurden erhaltene ABM und SAM positiv bewertet. Sie stellten in einigen Fällen während langjähriger Unsicherheitsphasen die nahezu einzige hauptberufliche Erwerbsintegration dar, allerdings verbunden mit dem wiederholten Erleben von Befristung und Arbeitslosigkeit. In wenigen Fällen mündeten sie in unbefristete Beschäftigungsverhältnisse im gleichen Unternehmen bzw. der gleichen Organisation.[304] Seitens der betrieblichen Leitungskräfte wurden genutzte Fördermittel mehrfach als Voraussetzung benannt, um alle oder zumindest einige der Stellen, die mit einer älteren Person besetzt wurden, überhaupt realisieren zu können. Teils war die Förderung nicht generell für die Stellenbesetzung, wohl aber für die getroffene Personalentscheidung bedeutsam. Umgekehrt wurde aber auch mehrfach berichtet, dass Einstellungen älterer Personen in ungeförderte Stellen erfolgten oder genutzte Fördermittel weder für die Stellenrealisierung noch für die Personalauswahl relevant waren. Entsprechend kontrovers fielen ihre Empfehlungen aus, in denen Einstellungsförderungen für

301 Arbeitsgelegenheiten mit Mehraufwandsentschädigung, die sog. 1 Euro-Jobs, werden hier ausdrücklich nicht betrachtet, da sie kein Beschäftigungsverhältnis begründen.

302 Höhere Förderquoten und/oder längere Förderzeiträume gibt es derzeit für eingestellte Personen ab 50 Jahren und Personen mit einer Behinderung.

303 Zur Evaluation von u.a. öffentlich geförderten Beschäftigungen mit vorrangig positiven Ergebnissen für bestimmte Zielgruppen vgl. Heyer et al. 2012, Fuchs & Bauer 2016, Hirseland, Ramos Lobato & Ritter 2012, mit vorrangig negativen Ergebnissen vgl. RWI & ISG 2006, S. 138 ff.; zur Evaluation von u.a. Eingliederungs-/Einstellungszuschüssen mit vorrangig positiven Ergebnissen, allerdings teils auch problematisiertem Risiko von Mitnahmeeffekten vgl. Büttner, Schewe & Stephan 2015, Heyer et al. 2012., RWI & ISG 2006, S. 138 ff.; zur Evaluation spezifischer Förderinstrumente und -programme für ältere Arbeitslose mit tendenziell positiven Ergebnissen vgl. Brussig, Stegmann & Zink 2014, Knuth et al. 2012, Ammermüller et al. 2006, S. 59 ff.

304 S. exemplarisch die Schilderungen von Frau Vosskamp in Kap 6.3 und 6.4.

ältere Arbeitslose teils als sinnvoll aufgrund ihres finanziellen Vorteils für diese erachtet wurden, teils aber auch aufgrund von Mitnahmeeffekten nicht befürwortet wurden.

d) Unterstützungsmöglichkeiten für ältere Stellensuchende auf der Ebene der Erwachsenenbildung

Der Erwachsenenbildung kommt im Feld der beruflichen Weiterbildung seit den 1970er Jahren eine zunehmende Relevanz zu, die dem genannten steigenden Bedarf an kontinuierlicher Weiterbildung in der Arbeitswelt im betrieblichen und außerbetrieblichen Kontext Rechnung trägt. Dies spiegelt sich in der zumindest begrifflichen Aufwertung der Weiterbildung zur „vierten Säule des Bildungswesens" und den Bestrebungen von OECD, EU und der bundesdeutschen Bildungspolitik zur Förderung des „lebenslangen Lernens" sowie in der tendenziell gestiegenen Weiterbildungsbeteiligung wider. Bildungsangebote erfolgen in diversifizierten organisationalen Strukturen und Finanzierungsarten, Letztere werden insbesondere über Unternehmen, über staatliche Mittel von EU, Bund, Ländern und Kommunen, über die Arbeitsverwaltung und Teilnehmendenbeiträge gedeckt. (Vgl. Hof 2009, Zeuner 2008, S. 537 ff., Schrader 2011.)

Neben fachlich orientierten Angeboten wird in der Erwachsenenbildungsforschung zunehmend auch ein Bedarf an arbeitsweltbezogenen Beratungs- und Bildungsangeboten konstatiert, der auf eine Unterstützung zur Selbstvergewisserung und Orientierung im erwerbsbiografischen Verlauf, insbesondere in den im Alters-, Berufs- und Lebenskontext zu bewältigenden Übergängen und Umbrüchen, zielt (vgl. Schiersmann 2000, S. 20 ff., Kemper & Klein 1998, S. 7 ff., Tippelt 1997, S. 3 ff.). Dies knüpft an die o.g. Unterstützungsmöglichkeiten auf der Ebene der Erwerbspersonen an. Erwachsenenbildung kann hier Reflexionsprozesse methodisch unterstützen und durch alternative Deutungsangebote inhaltlich anregen (vgl. Ludwig 2015, S. 309 ff., Gieseke 2000, S. 15 f.).

In den Interviews mit den Erwerbspersonen zeigten sich vielfältige Lern- und Entwicklungsprozesse in den vier Kompetenzfeldern der Fach-, Methoden-, Sozial- und personalen Kompetenz (vgl. Kap. 6.6). Im Feld der personalen Kompetenz waren diese insbesondere eine Entwicklung bzw. Zunahme von Qualifikations- und Selbstbewusstsein im gesamten Erwerbsverlauf sowie von Konfliktbereitschaft in der Umbruchphase in höherem Lebensalter und ein im Erwerbsverlauf entwickeltes Empfinden der erwerbsbiografischen Gestaltbarkeit, des Weiteren in höherem Lebensalter die Entwicklung neuer Ziele und Ansprüche, inkl. Anspruchssenkung und -kompensation, sowie geplanter Strategien. Diese Aspekte schließen an die Ergebnisse einer Studie von Baumeister, Bollinger, Geissler und Osterland an, in der sie als relevante Eigenschaften und

Handlungskompetenzen für ein offensives, an den eigenen Interessen orientiertes Arbeitsmarkthandeln ermittelt wurden (vgl. dies. 1991, S. 152 ff., s. auch Kap. 5.1).

Insbesondere die erbrachten Lernleistungen, die Entwicklung von Konfliktbereitschaft, die Ziel- und Anspruchsentwicklung sowie die Strategieentwicklung flossen in die von den Erwerbspersonen realisierten Änderungsleistungen ein und stellten damit eine Ressource erwerbsbiografisch orientierten Handelns dar. Die von den Interviewpersonen erbrachten Lern-, Entwicklungs- und Gestaltungsleistungen wurden von ihnen jedoch nicht immer auch als solche wahrgenommen und reflektiert. Insoweit Reflexionen solcher Entwicklungsprozesse von den Erwerbspersonen in den Interviews thematisiert wurden, zeigten sich positive Effekte von Selbstvergewisserung. Sie bezogen sich auf drei Erfahrungsbereiche:

- Reflexion von Entscheidungen und Verhalten als Quelle für Selbstvergewisserung, i.S. von Selbstverantwortung, und Verarbeitung im Erwerbsverlauf und insbesondere in der Umbruchphase in höherem Lebensalter;
- Reflexion des Aushaltens und Bewältigens einer schwierigen Situation als Quelle für Selbstvergewisserung, i.S. von Durchhalten erfahrener Zumutungen, und Stolz im Erwerbsverlauf und in der Umbruchphase in höherem Lebensalter;
- Reflexion des erfolgreichen Durchsetzens von Vorhaben als Quelle für eine positiv bewertete Lernerfahrung und Stolz in höherem Lebensalter.

Zur Bewältigung einer Umbruchphase, insbesondere in einer sozio-ökonomisch problematischen Lage in Arbeitslosigkeit oder einem nicht mehr ertragbaren Erwerbsarbeitskontext, sind die Erwerbspersonen umso dringlicher darauf angewiesen, sich eigener Stärken zu vergewissern und erfahrene Begrenzungen, wie z.B. langjährige Arbeitslosigkeitserfahrungen, nicht zu personalisieren, sondern in ihren sozialen Kontext einzuordnen, um die Planung der beruflichen Zukunft im Spannungsfeld eigener Interessen, entwickelbarer Optionen und zu berücksichtigender Restriktionen inhaltlich und motivational zu ermöglichen.

Durch Unterbreitung entsprechender Bildungs- und Beratungsangebote kann hier die Erwachsenenbildung eine wichtige Unterstützungsfunktion wahrnehmen und hat bereits vielfältige entsprechende Angebote entwickelt, wie z.B. die schon genannten Handlungshilfen ProfilPASS und KomNetz mit begleitender Beratung (vgl. DIE/IES 2016, Projekt KomNetz 2005).

Zur Gewährleistung einer hochwertigen Beratungsqualität wurden in der Erwachsenenbildungsforschung diverse Konzepte für Qualitätsstandards guter

Beratung entwickelt, zu deren zentralen Prinzipien – wenn auch in unterschiedlicher Akzentuierung – u.a. die Freiwilligkeit, Vertraulichkeit, Ergebnisoffenheit und Selbstbestimmung der KlientInnen zählen (vgl. IVBBB 1995, nfb 2014, S. 10 ff., Engel 2008, S. 199, 203, Tippelt 1997, S. 67 ff., Kemper & Klein 1998, S. 49 ff., Bretschneider et al. 2007, S. 122 ff.). Zur Berücksichtigung der Spezifika im Lernen von Erwachsenen wurden für die Erwachsenenbildung diverse Konzepte didaktischer Prinzipien entwickelt, so u.a. Zielgruppenorientierung, TeilnehmerInnenorientierung und selbstgesteuertes Lernen (vgl. zu konstruktivistisch geprägten Ansätzen Siebert 2012, S. 111 ff., Meueler 1994, S. 623 ff.). Für ältere Lernende wurden diese didaktischen Prinzipien spezifiziert und u.a. die Erfahrungs- und Praxisorientierung sowie die Berücksichtigung zeitlicher Aspekte des Lernens hervorgehoben (vgl. Stöckl, Spevacek & Straka 2001, Hörwick 2003, S. 10 ff.).

Mit Blick auf Stellensuchende in höherem Lebensalter erscheinen dabei zwei Aspekte besonders relevant:

Zum einen ist zu berücksichtigen, dass in der häufig gegebenen Einbindung von Institutionen der Arbeitsverwaltung oder von Unternehmen als Auftraggeber bzw. Finanzierer solcher Beratungs- und Bildungsangebote für die ErwachsenenbildnerInnen Interessenkonflikte entstehen, indem z.B. die didaktische bzw. beratende Tätigkeit in ihren Auswahlkriterien vorgegeben oder um bildungsfremde Aufgaben ergänzt wird, wie z.B. Kontrollaufgaben mit Sanktionsfolgen. Verschiedentlich wurden Überlegungen angestellt, wie trotz solcher Bedingungen eine gute Beratung gewährleistet werden kann, die begrifflich als „Beratung in Sanktionskontexten" gefasst wird (vgl. nfb 2015, S. 7, 15, Göckler, S. 132 ff.). Hierzu wird u.a. empfohlen, für die Beratenen Transparenz über den Beratungsprozesses und mögliche Rechtsfolgen herzustellen. Die Kenntnis etwaiger Folgen löst aber nicht das Dilemma solcher Beratungskontexte, dass die Beratenen im Falle einer bestehenden finanziellen Angewiesenheit auf eine damit verknüpfte Transferleistung letztlich über keine Entscheidungsfreiheit verfügen. Die Beachtung von Freiwilligkeit und Selbstbestimmung bleibt eine essenzielle Voraussetzung, um eine adäquate Unterstützung durch erwachsenenbildnerische Beratungs- und Bildungsangebote zu ermöglichen.

Zum anderen bewegen sich spezifische didaktische Prinzipien für ältere Lernende in dem Spannungsfeld zwischen einer lernförderlichen Zielgruppenorientierung der Erwachsenenbildungsangebote und einer unterstellten Zielgruppenhomogenität. Die Lernprozesse älterer Lernender sind weniger durch ihr chronologisches Alter als durch ihre (erwerbs-)biografische Entwicklung, insbesondere ihre Lernerfahrungen geprägt (vgl. Siebert 2011, Brünner 2011, Husemann, Kattein & Vogler 2011, S. 75, s. auch Kap. 3.1.2). Bildungsangebote für Erwerbspersonen in höherem Lebensalter sollten daher jegliche altersbezogenen Generalisierungen – sowohl in Form negativer Stereotypisierungen als auch einer wohlmeinenden, aber undifferenzierten altersspezifischen Didaktik – vermeiden und vielmehr Altersbilder als soziale Konstrukte im Sinne eines „doing old“ reflektieren und dekonstruieren (vgl. Gildemeister 2008, S. 200, s. auch Kap. 3.5). Erwachsenenbildungsangebote für Menschen in höherem Lebensalter sollten daher v.a. an deren individuellen Beratungs- und Lerninteressen im Kontext ihrer jeweiligen biografischen Erfahrungen orientiert werden.

Forschungsdesiderata

In den vorhergehenden Ausführungen dieses Kapitels wurden einige Forschungsdesiderata hervorgehoben, die sich wie folgt zusammenfassen lassen:

- Das entwickelte Analysemodell wäre im Hinblick auf spezifische Personengruppen zu überprüfen und ggf. zu modifizieren, wie z.B. ältere stellensuchende Erwerbspersonen mit Migrationshintergrund oder mit einer Schwerbehinderung – die hier jeweils nur ansatzweise einbezogen wurden –, weiterhin ältere Erwerbspersonen mit geringerem oder höherem Qualifikationsniveau sowie ältere Erwerbspersonen mit selbstständigen oder sonstigen Entwicklungspfaden seit ihrem 50. Lebensjahr.
- Die auf Basis des entwickelten Analysemodells untersuchten Aspekte erwerbsbiografischer Umbruchphasen in höherem Lebensalter sollten um eine Längsschnitterhebung erweitert werden, um die Reflexion von Erfahrungen, Orientierungen, Vorgehensweisen und Handlungsmodi in ihrem Entwicklungsprozess, insbesondere mit zunehmender Suchdauer während der Umbruchphase, näher erfassen zu können.
- Angesichts einer im untersuchten Sample sichtbar gewordenen hohen Stellendiskontinuität vor dem 50. Lebensjahr bei der mit 50–54-Jahren jüngsten interviewten Altersgruppe sowie hierzu kontrovers vorliegender Forschungsergebnisse zahlreicher Erhebungen stellt sich die Frage nach einer Zunahme von Stellendiskontinuität im Zeitverlauf, die quantitativer Analysen bedarf. Damit würden sich die Vorerfahrungen vor erneuten erwerbsbiografischen Umbruchphasen in höherem Lebensalter verändern.
- Frauen realisierten entsprechend der vorliegenden Interviewauswertung in geringerem Maße gewünschte berufliche Neuorientierungen – inwieweit dies für die Kohorte insgesamt belegbar ist und sich ggf. in jüngeren Kohorten nivelliert oder fortsetzt, wäre quantitativ zu untersuchen.
- Zudem wäre quantitativ und qualitativ näher zu erforschen, inwieweit die im untersuchten Sample bei Männern in der Umbruchphase in höherem

Lebensalter häufiger gefundene Stellensuche aus einer laufenden Beschäftigung heraus für die Kohorte repräsentativ ist, inwieweit sie ggf. auch für jüngere Kohorten feststellbar ist, auf welche Faktoren dies zurückgeführt werden kann und inwieweit damit ggf. unterschiedliche Einstellungschancen verknüpft sind.

- Des Weiteren wäre eine repräsentative quantitative Untersuchung von Interesse, die die erreichte Qualität von Stellenaufnahmen in höherem Lebensalter nicht nur mit jener in jüngeren Altersgruppen vergleicht, sondern auch ihre Veränderung im erwerbsbiografischen Kontext erfasst – unter Berücksichtigung der Veränderungen von Vergütung, Status und sozialer Absicherung im Vergleich zu der vorhergehenden Stelle und zu einem bereits erreichten besten Niveau.
- Hinsichtlich der Einstellungspraxis von Unternehmen wäre mittels repräsentativer, belastbarer Daten die Relevanz von Fördermitteln für die Einstellung älterer Personen zu erheben, bezogen auf den Anteil der unter Einsatz von Fördermitteln erfolgten Einstellung älterer Personen an allen eingestellten älteren Personen sowie an allen eingestellten Personen insgesamt innerhalb eines spezifischen Zeitraums je Unternehmen und bezogen auf die Relevanz der Fördermittel für die grundsätzliche Möglichkeit der Stellenbesetzung und für die konkrete Personalentscheidung aus Sicht der zu befragenden Unternehmen. Allerdings müsste erhebungsmethodisch das Problem sozial erwünschten Antwortverhaltens berücksichtigt werden, da hiermit der sensible Tatbestand eines möglichen Offenlegens etwaiger Mitnahmeeffekte verbunden ist, der auch in anonymisierten Umfragen nur schwer zu erfassen sein dürfte.
- Weitere Forschungsbedarfe ergeben sich schließlich aus der Spezifik der interviewten Gruppen: Die interviewten UnternehmensvertreterInnen repräsentierten ausschließlich Unternehmen, die mindestens eine Person ab 50 Jahren eingestellt hatten. Damit wäre ein vergleichbarer Forschungsansatz zu Such- und Einstellungskriterien von Unternehmen von Interesse, die ausschließlich Personen unter 50 Jahren einstellten. Den interviewten Erwerbspersonen hingegen ist gemeinsam, dass sie nach einem erwerbsbiografischen Bruch in höherem Lebensalter erneut eingestellt wurden, auch wenn bei einigen Befragten im weiteren Erwerbsverlauf eine anschließende Arbeitslosigkeit eintrat. Das Handeln und Deuten von Erwerbspersonen unter den Bedingungen einer dauerhaften Exklusion aus Erwerbsarbeit und damit möglicherweise verknüpfte Folgeprobleme einer solchen Exklusion waren daher nicht Gegenstand dieses Forschungsanliegens und wären spezifisch zu untersuchen.

Literatur- und Quellenverzeichnis

Vorbemerkung

Mehrere Publikationen derselben VerfasserInnen oder HerausgeberInnen sind im Falle gleicher Zeitangabe nach der Angabe des Erscheinungsjahres bzw. dessen Fehlens (o.J./n.d.) alphanumerisch differenziert.

Gedruckte Quellen

Achatz, Juliane (2008). Geschlechtersegregation im Arbeitsmarkt. In: Martin Abraham & Thomas Hinz (Hrsg.), Arbeitsmarktsoziologie. Probleme, Theorien, empirische Befunde (S. 263–301). Wiesbaden: VS Verlag für Sozialwissenschaften.

Ahlers, Elke (2011). Wachsender Arbeitsdruck in den Betrieben. Ergebnisse der bundesweiten PARGEMA-WSI-Betriebsrätebefragung 2008/2009. In: Nick Kratzer, Wolfgang Dunkel, Karina Becker & Stephan Hinrichs (Hrsg.), Arbeit und Gesundheit im Konflikt. Analysen und Ansätze für ein partizipatives Gesundheitsmanagement (S. 35–58). Berlin: Edition Sigma.

Albers, Hans-Jürgen (2008). Arbeitszufriedenheit. In: Hermann May (Hrsg.), Handbuch zur ökonomischen Bildung (S. 149–161). 9. überarbeitete und aktualisierte Auflage. München: Oldenbourg Wissenschaftsverlag.

Alda, Holger (2005). Beschäftigungsverhältnisse. In: Soziologisches Forschungsinstitut (SOFI)/Institut für Arbeitsmarkt- und Berufsforschung (IAB)/Institut für sozialwissenschaftliche Forschung (ISF)/Internationales Institut für empirische Sozialökonomie (INIFES) (Hrsg.), Berichterstattung zur sozioökonomischen Entwicklung in Deutschland. Arbeit und Lebensweisen (S. 245–269). Erster Bericht. Wiesbaden: VS Verlag für Sozialwissenschaften.

Alheit, Peter (2003). „Biographizität" als Schlüsselqualifikation. Plädoyer für transitorische Bildungsprozesse. Arbeitsgemeinschaft Betriebliche Weiterbildungsforschung e. V. / Projekt Qualifikations-Entwicklungs-Management. *QUEM-report. Schriften zur beruflichen Weiterbildung*, Heft 78, 7–21.

Alheit, Peter & Dausien, Bettina (2006). Biographieforschung in der Erwachsenenbildung. In: Heinz-Hermann Krüger & Winfried Marotzki (Hrsg.), Handbuch erziehungswissenschaftliche Biographieforschung (S. 431–457). 2. überarbeitete und aktualisierte Auflage. Opladen: Leske und Budrich.

Alheit, Peter, Fischer-Rosenthal, Wolfram & Hoerning, Erika M. (1990). Biographieforschung. Eine Zwischenbilanz in der deutschen Soziologie. Werkstattberichte des Forschungsschwerpunkts Arbeit und Bildung 13. Bremen: Universität Bremen.

Allmendinger, Jutta (1994). Lebensverlauf und Sozialpolitik. Die Ungleichheit von Mann und Frau und ihr öffentlicher Ertrag. Frankfurt/Main, New York: Campus.

Allmendinger, Jutta (2000). Wandel von Erwerbs- und Lebensverläufen und die Ungleichheit zwischen den Geschlechtern im Alterseinkommen. In: Winfried Schmähl & Klaus Michaelis (Hrsg.), Alterssicherung von Frauen. Leitbilder, gesellschaftlicher Wandel und Reformen (S. 61–80). Wiesbaden: Westdeutscher Verlag.

Amann, Anton (2000). Sozialpolitik und Lebenslagen älterer Menschen. In: Gertrud M. Backes & Wolfgang Clemens (Hrsg.), Lebenslagen im Alter. Gesellschaftliche Bedingungen und Grenzen (S. 53–74). Opladen: Leske und Budrich.

Amlinger-Chatterjee, Monischa (2016). Psychische Gesundheit in der Arbeitswelt. Atypische Arbeitszeiten. Hrsg. von der Bundesanstalt für Arbeitsschutz und Arbeitsmedizin (BAuA). Dortmund, Berlin, Dresden: BAuA.

Ammermüller, Andreas, Boockmann, Bernhard, Maier, Michael & Zwick, Thomas (2006). Eingliederungszuschüsse und Entgeltsicherung für Ältere – Analysen auf Basis natürlicher Experimente. Deutsches Institut für Wirtschaftsforschung (DIW). *Vierteljahrshefte zur Wirtschaftsforschung*, 75 (3), 49–66.

Andretta, Gabriele (1991). Zur konzeptionellen Standortbestimmung von Sozialpolitik als Lebenslagenpolitik. Regensburg: Transfer-Verlag.

Antidiskriminierungsstelle des Bundes (Hrsg.) (2010). Diskriminierung aufgrund des Alters. Expertise von Prof. Dr. Klaus Rothermund und Dr. Felipe Temming. Berlin: ADS.

Antidiskriminierungsstelle des Bundes (Hrsg.) (2015). Ausgewählte Entscheidungen deutscher Gerichte zum Antidiskriminierungsrecht. Berlin: Antidiskriminierungsstelle des Bundes.

Apitzsch, Ursula (2003). Biographieforschung. In: Barbara Orth, Thomas Schwietring & Johannes Weiß (Hrsg.), Soziologische Forschung: Stand und Perspektiven. Ein Handbuch (S. 95–110). Opladen: Leske und Budrich.

Arlt, Andrea, Dietz, Martin & Walwei, Ulrich (2009). Besserung für Ältere am Arbeitsmarkt. Nicht alles ist Konjunktur. Institut für Arbeitsmarkt- und Berufsforschung (IAB). IAB-Kurzbericht 16/2009. Nürnberg: IAB.

Arni, Patrick & Wunsch, Conny (2014). Die Rolle von Erwartungshaltungen in der Stellensuche und der RAV-Beratung. Wechselwirkungen zwischen Erwartungshaltungen der Stellensuchenden, Determinanten des Sucherfolgs und arbeitsmarktlichen Massnahmen. Studie im Auftrag der Aufsichtskommission für den Ausgleichsfonds der Arbeitslosenversicherung. SECO Publikation Arbeitsmarktpolitik No 39 (4.2014). Bern: Staatssekretariat für Wirtschaft (SECO).

Arnold, Rolf (2002). Von der Bildung zur Kompetenzentwicklung. Anmerkungen zu einem erwachsenenpädagogischen Perspektivwechsel. *REPORT. Literatur- und Forschungsreport Weiterbildung*, Heft 49, 26–38.

Autorengruppe Bildungsberichterstattung (Hrsg.) (2010). Bildung in Deutschland 2010. Im Auftrag der Ständigen Konferenz der Kultusminister der Länder in der Bundesrepublik Deutschland und des Bundesministeriums für Bildung und Forschung. Bielefeld: W. Bertelsmann Verlag.

Bäcker, Gerhard, Brussig, Martin, Jansen, Andreas, Knuth, Matthias & Nordhause-Janz, Jürgen (2009). Ältere Arbeitnehmer. Erwerbstätigkeit und soziale Sicherheit im Alter. Wiesbaden: VS Verlag für Sozialwissenschaften.

Bäcker, Gerhard, Jansen, Andreas & Schmitz, Jutta (2017). Rente erst ab 70? Probleme und Perspektiven des Altersübergangs. IAQ-Forschung 2017-02. Hrsg. vom Institut Arbeit und Qualifikation (IAQ) der Universität Duisburg-Essen. Duisburg: Universität Duisburg-Essen.

Backes, Gertrud M. (2010). Alter(n). Ein kaum entdecktes Arbeitsfeld der Frauen- und Geschlechterforschung. In: Ruth Becker & Beate Kortendiek (Hrsg.), Handbuch Frauen- und Geschlechterforschung. Theorie, Methoden, Empirie (S. 454–460). 3. erweiterte und durchgesehene Auflage. Wiesbaden: VS Verlag für Sozialwissenschaften.

Backes, Gertrud M. & Clemens, Wolfgang (2000). Lebenslagen im Alter – Erscheinungsformen und Entwicklungstendenzen. In: Gertrud M. Backes & Wolfgang Clemens (Hrsg.), Lebenslagen im Alter. Gesellschaftliche Bedingungen und Grenzen (S. 7–27). Opladen: Leske und Budrich.

Backes, Gertrud M. & Clemens, Wolfgang (2008). Lebensphase Alter. Eine Einführung in die sozialwissenschaftliche Alternsforschung. 3. überarbeitete Auflage. Weinheim und München: Juventa.

Baethge, Martin (2011). Qualifikation, Kompetenzentwicklung und Professionalisierung im Dienstleistungssektor. *WSI-Mitteilungen*, 64 (9), 447–455.

Baethge, Martin, Hantsche, Brigitte, Pelull, Wolfgang & Voskamp, Ulrich (1988). Jugend: Arbeit und Identität. Lebensperspektiven und Interessenorientierungen von Jugendlichen. Opladen: Leske und Budrich.

Baethge-Kinsky, Volker, Bartelheimer, Peter & Henke, Jutta (2007). Fallbearbeitung nach SGB II – Beobachtungen aus dem Inneren der „black box". *WSI-Mitteilungen*, 60 (2), 70–77.

Bandura, Albert (1977). Self-efficacy: Toward a unifying theory of behavioral change. *Psychological Review*, 84 (2), 191–215.

Baumann, Mareike (2010). Selbst- und Fremdbilder von Arbeitslosigkeit. Frankfurt/Main: Peter Lang.

Baumeister, Hella, Bollinger, Doris, Geissler, Birgit & Osterland, Martin (1991). Berufsbiographie und Arbeitsmarktkrise. Eine Untersuchung zu individuellen Arbeitsmarktstrategien von Facharbeitern. Opladen: Leske und Budrich.

Beck, Ulrich (1986). Risikogesellschaft – auf dem Weg in eine andere Moderne. Frankfurt am Main: Suhrkamp.

Beck, Ulrich & Bonß, Wolfgang (Hrsg.) (2001). Die Modernisierung der Moderne. Frankfurt am Main: Suhrkamp.

Beck, Ulrich, Bonß, Wolfgang & Lau, Christoph (2004). Entgrenzung erzwingt Entscheidung: Was ist neu an der Theorie reflexiver Modernisierung? In: Ulrich Beck & Christoph Lau (Hrsg.), Entgrenzung und Entscheidung (S. 13–62). Frankfurt am Main: Suhrkamp.

Beck, Ulrich, Giddens, Anthony & Lash, Scott (1996). Reflexive Modernisierung. Eine Kontroverse. Frankfurt am Main: Suhrkamp.

Beck, Ulrich & Lau, Christoph (Hrsg.) (2004). Entgrenzung und Entscheidung. Frankfurt am Main: Suhrkamp.

Becker, Rolf (2004). Wandel der Sozialstruktur von Erwerbsverläufen oder: Warum diskontinuierliche Erwerbsbiographien eher Konstrukt als Realität sind. In: Friederike Behringer, Axel Bolder, Rosemarie Klein, Gerhard Reutter & Andreas Seiverth (Hrsg.), Diskontinuierliche Erwerbsbiographien. Zur gesellschaftlichen Konstruktion und Bearbeitung eines normalen Phänomens (S. 59–70). Baltmannsweiler: Schneider Verlag Hohengehren.

Becker, Susanne, Veelken, Ludger & Wallraven, Klaus Peter (Hrsg.) (2000). Handbuch Altenbildung. Theorien und Konzepte für Gegenwart und Zukunft (S. 106–117). Opladen: Leske und Budrich.

Becker-Schmidt, Regina (2010). Doppelte Vergesellschaftung von Frauen: Divergenzen und Brückenschläge zwischen Privat- und Erwerbsleben. In: Ruth Becker & Beate Kortendiek (Hrsg.), Handbuch Frauen- und Geschlechterforschung. Theorie, Methoden, Empirie (S. 65–74). 3. erweiterte und durchgesehene Auflage. Wiesbaden: VS Verlag für Sozialwissenschaften.

Beermann, Beate & Brenscheidt, Frank (2013). Im Takt? Gestaltung von flexiblen Arbeitszeitmodellen. Hrsg. von der Bundesanstalt für Arbeitsschutz und Arbeitsmedizin (BAuA). 4. unveränderte Auflage. Dortmund: BAuA.

Behrens, Johann (1999). Länger erwerbstätig durch Arbeits- und Laufbahngestaltung: Personal- und Organisationsentwicklung zwischen begrenzter Tätigkeitsdauer und langfristiger Erwerbstätigkeit. In: Johann Behrens, Martina Morschhäuser, Holger Viebrok & Eberhard Zimmermann, Länger erwerbstätig - aber wie? (S. 71–115). Opladen, Wiesbaden: Westdeutscher Verlag.

Behrens, Johann (2000). Was Demographie mit Kinder kriegen zu tun hat und was uns vorzeitig alt aussehen lässt - Illusionen im Trendmodell der Erwerbszeit. In: Christoph von Rothkirch (Hrsg.), Altern und Arbeit: Herausforderung für Wirtschaft und Gesellschaft (S. 228–258). Berlin: Edition Sigma.

Behrens, Johann, Morschhäuser, Martina, Viebrok, Holger & Zimmermann, Eberhard (1999). Länger erwerbstätig - aber wie? Opladen, Wiesbaden: Westdeutscher Verlag.

Behringer, Friederike (2004). Berufswechsel als eine Form diskontinuierlicher Erwerbsbiographien: Ursachen, Häufigkeit und Folgen. In: Friederike Behringer, Axel Bolder, Rosemarie Klein, Gerhard Reutter & Andreas Seiverth (Hrsg.), Diskontinuierliche Erwerbsbiographien (S. 71–93). Baltmannsweiler: Schneider Verlag Hohengehren.

Benz, Maike (2010). Personalmanagement in Zeiten des Demographischen Wandels. Zukünftige Herausforderungen für groß- und mittelständische Unternehmen mit Fokus auf die Zielgruppe der älteren Arbeitnehmer. Inaugural-Dissertation an der Rheinischen Friedrich-Wilhelm-Universität zu Bonn. Saarbrücken: Südwestdeutscher Verlag für Hochschulschriften.

Bergmann, Bärbel (1996). Zukunft der Erwerbsarbeit: Arbeit und Arbeitslosigkeit. Hinweise aus ostdeutschen Problemsichten. In: Winfried Hacker (Hrsg.), Erwerbsarbeit der Zukunft - auch für „Ältere"? (S. 29–41). Zürich: vdf Hochschulverlag AG an der ETH Zürich und Stuttgart: Teubner.

Bernhardt, Janine, Köhler, Christoph & Krause, Alexandra (2008). Sicherheitserwartungen und -konstruktionen im Normalarbeitsverhältnis. Qualitative und quantitative Befunde. In: Christoph Köhler, Olaf Struck, Michael Grotheer, Alexandra Krause, Ina Krause & Tim Schröder, Offene und geschlossene Beschäftigungssysteme. Determinanten, Risiken und Nebenwirkungen (S. 275–305). Wiesbaden: VS Verlag für Sozialwissenschaften.

Beutler, Kai, Bender, Rudi, Stock, Gereon & Langhoff, Thomas (2010). Der demografische Wandel. Handlungsbedarf für Betriebe zur Alternsgerechten

Arbeitsgestaltung (Age[2]). Leitfaden für Betriebsräte. Hrsg. von der Hans-Böckler-Stiftung und bsb GmbH Köln. Düsseldorf: Setzkasten.

Bilger, Frauke, Behringer, Friederike & Kuper, Harm (2013). Einführung. In: Frauke Bilger, Dieter Gnahs, Josef Hartmann und Harm Kuper (Hrsg.), Weiterbildungsverhalten in Deutschland. Resultate des Adult Education Survey 2012 (S. 13–23). Bielefeld: W. Bertelsmann Verlag.

Binneberg, Karl (1997). Überlegungen zur Logik der kasuistischen Forschung in der Pädagogik. In: Karl Binneberg (Hrsg.), Pädagogische Fallstudien (S. 237–269). Frankfurt/Main: Peter Lang.

Blossfeld, Hans-Peter, Bos, Wilfried, Daniel, Hans-Dieter, Hannover, Bettina, Lenzen, Dieter, Prenzel, Manfred & Wößmann, Ludger (2010). Bildungsautonomie: Zwischen Regulierung und Eigenverantwortung. Jahresgutachten 2010. Hrsg. von der vbw – Vereinigung der Bayerischen Wirtschaft e.V. Wiesbaden: VS Verlag für Sozialwissenschaften.

Böhle, Fritz (2009). Weder rationale Reflexion noch präreflexive Praktik – erfahrungsgeleitet-subjektivierendes Handeln. In: Fritz Böhle & Margit Weihrich (Hrsg.), Handeln unter Unsicherheit (S. 203–228). Wiesbaden: VW Verlag für Sozialwissenschaften.

Böhle, Fritz & Weihrich, Margit (Hrsg.) (2009). Handeln unter Unsicherheit. Wiesbaden: VS Verlag für Sozialwissenschaften.

Böhm, Andreas (2004). Theoretisches Codieren: Textanalyse in der Grounded Theory. In: Uwe Flick, Ernst von Kardorff & Ines Steinke (Hrsg.), Qualitative Forschung. Ein Handbuch (S. 475–485). Reinbek bei Hamburg: Rowohlt.

Bolder, Axel (2004). Abschied von der Normalbiographie – Rückkehr zur Normalität. In: Friederike Behringer, Axel Bolder, Rosemarie Klein, Gerhard Reutter & Andreas Seiverth (Hrsg.), Diskontinuierliche Erwerbsbiographien. Zur gesellschaftlichen Konstruktion und Bearbeitung eines normalen Phänomens (S. 15–26). Baltmannsweiler: Schneider Verlag Hohengehren.

Bonß, Wolfgang, Esser, Felicitas, Hohl, Joachim, Pelizäus-Hoffmeister, Helga & Zinn, Jens (2004). Biographische Sicherheit. In: Ulrich Beck & Christoph Lau (Hrsg.), Entgrenzung und Entscheidung (S. 211–233). Frankfurt am Main: Suhrkamp.

Börsch-Supan, Axel, Düzgün, Ismael & Weiss, Matthias (2005). Altern und Produktivität: Zum Stand der Forschung. Mannheim Research Institute for the Economics of Aging. Discussion paper 73-05. Mannheim: Universität Mannheim.

Bortz, Jürgen & Döring, Nicola (2003). Forschungsmethoden und Evaluation für Human- und Sozialwissenschaftler. 3. überarbeitete Auflage. Berlin, Heidelberg, New York: Springer.

Bosch, Gerhard (2002). Auf dem Weg zu einem neuen Normalarbeitsverhältnis? – Veränderung von Erwerbsverläufen und ihre sozialstaatliche Absicherung. In: Karin Gottschall & Birgit Pfau-Effinger (Hrsg.), Zukunft der Arbeit und Geschlecht: Diskurse, Entwicklungspfade und Reformoptionen im internationalen Vergleich (S. 107–134). Opladen: Leske und Budrich.

Bosch, Gerhard (2010). Strukturen und Dynamik von Arbeitsmärkten. In: Fritz Böhle, G. Günter Voß & Günther Wachtler (Hrsg.), Handbuch Arbeitssoziologie (S. 643–670). Wiesbaden: VS Verlag für Sozialwissenschaften, GWV Fachverlage.

Bosch, Gerhard, Knuth, Matthias & Weinkopf, Claudia (1998). Neue Arbeitsformen, neue Verknüpfungen und neue Kooperationen: Ansätze zur innovativen Veränderung von Arbeit. In: Franz Lehner, Martin Baethge Jürgen Kühl und Frank Stille (Hrsg.), Beschäftigung durch Innovation: Eine Literaturstudie (S. 247–315). Arbeit und Technik. Bd. 8. München und Mering: Rainer Hampp Verlag.

Bosch, Gerhard & Weinkopf, Claudia (2016). Gleichstellung marginaler Beschäftigung. Vorschlag zur Reform der Minijobs. Expertise für den Zweiten Gleichstellungsbericht der Bundesregierung. Hrsg. vom Institut Arbeit und Qualifikation (IAQ) der Universität Duisburg-Essen. Duisburg: Universität Duisburg-Essen.

Botschen, Martina (1999). Marketingorientierung und Unternehmenserfolg. Integration austausch- und beziehungstheoretischer Ansätze. Heidelberg: Springer Verlag.

Bourdieu, Pierre (2004). Gegenfeuer. Konstanz: UVK Verlagsgesellschaft.

Brandenburg, Uwe & Domschke, Jörg-Peter (2007). Die Zukunft sieht alt aus. Herausforderungen des demografischen Wandels für das Personalmanagement. Wiesbaden: Gabler.

Brauer, Kai & Clemens, Wolfgang (Hrsg.) (2010). Zu alt? Ageism und Altersdiskriminierung auf Arbeitsmärkten. Wiesbaden: VS Verlag für Sozialwissenschaften/GWV Fachverlage.

Breig, Ingrid & Leuther, Verena (2007). 50plus und arbeitslos – ohne Arbeit leben lernen?! Berlin: Frank & Timme Verlag für wissenschaftliche Literatur.

Bretschneider, Markus, Käpplinger, Bernd, Klein, Rosemarie & Wenzig, Anja (2007). Begrifflichkeiten, Ansätze und Praxiserfahrungen in der beruflichen Beratung und Begleitung. Ein Überblick. In: Peter Dehnbostel, Uwe Elsholz, Julia Gillen (Hrsg.), Kompetenzerwerb in der Arbeit. Perspektiven arbeitnehmerorientierter Weiterbildung (121–137). Berlin: Edition Sigma.

Breucker, Gregor, Sochert, Reinhold, Mißler, Michaela, Siebeneich Anke & Kleinschmidt Carola (2013). Kein Stress mit dem Stress. Lösungen und Tipps für Führungskräfte und Unternehmen. Mit vielen Arbeitshilfen und Praxisbeispielen. Hrsg. von der Bundesanstalt für Arbeitsschutz und Arbeitsmedizin (BAuA). Berlin: BAuA.

Brinkmann, Ulrich, Dörre, Klaus, Röbenack, Silke, Kraemer, Klaus & Speidel, Frederic (2006). Prekäre Arbeit. Ursachen, Ausmaß, soziale Folgen und subjektive Verarbeitungsformen unsicherer Beschäftigungsverhältnisse. Bonn: Friedrich-Ebert-Stiftung.

Bröckling, Ulrich (2013). Das unternehmerische Selbst. Soziologie einer Subjektivierungsform. 5. Auflage. Frankfurt/Main: Suhrkamp.

Bruggemann, Agnes, Groskurth, Peter & Ulich, Eberhard (1975). Arbeitszufriedenheit. Bern: Huber.

Brünner, Anita (2011). Leitprinzipien und didaktische Handlungsansätze in der Erwachsenenbildung. Lernen im Alter. *Magazin erwachsenenbildung.at. Das Fachmedium für Forschung, Praxis und Diskurs*, Ausgabe 13, 09-1 – 09–11.

Brussig, Martin (2009). Neueinstellung von Älteren: Keine Ausnahme, aber auch noch keine Normalität. Altersübergangs-Report. Nr. 2009-01. Hrsg. von der Hans-Böckler-Stiftung, dem Forschungsnetzwerk Alterssicherung und dem Institut Arbeit und Qualifikation an der Universität Duisburg-Essen. Düsseldorf, Berlin und Duisburg: HBS, FNA und IAQ.

Brussig, Martin (2015). Alter beim Austritt aus sozialversicherungspflichtiger Beschäftigung ist gestiegen. Altersübergangs-Report. 2015-01. Institut Arbeit und Qualifikation (IAQ) an der Universität Duisburg-Essen. Duisburg: IAQ.

Brussig, Martin & Eggers, Katharina (2014). Langfristige Entwicklungen bei Neueinstellungen von Älteren. Altersungleichheit bei Neueinstellungen geht leicht zurück. Altersübergangs-Report. Nr. 2014-02. Hrsg. von der Hans-Böckler-Stiftung, dem Forschungsnetzwerk Alterssicherung und dem Institut Arbeit und Qualifikation an der Universität Duisburg-Essen. Düsseldorf, Berlin und Duisburg: HBS, FNA und IAQ.

Brussig, Martin & Ribbat, Mirko (2014). Entwicklung des Erwerbsaustrittsalters. Anstieg und Differenzierung. Altersübergangs-Report. Nr. 2014-01. Hrsg. von der Hans-Böckler-Stiftung, dem Forschungsnetzwerk Alterssicherung und dem Institut Arbeit und Qualifikation an der Universität Duisburg-Essen. Düsseldorf, Berlin und Duisburg: HBS, FNA und IAQ.

Brussig, Martin, Schwarzkopf, Manuela & Stephan, Gesine (2011). Eingliederungszuschüsse. Bewährtes Instrument mit zu vielen Varianten. Institut für Arbeitsmarkt- und Berufsforschung (IAB). IAB-Kurzbericht 12/2011. Nürnberg: IAB.

Brussig, Martin, Stegmann, Tim & Zink, Lina (2014). Aktivierung von älteren ALG-II-Beziehenden mit mehrfachen Vermittlungshemmnissen. Der Einfluss lokaler Umsetzungsstrategien. Hrsg. vom Institut für Arbeitsmarkt- und Berufsforschung der Bundesagentur für Arbeit (IAB). IAB-Forschungsbericht 12/2014. Nürnberg: IAB.

Bultemeier, Anja, Loudovici, Kai & Laskowski, Nadine (2008). Ist Prekarität überall? Unsicherheit im Zentrum der Arbeitsgesellschaft. In: Christoph Köhler, Olaf Struck, Michael Grotheer, Alexandra Krause, Ina Krause & Tim Schröder, Offene und geschlossene Beschäftigungssysteme. Determinanten, Risiken und Nebenwirkungen (S. 241–273). Wiesbaden: VS Verlag für Sozialwissenschaften.

Bund-Länder-Koordinierungsstelle für den Deutschen Qualifikationsrahmen für lebenslanges Lernen (Hrsg.) (2013). Handbuch zum deutschen Qualifikationsrahmen. Struktur – Zuordnungen – Verfahren – Zuständigkeiten. Berlin: Bundesministerium für Bildung und Forschung.

Bundesagentur für Arbeit (Hrsg.) (2011a). Klassifikation der Berufe 2010. Bd. 1: Systematischer und alphabetischer Teil mit Erläuterungen. Nürnberg: Bundesagentur für Arbeit.

Bundesagentur für Arbeit (Hrsg.) (2011b). Klassifikation der Berufe 2010. Bd. 2: Definitorischer und beschreibender Teil. Nürnberg: Bundesagentur für Arbeit.

Bundesagentur für Arbeit (Hrsg.) (2012a). Arbeitslose nach Kreisen Juni 2012. Nürnberg: Bundesagentur für Arbeit.

Bundesagentur für Arbeit (Hrsg.) (2014). Grundlagen einer Beratungskonzeption für die Grundsicherung für Arbeitsuchende. Nürnberg: Bundesagentur für Arbeit

Bundesagentur für Arbeit (2015a). Arbeitslosigkeit im Zeitverlauf. Berichtsmonat: Januar 2015. Nürnberg: Bundesagentur für Arbeit.

Bundesagentur für Arbeit (Hrsg.) (2015b). Merkblatt. Gleitender Übergang in den Ruhestand. Hinweise zum Altersteilzeitgesetz. Nürnberg: Bundesagentur für Arbeit.

Bundesagentur für Arbeit (Hrsg.) (2016a). Blickpunkt Arbeitsmarkt. Situation von Älteren. Nürnberg: Bundesagentur für Arbeit.

Bundesagentur für Arbeit (Hrsg.) (2016b). Qualitätsbericht: Statistik der sozialversicherungspflichtigen und geringfügigen Beschäftigung im Lebenslauf. Stand: 16.06.2016, Erstellungsdatum: 15.02.2011. Nürnberg: Bundesagentur für Arbeit.

Bundesagentur für Arbeit (Hrsg.) (2016c). Tabellenteil zur Eingliederungsbilanz nach § 11 SGB III. Jahreszahlen 2015. Nürnberg: Bundesagentur für Arbeit.

Bundesagentur für Arbeit (Hrsg.) (2016d). Tabellenteil zur Eingliederungsbilanz nach § 54 SGB II. Jahreszahlen 2015. Nürnberg: Bundesagentur für Arbeit.

Bundesagentur für Arbeit (Hrsg.) (2016e). Zweites Buch Sozialgesetzbuch – SGB II. Fachliche Weisungen § 15 SGB II Eingliederungsvereinbarung. BA Zentrale GR 11. 20.10.2016. Nürnberg: BA.

Bundesagentur für Arbeit (2017a). Arbeitslosigkeit im Zeitverlauf: Entwicklung der Arbeitslosenquote (Strukturmerkmale). Berichtsmonat: September 2017. Nürnberg: Bundesagentur für Arbeit.

Bundesagentur für Arbeit (2017b). Arbeitslosigkeit und Unterbeschäftigung (Jahreszahlen) 2016. Nürnberg: Bundesagentur für Arbeit.

Bundesagentur für Arbeit (2017c). Die Arbeitsmarktsituation von langzeitarbeitslosen Menschen 2016. Nürnberg: Bundesagentur für Arbeit.

Bundesagentur für Arbeit (2017d). Informationsblatt. Wissenswertes zum Thema Nebeneinkommen. Wichtige Informationen zum Arbeitslosengeld. Nürnberg: Bundesagentur für Arbeit.

Bundesagentur für Arbeit (Hrsg.) (2017e). Merkblatt Arbeitslosengeld II/ Sozialgeld. Grundsicherung für Arbeitsuchende. Nürnberg: Bundesagentur für Arbeit.

Bundesagentur für Arbeit (Hrsg.) (2017f). Merkblatt für Arbeitslose. Ihre Rechte – Ihre Pflichten. Nürnberg: Bundesagentur für Arbeit.

Bundesministerium für Arbeit und Soziales (BMAS) (Hrsg.) (2013). Erhalt der Beschäftigungsfähigkeit. Arbeitsmedizinische Empfehlung. Ausschuss für Arbeitsmedizin. Rostock: Publikationsversand der Bundesregierung.

Bundesministerium für Arbeit und Soziales (BMAS) (Hrsg.) (2014). Fortschrittsreport „Altersgerechte Arbeitswelt". Ausgabe 4: Lebenslanges Lernen und betriebliche Weiterbildung. Rostock: Publikationsversand der Bundesregierung.

Bundesministerium für Arbeit und Soziales (BMAS) (Hrsg.) (2015a). Arbeitsrecht. Informationen für Arbeitnehmer und Arbeitgeber. Rostock: Publikationsversand der Bundesregierung.

Bundesministerium für Arbeit und Soziales (BMAS) (Hrsg.) (2015b). Perspektive 50plus – Beschäftigungspakte für Ältere in den Regionen. Abschlussdokumentation des Bundesprogramms (2005–2015). Berlin: BMAS.

Bundesministerium für Arbeit und Soziales (BMAS) (Hrsg.) (2016). Teilzeit – Alles was Recht ist. Rechtliche Rahmenbedingungen für Arbeitnehmer und Arbeitgeber. Rostock: Publikationsversand der Bundesregierung.

Bundesministerium für Arbeit und Soziales (BMAS) (Hrsg.) (2017). Lebenslagen in Deutschland. Der Fünfte Armuts- und Reichtumsbericht der Bundesregierung. Bonn: BMAS.

Bundesministerium für Familie, Senioren, Frauen und Jugend (BMFSFJ) (Hrsg.) (2001). Dritter Bericht zur Lage der älteren Generation. Alter und Gesellschaft. BT-Drs. 14/5130. Berlin: BMFSFJ.

Bundesministerium für Familie, Senioren, Frauen und Jugend (BMFSFJ) (Hrsg.) (2008a). Alter schafft Neues – Initiativen und Informationen für ältere Menschen. Rostock: Publikationsversand der Bundesregierung.

Bundesministerium für Familie, Senioren, Frauen und Jugend (BMFSFJ) (Hrsg.) (2008b). Erfahrung rechnet sich. Aus Kompetenzen Älterer Erfolgsgrundlagen schaffen. Studie der prognos AG. Rostock: Publikationsversand der Bundesregierung.

Bürkle, Hans, Gerdon, Wolfgang, Körner, Gerhard, Leicher, Rolf & Wolfinger, Iris (1993). Stellensuche und Karriere-Strategie. Wiesbaden: Betriebswirtschaftlericher Verlag Dr. Th. Gabler.

Büssing, André (1993). Arbeitslosigkeit – Differentielle Folgen aus psychologischer Sicht. *Arbeit*, 2 (1), 5–19.

Büttner, Thomas, Schewe, Torben & Stephan, Gesine (2015). Wirkung arbeitsmarktpolitischer Instrumente im SGB III. Maßnahmen auf dem Prüfstand. Institut für Arbeitsmarkt- und Berufsforschung (IAB). IAB-Kurzbericht 8/2015. Nürnberg: IAB.

Castel, Robert (2009). Die Wiederkehr der sozialen Unsicherheit. In: Robert Castel & Klaus Dörre (Hrsg.), Prekarität, Abstieg, Ausgrenzung. Die soziale Frage am Beginn des 21. Jahrhunderts (S. 21–34). Frankfurt/Main, New York: Campus.

Castel, Robert & Dörre, Klaus (2009). Einleitung. In: Robert Castel & Klaus Dörre (Hrsg.), Prekarität, Abstieg, Ausgrenzung. Die soziale Frage am Beginn des 21. Jahrhunderts (S. 11–18). Frankfurt/Main, New York: Campus.

Clemens, Wolfgang (2003). Wissenschaftsentwicklung und Forschungsstand. In: Matthias Herfurth, Martin Kohli & Klaus F. Zimmermann (Hrsg.), Arbeit in einer alternden Gesellschaft. Problembereiche und Entwicklungstendenzen der Erwerbssituation Älterer (S. 179–193). Opladen: Leske und Budrich.

Clemens, Wolfgang (2006). Ältere Arbeitnehmerinnen in Deutschland. Erwerbsstrukturen und Zukunftsperspektiven. *Zeitschrift für Geronotologie und Geriatrie*, 39 (1), 41–47.

Cornelißen, Waltraud (Hrsg.) (2005). Gender-Datenreport. 1. Datenreport zur Gleichstellung von Frauen und Männern in der Bundesrepublik Deutschland. Im Auftrag des Bundesministeriums für Familie, Senioren, Frauen und Jugend. 2. Fassung. München: Deutsche Jugendinstitut e.V.

DAK-Gesundheit (Hrsg.) (o.J.). Betriebliches Gesundheitsmanagement. Jetzt die Zukunft sichern. Hamburg: DAK-Gesundheit.

Danner, Helmut (2006). Methoden geisteswissenschaftlicher Pädagogik. Einführung in Hermeneutik, Phänomenologie und Dialektik. 5. überarbeitete und erweiterte Auflage. München, Basel: Ernst Reinhardt Verlag.

Dausien, Bettina, Lutz, Helma, Rosenthal, Gabriele & Völter, Gabriele (2005). Einleitung. In: Bettina Völter, Bettina Dausien, Helma Lutz & Gabriele Rosenthal (Hrsg.), Biographieforschung im Diskurs (S. 7–20). Wiesbaden: VS Verlag für Sozialwissenschaften.

Dehnbostel, Peter & Elsholz, Uwe (2007). Lern- und kompetenzförderliche Arbeitsgestaltung. Chancen für die betriebliche Weiterbildung? In: Peter Dehnbostel, Uwe Elsholz & Julia Gillen (Hrsg.), Kompetenzerwerb in der Arbeit. Perspektiven arbeitnehmerorientierter Weiterbildung (S. 35–47). Berlin: Edition Sigma.

Deppe, Ina & Förster, Lena (2014). 125 Jahre gesetzliche Rentenversicherung. Hrsg. von der Deutschen Rentenversicherung Bund. München: August Dreesbach Verlag.

Deutsche Rentenversicherung (2017). Die richtige Altersrente für Sie. o.O.: Deutsche Rentenversicherung.

Deutsches Institut für Erwachsenenbildung (DIE)/Institut für Entwicklungsplanung und Strukturforschung (IES) (2016). ProfilPASS. Stärken kennen – Stärken nutzen. 3. überarbeitete Auflage. Bielefeld: W. Bertelsmann Verlag.

DGB Bundesvorstand (Hrsg.) (2014). Nichtleistungsempfängerinnen und -empfänger. Analyse einer in der Arbeitsmarktpolitik wenig bekannten Personengruppe, die in jüngster Zeit wieder größer wird. arbeitsmarkt aktuell 04/2014. Berlin: DGB Bundesvorstand.

Dietz, Martin, Müller, Gerritt & Trappmann, Mark (2009). Bedarfsgemeinschaften im SGB II. Warum Aufstocker trotz Arbeit bedürftig bleiben. Institut für Arbeitsmarkt- und Berufsforschung (IAB). IAB-Kurzbericht 2/2009. Nürnberg: IAB.

Dietz, Martin, Röttger, Christof & Szameitat, Jörg (2011). Betriebliche Personalsuche und Stellenbesetzungen: Neueinstellungen gelingen am besten über persönliche Kontakte. Institut für Arbeitsmarkt- und Berufsforschung (IAB). IAB-Kurzbericht 26/2011. Nürnberg: IAB.

Diewald, Martin (2004). Thesen zur zukünftigen Entwicklung neuer Formen der Erwerbsarbeit. In: Friederike Behringer, Axel Bolder, Rosemarie Klein, Gerhard Reutter & Andreas Seiverth (Hrsg.), Diskontinuierliche Erwerbsbiographien. Zur gesellschaftlichen Konstruktion und Bearbeitung eines normalen Phänomens (S. 332–345). Baltmannsweiler: Schneider Verlag Hohengehren.

Dill, Helga & Straus, Florian (2015). Alte Hasen oder altes Eisen? Handlungsbefähigung als Metakompetenz für ein erfolgreiches Älterwerden in diskontinuierlicher Beschäftigung. In: Helga Dill und Heiner Keupp (Hrsg.), Der Alterskraftunternehmer. Ambivalenzen und Potenziale eines neuen Altersbildes in der flexiblen Arbeitswelt (49–64). Bielefeld: Transcript Verlag.

Dittmann-Kohli, Freya, Sowarka, Doris & Timmer, Erika (1997). Beruf und Alltag: Leistungsprobleme und Lernaufgaben im mittleren und höheren Erwachsenenalter. In: Franz E. Weinert & Heinz Mandl (Hrsg.), Psychologie der Erwachsenenbildung (S. 179–235). Göttingen, Bern, Toronto, Seattle: Hogrefe.

Dobischat, Rolf (2004). Förderung der beruflichen Weiterbildung – Konsequenzen aus der „Hartz-Reform". *WSI Mitteilungen*. Heft 4, 199–205.

Doeringer, Peter & Piore, Michael (1971). Internal labor markets and manpower analysis. Lexington: DC Heath.

Dombois, Rainer (1999). Der schwierige Abschied vom Normalarbeitsverhältnis. Bundeszentrale für politische Bildung. *Aus Politik und Zeitgeschichte. Beilage zur Wochenzeitung Das Parlament*, B 37, 13–20.

Dörre, Klaus (2009). Prekarität im Finanz-Kapitalismus. In: Robert Castel & Klaus Dörre (Hrsg.), Prekarität, Abstieg, Ausgrenzung. Die soziale Frage am Beginn des 21. Jahrhunderts (S. 35–64). Frankfurt/Main, New York: Campus.

Dressel, Kathrin & Wanger, Susanne (2010). Erwerbsarbeit: Zur Situation von Frauen auf dem Arbeitsmarkt. In: Ruth Becker & Beate Kortendiek (Hrsg.), Handbuch Frauen- und Geschlechterforschung. Theorie, Methoden, Empirie (S. 489–498). 3. erweiterte und durchgesehene Auflage. Wiesbaden: VS Verlag für Sozialwissenschaften.

Duncan, Simon (1998). Theorising Gender Systems in Europe. In: Birgit Geissler, Friederike Maier & Birgit Pfau-Effinger (Hrsg.), FrauenArbeitsMarkt. Der Beitrag der Frauenforschung zur sozio-ökonomischen Theorieentwicklung (S. 195–227). Berlin: Edition Sigma.

Eckert, Manfred (2013). Subjektorientierte Forschung mit qualitativen Forschungsmethoden. In: Gerhard Niedermair (Hrsg.), Facetten berufs- und betriebspädagogischer Forschung. Grundlagen – Herausforderungen – Perspektiven (S. 85–103). Linz: Trauner.

Enders-Dragässer, Uta & Sellach, Brigitte (1999). Der „Lebenslagen-Ansatz" aus der Perspektive der Frauenforschung. *Zeitschrift für Frauenforschung*, 17 (4), 56–66.

Endreß, Martin & Renn, Joachim (2004). Einleitung der Herausgeber. In: Alfred Schütz, Der sinnhafte Aufbau der sozialen Welt. Eine Einleitung in die verstehende Soziologie (S. 8–68). Werkausgabe Band II. Hrsg. von Martin Endreß & Joachim Renn. Konstanz: UVK Verlagsgesellschaft.

Engel, Frank (2008). Beratung. In: Hannelore Faulstich-Wieland & Peter Faulstich (Hrsg.), Erziehungswissenschaft (S. 195–215). Reinbek bei Hamburg: Rowohlt.

Engelbrech, Gerhard, Gruber, Hannelore & Jungkunst, Maria (1997). Erwerbsorientierung und Erwerbstätigkeit ost- und westdeutscher Frauen unter veränderten gesellschaftlichen Rahmenbedingungen. Mitteilungen aus der Arbeitsmarkt- und Berufsforschung. 1/1997. Stuttgart: W. Kohlhammer.

Engels, Dietrich (2006). Lebenslagen und soziale Exklusion. Thesen zur Reformulierung des Lebenslagenkonzepts für die Sozialberichterstattung. *Sozialer Fortschritt*, 55 (5), 109 – 117.

Engstler, Heribert (2015). Erwerbstätigkeit im Ruhestand. Deutsches Zentrum für Altersfragen. *Informationsdienst Altersfragen*, 42 (4), 12–20.

Epping, Rudolf, Klein, Rosemarie & Reutter, Gerhard (2001). Langzeitarbeitslosigkeit und berufliche Weiterbildung. Didaktisch-methodische Orientierungen. Bielefeld: Bertelsmann Verlag.

Erlinghagen, Marcel (2007). Self-Perceived Job Insecurity and Social Context. Are there Different European Cultures of Anxiety? DIW Discussion Papers 688. Berlin: DIW/German Institute for Economic Research.

Erlinghagen, Marcel & Knuth, Matthias (2005). Beschäftigungsstabilität in der Wissensgesellschaft. In: Olaf Struck & Christoph Köhler (Hrsg.), Beschäftigungsstabilität im Wandel? Empirische Befunde und theoretische Erklärungen für West- und Ostdeutschland (S. 23–38). 2. verbesserte Auflage. München, Mering: Rainer Hampp Verlag.

Esselmann, Ina & Geis, Wido (2015). Fachkräfte 65plus. Erwerbstätigkeit im Rentenalter. Institut der deutschen Wirtschaft Köln. *IW-Trends. Vierteljahresschrift zur empirischen Wirtschaftsforschung*, 42 (2), 25–42.

Etzrodt, Christian (2003). Sozialwissenschaftliche Handlungstheorien. Eine Einführung. Konstanz: UVK Verlagsgesellschaft.

European Union (2015). User Guide to the SME Definition. Luxembourg: Publications Office of the European Union.

Falk, Susanne (2005). Geschlechtsspezifische Ungleichheit im Erwerbsverlauf. Analysen für den deutschen Arbeitsmarkt. Wiesbaden: VS Verlag für Sozialwissenschaften.

Fatke, Reinhard (1997). Das Allgemeine und das Besondere in pädagogischen Fallgeschichten. In: Karl Binneberg (Hrsg.), Pädagogische Fallstudien (S. 217–235). Frankfurt/Main: Peter Lang.

Fatke, Reinhard (2010). Fallstudien in der Erziehungswissenschaft. In: Barbara Friebertshäuser, Antje Langer & Annedore Prengel (Hrsg.), Handbuch Qualitative Forschungsmethoden in der Erziehungswissenschaft (S. 159–172). 3. vollständig überarbeitete Auflage. Weinheim und München: Juventa.

Faulstich, Peter (2002). Verteidigung von „Bildung" gegen die Gebildeten unter ihren Verächtern. *REPORT. Literatur- und Forschungsreport Weiterbildung*, Heft 49, 15–25.

Fehr, Sonja & Vobruba, Georg (2011). Die Arbeitslosigkeitsfalle vor und nach der Hartz-IV-Reform. *WSI-Mitteilungen*, 64 (5), 211–217.

Fischer, Ute Luise (2010). Transformation: Der Systemwechsel und seine Erkundung in der Frauen- und Geschlechterforschung. In: Ruth Becker & Beate Kortendiek (Hrsg.), Handbuch Frauen- und Geschlechterforschung. Theorie, Methoden, Empirie (S. 507–512). 3. erweiterte und durchgesehene Auflage. Wiesbaden: VS Verlag für Sozialwissenschaften.

Fischer, Wolfram & Kohli, Martin (1987). Biographieforschung. In: Wolfgang Voges (Hrsg.), Methoden der Biographie und Lebenslaufforschung (S. 25–49). Opladen: Leske und Budrich.

Fitzenberger, Bernd & Spitz, Alexandra (2004). Die Anatomie des Berufswechsels: Eine empirische Bestandsaufnahme auf Basis der BIBB/IAB-Daten 1998/1999. Zentrum für Europäische Wirtschaftsforschung (ZEW). Discussion Paper 04–05. Mannheim: ZEW.

Flick, Uwe, Kardorff, Ernst von & Steinke, Ines (2004). Was ist qualitative Forschung? Einleitung und Überblick. In: Uwe Flick, Ernst von Kardorff & Ines Steinke (Hrsg.), Qualitative Forschung. Ein Handbuch (S. 13–29). Reinbek bei Hamburg: Rowohlt.

Freiburghaus, Dieter & Schmid, Günther (1975). Theorie der Segmentierung von Arbeitsmärkten. Darstellung und Kritik neuerer Ansätze mit besonderer Berücksichtigung arbeitsmarktpolitischer Konsequenzen. *Leviathan. Zeitschrift für Sozialwissenschaft*, 3 (3), 417–448.

Freidank, Johannes & Grabbe, Johannes (2011). Arbeitsfähigkeit erhalten und fördern. Chance für Betriebe und Tarifpolitik. Hrsg. von der Bundesanstalt für Arbeitsschutz und Arbeitsmedizin (BAuA). Berlin: BAuA.

Frerichs, Frerich (1998). Älterwerden im Betrieb. Beschäftigungschancen und -risiken im demographischen Wandel. Opladen: Westdeutscher Verlag.

Frerichs, Frerich (2007). Arbeitsmarktpolitik für ältere ArbeitnehmerInnen im Wohlfahrtsstaatenvergleich. *WSI-Mitteilungen*, 60 (2), S. 78–85.

Frese, Michael (2008). Arbeitslosigkeit. Was wir aus psychologischer Perspektive wissen und was wir tun können. *Aus Politik und Zeitgeschichte. Beilage zur Wochenzeitung Das Parlament*, Heft 40–41, 22–25.

Friebe, Jens (2010). Exklusion und Inklusion älterer Menschen in Weiterbildung und Gesellschaft. In: Martin Kronauer (Hrsg.), Inklusion und Weiterbildung. Reflexionen zur gesellschaftlichen Teilhabe in der Gegenwart (S. 141–184). Bielefeld: W. Bertelsmann Verlag.

Friebertshäuser, Barbara & Langer, Antje (2010). Interviewformen und Interviewpraxis. In: Barbara Friebertshäuser, Antje Langer und Annedore Prengel, Handbuch Qualitative Forschungsmethoden in der Erziehungswissenschaft (S. 437–455). 3. vollständig überarbeitete Auflage. Weinheim und München: Juventa.

Frieling, Ekkehart, Schäfer Ellen & Fölsch, Thomas (2007). Konzepte zur Kompetenzentwicklung und zum Lernen im Prozess der Arbeit. Abschlussbericht des Projekts Betriebliche Kompetenzentwicklung zur Standortsicherung. Münster: Waxmann.

Fuchs, Johann, Walwei, Ulrich & Weber, Brigitte (2005). Die „Stille Reserve" gehört ins Bild vom Arbeitsmarkt. Institut für Arbeitsmarkt- und Berufsforschung (IAB). IAB-Kurzbericht 21/2005. Nürnberg: IAB.

Fuchs, Philipp, Bauer, Frank (2016). Wirkungsmechanismen öffentlich geförderter Beschäftigung. Eine empirische Untersuchung im Rahmen der Maßnahmeevaluation. Institut für Sozialforschung und Gesellschaftspolitik (ISG). ISG Working Paper No. 10. Köln: ISG.

Fuchs, Philipp, Fuchs, Stefan, Hamann, Silke, Wapler, Rüdiger & Wolf, Katja (2017). Pilotierung der Weiterbildungsberatung durch die Bundesagentur für Arbeit. Implementationsstudie und quantitative Begleitforschung. Hrsg. vom Institut für Arbeitsmarkt- und Berufsforschung der Bundesagentur für Arbeit. IAB-Forschungsbericht 1/2017. Nürnberg: IAB.

Fuchs-Heinritz, Werner (2005). Biographische Forschung. Eine Einführung in Praxis und Methoden. 3. überarbeitete Auflage. Wiesbaden: VS Verlag für Sozialwissenschaften.

Fuchs-Heinritz, Werner, Lautmann, Rüdiger, Rammstedt, Otthein & Wienold, Hanns (Hrsg.) (2007). Lexikon zur Soziologie. 4. grundlegend überarbeitete Auflage. Wiesbaden: VS Verlag für Sozialwissenschaften/GWV Fachverlage.

Fuhs, Burkhard (2007). Qualitative Methoden in der Erziehungswissenschaft. Darmstadt: Wissenschaftliche Buchgesellschaft.

Gage, Nathaniel Lees & Berliner, David Charles (1996). Pädagogische Psychologie. 5. vollständig überarbeitete Auflage. Weinheim: Beltz, Psychologie Verlags-Union.

Garz, Detlef & Blömer, Ursula (2010). Qualitative Bildungsforschung. In: Rudolf Tippelt & Bernhard Schmidt (Hrsg.), Handbuch Bildungsforschung (S. 571–588). 3. durchgesehene Auflage. Wiesbaden: VS Verlag für Sozialwissenschaften, Springer Fachmedien.

Geffers, Johannes & Hoff, Ernst (2010). Zur Gleichzeitigkeit von Kontinuität und Diskontinuität in Erwerbsbiografien. Exemplarische Konstellationen im IT-Bereich. In: Axel Bolder, Rudolf Epping, Rosemarie Klein, Gerhard Reutter & Andreas Seiverth (Hrsg.), Neue Lebenslaufregimes – neue Konzepte der Bildung Erwachsener? (S. 105–121). Wiesbaden: VS Verlag für Sozialwissenschaften, GWV Fachverlage.

Geiger, Ingrid K. & Pifko, Clarisse (2012). HR-Beratung für HR-Fachleute. Zürich: Compendio Bildungsmedien.

Geissler, Birgit & Oechsle, Mechtild (1990). Lebensplanung als Ressource im Individualisierungsprozeß. Arbeitspapier 10 des DFG-Sonderforschungsbereichs 186 der Universität Bremen, Statuspassagen und Risikolagen im Lebensverlauf. Bremen: Universität Bremen.

Geissler, Birgit & Oechsle, Mechtild (1996). Lebensplanung junger Frauen. Zur widersprüchlichen Modernisierung weiblicher Lebensläufe. Weinheim: Deutscher Studien Verlag.

Geldermann, Brigitte (2007). Nicht alle gleich behandeln! Personalentwicklung für ältere Mitarbeiterinnen und Mitarbeiter. In: Herbert Loebe und Eckart Severing (Hrsg.), Demografischer Wandel und Weiterbildung. Strategien einer alterssensiblen Personalpolitik (S. 27–38). Bielefeld: W. Bertelsmann Verlag.

Giddens, Anthony (1995). Die Konstitution der Gesellschaft. Grundzüge einer Theorie der Strukturierung. 2. durchgesehene Auflage. Frankfurt/Main, New York: Campus.

Giesecke, Hermann (2005). „Humankapital" als Bildungsziel? Grenzen ökonomischen Denkens für das pädagogische Handeln. *Neue Sammlung. Vierteljahres-Zeitschrift für Erziehung und Gesellschaft*, 45 (3), 377–389.

Gieseke, Wiltrud (2000). Beratung in der Weiterbildung – Ausdifferenzierung der Beratungsbedarfe. *REPORT. Literatur- und Forschungsreport Weiterbildung*. Heft 46, 10–17.

Gildemeister, Regine (2008). Was wird aus der Geschlechterdifferenz im Alter? Über die Angleichung von Lebensformen und das Ringen um biografische Kontinuität. In: Sylvia Buchen & Maja S. Maier (Hrsg.), Älterwerden neu denken. Interdisziplinäre Perspektiven auf den demografischen Wandel (S. 197–215). Wiesbaden: VS Verlag für Sozialwissenschaften.

Gildemeister, Regine & Robert, Günther (2008). Geschlechterdifferenzierungen in lebenszeitlicher Perspektive. Interaktion – Institution – Biografie. Wiesbaden: VS Verlag für Sozialwissenschaften.

Glaser, Barney G. & Strauss, Anselm L. (1967). The Discovery of Grounded Theory. Strategies for Qualitative Research. New York: Aldine de Gruyter.

Gläser-Zikuda, Michaela (2013). Qualitative Inhaltsanalyse in der Bildungsforschung – Beispiele aus diversen Studien. In: Karin Aguado, Lena Heine, und Karen Schramm (Hrsg.), Introspektive Verfahren und qualitative Inhaltsanalyse in der Fremdsprachenforschung (S. 136–159). Frankfurt/Main: Lang.

Göckler, Rainer (2010). Beratung im Sanktionskontext. In: Gerd Bender & Bernd-Joachim Ertelt (Hrsg.), Forschungsprojekte, Forschungskonzepte, Entwicklungsarbeiten – Werkstattberichte aus der HdBA. Festschrift zur Verabschiedung des Rektors Prof. Dr. Bernd Reissert und des Gründungssenates der Hochschule der Bundesagentur für Arbeit (S. 127–143). HdBA-Bericht Nr. 03. Mannheim und Schwerin: Hochschule der Bundesagentur für Arbeit.

Gottschall, Karin (2010). Arbeit, Beschäftigung und Arbeitsmarkt aus der Genderperspektive. In: Fritz Böhle, G. Günter Voß & Günther Wachtler (Hrsg.), Handbuch Arbeitssoziologie (S. 671–698). Wiesbaden: VS Verlag für Sozialwissenschaften.

Grabka, Markus M. & Frick, Joachim R. (2010). Weiterhin hohes Armutsrisiko in Deutschland: Kinder und junge Erwachsene sind besonders betroffen. Deutsches Institut für Wirtschaftsforschung. *DIW-Wochenbericht*, 77 (7), 2.

Griese, Hartmut M. (2009). Sozialisationstheorie und Erwachsenenbildung. In: Rudolf Tippelt & Aiga von Hippel (Hrsg.), Handbuch Erwachsenenbildung/Weiterbildung (S. 89–102). 3. überarbeitete und erweiterte Auflage. Wiesbaden: VS Verlag für Sozialwissenschaften.

Grozdanovic, Marco (2007). Wettbewerbsorientierung von Unternehmen. Konzeption, Einflussfaktoren und Erfolgsauswirkungen. Wiesbaden: Deutscher Universitäts-Verlag/GWV Fachverlage.

Grünheid, Evelyn & Sulak, Harun (2016). Bevölkerungsentwicklung 2016. Daten, Fakten, Trends zum demografischen Wandel. Hrsg. vom Bundesinstitut für Bevölkerungsforschung. Wiesbaden: Bundesinstitut für Bevölkerungsforschung.

Guggemos, Peter (1989). Bewältigung der Arbeitslosigkeit. Eine qualitative Studie in Liverpool und Augsburg. Weinheim: Deutscher Studien Verlag.

Hacker, Winfried (Hrsg.) (1996). Erwerbsarbeit der Zukunft – auch für „Ältere"? Zürich: vdf Hochschulverlag AG an der ETH Zürich und Stuttgart: Teubner.

Hacket, Anne, Janowicz, Cedric & Kühnlein, Irene (2004). Erwerbsarbeit, bürgerschaftliches Engagement und Eigenarbeit. In: Ulrich Beck & Christoph Lau (Hrsg.). Entgrenzung und Entscheidung (S. 281–306). Frankfurt am Main: Suhrkamp.

Hall, Anja (2010). Wechsel des erlernten Berufs. Theoretische Relevanz, Messprobleme und Einkommenseffekte. *Zeitschrift für Berufs- und Wirtschaftspädagogik*, Beiheft 24, 157–173.

Hall, Anja, Jansen, Rolf & Ulrich, Joachim Gerd (2004). Berufliche Diskontinuitäten bei Erwerbstätigen. Ergebnisse der BIBB/IAB-Erhebungen. In: Friederike Behringer, Axel Bolder, Rosemarie Klein, Gerhard Reutter & Andreas Seiverth (Hrsg.), Diskontinuierliche Erwerbsbiographien. Zur gesellschaftlichen Konstruktion und Bearbeitung eines normalen Phänomens (S. 94–105). Baltmannsweiler: Schneider Verlag Hohengehren.

Hans-Böckler-Stiftung (Hrsg.) (2002). Mitarbeiterzufriedenheit. Abschlussbericht. Fachausschuss 2/99 der Engeren Mitarbeiter der Arbeitsdirektoren Stahl. Arbeitspapier 54. Düsseldorf: Hans-Böckler-Stiftung.

Hans-Böckler-Stiftung (Hrsg.) (2006). Die „Hartz-Reform" und ihre Folgen. Forschungsimpulse für eine innovative und sozial gerechte Arbeitsmarktpolitik. Düsseldorf: Hans-Böckler-Stiftung.

Hartl, Michaela, Kieser, Heiko, Ott, Jörg, Pokorny, Matthias, Urschler, Urike & Walter, Volker (1998). Soziale Beziehungen und Personalauswahl: eine empirische Studie über den Einfluß des kulturellen und sozialen Kapitals auf die Personalrekrutierung. München: Hampp.

Hartmann, Michael (2009). Methodenbericht. Umfassende Arbeitsmarktstatistik: Arbeitslosigkeit und Unterbeschäftigung. Hrsg. von der Bundesagentur für Arbeit. Nürnberg: Bundesagentur für Arbeit.

Hartmann, Michael (2011). Methodenbericht. Weiterentwicklung des Messkonzepts der Unterbeschäftigung. Hrsg. von der Bundesagentur für Arbeit. Nürnberg: Bundesagentur für Arbeit.

Hausmann, Ann-Christin & Kleinert, Corinna (2014). Berufliche Segregation auf dem Arbeitsmarkt Männer- und Frauendomänen kaum verändert. Institut für Arbeitsmarkt- und Berufsforschung (IAB). IAB-Kurzbericht 9/2014. Nürnberg: IAB.

Heinz, Walter R., Kelle, Udo, Witzel, Andreas & Zinn, Jens (1998). Vocational Training and Career Development in Germany: Results from a Longitudinal Study. *International Journal of Behavioral Development*, 22 (1), 77–101.

Helfferich, Cornelia (2010). Qualität qualitativer Daten. Manual für die Durchführung qualitativer Interviews. 4. Auflage. Wiesbaden: VS Verlag für Sozialwissenschaften.

Helling, Vera (1996). Bausteine berufsbiographischer Sozialisation. *BIOS. Zeitschrift für Biographieforschung und Oral History*, 9 (1), 74–92.

Hendrich, Wolfgang (2003). Implizites Wissen für erwerbsbiographische Gestaltungskompetenz. Unveröffentlichte Habilitationsschrift. Flensburg: Universität Flensburg.

Hendrich, Wolfgang (2004). Beschäftigungsfähigkeit oder Berufsbiographische Gestaltungskompetenz (redigiert von Axel Bolder). In: Friederike Behringer, Axel Bolder, Rosemarie Klein, Gerhard Reutter & Andreas Seiverth (Hrsg.), Diskontinuierliche Erwerbsbiographien. Zur gesellschaftlichen Konstruktion und Bearbeitung eines normalen Phänomens (S. 260–270). Baltmannsweiler: Schneider Verlag Hohengehren.

Hendrich, Wolfgang (2009). Heimliche Schlüsselkompetenzen und berufliche Flexibilität – Impulse für ein anderes Lernen in der beruflichen Weiterbildung (redigiert von Axel Bolder). In: Axel Bolder & Rolf Dobischat (Hrsg.), Eigen-Sinn und Widerstand. Kritische Beiträge zum Kompetenzentwicklungsdiskurs (S. 229–242). Wiesbaden: VS Verlag für Sozialwissenschaften.

Herzberg, Frederick, Mausner, Bernard & Snyderman, Barbara Bloch (1959). The Motivation to Work. Wiley: New York.

Heyer, Gerd, Koch, Susanne, Stephan, Gesine & Wolff, Joachim (2012). Evaluation der aktiven Arbeitsmarktpolitik: Ein Sachstandsbericht für die Instrumentenreform 2011. *Journal for Labour Market Research*, 45 (1), 41–62.

Hielscher, Volker & Ochs, Peter (2009). Arbeitslose als Kunden? Beratungsgespräche in der Arbeitsvermittlung zwischen Druck und Dialog, Berlin: Edition Sigma.

Hilpert, Markus (2000). Innovationsregionen: Vorboten zukünftiger Arbeitsmärkte. In: ISF, INIFES, IfS, SOFI und IAB (Hrsg.), Jahrbuch sozialwissenschaftliche Technikberichterstattung 2000. Schwerpunkt: Innovation und Arbeit (S. 193–252). Berlin: Edition Sigma.

Hinz, Thomas & Abraham, Martin (2008). Theorien des Arbeitsmarktes: Ein Überblick. In: Martin Abraham & Thomas Hinz (Hrsg.), Arbeitsmarktsoziologie. Probleme, Theorien, empirische Befunde (S. 17–68). Wiesbaden: VS Verlag für Sozialwissenschaften.

Hirseland, Andreas, Ramos Lobato, Philipp & Ritter, Tobias (2012). Soziale Teilhabe durch geförderte Beschäftigung? Das Beispiel des Beschäftigungszuschusses. *WSI-Mitteilungen*, 65 (2), 94–102.

Hitzler, Ronald & Honer, Anne (1994). Bastelexistenz: über subjektive Konsequenzen der Individualisierung. In: Ulrich Beck und Elisabeth Beck-Gernsheim (Hrsg.), Riskante Freiheiten: Individualisierung in modernen Gesellschaften (S. 307–315). Frankfurt/Main: Suhrkamp.

Hoerning, Erika M. (1990). Biographieforschung. Eine Zwischenbilanz in der deutschen Soziologie. Werkstattberichte des Forschungsschwerpunkts Arbeit und Bildung 13. Bremen: Universität Bremen.

Hoerning, Erika M. (1991). Soziologische Dimensionen der Biographieforschung. In: Erika M. Hoerning, Theodor Schulze, Winfried Marotzki & Hans Tietgens, Biographieforschung und Erwachsenenbildung (S. 11–134). Bad Heilbrunn/Obb.: Verlag Julius Klinkhardt.

Hof, Christiane (2009). Lebenslanges Lernen. Eine Einführung. Stuttgart: Kohlhammer.

Hofemann, Klaus & Schmitt, Renate (1980). Arbeitsmarktsegmentation – die Karriere eines Konzeptes. Wirtschafts- und Sozialwissenschaftliches Institut des Deutschen Gewerkschaftsbundes. *WSI-Mitteilungen*, 33 (1), 33–43.

Hofer, Harald (2009). Handlung und Legitimation im Zuge reflexiver Modernisierung. In: Fritz Böhle & Margit Weihrich (Hrsg.), Handeln unter Unsicherheit (S. 139–147). Wiesbaden: VW Verlag für Sozialwissenschaften.

Hoffmann, Edeltraut & Walwei, Ulrich (1998). Normalarbeitsverhältnis: ein Auslaufmodell? Überlegungen zu einem Erklärungsmodell für den Wandel der Beschäftigungsformen. *Mitteilungen aus der Arbeitsmarkt- und Berufsforschung*, 31 (3), 409–425.

Hoffmann-Riem, Christa (1980). Die Sozialforschung einer interpretativen Soziologie. *Kölner Zeitschrift für Soziologie und Sozialpsychologie*, 32 (2), 339–372.

Hohmeier, Jürgen & Pohl, Hans-Joachim (1978). Alter als Stigma oder Wie man alt gemacht wird. Frankfurt/Main: Suhrkamp.

Holzer, Daniela (2017). Weiterbildungswiderstand. Eine kritische Theorie der Verweigerung. Bielefeld: Transcript Verlag.

Hopf, Christel (2004a). Forschungsethik und qualitative Forschung. In: Uwe Flick, Ernst von Kardorff & Ines Steinke (Hrsg.), Qualitative Forschung. Ein Handbuch (S. 589–600). Reinbek bei Hamburg: Rowohlt.

Hopf, Christel (2004b). Qualitative Interviews – ein Überblick. In: Uwe Flick, Ernst von Kardorff und Ines Steinke (Hrsg.), Qualitative Forschung. Ein Handbuch (S. 349–360). Reinbek bei Hamburg: Rowohlt.

Horlebein, Manfred (2009). Wissenschaftstheorie. Grundlagen und Paradigmen der Berufs- und Wirtschaftspädagogik. Baltmannsweiler: Schneider Verlag Hohengehren.

Hübler, Olaf & Walter, Thomas (2008). Beschäftigungsstabilität im Konjunkturzyklen – Eine empirische Analyse mit Individualdaten für Westdeutschland 1984–2005. Discussion Paper No. 08-103. Mannheim: Zentrum für Europäische Wirtschaftsforschung.

Hülst, Dirk (2010). Grounded Theory. In: Barbara Friebertshäuser, Antje Langer & Annedore Prengel (Hrsg.), Handbuch Qualitative Forschungsmethoden in der Erziehungswissenschaft (S. 281–300). 3. vollständig überarbeitete Auflage. Weinheim und München: Juventa.

Husemann, Rudolf (2017). Einige Bemerkungen zur Diskussion um Inklusion und Exklusion in soziologischer Sicht. In: Magdalena Gercke, Saskia Opalinski & Tim Thonagel (Hrsg.), Inklusive Bildung und gesellschaftliche Exklusion. Zusammenhänge – Widersprüche – Konsequenzen (S. 61–85). Wiesbaden: Springer VS.

Husemann, Rudolf, Kattein, Martina & Vonken, Matthias (2007). Leitfäden zur alternsgerechten Personalentwicklung und Qualifizierung. Handlungshilfen für Betriebsleitungen klein- und mittelständischer Unternehmen, Arbeitnehmerinnen und Arbeitnehmer sowie Bildungsträger. Norderstedt: Books on Demand.

Husemann, Rudolf, Kattein, Martina & Vogler, Kerstin (2011). Weiterbildungseinrichtungen im demografischen Wandel in Thüringen. Überlegungen zum didaktischen Handeln und zu geschäftspolitischen Entwicklungsmöglichkeiten. Unter Mitarbeit von Julia Hellmuth. Ilmenau: ISLE.

Ilmarinen, Juhani & Rantanen, Jorma (1999). Promotion of Work Ability During Ageing. *American Journal of Industrial Medicine*, 36, Supplement 1, 21–23.

Initiative Neue Qualität der Arbeit (INQA) (Hrsg.) (2005). Demographischer Wandel und Beschäftigung. Plädoyer für neue Unternehmensstrategien – Memorandum. Dortmund: INQA.

Initiative Neue Qualität der Arbeit (INQA) (Hrsg.) (2008). Mit Erfahrung die Zukunft meistern! Altern und Ältere in der Arbeitswelt. 4. Auflage. Dortmund: Bundesanstalt für Arbeitsschutz und Arbeitsmedizin.

Jahoda, Marie, Lazarsfeld, Paul F. & Zeisel, Hans (1975). Die Arbeitslosen von Marienthal – ein soziographischer Versuch über die Wirkungen langandauernder Arbeitslosigkeit. Nachdruck (Erstdruck 1933 im Verlag S. Hirzel, Leipzig). Frankfurt/Main: Surhkamp.

Jakob, Gisela (2010). Biographische Forschung mit dem narrativen Interview. In: Barbara Friebertshäuser, Antje Langer & Annedore Prengel (Hrsg.), Handbuch Qualitative Forschungsmethoden in der Erziehungswissenschaft (S. 219–233). 3. vollständig überarbeitete Auflage. Weinheim und München: Juventa.

Joas, Hans (1995). Einführung. Eine soziologische Transformation der Praxisphilosophie – Giddens' Theorie der Strukturierung. In: Anthony Giddens, Die Konstitution der Gesellschaft. Grundzüge einer Theorie der Strukturierung. 2. durchgesehene Auflage. Frankfurt/Main/ New York: Campus.

Jordan, Perry (1996). Lebensarbeitsspannengerechte Arbeitsgestaltung. Gestaltungserfordernisse aus betrieblichen Fallstudien. In: Winfried Hacker (Hrsg.), Erwerbsarbeit der Zukunft – auch für „Ältere“? (S. 59–84). Zürich: vdf Hochschulverlag AG an der ETH Zürich und Stuttgart: Teubner.

Jüttemann, Gerd (Hrsg.) (1990). Komparative Kasuistik. Heidelberg: Roland Asanger Verlag.

Kade, Jochen (2001). Risikogesellschaft und riskante Biographien. In: Jürgen Wittpoth (Hrsg.), Erwachsenenbildung und Zeitdiagnose (S. 9–38). Bielefeld: W. Bertelsmann Verlag.

Kade, Sylvia (2009). Altern und Bildung. Eine Einführung. 2. aktualisierte und überarbeitete Auflage. Bielefeld: W. Bertelsmann Verlag.

Kalter, Frank (2008). Ethnische Ungleichheit auf dem Arbeitsmarkt. In: Martin Abraham & Thomas Hinz (Hrsg.), Arbeitsmarktsoziologie. Probleme, Theorien, empirische Befunde (S. 303–332). Wiesbaden: VS Verlag für Sozialwissenschaften.

Kattein, Martina (1994). Frauenerwerbstätigkeit in der EG. Perspektiven für die 90er Jahre. Frankfurt/Main, New York: Campus.

Kattein, Martina (2002). Geringfügige Beschäftigung und die Gesetzesreform – Ambivalenz zwischen Förderung und Eindämmung einer prekären Beschäftigungsform. In: Veronika Hammer und Ronald Lutz (Hrsg.),

Weibliche Lebenslagen und soziale Benachteiligung (S. 315–340). Frankfurt/Main, New York: Campus.

Kattein, Martina (2013). Arbeitsmarktmobilität älterer Erwerbspersonen. Fallanalyse einer gelungenen beruflichen Reintegration. In: Martina Kattein & Matthias Vonken (Hrsg.), Zeitbetrachtungen. Bildung – Arbeit – Biografie. Festschrift für Rudolf Husemann (S. 219–231). Frankfurt/Main: Peter Lang.

Kelle, Udo & Kluge, Susann (2010). Vom Einzelfall zum Typus. Fallvergleich und Fallkontrastierung in der qualitativen Sozialforschung. 2. überarbeitete Auflage. Wiesbaden: VS Verlag für Sozialwissenschaften, Springer Fachmedien.

Kelle, Udo, Kluge, Susann & Prein, Gerald (1993). Strategien der Geltungssicherung in der qualitativen Sozialforschung. Zur Validitätsproblematik im interpretativen Paradigma. Arbeitspapier Nr. 24. Hrsg. vom Vorstand des SFB 186. Bremen: Universität Bremen.

Kemper, Marita & Klein, Rosemarie (1998). Lernberatung. Gestaltung von Lernprozessen in der beruflichen Weiterbildung. Baltmannsweiler: Schneider Verlag Hohengehren.

Kirchler, Erich (1993). Arbeitslosigkeit. Psychologische Skizzen über ein anhaltendes Problem. Göttingen, Bern, Toronto, Seattle: Hogrefe.

Kistler, Ernst, Trischler, Falko & Bäcker, Gerhard (2009). Rente mit 67 – für viele Beschäftigte unerreichbar! Dritter Monitoring-Bericht des Netzwerks für eine gerechte Rente. Hrsg. vom Deutschen Gewerkschaftsbund (DGB) et al. Berlin: DGB.

Klatt, Rüdiger & Nölle, Kerstin (2006). „Können Jobnomaden mehr?" Kompetenzprofile von Beschäftigten mit diskontinuierlichen Erwerbsverläufen – Ergebnisse einer Onlinebefragung von Beschäftigten in der Medien-/IT-Wirtschaft. In: Hartmut Neuendorff & Bernd Ott (Hrsg.), Neue Erwerbsbiografien und berufsbiografische Diskontinuität Identitäts- und Kompetenzentwicklung in entgrenzten Arbeitsformen (S. 134–161). Baltmannsweiler: Schneider Verlag Hohengehren.

Kleemann, Frank & Voß, G. Günter (2010). Arbeit und Subjekt. In: Fritz Böhle, G. Günter Voß & Günther Wachtler (Hrsg.), Handbuch Arbeitssoziologie (S. 415–450). Wiesbaden: VS Verlag für Sozialwissenschaften.

Klein, Rosemarie & Reutter, Gerhard (2010). Verstetigung der Lebenslaufperspektive von Langzeitarbeitlosen durch arbeitsmarktorientierte Weiterbildungspolitik? In: Axel Bolder, Rudolf Epping, Rosemarie Klein, Gerhard Reutter & Andreas Seiverth (Hrsg.), Neue Lebenslaufregimes – neue Konzepte der Bildung Erwachsener? (S. 341–365). Wiesbaden: VS Verlag für Sozialwissenschaften, GWV Fachverlage.

Knuth, Matthias, Niewerth, Claudia, Stegmann, Tim et al. (2012). Evaluation der Zweiten Phase des Bundesprogramms „Perspektive 50plus – Beschäftigungspakte für Ältere in den Regionen" (2008–2010). Abschlussbericht. Hauptband. Institut Arbeit und Qualifikation (IAQ) der Universität Duisburg-Essen. Duisburg: IAQ.

Köchling, Annegret (2004). Leitfaden zur Selbstanalyse altersstruktureller Probleme in Unternehmen. 2. Auflage. Gesellschaft für Arbeitsschutz und Humanisierungsforschung mbH Volkholz und Partner. Dortmund: GfAH Selbstverlag.

Köchling, Annegret, Weber, Ulrike, Reindl, Josef, Weber, Birgit & Packebusch, Lutz (2010). Demografischer Wandel – (k)ein Problem! Werkzeuge für Praktiker – von Betrieben für Betriebe. Hrsg. vom Bundesministerium für Bildung und Forschung (BMBF). Bonn: BMBF.

Köhler, Christoph & Krause, Alexandra (2010). Betriebliche Beschäftigungspolitik. In: Fritz Böhle, G. Günter Voß & Günther Wachtler (Hrsg.), Handbuch Arbeitssoziologie (S. 387–412). Wiesbaden: VS Verlag für Sozialwissenschaften.

Kohli, Martin (1985). Die Institutionalisierung des Lebenslaufs. Historische Befunde und theoretische Argumente. *Kölner Zeitschrift für Soziologie und Sozialpsychologie*, 37 (1), 1–29.

Kohli, Martin (1988). Normalbiographie und Individualität: Zur institutionellen Dynamik des gegenwärtigen Lebenslaufregimes. In: Hanns-Georg Brose & Bruno Hildenbrand (Hrsg.), Vom Ende des Individuums zur Individualität ohne Ende (S. 33–53). Opladen: Leske und Budrich.

Kommission für Zukunftsfragen der Freistaaten Bayern und Sachsen (1996). Erwerbstätigkeit und Arbeitslosigkeit in Deutschland. Entwicklung, Ursachen und Maßnahmen. Teil 1: Entwicklung von Erwerbstätigkeit und Arbeitslosigkeit in Deutschland und anderen frühindustrialisierten Ländern. Bonn.

Kommission für Zukunftsfragen der Freistaaten Bayern und Sachsen (1997). Erwerbstätigkeit und Arbeitslosigkeit in Deutschland. Entwicklung, Ursachen und Maßnahmen. Leitsätze, Zusammenfassung und Schlußfolgerungen der Teile I, II, und III des Kommissionsberichts. Bonn.

König, Eckard & Zedler, Peter (2002). Theorien der Erziehungswissenschaft. Einführung in Grundlagen, Methoden und praktische Konsequenzen. 2. überarbeitete Auflage. Weinheim, Basel: Beltz Verlag.

Konle-Seidl, Regina (2009). Erfassung von Arbeitslosigkeit im internationalen Vergleich. Notwendige Anpassung oder unzulässige Tricks? Institut für Arbeitsmarkt- und Berufsforschung (IAB). IAB-Kurzbericht 4/2009. Bielefeld: W. Bertelsmann Verlag.

Körner, Thomas, Puch, Katharina, Frank, Thomas & Meinke, Holger (2011). Geringfügige Beschäftigung in Mikrozensus und Beschäftigungsstatistik. In: Statistisches Bundesamt (Hrsg.), Wirtschaft und Statistik. November 2011 (S. 1065–1085). Wiesbaden: Statistisches Bundesamt.

Kraimer, Klaus (2002). Einzelfallstudien. In: Eckard König & Peter Zedler (Hrsg.), Qualitative Forschung. Grundlagen und Methoden (S. 213–232). 2. völlig überabeitete Auflage. Weinheim und Basel: Beltz.

Krauss-Hoffmann, Peter, Molnár, Doreen & Sochert, Reinhold (2014). Gesunde Mitarbeiter – gesundes Unternehmen. Eine Handlungshilfe für das Betriebliche Gesundheitsmanagement. Hrsg. von der Geschäftsstelle der Initiative Neue Qualität der Arbeit (INQA). Berlin: INQA.

Kreyenfeld, Michaela (2006). Der Einfluss der ‚Wende' auf bildungsspezifische Fertilitätsunterschiede in Ostdeutschland. Max-Planck-Institut für demografische Forschung. MPIDR Working Paper WP 2006-025. Rostock: Max-Planck-Institut für demografische Forschung

Kreyenfeld, Michaela & Geisler, Esther (2006). Müttererwerbstätigkeit in Ost- und Westdeutschland. *Zeitschrift für Familienforschung*, 18 (3), 333–360.

Kronauer, Martin (2010). Inklusion – Exklusion. Eine historische und begriffliche Annäherung an die soziale Frage der Gegenwart. In: Martin Kronauer (Hrsg.), Inklusion und Weiterbildung. Reflexionen zur gesellschaftlichen Teilhabe in der Gegenwart (S. 24–58). Bielefeld: W. Bertelsmann Verlag.

Kronauer, Martin & Linne, Gudrun (Hrsg.) (2007). Flexicurity. Die Suche nach Sicherheit in der Flexibilität. Berlin: Edition Sigma.

Krüger, Heinz-Hermann (1996). Bilanz und Zukunft der erziehungswissenschaftlichen Biographieforschung. In: Heinz-Hermann Krüger & Winfried Marotzki (Hrsg.), Erziehungswissenschaftliche Biographieforschung (S. 32–54). 2. Auflage. Opladen: Leske und Budrich.

Krüger, Heinz-Hermann & Marotzki, Winfried (Hrsg.) (2006). Handbuch erziehungswissenschaftliche Biographieforschung. 2. überarbeitete und aktualisierte Auflage. Opladen: Leske und Budrich.

Krüger, Helga (2010). Lebenslauf: Dynamiken zwischen Biografie und Geschlechterverhältnis. In: Ruth Becker & Beate Kortendiek (Hrsg.), Handbuch Frauen- und Geschlechterforschung. Theorie, Methoden, Empirie (S. 219–227). 3. erweiterte und durchgesehene Auflage. Wiesbaden: VS Verlag für Sozialwissenschaften.

Kruse, Andreas (2000). Psychologische Beiträge zur Leistungsfähigkeit im mittleren und höheren Erwachsenenalter – eine ressourcenorientierte Perspektive. In: Christoph von Rothkirch (Hrsg.), Altern und

Arbeit: Herausforderung für Wirtschaft und Gesellschaft (S. 72–87). Berlin: Edition Sigma.

Kruse, Andreas & Rudinger, Georg (1997). Lernen und Leistung im Erwachsenenalter. In: Franz E. Weinert & Heinz Mandl (Hrsg.), Psychologie der Erwachsenenbildung (S. 45–85). Göttingen, Bern, Toronto, Seattle: Hogrefe.

Kuckartz, Udo, Dresing, Thorsten, Rädiker, Stefan & Stefer, Claus (2008). Qualitative Evaluation. Der Einstieg in die Praxis. 2. aktualisierte Auflage. Wiesbaden: VS Verlag für Sozialwissenschaften.

Kuiper, Edith (2010). Ökonomie: Feministische Kritik mikro- und makroökonomischer Theorien und Entwurf alternativer Ansätze. In: Ruth Becker & Beate Kortendiek (Hrsg.), Handbuch Frauen- und Geschlechterforschung. Theorie, Methoden, Empirie (S. 591–600). 3., erweiterte und durchgesehene Auflage. Wiesbaden: VS Verlag für Sozialwissenschaften.

Lamnek, Siegfried (2010). Qualitative Sozialforschung. Lehrbuch. Unter Mitarbeit von Claudia Krell. 5. überarbeitete Auflage. Weinheim: Beltz Verlag.

Langfeldt, Bettina (2009). Subjektorientierung in der Arbeits- und Industriesoziologie. Theorien, Methoden und Instrumente zur Erfassung von Arbeit und Subjektivität. Wiesbaden: VS Verlag für Sozialwissenschaften/GWV Fachverlage.

Legewie, Heiner (1987). Interpretation und Validierung biographischer Interviews (S. 138–150). In: Gerd Jüttemann und Hans Thomae (Hrsg.), Biographie und Psychologie. Berlin: Springer.

Lehr, Ursula (2005). Heute gejagt – morgen gefragt? Gegenrede: Ältere Arbeitnehmer im sich wandelnden Arbeitsmarkt. *Weiterbildung. Zeitschrift für Grundlagen, Praxis und Trends*, 16 (3), 20–23.

Lehr, Ursula (2007). Psychologie des Alterns. 11. korrigierte Auflage. Wiebelsheim: Quelle und Meyer.

Leisering, Lutz, Müller, Rainer & Schumann, Karl F. (Hrsg.) (2001). Institutionen und Lebensläufe im Wandel. Institutionelle Regulierungen von Lebensläufen. Weinheim und München: Juventa.

Lenz, Ilse (2010). Intersektionalität: Zum Wechselverhältnis von Geschlecht und sozialer Ungleichheit. In: Ruth Becker & Beate Kortendiek (Hrsg.), Handbuch Frauen- und Geschlechterforschung. Theorie, Methoden, Empirie (S. 158–165). 3. erweiterte und durchgesehene Auflage. Wiesbaden: VS Verlag für Sozialwissenschaften.

Lerch, Sebastian (2013). Selbstkompetenz – eine neue Kategorie zur eigens gesollten Optimierung? Theoretische Analyse und empirische Befunde. *Report. Zeitschrift für Weiterbildungsforschung*, 36 (1), 25–34.

Leßmann, Ortrud (2007). Konzeption und Erfassung von Armut. Vergleich des Lebenslage-Ansatzes mit Sens „Capability"-Ansatz. Berlin: Duncker & Humblot.

Leuschner, Hans & Reuther, Ursula (1999). Lernen am Arbeitsplatz – neue Lernkulturen. *REPORT. Literatur- und Forschungsreport Weiterbildung*. Heft 44, 77–95.

Ludwig, Joachim (2015). Beratung vom Subjektstandpunkt. In: Martin Allespach und Josef Held (Hrsg.), Handbuch Subjektwissenschaft. Ein emanzipatorischer Ansatz in Forschung und Praxis (S. 293–313). Frankfurt/ Main: Bund-Verlag.

Ludwig-Mayerhofer, Wolfgang (2008). Arbeitslosigkeit. In: Martin Abraham & Thomas Hinz (Hrsg.), Arbeitsmarktsoziologie. Probleme, Theorien, empirische Befunde (S. 199–239). Wiesbaden: VS Verlag für Sozialwissenschaften.

Maier, Friederike (2012). Ist Vollbeschäftigung für Männer und Frauen möglich? *Aus Politik und Zeitgeschichte. Beilage zur Wochenzeitung Das Parlament*, Heft 14–15, 45–52.

Marotzki, Winfried (2004). Qualitative Biographieforschung. In: Uwe Flick, Ernst von Kardorff & Ines Steinke (Hrsg.), Qualitative Forschung. Ein Handbuch (S. 175–186). Reinbek bei Hamburg: Rowohlt.

Marotzki, Winfried (2006). Forschungsmethoden und -methodologie der Erziehungswissenschaftlichen Biographieforschung. In: Heinz-Hermann Krüger & Winfried Marotzki (Hrsg.), Handbuch erziehungswissenschaftliche Biographieforschung (S. 111–135). 2. überarbeitete und aktualisierte Auflage. Wiesbaden: VS Verlag für Sozialwissenschaften, GWV Fachverlage.

Marrs, Kira (2010). Herrschaft und Kontrolle in der Arbeit. In: Fritz Böhle, G. Günter Voß & Günther Wachtler (Hrsg.), Handbuch Arbeitssoziologie (S. 331–356). Wiesbaden: VS Verlag für Sozialwissenschaften.

Matiaske, Wenzel & Mellewigt, Thomas (2001). Arbeitszufriedenheit: Quo vadis? Eine Längsschnitt-Untersuchung zu Determinanten und zur Dynamik von Arbeitszufriedenheit. *Die Betriebswirtschaft*, 61 (1), 7–24.

Mayer, Karl-Ulrich (1987). Lebenslaufforschung. In: Wolfgang Voges (Hrsg.), Methoden der Biographie und Lebenslaufforschung (S. 51–73). Opladen: Leske und Budrich.

Mayring, Philipp (2002). Einführung in die Qualitative Sozialforschung. Eine Anleitung zu qualitativem Denken. 5. Auflage. Weinheim, Basel: Beltz Verlag.

Mertel, Barbara (2006). Arbeitszufriedenheit – Eine empirische Studie zu Diagnose, Erfassung und Modifikation in einem führenden Unternehmen des Automotives. Dissertation. Bamberg: Otto-Friedrich-Universität Bamberg.

Mertens, Dieter (1974). Schlüsselqualifikationen. Thesen zur Schulung für eine moderne Gesellschaft. *Mitteilungen aus der Arbeitsmarkt- und Berufsforschung (MittAB)*, 7. Jg., 36–43.

Meueler, Erhard (1994). Didaktik der Erwachsenenbildung/Weiterbildung als offenes Projekt. In: Rudolf Tippelt (Hrsg.), Handbuch Erwachsenenbildung/Weiterbildung (S. 615–628). Opladen: Leske + Budrich.

Miebach, Bernhard (2006). Soziologische Handlungstheorie. Eine Einführung. 2., grundlegend überarbeitete und aktualisierte Auflage. Wiesbaden: VS Verlag für Sozialwissenschaften.

Miethe, Ingrid (2010). Forschungsethik. In: Barbara Friebertshäuser, Antje Langer & Annedore Prengel (Hrsg.), Handbuch Qualitative Forschungsmethoden in der Erziehungswissenschaft (S. 927–937). 3. vollständig überarbeitete Auflage. Weinheim und München: Juventa.

Misoch, Sabina (2015). Qualitative Interviews. Berlin, München, Boston: de Gruyter.

Moertel, Julia & Rebien, Martina (2013). Wie Langzeitarbeitslose bei den Betrieben ankommen. Hrsg. vom Institut für Arbeitsmarkt- und Berufsforschung (IAB). IAB-Kurzbericht 9/2013. Nürnberg: IAB.

Moldaschl, Manfred & Voß, G. Günter (Hrsg.) (2003). Subjektivierung von Arbeit. 2. Auflage. München und Mering: Rainer Hampp Verlag.

Mollenkopf, Claus (2003). Ganzheitliches Betriebliches Gesundheitsmanagement System (GABEGS). Hrsg. vom Bayerischen Staatsministerium für Arbeit und Sozialordnung, Familie und Frauen (StMAS). München: StMAS.

Möller, Carola (1988). Flexibel in die Armut. Empirische Untersuchung und theoretische Verortung ungeschützter Arbeitsverhältnisse. Hamburg: Hamburger Institut für Sozialforschung.

Morschhäuser, Martina (2006). Reife Leistung. Personal- und Qualifizierungspolitik für die künftige Altersstruktur. Berlin: Edition Sigma.

Mückenberger, Ulrich (1985). Die Krise des Normalarbeitsverhältnisses. Hat das Arbeitsrecht noch Zukunft? *Zeitschrift für Sozialreform*. 31 (7 & 8), 415–434 & 457–475.

Mühlenbrock, Inga (2016). Alterns- und altersgerechte Arbeitsgestaltung. Grundlagen und Handlungsfelder für die Praxis. Hrsg. von der Bundesanstalt für Arbeitsschutz und Arbeitsmedizin (BAuA). Dortmund: BAuA.

Mümken, Sarah (2014). Arbeitsbedingungen und Gesundheit älterer Erwerbstätiger. Altersübergangs-Report. Nr. 2014-03. Hrsg. von der Hans-Böckler-Stiftung, dem Forschungsnetzwerk Alterssicherung und dem Institut Arbeit und Qualifikation an der Universität Duisburg-Essen. Düsseldorf, Berlin und Duisburg: HBS, FNA und IAQ.

Munz, Claudia, Rainer, Marlies & Portz-Schmitt, Elisabeth (2005). Berufsbiografie selbst gestalten. Wie sich Kompetenzen für die Berufslaufbahn entwickeln lassen. Bielefeld: W. Bertelsmann Verlag.

Mutz, Gerd, Ludwig-Mayerhofer, Wolfgang, Koenen, Elmar J., Eder, Klaus & Bonß, Wolfgang (1995). Diskontinuierliche Erwerbsverläufe. Analysen zur postindustriellen Arbeitslosigkeit. Opladen: Leske und Budrich.

Naegele, Gerhard (1992). Zwischen Arbeit und Rente. Gesellschaftliche Chancen und Risiken älterer Arbeitnehmer. Augsburg: Maro.

Naegele, Gerhard (2000). Ausblick aus Sicht der Wissenschaft. In: Christoph von Rothkirch (Hrsg.), Altern und Arbeit: Herausforderung für Wirtschaft und Gesellschaft (S. 436–442). Berlin: Edition Sigma.

Nahnsen, Ingeborg (1975). Bemerkungen zum Begriff und zur Geschichte des Arbeitsschutzes. In: Martin Osterland (Hrsg.), Arbeitssituation, Lebenslage und Konfliktpotenzial (S. 145–166). Frankfurt/Main, Köln: Europäische Verlagsanstalt.

Neumann, Peter & Reis, Oliver (2015). Arbeitslosengeld. 9. Auflage. Hrsg. von der Arbeitskammer des Saarlandes. Saarbrücken: Arbeitskammer des Saarlandes.

Nickel, Hildegard Maria (2009). Die „Prekarier" – eine soziologische Kategorie? Anmerkungen aus einer geschlechtersoziologischen Perspektive. In: Robert Castel & Klaus Dörre (Hrsg.), Prekarität, Abstieg, Ausgrenzung. Die soziale Frage am Beginn des 21. Jahrhunderts (S. 209–218). Frankfurt/Main, New York: Campus.

Noll, Heinz-Herbert (1989). Indikatoren des subjektiven Wohlbefindens: Instrumente für die gesellschaftliche Dauerbeobachtung und Sozialberichterstattung? Zentrum für Umfragen, Methoden und Analysen e.V. (ZUMA). *ZUMA-Nachrichten*, Nr. 24. 26–41.

Notz, Gisela (2010). Arbeit: Hausarbeit, Ehrenamt, Erwerbsarbeit. In: Ruth Becker & Beate Kortendiek (Hrsg.), Handbuch Frauen- und Geschlechterforschung. Theorie, Methoden, Empirie (S. 480–488).

3. erweiterte und durchgesehene Auflage. Wiesbaden: VS Verlag für Sozialwissenschaften.

Nübold, Annika & Maier, Günter W. (2012). Führung in Zeiten des demografischen Wandels. In: Sven Grote (Hrsg.), Die Zukunft der Führung (S. 131–151). Berlin, Heidelberg: Springer-Verlag

Nuissl, Ekkehard (1997). Institutionen im lebenslangen Lernen. *REPORT. Literatur- und Forschungsreport Weiterbildung*, Heft 39, 41–49.

Nuissl, Ekkehard, Schiersmann, Christiane & Siebert, Horst (Hrsg.) (2006). Alter und Bildung. *REPORT. Zeitschrift für Weiterbildungsforschung*, Heft 3.

Oschmiansky, Frank, Mauer, Andreas & Schulze Buschoff, Karin (2007). Arbeitsmarktreformen in Deutschland. Zwischen Pfadabhängigkeit und Paradigmenwechsel. *WSI-Mitteilungen*, 60 (6), 291–297.

Oswald, Wolf D. (2000). Psychologische Alter(n)shypothesen. In: Susanne Becker, Ludger Veelken & Klaus Peter Wallraven (Hrsg.), Handbuch Altenbildung. Theorien und Konzepte für Gegenwart und Zukunft (S. 106–117). Opladen: Leske und Budrich.

Pfau-Effinger, Birgit (1990). Erwerbsverlauf und Risiko. Berufliche Stabilität und Instabilität im Generationenvergleich. Weinheim: Deutscher Studien Verlag.

Pfau-Effinger, Birgit (1998). Arbeitsmarkt- und Familiendynamik in Europa – Theoretische Grundlagen der vergleichenden Analyse. In: Birgit Geissler, Friederike Maier & Birgit Pfau-Effinger (Hrsg.), FrauenArbeitsMarkt. Der Beitrag der Frauenforschung zur sozio-ökonomischen Theorieentwicklung (S. 177–194). Berlin: Edition Sigma.

Pfriem, Hanns (1978). Die Grundstruktur der neoklassischen Arbeitsmarkttheorie. In: Werner Sengenberger (Hrsg.), Der gespaltene Arbeitsmarkt. Probleme der Arbeitsmarktsegmentation (S. 43–53). Frankfurt/Main, New York: Campus.

Poferl, Angelika (2009). Orientierung am Subjekt? Eine konzeptionelle Reflexion zur Theorie und Methodologie reflexiver Modernisierung. In: Fritz Böhle & Margit Weihrich (Hrsg.), Handeln unter Unsicherheit (S. 231–263). Wiesbaden: VW Verlag für Sozialwissenschaften.

Pongratz, Hans J. (2004). Die Verunsicherung biographischer Perspektiven. In: Friederike Behringer, Axel Bolder, Rosemarie Klein, Gerhard Reutter & Andreas Seiverth (Hrsg.), Diskontinuierliche Erwerbsbiographien. Zur gesellschaftlichen Konstruktion und Bearbeitung eines normalen Phänomens (S. 27–45). Baltmannsweiler: Schneider Verlag Hohengehren.

Pongratz, Hans J. & Voß, G. Günter (2001). Erwerbstätige als „Arbeitskraftunternehmer". Unternehmer ihrer eigenen Arbeitskraft? *SOWI-Sozialwissenschaftliche Informationen*, 30 (4), 42–52.

Pongratz, Hans J. & Voß, G. Günter (2003). Arbeitskraftunternehmer. Erwerbsorientierungen in entgrenzten Arbeitsformen. Berlin: Edition Sigma.

Projekt „Kompetenzentwicklung in vernetzten Lernstrukturen – Gestaltung arbeitnehmerorientierter Arbeits-, Beratungs- und Weiterbildungskonzepte" (KomNetz) (Hrsg.) (2005). Kompetenzreflektor. Federführend bearbeitet von Julia Gillen und Gerald Proß. Hamburg: Helmut-Schmidt-Universität.

Raithelhuber, Eberhard (2013). Agency und Übergänge. in: Wolfgang Schröer, Barbara Stauber, Andreas Walther, Lothar Bönisch & Karl Lenz (Hrsg.), Handbuch Übergänge (S. 99–140). Weinheim und Basel: Beltz Juventa.

Reinhold, Gerd (Hrsg.) (2000). Soziologie-Lexikon. Eintrag zu „Biographieforschung" erarbeitet von Friedhelm Kröll. München, Wien: R. Oldenbourg Verlag.

Reinhold, Gerd, Pollak, Guido & Heim, Helmut (Hrsg.) (1999). Pädagogik-Lexikon. Eintrag zu „Biographieforschung, erziehungswissenschaftliche" erarbeitet von Wolfgang Ortlepp (S. 101–104). München, Wien: R. Oldenbourg Verlag.

Rhein, Thomas (2016). Arbeiten im Rentenalter: Erwerbstätigkeit 65plus in Europa. Aktuelle Berichte 25/2016. Hrsg. vom Institut für Arbeitsmarkt- und Berufsforschung (IAB). Nürnberg: IAB.

Rheinisch-Westfälisches Institut für Wirtschaftsforschung (RWI) und Institut für Sozialforschung und Gesellschaftspolitik (ISG) (2006). Evaluation der Umsetzung der Vorschläge der Hartz-Kommission – Arbeitspaket 1, Modul 1f: Verbesserung der beschäftigungspolitischen Rahmenbedingungen und Makrowirkungen der aktiven Arbeitsmarktpolitik. Forschungsvorhaben im Auftrag des Bundesministeriums für Arbeit und Soziales. Endbericht. Teil 2: Benchmarking und makroökonomische Analysen. Essen und Köln: RWI und ISG.

Rock, Joachim (2017). Armut im Alter. In: Der Paritätische Gesamtverband, Menschenwürde ist Menschenrecht. Bericht zur Armutsentwicklung in Deutschland 2017 (S. 45–51). Berlin: Der Paritätische Gesamtverband.

Rohrschneider, Uta & Lorenz, Michael (2009). Meine Bewerbung. Von der Stellensuche bis zur perfekten Bewerbungsmappe. Freiburg i.Br.: Rudolf Haufe Verlag.

Rosenmayr, Leopold (1989). Altern und Handeln. Eine Reflexion über die Zugänglichkeit von Freiheit im späteren Leben. In: Ansgar Weymann

(Hrsg.), Handlungsspielräume. Untersuchungen zur Individualisierung von Lebensläufen in der Moderne (S. 151–162). Stuttgart: Ferdinand Enke Verlag.

Rosenmayr, Leopold & Majce, Gerhard (1978). Die soziale Benachteiligung. In: Leopold Rosenmayr & Hilde Rosenmayr unter Mitarbeit von Anton Amann, Josef Hörl & Gerhard Majce, Der alte Mensch in der Gesellschaft (S. 231–260). Reinbek bei Hamburg: Rowohlt.

Rosenow, Joachim & Naschold, Frieder (1994). Die Regulierung von Altersgrenzen. Strategien von Unternehmen und die Politik des Staates. Berlin: Edition Sigma.

Rosenthal, Gabriele (1995). Erlebte und erzählte Lebensgeschichte. Gestalt und Struktur biographischer Selbstbeschreibungen. Frankfurt/Main, New York: Campus.

Rosenthal, Peer, Sommer, Jörg & Matysik, Alexander (2012). Wandel von Reziprozität in der deutschen Arbeitsmarktpolitik. Hrsg. vom Institut Arbeit und Wirtschaft (IAW) der Universität/Arbeitnehmerkammer Bremen. Bremen: IAW.

Rothermund, Klaus & Wentura, Dirk (2007). Altersnormen und Altersstereotype. In: Jochen Brandtstädter & Ulman Lindenberger (Hrsg.), Entwicklungspsychologie der Lebensspanne (S. 540–568). Stuttgart: W. Kohlhammer.

Sachverständigenkommission „5. Altenbericht der Bundesregierung" (2005). Fünfter Bericht zur Lage der älteren Generation in der Bundesrepublik Deutschland. Potenziale des Alters in Wirtschaft und Gesellschaft – Der Beitrag älterer Menschen zum Zusammenhalt der Generationen. Berlin: Deutsches Zentrum für Altersfragen. Geschäftsstelle der Sachverständigenkommission „5. Altenbericht der Bundesregierung".

Sachverständigenkommission „6. Altenbericht der Bundesregierung" (2010). Sechster Bericht zur Lage der älteren Generation in der Bundesrepublik Deutschland. Altersbilder in der Gesellschaft. Berlin: Deutsches Zentrum für Altersfragen. Geschäftsstelle der Sechsten Altenberichtskommission.

Sackmann, Reinhold & Wingens, Matthias (2001). Theoretische Konzepte des Lebenslaufs: Übergang, Sequenz und Verlauf. In: Reinhold Sackmann & Matthias Wingens (Hrsg.), Strukturen des Lebenslaufs. Übergang – Sequenz – Verlauf (S. 17–48). Statuspassagen und Lebenslauf Bd. 1. Weinheim, München: Juventa.

Salman, Yvonne (2009). Bildungseffekte durch Lernen im Arbeitsprozess. Verzahnung von Lern- und Arbeitsprozessen zwischen ökonomischer Verwertbarkeit und individueller Entfaltung am Beispiel des

IT-Weiterbildungssystems. Hrsg. vom Bundesinstitut für Berufsbildung. Bielefeld: W. Bertelsmann Verlag.

Schäffter, Ortfried (2001). Weiterbildung in der Transformationsgesellschaft. Zur Grundlegung einer Theorie der Institutionalisierung. Baltmannsweiler: Schneider Verlag Hohengehren.

Schiersmann, Christiane (2000). Beratung in der Weiterbildung – neue Herausforderungen und Aufgaben. *REPORT. Literatur- und Forschungsreport Weiterbildung*, Heft 46, 18–32.

Schirwitz, Beate (2007). Eine Chronik klassischer Konjunkturzyklen für Deutschland. ifo Institut für Wirtschaftsforschung e.V., Niederlassung Dresden. *ifo Dresden berichtet*, 14 (05), 3–11.

Schlüter, Anne (2008). Biographisches Lernen als Bestandteil des Studiums zur Professionalisierung der Erwachsenenbildung? *REPORT. Zeitschrift für Weiterbildungsforschung*, Heft 4, 33–42.

Schmähl, Winfried (2010). Soziale Sicherung im Lebenslauf – Finanzielle Aspekte in längerfristiger Perspektive am Beispiel der Alterssicherung in Deutschland. In: Gerhard Naegele (Hrsg.), Soziale Lebenslaufpolitik (S. 550–582). Wiesbaden: VS Verlag für Sozialwissenschaften.

Schmid, Günther (2002). Wege in eine neue Vollbeschäftigung. Übergangsarbeitsmärkte und aktivierende Arbeitsmarktpolitik. Frankfurt/Main, New York: Campus.

Schmid, Kurt & Hafner, Helmut (2008). Soft-Skills. Ihre Bedeutung bei der Personalauswahl, -einstellung und -entwicklung. Explorative Studie im Auftrag des Arbeitsmarktservice Österreich. Institut für Bildungsforschung der Wirtschaft. ibw-Schriftenreihe Nr. 140. Wien: ibw.

Schmitz, Jutta (2015). Erwerbstätigkeit im Rentenalter in Deutschland – aktuelle Situation und offene Fragen. Deutsches Zentrum für Altersfragen. *Informationsdienst Altersfragen*, 42 (4), 3–11.

Schrader, Josef (2011). Struktur und Wandel der Weiterbildung. Bielefeld: W. Bertelsmann Verlag.

Schröer, Wolfgang (2013). Entgrenzung, Übergänge, Bewältigung. In: Wolfgang Schröer, Barbara Stauber, Andreas Walther, Lothar Böhnisch & Karl Lenz (Hrsg.), Handbuch Übergänge (S. 64–79). Weinheim, Basel: Beltz Juventa.

Schröer, Wolfgang, Stauber, Barbara, Walther, Andreas, Bönisch, Lothar & Lenz, Karl (Hrsg.) (2013). Handbuch Übergänge. Weinheim und Basel: Beltz Juventa.

Schroeter, Klaus R. (2003). Soziologie des Alterns: Eine Standortbestimmung aus der Theorieperspektive. In: Barbara Orth, Thomas Schwietring &

Johannes Weiß (Hrsg.), Soziologische Forschung: Stand und Perspektiven. Ein Handbuch (S. 49–65). Opladen: Leske und Budrich.

Schulte, Birgit & Zirkler, Susanne (2008). Biographieszenarien Älterer in der zweiten Lebenshälfte. Anforderungen an zielgruppenspezifische Bildungsangebote. *REPORT. Zeitschrift für Weiterbildungsforschung*, Heft 4, 66–75.

Schulze, Theodor (1991). Pädagogische Dimensionen der Biographieforschung. In: Erika M. Hoerning, Theodor Schulze, Winfried Marotzki & Hans Tietgens, Biographieforschung und Erwachsenenbildung (S. 135–181). Bad Heilbrunn/Obb.: Verlag Julius Klinkhardt.

Schulze, Theodor (1996). Erziehungswissenschaftliche Biographieforschung. Anfänge, Fortschritte, Ausblicke. In: Heinz-Hermann Krüger & Winfried Marotzki (Hrsg.), Erziehungswissenschaftliche Biographieforschung (S. 10–31). 2. Auflage. Opladen: Leske und Budrich.

Schulze, Theodor (2006). Biographieforschung in der Erziehungswissenschaft – Gegenstandsbereich und Bedeutung. In: Heinz-Hermann Krüger & Winfried Marotzki (Hrsg.), Handbuch erziehungswissenschaftliche Biographieforschung (S. 35–57). 2. überarbeitete und aktualisierte Auflage. Opladen: Leske und Budrich.

Schüßler, Ingeborg (2000). Deutungslernen. Erwachsenenbildung im Modus der Deutung – Eine explorative Studie zum Deutungslernen in der Erwachsenenbildung. Baltmannsweiler: Schneider Verlag Hohengehren.

Schütz, Alfred (2004/1932). Der sinnhafte Aufbau der sozialen Welt. Eine Einleitung in die verstehende Soziologie. Werkausgabe Band II. Hrsg. von Martin Endreß & Joachim Renn. Konstanz: UVK Verlagsgesellschaft.

Schütz, Alfred & Luckmann, Thomas (1979). Strukturen der Lebenswelt. Bd. 1. Frankfurt/Main: Suhrkamp.

Schütze, Fritz (1984). Kognitive Figuren des autobiographischen Stegreiferzählens. In: Martin Kohli & Günther Robert (Hrsg.), Biographie und soziale Wirklichkeit. Neue Beiträge und Forschungsperspektiven (S. 78–117). Stuttgart: J.B. Metzlersche Verlagsbuchhandlung.

Schwadorf, Heike (2003). Berufliche Handlungskompetenz. Eine theoretische Klärung und empirische Analyse in er dualen kaufmännischen Erstausbildung. Stuttgart: ibw Hohenheim.

Schwammer, Renate (2015). Zuflucht Bildung. Die Bedeutung der Sinngebung für die Gesundheit. *Magazin erwachsenenbildung.at. Das Fachmedium für Forschung, Praxis und Diskurs*, Ausgabe 24, 06-2–06-7.

Schwarzer, Rolf & Jerusalem, Matthias (2002). Das Konzept der Selbstwirksamkeit. In: Matthias Jerusalem & Diether Hopf (Hrsg.),

Selbstwirksamkeit und Motivationsprozesse in Bildungsinstitutionen. *Zeitschrift für Pädagogik*, 48 (44. Beiheft), 28–53.

Seipel, Christian & Rieker, Peter (2003). Integrative Sozialforschung. Konzepte und Methoden der qualitativen und quantitativen empirischen Forschung. München und Weinheim: Juventa.

Sen, Amartya (1999). Development as Freedom. Oxford: Oxford University Press.

Sengenberger, Werner (1978a). Arbeitsmarktstruktur. Ansätze zu einem Modell des segmentierten Arbeitsmarkts. 2. Auflage. Frankfurt/Main: Campus.

Sengenberger, Werner (1978b). Einführung: Die Segmentation des Arbeitsmarkts als politisches und wissenschaftliches Problem. In: Werner Sengenberger (Hrsg.), Der gespaltene Arbeitsmarkt. Probleme der Arbeitsmarktsegmentation (S. 15–66). Frankfurt/Main, New York: Campus.

Sengenberger, Werner (1987). Struktur und Funktionsweise von Arbeitsmärkten. Die Bundesrepublik Deutschland im internationalen Vergleich. Frankfurt/Main, New York: Campus.

Sesselmeier, Werner & Blauermel, Gregor (1997). Arbeitsmarkttheorien. Ein Überblick. 2. überarbeitete Auflage. Heidelberg: Physica-Verlag.

Sesselmeier, Werner, Funk, Lothar & Waas, Bernd (2010). Arbeitsmarkttheorien. Eine ökonomisch-juristische Einführung. 3., vollständig überarbeitete Auflage. Berlin, Heidelberg: Springer.

Siebers, Ruth (1996). Zwischen Normalbiographie und Individualisierungssuche. Empirische Grundlagen für eine Theorie der Biographisierung. Münster, New York: Waxmann Verlag.

Siebert, Horst (2011). Bildung im Alter. *Magazin erwachsenenbildung.at. Das Fachmedium für Forschung, Praxis und Diskurs*, Ausgabe 13, 03-1–03-9.

Siebert, Horst (2012). Didaktisches Handeln in der Erwachsenenbildung. Didaktik aus konstruktivistischer Sicht. 7. überarbeitete Auflage. Augsburg: ZIEL-Verlag.

Soeffner, Hans-Georg (2004). Sozialwissenschaftliche Hermeneutik. In: Uwe Flick, Ernst von Kardorff & Ines Steinke (Hrsg.), Qualitative Forschung. Ein Handbuch (S. 164–175). Reinbek bei Hamburg: Rowohlt.

Sperber, Carina & Walwei, Ulrich (2017). Entwicklung und Struktur der Beschäftigungsverhältnisse. In: Joachim Möller und Ulrich Walwei (Hrsg.), Arbeitsmarkt kompakt (S. 38–40). Institut für Arbeitsmarkt- und Berufsforschung. Bielefeld: W. Bertelsmann Verlag.

Statistisches Bundesamt (Hrsg.) (2017). Bevölkerung und Erwerbstätigkeit. Erwerbsbeteiligung der Bevölkerung. Ergebnisse des Mikrozensus zum Arbeitsmarkt 2016. Fachserie 1. Reihe 4.1. Wiesbaden: Statistisches Bundesamt.

Steiner, Gerald (2011). Das Planetenmodell der kollaborativen Kreativität. Systemisch-kreatives Problemlösen für komplexe Herausforderungen. Wiesbaden: Gabler Verlag/Springer Fachmedien.

Steinke, Ines (2004). Gütekriterien qualitativer Forschung. In: Uwe Flick, Ernst von Kardorff & Ines Steinke (Hrsg.), Qualitative Forschung. Ein Handbuch (S. 319–331). Reinbek bei Hamburg: Rowohlt.

Stöckl, Markus, Spevacek, Gert & Straka, Gerald A. (2001). Altersgerechte Didaktik. In: Dorothea Schemme (Hrsg.), Qualifizierung, Personal- und Organisationsentwicklung mit älteren Mitarbeiterinnen und Mitarbeitern (S. 89–113). Bielefeld: Bertelsmann.

Strauss, Anselm L & Corbin, Juliet M. (1996). Grounded theory. Grundlagen qualitativer Sozialforschung. Weinheim: Beltz, PsychologieVerlagsUnion.

Struck, Olaf (2008). Betrieb und Arbeitsmarkt. In: Martin Abraham & Thomas Hinz (Hrsg.), Arbeitsmarktsoziologie. Probleme, Theorien, empirische Befunde (S. 169–198). Wiesbaden: VS Verlag für Sozialwissenschaften.

Struck, Olaf, Grotheer, Michael, Schröder, Tim & Köhler, Christoph (2006). Beschäftigungsstabilität: Entwicklung und Ursachen ihrer Veränderung. Sonderforschungsbereich 580, Teilprojekt B2. Arbeitspapier 10. Jena: Friedrich-Schiller-Universität Jena, SFB 580.

Struck-Möbbeck, Olaf, Rasztar, Matthias, Sackmann, Reinhold, Weymann, Ansgar & Wingens, Matthias (1996). Gestaltung berufsbiographischer Diskontinuität. Bewältigungsstrategien von ostdeutschen Berufs- und Hochschulabsolventen im Transformationsprozeß. Sonderforschungsbereich 186 der Universität Bremen. Arbeitspapier Nr. 38. Bremen: Universität Bremen.

Terhart, Ewald (2012). „Bildungswissenschaften“. Verlegenheitslösung, Sammeldisziplin, Kampfbegriff? *Zeitschrift für Pädagogik*, 58 (1), 22–39.

Teubner, Ulrike (2010). Beruf: Vom Frauenberuf zur Geschlechterkonstruktion im Berufssystem. In: Ruth Becker & Beate Kortendiek (Hrsg.), Handbuch Frauen- und Geschlechterforschung. Theorie, Methoden, Empirie (S. 499–506). 3. erweiterte und durchgesehene Auflage. Wiesbaden: VS Verlag für Sozialwissenschaften.

Tews, Hans Peter (1996). Produktivität des Alters. In: Margret Baltes & Leo Montada (Hrsg.), Produktives Leben im Alter (S. 184–210). Frankfurt/Main, New York: Campus.

Tillmann, Klaus-Jürgen (2013). Einführung. Die Bewältigung von Übergängen im Lebenslauf – eine biografische Perspektive. In: Gabriele Bellenberg und Matthias Forell, Bildungsübergänge gestalten (S. 15–31). Münster, New York, München, Berlin: Waxmann.

Tippelt, Rudolf (1997). Beratung in der Weiterbildung: Grundlagen und Perspektiven. In: Thomas Eckert, Christiane Schiersmann & Rudolf Tippelt, Beratung und Information in der Weiterbildung (S. 1–69). Baltmannsweiler: Schneider Verlag Hohengehren.

Tippelt, Rudolf (2002). Qualifizierungsoffensive oder Bildungsziele? Zur Spannung von „allgemeiner Bildung", „spezialisierender Qualifizierung", „Schlüsselqualifikationen" und „Lernkompetenz". *REPORT. Literatur- und Forschungsreport Weiterbildung*, Heft 49, 48–58.

Voges, Wolfgang (2011). Lebenslagen im Sozialstaat. Dilemmata beim Rekurs auf eine komplexe Bezugsgröße. In: Peter Hammerschmidt & Juliane Sagebiel (Hrsg.), Die soziale Frage zu Beginn des 21. Jahrhunderts (S. 21–37). Neu-Ulm: AG SPAK Bücher.

von Felden, Heide (Hrsg.) (2008). Perspektiven erziehungswissenschaftlicher Biographieforschung. Wiesbaden: VS Verlag für Sozialwissenschaften.

Voß, G. Günter & Pongratz, Hans J. (1998). Der Arbeitskraftunternehmer. Eine neue Grundform der Ware Arbeitskraft? *Kölner Zeitschrift für Soziologie und Sozialpsychologie*, 50 (1), 131–158.

Wagner, Thomas & Jahn, Elke J. (2004). Neue Arbeitsmarkttheorien. 2. vollständig überarbeitete Auflage. Stuttgart: Lucius & Lucius.

Walther, Andreas & Stauber, Barbara (2013). Übergänge im Lebenslauf. In: Wolfgang Schröer, Barbara Stauber, Andreas Walther, Lothar Böhnisch & Karl Lenz (Hrsg.), Handbuch Übergänge (S. 23–43). Weinheim, Basel: Beltz Juventa.

Weber, Max (1925). Grundriss der Sozialökonomik. III. Abteilung: Wirtschaft und Gesellschaft. Zweite, vermehrte Auflage. 1. Halbband. Tübingen: Verlag J.C.B. Mohr.

Weber, Martina (2006). Geschlechterkonstruktionen. In: Gisela Wiesner u.a. (Hrsg.), Empirische Forschung und Theoriebildung in der Erwachsenenbildung (S. 13–18). Baltmannsweiler: Schneider Verlag Hohengehren.

Wegner, Björn (2009). Leitfaden „Betriebliches Gesundheitsmanagement – In 6 Schritten zum Erfolg". Wilhelmshaven: Unfallkasse des Bundes.

Weihrich, Margit (2009). Entscheidungsprobleme und deren Bearbeitungsformen in der Theorie reflexiver Modernisierung. In: Fritz

Böhle & Margit Weihrich (Hrsg.), Handeln unter Unsicherheit (S. 305–331). Wiesbaden: VW Verlag für Sozialwissenschaften.

Weßler-Poßberg, Dagmar & Vomberg, Edeltraud (2007). Diskontinuität in der Erwerbsbiografie. In: Edeltraud Vomberg (Hrsg.), Chancen »bunter Lebensläufe« für KMU und soziale Einrichtungen. Diskontinuität als Potenzial erkennen - nutzen - fördern (S. 29–75). Bielefeld: W. Bertelsmann Verlag.

Willms, Manfred (2003). Die wirtschaftliche Gestaltung des vereinigten Deutschlands. In: Jürgen Elvert & Friederike Krüger (Hrsg.), Deutschland 1949–1989. Von der Zweistaatlichkeit zur Einheit (S. 134–147). Stuttgart: Franz Steiner Verlag.

Wilson, Thomas P. (1981). Theorien der Interaktion und Modelle soziologischer Erklärung. In: Arbeitsgruppe Bielefelder Soziologen (Hrsg.), Alltagswissen, Interaktion und gesellschaftliche Wirklichkeit (S. 54–79). Bd. 1 und 2. 5. Auflage. Opladen: Westdeutscher Verlag.

Wilz, Sylvia M. (2009). Entscheidungen als Prozesse gelebter Praxis. In: Fritz Böhle & Margit Weihrich (Hrsg.), Handeln unter Unsicherheit (S. 107–122). Wiesbaden: VW Verlag für Sozialwissenschaften.

Winker, Gabriele & Degele, Nina (2009). Intersektionalität. Zur Analyse sozialer Ungleichheiten. Bielefeld: Transcript Verlag.

Winkler, Gunnar (Hrsg.) (1990). Frauenreport '90. Im Auftrag der Beauftragten des Ministerrates für die Gleichstellung von Frauen und Männern, Dr. Marina Beyer. Berlin: Verlag Die Wirtschaft Berlin.

Wippermann, Carsten (2012). Frauen im Minijob. Motive und (Fehl-) Anreize für die Aufnahme geringfügiger Beschäftigung im Lebenslauf. Hrsg. vom Bundesministerium für Familie, Senioren, Frauen und Jugend. Rostock: Publikationsversand der Bundesregierung.

Wippermann, Carsten (2015). 25 Jahre Deutsche Einheit. Gleichstellung und Geschlechtergerechtigkeit in Ostdeutschland und Westdeutschland. Hrsg. vom Bundeministerium für Familie, Senioren, Frauen und Jugend. Rostock: Publikationsversand der Bundesregierung.

Witzel, Andreas (2001). Prospektion und Retrospektion im Lebenslauf. Ein Konzept zur Rekonstruktion berufs- und bildungsbiographischer Orientierungen und Handlungen. *Zeitschrift für Soziologie der Erziehung und Sozialisation*, 21 (4), 339–355.

Witzel, Andreas & Kühn, Thomas (1999). Berufsbiographische Gestaltungsmodi – Eine Typologie der Orientierungen und Handlungen beim Übergang in das Erwerbsleben. Arbeitspapier Nr. 61 des

Sonderforschungsbereichs 186 der Universität Bremen, Statuspassagen und Risikolagen im Lebensverlauf. Bremen: Universität Bremen.

Wübbeke, Christina (2013). Ältere Arbeitslose am Scheideweg zwischen Erwerbsleben und Ruhestand. Gründe für ihren Rückzug vom Arbeitsmarkt. Institut für Arbeitsmarkt- und Berufsforschung. *Journal for Labour Market Research*, 46 (1), 61–82.

Zapf, Wolfgang (1984). Individuelle Wohlfahrt: Lebensbedingungen und wahrgenommene Lebensqualität. In: Wolfgang Glatzer & Wolfgang Zapf (Hrsg.), Lebensqualität in der Bundesrepublik. Objektive Lebensbedingungen und subjektives Wohlbefinden (S. 13–26). Frankfurt/Main, New York: Campus.

Zarth, Michael (2011). Zur Entwicklung der deutschen Regionen in den langfristigen Konjunkturzyklen. Bundesinstitut für Bau-, Stadt- und Raumforschung (BBSR). *Informationen zur Raumentwicklung*, Heft 2, 99–112.

Zeuner, Christine (2008). Erwachsenenbildung. In: Hannelore Faulstich-Wieland & Peter Faulstich (Hrsg.), Erziehungswissenschaft (S. 532–555). Reinbek bei Hamburg: Rowohlt.

Zimmermann, Hildegard (2009). Weiterbildung im späteren Erwerbsleben. Empirische Befunde und Gestaltungsvorschläge. Hrsg. vom Bundesinstitut für Berufsbildung. Bielefeld: W. Bertelsmann Verlag.

Zinn, Jens (2001). Zwischen Gestaltungsanspruch und Strukturvorgaben. Junge Fachkräfte in den ersten Berufsjahren – Erwerbsverläufe, Handlungskontexte und biographische Gestaltungsmodi. Baden-Baden: Nomos Verlagsgesellschaft.

Internetquellen

Beck, Christoph (2007). Kompetenz-Studie. Welche Kompetenzen fordern die Unternehmen von Bewerbern? Studienergebnisse. Fachhochschule Koblenz. Fachbereich Betriebswirtschaft. Koblenz: FH Koblenz. Verfügbar unter https://www.hs-koblenz.de/fileadmin/media/fb_wirtschaftswissenschaften/Personen/Professoren/Beck/Kompetenzstudie_Final_01.pdf [16.11.2017]

BfA DRV-Gemeinschaft (o.J.). Rentenreformen im Überblick. Hrsg. von BfA DRV-Gemeinschaft. Freie und unabhängige Interessengemeinschaft der Versicherten und Rentner in der Deutschen Rentenversicherung, Krankenversicherung, Pflegeversicherung und Unfallversicherung e.V. Verfügbar unter http://bfadrv-gemeinschaft.de/index.php/rentenreformen-im-%C3%BCberblick [16.11.2017]

Booth, Melanie (2010). Die Entwicklung der Arbeitslosigkeit in Deutschland. Bundeszentrale für politische Bildung. Verfügbar unter http://www.bpb.de/geschichte/deutsche-einheit/lange-wege-der-deutschen-einheit/47242/arbeitslosigkeit?p=all [16.11.2017]

Bosch, Gerhard (2015). Abbau der Langzeitarbeitslosigkeit. Stellungnahme zur Öffentlichen Anhörung des Ausschusses für Arbeit und Soziales im Deutschen Bundestag vom 18. Mai 2015. Institut Arbeit und Qualifikation der Universität Duisburg-Essen (IAQ). IAQ-Standpunkt 2015-04. Duisburg: Universität Duisburg-Essen. Verfügbar unter http://www.iaq.uni-due.de/iaq-standpunkte/2015/sp2015-04.pdf [16.11.2017]

Brehm, Patrick (o.J.). Konjunktur, Konjunkturzyklen und Konjunkturtheorie. Verfügbar unter https://www.vwl-nachhaltig.de/home/unterrichtsthemen/konjunktur/ [16.11.2017]

Bundesagentur für Arbeit (Hrsg.) (2012b). SGB II Fachliche Hinweise. Förderung von Arbeitsverhältnissen (FAV) nach § 16e SGB II. Verfügbar unter http://www.harald-thome.de/media/files/HEGA-01-2012-Gesetz-Oeffentlich-gefoerderte-Beschaeftigung-Anlage-2.pdf [16.11.2017]

Bundesagentur für Arbeit (Hrsg.) (2017g). Beschäftigungsquoten (Jahreszahlen und Zeitreihen). Zeitreihe ab Stichtag 30.06.2005 bis 30.06.2016. Nürnberg: Bundesagentur für Arbeit. Verfügbar unter https://statistik.arbeitsagentur.de/Navigation/Statistik/Statistik-nach-Themen/Beschaeftigung/Beschaeftigte/Beschaeftigte-Nav.html [16.11.2017]

Bundesministerium der Justiz und für Verbraucherschutz (o.J.a). Allgemeines Gleichbehandlungsgesetz. Berlin. Verfügbar unter https://www.gesetze-im-internet.de/agg/ [16.11.2017]

Bundesministerium der Justiz und für Verbraucherschutz (o.J.b). Betriebsverfassungsgesetz. Berlin. Verfügbar unter https://www.gesetze-im-internet.de/betrvg [16.11.2017]

Bundesministerium der Justiz und für Verbraucherschutz (o.J.c). Bundespersonalvertretungsgesetz (BPersVG). Berlin. Verfügbar unter https://www.gesetze-im-internet.de/bpersvg/ [16.11.2017]

Bundesministerium der Justiz und für Verbraucherschutz (o.J.d). Bürgerliches Gesetzbuch (BGB). Berlin. Verfügbar unter https://www.gesetze-im-internet.de/bgb/ [16.11.2017]

Bundesministerium der Justiz und für Verbraucherschutz (o.J.e). Grundgesetz für die Bundesrepublik Deutschland. Berlin. Verfügbar unter https://www.gesetze-im-internet.de/gg/ [16.11.2017]

Bundesministerium der Justiz und für Verbraucherschutz (o.J.f). Kündigungsschutzgesetz. Berlin. Verfügbar unter https://www.gesetze-im-internet.de/kschg [16.11.2017]

Bundesministerium der Justiz und für Verbraucherschutz (o.J.g). Sozialgesetzbuch II – Grundsicherung für Arbeitsuchende. Berlin. Verfügbar unter https://www.gesetze-im-internet.de/sgb_2 [16.11.2017]

Bundesministerium der Justiz und für Verbraucherschutz (o.J.h). Sozialgesetzbuch III – Arbeitsförderung. Berlin. Verfügbar unter https://www.gesetze-im-internet.de/sgb_3 [16.11.2017]

CURIA – Gerichtshof der Europäischen Union (Hrsg.) (o.J.a). Schlussanträge des Generalanwalts Yves Bot vom 3. September 2009. Rechtssache C-229/08 Colin Wolf gegen Stadt Frankfurt am Main (Vorabentscheidungsersuchen des Verwaltungsgerichts Frankfurt am Main [Deutschland]). Verfügbar unter http://curia.europa.eu/juris/document/document.jsf?text=&docid=75286&pageIndex=0&doclang=DE&mode=lst&dir=&occ=first&part=1&cid=56601 [16.11.2017]

CURIA – Gerichtshof der Europäischen Union (Hrsg.) (o.J.b). Urteil des Europäischen Gerichtshofs (Große Kammer) vom 12. Januar 2010 in der Rechtssache C-229/08 betreffend ein Vorabentscheidungsersuchen nach Art. 234 EG, eingereicht vom Verwaltungsgericht Frankfurt am Main (Deutschland) mit Entscheidung vom 21. April 2008, beim Gerichtshof eingegangen am 28. Mai 2008, in dem Verfahren Colin Wolf gegen Stadt Frankfurt am Main. Verfügbar unter http://curia.europa.eu/juris/document/document.jsf?text=&docid=72660&pageIndex=0&doclang=de&mode=lst&dir=&occ=first&part=1&cid=472984 [16.11.2017]

Der Spiegel (2004). „Der letzte Deutsche. Auf dem Weg zur Greisen-Republik". Ausgabe 02/2004. Verfügbar unter http://www.spiegel.de/spiegel/print/index-2004-2.html [16.11.2017]

Der Tagesspiegel (2017). Arbeitsagentur Chef Detlef Scheele: „Lebenslange Berufsberatung" ab 2019. Ausgabe 06.05.2017 Verfügbar unter http://www.tagesspiegel.de/politik/arbeitsagentur-chef-detlef-scheele-lebenslange-berufsberatung-ab-2019/19764554.html [16.11.2017]

Deutsche Gesellschaft für Erziehungswissenschaft (DGfE) (2010). Ethik-Kodex der Deutschen Gesellschaft für Erziehungswissenschaft (DGfE). Verfügbar unter http://www.dgfe.de/fileadmin/OrdnerRedakteure/Satzung_etc/Ethikkodex_2010.pdf [16.11.2017]

Deutscher Bundestag, Ausschuss für Arbeit und Soziales (2008). Ausschussdrucksache 16(11)882 Verfügbar unter http://doku.iab.de/externe/2008/k080317f03.pdf [16.11.2017]

Dörre, Klaus (2002). Reflexive Modernisierung – eine Übergangstheorie. Zum analytischen Potenzial einer populären soziologischen Zeitdiagnose. Soziologisches Forschungsinstitut Göttingen an der Georg-August-Universität (SOFI). *SOFI-Mitteilungen*, 30, 55–67. Verfügbar unter http://www.sofi-goettingen.de/fileadmin/SOFI-Mitteilungen/Nr._30/doerre.pdf [16.11.2017]

Dresing, Thorsten & Pehl, Thorsten (2011). Praxisbuch Transkription. Regelsysteme, Software und praktische Anleitungen für qualitative ForscherInnen. 1. Auflage. Marburg. Verfügbar unter https://ftpmirror.your.org/pub/wikimedia/images/wikipedia/de/4/40/Praxisbuch-Transkription.pdf [16.11.2017]

Dresing, Thorsten & Pehl, Thorsten (2015). Praxisbuch Interview, Transkription & Analyse. Anleitungen und Regelsysteme für qualitativ Forschende. 6. Auflage. Marburg. Verfügbar unter https://www.audiotranskription.de/Praxisbuch-Transkription.pdf [16.11.2017]

Europäische Kommission (2010). Bewertung der Lissabon-Strategie. Arbeitsdokument der Kommissionsdienststellen. 02.02.2010. Verfügbar unter https://ec.europa.eu/transparency/regdoc/rep/2/2010/DE/SEC-2010-114-F1-DE-MAIN-PART-1.PDF [16.11.2017]

Europäischer Rat (2000). Schlussfolgerungen des Vorsitzes. Europäischer Rat (Lissabon) 23. und 24. März 2000. Verfügbar unter https://www.consilium.europa.eu/de/european-council/conclusions/1993-2003/ [16.11.2017]

Europäischer Rat (2001). Schlussfolgerungen des Vorsitzes. Europäischer Rat (Stockholm) 23. und 24. März 2001. Verfügbar unter https://www.consilium.europa.eu/de/european-council/conclusions/1993-2003/ [16.11.2017]

Europäischer Rat (2002). Schlussfolgerungen des Vorsitzes. Europäischer Rat (Barcelona) 15. und 16. März 2002. Verfügbar unter https://www.consilium.europa.eu/de/european-council/conclusions/1993-2003/ [16.11.2017]

European Commission, Eurostat (Ed.) (n.d.a). EU Labour Force Survey (LFS). Employment rates by sex, age and citizenship. Luxembourg. Verfügbar unter http://ec.europa.eu/eurostat/product?mode=view&code=lfsa_ergan [16.11.2017]

European Commission, Eurostat (Ed.) (n.d.b). EU Labour Force Survey (LFS). Unemployment rates by sex, age and nationality. Luxembourg. Verfügbar unter http://ec.europa.eu/eurostat/product?mode=view&code=lfsa_urgan [16.11.2017]

European Commission, Eurostat (Ed.) (n.d.c). Labour market glossary Verfügbar unter http://ec.europa.eu/eurostat/statistics-explained/index.php/Category:Labour_market_glossary [16.11.2017]

Eurostat (2017). Pressemitteilung 69/2017 vom 25.04.2017. Europa 2020-Beschäftigungsindikatoren. Erwerbstätigenquote der 20-bis 64-Jährigen in der EU erreichte im Jahr 2016 mit 71,1 % neuen Spitzenwert. Sieben Mitgliedstaaten haben ihre 2020-Ziele bereits erreicht. Verfügbar unter http://ec.europa.eu/eurostat/documents/2995521/7997110/3-25042017-BP-DE.pdf/1e4496e1-ef89-46ea-890d-303e05183da3 [16.11.2017]

Fritz, Wolfgang (2001 [2004]). Statistiken der Erwerbstätigkeit in der ehemaligen DDR und ausgewählte Daten der Rückrechnung der DDR – Erwerbstätigenstatistik. GESIS. Historische Statistik. ZA8078. Datenfile Version 1.0.0. Verfügbar unter https://histat.gesis.org/histat/de/table/details/B6BEA35408BABCFB6DED4A5B849200B5 [16.11.2017]

Gauckler, Britta & Körner, Thomas (2011). Measuring the employment status in the Labour Force Survey and the German Census 2011: insights from recent research at Destatis. GESIS – Leibniz-Institut für Sozialwissenschaften. *Methoden, Daten, Analysen (mda)*, 5 (2), 181–205. Verfügbar unter http://nbn-resolving.de/urn:nbn:de:0168-ssoar-282136 [16.11.2017]

Hacker, Winfried (2006). Leistungsförderliches und gesundheitsgerechtes Gestalten wissensintensiver geistig-schöpferischer Arbeit für die Arbeitslebensspanne. In: Marie-Luise und Ernst Becker Stiftung (Hrsg.), Generation 60plus – tauglich für die Arbeitswelt 2020? Dokumentation zur Tagung am 14./15. Februar 2006 in Bad Arolsen (S. 109–116). Köln: Marie-Luise und Ernst Becker Stiftung. Verfügbar unter http://www.becker-stiftung.de/wp-content/uploads/2013/11/Tagungsband2006_web.pdf [16.11.2017]

Hensche, Martin (Hrsg.) (o.J.a). Höchstalter von 30 bei der Einstellung von Feuerwehrleuten. Arbeitsrecht aktuell 09/186. Rechtsanwalt Dr. Martin Hensche. Berlin. Verfügbar unter https://www.hensche.de/Arbeitsrecht_aktuell_Hoechstalter_von_30_bei_der_Einstellung_von_%20Feuerwehrleuten_C-229-08.html [16.11.2017]

Hensche, Martin (Hrsg.) (o.J.b). Einstellungshöchstalter bei der Feuerwehr rechtens. Arbeitsrecht aktuell 10/058. Rechtsanwalt Dr. Martin Hensche. Berlin. Verfügbar unter https://www.hensche.de/Arbeitsrecht_aktuell_Hoechstalter_Einstellung_Feuerwehr_Diskriminierung_Colin_Wolf_EuGH_C-229-08.html [16.11.2017]

Hörwick, Eva (2003). Lernen Ältere anders? Hrsg. In: LASA (Hrsg.). „Nutzung und Weiterentwicklung der Kompetenzen Älterer – eine gesellschaftliche Herausforderung der Gegenwart“. Tagungsband zur Fachtagung der Akademie der 2. Lebenshälfte am 26. und 27.08.2002. Potsdam Verfügbar unter http://www.forschungsnetzwerk.at/downloadpub/equal_lernen_aeltere_anders_2003.pdf [16.11.2017]

Informationsdienst Wissenschaft e.V. (Hrsg.) (2005). Prof. Christian Scholz zur Wahl des Wortes „Humankapital" zum Unwort 2004. Claudia Ehrlich. Pressestelle der Universität des Saarlandes. Veröffentlicht am 20.01.2005. Verfügbar unter https://idw-online.de/de/news97616 [16.11.2017]

Institut Arbeit und Qualifikation der Universität Duisburg-Essen (IAQ) (Hrsg.) (2013). Grafik des Monats 11/2013: Niedrige Zahlbeträge von Arbeitslosengeld I. Duisburg: Universität Duisburg-Essen. Verfügbar unter http://www.sozialpolitik-aktuell.de/tl_files/sozialpolitik-aktuell/_Politikfelder/Arbeitsmarkt/Datensammlung/PDF-Dateien/abbIV52_grafik_monat_11_2013.pdf [16.11.2017]

Internationale Vereinigung für Bildungs- und Berufsberatung (IVBBB) (Hrsg.) (1995). Ethische Standards. Verfügbar unter http://iaevg.net/?page_id=70&menuid=49&smenuid=6&tpage=1&t1=275&t2=289&t3=290&t4=291&t5=Code%20de%20d%C3%A9ontologie&t6=Ethical%20standards&t7=Normas%20%C3%89ticas&t8=Ethische%20Standards&t9=-- [16.11.2017]

Internetpräsentation Demografischer Wandel – (k)ein Problem! Werkzeuge für betriebliche Personalarbeit (o.J.). Gesellschaft für Arbeitsschutz- und Humanisierungsforschung mbH Volkholz und Partner (GfAH) mit Förderung durch das Bundesministeriums für Bildung und Forschung. Verfügbar unter http://www.demowerkzeuge.de [16.11.2017]

Internetpräsentation Initiative Neue Qualität der Arbeit (o.J.). Geschäftsstelle der Initiative Neue Qualität der Arbeit. Berlin. Verfügbar unter https://www.inqa.de [16.11.2017]

Internetpräsentation Sonderforschungsbereich 186 „Statuspassagen und Risikolagen im Lebensverlauf" der Universität Bremen (o.J.). Verfügbar unter http://www.sfb186.uni-bremen.de [16.11.2017]

Internetpräsentation Sonderforschungsbereich 536 „Reflexive Modernisierung" der Ludwig-Maximilians-Universität München, der Universität der Bundeswehr München, der Universität Augsburg, des ISF München und der Technischen Universität München in der DFG-Datenbank GEPRIS (o.J.). Verfügbar unter http://gepris.dfg.de/gepris/projekt/5483766 [16.11.2017]

Internetpräsentation Sonderforschungsbereich 580 „Gesellschaftliche Entwicklungen nach dem Systemumbruch" der Friedrich-Schiller-Universität Jena und der Martin-Luther-Universität Halle (o.J.). Verfügbar unter http://www.sfb580.uni-jena.de [16.11.2017]

IW Köln (2010). Gesetzgeber ermuntert Trittbrettfahrer. IW-Nachrichten vom 04.05.2010. Institut der deutschen Wirtschaft Köln. Verfügbar unter https://www.iwkoeln.de/presse/iw-nachrichten/beitrag/aufstocker-gesetzgeber-ermuntert-trittbrettfahrer-61275.html [16.11.2017]

Kaltenborn, Bruno, Nina Wielage, Nina, von Bothmer, Anna & Henkel, Anna Iris (2010). Zielsteuerung in der Arbeitsverwaltung – ein europäischer Vergleich. Endbericht an das Bundesministerium für Arbeit und Soziales. Berlin: Dr. Bruno Kaltenborn und Rambøll Management Consulting. Verfügbar unter https://www.bmas.de/SharedDocs/Downloads/DE/PDF-Publikationen/fb-fb409-arbeitssteuerung.pdf?__blob=publicationFile [17.11.2017]

Kattein, Martina (2009). Ältere Teilnehmerinnen und Teilnehmer in der Weiterbildung – Erfahrungen und Anforderungen aus Sicht von Dozentinnen und Dozenten. Zwischenergebnisse aus dem Teilprojekt „Alternsgerechte berufliche Weiterbildung in Thüringen" (AWiT) der Universität Erfurt, Lehrgebiet Weiterbildung/Erwachsenenbildung. In: Institut der Wirtschaft Thüringens (IWT) (Hrsg.), Infobrief des Thüringer Netzwerks Demografie (S. 1–2). 2009/02. Erfurt: IWT. Verfügbar unter https://www.uni-erfurt.de/fileadmin/user-docs/Berufspaedagogik/TND-Infobrief-2009-02.pdf [17.11.2017]

Kieselbach, Thomas (1998). Arbeitslosigkeit und Entfremdung. *Journal für Psychologie*, 6 (1), 38–52. Verfügbar unter http://nbn-resolving.de/urn:nbn:de:0168-ssoar-28960 [17.11.2017]

Loof, Uwe & Christmann, Norbert (2014). Fahrermangel in der Busbranche. Ermittlung des aktuellen und mittelfristigen Personal- und Qualifikationsbedarfs für die Mitgliedsunternehmen der Verbände RDA und gbk Analyse, Perspektiven und Handlungsempfehlungen Hannover: PAON. Verfügbar unter http://www.rda.de/fileadmin/Studie_IBV_2014_zum_Busfahrer-Mangel.pdf [17.11.2017]

Lutz, Burkart & Sengenberger, Werner (1974). Arbeitsmarktstrukturen und öffentliche Arbeitsmarktpolitik. Eine kritische Analyse von Zielen und Instrumenten. Institut für sozialwissenschaftliche Forschung München. Göttingen: Verlag Otto Schwartz und Co. Verfügbar unter http://www.isf-muenchen.de/pdf/isf-archiv/1974-lutz-sengenberger-arbeitsmarktstrukturen.pdf [17.11.2017]

Mosley, Hugh et al. (2006). Evaluation der Maßnahmen zur Umsetzung der Vorschläge der Hartz-Kommission. Modul 1a Neuausrichtung der Vermittlungsprozesse. Bericht für das Bundesministerium für Arbeit und Soziales vom Wissenschaftszentrum Berlin für Sozialforschung (WZB) und infas Institut für angewandte Sozialwissenschaft. Verfügbar unter https://wzb.eu/www2000/alt/ab/pdf/hartz_endbericht/endbericht_komplett.pdf [17.11.2017]

Mruck, Katja unter Mitarbeit von Günter Mey (2000). Qualitative Sozialforschung in Deutschland. Forum Qualitative Sozialforschung/Forum Qualitative Social Research, 1 (1), Art. 4. Verfügbar unter http://nbn-resolving.de/urn:nbn:de:0114-fqs000148 [17.11.2017]

Nationales Forum Beratung in Bildung, Beruf und Beschäftigung e.V. (nfb) (Hrsg.) (2014). Professionell beraten: Qualitätsstandards für die Beratung in Bildung, Beruf und Beschäftigung. Bielefeld: W. Bertelsmann Verlag. Verfügbar unter http://bequ-konzept.beratungsqualitaet.net/assets/Uploads/BeQu-Standards.pdf [17.11.2017]

Oschmiansky, Frank (2013). Arbeitslosenversicherung. Hrsg. von der Bundeszentrale für politische Bildung (bpb), Bonn. Verfügbar unter https://www.bpb.de/politik/innenpolitik/arbeitsmarktpolitik/155254/arbeitslosenversicherung [17.11.2017]

Pollmann-Schult, Matthias (2005). Führen verschärfte Zumutbarkeitsregeln der Arbeitsvermittlung zu schnellerer Wiederbeschäftigung? Empirische Analysen zur Wirkung der Neuregelung der Zumutbarkeitsbestimmungen im Jahr 1997. *Zeitschrift für Sozialreform*, 51 (3), 315–336. Verfügbar unter http://www.z-sozialreform.de/ccm/cms-service/stream/asset/?asset_id=238015 [17.11.2017]

Presse- und Informationsamt der Bundesregierung (Hrsg.) (2005). Rede von Bundeskanzler Gerhard Schröder vor dem World Economic Forum am 28. Januar 2005 in Davos. Bulletin 08-2. Verfügbar unter https://www.bundesregierung.de/Content/DE/Bulletin/2001_2007/2005/08-2_Schr%C3%B6der.html [17.11.2017]

Presse- und Informationsamt der Bundesregierung (Hrsg.) (2013). Wir setzen auf Ihre Erfahrung! www.erfahrung-ist-zukunft.de. Berlin. Verfügbar unter https://www.bundesregierung.de/Content/Infomaterial/BMFSFJ/Wir-setzen-auf-Ihre-Erfahrung_196224.html [17.11.2017]

Seifert, Hartmut (2006). Die Hartz-Gesetze – Enttäuschte Hoffnungen und neue Probleme. Projektverbund Monitor Arbeitsmarktpolitik (MonApoli) des Wirtschafts- und Sozialwissenschaftlichen Instituts (WSI) der Hans-Böckler-Stiftung, des Soziologischen Forschungsinstituts (SOFI) und des Forschungsteams Internationaler Arbeitsmarkt (FIA). Verfügbar unter http://doku.iab.de/externe/2006/k061129p02.pdf [17.11.2017]

SÖSTRA Sozialökonomische Strukturanalysen GmbH Berlin (2003). IAB-Betriebspanel Ost. Ergebnisse der siebten Welle 2002. Verfügbar unter http://doku.iab.de/betriebspanel/2003/panel_ost_2002.pdf [17.11.2017]

SÖSTRA Sozialökonomische Strukturanalysen GmbH Berlin (2007). IAB-Betriebspanel Ost. Ergebnisse der elften Welle 2006. Ausgewertet von Jürgen Wahse, Vera Dahms & Marek Frei. Verfügbar unter http://doku.iab.de/externe/2010/k100630305.pdf [17.11.2017]

SÖSTRA Sozialökonomische Strukturanalysen GmbH Berlin (2016). IAB-Betriebspanel Ostdeutschland – Ergebnisse der 20. Welle 2015. Ausgewertet von Vera Dahms, Marek Frei, Monika Putzing & Simone

Prick. Hrsg. von Die Beauftragte der Bundesregierung für die neuen Länder. Berlin: SÖSTRA. Verfügbar unter https://www.beauftragte-neue-laender.de/BNL/Redaktion/DE/Downloads/Publikationen/panel_2015_welle.pdf;jsessionid=95694A6443F899A34BE515425994E0BA?__blob=publicationFile&v=4 [17.11.2017]

Statistisches Bundesamt (o.J.). Statistik von A bis Z: Normalarbeitsverhältnis. Verfügbar unter https://www.destatis.de/DE/ZahlenFakten/GesamtwirtschaftUmwelt/Arbeitsmarkt/Methoden/Normalarbeitsverhaeltnis.html [17.11.2017]

Spiegel Online (2006). Deutsche-Bank-Volkswirt. Alte sollen weniger verdienen. Veröffentlicht am 04.03.2006. Verfügbar unter http://www.spiegel.de/wirtschaft/deutsche-bank-volkswirt-alte-sollen-weniger-verdienen-a-404370.html [17.11.2017]

Springer Gabler Verlag (Hrsg.) (o.J.). Gabler Wirtschaftslexikon. Stichwort: Stadt. Verfügbar unter http://wirtschaftslexikon.gabler.de/Archiv/9180/stadt-v9.html [17.11.2017]

Veith, Hermann (o.J.). Sozialisationstheorie. In: Fthenakis, Wassilios E./Textor, Martin R. (Hrsg.). Das Online-Familienhandbuch. [Aufruf vom 16.12.2010 nicht mehr verfügbar: http://www.familienhandbuch.de/cms/Kindheitsforschung-Sozialisationstheorie.pdf] Verfügbar unter http://docplayer.org/29797131-Sozialisationstheorie.html [17.11.2017]

Walter, Marcel (2015). Weiterbildungsfinanzierung in Deutschland. Aktueller Stand, Entwicklung, Problemlagen und Perspektiven. Hrsg. von der Bertelsmann Stiftung Gütersloh: Bertelsmann Stiftung. Verfügbar unter https://www.bertelsmann-stiftung.de/de/publikationen/publikation/did/weiterbildungsfinanzierung-in-deutschland/ [17.11.2017]

West, Candice & Zimmerman, Don H. (1987). Doing Gender. *Gender & Society*, 1 (2), 125–151. Verfügbar unter https://www.gla.ac.uk/0t4/crcees/files/summerschool/readings/WestZimmerman_1987_DoingGender.pdf [17.11.2017]

Wirtschaftswoche (2015). „Die demografische Uhr tickt unbarmherzig." Interview mit Herwig Birg. *Wirtschaftswoche*, 05.03.2015. Verfügbar unter https://www.wiwo.de/politik/deutschland/herwig-birg-die-demografische-uhr-tickt-unbarmherzig/11451966.html [17.11.2017]

Witzel, Andreas (2000). Das problemzentrierte Interview [25 Absätze]. Forum Qualitative Sozialforschung/Forum: Qualitative Social Research, 1 (1), Art. 22. Verfügbar unter http://nbn-resolving.de/urn:nbn:de:0114-fqs0001228 [17.11.2017]

Danksagung

Aufs Herzlichste danke ich meinem Erstgutachter Prof. Dr. Rudolf Husemann für die Betreuung meiner Dissertation. Seine Anregungen haben meine Arbeit fachlich und methodisch vielfältig bereichert, meine Freude an dem Arbeitsprozess beflügelt und mich bei so manchen Klippen unterstützt. Ebenfalls danke ich in besonderem Maße meinem Zweitgutachter Prof. Dr. Manfred Eckert. Die Diskussionen, vor allem zu methodischen Problemen, waren für mich sehr hilfreich. Prof. Dr. Rolf Dobischat danke ich vielmals für die Übernahme der externen Gutachtertätigkeit. Danken möchte ich auch den Mitgliedern des Forschungskolloquiums „Inklusive Bildung über die Lebensspanne" (IBL) an der Erziehungswissenschaftlichen Fakultät der Universität Erfurt, die die Erarbeitung meiner Dissertation mit konstruktiven und wertvollen Hinweisen inspirierten.

Im Mittelpunkt meiner Forschungsarbeit standen die Erfahrungen und Sichtweisen von Erwerbspersonen, betrieblichen Leitungskräften und Mitgliedern von ArbeitnehmerInnenvertretungen, die ich interviewen durfte. Für die gewährte Zeit und das Vertrauen, mir einen Einblick in die eigene Biografie bzw. den betrieblichen Kontext zu ermöglichen, bedanke ich mich ganz herzlich bei allen Interviewpersonen.

Meiner Familie, meinen FreundInnen und KollegInnen danke ich für die tolle Unterstützung bei der Suche nach Interviewpersonen und für die Bestärkung in meinem Vorhaben. Besonders danken möchte ich meinem Mann, Dr. Rüdiger Alte, für die zahlreichen Gespräche über meinen Arbeitsprozess, die kritisch-konstruktiven Kommentare sowie für die gesamte vielfältige Unterstützung.

www.ingramcontent.com/pod-product-compliance
Ingram Content Group UK Ltd.
Pitfield, Milton Keynes, MK11 3LW, UK
UKHW062147290926
8980IPUK00008B/926

9 783631 763407